बहुधा

और 9/11 के बाद की दुनिया

समृद्ध संस्कृति, धरोहरों एवं दर्शन से युक्त भारत एक महान देश है। यह महत्त्वपूर्ण है कि हम इन परम्पराओं को तकनालॉजी एवं वैज्ञानिक विकास के साथ समाहित करें। बी.पी. सिंह एक ऐसे व्यक्ति हैं जिन्होंने इन सांस्कृतिक मूल्यों को अपने जीवन में रूपायित करने का प्रयास किया है।

माननीय दलाई लामा

नोबेल, शान्ति, प्राप्तकर्त्ता

बहुधा

और 9/11 के बाद की दुनिया

बाल्मीकि प्रसाद सिंह

राजकमल प्रकाशन
नयी दिल्ली पटना इलाहाबाद

मूल्य : रु. 550.00

पहला संस्करण : 2009

प्रकाशक : राजकमल प्रकाशन प्रा. लि.
1-बी, नेताजी सुभाष मार्ग
नई दिल्ली-110 002

शाखाएँ : अशोक राजपथ, साइंस कॉलेज के सामने, पटना-800 006
पहली मंज़िल, दरबारी बिल्डिंग, महात्मा गांधी मार्ग, इलाहाबाद-211 001

वेबसाइट : www.rajkamalprakashan.com
ई-मेल : info@rajkamalprakashan.com

आवरण-चित्र : एस.एल. पराशर

मुद्रक : बी.के. ऑफसेट
नवीन शाहदरा, दिल्ली-110 032

BAHUDHA AUR 9/11 KE BAAD KI DUNIYA
by Balmiki Prasad Singh

ISBN : 978-81-267-1674-6

समर्पण

राल्फ बुल्तजेन्स
अख्लाकुर रहमान किदवई
बिंदेश्वर पाठक
सामदोंगे रिनपोचे

की दोस्ती और विलक्षण गुणों को

भूमिका

पुराने जमाने में एक-दूसरे से अलग-थलग पड़े रहने वाले समुदाय यह मान सकते थे कि वे सबसे अलग और विशिष्ट हैं। कुछ समाज सबसे अलग रहकर जीवन भी बसर कर सकते थे। पर आज दुनिया के एक कोने में जो चीज होती है, वह तत्काल अनेक जगहों के लोगों को प्रभावित करती है। परस्पर निर्भरता के इस संदर्भ में दूसरों के हित की बात सोचने में ही स्वहित है।

दुनिया की अनेक समस्याएँ और टकराव इसलिए उभरते हैं, क्योंकि हम सभी को एक मानव परिवार में बाँधने वाली मानवता का खयाल नहीं रखते। हम यह भूल जाते हैं कि नस्ल, धर्म, विचारधारा और दूसरी चीजों में विविधता के बावजूद सभी लोग समान रूप से शांति और खुशहाली चाहते हैं। पर ये चीजें सिर्फ बात करने या विचार करने-भर से हासिल नहीं होंगी और ना ही हम हाथ पर हाथ धरे यह सोच सकते हैं कि कोई और इसे कर देगा। हम सभी को अपनी-अपनी जिम्मेवारी समझनी होगी और अपने-अपने काम के क्षेत्र में इनके लिए पूरे मन से जतन करना होगा। स्वतंत्र मनुष्य होने के नाते हम अपनी दुनिया और खुद को अपने-अपने ढंग से समझने में अपनी बुद्धि का उपयोग कर सकते हैं। पर यदि अपनी रचनात्मक क्षमता से हमें वंचित किया जाता है तो हम मनुष्य होने के बुनियादी गुण से वंचित हो जाते हैं।

स्वाभाविक रूप से मनुष्य अलग-अलग स्वभाव और रुझान वाले होते हैं। इसलिए यह भी स्वाभाविक है कि अलग-अलग धार्मिक परंपराओं में अलग-अलग दर्शनों और जीवन-पद्धतियों पर जोर दिया गया है। चूँकि हमारी सभी और विविध धार्मिक परंपराओं का उद्देश्य हमारे लिए व्यक्तिगत और सामूहिक लाभ हासिल करना है, इसलिए यह जरूरी है कि हम इनके बीच सद्भाव और परस्पर आदर-भाव बनाए रखने के लिए सचेत और सक्रिय रहें। ऐसे नियमित प्रयास से न सिर्फ हमारे अपने धर्म और पंथ के लोगों को लाभ होगा, बल्कि पूरे समाज में शांति का माहौल कायम होगा। सद्भाव, सहनशीलता और आदर ऐसी चीजें हैं, जिन्हें हम अपने जीवन से शुरुआत करके ही हासिल कर सकते हैं।

भारत संभवत: एकमात्र ऐसा देश है, जिसकी सभ्यता और संस्कृति शुरू से अब तक अक्षुण्य रही है। इस सभ्यता ने ऐसे अनेक गुरु और ऋषि-मुनि पैदा किए हैं जो

न सिर्फ स्वयं विलक्षण गुणों और ज्ञान से भरे रहे हैं, बल्कि जिनमें पूरी मानवता के कल्याण के लिए काम करने का भाव रहा है। इसका परिणाम यह है कि यहाँ ज्ञान और आचरण की अनेक परंपराएँ रही और फली-फूली हैं। इनमें से कुछ तो यहीं पैदा हुईं और कुछ बाहर से भी आई हैं। चूँकि भारत और उसके लोग पुराने समय से ही मन से अहिंसा के दर्शन को मानते रहे हैं, इसलिए यहाँ सहनशीलता और बहुलतावाद भी फला-फूला।

आज भारत आत्मनिर्भर, आर्थिक रूप से ऊर्जावान और दुनिया का सबसे बड़ा लोकतंत्र है। आज सिर्फ एशिया में ही नहीं, पूरी दुनिया में इसके मुकाबले के मुल्क गिनती के हैं। यह एक ऐसा देश है जिसमें हम बहुधा को, जिसे मेरे मित्र और लेखक बाल्मीकि प्रसाद सिंह ने इस किताब में बहुलवाद से मिलता-जुलता बताया है, जीवंत रूप में देख सकते हैं। इसलिए आज भारत एक महत्वपूर्ण भूमिका निभा सकता है। यह उन मुल्कों और लोगों के लिए मॉडल बन सकता है, जो नागरिक समाज बनाने के लिए प्रयासरत हैं, जो अभिव्यक्ति की और धार्मिक आजादी को संस्थागत रूप देने के लिए लोकतांत्रिक मूल्यों की तलाश कर रहे हैं और जो बहुलता में शक्ति पाना चाहते हैं। भारत क्षेत्रीय और अंतर्राष्ट्रीय मुद्दों पर सिद्धांतनिष्ठ, दिलेर और कल्पनाशील नीतियाँ पेश करके भी अन्य देशों की अगुवाई कर सकता है।

11 सितंबर 2001 की दुखद घटना और उसके बाद की घटनाओं ने हमारे लिए नए अवसर भी पैदा किए हैं। आज दुनिया में आतंकवाद विरोधी माहौल बन गया है। इसका लाभ लेकर हम कुछ दीर्घकालिक रक्षात्मक कदम उठा सकते हैं। यह आवेश में आकर कुछ बड़े और हिंसक कदम उठाकर बर्बादी लाने वाले कदमों से ज्यादा प्रभावी और लाभकर होंगे। ईंट का जवाब पत्थर से देने वाला आक्रोश भाव अकारण नहीं है, पर ज्यादा सावधानी और समझ से उठाए गए कदम ज्यादा लाभदायक होंगे।

आज की स्थिति में मतभेदों को दूर करने का एकमात्र तरीका संवाद और समझौते का है और मानवीय समझ तथा विनम्रता के साथ ही यह काम किया जा सकता है। हमें यह स्वीकार करना होगा कि वास्तविक शांति एक-दूसरे को समझने, परस्पर आदर-भाव और विश्वास रखने से ही आती है। मानव समाज की समस्याओं को मानवीय ढंग से ही सुलझाना चाहिए और इसके लिए अहिंसा सही नजरिया है।

26 मई, 2007 **—परम पावन दलाई लामा**

प्राक्कथन

'बहुधा' की उत्पत्ति दिलचस्प है। जिन दिनों मैं वाशिंगटन में विश्वबैंक के कार्यकारी निदेशक के तौर पर काम कर रहा था, उसी दौरान 9/11 की घटना घटी। उस हादसे के बाद दो सवालों पर चर्चा करना हर बुद्धिजीवी का प्रिय शगल बन गया : 'आखिर क्या गड़बड़ हो गई?' और 'लोग हमसे [अमेरिकी लोगों] नफरत क्यों करते हैं?' उस हादसे के मुश्किल से दस दिन बाद ही आयोजित एक ऐसी बैठक में मैं शामिल हुआ था। काफी लोग आए थे और मैं अध्यक्ष के आसन के लगभग सामने बैठा था। अतिथि वक्ता इस निष्कर्ष पर पहुँच रहे थे कि आतंकवाद के खिलाफ राष्ट्रों का एक गठबंधन बनाया जाए। उन्होंने इस्लाम में क्रांतिकारी बदलावों, धार्मिक बहुलतावाद के मूल्यों और सहनशीलता की जरूरत बताई थी। जब उनका भाषण खत्म हुआ तो अध्यक्ष ने कहा कि बहुलतावाद की विरासत और सोच की मौलिकता के चलते भारत के पास इस सवाल का जबाव हो सकता है; और उन्होंने मुझे माइक पकड़ा दिया। मैं बोलने के लिए एकदम तैयार न था। मुझे याद है कि तब मेरे मुँह से पहला वाक्य यह निकला कि "भारत के पास जवाब हो सकता है, पर मेरे पास नहीं है।" फिर मैंने भारत में आतंकवाद से निपटने के अपने अनुभव सुनाए।

उसके बाद से ही यह विषय मेरे मन में घुमड़ता रहा और किसी वैश्विक सार्वजनिक नीति के संदर्भ में एक टिकाऊ वैचारिक ढाँचे पर विचार चलता रहा। 9/11 के बाद की दुनिया के विभिन्न मानक समूहों और समाजों के बीच मेल-जोल से जीवन व्यतीत कराने वाली कोई संभावित नीति, जो भारतीय अनुभवों के आधार पर तैयार हो, मेरे लिए चिंतन का विषय बनी रही।

यह कहा जाता है कि ज्ञान की तलाश हो तो गुरु मिल ही जाता है। भारत में जीवन को सार्थक और समृद्ध बनानेवाली एक दृष्टि रही है : "सच्चाई के बारे में दूसरे के नजरिए को इस उम्मीद और विश्वास के साथ स्वीकार करो कि उसकी बात भी सही हो सकती है।"[1] इस बात को ऋग्वेद का यह श्लोक बहुत अच्छी तरह कहता है : 'एकम सद् विप्रा बहुधा वदंति'[2] अर्थात सत्य एक ही है, विद्वान लोग इसे अलग-अलग तरह से बताते हैं।

'बहुधा' शब्द 'बहु' और 'धा' उपसर्ग से बना है। इसका अर्थ है-अनेक रास्ते या हिस्से या स्वरूप या दिशा। बहुत बार, बहुत चीजें, बार-बार जैसे अर्थों के लिए

इसका प्रयोग होता रहा है। जब यह शब्द 'कृ' मूल के साथ प्रयोग होता है तो इसका अर्थ कई गुनावाला हो जाता है। 'बहुधा' शब्द का प्रयोग विभिन्न अवसरों या समयों के लिए भी किया जाता है। यह बारंबारता को बताने के अर्थ में भी आता है। इस पुस्तक में 'बहुधा' शब्द एक परम सत्य पर निरंतरता, सद्भावपूर्ण संवाद और शांतिपूर्ण सामाजिक जीवन के संदर्भ में प्रयुक्त हुआ है। इसका यह भी अर्थ है कि जब हम 'बहुधा' का नजरिया अपनाते हैं तो बहुलतावाद सामाजिक सद्भाव का प्रभावी उपकरण बन जाता है।

राजनीति और समाजशास्त्र में बहुलतावाद काफी हद तक 'बहुधा' के करीब बैठता है। इतिहास, समाजशास्त्र और राजनीति में बहुलतावाद कई तरह से आता है-सांस्कृतिक बहुलतावाद, राजनैतिक बहुलतावाद और बहुलतावादी समाज। इनमें से प्रत्येक का अर्थ अलग-अलग है। राष्ट्र-राज्यों और विभिन्न जातीयता के लोगों के सह-अस्तित्व के साथ-साथ जीवन-स्तरों और पहचान के मुद्दों के संदर्भ में भी बहुलतावाद की चर्चा होती है।

यह नजरिया इस बात को स्वीकार करता है कि बहुलतावादी समाजों और बहुलतावाद में अंतर है। बहुलतावाद लोकतांत्रिक समाजों में एक अनिवार्य चीज है। बहुलतावादी समाजों में धर्म, भाषा और जातीयता की भूमिका काफी महत्वपूर्ण होती है। इस अर्थ में बहुलतावाद विकसित और विकासशील, दोनों समाजों के लिए जरूरी है।

बहुलतावादी समाज अनिवार्यतः बहुजातीय, बहुधार्मिक और बहुभाषी समाज होते हैं। ऐसे समाजों में विभिन्न तरह की सीमाएँ होती हैं : भाषायी, नस्लगत, धर्मगत और कई बार विचारधाराओं की भी। 'बहुधा' दर्शन इन सीमाओं को समाप्त करने या सभी पहचानों के आपस में विलीन होने या एक विश्वदृष्टि बनाने में विश्वास नहीं करता, बल्कि यह सबकी विविधता को स्वीकार करते हुए सिर्फ संवाद को प्रोत्साहित करता है और इस प्रकार साझा हितों की समझ को बढ़ावा देता है और अपनी पहचान को इन सीमाओं में अभिव्यक्त करने को प्रोत्साहित करता है। दूसरों की पहचान की समझ और मेल-मिलाप की सार्वजनिक नीति तय करने में भी यह मददगार हो सकता है। 'बहुधा' नजरिया इस तथ्य को जानता है कि बिना सीमाओंवाला समाज संभव नहीं है।

20वीं सदी के महान संघर्ष उपनिवेशवाद, फासीवाद और साम्यवाद के खिलाफ चले हैं। 21वीं सदी को अब अलग तरह की समस्याएँ विरासत में मिली हैं। आज का संघर्ष सहनशीलता और शांति बनाम उग्र धार्मिक मूलवादियों के बीच है।

1989 में बर्लिन की दीवार गिरने के बाद उत्साह का माहौल था कि अब दुनिया में शांति कायम हो जाएगी; और वक्त आ गया है कि जब सैनिक खर्चों पर लगनेवाली राशि विकास के कामों में लगाई जाए। यह भी लगा था कि भूमंडलीकरण की शक्तियों और मुक्त बाजार की अर्थव्यवस्था से दरिद्रता मिट जाएगी। पर ये उम्मीदें

अल्पकालिक ही साबित हुई। 1991 में ही कुवैत पर हुए इराकी हमले ने हमारे जीवन में सेना की महत्वपूर्ण भूमिका को फिर से रेखांकित किया।

आज की दुनिया में सैनिक ताकत न रखनेवालों की छोटी जमातें भी अशांति और बर्बादी फैलाने वाली ताकतों के रूप में उभरी हैं। आर्थिक ताकत और सैन्य शक्ति भी शांति की रक्षा करने में अपर्याप्त साबित हुए हैं। ऐसे में असली सवाल यह है कि भौतिक रूप से कमजोर, लेकिन 'करो या मरो' की भावना से काम करनेवाले दुश्मन से कैसे निपटा जाए?

लेकिन आज की दुनिया के सामने सिर्फ आतंकवाद और आत्मघाती दस्तों से ही खतरा नहीं है–दरिद्रता, महामारियाँ, बीमारियाँ, निरक्षरता और पर्यावरण का विनाश भी आज के बड़े खतरे हैं। दुनिया की आबादी करीब छह अरब है। इनमें से पाँच अरब लोग विकासशील देशों में रहते हैं। एक अरब से ज्यादा लोग एक डॉलर से भी कम की रकम पर रोज गुजारा करते हैं। करीब 10 करोड़ बच्चे स्कूल नहीं जाते। हर साल करीब 30 लाख लोग एड्स/ एच आई वी से मरते हैं, जिनमें से 20 लाख तो सहारा क्षेत्र अफ्रीका के ही हैं। आज दुनिया की आधी आबादी 25 वर्ष से कम उम्र की है। काफी सारे लोग बेरोजगार हैं। गैर-बराबरीवाली वैश्विक व्यवस्था से विक्षुब्ध लोगों की संख्या भी करोड़ों में है। यानी बदलाव की जरूरत बहुत बड़ी है।

वैश्विक राजनीति में भी हमने भारी बदलाव देखे हैं। चुनावी राजनीति के चलते वंचित वर्गों की विभिन्न माँगों का आज के शासक जमात पर भारी दबाव है। पारंपरिक राजनय और लोकतांत्रिक नजरिया इन माँगों से परेशान है; बल्कि नई उभरती चुनौतियों को सँभालना पारंपरिक राजनय के वश की बात नहीं रह गई है। लोकतांत्रिक राजनैतिक प्रक्रियाओं पर भी भारी दबाव है। इस सबसे विश्व-नेताओं की तरफ से नई, साहसिक और कल्पनाशील राजनीति की माँग उठ रही है। दुनिया के विभिन्न हिस्सों में स्वायत्तता के मुद्दे और कुछ इलाकों को लेकर विवाद अपनी जगह हैं, पर आज प्रमुख राष्ट्र-राज्य शांति और व्यापार के मामले में एक-दूसरे से होड़ करने में लगे हैं। नई दोस्तियाँ और क्षेत्रीय गठबंधन उभर रहे हैं। इस अपूर्व बदलाव के दौर में हमें पुराने सिद्धांतों और संवाद की भाषा को नया रूप देने की जरूरत है, उससे ऊपर उठने की जरूरत है।

उपनिवेशवाद की समाप्ति और सोवियत संघ के पतन के बाद लोकतांत्रिक शासन-व्यवस्था दुनिया में सबसे प्रमुख सामाजिक और राजनैतिक व्यवस्था के रूप में उभरी है। इसी से मानवाधिकारों और आजादी को ज्यादा से ज्यादा स्वीकार्यता मिली है। बहुधार्मिक और बहुजातीय समाजों में लोकतंत्र का बुनियादी उद्देश्य विभिन्न संस्कृतियों और सभ्यताओं के साथ-साथ चलने और फलने-फूलने को सुनिश्चित रखना है। लोकतांत्रिक शासन-व्यवस्था में अच्छे शासन का मतलब वैकल्पिक नजरियों को दरकिनार करना नहीं है; बल्कि उनके साथ ऐसा व्यवहार करना है जिससे टकराव और हिंसा न फूटे। तर्क और संवाद ही इस चीज को संभव बनाते हैं।

आज की असुरक्षित दुनिया के दौर में हमारे धर्मों के बुनियादी अर्थ को एक बार फिर से जानने की जरूरत है। अपनी शिक्षा-व्यवस्था को पुनर्गठित करने और बेहतर भविष्य बना सकने की बात को ध्यान में रखते हुए संयुक्त राष्ट्र को भी मजबूत करने की आवश्यकता है।

21वीं सदी में व्यक्ति और समुदाय दोनों ही स्तरों पर धर्म के एक प्रमुख शक्ति के रूप में फिर से उभरने को ध्यान में रखने की जरूरत है--खास तौर से सद्भाववाली सार्वजनिक नीतियाँ बनाते हुए। धर्मों के बारे में आधा-अधूरा ज्ञान और खासतौर से किसी एक के बारे में भ्रांतियाँ समाज में असंतोष को जन्म देंगी और मेल-मिलाप वाली विश्व-व्यवस्था बनाने का लक्ष्य और भी ज्यादा मुश्किल हो जाएगा।

धर्म एक बड़ी शक्ति है। शांति और आनंद पैदा करने का माध्यम होने के चलते यह लोगों में सद्भाव पैदा करता है और व्यक्ति के जीवन में आध्यात्मिकता और संतोष भाव भरता है। स्वतंत्रता और मानवाधिकार के मूल्यों को स्थापित करने के हक में हाल के इतिहास में भी महात्मा गाँधी और मार्टिन लूथर किंग जैसे लोगों ने न्याय और आजादी पाने के लिए किस तरह धर्म का उपयोग किया, यह हम सभी जानते हैं। स्वामी विवेकानंद और मदर टेरेसा को गरीब, अवांछित और अपंग लोगों की सेवा करने की प्रेरणा धर्म से ही मिली। धार्मिक आस्था ने ही दलाई लामा को प्रेम और शांति का संदेश सिर्फ तिब्बती लोगों, जिसमें भारत में विस्थापित जीवन जी रहे लोग भी शामिल हैं, में ही नहीं, दूर-दराज तक के लोगों में फैलाने की प्रेरणा दी।

दूसरी तरफ अतिवादी और कठमुल्ला नेताओं ने नफरत और हिंसा फैलाने के लिए भी धर्म का ही उपयोग किया है। धर्म की शक्ति किस दिशा में जाती है, यह धार्मिक नेताओं और धर्म-प्रमुखों के ऊपर ही निर्भर करता है। सारे धर्मों की उत्पत्ति या उनकी रचना तो प्रेम, करुणा, शांति, बंधुत्व की भावना को बढ़ाने, मानवीय आचरण को इन मूल्यों के अनुकूल बनाने और इनसे भरा नैतिक वितान रचने के लिए हुई है। मानव मात्र से, पशु-पक्षियों से और प्राकृतिक चीजों से प्रेम करने, उनके प्रति आदर-भाव विकसित कराने में धर्म काफी प्रभावी भूमिका निभा सकता है।

आज हर सचेत व्यक्ति आत्मघाती हत्याओं को लेकर चिंतित है। इतिहास में यह चीज कभी इस रूप में देखने में नहीं आई। यह कल्पना करना मुश्किल है कि किशोर और युवा जेहादी जन्नत पाने की कामना-भर के लिए ऐसा काम करते हैं। असल में तो इनमें से ज्यादातर राजनैतिक प्रेरणा से ही परिचालित होते हैं। उनकी विश्वदृष्टि में अमेरिका और पश्चिमी देश उनके सम्मान और खुशहाली के दुश्मन हैं। आत्मघाती हत्याओं का यह दौर इस बात को भी बताता है कि अनेक मुल्कों में उनके यहाँ होनेवाले वास्तविक या काल्पनिक अन्याय से लड़ने या लोगों के मन में उस लड़ाई के प्रति प्रतिरोधी भाव बैठा सकनेवाला राजनैतिक नेतृत्व नहीं है।

इस परिप्रेक्ष्य में विद्वानों की यह राय सही है कि धार्मिक उग्रवादी आंदोलनों और

सामाजिक टकरावों के बीच गहरा रिश्ता है। धार्मिक मामलों की विद्वान करेन आर्मस्ट्रांग मानती हैं कि 20/21 वीं सदी में धार्मिक कट्टरता/मूलवाद असल में वैज्ञानिक और धर्मनिरपेक्ष संस्कृति की प्रतिक्रिया में उभरा है।[3] काफी सारे व्यक्तियों और समाजों के लिए आधुनिकता और तेज आर्थिक बदलाव एक कष्टकारी प्रक्रिया रही है। ये लोग मुख्यत: उन्हीं मुल्कों और इलाकों में हैं, जो सदियों से औपनिवेशिक शासन और साम्राज्यवादी शोषण का शिकार रहे हैं। धार्मिक कट्टरपंथी खुलेआम यह एलान करते हैं कि वे उन ताकतों के खिलाफ संघर्ष कर रहे हैं, जो उनके पवित्र मूल्यों के लिए खतरा बन गई हैं।

सभी धर्मों : हिन्दू, बौद्ध, यहूदी, ईसाई और इस्लाम में कट्टरपंथी या मूलवादी तत्व हैं। आजकल सबसे ज्यादा चर्चा में है कट्टरपंथी इस्लाम। जिन लोगों को इस्लाम और आतंकवाद में संबंध दिखाई देता है, उन्हें यह बात ध्यान में रखनी चाहिए कि कुरान एक भी निर्दोष आदमी की हत्या को पूरी मानवता के खिलाफ अपराध मानता है। यह सहनशीलता सिखाता है और सभी धर्मों का आदर करने को कहता है। सभ्यताओं के संघर्ष का आह्वान करने की बात कौन कहे, कुरान सभी नस्लों, संस्कृतियों तथा औरत-मर्द के अंतर और विविधता को स्वीकार करते हुए उसे ईश्वर की बनाई चीज मानकर एक तरह से उसका उत्सव मनाता है। स्पेन में इस्लामी शासन के कई सौ वर्षों के दौरान यहूदी, ईसाई और मुसलमान बड़े सुख-चैन से रहे थे। इसी प्रकार अकबर और दूसरे शासकों के लंबे मुगल शासन काल में हिन्दू और मुसलमान बड़े मेल-जोल से साथ रहे। और यह हैरानी की बात नहीं कि कट्टरपंथी औरंगजेब के नाम पर कोई हिन्दुस्तानी माँ-बाप अपने बच्चे का नाम नहीं रखता। 11 सितंबर के बाद अगर कुछ मुसलमानों ने अपने बच्चों का नाम ओसामा रखा है तो इसे क्षणिक आवेश का मामला ही मानना चाहिए। उन्हें जैसे ही यह एहसास होगा कि वैश्विक सद्भावनापूर्ण व्यवस्था बड़ी चीज है, वैसे ही वे अतिवादी प्रतीकों का आदर करना बंद कर देंगे।

ऐसे में यही आशंका प्रबल लगती है कि आनेवाले कुछ समय तक आतंकवाद राजनैतिक विमर्श में प्रमुख स्थान घेरे रहेगा। लेकिन मेरी समझ में आतंकवाद हमारी सामाजिक और राजनैतिक व्यवस्था में कोई स्थायी चीज नहीं बनने जा रहा। जब कठमुल्ला और उग्रवादी जमातें लोगों की बढ़ती मानवीय आकांक्षाओं को पूरा करने और आधुनिकता की चुनौतियों से निपटने में असफल होंगी तो इस्लाम के आम अनुयायी के मन में अतिवादी जमातों के लिए उभरा प्रेम भी जाता रहेगा और इनके मन से इस जमात की पकड़ कमजोर होगी। स्वयं इस्लाम में सूफी जैसी अनेक प्रबल धाराएँ रही हैं, जो स्वयं कई सामाजिक और धार्मिक बीमारियों का इलाज कर सकती हैं और इनका समर्थन किया जाना चाहिए। यूरोप और अमेरिका में मुसलमानों का जिस तरह से स्थानीय समाज से अलगाव बढ़ा है, इस पर तत्काल ध्यान दिया जाना आवश्यक है। अगर उन्हें अपने रहने वाले समाज में ही नहीं स्वीकार किया जाता है

तब समस्या और बढ़ जाती है। मौजूदा स्थिति में सरकार और नागरिक समाज, दोनों तरफ से प्रयास किया जाना चाहिए। इसलिए हमें इस्लामी दुनिया के मध्यमार्गियों का समर्थन करना चाहिए, लोकतंत्र को बढ़ावा देना चाहिए और फिलीस्तीन जैसी पुरानी समस्याओं को सुलझाने की कोशिश करनी चाहिए। बौद्धिकों, औरतों और नौजवानों को बढ़ावा देने की जरूरत है, जिससे वे अपने मुल्क के राजनैतिक और सामाजिक मामलों में ज्यादा बड़ी भूमिका निभा सकें। हमारी दुनिया जितना ज्यादा लोकतांत्रिक बनती जाएगी, आतंकवाद और आत्मघाती हत्याओं का खतरा उतना ही कम होता जाएगा।

समकालीन इतिहास में महात्मा गाँधी धर्म के सबसे बड़े समर्थक थे और उनका धर्म सिर्फ सहनशीलता ही नहीं था, वह उससे बहुत आगे तक जाता था। यह काम उन्होंने अपने धर्म के गहरे ज्ञान और पक्की आस्था के साथ-साथ अन्य धर्मों के बारे में जानने को बढ़ावा देने जैसे अनेक तरीकों से किया। उन्होंने यह भी कहा कि लोगों को रोशनी मिलनी चाहिए, वह चाहे जहाँ से आती हो। वे आस्तिकों को इस बात का एहसास कराना चाहते थे कि अपने धर्म के प्रति विशेष अनुराग सर्वश्रेष्ठ है, लेकिन अन्य धर्मों का भी अनादर नहीं होना चाहिए। वे कहा करते थे कि हर धर्म अपूर्ण है, पर यह नफरत की जगह प्रेम की खूबसूरत अभिव्यक्ति है। महात्मा गाँधी मानते थे कि अगर धर्म को पहचान का मुख्य तत्व न बनाया जाए तो धार्मिक बहुलतावादी समाज में अपार क्षमता होती है। अहिंसक सत्याग्रह का उनका विचार संवाद की एक प्रक्रिया ही था, अर्थात बातचीत, अपने सत्य पर टिकना और दूसरे को उस पर सहमत करना या दूसरे के सत्य पर खुद सहमत होना।

महात्मा गाँधी से भी दो-ढाई हजार वर्ष पहले भगवान बुद्ध ने विवादों को निपटाने का एक तर्कपूर्ण तरीका बताया था। धर्म के मामलों में उन्होंने संवाद और समझदारी के बहुधा दर्शन को उजागर किया था। उनका ही वाक्य है :

"बंधुओ, अगर लोग मेरे खिलाफ या मेरे धर्म के खिलाफ या धम्म के खिलाफ बोलते हैं तो आपको उन पर क्रोध करने, उनसे नाराज होने की जरूरत नहीं है। अगर आप ऐसा करते हैं तो आप अपना आध्यात्मिक नुकसान करेंगे और यह फैसला भी नहीं कर पाएँगे कि वे जो कहते हैं, वह सही है या गलत।"[4]

सद्भावपूर्ण समाज बनाने में शिक्षा की केंद्रीय भूमिका है। शिक्षा तो घर से ही शुरू होनी चाहिए, क्योंकि अन्य आस्थाओं के प्रति सहनशीलता के बीज तो यहीं से पड़ते हैं। हम जानते हैं कि मनुष्य समाज में सिर्फ करुणा और प्रेम ही नहीं, नफरत और असहिष्णुता भी बहुत अधिक है। लेकिन जिस तरह लोगों को नफरत करना सिखाया जाता है, उसी तरह दूसरों को आदर देना और उनकी भावनाओं का सम्मान करना भी सिखाया जा सकता है।

दरअसल सद्भाव के लिए सार्वजनिक नीति का मसला शिक्षा के साथ काफी प्रमुखता से जुड़ा हुआ है। शैक्षिक पाठ्यचर्चा पर धनात्मक और रचनात्मक रूप से

जोर देने की तत्काल जरूरत है, जिससे इसमें से नफरत फैलाने और इतिहास को तोड़-मरोड़कर पेश करने वाले तथ्यों को हटाया जा सके। शिक्षा का काम रचनात्मक मानस और वैज्ञानिक सोच को विकसित करना है। सौभाग्य से आज दुनिया-भर में शिक्षा के प्रसार और उसके विकास-लक्ष्यों को लेकर नई चेतना और उत्साह है। दुनिया-भर के नेताओं द्वारा स्वीकृत इन लक्ष्यों में सभी बच्चों को साक्षर बनाने पर सहमति जताई गई है।

पर आपसी टकरावों को सुलझाना और निपटाना शिक्षा लेने-भर से बहुत आगे की चीज है। इस लक्ष्य के लिए संयुक्त राष्ट्र को उसके संविधान के मार्फत और ज्यादा ताकतवर बनाना होगा, जिससे वह विवादों को सुलझाने में प्रभावी संगठन बन सके। वैश्विक राजनैतिक व्यवस्था को सदस्य देशों के साझा हितों, नियमों और व्यवहारों को प्रदर्शित करना चाहिए।

राजनैतिक और आर्थिक मामलों में राष्ट्र-राज्यों के बीच आपसी समझदारी पैदा करने का सबसे अच्छा मंच संयुक्त राष्ट्र ही है। यह विभिन्न सभ्यताओं के बीच संवाद शुरू करने और उसे बनाए रखने का सार्थक मंच भी बन सकता है। ऐसे संवादों से शांति में मदद मिलेगी और समूहों तथा विभिन्न देशों के बीच टकरावों को सुलझाने में भी लाभ होगा।

अंतर्राष्ट्रीय मामलों में सार्वजनिक सद्भाव मानसिक और भौतिक दोनों ही अवस्थाओं में जरूरी है। राष्ट्रीय और वैश्विक स्तर के गैर-सरकारी राजनैतिक ढाँचे तथा दुनिया-भर के हजारों सामाजिक और आर्थिक उद्यमी उन समस्याओं को सुलझाने के लिए आगे आ रहे हैं, जिन्हें सुलझाने में राष्ट्र-राज्य और नौकरशाही खुद को असमर्थ पा रही थी। पर सबसे महत्वपूर्ण मुद्दा है नजरिया। व्यवस्थित समाज वह है, जिसमें नए विचारों को खपा लेने और फिर आगे बढ़ने की क्षमता होती है। नए विचारों का प्रतिरोध करनेवाले समाज रुग्ण होते जाते हैं।

ऐसा लगता है कि आज काफी सारे लोग उस व्यक्ति को नायक मानने, उसके लिए तालियाँ बजाने को तैयार हैं, जो एक दुश्मन को दोस्त में बदल दे, जो सारी मुश्किलों के बावजूद शांति और सद्भाव की मशाल को बुझने न दे। यह पारंपरिक नजरिए से उलट स्थिति है, क्योंकि तब किसी बड़े योद्धा को, सौ-पचास लोगों को मार सकनेवाले को ही सम्मान के साथ देखा जाता था।

जब हम भविष्य की तरफ नजर दौड़ाते हैं तो लगता है कि मुल्कोंवाली शासन-व्यवस्था ही प्रमुख बनी रहेगी। राष्ट्र-राज्य अपनी जगह छोड़कर विश्व-सरकार बनाने जैसी कोई पहल कर रहे हों, इसका अभी कोई संकेत नहीं है। ऐसा बदलाव शायद वांछित भी नहीं होगा। कानून के शासन और राष्ट्र-राज्यों की सहमतिवाली अंतर्राष्ट्रीय व्यवस्था ही टकरावों को निपटाने, सँभालने में प्रभावी होगी। आज अव्यवस्था और अराजकता का विकल्प भी दिखाई दे रहा है। आखिरकार मनुष्य के दिमाग की कोई सीमा जो नहीं है।

रवीन्द्रनाथ टैगोर की रचनाओं में 'बहुधा' के दर्शन की अभिव्यक्ति के बारे में अपने अध्ययन के क्रम में मुझे 'गीतांजलि' की डब्लू बी. यीट्स द्वारा लिखी गद्य भूमिका में एक जबरदस्त टिप्पणी दिखी, वे लिखते हैं : *"हम लंबी-लंबी किताबें लिखते हैं, जिनमें शायद ही कोई पन्ना आनंद देनेवाला होता है, क्योंकि वह बहुत सामान्य ढंग का होता है; जबकि भारतीय सभ्यता की तरह ही श्री टैगोर चीजों की आत्मा को ढूँढकर उसकी स्वाभाविकता पर निछावर हैं।"*[5]

इस टिप्पणी को पढ़ने के बाद मैं इस उधेड़बुन में फँस गया कि यह किताब लिखूँ या नहीं। क्या मैं सभ्यताओं के स्तर पर सद्भाव के मूल को ढूँढने की चुनौती को स्वीकार करके उचित कर रहा हूँ। मुझे तब भी यह मालूम था और अब भी यह एहसास है कि 'बहुधा' का नजरिया किसी तरह की नई खोज नहीं है, यह पुरानी सच्चाई को ही फिर से सामने लाना है-खासकर समाज, धर्म और राजनीति के बारे में एक बहुलतावादी नजरिए को। मैं अपने प्रयासों के नतीजों से पूरी तरह संतुष्ट नहीं हूँ। मुझे एहसास है कि न तो मैं सभ्यताओं के बीच सद्भाव की 'आत्मा को ढूँढ पाया हूँ' और ना ही मैंने खुद को दूसरी 'स्वाभाविकता के आगे समर्पित' कर दिया है। यह इतिहास के महान दर्शनों का काम है। मेरा प्रयास अपने दौर की परेशान करनेवाली गड़बड़ियों को शांत करनेवाले कुछ तरीकों की खोज-भर का है। सो, यह किताब इतिहास या दर्शन के तकनीकी अध्ययन की नहीं है। मैंने भारतीय और वैश्विक अनुभव में जो कुछ प्रासंगिक लगा, उसे दर्ज-भर करने की कोशिश की है-खासकर समाज में सद्भाव बढ़ाने वाली सार्वजनिक नीतियाँ बनाने के लिए उपयोगी और प्रासंगिक। निश्चित रूप से मैंने घटनाओं और व्यक्तियों का चुनाव काफी सोच-समझ कर किया है। इसके अलावा मुझे इस बात का एहसास भी है कि हमारी अपनी सांस्कृतिक पृष्ठभूमि भी हमारे नजरिए को प्रभावित करती है। मेरा उद्देश्य प्राचीन काल का या किसी व्यक्ति का गुणगान करना नहीं है। मैंने उनकी सफलताओं-असफलताओं से कुछ नतीजे निकालने की ही कोशिश की है। विलियम फॉकलर ठीक कहते हैं कि "भूत काल कभी भी जाता नहीं है; यह कभी भूत होता भी नहीं है।"[6]

भारत इन बहुलतावादी चुनौतियों के साथ इतने लंबे समय से जी रहा है, जितनी अनेक देशों की कुल उम्र नहीं है। भारत ने हिन्दू, बौद्ध और जैन धर्मों के बीच सभ्यता के स्तर पर टकराव का दौर तब देखा है, जब इस्लाम और ईसाई धर्म का प्रादुर्भाव भी नहीं हुआ था। भारत में यहूदी और ईसाई धर्म पहली सदी में ही आ गए थे। इस्लाम आठवीं सदी में आया। नौंवी सदी में फारस में जरथुस्ट्रवादियों को लगा कि हमलावर मुसलमानों से उनके धर्म को खतरा है और वे भागकर भारत के उत्तर-पश्चिमी तट पर आ बसे। उनके वंशज आज भी यहाँ हैं, अपने धर्म का पालन करते हैं और पारसी नाम से जाने जाते हैं। 15वीं सदी में सिख धर्म की उत्पत्ति एक अद्भुत उद्देश्य से हुई थी-हिन्दू और इस्लाम धर्मों के टकराव को समाप्त कर उनमें

शांति और सद्भाव कायम करने के लिए। पिछली सदी में जब तिब्बतियों को अपने धर्म और संस्कृति पर खतरा दिखा, तब उन्होंने भी भारत को सुरक्षित जगह के रूप में चुना और काफी सारे तिब्बती अभी भी यहाँ रहते हैं। इस प्रकार हम पाते हैं कि बहु-सभ्यतावाद भारतीय सभ्यता के अपने अनुभव का अभिन्न अंग है। बहुलतावाद का सबसे महत्वपूर्ण गुण है अनेक पहचानों के साथ जीना, उस पर विश्वास करना। भारत की शक्ति रही है बाहरी प्रभावों को अपने में समेटना। इसलिए हमें तब कोई हैरानी नहीं होती जब कोई भारतीय एक सेमिनार में मजे से एक साथ शेक्सपियर और तुलसीदास को उद्धृत करता है।

भारत में जो बहु-संस्कृतिवाद चलता है, वह नास्तिकता पर आधारित नहीं है। यह सभी धर्मों के मेल-जोल और धार्मिक आजादीवाला है। यही कारण है कि महात्मा गाँधी की प्रार्थना-सभाओं में सभी के धर्म-ग्रंथों से थोड़े-थोड़े अंश पढ़े जाते थे। भारत ही नहीं, सभी जगह धर्मनिरपेक्षता का मतलब है शासन का धर्म संबंधी मामलों से उदासीन होना। लेकिन बहु-संस्कृतिवाद उससे आगे की बात कहता है-यह सभी धर्मों और आस्थाओं को फलने-फूलने का अवसर देने की माँग करता है। धर्मनिरपेक्षता और बहु-संस्कृतिवाद परस्पर विरोधी नहीं हैं। भारतीय अनुभव का यही खुलापन धार्मिक और सामाजिक सद्भाव को सार्वजनिक बनाने का बुनियादी सूत्र और संगठन प्रदान करता है। यह स्थापित करता है कि विवादों को संवाद के माध्यम से सुलझाया जाना चाहिए और दुनिया के सभी हिस्सों में विचारों और चिंतन-प्रक्रियाओं के प्रवाह की पूरी आजादी होनी चाहिए।

9/11 की घटना का एक प्रमुख सबक यह भी है कि हम परस्पर निर्भर दुनिया में रह रहे हैं, धर्म के नाम पर हिंसा और टकराव की व्यर्थता मुट्ठी-भर लोगों को छोड़कर सभी स्वीकार करते हैं। इसी संदर्भ में जनमत को और मजबूत बनाने की जरूरत है। हमें यह मानना होगा कि शिक्षा और मीडिया जैसी कई चीजें जनमत बनाने में काफी महत्वपूर्ण भूमिका निभाती हैं। ऐसे में एक वैश्विक दृष्टिकोण अपनाने की जरूरत है। संवाद से लोगों के बीच आपसी संबंध सुनिश्चित होते हैं। संवाद से हर बार सर्वानुमति या समझौता पा लिया जाए, यह संभव नहीं है, लेकिन यह लोगों में आपसी समझ और संबंध को बढ़ाता ही है। आतंकवाद का हल इनको दबा देना नहीं है, जैसा कि कुछ लोग सोचते हैं। इससे न सिर्फ नफरत पैदा होगी, बल्कि संवाद और शांतिपूर्ण बदलाव के मार्ग में परेशानियाँ भी खड़ी होंगी। मानवाधिकारों का, धार्मिक आस्थाओं का, दूसरी संस्कृतियों का आदर करना संवाद-प्रक्रिया को आगे बढ़ाने और अंततः सुरक्षा पाने तथा उसे टिकाऊ बनाने के काम में काफी दूर तक मददगार साबित होगा।

मुझे अब भी ऐसी दुनिया की कल्पना नहीं होती जिसमें बलप्रयोग न हो, लेकिन निश्चित रूप से टकराव का समाधान निकालने के लिए सैनिक बल का प्रयोग सबसे आखिर में होना चाहिए और बाकी सभी विकल्पों को आजमा लेने के बाद ही इस

पर आना चाहिए। संभव है कि आतंकवाद का जोर धीरे-धीरे कम होता जाए, पर विश्व शांति को दरिद्रता, असमानता, पर्यावरण विनाश (ग्लोबल वार्मिंग समेत), बीमारियों और निरक्षरता से दीर्घकालिक खतरा है।

इस पुस्तक का संदेश राजनीति, शासन और कूटनीति के दाँव-पेंच की जगह संवाद और करुणा से ज्यादा जुड़ता है। फिर भी हमें एहसास है कि बिना कानून का शासन कायम किए आपसी समझ और प्रेम पर आधारित सामाजिक व्यवस्था बना लेना संभव नहीं होगा। वैसी स्थिति में संवाद की प्रक्रिया चल ही नहीं पाएगी या वह रचनात्मक प्रक्रिया रह नहीं पाएगी और टकरावों के निपटारे की व्यवस्था के रूप में इसका मोल एकदम सीमित रह जाएगा। भविष्य की दुनिया को सबको साथ लेकर, सबको समाहित करके चलनेवाला बनना होगा, जिसमें छोटे-बड़े हर देश की अपनी एक जगह होगी, उसको अपनी जगह का एहसास होगा, अपने महत्व का पता होगा।

हर किताब का भी अपना प्रारब्ध होता है। इस किताब को कितना सम्मान मिलेगा, इसकी भविष्यवाणी मैं नहीं कर सकता, लेकिन 'बहुधा' नजरिए के प्रति अपनी गहरी आस्था के चलते मुझे भरोसा है कि मानवीय मामलों में इसका जरूर कुछ योगदान होगा। अनेक अर्थों में किताब लिखना 'स्वांत: सुखाय' है। मेरे चिंतन और लेखन के हर हिस्से ने संभावनाओं और प्रयोगों के नए दरवाजे खोले हैं। इसी भावना के साथ मैं यह किताब पाठकों के समक्ष रख रहा हूँ।

संदर्भ

1. बी. पी. सिंह, बहुधा और 9/11 के बाद की दुनिया, गाँधी स्मृति और दर्शन समिति, नई दिल्ली में दिया गया व्याख्यान, 2004, पृ. 7
2. ऋग्वेद (1.164-46)
3. करेन आर्मस्ट्रांग, द ग्रेट ट्रांसफार्मेशन : द बिगिनिंग ऑफ आवर रिलीजियस ट्रेडिशन्स, अल्फ्रेड ए. नाफ, न्यू यार्क/टोरंटो, 2006 पीपी. xi-xviii
4. एस. राधाकृष्णन, गौतम बुद्धा, एनुअल लेक्चर ऑफ मास्टरमाइंड, ओयूपी, यूके, 1938
5. डब्लू. वी. यीट्स की भूमिका, गीतांजलि, रवीन्द्रनाथ टैगोर, रवीन्द्र भवन, विश्वभारती, शांतिनिकेतन, प्रकाशन तिथि, 23 दिसंबर 1999, पृ. 13
6. आर. जी. कालिंगवुड, द आइडिया ऑफ हिस्ट्री, क्लेरेंडन प्रेस, ऑक्सफोर्ड, 1993, पृ. 282-30

आभार

इस पुस्तक पर मैं तीन वर्षों से काम करता रहा हूँ। इस दौरान भारत सरकार और अनेक सार्वजनिक संस्थाओं, मित्रों, विद्वानों, कई तरह के अन्य लोगों तथा राजनेताओं ने मेरी मदद की।

इस संदर्भ में सर्वप्रथम मैं इंदिरा गाँधी राष्ट्रीय कला केंद्र, नई दिल्ली और संस्कृति विभाग, भारत सरकार के प्रति आभारी हूँ, जिन्होंने इस पुस्तक के लिए अनुसंधान और लेखन में मदद की।

इस पुस्तक के प्रकाशन में ओमैक्स फाउंडेशन की अध्यक्ष श्रीमती सुषमा गोयल ने भरपूर मदद की और 'बहुधा' आदेशों को आगे ले जाने में सम्मति भी प्रगट की। उनके हम आभारी हैं।

गाँधी दर्शन एवं गाँधी समिति, नई दिल्ली ने मुझे 7 नवंबर 2003 को 'बहुधा और 9/11 के बाद की दुनिया' विषय पर व्याख्यान देने के लिए बुलाया और एक पुस्तिका का प्रकाशन कराया। वही व्याख्यान 31 जनवरी-1 फरवरी 2004 को नई दिल्ली में हुए वैश्विक शांति और अहिंसा सम्मेलन के लिए तैयार किए गए साहित्य के लिए आधार सामग्री भी बना।

'बहुधा' नजरिए के बारे में लिखे गए मेरे आलेखों को प्रकाशित करनेवाली पत्रिका मेनस्ट्रीम, सोशल चेंज, डॉयलाग, गगनांचल, मानक, मैन एंड डेवलपमेंट तथा भवन्स जर्नल के संपादकों तथा अँगरेजी और हिन्दी के अनेक अखबारों के संपादकों के प्रति भी मैं आभारी हूँ।

मेरा सौभाग्य था कि मुझे इस परियोजना के लिए डॉ. कैलाशचंद्र मिश्र जैसा अनुसंधान-अधिकारी और श्री रमन पाठक जैसा परियोजना-अधिकारी मिला। डॉ. कैलाश की अगुवाई में अनुसंधान टोली ने टकराव टालने और समाप्त करने के बारे में गाँवों के सामान्य लोगों की राय जुटाने का काम किया, शांति, खुशहाली और सद्भाव के बारे में उनकी राय भी जुटाई गई। श्री रमन के प्रयासों और परिश्रम के बिना इस पांडुलिपि को तैयार कर पाना संभव न होता।

'बहुधा' के बारे में मेरी समझ बनाने और बढ़ाने में अनेक घटनाओं और व्यक्तियों ने योगदान किया। बचपन में मैं अपने बाबा हृदय नारायण सिंह को बार-बार 'सभ्यता और सहानुभूति' जैसे दो 'चिड़ियाँ' के रूप में दोहराते पाता था।

फिर बाद के वर्षों में अनेक लोगों ने इस विषय की मेरी समझदारी को बढ़ाने का काम किया। इनमें वे चार परम आदरणीय लोग भी हैं, जिन्हें यह किताब समर्पित है। प्रोफेसर राल्फ बुल्तजेन्स अध्यापक, अध्येता और विद्वान हैं। डॉ. अख्लाकुर रहमान किदवई वैज्ञानिक हैं और लंबे समय तक बिहार, पश्चिम बंगाल और हरियाणा के राज्यपाल रहे हैं। डॉ. बिंदेश्वर पाठक समाज सुधारक और सुलभ शौचालय आंदोलन के प्रणेता हैं। प्रोफेसर सामदोंग रिनपोचे बौद्ध भिक्षु होने के साथ विलक्षण नेता और प्रशासक (भारत में निर्वासित सरकार के प्रधानमंत्री) हैं। किताब का काम आगे बढ़ा तो अनेक लोग 'बहुधा' नजरिए के बारे में मुझसे अपने विचारों का साझा करने के लिए आगे आए। उनके चिंतन और ज्ञान ने मेरे विश्लेषण को बेहतर बनाया।

मैं उन अद्‌भुत संपादकों का ऋणी हूँ जिन्होंने बहुत ध्यान से और मन लगाकर इस पांडुलिपि को पढ़ा। इनमें हैं प्रसिद्ध पत्रकार अरविन्द मोहन, साहित्यकार रामकुमार कृषक, देशकाल के संजय कुमार और भारतीय विदेश सेवा में रहे राजदूत प्लेसिडो डिसूजा। अरविन्द मोहन जी के बिना इस पुस्तक को लिखना संभव नहीं था।

इस किताब को लिखने में मुझे कई परेशानियों का सामना करना पड़ा–धन का अभाव, परिवार में बीमारी, काम की जगह और कर्मचारियों की बदली, वगैरह। सौभाग्य से इंडिया इंटरनेशनल सेंटर के मुख्य पुस्तकालाध्यक्ष और मेरे मित्र एच. के. कौल ने मेरी मदद की। मैं उनका और उनकी पूरी टोली का हृदय से आभारी हूँ।

मेरे परिवार ने मेरे काम में हर तरह से मदद की है। मेरी पत्नी करुणा मेरी इस पाँचवीं किताब को लिखते समय की सारी परेशानियों को सँभालती रहीं और मुझे चिंता-मुक्त रखा। मेरे बच्चों–सुमिता और उसके पति पारस, राजीव और उसकी पत्नी कीर्ति, तथा प्रिती और उसके पति राजीव रंजन मेरे काम का भरपूर समर्थन करते रहे। मेरे छहों नाती-पोतों-नतनियों को यह उत्सुकता रही कि 'बहुधा' है क्या। खासतौर से, गौरी सिंह बार-बार पूछती रही कि कितना लिखा जा चुका है; और जब किताब खत्म हुई तो वह बहुत खुश हुई। मेरे पिता का आशीर्वाद और स्नेह सदा मेरे साथ रहा है। सार्वजनिक और प्रशासनिक कार्यों तथा पढ़ाई-लिखाई, दोनों ही कामों में उनका बहुत बड़ा संबल रहा। 'बहुधा' से जुड़ा अध्ययन और लेखन भी उनके इसी प्रेम और स्नेह से सिंचित हुआ है।

–बाल्मीकि प्रसाद सिंह

अनुक्रम

I

बहुधा की तलाश में दुनिया

अध्याय-1

आज की दुनिया

You may say I am a dreamer,
But I am not the only one,
I hope some day you join,
And the world will be one.[1]

ख्वाबों में जीने वाला
हूँ मैं ही नहीं अकेला
कल तुम भी होगे साथ
फिर जमेगा दुनिया का मेला। (भावार्थ)

–जॉन लेनन

यह एक तथ्य है कि धार्मिक, राजनैतिक और आर्थिक कारण घटनाओं को खास रूप देते हैं और वह घटनाक्रम भविष्य के प्रारूप को तय करता है। अगर हम विगत घटनाओं को पूरी तरह जान-समझ लें, तब भी हम वर्तमान को इतिहास से अलग नहीं कर सकते। भूत और वर्तमान एक-दूसरे से जुड़े हुए हैं, एक-दूसरे को प्रभावित करते हैं और एक-दूसरे के साथ ही चलते हैं। फिर भी कुछ ऐसी घटनाएँ हैं जो अपना स्वतंत्र अस्तित्व भी रखती हैं। सन् 1989 से 2001 के बीच दुनिया में जो बहुत सारी घटनाएँ घटीं, उनमें से तीन बहुत महत्वपूर्ण हैं, और वे ये हैं :

1. 1989 में बर्लिन की दीवार का गिराना,
2. 1997 में हांगकांग वापस चीन को मिलना; और
3. 11 सितंबर 2001 में अमेरिका पर आतंकी हमला।

ये तीनों घटनाएँ सांकेतिक भी हैं और स्थूल भी। बर्लिन की दीवार का गिरना कई मायने में लोकतांत्रिक विजय का शंखनाद था तथा साम्यवाद और तानाशाही की विफलता का द्योतक भी। हांगकांग का वापस चीन को मिलना औपचारिक रूप से उपनिवेशवाद की समाप्ति का उद्घोष था। इसने बहुतों के मन में तिब्बत की समस्या के सुलझाने की उम्मीद भी जगाई थी। 9/11 की घटना के पश्चात अमेरिका और

उसके मित्र राष्ट्रों ने पहले अफगानिस्तान पर और बाद में इराक पर हमला किया। इराक के हालात आज भी सामान्य नहीं हैं। उसके बाद आतंकवाद एक बड़ी चुनौती के रूप में उभरा है। भारत में होनेवाली आतंकवादी घटनाओं की तरफ भी विश्व का ध्यान खींचा जाने लगा है। मोटे तौर पर कहा जाय तो इन तीनों घटनाओं ने दुनिया के करोड़ों लोगों के जीवन को छूने के साथ-साथ भावी इतिहास की दिशा को भी प्रभावित किया है।

9 नवंबर 1989 : बर्लिन की दीवार का ध्वंस

भूगोल का अभिशाप' जैसी उक्ति जितनी अधिक जर्मनी पर लागू होती है, उतनी किसी और देश पर नहीं। 1941 में फ्रेडरिक महान के शासन काल में जब जर्मनी ने बड़ी ताकत बनने की राह पकड़ी, तभी से इसने अलग भौगोलिक रूप लिया। यों यह सदा ही यूरोप के मध्यवर्ती हिस्से का महत्वपूर्ण अंग रहा, लेकिन सदा ही 'मुश्किल' सीमाओं में घिरा रहा है: पश्चिम में फ्रांस, पूर्व में रूस, दक्षिण-पूर्व में आस्ट्रिया हैब्सबर्ग, और पूरे उत्तरी सागरवाले इलाके में ब्रिटेन इसका पड़ोसी है।

जर्मनी के राजनैतिक ढाँचे में भी निरंतर और तेज बदलाव होते रहे हैं। विल्हेनमायर साम्राज्य (1871-1918) से लेकर वायमर गणतंत्र (1919-1933) तक तथा हिटलर के थर्ड राइख (1933-1945) से लेकर नए बने दो मुल्कों—जर्मन संघीय गणराज्य और जर्मन लोकतांत्रिक गणराज्य और फिर 1990 में एकीकृत जर्मनी तक। दोनों विश्वयुद्धों के बीच के दौर के घटनाक्रमों ने न सिर्फ जर्मन राजनैतिक महत्त्वाकांक्षाओं पर अंकुश लगाया, बल्कि उसे आर्थिक रूप से पस्तहाल करके भी छोड़ा।

द्वितीय विश्वयुद्ध के बाद जो व्यवस्था की गई, उसमें जर्मनी दो टुकड़ों—जर्मनी संघीय गणराज्य और जर्मन लोकतांत्रिक गणराज्य में बँट गया।[2] उसे सोवियत महत्त्वाकांक्षा की नई मान्यताओं के चलते ऐसा करना पड़ा था। द्वितीय विश्वयुद्ध के बाद की व्यवस्था के अनुसार सोवियत संघ को जर्मन लोकतांत्रिक गणराज्य समेत पूरे पूर्वी यूरोप के देशों में भारी सैनिक बल रखने का अधिकार मिला। ऐसा सिर्फ सैनिक तैयारी और आक्रमण को रोकने के लिए ही नहीं, बल्कि किसी भी संभावित वैचारिक विद्रोह को दबाने के लिए भी किया गया।

पश्चिम बर्लिन समेत पूरे पश्चिम जर्मनी में अमेरिकी मार्शल योजना की मदद से तेज आर्थिक विकास हुआ और लोगों के जीवन-स्तर में सुधार हुआ। पूर्व जर्मनी में कम्युनिस्ट व्यवस्था स्थापित हुई और कम्युनिस्ट पार्टी के दमन तथा पर्याप्त निवेश न होने से आए आर्थिक पिछड़ेपन के चलते लोग परेशान रहे। परिणाम यह हुआ कि पूर्वी जर्मनी के काफी सारे लोग आर्थिक अवसरों की तलाश में चोरी-छिपे पश्चिमी जर्मनी पहुँचते गए। 1949 से 1961 के बीच पूर्व जर्मनी से 26 लाख से

ज्यादा लोग पश्चिमी जर्मनी आए। (पूर्वी जर्मनी की मुख्य आबादी करीब 17 मिलियन थी)। लोगों को पूर्वी जर्मनी से पश्चिमी जर्मनी जाने से रोकने के लिए ही बर्लिन की दीवार बनाई गई, जो 13 अगस्त 1961 को बनकर तैयार हुई।

पूर्वी यूरोपीय देशों के लोगों ने कई बार कम्युनिस्ट शासन प्रणाली के खिलाफ बगावत की। 1953 में बर्लिन में, 1956 में बुडापेस्ट में और 1968 में प्राग में बड़े विद्रोह हुए। 1980 में पौलेंड में पहले स्वतंत्रता मजदूर संघ[3] के गठन के साथ ही कम्युनिस्ट प्रणाली की समाप्ति का काम भी शुरू हो गया।[4] उस समय तक सोवियत संघ अपने प्रभाव से छोटे मुल्कों पर पर्याप्त नियंत्रण रखे हुए था लेकिन 1984 में नए नेता मिखाइल गोर्बाचेव के सत्ता में आने के बाद से सोवियत राजनीति एकदम बदल गई।[5] उन्होंने आर्थिक पुनर्निमाण (पेरोस्त्रोइका) और खुलेपन (ग्लासनोस्त) की नीतियाँ अपनाईं। मई 1989 में पश्चिमी जर्मनी की अपनी आधिकारिक यात्रा के दौरान मिखाइल गोर्बाचेव ने चांसलर हेल्मुट कोल को सूचित किया कि 'ब्रेझनेव सिद्धांत' को त्याग दिया गया है और सोवियत संघ अपने प्रभाव से अन्य मुल्कों में लोकतांत्रिक बदलाव रोकने के लिए कोई बल प्रयोग नहीं करेगा। यह कथन सही मायनों में पूर्व जर्मनी के अस्तित्व के अन्त की शुरुआत थी।

सितंबर 1989 में 13000 से भी कहीं अधिक पूर्वी जर्मन नागरिक हंगरी के रास्ते अपने देश भाग गए। उधर सरकार के खिलाफ बड़े प्रदर्शनों की झड़ी लग गई और 18 अक्टूबर 1989 को पूर्वी जर्मनी के शासन-प्रमुख एरिक होनेकर को इस्तीफा देना पड़ा। इगोऊ क्रेंज की नई सरकार ने पूर्व जर्मन नागरिकों की आवाजाही से पाबंदियाँ उठाने का नया कानून बनाया।

9 नवम्बर 1989 को शाम 6.53 पर नई पूर्वी जर्मन सरकार के एक सदस्य ने पूर्वी बर्लिन में प्रेस कांफ्रेस में घोषणा की कि आबाजाही संबंधी नया कानून तत्काल प्रभाव से लागू हो गया है। इस घोषणा को सुनते ही हजारों पूर्वी बर्लिनवासी वहाँ से बर्लिन की दीवार की तरफ दौड़ पड़े। बार्नहोल्मर स्ट्रास के पहुँचने पर लोगों ने सीमा पर लगे दरवाजे खोलने की माँग की और रात 10.30 बजे पर दरवाजे खोल दिए गए। जाहिर है इसका अर्थ बर्लिन की दीवार की समाप्ति भी था।[6] जल्दी ही पश्चिमी बर्लिन जानेवाले अन्य दरवाजे भी खोल दिए गए।

अक्सर ऐतिहासिक अवसर बर्बाद हो जाते हैं या बर्बादी लानेवाले साबित होते हैं। ऐसा नए नेताओं की अकुशलता या आपस में सहयोग करने में उनकी असमर्थता के चलते होता है। जर्मन एकीकरण के मामले में यह नियम लागू नहीं हुआ और इससे ठीक उल्टा नतीजा निकला। शीतयुद्ध के दौर में जर्मनी का विभाजन बेमानी बनता गया था, जबकि इसी के चलते यह स्थिति बनी थी। इस परिप्रेक्ष्य में एकीकरण का काम बहुत ही आसानी से, तेजी से और इससे बढ़कर बिना खून-खराबे के हो गया।[7]

इस दीवार का महत्त्व बर्लिन भर के लिए ही नहीं था, बल्कि यह पूरी दुनिया

के लिए था। 1945-89 के दौर में बर्लिन की दीवार ने दुनिया की राजनीति, अर्थव्यवस्था और संस्कृति पर अमिट छाप छोड़ी। इस दीवार को गिराया जाना न सिर्फ एक नाटकीय घटना थी, यह एक ऐतिहासिक जीत का अंश भी थी, जिसने इतिहास के एक अध्याय को समाप्त किया। इसने करोड़ों लोगों के जीवन जीने के तरीके को बेहतर भविष्य के लिए पुनर्परिभाषित किया। आम लोग और विभिन्न समुदाय आपसी मतभेदों और विवादों को किस तरह निपटाएँगे, इस घटना ने उस चीज को प्रभावित किया। वे अपने उद्देश्यों को पूरा करने के लिए किस तरह आगे बढ़ेंगे, कैसे आगे की यात्रा करेंगे, कैसे संवाद रखेंगे, इन पर भी इसका प्रभाव पड़ा।

बर्लिन की दीवार गिरने के बाद 1991 में सोवियत संघ का भी पतन हो गया और उसके इलाके भी अलग हो गए। एक सोवियत संघ की जगह अब रूस और 15 अन्य देश बन गए। 1917 में बोल्शेविक क्रांति ने जारशाहीवाले रूस को साम्यवादी सोवियत समाजवादी गणराज्य (यूएसएसआर) अर्थात् सोवियत संघ में बदल दिया था। बर्लिन की दीवार गिरने के बाद के नए रूस का मतलब एक बड़े साम्राज्य की समाप्ति था, जो कभी निकोलस द्वितीय तो कभी स्टालिन के नाम के साथ जुड़कर खौफ पैदा किया करता था। वामपंथी रुझानवाले नामी इतिहासकार ऐरिक हाब्सबाम सोवियत खेमे और सोवियत संघ के पतन को विश्व इतिहास के एक युग का अंत मानते हैं।

बोरिस येल्तसिन और अब ब्लादिमीर पुतिन की अगुवाईवाले नए रूस के मध्यमार्गी और एकजुट रूप में उभरने की उम्मीदें प्रबल हुई हैं। वैसे अभी रूस ने न तो उस ढाँचागत स्वरूप को पूरी तरह खत्म किया है जो एक तानाशाही शासन-व्यवस्था के लिए उपयोगी होता है, न ही उसके स्वभाव से उसकी पुरानी शासन-शैलीवाली आदतें पूरी तरह समाप्त हुई हैं। इसने लोगों की लोकतांत्रिक आकांक्षाओं को वैधानिक स्वरूप दे दिया है । रूस में पहले ऐसा कभी नहीं था। आज का रूस वैश्वीकृत अंतर्राष्ट्रीय अर्थव्यवस्था का भी अंग बन चुका है। इसमें सकल घरेलू उत्पादन में विदेश व्यापार का हिस्सा हो या देश में आने-जाने वाली बाजारी पूँजी का प्रवाह हो या फिर अंतर्राष्ट्रीय वित्तीय संस्थाओं से इसके व्यावहारिक संबंध, यह सभी इसकी विदेश नीति के साथ शामिल है।[8]

पर इस बात में भी शक नहीं है कि 21वीं शताब्दी में हम जिस अंतर्राष्ट्रीय व्यवस्था को उभरते देखेंगे, उसके निर्धारण में एकीकृत जर्मनी और मजबूत रूस धनात्मक भूमिका निभाएँगे और नीतियों पर उनका असर कमोबेस वैसा ही होगा, जैसाकि अमेरिका का।[9]

विश्वयुद्ध के बादवाली अंतर्राष्ट्रीय व्यवस्था के बदलने जैसा विशाल संरचनात्मक बदलाव तभी संभव है, जब निर्णायक घटनाओं के लिए जरूरी ऊर्जा पैदा करनेवाली असामान्य घटनाएँ शुरू हों। पर नई व्यवस्थाओं को सँभालने-थामने के लिए भी दीर्घकालिक राजनैतिक और आर्थिक घटनाएँ उनके लिए अनुकूल माहौल

पैदा करें। 1989-91 की ये अप्रत्याशित घटनाएँ उत्तरी गोलार्द्ध के राजनैतिक नक्शे को बदलने योग्य माहौल और भाव पैदा करने का काम कर रही हैं।

समाज विज्ञान के नजरिए से हम लोग अक्सर लोकतंत्र और साम्यवाद, पूँजीवाद और समाजवाद के गुण-दोषों, उनकी कमियों और विशेषताओं, बाजार और शासन की भूमिकाओं की चर्चा करते रहेंगे।[10] लोकतंत्र, पूँजीवाद और मुक्त बाजार को आगे बढ़ाने में बर्लिन की दीवार के गिरने वाली घटना ने धनात्मक भूमिका निभाई। राजनीति और अर्थशास्त्र के सबसे विश्वसनीय उपकरणों के रूप में यही तीन अवधारणाएँ सामने आई हैं। इतिहास के आज के दौर में किसी भी जवाबदेह राष्ट्र या जवाबदेह राजनैतिक नेतृत्व के पास इनके अलावा कोई विकल्प नहीं है। तीसरी दुनिया के देशों और पूर्व कम्युनिस्ट देशों ने कम या अधिक उत्साह से आखिरकार इन्हीं व्यवस्थाओं का चुनाव किया है। इन देशों ने अपने बजट को संतुलित किया है, सबसिडी में कटौती की है, विदेशी निवेश का स्वागत किया है और सीमा-शुल्क की दरों में कमी की है। पर इनसे हर कहीं शांति और समृद्धि आ ही गई हो, ऐसा नहीं है।

पर तीसरी दुनिया में हालाँकि ऐसे काफी सारे सोचने-समझनेवाले लोग हैं जो मानते हैं कि निराशा, बेचैनी और नाराजगी विकास की प्रक्रिया में आने वाले अस्थायी दौर हैं। हर्नांडो डी सोतो संभावित इतिहास के बारे में लिखते हुए ठीक ही कहते हैं :

> *ये समस्याएँ सिर्फ तीसरी दुनिया के देशों या पूर्व कम्युनिस्ट देशों मे ही दिखाई नहीं दी हैं। यही बात 1783 में अमेरिका पर भी लागू होती है, जब राष्ट्रपति जार्ज वाशिंगटन ने शिकायत की थी कि देश के ज्यादातर लोगों की कीमत पर ही लुटेरे देश की मलाई उतार, लूट और छीन रहे हैं।*[11]

वे आगे कहते हैं :

> *''पश्चिमी देशों ने अपनी अर्थव्यवस्था में अपने गरीबों को इतनी खूबसूरती और सफलता सें खपा लिया है कि अब वे यह भी भूल गए हैं कि यह काम कैसे हुआ था, और पूँजी का निर्माण कैसे शुरू हुआ था। जैसा कि अमेरिकी इतिहासकार गार्डन वुड ने लिखा है : समाज और संस्कृति में कुछ बहुत महत्वपूर्ण बदलाव हो रहे थे, जिसने लोगों की आकांक्षाओं और ऊर्जा का ऐसा विस्फोट कराया जो अमेरिकी इतिहास में पहले कभी नहीं हुआ था।*[12] *यह 'कुछ बहुत महत्वपूर्ण' था अमेरिका और यूरोप में औपचारिक संपत्ति कानून बनाना और इस कानून में परिवर्तनवाली उस प्रक्रिया को मंजूरी देना जो पूँजी के निर्माण की अनुमति देता था। यही वह क्षण था जब पश्चिम ने सफल पूँजीवाद की तरफ बढ़नेवाली लक्ष्मण रेखा को लाँघा, जब यह कुछ लोगों के प्राइवेट क्लब की जगह जन संस्कृति के रूप में आया, जब जार्ज वाशिंगटन के 'लुटेरे' उस बदलाव के अग्रदूत बने जो आज अमेरिका*

की पहचान बन गया है।''[13]

मूल रूप से भूमंडलीकरण दुनिया के देशों और लोगों को ज्यादा करीब लाया है। यह परिवहन और संचार-खर्चे में आई भारी कमी और वस्तुओं, सेवाओं, पूँजी, ज्ञान और (एक हद तक) लोगों की आवाजाही में कृत्रिम बाधाओं के हटने से संभव हो पाया है। भूमंडलीकरण के साथ ही अनेक नई संस्थाएँ/व्यवस्थाएँ भी सामने आई हैं, जो पहले से मौजूद संस्थाओं के साथ मिलकर पूरी दुनिया के कामकाज को देख रही हैं।[14]

पूर्वी यूरोप के देश साम्यवादी व्यवस्था और नियोजित बाजार-व्यवस्था से निकलकर तेजी से लोकतंत्र, निजी संपत्ति और मुक्त बाजार-व्यवस्था को अपना रहे हैं। स्वतंत्र शासन प्रणाली और मुक्त बाजार-व्यवस्था से इनमें से अधिकांश क्षेत्रों को लाभ हुआ है। वहाँ जीवन-प्रत्याशा दर बढ़ी है, चीजों के अभाव के किस्से पुराने पड़ गए हैं और नित नए अवसर बन रहे हैं। विचारों, लोकतंत्र और नागरिक समाज के भूमंडलीकरण ने लोगों की सोच और नजरिए को बदल दिया है। पर जिन देशों ने अपने भाग्य की बागडोर अपने ही हाथों में रखी और विकास में सरकार की भूमिका को ठीक से पहचाना, उनको ज्यादा लाभ मिला है। इसका यह मतलब भी नहीं है कि सभी को लाभ हुआ है। काफी सारे लोग इस लाभ के दायरे से बाहर छूटे हैं, कई लोगों का रोजगार खत्म हुआ है और इनके चलते उनका जीवन ज्यादा असुरक्षित हुआ है। ऐसे लोग अपने आपको ज्यादा असहाय महसूस कर रहे हैं।

इस बात से इन्कार नहीं किया जा सकता कि विकासशील देशों की राष्ट्रीय सरकारों को अपने यहाँ के गरीबों के जीवन-स्तर में सुधार लाने, सभी को स्वास्थ्य तथा शिक्षा जैसी सुविधाएँ देने और आगे बढ़ने के अवसर देने के लिए ज्यादा कल्पनाशीलता और लगन से काम करना होगा। पूर्वी यूरोप में अनेक देशों के लिए यह एक नई चुनौती है। लेकिन वस्तुओं और सेवाओं की कुल उपलब्धता में काफी सुधार हुआ है। कुल मिलाकर भविष्य की तस्वीर बेहतर नजर आती है।

हांगकांग का चीन को हस्तांतरण : 30 जून-1 जुलाई 1997

30 जून-1 जुलाई 1997 को एशिया महाद्वीप में एक बहुत ही महत्वपूर्ण घटना हुई। हांगकांग ब्रिटिश उपनिवेश के दर्जे से मुक्त होकर चीन का विशेष प्रशासनिक क्षेत्र बन गया।[15] 30 जून 1997 की रात 11.59 बजे ब्रिटिश झंडा नीचे उतरा और 12. 01 बजे चीनी झंडा लहराने लगा।[16] इसके बाद हांगकांग में चीनी सेना का प्रवेश हुआ और चीन में एकीकरण के उत्सवपूर्ण आयोजन शुरू हुए, जिनमें हांगकांग के मुख्य कार्य अधिकारी तुंग ची ह्वा और चीनी राष्ट्रपति जियांग जेमिन ने भाग लिया। इस अवसर पर जियांग जेमिन ने कहा कि चीन 'एक देश, दो शासन प्रणाली' की नीति लागू करेगा और हांगकांग "धीरे-धीरे लोकतांत्रिक व्यवस्था को अपना लेगा,

जो इसकी वास्तविकता से मेल खाती है।"

हांगकांग की बागडोर के चीनी हाथों में आने को लेकर कुछ हलकों में वहाँ लोकतंत्र के भविष्य को लेकर सवाल उठे थे। यह सवाल भी उठाया गया था कि एक मुल्क में दो शासन व्यवस्थाएँ कैसे चलेंगी। यह मसला भी उठा था कि एकदम पश्चिमी मूल्यबोध को अपना चुके हांगकांग का चीन पर क्या असर होगा।

हांगकांग का इतिहास

'पूरब का मोती' कहे जानेवाले हांगकांग का समृद्ध इतिहास पूरी तरह से चीन से ही जुड़ा हुआ है। दरअसल इस टापू पर लोगों को बसाने का काम हान वंश के शासनकाल में हुआ था। यह ब्रिटेन के संपर्क में 1699 में तब आया, जब ईस्ट इंडिया कंपनी ने चीन में अपना व्यापार शुरू किया। 20 जनवरी 1841 को अँगरेजों ने इस द्वीप पर अपना कब्जा जमाया, लेकिन 1842 में हुई नानकिंग संधि के मार्फत ही इसे औपाचरिक रूप में ब्रिटिश उपनिवेश माना गया। चीन में अनुकूल व्यापार शर्तें हासिल करने के उदेश्य से अफीम युद्ध हुए।[17] हांगकांग में अपना आधार पुख्ता करने के बाद अँगरेज व्यापारियों, अफीम के दलालों और सौदागरों ने इस शहर को पूरब में मुक्त व्यापार के मुख्य केंद्र के तौर पर विकसित किया। जल्दी ही अफीम के अमेरिकी व्यापारी और मर्चेंट बैंकर भी यहाँ अपना अड्डा बनाने लगे। 1860 में बीजिंग संधि के माध्यम से ब्रिटेन को लीज पर कोवलून प्रायद्वीप दिया गया और तब जाकर दूसरे अफीम युद्ध (1856-1858) में पैदा दुश्मनियाँ समाप्त हुईं। उन्नीसवीं सदी के अंत और बीसवीं सदी में शुरू में दक्षिणी चीन में व्यापार के लिए एक वितरण केंद्र और भंडारण केंद्र के तौर पर हांगकांग का विकास हुआ।

दूसरे विश्वयुद्ध के दौरान हांगकांग थोड़े समय के लिए जापानी प्रभुत्व में भी आ गया था। दूसरे विश्वयुद्ध की समाप्ति और मुक्त चीन में साम्यवादी शासन आने के बाद से लाखों लोग चीन से हांगकांग भाग आए थे। नए आनेवाले लोग अपने साथ अपना हुनर और पूँजी भी लेकर आए थे, जबकि बाकी लोगों ने सस्ते में मजदूरी की जरूरतें पूरी कीं। इसके साथ ही अनेक विदेशी कंपनियाँ अपने दफ्तर शंघाई से हटाकर हांगकांग ले आईं। इससे हांगकांग को एक बड़े औद्योगिक केंद्र और आर्थिक केंद्र के रूप में विकसित होने में मदद मिली।

1997 के बाद से हांगकांग चीन में विदेशी निवेश का मुख्य द्वार बन गया है। चीन को आज दुनिया का सबसे बड़ा विकासशील बाजार माना जा रहा है। मुख्य चीन में यह डर था कि हांगकांग मुक्त बाजार, आवारा पूँजी, पॉप संस्कृति और पश्चिमी तौर-तरीके लाने का रास्ता भी बनेगा। पर वहाँ ऐसे उदार नजरिए के लोग भी पर्याप्त संख्या में हैं जो मानते हैं कि हांगकांग चीन और पश्चिम के बीच ऐसा पुल बनेगा जो पश्चिमी तकनीक और पुरानी संस्कृति लाएगा, न कि नशीले पदार्थों

और खुले सेक्स वाली जीवन-संस्कृति परोसेगा।

चीनी साहित्य अभी तक अपनी हजारों साल पुरानी किस्सागोईवाली परंपरा को जारी रखे हुए है। चीन की साहित्यकार बिरादरी हांगकांग को अनुर्वर प्रदेश मानती है। हांगकांग के किसी लेखक को शायद ही अपने इलाके से बाहर जाना जाता है, पर हांगकांग के खुलेपन और वहाँ की उद्यमशीलता निश्चित रूप में चीनी सोच पर गहरा असर डालेगी। चीनी कम्युनिष्ट पार्टी का अखबार 'द पीपुल्स डेली' अभी से हांगकांग की 'लाभदायक बाजारी कार्यप्रणाली' की तारीफ में कशीदे पढ़ने लगा है। कम्युनिष्ट पार्टी का यह अखबार कभी भी 'पूँजीवाद' शब्द को अच्छे रूप में नहीं रखता था, पर अब वह मुक्त बाजार की अर्थयवस्था के पिता माने जानेवाले अर्थशास्त्री एडम स्मिथ को आराम से उद्धृत करता है।[18] पक्की साम्यवादी जमात के इस हद तक बदलाव में दोनों के बीच होने वाले इस आदान-प्रदान की भी बहुत बड़ी भूमिका है।

चीन के साथ विलय के बाद हांगकांग के लोगों ने लोकतंत्र के प्रति गहरी रुचि प्रदर्शित की है। वे लाइन लगाकर वोट देते हैं। बीजिंग के थ्येन आन मान चौक पर प्रदर्शनकारियों के हिंसक दमन के खिलाफ हांगकांग का विरोध जग-जाहिर है। चौराहे पर डटे प्रदर्शनकारियों के खिलाफ कार्रवाई के लिए सेना के सक्रिय होने के कुछ घंटों के अंदर ही हांगकांग के दस लाख से ज्यादा लोगों ने, जो वहाँ की आबादी का पाँचवाँ हिस्सा होते हैं, विरोध प्रर्दशन किया। अभी भी वहाँ उस घटना की बरसी पर लोग जुटते हैं और जुलूस निकालते हैं। अब हांगकांग के 63 लाख लोगों को अब अपने लोकतांत्रिक अधिकार छिनने का खतरा नहीं सताता, जबकि चीन में विलय से पहले उन्हें यह डर लगता था।[19] हांगकांग एक महान शहर है : समृद्ध और मुक्त।

तिब्बत का अनुभव

हांगकांग का चीन के नियंत्रण में आना यह बताता है कि जब चीन के अधिकार को वहाँ बिना किसी खून-खराबे के स्वीकार किया जा सकता है, तो क्या इस घटना में तिब्बत-चीन-विवाद को शांतिपूर्ण ढंग से सुलझाने के भी गुप्त संदेश छुपे हुए हैं?

तिब्बत को 'दुनिया की छत' माना जाता है। यह भारत तथा चीन के बीच स्थित है तथा एशिया में दिल की तरह है। तिब्बत का ज्ञात इतिहास 2000 वर्षों से भी ज्यादा पुराना है; और चाहे भौगोलिक बनावट का मसला हो या लोगों की नस्ल, भाषा, संस्कृति, वेशभूषा अथवा रीति-रिवाजों का, इसकी एक अलग पहचान रही है। राजाओं और दलाई लामाओं के अधीन रहे तिब्बत की राजनैतिक शासन प्रणाली उसके आध्यात्मिक मूल्यों के अनुरूप ही विकसित हुई थी।

7 अक्टूबर 1950 में चीनी सेना ने खाम और आयदो पूर्वी सीमाक्षेत्र से तिब्बत में प्रवेश किया। इससे एक बड़ा संकट खड़ा हो गया। तिब्बती लोगों ने खुद को अधीन बनानेवाली इस प्रक्रिया का विरोध किया, जिसकी परिणति 10 मार्च 1959 को 'तिब्बती लोगों में राष्ट्रीय विद्रोह' के रूप में हुई। लेकिन इस विद्रोह को कुचल दिया गया। चीनी शासकों द्वारा उठाए गए 'दमनकारी कदमों' के परिणामस्वरूप 14 वें दलाई लामा और उनके काफी सारे अनुयायी तिब्बत से भागकर भारत आ गए और तब से वे लोग यहीं रह रहे हैं।

तिब्बत की आजादी और आत्मनिर्णय की माँग के अनुरूप ही दलाई लामा ने तभी से एक शांतिपूर्ण स्वतंत्रता आंदोलन शुरू कर रखा है। उन्होंने यह मान लिया है कि तिब्बत चीन का हिस्सा है। पर वे चाहते हैं कि तिब्बत की संस्कृति, विरासत, धार्मिक स्वतंत्रता और पर्यावरण का विनाश रुके और इन मामलों में उसे स्वायत्तता रहे।[20]

सौभाग्य से तिब्बती धार्मिक और सांस्कृतिक पहचान बनाए रखने का शांतिपूर्ण आंदोलन अभी जारी है और इसके चलते रहने की संभावना है। दलाई लामा के प्रतिनिधियों ने बीजिंग के दौरे किए हैं और चीनी शासन तथा दलाई लामा के प्रतिनिधियों के बीच संवाद जारी है। पर हम अभी यह भविष्यवाणी नहीं कर सकते कि कितने दिनों में तिब्बत की समस्या सुलझ जाएगी। हाँ कुछ अच्छे संकेत अब दिखने लगे हैं।

उपनिवेशवाद और साम्राज्यवाद

चीन को हांगकांग का मिल जाना औपनिवेशिक व्यवस्था के समाप्त होने के 'प्रतीक' स्वरूप माना जा सकता है। इसके बावजूद इसने यह बहस शुरू करा दी कि क्या इस घटना को उपनिवेशवाद और साम्राज्यवाद की समाप्ति और इतिहास की चीज मान लेना चाहिए। अनेक लोगों का मानना है कि आज की दुनिया के विभिन्न राजनैतिक और आर्थिक घटनाक्रमों को समझने के लिए उपनिवेशवाद और साम्राज्यवाद के इतिहास को भी ठीक से समझे जाने की जरूरत है।

सन् 1488 में अफ्रीका के दक्षिणी तटवर्ती समुद्र मार्ग की खोज और 1492 में अमेरिका की खोज के बाद ही सन् 1500 के आसपास आधुनिक उपनिवेशवाद का दौर शुरू हुआ। जल्दी ही उपनिवेशवाद ने राजनैतिक और आर्थिक परिघटना का रूप ले लिया तथा विभिन्न यूरोपीय देशों (इंग्लैंड, रोम, पुर्तगाल, डच गणराज्य और स्पेन वगैरह) ने नए इलाके ढूँढ़े, उन पर जीत हासिल की, वहाँ अपने लोग बसाए और मौजूदा अमेरिका समेत दुनिया के काफी बड़े हिस्से का शोषण किया।

विभिन्न उपनिवेशों के रहनेवाले लोग उपनिवेशवाद और साम्राज्यवाद को, जैसाकि इंडोनेशिया के राष्ट्रवादी नेता सुकर्णो ने कहा–"एक अवधारणा, एक विचार,

एक पूरी न होने वाली भूख, एक कार्यक्रम, लोगों को अधीन बनाने की नीति या दूसरे देश को नियंत्रित करने और उसकी अर्थव्यवस्था को कब्जे में लेने की नीति"[21] मानते थे। पर नियंत्रण का स्तर अलग-अलग होता था-कहीं भारत की तरह पूर्ण गुलामी लाई गई तो कहीं चीन की तरह आपसी मेलजोल से अपने-अपने प्रभाव क्षेत्र बाँटकर व्यापारिक शोषण किया गया।

उपनिवेशवाद से मुक्ति का दौर 1945 से तेजी से शुरू हुआ (हालाँकि अमेरिका ब्रिटिश औपनिवेशिक नियंत्रण से 4 जुलाई 1776 में ही मुक्त हो गया था)। द्वितीय विश्वयुद्ध के बाद ऐसे हालात बने, जिनके चलते यह काम शुरू हुआ। अमेरिका और सोवियत संघ, दोनों ने ही उपनिवेशवाद का विरोध किया। फिर भारत, इंडोनेशिया और अनेक देशों में शुरू हुए जन-क्रांतिकारी आंदोलनों ने यह एहसास करा दिया कि अब उपनिवेशवाद को चला पाना संभव नहीं है। युद्ध की विभीषिका झेल चुके पश्चिमी यूरोप के कई देश भी अब समुद्र पार अपने उपनिवेशों का शासन सँभालने की स्थिति में नहीं रह गए थे।

ऐसे में पुराने उपनिवेश रातों-रात स्वतंत्र राष्ट्रों के रूप में सामने आने लगे। इससे राष्ट्रों को नैतिक बल भी मिला। एक नए आधुनिक बोध ने वर्ग और धर्मवाली चेतना को पीछे धकेला और लोगों को अपने होने का नया अर्थ समझ आने लगा। संकीर्ण अर्थों में तो शासन की नैतिक सत्ता इसी बात से जानी जाती है कि वह लोकहित में कितना कुछ करती है। लेकिन आजादी की लड़ाई लड़कर अपने-अपने मुल्कों में शासन की बागडोर सँभालनेवालों के लिए तो यह शासन का धर्म ही मान लिया गया। एशिया और अफ्रीका में उपनिवेशों के समाप्त होने और अंतर्राष्ट्रीय आत्मनिर्माण की प्रक्रिया शुरू होने के बाद की अनेक औपनिवेशिक शक्तियाँ यही मानती रहीं कि उनके उपनिवेशों को अपने पुराने मालिकों में दिशा-निर्देश की जरूरत अभी भी है। राष्ट्रमंडल के निर्माण को इसी परिप्रेक्ष्य में देखा जाना चाहिए।

इस संदर्भ में राष्ट्र-राज्यों की सार्वभौमिक समता के सिद्धांत पर 1945 में संयुक्त राष्ट्र का गठन भी एक बहुत बड़ा ऐतिहासिक कदम था। लेकिन मुल्कों के बीच आर्थिक, शैक्षिक और स्वास्थ्य संबंधी अंतर बना हुआ है। आज मानवाधिकार और पर्यावरण संरक्षण भी वैश्विक चिंता के विषय बने हुए हैं।

सौभाग्य से आज की दुनिया से औपनिवेशक दौरवाली अपमानजनक शब्दावली गायब हो चुकी है। 'घटिया नस्ल', 'घटिया लोग', 'गुलाम नस्ल', 'गुलाम' जैसे शब्द तब बहुत प्रचलित थे। साथ ही-"कुछ लोगों और इलाकों पर शासन करना जरूरी है" या "शासन करना श्वेत लोगों की जिम्मेदारी है" जैसे विचार आज कहीं नहीं हैं। उपनिवेशवाद का दर्शन था कि "विभिन्न नस्लों और सभ्यताओं में छोटे-बड़े का क्रम है।" यह भी कहा जाता था कि "उपनिवेशों के लोगों पर जीत और शासन की वैधता मशीनी, आर्थिक या सैनिक श्रेष्ठता से नहीं, बल्कि नैतिक श्रेष्ठता से है।" सौभाग्य से आज ये सारे तर्क और दर्शन दफन हो चुके हैं।

उपनिवेशवाद की समाप्ति से साम्राज्यवाद के शासकीय स्वरूप की समाप्ति जरूर शुरू हुई, पर साम्राज्यवाद न तो मरा, न दफन हुआ और न ही इतिहास की चीज बना। अपनी किताब 'ऑफ्टर इंपरियलिज्म' (1963) के दूसरे संस्करण की भूमिका (1970) में माइकेल बैरेटब्राउन का तर्क है कि "आज भी आर्थिक, राजनैतिक और सैनिक संबंधों में साम्राज्यवाद सबसे ताकतवर शक्ति है और इसमें कोई शक नहीं है। साथ ही आज यह कम विकसित क्षेत्रों पर अधिक विकसित क्षेत्रों के वर्चस्व के रूप में काम कर रहा है। हम अब भी इसकी समाप्ति की उम्मीद कर सकते हैं।"[22]

हम आज दुनिया को विकसित, विकासशील और पिछड़े मुल्कोंवाले पैमाने से देखते-समझते हैं, जबकि संयुक्त राष्ट्र का 'राष्ट्रों की समानता' का सिद्धांत उसकी किताबों में ही दर्ज है। एडवर्ड सईद ने इस परिघटना की अंतर्ध्वनियों के बारे में बहुत खूब लिखा है :

> *"कोई भी आदमी पुरानी परंपराओं, निरंतर चली व्यवस्थाओं, राष्ट्रीय भाषाओं और सांस्कृतिक भूगोल की निरंतरता से इंकार नहीं कर सकता, लेकिन उनके अलगाव और विशिष्टता को मानने के पीछे डर और पूर्वाग्रहों के अलावा और कोई कारण नजर नहीं आता, मानो पूरा मानव-जीवन यही है। दरअसल अस्तित्व और बचे रहना विभिन्न चीजों के बीच संबंध है : इलियट के शब्दों में कहें तो 'वास्तविकता को बगिया में मौजूद अन्य प्रतिध्वनियों से वंचित नहीं किया जा सकता।' सिर्फ 'हम' के बारे में सोचने की जगह 'दूसरों' के बारे में ठोस ढंग और सहानूभूतिपूर्वक सोचना अधिक मुश्किल भले ही हो, पर ज्यादा लाभदायक भी है। लेकिन इसका यह भी मतलब है कि दूसरों पर शासन करने का प्रयास न करना, उनको वर्गीकृत न करना या उन्हें छोटे-बड़े के क्रम में नहीं डालना। और सबसे बड़ी बात यह है कि बार-बार यह भी नहीं कहना चाहिए कि 'हमारी' संस्कृति या 'देश' नंबर एक है (या हम अभी नंबर एक नहीं हुए हैं)। बौद्धिकों के लिए इनके अलग काम करने का भी बहुत मोल है"*[23]

'इनके अलग भी' हम कैसे काम करें, यह हम सभी लिए एक महत्वपूर्ण सवाल है।

11 सितंबर 2001 : अमेरिका पर आतंकी हमला

11 सितंबर 2001 की सुबह 8.40 पर एक अमेरिकी विमान पूरी रफ्तार से उड़ रहा था। उसमें करीब 10,000 गैलन तेल भरा हुआ था। तभी वह विमान मैनहटन, न्यूयार्क में विश्व व्यापार केंद्र के गगनचुंबी उत्तरी टॉवर से टकराया और कुछ ही मिनट बाद, 9.03 पर एक दूसरा विमान उसके दक्षिणी टॉवर से टकराया। इन दोनों टॉवरों में

करीब 50,000 लोग काम करते थे; और इन दोनों टॉवरों को धराशायी होने में 90 मिनट से भी कम समय लगा। उसी सुबह 9.37 बजे एक तीसरा विमान अमेरिकी रक्षा मंत्रालय के मुख्य भवन पेंटागन के पश्चिमी हिस्से के ऊपर गिरा और चौथा विमान 10.03 बजे दक्षिणी पेन्सिल्वानिया के एक खाली मैदान में गिरा। इस अपूर्व आतंकी हमले में 2600 से ज्यादा लोग तो विश्व व्यापार केंद्र में मरे, 125 लोग पेंटागन में मरे और चारों विमानों पर सवार सभी 256 लोग भी मारे गए। मरनेवालों का आँकड़ा दिसंबर 1941 में पर्ल हार्बर पर हुए हमले में मरनेवालों से कहीं उपर था।

अमेरिका पर किया गया यह हमला 19 अरबी नौजवानों की करतूत था। ये नौजवान इस्लामी आतंकवादी संगठन अल कायदा और उसके सरगना ओसामा बिन लादेन के निर्देश पर काम कर रहे थे। अल कायदा का मुख्यालय अफगानिस्तान में था।

इस्लामी आतंकवादियों ने इस बात की पर्याप्त चेतावनी दे रखी थी कि वे काफी संख्या में अमेरिकी लोगों को निशाना बनाना चाहते हैं। 1990 के समूचे दशक में अमेरिका पर हमला करने की योजनाएँ बनती रही थीं। ओसामा बिन लादेन ने स्वयं को 'खुदा के संदेशवाहक के पदचिन्हों पर चलनेवाला' और सभी देशों को 'उसका संदेश पहुँचानेवाला' तथा अमेरिका को बर्बाद करने के लिए उसके खिलाफ नए तरह की जंग छेड़ने और खुद को उसके केंद्र में रखने तथा दुनिया में 'इस्लाम का झंडा बुलंद करनेवाला' कहा।

9/11 की उक्त घटना के तत्काल बाद आतंकवाद दुनिया-भर में निरंतर चर्चा का विषय बना हुआ है और उसके कारणों और उद्देश्यों को लेकर लगातार बहस जारी है।

वामपंथी जमात का मानना है कि आतंकवाद की जड़ें दरिद्रता और शोषण में हैं, पर यह दृष्टिकोण आज के आतंकवाद की पूरी व्याख्या नहीं कर पाता। 9/11 की कार्रवाई को अंजाम देनेवाले सभी 19 लोग मध्यवर्गीय पृष्ठभूमि के थे और उनमें से कई ने यूरोप और अमेरिका में पढ़ाई की थी। विकासशील देशों के नौजवानों में बेरोजगारी और दरिद्रता[24] ने सदा ही शासन के खिलाफ गुस्सा पैदा किया है, पर इस गुस्से ने आतंकवाद का रूप तभी लिया है, जब इसमें जातीय या धार्मिक भावनाओं का छौंक लगा। इसी प्रकार 11 सितंबर की घटना भी अमेरिका और उन 19 अरब आतंकवादियों के बीच किसी जमीन या संपत्ति-विवाद के चलते नहीं घटी। इन लोगों के भीतर अतिवादी विचार ही जोर मार रहे थे।

आतंकवादी हमले के उपकरणों में समय बीतने के साथ काफी बदलाव आया है। डायनामाइट या डायनामाइट भरे वाहनों के साथ ही 'मानव बम' या फिदायीन पैदा होने लगे हैं। डर यह है कि इस सूची में कुछ जैव या रासायनिक हथियार और कभी फिर परमाणु हथियार भी जुड़ सकते हैं।

ठीक ही कहा जाता है कि आतंकवाद का मुकाबला सिर्फ हथियारों से नहीं हो सकता। इसके लिए लोगों के दिल और दिमाग को जीतने की लड़ाई भी लड़नी होगी। हमें यह मानना होगा कि आतंकवादी के हथियारों के साथ-साथ उसके विचार भी नुकसान पहुँचाते हैं। आतंकवाद का कोई तर्कपूर्ण और व्यवस्थित दर्शन नहीं है और वे अपने राजनीतिक शत्रु से कोई संवाद या तार्किक बहस किए बगैर उसे पराजित करने के लिए अपनी जान की बाजी लगा देने में भी नहीं हिचकते। इस पृष्ठभूमि में एक ऐसी मजबूत शासन-व्यवस्था की जरूरत तो सबसे पहले है, जो एक प्रभावी आतंकवाद विरोधी अभियान चला सके। ऐसी प्रभावी सरकार जो सबको शिक्षा, स्वास्थ्य सुविधाएँ, रोजगार और कानून का शासन जैसी चीजें दे सके, जिन्हें गैर-कानूनी तत्व पसंद नहीं करते। पर आतंकवाद के परिप्रेक्ष्य में यह भी जरूरी है कि हर हाल में शासन का सम्मान होना चाहिए।

9/11 के बाद की दुनिया में खतरों के तार प्रत्यक्ष रूप में दिखाई नहीं पड़ते। अमेरिका से बहुत दूर और बहुत ही खस्ताहाल अर्थव्यवस्था और सैनिक ताकतवाले मुल्क में अपना अड्डा बना चुका अल कायदा भारी तबाही मचाने वाले हथियार बना और जमा कर सकता है, जिससे वह अमेरिका या अन्य देशों में बर्बादी मचा सकता है। भारत, इंडोनेशिया और अनेक दूसरे देशों की हाल की घटनाएँ बताती हैं कि आतंकवादी और उनके सूत्रधार चाहें तो मनचाही जगह पर आतंकवादी तांडव मचा सकते हैं।

इराक युद्ध और दुनिया

9/11 की घटना के बाद अमेरिका का तात्कालिक लक्ष्य ओसामा बिन लादेन और उसके दामाद तथा तालिबान के प्रमुख मोहम्मद उमर द्वारा फैलाए गए अल कायदा के जाल को तोड़ना था। अमेरिकी सशस्त्र सेनाओं और उसके सहयोगी देशों की सेनाओं ने संयुक्त राष्ट्र सुरक्षा परिषद की स्वीकृति से इस संगठन को बहुत कम समय में (अक्टूबर-नवंबर 2001) समाप्त करने का अभियान पूरा किया और 5 दिसंबर 2001 को हामिद करजई के नेतृत्व में अफगानिस्तान में नागरिक सरकार की स्थापना करा दी। इसके बाद सारा ध्यान इराक, उत्तर कोरिया और ईरान की तरफ मुड़ गया, जिन्हें राष्ट्रपति बुश ने 'शैतान की धुरी' कहा।

इनमें से सैनिक कार्रवाई के लिए इराक का चुनाव किया गया। सावधानी से योजना बनाकर और सैनिक तैयारी करके अमेरिका और ब्रिटेन ने 20 मार्च 2003 को इराक पर हमला किया, हालाँकि इस युद्ध की मंजूरी का प्रस्ताव संयुक्त राष्ट्र सुरक्षा परिषद से पास नहीं हो पाया था। करीब 3,00,000 थल सेना और जबरदस्त वायुसेना के साथ अमेरिका और ब्रिटेन ने बहुत कम समय में ही इराकी प्रतिरोध को चुप करा दिया और 17 मई 2004 को गाजी मशाल अजिल अल

यावर को इराक का राष्ट्रपति बनाया गया। इससे पूर्व 13 दिसंबर 2003 को इराक के शासक सद्दाम हुसैन को अमेरिकी सेना ने गिरफ्तार कर लिया था। पर इस युद्ध ने इराक में भारी तबाही मचाई और वहाँ लोगों के लिए मानवीय परेशानी पैदा करने के साथ-साथ अंतर्राष्ट्रीय व्यवस्था में गहरा राजनैतिक संकट खड़ा कर दिया।[25]

इराक पर हमला करने के तीन कारण बताए गए थे : इराक के पास सामुहिक विनाश के हथियारों का जाखीरा है; यह अल कायदा का मददगार है; तथा इराक के लोगों को दमनकारी सद्दाम हुसैन से मुक्ति दिलानी है।

पर जब इराक में सामुहिक विनाश के हथियारों का कहीं पता नहीं चला और न सद्दाम हुसैन और ओसामा बिन लादेन के बीच साँठगाँठ का प्रमाण मिला; तो इराक में सैनिक दखल का एक ही तर्क बचा-दमनकारी सद्दाम से इराकी लोगों को मुक्ति दिलाना।

इराक में सैनिक दखल देने के एकतरफा फैसले ने संयुक्त राष्ट्र की भूमिका पर कई सवाल उठाए हैं। 1945 में संयुक्त राष्ट्र की स्थापना के समय इस भावना के आधार पर भविष्यवाणी की गई थी कि भविष्य में कोई एक देश या दो-तीन देशों का समूह दुनिया का थानेदार या जज की भूमिका में नहीं आएगा। इराक पर हमला करने के अमेरिका के एकतरफा फैसले के बाद अब यह अवधारणा टूट चुकी है। अमेरिकी कार्रवाई ने अंतर्राष्ट्रीय संबंधों में 'एकांतिक' युद्ध की खतरनाक अवधारणा पैदा कर दी है, जो किसी एक देश के राजनैतिक नेंतृत्व के अपने राष्ट्रीय हितों के आधार पर किए जानेवाले मूल्यांकन पर आधारित है।[26]

'एकांतिक' और 'निषेधात्मक' के बीच फर्क बनाए रखना जरूरी है। 'एकांतिक' युद्ध का मतलब ऐसे प्रत्यक्ष, तात्कालिक और विशेष खतरे को रोकनेवाली जंग है, जिसे एक बार में समाप्त करना जरूरी है। इसका मतलब किसी ऐसे देश के खिलाफ सैनिक कार्रवाई करना है, जिसके खिलाफ इस बात के पक्के सबूत हैं कि अगर उसे हमले से रोका नहीं गया तो वहाँ से निश्चित रूप में हमला होगा। 'निषेधात्मक' युद्ध का मतलब संभावित, भविष्य के और अनुमानित खतरे को टालने वाला युद्ध है।

'निषेधात्मक' युद्ध का पूरा मामला इस मान्यता पर आधारित होता है कि शत्रु की मंशा और सैनिक तैयारियों के बारे में पक्की और विश्वसनीय सूचनाएँ उपलब्ध हैं। आखिर शीतयुद्ध भी सार्वभौम देशों के बीच पुराने किस्म की प्रतिद्वंद्विता का ही प्रतिफल था और वहाँ की सरकारों में बैठे लोग उन फैसलों के लिए जिम्मेवार थे। लेकिन अंतर्राष्ट्रीय आतंकवादी न तो सामने दिखते हैं, ना ही जवाबदेही उठानेवाले हैं। वे परदे के पीछे से आकर वार करते हैं और फिर परदे के पीछे छुप जाते हैं। परिणामस्वरूप अंतर्राष्ट्रीय आतंकवाद के लिए नई रणनीति की ज़रूरत है। पर 'निषेधात्मक' युद्ध इस रणनीति का हिस्सा नहीं हो सकते।

भारत में आतंकवाद

13 दिसंबर 2001 को 11.40 बजे पाँच पाकिस्तानी आतंकवादी नई दिल्ली स्थित संसद भवन परिसर में एक सफेद अंबेसडर कार में घुसे और जब वहाँ मौजूद सुरक्षा बलों ने उन्हें रोका तो कार से बाहर आकर उन्होंने अंधाधुंध गोलियाँ चलानी शुरू कर दीं। फिर दोनों तरफ से हुई गोलीबारी में सभी पाँचों आतंकवादी तो मारे ही गए, पर सुरक्षा बलों, चौकीदारों और और माली को लेकर कुल नौ लोग उनके हाथों शहीद भी हुए।

13 दिसंबर को सुरक्षा बलों ने अपनी बलि देकर संसद और उसमें मौजूद सांसदों के जीवन पर आँच नहीं आने दी। भारतीय जनता ने भी गुस्से में कुछ अवांछित काम करने की जगह धैर्य दिखाया और पुलिस, न्यायपालिका और राजनेताओं को आतंकवादी खतरे के खिलाफ उपयुक्त कदम उठाने का अवसर दिया।[27]

इस मामले की जाँच से मिले सुरागों ने स्पष्ट रूप से यह स्थापित किया कि यह हरकत पाकिस्तान स्थित आतंकवादी गिरोह की है–और उसे पाकिस्तानी इंटर सर्विसेज इंटेलिजेंस (आइएसआई) से मदद और समर्थन हासिल है। 16 दिसंबर 2002 को सुनाए अपने आदेश में माननीय न्यायधीश का निष्कर्ष था–"मोहम्मद अफजल, शौकत हुसैन गुरु और एसएआर जिलानी तथा पाँचों मृत आतंकियों ने पूर्व घोषित आतंकवादी मसूद अजहर, गाजी बाबा और तारिक के साथ मिलकर नई दिल्ली स्थित भारतीय संसद पर उस समय हमला करने का षड्यंत्र रचा, जब संसद का सत्र चल रहा हो। उनकी योजना भारत के प्रधानमंत्री और गृहमंत्री की हत्या करना तथा सांसदों और महत्वपूर्ण लोगों को बंधक बनाने की थी।"[28]

13 दिसंबर 2001 को राष्ट्र के नाम अपने संबोधन में प्रधानमंत्री ने घोषणा की कि आतंकवाद के खिलाफ लड़ाई निर्णायक दौर में पहुँच गई है। 14 दिसंबर 2001 को अपने भाषण में गृहमंत्री ने संसद में कहा, "आइएसआई की शह पर आतंकी संगठनों ने यह षडयंत्र रचा और उसे अंजाम दिया। हमारे देश में आतंकी हिंसा करने में लश्कर-ए-तैयबा और जैश-ए-मोहम्मद सबसे आगे रहे हैं।"[29]

इस घटना के बाद सशस्त्र बलों को न सिर्फ चौकन्ना किया गया, बल्कि उन्हें हमले के लिए तैयार रहने को कहा गया और सीमा पर भारत तथा पाकिस्तान की फौजें एक युद्ध की मुद्रा में आ जुटीं। लगा कि जंग अब छिड़ ही जाएगी और अनेक लोगों को लगा कि कहीं यह लड़ाई परमाणु युद्ध में परिणत न हो जाए।[30]

राज्य-प्रायोजित आतंकवाद

भारत में आतंकवाद के कई रूप हैं : पाकिस्तान द्वारा प्रायोजित और समर्थित जेहादी आतंकवाद; पृथक राष्ट्रीयता को माननेवाले अलगावादियों की तरफ से चलनेवाली

विद्रोही हिंसा (जैसाकि जातीयता के आधार पर पूर्वोत्तर में और धर्म के आधार पर जम्मू-कश्मीर में चल रही है): तथा समता और न्याय के नाम पर नक्सलवादी जमातों द्वारा की जानेवाली हिंसा।

पाक-प्रायोजित आतंकवाद की जड़ों के पीछे असल में उसकी यह इच्छा काम कर रही है कि वह आतंकवाद को हथियार बनाकर हमें कमजोर कर सकता है और कश्मीर को जबरन भारत से छीन सकता है। हम जानते हैं कि कश्मीर विवाद की जड़ें इस उपमहाद्वीप के औपनिवेशिक इतिहास में हैं। ब्रिटेन जब इस उपमहाद्वीप को छोड़कर बाहर निकला तो उसकी जगह मुल्क बनाने के दो परस्पर विरोधी विचार भारतीय राजनैतिक नेतृत्व पर हावी थे। एक नजरिए के पक्षधर महात्मा गाँधी, जवाहरलाल नेहरू और भारतीय राष्ट्रीय कांग्रेस थे तो दूसरे के मुहम्मद अली जिन्ना और मुस्लिम लीग। कांग्रेस का नजरिया पूरी तरह इस धर्मनिरपेक्ष मूल्य से निर्मित था कि भारत में जितने धर्मों, भाषाओं और जातीयताओं के लोग रहते हैं, वे सभी एक मजबूत धर्मनिरपेक्ष शासन के तहत ही चैन से रह सकते हैं। जिन्ना भी शुरू में धर्मनिरपेक्षता के पक्षधर थे, पर बाद में उनकी यह राय बनी कि इस उपमहाद्वीप में मुसलमान एक अलग कौम हैं और अपनी विशिष्ट धार्मिक विरासत और अलग सामाजिक रीति-रिवाजों के चलते शेष भारतीयों से अलग हैं। उनका यह भी तर्क था कि सभी नेता महात्मा गाँधी की तरह नहीं हो सकते, इसलिए हिन्दूबहुल देश में मुसलमान अल्पसंख्यकों के साथ भेदभाव होगा ही।

हिन्दुस्तानी एकता को बचाने की अंतिम कोशिशों के बावजूद मुल्क के दो टुकड़े हो गए और दो सार्वभौम राष्ट्र 'भारत और पाकिस्तान' बन गए। विभाजन एक बहुत जटिल फार्मूले पर आधारित था, जिसमें आपस में जुड़े मुस्लिम बहुल इलाकों को मिलाकर पाकिस्तान का निर्माण होना था। ऐसे इलाके हिन्दुस्तान के पूरब और पश्चिम दोनों ओर थे, इसलिए पश्चिम में पश्चिमी पाकिस्तान बना और पूरब में पूर्वी पाकिस्तान। असली समस्या 565 रजवाड़ों को लेकर हुई[31] जिन्हें अंग्रेज हुकूमत ने अपने-अपने भविष्य का फैसला करने के लिए आजाद छोड़ दिया था। 18 जुलाई 1947 को भारत की स्वतंत्रता का कानून पास होने के साथ ही इस पर से ब्रिटिश साम्राज्य का साया उठ गया। इस कानून के अनुसार इन रजवाड़ों के शासक आजाद थे कि वे भारत या पाकिस्तान किसी के भी साथ जा सकते हैं। अनेक रजवाड़ों के शासकों ने, खासतौर में कश्मीर के शासक महाराजा हरि सिंह[32] ने अपनी रियासत को आजाद मुल्क बनाने का सपना देखा।[33]

कश्मीर की स्वतंत्रता संबंधी महाराजा हरि सिंह की इच्छा न तो पाकिस्तान को मंजूर थी न भारत को। कश्मीर में मुसलमानों के बहुमत और उसकी सीमा से लगे होने के मद्देनजर पाकिस्तान इस पर अपना नैतिक दावा करने लगा। इस पूरी तस्वीर में बाधक था शेख अब्दुल्ला के नेतृत्व में कश्मीर नेशनल कांफ्रेंस का लोकप्रिय, लोकतांत्रिक और धर्मनिरपेक्ष आंदोलन। जब महाराजा हरिसिंह भारत या पाकिस्तान

किसी भी तरफ जाने में हिचक रहे थे, उसी दौर में पाकिस्तान ने स्थानीय कबीलाई लोगों और पठानों को कश्मीर पर हमला करने के लिए उकसाया और पश्चिमी इलाके से उस पर हमला कर दिया। घबराकर महाराजा ने नवगठित भारत सरकार से मदद मांगी। नेहरू तत्काल मदद को तैयार हो गए, पर यह शर्त रखी कि मदद तभी मिलेगी जब कश्मीर विधिवत रूप से भारत में विलय की घोषणा करे। कश्मीर के महाराजा ने 26 अक्टूबर 1947 को भारत में विलय का फैसला किया और उसी शाम भारत सरकार ने उसे मान्यता दे दी। इसके बाद कश्मीर राज्य को विधिवत भारतीय संघ में शामिल कर लिया गया।[34]

अब जब भारतीय सेना कश्मीर घाटी में पहुँची तो वहाँ उसका सामना पाकिस्तानी कबीलाई हमलावरों के साथ-साथ फौज से भी हुआ और 1947 में ही उसे पाकिस्तान से जंग लड़नी पड़ी। भारतीय सेना ने पाकिस्तान का बढ़ना तो रोक दिया, पर जब तक वह सक्रिय हुई तब तक कश्मीर के उत्तर-पश्चिमी हिस्से पर पाकिस्तान का कब्जा हो गया था। भारत ने यह सोचकर संयुक्त राष्ट्र का दरवाजा खटखटाया कि बहुपक्षीय दखल से समस्या सुलझ सकती है। संयुक्त राष्ट्र ने 1 जनवरी 1949 से युद्ध-विराम कराने में सफलता पाई। 27 जुलाई, 1949 को हुए कराची-समझौते में युद्धविराम वाली रेखा भी तय करा दी गई।

लेकिन कश्मीर को भारत से छीनने का सपना पाकिस्तान ने कभी नहीं छोड़ा। 1965 और 1971 की जंगों के मार्फत भी वह ऐसा कर पाने में सफल नहीं हुआ। 2 जुलाई 1972 को हुआ शिमला समझौता दोनों देशों के बीच संबंधों को सामान्य करने का आधार बना। 1971 में भारत-पाक-युद्ध और पाकिस्तान के दो हिस्सों-बांग्लादेश और पाकिस्तान में बँटने के बाद यह समझौता हुआ था। समझौते के दूसरे अनुच्छेद में कहा गया है कि दोनों देश "आपसी मतभेदों को परस्पर बातचीत के जरिए शांतिपूर्ण ढंग से या आपसी सहमति से तय किसी भी अन्य शांतिपूर्ण तरीके से निपटाएँगे।"

दोनों देशों की सरकारों द्वारा एक-दूसरे के खिलाफ होनेवाले दुष्प्रचार को रोकने, एक-दूसरे की राष्ट्रीय एकता और क्षेत्रीय अखंडता का सम्मान करने की बात शिमला-समझौते में अपनी जगह है, पर पाकिस्तान ने, खासकर 1989 में बाद से भारत के खिलाफ एक 'छद्म युद्ध' चलाने की नीति पर अमल किया है। इस उद्देश्य के लिए उसने जम्मू-कश्मीर के उग्रवादी और अलगाववादी तत्वों को समर्थन देने, प्रशिक्षित जेहादियों को कश्मीर घाटी में भेजने, उन्हें हथियार और आर्थिक मदद देने जैसी गतिविधियों के जरिए आतंकवाद को प्रायोजित किया और उसी के समर्थन से वहाँ आतंकी हिंसा निरंतर जारी है। पाकिस्तान ने मई 1999 में कारगिल पर हमला करने जैसी कार्रवाई भी की। भारत ने 1999 की गर्मियों में ही इस हमले को नाकाम करते हुए जबरदस्त आत्मसंयम का परिचय दिया और दोनों मुल्कों के बीच व्यापक युद्ध की नौबत आने दिए बगैर पाकिस्तानी सेना के अधिकार में आए इलाके को

आजाद भी करा लिया।

वर्षों से पाकिस्तान धार्मिक उग्रवाद और अंतर्राष्ट्रीय आतंकवाद का अड्डा बनने के साथ-साथ नशीले पदार्थों के वैश्विक नाजायज धंधे का संरक्षक भी बना हुआ है। इसके बावजूद सारे विवादास्पद और बचे हुए मसलों पर, जिनमें जम्मू-कश्मीर का मसला भी शामिल है, पाकिस्तान के साथ बातचीत आगे बढ़नी चाहिए। चुपचाप रहकर कूटनैतिक प्रयास करने और बिना प्रचार के मेल-मिलाप को आगे बढ़ाने की भी अपनी एक भूमिका है। पर कश्मीर मसले के हल को लेकर राजनेता ही नहीं, जानकार लोग भी आधी सदी से ज्यादा वक्त से हैरान-परेशान रहे हैं। इसे देखते हुए ही कुछ लोगों द्वारा अब यह माना और कहा जाने लगा है कि चूँकि कश्मीर का कोई सैनिक समाधान नहीं है, इसलिए एक राजनैतिक पहल, जिसमें आंतरिक और अंतर्राष्ट्रीय प्रयास शामिल हों, करने की जरूरत है।[35]

अगर कश्मीर में ज्यादा दिनों तक खून-खराबे और छोटी-छोटी हिंसक वारदातों का दौर चला तो संभव है कि भारत और पाकिस्तान फिर कभी लड़ पड़ें, जो अब ज्यादा भयावह रूप ले सकता है। संभव है इस क्रम के जारी रहने से भारत को भी यह लोभ हो कि वह पाकिस्तान के सिंध और बलूचिस्तान में चलनेवाले अलगाववादी आंदोलनों को हवा दे और मदद पहुँचाए और फिर पंजाब से लेकर अफगानिस्तान के पूरे इलाके में निरंतर अस्थिरता की स्थिति बन जाए। इससे भारत, चीन के साथ अपने पुराने सीमा विवाद को भी नहीं सुलझा पाएगा, क्योंकि उसमें भी कश्मीर शामिल है। और अब अगर भारत-पाकिस्तान टकराए तो उस लड़ाई में अरब जगत भी प्रत्यक्ष रूप में दखल देगा, इसकी गुंजाइश तो लगभग नहीं है, पर वहाँ के ज्यादा अनुदारवादी सदस्यों की उस में भागीदारी हो सकती है।[36]

भारत और कश्मीर

11 सितंबर के बाद पाकिस्तान ने बड़े नाटकीय ढंग से अल कायदा के प्रति अपना समर्थन वापस लेने और आतंकवाद के खिलाफ विश्व-स्तर पर अमेरिकी अगुवाई वाली लड़ाई में उसका साथी बनने की घोषणा की। राष्ट्रपति जनरल परवेज मुशर्रफ 1989 से कश्मीर में जेहादियों के समर्थन की अपनी सरकारी की नीतियों में एकदम बदलाव लाने के लिए मजबूर हुए। 12 जनवरी 2002 के अपने भाषण में राष्ट्रपति मुशर्रफ ने यहाँ तक कहा कि : "पाकिस्तान आतंकवाद के सभी मसलों और तरीकों की आलोचना करता है और उसे खारिज करता है। पाकिस्तान दुनिया के किसी भी हिस्से में आतंकवादी गतिविधियाँ चलाने के लिए अपने इलाके के उपयोग की इजाजत नहीं देगा। किसी भी संगठन को कश्मीर के नाम पर आतंकी वारदातें करने की इजाजत नहीं दी जाएगी।"[37] 17 जनवरी 2004 को संसद में संयुक्त सत्र को संबोधित करते हुए राष्ट्रपति मुशर्रफ ने इस्लामी आतंकवादियों के खिलाफ संघर्ष की

घोषणा की। उन्होंने मुल्क से कहा कि "बुरी मंशा से मुटठी-भर लोग बुराइयों को आगे बढ़ा रहे हैं और सेना के साथ-साथ जन-प्रतिनिधीयों को भी बदनाम कर रहे हैं।"[38]

लेकिन पाकिस्तान में मौजूद इस्लामी कट्टरपंथी उनकी बातों से डरे नहीं और न ही उन्होंने हथियार डाल दिए। इन घोषणाओं के बाद भी पाकिस्तान में मौजूद कट्टरपंथियों ने पश्चिम विरोधी अनेक वारदातें कीं। इनमें 'वाल स्ट्रीट जर्नल' के पत्रकार डेनियल पर्ल की हत्या, इस्लामाबाद में अमरीकी दूतावास के पास बने कैथोलिक गिरजाघर पर हमला, अमेरिकी वाणिज्यिक दूतावास पर कार बम से हमला और कराची में नौ फ्रांसीसी सैनिकों को ले जानेवाली बस को निशाना बनाना शामिल है। यही नहीं, दिसंबर 2003 में राष्ट्रपति मुशर्रफ की जान लेने की भी दो कोशिशें की गईं। इस पृष्ठभूमि में पाकिस्तानी नेतृत्व अपने मुल्क में सक्रिय कट्टरपंथी इस्लामी जमातों की गतिविधियों की अनदेखी नहीं कर सकता : और फिर कश्मीर और शेष भारत में चलने वाली आतंकी गतिविधियों में भी उन सबकी भागीदारी है।

ऐसे में आतंकवाद के खिलाफ अमेरिकी लड़ाई में पाकिस्तान की भूमिका महत्वपूर्ण होगी ही, क्योंकि यह ऐसे इलाके के बीच अवस्थित है जो इस्लामी आतंकवाद की पौधशाला है। दूसरे, पाकिस्तान के गठन के उद्देश्यों में आधुनिकता और मध्यमार्गी नजरिया भी शामिल है, इसलिए आज की पीढ़ी को लगातार इसकी याद दिलाते रहना भी जरूरी है।

1932 में जब आइंस्टीन ने शांतिवाद या युद्धविरोधी मुहिम के लिए फ्रॉयड का समर्थन माँगा तो उन का जवाब था कि मनुष्य की आक्रामक प्रवृत्तियों को दबा सकने की कोई संभावना नहीं है। और अगर उम्मीद का कोई आधार है तो यही कि लोग तार्किक आधार पर युद्ध से अलग हो सकते हैं; क्योंकि युद्ध बहुत ज्यादा बर्बादी लानेवाला हो गया है और अब युद्ध में बहादुरी दिखाने की कोई गुंजाइश नहीं बची है।

फ्रॉयड की बात आंशिक रूप में सही थी। युद्ध (खासकर दो बड़ी शक्तियों के बीच) की आशंका आज काफी घट गई है, क्योंकि तार्किकता ने भावनाओं की जगह ले ली है। लेकिन यह तर्क आज जारी आतंकवाद पर लागू नहीं होता, जो छोटे समूहों द्वारा भावावेश में ही चलाया जा रहा है और जिसके पीछे हर बार कोई राष्ट्र-राज्य हो, यह जरूरी नहीं है। इन समूहों में कट्टरपन, भावनात्मक आक्रोश और मृत्यु के बाद स्वर्ग पाने की धारणा सारे तर्कों से ऊपर आ जाती है।

विश्व-शांति पर मँडराते खतरे से आज सिर्फ संवाद से ही निपटा जा सकता है। इसके लिए आपसी मेलजोल का वातावरण बनाना जरूरी है, क्योंकि उसी में सार्थक संवाद हो सकेगा।

वैश्विक नजरिया

शीतयुद्ध के बाद और 9/11 के पहले भविष्य को लेकर दो विचार बहुत ही स्पष्ट ढंग से उभरे। शीतयुद्ध की समाप्ति को वैश्विक राजनीति में टकराव का अंत और मेल-मिलाप वाली दुनिया में उभरने की शुरुआत माना गया। इस विचार के सर्वाधिक प्रसिद्ध और अग्रणी विचारक फ्रांसिस फुकोयामा ने इसे 'इतिहास का अंत' घोषित किया। उन्होंने जोर देकर कहा कि "संभव है हम इतिहास का अंत देख रहे हों; और इसकी अभिव्यक्ति है मनुष्य जाति के वैचारिक विकास का अंत और मानव समाज में शासन के स्वरूप के तौर पर पश्चिमी उदारवादी लोकतंत्र का वैश्वीकरण।"[39] उन्होंने माना कि भविष्य में कुछ छोटे-मोटे टकराव हो सकते हैं, पर वैश्विक टकराव का दौर समाप्त हो गया है।

फुकोयामा के विचारों के उलट कई विद्वानों की राय थी कि शीतयुद्ध की समाप्ति नए तरह के संघर्ष का युग लेकर आई है। इस नजरिए में सबसे आगे हैं सैमुअल पी. हंटिंगटन । उनका बहुचर्चित आलेख, 'द क्लैश ऑफ सिविलाइजेशंस, (सभ्यताओं का टकराव) फारेन अफेयर्स के 1993 के ग्रीष्मकालीन अंक में प्रकाशित हुआ और बाद में उन्होंने इसी शीर्षक वाली किताब में अपने तर्क को और भी विस्तार से प्रस्तुत किया। हटिंगटन को नया टकराव सभ्यताओं के स्तर पर उभरता लगा। वे स्पष्ट रूप से इस्लामी आतंकवाद की बात नहीं करते, लेकिन उन्होंने गड़बड़ीवाले बिन्दुओं को बहुत साफ ढंग से भाँप लिया था। उनके अनुसार :

> *"विश्व की प्रमुख सभ्यताओंवाले बुनियादी देशों के बीच विश्वयुद्ध छिड़ने की आशंका बहुत कम है, पर असंभव नहीं है। ऐसा युद्ध जो हमारे हिसाब से विभिन्न सभ्याताओं वाले समूहों के बीच गड़बड़ से शुरू होगा और जिसमें एक तरफ मुसलमानों के और दूसरी तरफ गैर-मुसलमानों के होने की संभावना ज्यादा है। इसके लिए युद्ध की स्थितियाँ तब बनेंगी, जब बुनियादी मुस्लिम राष्ट्र अपने युद्धरत धर्मानुयायियों को सहायता देंगे। धार्मिक दृष्टि से दोयम स्थितिवाले मुल्कों और इलाकों की युद्ध में खुद पूरी तरह शामिल होने की गुंजाइश नहीं है। विश्व-स्तर पर अंतर सभ्यता-संघर्ष का ज्यादा खतरनाक स्रोत विभिन्न सभ्यताओं और उनके बुनियादी मुल्कों के बीच बदलता शक्ति-संतुलन है। अगर ऐसा ही जारी रहा तो चीन का उत्थान और 'मानव इतिहास के सबसे बड़े खिलाड़ी' की बढ़ती दादागीरी इक्कीसवीं सदी के शुरू में अंतर्राष्ट्रीय स्थायित्व पर भारी दबाव बना देंगे। पूर्व और दक्षिण-पूर्व एशिया में चीन का एक प्रमुख शक्ति के रूप में उभरना अमेरिकी हितों के खिलाफ जाएगा, क्योंकि यह ऐतिहासिक धारा में उभरेगा।*[40]

सभ्यताओं पर आधारित वैश्विक व्यवस्था को हम बहुलवाद का दर्शन अपनाकर

ही आगे बढ़ा सकते हैं, किसी एक सभ्यता को बाकी सबसे श्रेष्ठ बताने के सिद्धांत को समर्थन देकर ऐसा नहीं हो सकता। सभ्यता बहुल दुनिया के लिए जरूरी है कि हम श्रेष्ठता की बात छोड़ें, बहुलता और विविधता को स्वीकारें तथा साझेपन की तलाश करें।

भविष्य की ओर

जब हम इन तीन घटनाओं और इतिहास की नई व्याख्याओं (सभ्यता के बीच संबंध या इतिहास का अंत) के परे आज की दुनिया पर नजर डालते हैं, तो दो बातें दिखलाई पड़ती हैं। एक ओर तो विश्व में अप्रत्याशित आर्थिक प्रगति हो रही है। पश्चिमी देशों के अलावा चीन, भारत, जापान, ब्राजिल, दक्षिण अफ्रिका, मैक्सिको और अन्य विकासशील देशों में विकास की गति तेज हुई है। साथ ही साथ, जो चिन्ता का विषय है, व्यक्तियों और समुदायों के बीच आर्थिक असमानताएँ बढ़ी हैं। दूसरी ओर आतंकवाद ने लगभग केंद्रीय मंच पर कब्जा जमाया हुआ है। यही नहीं, अफगानिस्तान और इराक में कल जो कुछ हुआ, और सैनिक दखल के लिए अमेरिका और ब्रिटेन को संयुक्त राष्ट्र ने भी अपनी सहमति दी, उसने दुनिया-भर में एक बहस छिड़ गई है। ऐसे में आपसी संवाद से ही कोई सार्थक राह निकल सकती है, न कि एकतरफा सैनिक कार्रवाइयों से।

संदर्भ और टिप्पणियाँ

1. गीतकार, संगीतकार और गायक लेनन (1940-1980) प्रभावशाली 'बीटल्स' टोली के गायक थे, जिसकी स्थापना 1960 में लिवरपुल (ब्रिटेन) में हुई थी।
2. 1944-45 में अमेरिका, सोवियत संघ, ब्रिटेन और फ्रांस के बीच हुए समझौते के अनुसार पश्चिम जर्मनी को चार हिस्सों में बाँटकर चार कमांडर इन चीफ के अधीन कर दिया गया और इन चारों को मिलाकर एक कंट्रोल कौंसिल बनाई गई। प्रमुख शहर बर्लिन को भी दो हिंस्सों में बाँटकर उसमें पूर्वी हिस्से को जर्मन लोकतांत्रिक गणराज्य और पश्चिम बर्लिन को जर्मन संघीय गणराज्य के अधीन कर दिया गया।
3. अगस्त 1980 में लेख वालेसा ने ग्डांस्क शिपयार्ड की हड़ताल की अगुवाई की, जिसने देश-भर में हड़तालों की लहर भी पैदा कर दी। मजबूर होकर अधिकारी वालेसा से बात करने को विवश हुए। फिर 31 अगस्त 1980 को हुए ग्डांस्क समझौते में मजदूरों को हड़ताल करने और अपनी स्वतंत्र यूनियन बनाने का अधिकार मिला।
4. 1980 और 1990 के दशक के महत्वपूर्ण वर्षों में सरकारी क्षेत्र का आकार कम करना सरकारी नीतियों का प्रमुख मुद्दा रहा। यही दौर पूर्व कम्युनिस्ट देशों तथा लातिन अमेरिका, एशिया और अफ्रीका के कई देशों में तानाशाही की समाप्ति और लोकतांत्रिक शासन आने का है। हैटिंगटन इसे ही लोकतांत्रिकरण की 'तीसरी लहर' करार देते हैं। फ्रांसिस फुकोयामा, 'स्टेट बिल्डिंग : गवर्नेंस एंड वर्ल्ड आर्डर इन ट्वेंटी फर्स्ट सेंचुरी (साउथ एशिया संस्करण), प्रोफाइल बुक्स,

लंदन 2004, पृ. 5

5. ब्रोडेनबुर्ग गेट, बर्लिन पर राष्ट्रपति रोनाल्ड रीगन ने 12 जून 1987 को घोषणा की थी, "मिस्टर गोर्बाचेव, इस दीवार को गिरा दीजिए।"

6. "इस प्रयोग का दक्षिणपंथी प्रकरण 1945 में नाजी जर्मनी के पतन के बाद खत्म हुआ तो इसका वामपंथी स्वरूप अपने विरोधाभासों के चलते 1969 में 'बर्लिन की दीवार' के गिरने के साथ ही समाप्त हो सका"–फ्रांसिस फुकोयामा, 'स्टेट बिल्डिंग : गवर्नेंस एंड वर्ल्ड आर्डर इन ट्वेंटी फर्स्ट सेंचुरी', (साउथ एशिया संस्करण), प्रोफाइल बुक्स, लंदन, पृ. 4

7. एरिक हाब्सबाम लिखते हैं, "इतिहास का एक अध्याय पूरा हुआ। जो कुछ हुआ है, जैसा अक्सर होता नहीं, वह एकदम अनपेक्षित था। हम कभी अपनी सोच और उम्मीद में एकाधिक बार गलत साबित हुए हैं। कई लोग सहमत हैं कि वे घटनाक्रम से हैरान हुए, पर संभवतः काफी लोग इनसे निराश हुए हैं। शुरुआती उम्मीदों के चलते उनकी निराशा ज्यादा गहरी हुई है। 1989 की घटनाओं के प्रति उत्साह देखकर भी उनकी निराशा बढ़ी होगी। हमारी जो भी प्रतिक्रिया हो, हम अपनी गलती को, अपने गलत सोच को देखकर भले हैरान हुए हों, पर अब यह हमारे समय के इतिहास के लिए हमारा प्रस्थान बिन्दु होना चाहिए। ये ऐसे मामले हैं–संभवतः मेरा मामला भी उनमें शामिल है–जिनमें सामने आई नई बातें खासतौर से मददगार हैं। मेरे जीवन का अधिकांश हिस्सा, संभवतः मेरे सचेत जीवन का अधिकांश हिस्सा, जिस उम्मीद पर टिका था, उसमें भारी निराशा हुई है। जिस उद्देश्य में लगा था, वह असफल हो गया है। इस उद्देश्य और आशा का आधार था अक्टूबर क्रांति में शुरू हुआ साम्यवाद।" एरिक हाब्सबाम, 'ऑन हिस्ट्री, एबाकस,' लंदन, 1997 पृ. 317

8. हरबर्ट ए. पास्टर (संपा.) ए सेंचुरीज जर्नी, बेसिक बुक्स, न्यूयार्क, 1999, पृ. 188

9. पूर्वोक्त, पृ. 189-190.

10. इसका संदर्भ 1950 और 1960 के दशक में भारतीय विश्वविद्यालयों में चलनेवाली बहस है, जब इस लेखक ने पटना विश्वविद्यालय में पढ़ाई की थी।

11. हर्नांडो डी सोतो, द मिस्टरी ऑफ कैपिटलः हवाई कैपिटलिज्म ट्रायम्फ्स इन द वेस्ट एंड फेल्स एवरीह्वेयर एल्स, बेसिक बुक्स, न्यूयार्क, 2000, पृ. 9।

12. गोडेन एस. बुड, इनवैटिंग अमेरिकन कैपिटलिज्म, न्यूयार्क रिव्यू ऑफ बुक्स, 9 जून 1994 पृ. 491

13. हर्नांडो डी. सोतो, पूर्वोक्त, पृष्ठ 10।

14. भूमंडलीकरण मामले के विस्तृत विश्लेषण के लिए देखें : जोजेफ ई. स्टिग्लिट्ज, ग्लोबलाइजेशन एंड इट्स डिस्कंटेंट्स, डब्लू.डब्लू नार्टन एंड कंपनी, न्यूयार्क 2002 और जगदीश भगवती, इन डिफैंस अप ग्लोबालाइजेशन, ऑक्सफोर्ड यूनि. प्रेस, न्यूयार्क, 2004।

15. हांगकांग पर से ब्रिटिश नियंत्रण समाप्त होने का मतलब उपनिवेशवाद की औपचारिक समाप्ति था। यह प्रक्रिया 15 अगस्त 1947 को महात्मा गाँधी के नेतृत्व में भारत की आजादी के साथ शुरू हुई थी। हांगकांग का सत्ता-हस्तांतरण और भारत का स्वतंत्रता दिवस आसपास की तारीखों में ही संपन्न हुए।

16. हांगकांग के सत्ता-हस्तांतरण में हांगकांग के मुख्य कार्यकारी अधिकारी तुंग ची ह्वा हांगकांग स्टेडियम में आयोजित करीब 50000 बौद्धों की प्रार्थना-सभा में शामिल हुए। हांगकांग की स्वतंत्रता के पक्ष-पक्षकारों में झड़पों के बावजूद सत्ता हस्तांतरण का काम बहुत ही शांति से हुआ।

17. ब्रिटेन और हांगकांग के बीच करीबी संबंध बनाने के संदर्भ में पहले अफीम युद्ध(1839-42)

और दूसरे अफीम युद्ध(1856-58) का विशेष महत्व है।

18. एडम स्मिथ (1723-1790)। स्मिथ स्काटिश राजनैतिक अर्थशास्त्री और दार्शनिक थे, जो 1776 में लिखी अपनी प्रभावशाली किताब 'द वेल्थ ऑफ नेशन्स' से काफी प्रसिद्ध हुए और इन्हें आमतौर पर 'पूँजीवाद का पिता' कहा जाता है।

19. चीनी इतिहास के लिए दो घटनाएँ काफी महत्वपूर्ण हैं। पहली घटना मई 1919 में तब हुई, जब डॉ. सुनयात सेन के नेतृत्व में चीन को आजाद, समृद्ध और शक्तिशाली बनाने के तीन सूत्रों वाला कार्यक्रम शुरू हुआ। दूसरी घटना 4 जून 1989 की है, जब बीजिंग के थ्येन आन मन चौक पर लोकतंत्र समर्थक छात्रों के प्रदर्शन को सेना ने कुचल डाला था।

20. ए.ए. शिरोमणि (संपा.)द हिस्ट्री ऑफ तिब्बत: यूविनर्सल हेरिटेट (सेलेक्टेड स्पीचेज एंड राइटिंग्स ऑफ हिज हाईनेस द दलाईलामा) एलायड पब्लिशर्स लि. नई दिल्ली।

21. निकोलस टारलिंग की किताब, 'फाल ऑफ इंपीरियल ब्रिटेन इन साउथ ईस्ट एशिया, ऑक्सफोर्ड यूनि. प्रेस, क्वालालंपुर सें उद्धृत, पृष्ठ-10। मूल आलेख एली केडरी का है, जो 'ए न्यू इंटरनेशनल डिस्आर्डर' शीर्षक से एच.बुल और एडम वाटसन(संपा.)की किताब 'द एक्सपैंशन ऑफ इंटरनेशनल सोसाइटी, ऑक्सफोर्ड प्रेस, 1984 में छपा है। पृ. 352

22. एडवर्ड डब्लू. सईद की किताब 'कल्चर एंड इंपेरियलिज्म' चट्टो एंड विंडस, लंदन, 1993 में उद्धृत, पृष्ठ 341; माइकेल बैरेट ब्राउन, ऑफ्टर इंपेरियलिज्म(संशो.संस्क.न्यूयार्क: ह्यूमेनिटीज, 1970) पृ. viii

23. अरबी में 'अल कायदा' का अर्थ होता है 'आधार'। यह उग्र इस्लामी आतंकवादी संगठन के विश्वव्यापी नेटवर्क का नाम है।

24. गरीबी और आतंकवाद में सीधा संबंध नहीं है। वर्ल्ड ट्रेड सेंटर और पेंटागन पर हमला करने वाले लोग मध्यवर्गीय थे और उनको आतंकी सोच में ढालने का काम उनके मूल देशों की जगह पश्चिम यूरोप में ही हुआ था।–फ्रांसिस फुकोयामा की किताब, स्टेट बिल्डिंग : ग्वर्नेंस एंड वर्ल्ड आर्डर इन ट्वेन्टी फर्स्ट सेंचुरी (साउथ एशिया संस्करण) प्रोफाइल्स बुक्स, लंदन 2004 पृ. 2

25. महात्मा गाँधी ने कहा था कि "आँख के बदले आँख लेने का तर्क चला तो पूरी दुनिया अंधों की बन जाएगी।"

26. ह्वाइट हाउस द्वारा सितंबर 2002 में जारी : द नेशनल सिक्यूरिटी स्ट्रेटेजी ऑफ यूनाइटेड स्टेट्स ऑफ अमेरिका'में कहा गया था कि निषेधात्मक युद्ध भी राष्ट्र की सुरक्षा रणनीति का अंग है। इस दस्तावेज में कहा गया है, "बदमाश देशों और आतंकवादियों के उद्देश्यों को देखते हुए अमेरिका पहले की तरह घटना होने के बाद प्रतिक्रिया करने की रणनीति पर नहीं चल सकता। संभावित हमलावर को रोकने का तरीका न होने, आज के खतरे की तात्कालिकता और विरोधियों द्वारा चुने गए हथियार से उत्पन्न खतरे से होने वाले राजनैतिक नुकसान के आकार-प्रकार को देखते हुए हमारे पास ज्यादा विकल्प नहीं रह गए हैं। हम अपने दुश्मन को पहले हमला करने नहीं दे सकते।"

27. एन. मुखर्जी, दिसंबर 13 टेरर ओवर डेमोक्रेसी, प्रोमिला एंड कंपनी पब्लिसर्श। यह किताब बिब्लियो फाइल साउथ एशिया, न्यू डेल्ही एंड शिकागो के सहयोग से 2005 में छपी है। पृ. 2-5 (इस किताब का प्राक्कथन नोम चोमस्की लिखित है-मैनिपुलेशन ऑफ फियर)

28. दिल्ली हाईकोर्ट का फैसला, 29 अक्टूबर 2003.

29. यह कई आतंकी वारदातों की परिणति थी, जिनमें 24 दिसंबर 1999 को आई सी 814 विमान का अपहरण करके कंधार ले जाना, दिसंबर 2000 में लालकिले में आतंकी घुसपैठ और,

अक्टूबर 2001 को श्रीनगर स्थित जम्मू-कश्मीर विधानसभा परिसर पर हमला शामिल है।

30. जब मैंने वाशिंगटन में प्रधानमंत्री वाजपेयी को नववर्ष (2002) की शुभकामनाएँ दीं तो वे जम्मू-कश्मीर और पाक अधिकृत कश्मीर में सक्रिय आतंकवादी जमातों के खिलाफ निर्णायक लड़ाई छेड़ने के समाचार पर उलझन में थे। (सौभाग्य से हमारी बातचीत विशुद्ध हिंदी में हुई थी)।

31. 570 के करीब रजवाड़ों में से ज्यादातर या तो भारत की सीमा में थे या इससे लगे हुए थे। उन्होंने मुक्त भाव से भारत में शामिल होने का फैसला किया और इस आशय के कागजात पर दस्तखत किए।

32. पूरी जम्मू-कश्मीर रियासत का क्षेत्रफल 2,22,236 वर्ग किमी था, जिसमें से 78,114 वर्ग किमी. इलाका आज पाकिस्तान के कब्जे में है। इसमें से भी 5,180 वर्ग किमी जमीन 1963 में पाकिस्तान द्वारा चीन को सौंप दी गई। पाकिस्तान ने तब उससे अपनी सीमा ठीक करने का समझौता किया था। लद्दाख के इलाके की लगभग 37, 555 वर्ग किमी. जमीन आज भी चीनी नियंत्रण में है।

33. 15 अगस्त 1947 तक सिर्फ तीन रजवाड़ों–हैदराबाद, जूनागढ़ और जम्मू-कश्मीर ने ही भारत में विलय का फैसला नहीं किया था। हैदराबाद रियासत तो भारत की सीमा में ही थी। काठियावाड़ का जूनागढ़ (आज के गुजरात का सौराष्ट्र क्षेत्र) बिखरा हुआ था और उसका कुछ इलाका इधर लगता था तो कुछ उधर। जब जूनागढ़ और हैदराबाद ने शासन के फैसले में हिचक दिखाई तो भारत ने उनके इलाकों में जनमत संग्रह कराने का सुझाव दिया, जिससे वहाँ रहनेवालों की इच्छा का पता चल सके। पाकिस्तान ने इस नजरिए से असहमति जाहिर की।

34. 26 अक्टूबर 1947 को जम्मू-कश्मीर राज अपने पाँच क्षेत्रों कश्मीर, जम्मू, लद्दाख, कथित 'आजाद कश्मीर' और उत्तरी इलाके सहित भारत में आ गया।

35. फ्रॉम सरप्राइज ट रेकेनिंग : कारगिल रिव्यू कमेटी रिपोर्ट, नई दिल्ली, 1999, पृ. 187-88

36. फारेन अफेयर्स, में सुमित गांगुली का आलेख, 'एव्हाइडिंग वार इन कश्मीर'।

37. परवेज मुशर्रफ के भाषण के अधिकारी पाठ के लिए देखें, डॉन, 12 जनवरी 2002, ऑनलाइन संस्करण : httpèkèkwww.dawn.comèk2002èk01èk12èkspeech0210112.htm

38. पूर्वोक्त।

39. फ्रांसिस फुकोयामा, द ऐंड ऑफ हिस्ट्री एंड द लास्ट मैन, फ्री प्रेस, न्यूयार्क, 1993, पृ. 4-18

40. सैमुअल जी. हंटिंगटन, द क्लैश ऑफ सिविलाईजेशन एंड रिमेकिंग ऑफ वर्ल्ड आर्डर, सिमोन एंड शुस्टर, न्यूयार्क, 1996, पृ. 312-313

अध्याय-2

राजनैतिक सुनामियाँ और उनके आगे

एकम् सद् विप्रा बहुधा वदंति
(सच एक ही है, विद्वान इसके बारे में अलग-अलग तरह से बोलते हैं।)

-ऋग्वेद

बीसवीं सदी के उत्तरार्द्ध में उपनिवेशवाद और शीतयुद्ध की समाप्ति और इक्कीसवीं सदी के शुरू में आतंकवाद की उत्पत्ति ने राजनीति और अंतर्राष्ट्रीय संबंधों, अर्थ-व्यवस्थाओं और सांस्कृतिक व्यवहारों पर सुनामी की तरह के प्रभाव पैदा किए हैं। अधिनायकवाद और फासीवादी राजनैतिक संस्कृति ने इस विश्वास को जन्म दिया है कि जो व्यक्ति या समाज आपसे विरोधी मत रखता है, वह बातचीत या सुलह के लायक नहीं है। दूसरे शब्दों में दुश्मन है, जिसे नष्ट कर देना चाहिए। धार्मिक अतिवादी और आतंकवादी भी इसी तरह के विचार रखते हैं। इसलिए कभी-कभी लगता है कि शीत-युद्ध की समाप्ति क्या सचमुच हमें शान्ति की ओर अग्रसर कर सकी है या हम किसी और जटिल समस्या से ग्रस्त हो चुके हैं। ऐसे हालात में आतंकवाद की समाप्ति; मानव जीवन में धर्म की सार्थकता और प्रासंगिकता, खासतौर से इस्लाम पर नए सिरे से विचार; और लोकतंत्र का प्रसार, जिसमें राज्य-निर्माण का मसला भी शामिल है, जैसे मुद्दे सार्वजनिक चर्चा में प्रभावशाली हो गए हैं। एक ओर दुनिया के विभिन्न हिस्सों में आतंकी हमलों से पैदा गंभीर संकट और दूसरी ओर कुछ मुल्कों-समूहों में तेज आर्थिक विकास के बीच लोग यह बुनियादी सवाल उठा रहे हैं कि जीवन कैसे जिएँ? यह सवाल पूछा जा रहा है कि क्या इतिहास से ऐसी सीख ली जा सकती है, जिसके आधार पर शांति और मेलजोल बनाए रखनेवाली ऐसी सार्वजनिक नीतियाँ बनाई जा सकें, जिससे समाज में सिर्फ आर्थिक प्रगति ही न हो, बल्कि हर आदमी अपनी प्रतिभा, क्षमता और विश्वासों के अनुसार संतोषजनक जीवन जी सके।

आतंकवाद : आज और कल

आज वैश्विक विमर्श के केन्द्र में आतंकवाद की चर्चा है। आज आतंकवादियों की जो नई जमात सामने आई है, उसके मन में अपने जीवन समेत अन्य लोगों के जीवन के लिए कोई आदर-भाव नहीं है। अभी तक राष्ट्र-राज्यों के बीच होनेवाले युद्धों में सामान्य नागरिकों के जीवन को बचाने के जो कायदे-कानून बनाए गए थे और जिन पर विश्वयुद्धों के दौरान भी काफी हद तक अमल हुआ, उनके प्रति भी इनके मन में कोई आदर नहीं है। विवादों को शांतिपूर्ण ढंग से निपटाने में भी उनका भरोसा नहीं है, क्योंकि वे संवाद में आस्था ही नहीं रखते। ऐसी जमातों में 'अल कायदा' वैश्विक पहुँच रखनेवाला एक प्रमुख आतंकवादी संगठन है।

9/11 के बाद आतंकवादी खतरों का मुकाबला करने, उनके वित्तीय स्रोत पर चोट करने, उनमें नेटवर्क को खत्म करने और उनके अड्डों को तहस-नहस करने की कोशिश राष्ट्रीय और अंतर्राष्ट्रीय स्तर पर हुई है और उनमें सफलता भी मिली है। अनेक आतंकवादी सरगना गिरफ्तार किए गए हैं। उनके बैंक खाते सील किए गए हैं। उनमें से कुछ पर मानवता के खिलाफ षड्यंत्र का मुकदमा भी चलाया गया है। नागरिक समाज में अतिवाद और असहिष्णुता पर लगाम रखने की भी कोशिशें की गई हैं। इसके लिए सार्वजनिक बहसों के साथ-साथ शिक्षा के स्तर पर भी प्रयास किए गए हैं।

आतंकवादियों और आतंकी गिरोहों द्वारा विश्व के विभिन्न हिस्सों में वारदातों की संख्या बढ़ी है। अभी भी कुछ सरकारों द्वारा प्रोत्साहित आतंकवादी वारदातें जारी हैं। अफगानिस्तान और इराक के खिलाफ हुई कार्रवाई के बाद भी यह बंद नहीं हुआ है।

आमतौर से अभी तक आतंकी जमातें हर धर्म के साथ जुड़ी रही हैं और उनके पीछे कुछ धार्मिक, कुछ भावनात्मक और कुछ कठमुल्लापन जिम्मेदार रहा है। उनकी अपने मजहब में ऐसी आस्था होती है जिसके चलते वे दूसरे मत वाले लोगों की जान लेने में भी कुछ गलत नहीं मानते। अतिवादी लोग दूसरे मजहब के लोगों को मारना अपने ईश्वर का आदेश मानते हैं और मानते हैं कि उनके यहाँ के धर्मनिरपेक्ष लोगों को, जिन्हें ये अपना दुश्मन मानते हैं, समाप्त ही कर देना चाहिए, क्योंकि यही ईश्वर की मर्जी है।

पुराने समय में आतंकी जमातों को कुछ राजनैतिक शक्तियों का भी समर्थन मिला करता था। इस सिलसिले में बीसवीं सदी में हम आयरिश और रूसी समाजवादी क्रांतिकारी आंदोलनों का नाम ले सकते हैं। लेकिन दूसरी ओर आतंकवादियों के गुट छोटे-छोटे समूहों के रूप में सक्रिय हो गए हैं। इन आतंकवादी गुटों ने अपने उपयोग के विध्वंसक हथियार बनाने और छुपाने का कौशल हासिल कर लिया है, अथवा ये उन्हें खरीद या चुराकर रख सकते हैं। इस प्रकार हम देखते हैं कि एक ओर तो

एक व्यक्ति या छोटे समूहवाले आतंकवाद का उदय हुआ है तो दूसरी ओर कुछ मुल्कों द्वारा प्रायोजित आतंकवाद भी चल रहा है। जब ऐसे व्यक्तिगत आतंकवाद और किसी मुल्क की बदनीयतीवाले उद्देश्य में समानता हो जाए, तो एक छद्‌म युद्ध शुरू होता है। आज के जमाने में जब दूसरे मुल्क पर हमला करना बहुत ही महँगा और जोखिम का काम है, तब ऐसा छद्‌म युद्ध चलाना बहुत आसानी का काम रह गया है।

आज के विकसित देश सूचनाओं के संग्रह, विश्लेषण, उनको पाने और एक स्थान से दूसरे स्थान तक भेजने के मामले में इलेक्ट्रानिक प्रणाली पर ज्यादा निर्भर हो चुके हैं। प्रतिरक्षा, पुलिस, बैंकिंग, व्यापार, परिवहन, वैज्ञानिक शोध तथा सरकारी और निजी कामकाज का काफी सारा हिस्सा 'ऑन लाइन' हो चुका है। इससे राष्ट्रीय जीवन के काफी सारे हिस्से में गड़बड़ी करने का अंदेशा बढ़ गया है। कोई शरारती तत्व या कंप्यूटर हैकर किसी मुल्क के या उसके एक हिस्से में कारोबार को काफी हद तक नुकसान पहुँचा सकता है। इसी के चलते सूचना-आतंकवाद और साइबर-युद्ध की चर्चा भी की जाने लगी है।

ऐसे में यह सवाल महत्वपूर्ण है कि क्या आतंकवाद ने बीती सदियों के युद्धों-महायुद्धों की जगह ले ली है?

संयुक्त राष्ट्र के महासचिव कोफी अन्नान ने थाइलैंड के पूर्व प्रधानमंत्री आनंद पेनीयार्चुन के नेतृत्व में एक उच्चस्तरीय कमेटी बनाकर उसके जिम्मे अंतर्राष्ट्रीय शांति और सुरक्षा के खतरों का मूल्यांकन करने का काम सौंपा। साथ ही साथ यह देखने का जिम्मा भी दिया कि वर्तमान नीतियों और संस्थाओं ने अब तक कैसा काम किया है। इस कमेटी से संयुक्त राष्ट्र को इस तरह मजबूत करने के लिए सुझाव देने को भी कहा गया, जिससे कि वह इक्कीसवीं सदी में सभी को सुरक्षा प्रदान करने में सक्षम हो सके।

आतंकवाद को इस बात से भी ताकत मिलती है कि राष्ट्र-राज्यों के बीच आतंकवादी की कोई एक सर्वमान्य परिभाषा नहीं है। पेनीयार्चुन रिपोर्ट ने आतंकवाद को कुछ इस तरह परिभाषित किया :

> *"अपनी प्रकृति और संदर्भ से लोगों को आतंकित करने या किसी सरकार या अंतर्राष्ट्रीय संगठन को कुछ करने या कुछ न करने पर मजबूर करने के लिए की जाने वाली ऐसी कार्रवाई आतंकवाद है जो नागरिकों को मारने या गंभीर रूप से घायल करने की मंशा से की जाती है।"*[2]

संयुक्त राष्ट्र के सदस्य देशों द्वारा आतंकवाद की इस परिभाषा को स्वीकार करने से निकट भविष्य में संयुक्त रूप से आतंकवाद से लड़ने में काफी मदद मिलेगी।

11 सितंबर 2001 का हमला क्यों हुआ, इसकी व्याख्या धर्म, राजनीति और विदेश नीति के आधार पर अलग-अलग तरीके से की जाती है। अनेक प्रमुख बौद्धिकों का मानना है कि अरब जगत में धर्म राजनीति को प्रेरित करने में महत्वपूर्ण

भूमिका निभाता है। इस धारणा के लोगों का यह भी कहना है कि इस्लाम अपने आप में एक मुद्दा है और अमेरिकी ठिकानों तथा भारतीय संसद पर हमला, चेचेन्या में निर्दोष बच्चों तथा बाली द्वीप में पर्यटकों की हत्या के साथ-साथ फिदायीन हमलों और जिहाद की व्याख्या इसके आधार पर ही की जा सकती है। दूसरी धारणा यह है कि मध्यपूर्व के तेल के कुँओं पर पश्चिमी नियंत्रण के साथ-साथ अरब जगत के शाहों और तानाशाहों को मिलनेवाला पश्चिमी समर्थन ही इन सब नाराजगियों का कारण है। इजरायल को समर्थन और फिलीस्तीनियों के लिए अलग राज्य न बनवा पाने की अमेरिकी विदेश नीति की असफलता को भी इन सबका कारण माना जाता है। संभवत: सच्चाई इन्हीं सबके बीच कहीं है।

आतंकी वारदातों और इस नजरिए ने इस जरूरत को ही पुख्ता किया है कि विभिन्न सरकारों और आतंकी जमातों के बीच के निकट संबंधों को समाप्त किया जाए, जिनके चलते विश्व आतंकवाद फल-फूल रहा है। अमेरिकी अध्येता नियोनार्ड पेइकाफ अपने लेख 'एंड स्टेट्स टू स्पांसर टेररिज्म' में कहते हैं, "आतंकवाद के खिलाफ लड़ाई फिलीपीन्स के मुद्दे से नहीं जुड़ी है। यह सभ्यताओं का टकराव है और इस प्रकार यह विचारों की लड़ाई बन गई है, और इसे सिर्फ बौद्धिक उपकरणों से ही लड़ा जा सकता है। पर इस तथ्य को जानकर भी हम सशस्त्र बलों की महत्वपूर्ण भूमिका को नजरअंदाज नहीं कर सकते। दूसरे इसके उलट, इस चीज में उनको अपना सही लक्ष्य ढूँढने में मदद मिलेगी और उनकी कार्यकुशलता बढ़ेगी।" ईरान और उत्तरी कोरिया में सैनिक कार्रवाई करने की वकालत भी की जा रही है। लेकिन अनेक दूसरे लोग भी हैं, जिन्हें लगता है कि युद्ध कोई समाधान नहीं है।

यह डर भी जताया जा रहा है कि इराक में चुनाव के बाद भी अमेरिका न तो इराक से बाहर निकल सकता है, न ही वह वहाँ के शासन को विशुद्ध रूप से इराकी लोगों के हाथों में सौंप सकता है। अमेरिकी नीतियों पर नजर रखनेवाले अनेक जानकार लोगों का मानना है कि इराक में चुनाव कराने का अर्थ यही है कि अमेरिका वहाँ बने रहने और लोकतंत्रीकरण की प्रक्रिया चलाने का पक्का निश्चय कर चुका है। यह सभी अरब तानाशाहों के लिए इस बात की चेतावनी भी है कि वे अपनी जान बचाने के लिए उपयुक्त तरीके तलाश लें। बहुत संभव है कि बुश प्रशासन चुनाव को अपनी पश्चिम एशिया नीति की जीत मान ले और इस्लामी जगत को जबरदस्ती लोकतांत्रिक बनाने की भारी दबाववाली नीतियों पर अमल शुरू करे। ऐसा खास तौर से ईरान के मामले में माना जा रहा है, जबकि वहाँ स्वतंत्र और निष्पक्ष ढंग से चुनाव कराए जाते हैं, परंतु उस देश में उदारवादी लोकतांत्रिक संविधान लागू नहीं है।

विशेषज्ञों का मानना है कि इराकी जमीन के नीचे अब भी पेट्रोलियम का ऐसा विशाल भंडार है, जहाँ तक अभी तक पहुँचा ही नहीं जा सका है। इनसे तेल निकालना शुरू होगा तो ये दुनिया में सबसे बड़ा तेल भंडार बन जाएगा या उसके

बराबर पहुँच जाएगा। स्वाभाविक रूप से इसका मुनाफा अमेरिकी और ब्रिटिश ऊर्जा कंपनियों को जाएगा और इन संसाधनों पर नियंत्रण रखकर अमेरिका बहुत ही मजबूत स्थिति में आ जाएगा।

प्रसिद्ध अमेरिकी लेखक नोम चोम्स्की[3] ने दमदार ढंग से कहा है कि स्वतंत्र और स्वायत्त इराक की मौजूदगी से अमेरिका आरामदायक स्थिति में रहेगा, यह कल्पना भी नहीं की जा सकती। वे लिखते हैं :

> *"एक स्वतंत्र राष्ट्र होकर इराक अरब जगत में एक महान और संभवतः अगुआ शक्ति की हैसियत पाना चाहेगा ...और यह स्थिति पाने के लिए वह फिर से अपनी फौजी ताकत मजबूत करना और इस इलाके की मजबूत सैन्य शक्ति, इजरायल से—जो लगभग अमेरिकी सैन्य-ठिकाने जैसा हो गया है—टकराना चाहेगा। वह इजराइल से मुकाबले के लिए जनसंहारक अस्त्र-शस्त्र विकसित करना चाहेगा। पर यह सोचना भी असंभव है कि अमेरिका और ब्रिटेन उसे यह सब करने देंगे। स्वतंत्र, स्वायत्त और लोकतांत्रिक इराक की बात करना गंदा मजाक है। अमेरिका कुछ लोकतांत्रिक व्यवस्थाओं को लागू करने पर मजबूर जरूर हुआ है और यह अच्छी चीज भी है, पर वह वास्तविक लोकतंत्र और सार्वभौमिकता के अधिकार भी सौंप देगा, यह अकल्पनीय है। अमेरिका ने अपने प्रभुत्व क्षेत्र में आए किसी भी देश में ऐसा नहीं होने दिया है।"*[4]

9/11 के बाद प्रभावशाली शासन की आवश्यकता

11 सितंबर की वारदात के बाद वैश्विक राजनीति का मुख्य मुद्दा 'राज्यविहीन' व्यवस्था बनाना न होकर राज्य और शासन को मजबूत करने का है। विभिन्न समाजों और वैश्विक समुदाय के लिए राज्य का समाप्त होना या उसकी सत्ता का कमजोर होना किसी यूटोपिया की तरफ बढ़ने वाला कदम नहीं है, इस तरह के विचार को लोग बर्बादी की शुरुआत मानते हैं।

इस नई दुनिया के बारे में बिल क्लिंटन लिखते हैं–

> *"मेरा मानना है कि 21वीं सदी में हमारी सुरक्षा और शासन के पूरे आधुनिक स्वरूप के सामने सबसे बड़ी चुनौती शरारती मुल्कों या विश्व के बारे में अलग और प्रतिद्वंद्वी नजरिया रखनेवालों की तरफ से नहीं आकर राष्ट्र-राज्य के दुश्मनों की तरफ से आएगी; आतंकवादियों और नशीले पदार्थों के व्यापारियों तथा संगठित अपराधियों के गिरोहों की तरफ से आएगी और मेरी भविष्यवाणी है कि वे खुली सीमाओं, इंटरनेट, सारी नवीनतम तकनीक, छोटे से छोटे रूप में आनेवाले उपकरणों, अधिक ताकतवर और खतरनाक हथियारों-जैसी उन्हीं चीजों के सहारे अपने मजबूत गठजोड़ बनाएँगे, जिनका*

उपयोग हम अपनी समृद्धि और खुशहाली के लिए कर रहे हैं। और अगर हम प्रगतिशील सरकारों की सफलता चाहते हैं तो हमें राष्ट्र-राज्य के दुश्मनों का मुकाबला करने में एक दूसरे से सहयोग करना सीखना होगा।"[5]

बर्लिन की दीवार गिराने के पीछे विश्व राजनीति की एक मजबूत प्रवृत्ति थी, सार्वजनिक क्षेत्र के कामकाज को निजी क्षेत्र या नागरिक समाज के हवाले करते जाना। पर अनेक मुल्कों में, खासकर विकासशील देशों में कमजोर, अक्षम या भ्रष्ट सरकारें ही अनेक तरह की समस्याओं की जड़ होती हैं। वे गरीबी से लेकर एड्स और नशीले पदार्थों के कारोबार से लेकर आतंकवाद जैसी असंख्य समस्याओं को सँभाल ही नहीं पातीं, जैसा कि फ्रांसिस फुकोयामा कहते हैं :

"शीतयुद्ध की समाप्ति ने बाल्कन से लेकर काकेशस, मध्य-पूर्व, मध्य एशिया और दक्षिण एशिया में काफी सारे कमजोर और असफल मुल्क (फेल्ड स्टेट) छोड़े। 1990 के दशक में ही सोमालिया, हैती, कंबोडिया, बोस्निया, कोसोवो और पूर्वी तिमोर जैसे मुल्कों में सरकार के एकदम बैठ जाने या नाकारा साबित होने से खड़ा मानवीय संकट और मानवाधिकार संबंधी मुश्किलों को दुनिया ने देखा था। कुछ क्षण के लिए तो अमेरिका या दूसरे मुल्क यह मान सकते हैं कि ये स्थानीय समस्याएँ-भर हैं, पर 11 सितंबर की घटनाओं ने साबित किया है कि सरकारों की कमजोरी रणनीतिक स्तर पर भी बुहत बड़ी चुनौती पेश करती है। अतिवादी इस्लामी आतंकवादियों ने सामूहिक विनाश के हथियारों की मुख्य उपलब्धता का लाभ लेकर सुरक्षा के मामले में भारी खतरा पैदा किया और कमजोर शासन ने उनके लिए उपयुक्त माहौल दे दिया।

कम विकसित मुल्कों में शासन आमतौर पर कमजोर है और शीतयुद्ध की समाप्ति के बाद यूरोप और दक्षिण एशिया में काफी सारे असफल और परेशान हाल मुल्क सामने आ गए हैं। इन कमजोर सरकारों ने अतंर्राष्ट्रीय व्यवस्था के लिए खतरा पैदा किया है, क्योंकि ये टकराव और मनावाधिकारों के घनघोर उल्लंघन के स्रोत हैं। वे नए तरह के आतंकवाद के पनपने के संभावित ठिकाने भी हैं और इस आतंकवाद को विकसित मुल्कों तक पहुँचने में देर नहीं लगेगी। राष्ट्र निर्माण के अनेक तरीकों से इन सरकारों को मजबूत करना आज न सिर्फ अंतर्राष्ट्रीय सुरक्षा की दृष्टि से महत्वपूर्ण बन गया है, बल्कि इस काम में कई विकसित देश कुशल साबित भी हो चुके हैं। इस प्रकार भविष्य की वैश्विक व्यवस्था के लिए शासन को दुरुस्त करने की कला सबसे महत्वपूर्ण चीज है। और किसी भी हालत में वह चीज किसी राष्ट्रीय ताकत के लिए उतनी ही महत्वपूर्ण होगी जितना कि पारंपरिक रूप से सैन्य बलों का महत्व था।"[6]

इसके साथ ही आतंकवादी हमले रोकने और दुनिया को आतंकवाद के खतरे

से मुक्त रखने के लिए विभिन्न देशों के बीच आपसी सहयोग भी उतना ही महत्वपूर्ण होगा।

धर्म

बीसवीं सदी के उत्तरार्द्ध में यह आम तौर पर माना जाता था कि मनुष्य जाति अपने कामकाज और नजरिए में जब विज्ञान और तकनीक का व्यवस्थित प्रयोग करके गरीबी, भुखमरी और बीमारियों से मुक्त हो जाएगी तो धर्म इतिहास की चीज-भर रह जाएगा। लेकिन यह सोचना गलत साबित हुआ। इक्कीसवीं सदी में भी धर्म ने मनुष्य के जीवन में महत्वपूर्ण स्थान बनाया हुआ है।

दरअसल जब कभी भी सामान्य बौद्धिक और नैतिक माहौल में बदलाव की जरूरत महसूस की जाती है, विद्वान और राजनेता, सामान्य जन और युयुत्सु जमात, अच्छे और बुरे, सभी तरह के लोग यह आवाज उठाने लगते हैं कि धर्म की भूमिका बहुत महत्वपूर्ण है। आध्यात्मिक मूल्यों के प्रति आस्था हर धर्म का आधार रही है। व्यक्तियों का अपने धर्म और आस्था के प्रति जुड़ाव राजनैतिक और सामाजिक दृष्टि से भी बड़े महत्व का रहा है।

इतिहास के लंबे दौर में अनेक धर्मों का प्रादुर्भाव हुआ है। अभी तक फल-फूल रहे धर्म अपने अस्तित्व में आने के हिसाब से कुछ इस तरह हैं: हिन्दू, यहूदी, पारसी, बौद्ध, ईसाई और इस्लाम। आर्नाल्ड टायनबी का यह कहना महत्वपूर्ण है कि "हिन्दू और बौद्ध धर्म भारतीय सभ्यता में, यहूदी धर्म सीरियाई सभ्यता में, पारसी धर्म फारसी सभ्यता में और ईसाई तथा इस्लाम धर्म 'संस्कृतियों की भट्ठी' में पैदा हुए-ऐसी भट्ठी में, जिसमें सीरियाई और हेलेनिक सभ्यताएँ एक-दूसरे में घुल-मिल रही थीं।"[7]

हिन्दू समाज में ही जन्मे और पनपे जैन और बौद्ध मतों ने भारतीय समाज की बुनियादी संस्था जाति को नहीं माना। बौद्ध धर्म के प्रचारकों ने दुनिया की लगभग आधी आबादी को अपने दायरे में लाने में सफलता हासिल की, जिसमें चीन और उसके आसपास के पूरे क्षेत्र के लोग शामिल थे। पर इस क्रम में उसने एक वैश्विक नजरिया अपनाया और भारतीय समाज की उन बुनियादी मान्यताओं को छोड़ा भी, जिनमें इसका जन्म हुआ था।

बौद्ध, ईसाई और इस्लाम धर्म पूरी तरह वैश्विक नजरिए में काम करते रहे हैं या इन्होंने बाद में उस नजरिए को अपनाया है। इन तीनों धर्मों ने पूरी दुनिया को अपने रंग में रँगने का अभियान चलाया; और आज अगर ये तीनों ही धर्म मौजूद हैं तो स्पष्ट है कि इनमें से किसी का भी यह अति महत्वाकांक्षी उद्देश्य पूरा नहीं हो पाया है। पर इनमें से प्रत्येक ने पूरे के पूरे महादेशों को अपने रंग में रँगा है, अन्य सभ्यताओं के क्षेत्रीय प्रभाव-क्षेत्रों को भी अपने दायरे में लिया है और इनमें

से प्रत्येक ने अपने प्रचारकों और संस्कार-उपकरणों की मदद से यह लक्ष्य हासिल किया है।[8]

इस्लाम और ईसाई धर्म को दुनिया की काफी बड़ी आबादी का धर्म बनाने का काम प्रेम पूर्वक, समझा-बुझाकर भी हुआ और धर्मांतरण (जिसके लिए कई बार पैसा, बल, हथियारों का भी उपयोग हुआ) के द्वारा भी। लेकिन धर्म-संस्थापकों के मन में धर्मांतरण जैसा भाव कभी नहीं था। खुद ईसा के बारे में ज्ञात बातों से पता चलता है कि उन्होंने कभी भी खुद को धर्मानुरागी यहूदी से अलग बताने का प्रयास नहीं किया और उनकी सोच का दायरा भी उनके अपने राष्ट्र की सीमाओं से काफी प्रभावित था। प्रत्येक धर्म के प्रचार-प्रसार का फल सांस्कृतिक भी था और धार्मिक भी।

धर्म मनुष्य के मस्तिष्क में निवास करता है। वैसे तो इसने कई रंग-रूप लिए हैं और इसमें आज भी बदलाव हो रहा है, पर जब तक मनुष्यजाति ताकत और कमजोरी-दोनों ही प्रवृत्तियों का घर रहेगी, धर्म की सत्ता बरकरार रहेगी। यह बात ध्यान रखने की है कि ईश्वर के प्रति आस्था हर धर्म के केंद्र में है, लेकिन विश्वास के तरीकों और पूजा-पाठ के तौर-तरीकों में अंतर है और इन्हें ईश्वर के 'संदेशवाहक' या धार्मिक नेताओं ने ही बनाया है। ये महत्वपूर्ण तो हैं, पर अनुलंघनीय नहीं हैं।

इतिहास में और आज भी धर्म के नाम पर काफी सारे ऐसे काम होते रहे हैं जो तर्क की किसी भी कसौटी पर खरा नहीं उतरते। दूसरी ओर हर धर्म का आध्यात्मिक पहलू सदा से ही मनुष्यजाति में एकता का भाव पैदा करता है, उनमें दया-करुणा का भाव भरता है। ऐसे में हमारा यह कर्त्तव्य है कि धर्म के आध्यात्मिक पक्ष के लिए काम करनेवालों का समर्थन करें और जो लोग धर्म का नाम लेकर मनुष्यजाति में भेद पैदा करने, अन्याय करने, अपने स्वार्थ पूरे करने और मूर्खतापूर्ण काम करते हैं, उनका विरोध करें।

धार्मिक रूढ़िवाद और सांप्रदायिक सोच ने काफी हद तक धार्मिक मूल्यों में बदलाव किया है और अनेक आधुनिक चिंतकों को यह सोचने पर मजबूर किया है कि धर्म या धार्मिकता अच्छे समझदारीपूर्ण जीवन के रास्ते में बाधा है। महात्मा गाँधी और उन करोड़ों भारतीयों के लिए, जिनका उन्होंने प्रतिनिधित्व किया, धर्म समाज को धारण करता है। उनके लिए उनका हर छोटे से छोटा काम भी धर्म में अनुकूल आचरण ही था। यही बात एक अच्छे भारतीय मुसलमान पर भी लागू होती थी, जिसके लिए अंतिम वास्तविकता आध्यात्मिकता थी और परिणामस्वरूप जिसके लिए लौकिक दुनिया का कोई महत्व नहीं था। यही बात एक अच्छे सिख पर लागू होती है, जिसके लिए आध्यात्मिकता के उद्देश्यों और राजनैतिक सत्ता पाने के प्रयास में कोई अंतर नहीं हैं। अच्छे हिन्दू के साथ भी यही बात है, जो पूरे ब्रह्मांड को एक मानता है, एक ईश्वर से ही सभी जीवों में जीवन की रचना देखता है।[9] यहाँ

मुझे इस संदर्भ में यह लगने लगा है कि धर्म और परंपराएँ टकराव की जड़ में नहीं हैं। असल में इनसे जो विकृतियाँ आकर जुड़ गई हैं, वही टकराव का कारण हैं।

यह महत्वपूर्ण है कि 1998 में ईरानी राष्ट्रपति मोहम्मद खातमी ने संयुक्त राष्ट्र में दिए अपने भाषण में कहा था कि विभिन्न सभ्यताओं और संस्कृतियों के बीच संवाद होना चाहिए। उन्होंने कहा था :

> *आज ईरान बेहतर भविष्य के निर्माण के लिए प्रतिक्रियावादी प्रवृत्तियों की परवाह न करते हुए अपने इतिहास से, अपनी धार्मिक, राष्ट्रीय, ऐतिहासिक और क्रांतिकारी विरासत के सिद्धांतों और विचारों से तथा समकालीन सभ्यताओं की उपलब्धियों से लाभ लेते हुए, और तरह-तरह के प्रयोजन करते हुए आगे बढ़ रहा है।*
>
> *ईरानी लोगों की इस्लामी क्रांति डर और दमन के खिलाफ बुद्धि और तर्क का विद्रोह था। निश्चित रूप से बर्बादी के दौर में तर्क का आधार लेनेवाली क्रांति निर्माण के दौर में संवाद और तर्क की बात चलाने में ज्यादा सक्षम है। इसीलिए यह सभ्यताओं और संस्कृतियों में टकराव की जगह उनके बीच संवाद की माँग करती है।"* [10]

इस्लामी क्रांति की सरजमीं से आनेवाली इस आवाज और विचार को और आगे बढ़ाने की जरूरत है। यह बात सबको माननी होगी कि दुनिया में एक ही धर्म चले, यह कभी संभव नहीं होगा। यह शायद वांछित भी न हो।

धर्मों और आस्थाओं की बहुलता और उनमें विविधता रहे, इसके अनेक लोग पक्षधर रहे हैं। 30 मई 1913 को महात्मा गाँधी ने लिखा, "निजी तौर पर मेरा मानना है कि दुनिया में न तो कभी एक ही धर्म होगा, न इसकी जरूरत है।"[11]

उग्रवाद और इस्लाम

विभिन्न इस्लामी जमातों को नाम देने में मीडिया और शासन के लोग आजकल 'इस्लामी रूढ़िवादी' या 'उग्रवादी' शब्दों का प्रयोग खूब करते हैं। नाटो के महासचिव ने 1995 में यह मान लिया था : "इस्लामी उग्रवाद कम से कम उतना ही खतरनाक है, जितना कभी साम्यवाद था। कृपया इस खतरे को कम करके न आँकिए-यह एक अधिक गंभीर खतरा है, क्योंकि इसमें आतंकवाद, धार्मिक रूढ़िवाद और अतिवाद तथा सामाजिक और आर्थिक न्याय की गड़बड़ियों का लाभ लेने जैसी कई चीजों का तालमेल हुआ है।"[12]

11 सितंबर 2001 का हमला क्यों हुआ, इसकी चर्चा में सभ्यताओं के टकराववाली बात ही कई लोगों की सोच में सबसे प्रमुख रही है। इसमें पश्चिम बनाम इस्लाम के टकराव की चर्चा को ही प्रमुखता मिलती रही है। सैमुअल हंटिंगटन का 'सभ्यताओं के टकराव' वाला तर्क अब यहाँ तक पहुँचा दिया गया है, जिसके

अनुसार इस्लामी संस्कृति और राजनीति दोनों ही धर्म की मूल बातों के आधार पर चलते हैं और इस्लामी जमातों की हिंसा के पीछे धार्मिक रूढ़िवादी मूलवाद ही असली कारण हैं। लेकिन यह तर्क सही नहीं है।

इस नजरिए में इस्लाम के अभिन्न अंग रहे सूफी मत का खयाल जरा भी शामिल नहीं है, जो प्रेम और करुणा को ही सब कुछ मानता है। 'सूफी' शब्द अरबी के 'सुफ' से बना है, जिसका मतलब ऊन होता है। सूफी संत एक लंबा-सा ऊनी लबादा ओढ़े रहते थे, जिसके चलते उन्हें यह नाम मिला। आज इसका अर्थ ज्ञान और दिव्य ज्ञान पानेवाला व्यक्ति भी है। इसे आम तौर पर 'इस्लामी आध्यात्मिकता' या 'इस्लामी रहस्यवाद' से जोड़ दिया गया है। सूफी संतों का यह मानना है कि उनकी शिक्षा में सभी धर्मों की मूल बातें कही गई हैं और पूरी मानवजाति के विकास की बुनियादी बात करुणा और प्रेम ही है। सूफीवाद का पूरा दर्शन 'इश्क' को केंद्र मानकर चलता है। उसका मानना है कि आध्यात्मिकता के रास्ते पर चलकर ही जीवन को अच्छा बनाया जा सकता है।[13]

'इस्लामी बंधुत्व' की अवधारणा को लेकर भी कई तरह की गलतफहमियाँ मौजूद हैं। अपनी मृत्यु से कुछ ही समय पहले की गई अपनी मक्का यात्रा के दौरान मोहम्मद साहब ने कहा था :

> *"ऐ लोगो! मेरी बातों को सुनो और उन्हें दिल में बैठा लो। यह जान लो कि हर मुसलमान दूसरे मुसलमान का भाई है और आज से तुम सब एक भाईचारे से बँधे हो।"*[14]

पैगंबर का यह आह्वान बहुत महत्वपूर्ण है। इससे गड़ेरिए या मोची के मन में भी बराबरी और गौरव का भाव आया तथा इस्लामी जगत के अमीर-उमरों में विनम्रता जागी। यह कथन असल में सभी लोगों के बराबर होने की मूल लोकतांत्रिक भावना को व्यक्त करता है। पर इसकी भी गलत व्याख्या की गई है—और गैर-लोकतांत्रिक मूल्यों को प्राथमिकता दी गई है।

आज भूमंडलीकरण और सूचना तकनीक के नित नए बदलते रूप ने दुनिया-भर के ईसाई, हिन्दू, मुसलमान, यहूदी, सभी को पास-पास ला दिया है और वे साथ-साथ रहने के अलावा अपने विचारों का आदान-प्रदान भी बहुत आसानी से कर सकते हैं। पर जो लोग धर्मों और आस्थाओं की बहुलता को नहीं मानते, विभिन्न संस्कृतियों और धर्मों के बीच संवाद की बात नहीं करते, वे इस नजरिए को भी नहीं मानते।

रूढ़िवाद सिर्फ इस्लाम से जुड़ी चीज नहीं है। यह प्रवृत्ति सभी प्रमुख धर्मों से जुड़ी है और आधुनिकीकरण और भौतिक समृद्धि से जुड़ी समस्याओं के जवाब में मजबूत होती गई है। आज यहूदी रूढ़िवादी हैं, ईसाई रूढ़िवादी हैं, हिन्दू रूढ़िवादी हैं, बौद्ध रूढ़िवादी हैं, सिख रूढ़िवादी हैं और कन्फ्यूशियसवादी रूढ़िवादी भी मौजूद हैं। हर धर्म में रूढ़िवादियों का महत्व इसलिए बढ़ता गया है, क्योंकि वे लोगों की

निराशा और मोहभंग-जैसी सारी नकारात्मक प्रवृत्तियों को संतुष्ट करते हैं और सारी गड़बड़ियों के लिए धर्मनिरपेक्षता को दोषी बताते हैं और उनकी पूरी कुंठा पश्चिमी जीवन-शैली और उसके तीव्र प्रसार को लेकर है।[15]

1960 और 1971 के दशक में जब इस्लामी जगत में तेल के पैसों से भारी समृद्धि आई और उसका आधुनिकीकरण बहुत ही तेज गति से हुआ तो उसके जवाब में वहाँ इस्लामी रूढ़िवाद/मूलवाद भी तेजी से बढ़ा। इसी दौर में अरब जगत का विश्व बाजार से संबंध बना। फिदायीन गतिविधियों से साफ है कि मुसलमानों के बीच मौजूद रूढ़िवादी जमात को अब यह भरोसा हो गया है कि वे एक हारी हुई लड़ाई लड़ रहे हैं-इस लड़ाई में जीत की उम्मीद उन्हें बहुत नहीं है। इसीलिए वे मौत को चुनने में भी नहीं हिचकते।

रूढ़िवादी और कट्टरपंथी जमातों को शिक्षा-व्यवस्था से भी मदद और जीवन मिल रहा है। मदरसों की पढ़ाई आज भी दकियानूसी को ज्यादा बढ़ाती है और नया ज्ञान कम देती है। इसीलिए शिक्षा-व्यवस्था में सुधार जरूरी है। मदरसे के बच्चों को भी आधुनिक ज्ञान-विज्ञान की शिक्षा दी जानी चाहिए, जिससे यहाँ आनेवाले लड़के-लड़कियाँ भी शेष दुनिया के बच्चों से मुकाबला कर सकें।

इस्लाम के उन सिद्धांतों को बढ़ावा देने का हर प्रयास करना चाहिए, जो लोगों के बीच संवाद की वकालत करते हैं। यह बात सिर्फ इस्लाम के माननेवालों में ही नहीं, उनके आस-पड़ोस के लोगों में भी प्रचारित-प्रसारित होनी चाहिए। लोकतांत्रिक कायदे-कानूनों और शूरा के सिद्धांत पर ध्यान केंद्रित करना चाहिए। इस्लामी कानून में शूरा (आपसी विचार-विमर्श) के साथ-साथ इज़्मा (अर्थात कोई भी कानून 'उम्मा' के बीच सर्वसम्मति में ही पास होगा) का भी प्रावधान है और ये चीजें आधुनिक लोकतांत्रिक प्रणाली को वैधता प्रदान कर सकती हैं।

'इस्लाम' (शाब्दिक अर्थ है-ईश्वर की इच्छा के आगे समर्पण) का उद्भव अरब में पैगंबर मोहम्मद को हुए इल्हामों के जरिए हुआ।[16] ईश्वरीय दूत गेब्रियल के मार्फत मिले इन संदेशों को अरबी जुबान में कुरान में दर्ज किया गया है। मुसलमानों का विश्वास है कि अब्राहम और सबसे बड़े पैगंबर के माध्यम से ये महान संदेश अल्लाह ने मनुष्यजाति के लिए भेजे हैं।[17] कुरान की एक आयत में सभी देवताओं के एक होने की बात कही गई है। पैगंबर मोहम्मद इसे बहुत स्पष्ट शब्दों में कहते हैं, "मैं कहता हूँ कि एक अल्लाह ही है और मैं अल्लाह का संदेशवाहक हूँ।" मोहम्मद साहब के कथनों और कामों को बतानेवाले हदीस[18] का संग्रह उनके समकालीनों ने किया और यह इस्लाम का एक महत्वपूर्ण स्रोत है। इस्लाम का तीसरा स्रोत है शरीयत[19], जो कुरान और हदीस से निकले कानूनों और कायदों की किताब है।

इस्लाम के उद्भव के साथ ही अरब जगत में यह संदेश फैला कि सभी लोगों को साथ लेकर एक ऐसा न्यायपूर्ण समाज बनाया जाए, जिसमें सबसे कमजोर और

गरीब तथा सबसे मजबूत और अमीर, सभी से समान आदर-भाव का व्यवहार हो। दुनिया के उन सभी महान धर्मों में इस सामाजिक चिंता को निश्चित और महत्वपूर्ण स्थान प्राप्त है, जो 700 ई.पू. से 200 ई.पू. के बीच दुनिया में फैले : चीन में ताओवाद और कन्फ्यूशियसवाद; भारतीय उपमहाद्वीप में हिन्दू और बौद्ध धर्म; मध्य-पूर्व में एकेश्वरवाद और यूरोप में तर्कवाद।

पैगम्बर मोहम्मद जिस समाज में पैदा हुए और बड़े हुए, वह कबीलाई था और विभिन्न कबीलों में जबरदस्त मार-काट चलती रहती थी। इससे पैगंबर मोहम्मद को स्पष्ट हुआ कि अरब लोगों का भविष्य तभी बनेगा, जब वे एक ईश्वर में आस्था रखेंगे। कुरान शरीफ इस बात पर जोर देता है कि अपने-अपने लिए धन जमा करते जाना बेमानी है, पर समाज के लिए धन जुटाना और ऐसे मूल्यों को स्थापित करना हीश्रेयस्कर है, जिसमें कमजोर और मजलूमों के साथ आदरपूर्ण व्यवहार हो। इस नई इस्लामी धार्मिक व्यवस्था के अनुसार "एक मुसलमान–चाहे वह औरत हो या मर्द–वही है जो अल्लाह के आगे यह निश्चय करे कि सभी लोग एक-दूसरे से न्यायपूर्ण ढंग से, समता और करुणा-भरा व्यवहार करेगा।" मुसलमानों को रोज तीन बार की जाने वाली प्रार्थना अर्थात नमाज में इसी बुनियादी बात को याद करना होता था। (बाद में पाँच बार नमाज की व्यवस्था हुई)। पुराने कबीलाई मूल्य भी काफी कुछ बराबरीवाले थे। "अरबों में राजशाही की अवधारणा मान्य नहीं थी, और उन्हें दासों की तरह जमीन पर लेटना या झुकना सख्त नापसंद था।" इस प्रकार इस्लाम में सामाजिक न्याय बहुत महत्वपूर्ण है। मुसलमानों को करुणा के आधार पर ऐसे समाज (उम्मा) का निर्माण करने का आदेश सबसे पहला है, जिसमें समृद्धि का उचित बँटवारा हो। यह चीज ईश्वर के बारे में भी दी गई किसी भी सीख या उपदेश से ज्यादा महत्वपूर्ण है।[20]

आज दुनिया में अनुमानत: 1.3 अरब मुसलमान हैं। मुसलमानों के लिए कुरान का वही स्थान है, जो ईसाइयों के लिए बाइबल का। कुरान का भी बाइबल की तरह लगभग सभी प्रमुख भाषाओं में अनुवाद किया जा चुका है। मेरे मुसलमान विद्वान दोस्तों का कहना है कि कुरान को सिर्फ अरबी में ही ठीक से समझा जा सकता है, क्योंकि उसी भाषा में संदेशों का संग्रह किया गया था। मुझे अनुवाद की सीमाओं का पूरा अंदाजा है और हिंदी और अंग्रेजी अनुवाद के माध्यम से कुरान को समझने की अपनी सीमाओं का भी पता है। हडसन स्मिथ कुरान के बारे में कुछ बहुत ही बुनियादी बातें लिखते हैं :

> *"उपनिषदों की तरह यह स्पष्टत: तत्वज्ञान वाला शास्त्र नहीं है। जिस तरह भारतीय धर्मग्रन्थ नाटकीय विवरणों के सहारे धर्मशास्त्र की बुनियादी बातें करते हैं, वैसा इसमें नहीं है। न ही यह हिब्रू धर्मग्रंथों की तरह ऐतिहासिक विवरणों वाला है। जैसाकि भगवद्गीता या गास्पेल में मनुष्य को ईश्वरीय संदेश देने के अंदाज में बातें कही गई हैं, वैसा भी इसमें नहीं है। सभी*

भाषाओं के धर्मग्रंथों के अपने ज्ञान के आधार पर हम कह सकते हैं कि नया और पुराना नियम (बाइबिल के दोनों रूप) प्रत्यक्षतः ऐतिहासिक और अप्रत्यक्ष रूप में धर्मोपदेश हैं, पर कुरान प्रत्यक्षतः धर्मोपदेश और अप्रत्यक्षतः ऐतिहासिक है। चूँकि कुरान का सर्वाधिक जोर एकता पर, सर्वशक्तिमानता पर, सर्वज्ञता और अल्लाह की मर्जी पर—और तदनुसार मनुष्य के पूरे जीवन की उस पर निर्भरता पर है। ऐतिहासिक तथ्य वहाँ संदर्भ बिन्दु के तौर पर आए हैं और अपने आप में दिलचस्पी का कोई कारण नहीं हैं।"[21]

पर इस्लाम मुख्यतः दो पंथों शिया और सुन्नी में बँटा है। पैगंबर की मौत के तत्काल बाद मुसलमानों के लिए नया नेता, या खलीफा चुनने का सवाल उठा। शुरू में तो उनके समकालीनों में ही कुछ लोगों को बारी-बारी से खलीफा बनाया गया, पर समय गुजरने के बाद यह भी संभव नहीं रहा। शिया मत वालों का मानना था कि पैगंबर से सीधे-सीधे जुड़े वंशजों में से ही किसी को खलीफा होना चाहिए, लेकिन सुन्नी मत के लोगों का तर्क था कि अगर संभावित व्यक्ति में काबलियत हो, धर्म के प्रति पूरी आस्था हो तो फिर उसके लिए परिवार का होना कोई जरूरी नहीं है। इस मुद्दे पर शिया-सुन्नियों के बीच आज तक मतभेद है, जो कई बार हिंसक भी हो उठता है। भौगोलिक रूप से शिया ईरान और इराक या उसके आसपास के इलाकों में ही ज्यादा हैं। सुन्नी लोग मध्य-पूर्व, तुर्की, अफ्रीका और पूरब में भारत, पाकिस्तान, बांग्लादेश के साथ साथ मलेशिया और इंडोनिशिया में भी फैले हुए हैं।

अनेक मुसलमान पैगंबर मोहम्मद का ईश्वरीय संदेश मिलने के बाद वाली शताब्दी को स्वर्ण युग मानते हैं। अरबों में इसकी स्मृति सबसे मजबूत है, जैसाकि फिलिप हित्ती लिखते हैं :

> *"अरबों के नाम से विश्वविजेता वाला गौरव जुड़ा है। अपने उदय की एक सदी में ही ये लोग एक विशाल साम्राज्य के मालिक हो गए जो अटलांटिक सागर-तट से लेकर चीन के भीतरी हिस्से तक फैला गया था और जो अपने आकार में रोमन साम्राज्य के सबसे अच्छे दिनोंवाले आकार से भी बड़ा था। इस अपूर्व विस्तारवाले दौर में उन्होंने अपनी बिरादरी, जुबान और अपनी शारीरिक बनावट में बाहरी जमातों के लोगों के भी काफी गुणों को शामिल कर लिया। उससे पहले या बाद में कभी भी इतने बड़े पैमाने पर समन्वय का काम नहीं हुआ। हेलेनिक, रोमन, एंग्लो-सैक्सन या रूसी, किसी भी जमात में इतना समन्वय नहीं हुआ।"*[22]

इस्लाम एक धर्म भी है और जीवन जीने की पूरी पद्धति भी, जो जीवन के हर पक्ष को संचालित करता है। अनेक मुसलमानों के लिए अच्छी सरकार वह है जो इस्लाम के नैतिक सिद्धांतों के अनुरूप काम करे। इसका यह अनिवार्य अर्थ नहीं कि वे मुल्ला-मौलवियों का राज ही चाहते हैं और धर्मनिरपेक्ष शासन को एकदम चाहते ही नहीं। इसका यह भी मतलब नहीं है कि कुछ मुसलमान धर्म और शासन

के बीच भेद के सवाल पर थोड़े परेशान होते हैं, जबकि पूरे इतिहास में मुसलमान शासकों ने यही किया है और धर्म तथा शासन को अलग-अलग ही रखा है।

इस्लामी देशों में उग्रवाद

इस्लामी इतिहास की अतिवादी व्याख्या के अनुसार इसके स्वर्णिम युग की समाप्ति तब हुई, जब शासकगण और लोग इस्लाम के पक्के रास्ते से भटकने लगे। इससे इस्लाम-विरोधी ताकतों के लिए उसके प्रभाव वाले इलाकों, उसकी संपदा और वहाँ रहनेवाले लोगों का दिल जीतना आसान हो गया।

अफगानिस्तान[23] में टकराव के एक पूरे दशक (1979 से 1989) ने कट्टर इस्लामी जमातों को एकजुट होने और अपने मनचाहे प्रशिक्षण-शिविर चलाने का अवसर दिया। सोवियत संघ के समर्थन से 1978 में अफगनिस्तान में एक कम्युनिस्ट सरकार ने शासन सँभाला, लेकिन अपने को टिकाऊ बनाने में वह असफल रही। 1979 के अंत में सोवियत संघ ने अपनी सैनिक टुकड़ियाँ भेजकर यह प्रयास किया कि यह मुल्क मास्को के प्रभाव से बाहर न जाय। इसकी प्रतिक्रिया में अफगान राष्ट्रीय प्रतिरोधी आंदोलन शुरू हुआ, जिसे अप्रकट रूप से अमेरिकी गुप्तचर एजेंसियों का समर्थन और प्रोत्साहन प्राप्त था, क्योंकि वे सोवियत संघ को हर हाल में पस्त करने की रणनीति पर काम कर रही थीं।[24]

दुनिया-भर के रूढ़िवादी मुसलमानों ने अफगानिस्तान की लड़ाई को जेहाद[25] माना और जगह-जगह से अतिवादी नौजवान मुसलमान वहाँ इस लड़ाई में शिरकत करने भी पहुँचे। सबसे ज्यादा संख्या में मध्य-पूर्व के नौजवान आए। इनमें कुछ सऊदी अरब से थे, जिनमें ओसामा बिन लादेन नाम का एक नौजवान भी था।[26]

द्वितीय विश्वयुद्ध के बाद पश्चिमी ताकतों से आजादी हासिल करने के बाद मध्य-पूर्व के कई देशों ने अपने पुराने गौरवपूर्ण दिनों की तरह की सरकारें लाने का प्रयास किया, जो स्वशासन की भावना के भी अनुकूल हों। कई जगह लोगों की भावना को पीछे धकेलकर पुराने शासक परिवारों ने फिर से अपना राज कायम कर लिया, जिनमें से सऊदी अरब, मोरक्को और जार्डन में अभी तक शाही शासन चल रहा है। लेकिन मिस्र, लीबिया, इराक और यमन जैसे देशों में धर्मनिरपेक्ष राष्ट्रवादी आंदोलनों के चलते राजशाहियों की सत्ता उखड़ी भी।

इन धर्मनिरपेक्ष क्रांतिकारी आंदोलनों से निकली सरकारों ने अरबी समाजवाद लाने का वादा किया और लोगों के सुखद भविष्य की बड़ी-बड़ी बातें कीं। तब के प्रमुख नेताओं और ऐसा वादा करने वालों में प्रमुख नेता थे मिस्र के राष्ट्रपति गमाल अब्देल नासर (1918-70)। सीरिया और इराक की बाथ पार्टी ने भी ऐसे ही सपने दिखाए थे। लेकिन बहुत कम समय में ही ये सरकारें तानाशाह बन गईं और मिस्र जैसे मुल्क की सरकार भी किसी किस्म के विरोध को बर्दाश्त करने को तैयार न

थी। दरअसल वहाँ तो 'इस्लामी बंधुत्व आंदोलन' में हजारों लोगों को कैदखाने और यातना-शिविरों में डाल दिया गया। 1921-41 के दौर में ईरान पर शासन करनेवाले रजा शाह पहलवी ने उलेमाओं को मिलनेवाली खैरात और दान-राशि से वंचित कर दिया और ईरानियों को हज पर जाने से भी रोका।

1970 के दशक का अंत आते-आते अरब जगत के धर्मनिरपेक्ष, राष्ट्रवादी तानाशाह शासकों की पोल खुल चुकी थी। दो प्रभावकारी घटनाएँ इसके बाद हुई-पहली, 1979 में ईरान में और दूसरी, 1980 के दशक में सऊदी अरब में। ईरान की क्रांति ने शिया धार्मिक नेताओं को सत्ता की बागडोर थमा दी। 1980 के दशक में अचानक मिली तेल की दौलत वाले सऊदी अरब ने शिया ईरान को पीछे छोड़ने का प्रयास किया और इस्लाम की सुन्नी रूढ़िवादी व्याख्या करते हुए वहाँ के आंदोलन को प्रोत्साहित किया।

अन्य जगहों पर भी स्थिति इतनी ही विस्फोटक थी। एक हिंसक इस्लामी आंदोलन ने 1981 में मिस्र के राष्ट्रपति अनवर सादात की हत्या कर दी और इसके बाद सरकार ने उग्रवादियों के खिलाफ बहुत कठोर कार्रवाइयाँ कीं। इसमें काफी सारे उदारवादी इस्लामिक विद्वानों और लोगों को भी परेशानियाँ उठानी पड़ीं और उनमें से कई ने विदेशों में शरण ले ली।

इस्लामी पुनरुत्थानवादी आंदोलन पूरे मुस्लिम जगत में मजबूत हुआ, लेकिन ईरान और सूडान के अलावा अन्य किसी जगह सत्ता हासिल नहीं कर पाया। अल्जीरिया में इस्लामी आंदोलन से जुड़े लोग 1951 में चुनाव से सत्ता में आते लग रहे थे, लेकिन सेना ने उन्हें जीतने नहीं दिया। इससे वहाँ गृहयुद्ध छिड़ गया, जो अभी तक चल रहा है।

1932 में बनी सऊदी अरब राजशाही इस्लाम के सबसे पवित्र तीर्थस्थलों के प्रति अपनी जिम्मेदारी में सदा चौकस रही है। इसने अरब के अन्य समृद्ध और फारस की खाड़ी के देशों की मदद से जगह-जगह मस्जिदें बनवाने और मदरसे खोलने-चलवाने में मदद करने का काम भी किया है। इन संस्थानों में इस्लाम और इसके अनुरूप शासन करने की शिक्षा दी जाती है और उसका प्रचार किया जाता है। सऊदी शासकों का कहना था कि शासन शरीयत के आधार पर चलता है, इसलिए संविधान की कोई जरूरत ही नहीं है। उनके अनुसार उलेमा ने शासन को वैधता दी है और शासकों ने इस्लाम के पारंपरिक मूल्यों को लागू करने का काम किया है।

तेल से आई समृद्धि ने अरब मुल्कों में नए तरह की समस्याएँ खड़ी कीं। सरकारों ने संरचनात्मक ढाँचे में भारी-भरकम परियोजनाएँ शुरू कीं और आम लोगों के लिए भारी सबसिडी पर कल्याण-कार्यक्रम शुरू किए। उन कार्यक्रमों के चलते लोगों को एक तरह की मुफ्तखोरी की आदत हो गई। लेकिन 1980 का अंत आते-आते तेल की कमाई में कमी आने लगी। इससे कल्याण कार्यक्रमों को भी

पूरी आबादी के लिए चलाना संभव नहीं रहा। फलस्वरूप लोगों में भारी नाराजगी पैदा हुई। फिर लोगों ने यह भी हिसाब लगाना और समझना शुरू कर दिया कि तेल की कितनी कमाई शासकों, उनके लोगों, दोस्तों और मददगारों की जेब में गई है।

1990 का दशक आते-आते उच्च जन्म-दर और शिशु-मृत्यु-दर में कमी के चलते ऐसे शिक्षित लड़के-लड़कियों की संख्या काफी बढ़ गई थी, जिन्हें न तो रोजगार प्राप्त था और न ही रोजगार मिलने का भरोसा था। इनमें से अनेक ने सिर्फ धार्मिक शिक्षा ही ली थी और उनमें आधुनिक औद्योगिक संस्थानों में काम करने का हुनर न था। सांस्कृतिक स्तर पर इन बच्चों में पढ़ाई के चलते जो कमियाँ रह गई थीं, उसके कारण ये दुनिया के इतिहास, संस्कृति और नए विचारों से भी परिचित नहीं हो पाए। आधुनिक शिक्षा में मानविकी और समाज विज्ञान से अधिक तकनीकी ज्ञान को ज्यादा महत्व मिला हुआ है। इनमें से लड़के-लड़कियाँ विदेश जाकर पढ़ाई कर सकने में सक्षम थे, पर उनके पास न विभिन्न संस्कृतियों को समझने का नजरिया था, न बाहर जाकर जीवन जीने का कौशल।

अच्छा जीवन और रोजगार पाने की असफल तलाश और अपनी शिक्षा के जरिए खुद से कोई रोजगार न शुरू कर पाने से कुंठित इस जमात के कुछ लोग मुल्लाओं और अतिवादी जमातों का शिकार बने और वे सिर्फ उनकी तरफ आकर्षित ही नहीं हुए बल्कि उनकी फौज में भी शामिल होने लगे।

पाकिस्तान और धार्मिक उग्रवाद

पाकिस्तान के संस्थापक मुहम्मद अली जिन्ना (1874-1948) अपने यहां धर्मनिरपेक्ष लोकताँत्रिक व्यवस्था कायम करना चाहते थे, लेकिन मुल्क की आजादी के थोड़े दिनों बाद ही उनकी मौत हो गई। अन्य प्रमुख और दमदार धर्मनिरपेक्ष नेता लियाकत अली खान (1896-1951) की हत्या कर दी गई। इन घटनाओं के चलते धार्मिक रूढ़िवादियों और कट्टरपंथियों को अपनी ताकत और असर बढ़ाने के पर्याप्त अवसर मिल गए और उन्होंने ऐसा किया भी।

दुर्भाग्यवश पाकिस्तान में लोकतंत्र आज तक ढंग से अपनी जड़ें नहीं जमा पाया और सैनिक तानाशाहों ने सत्ता हड़प ली। इसके बाद वे कठमुल्ला ताकतों को पटाकर अपना काम निकालते रहे। बाद में जब लोगों द्वारा चुनी गई सरकारें आईं, तब भी स्थिति में कोई खास सुधार नहीं हुआ। जुल्फिकार अली भुट्टो और बाद में उनकी बेटी बेनजीर भुट्टो जैसे धर्मनिरपेक्ष और लोकतांत्रिक नेता भी प्रधानमंत्री के रूप में अपनी गद्दी बचाए रखने के लिए कठमुल्ला ताकतों को रियायतें देने को मजबूर हुए। बावजूद इसके उनकी सरकारें तब भी ज्यादा समय तक नहीं चल पाईं।

पाकिस्तान सरकार पर मुल्ला-मौलवियों की पकड़ जनरल जिया उल हक के शासन काल (1977-1988) में ज्यादा मजबूत हुई। मदरसों, अनेक धार्मिक संस्थाओं

और संगठनों के मजबूत होने से कट्टरपंथियों की ताकत और उनकी बातों का प्रभाव बढ़ा। जनरल जिया की सैनिक सरकार ने अपने शासन की वैधता के लिए लोगों के बीच खुद को धर्मप्रेमी बताना चाहा और इसके लिए शिक्षा और समाज में इस्लामी प्रभाव बढ़ानेवाले लोगों को प्रोत्साहित किया। कहना न होगा कि पाक-समाज और शासन में ये प्रवृत्तियाँ आज भी मजबूत बनी हुई हैं। यह काम जनरल मोहम्मद अयूब खान (1958-69) की सरकार की नीतियों से एकदम उलट था। उन्होंने धार्मिक दान और वृत्तियों को राष्ट्रीकृत कर दिया था, मदरसा शिक्षा पर पाबंदियाँ लगाई थीं और धर्मनिरपेक्ष कानूनी व्यवस्था को प्रोत्साहन दिया था।

9/11 पर तैयार रिपोर्ट के अनुसार, 1970 के दशक के बाद से मजहबी जमातें पाकिस्तान की राजनीति में दिन-ब-दिन ज्यादा ताकतवर भूमिका निभाने लगी हैं। 1977 के तख्ता पलट के बाद सैनिक शासकों ने अपने समर्थन के लिए इस्लामी गुटों का मुँह देखा और कट्टरपंथी जमातें ज्यादा प्रमुखता से सामने आती गईं। दक्षिण एशिया में इस्लामी मूलवाद का अपना अलग स्वरूप है, जो भारतीय गाँव देवबंद में उन्नीसवीं सदी से विकसित हुआ है।[27] इस्लाम के बहावी पंथ[28] का प्रभाव भी बढ़ा है, क्योंकि सऊदी अरब के चंदे से चलनेवाली संस्थाओं का कामकाज भी बढ़ा है। इतना ही नहीं, अफगानिस्तान में चलनेवाली लड़ाई के चलते पाकिस्तान में काफी सारे अवांछित अफगान शरणार्थी आ गए हैं। चूँकि पाकिस्तान की शिक्षा व्यवस्था अपने लोगों के लिए ही पर्याप्त न थी, इसलिए उसके लिए शरणार्थियों की शिक्षा का इंतजाम करना संभव न था। सो उसने उन "मदरसों को ही कुछ धन देकर उनसे यह काम करने को कहा जो पहले ही बिना खर्च के काफी सारे बच्चों को मजहबी तालीम दे रहे थे। कुछ ही दिनों में इन संस्थाओं से काफी बड़ी संख्या में ऐसे अर्द्ध शिक्षित नौजवानों की फौज बाहर आई, जिनके पास रोजगार वाला ज्ञान या कौशल तो न था पर जिनके अंदर इस्लामी तालीम कूट-कूटकर भरी थी।" रिपोर्ट में आगे कहा गया है, "पाकिस्तान की सारी गरीबी, व्यापक भ्रष्टाचार और अक्सर अप्रभावी रहनेवाली सरकारी मशीनरी ने इस्लामी उग्रवादी गिरोहों को ऐसे लड़कों को अपने यहाँ भर्त्ती करने का अवसर दे दिया। खराब शिक्षा खास चिंता का विषय है। लाखों ऐसे परिवार हैं, जिनके पास पर्याप्त पैसे नहीं हैं और वे अपने बच्चों को तालीम के लिए मदरसों में भेजते हैं। इन स्कूलों में काफी सारे ऐसे हैं, जहाँ ऐसे बच्चों की मुफ्त पढ़ाई तो हो जाती है, पर यहीं इस्लामी उग्रवादी जमातों के लिए नई भर्ती के अड्डे भी हैं। कराची के पुलिस आयुक्त के अनुसार सिर्फ इसी एक महानगर में 859 मदरसे हैं, जहाँ 2,00,000 से ज्यादा बच्चे तालीम हासिल कर रहे हैं।"[29]

पाकिस्तान को सबसे बड़ा खतरा अपनी खस्ताहाल शिक्षा व्यवस्था से ही है। पाकिस्तानी स्कूल और खास तौर पर मदरसे इंजीनियर-डॉक्टर पैदा करने की जगह धार्मिक लड़ाके पैदा कर रहे हैं, जिनके अंदर जिहाद और शहादत की भावना भरी हुई है। आज पाकिस्तान में दस लाख बच्चे मदरसों में पढ़ते हैं, जिनका पाठ्यक्रम

उन्हें सिर्फ कुरान, जिहाद और शहादत का पाठ पढ़ाता है।

शैक्षिक सुधार के रास्ते में काफी सारी परेशानियाँ हैं। जैसे हाल में ही कट्टर इस्लाम समर्थक लोगों ने मुशर्रफ सरकार की पूर्व शिक्षामंत्री जुबैदा जाला को मजबूर किया कि वे खुद को 'पक्का' मुसलमान घोषित करें और उस सरकारी पाठ्यपुस्तक की निंदा करें, जिसमें जिहाद संबंधी आयतें नहीं दी गई हैं।

तीस साल पहले पाकिस्तानी विश्वविद्यालयों के छात्रों में विभिन्न वैचारिक मसलों पर गरमागरम बहसें होती थीं, छात्रसंघ के चुनाव में भी गहमागहमी होती थी। आज अकादमिक बहसें और संवाद बंद हैं और कहीं इस पंथ की तो कभी उस संप्रदाय की धार्मिक शिक्षा का रट्टा लगवाया जा रहा है और उनके बीच टकराव भी होता रहता है। चूँकि आज नए लड़कों के लिए अपनी राजनैतिक महत्वाकांक्षा पूरी करने के लिए यही स्रोत रह गए हैं, सो वे भी बढ़-चढ़कर उनकी पढ़ाई में, इनके कामकाज में और उनकी लड़ाइयों में हिस्सा लेते हैं। सारा जोर उग्रवादी जमातों में दाखिल होने और वहाँ की गतिविधियों में बढ़-चढ़कर हिस्सा लेकर अपना ग्राफ ऊपर उठाने पर है। जब तक राजनैतिक संगठनों को स्थानीय स्तर पर संगठित होने और राष्ट्रीय स्तर पर काम करने की अनुमति न होगी, खुफिया एजेंसियों द्वारा सरकार विरोधी हर बात को दबाने की मुहिम बंद नहीं होगी, तब तक पाकिस्तान का यह 'अराजनैतिकरण' उसे सामाजिक समरसता से निरंतर दूर ले जाता रहेगा।

पाकिस्तान में सैनिक तख्तापलट और चुने हुए नेताओं ने बीच सत्ता के आने-जाने का खेल हाल तक चलता ही रहा है। पाकिस्तान के मौजूदा शासक जनरल परवेज मुशर्रफ भी 12 अक्टूबर 1999 को निर्वाचित प्रधानमंत्री नवाज शरीफ का तख्ता पलट कर गद्दी सँभाले हुए हैं। 9/11 के बाद पाकिस्तान ने अपना रुख अचानक बदल लिया और आतंकवाद के खिलाफ अमेरिकी जंग में उसका साथी बन गया, जबकि तब तक वह कश्मीर में आतंकवाद को प्रायोजित करने के साथ-साथ अल-कायदा और अफगानिस्तान में तालिबान का निकट सहयोगी बना हुआ था। पाकिस्तान में धर्मनिरपेक्ष ताकतों और कठमुल्ला जमातों के बीच मुश्किल और जटिल जंग जारी है और इसका नतीजा क्या निकलेगा, यह अंदाजा लगाना मुश्किल है।

इस्लामी मुल्कों में हाल के बदलाव

9/11 के बाद इस्लामी मुल्कों और दुनिया-भर की मुसलमान आबादी में काफी बड़े बदलाव आए हैं। अफगानिस्तान, पाकिस्तान, इराक और फिलीस्तीन की घटनाओं तथा अनेक अरब मुल्कों में उभरे बौद्धिक और वैचारिक समूहों ने इस्लाम से जुड़े विमर्श के समूचे स्वरूप को बदल डाला है। इस्लाम में दिखाई देते बदलावों को दुनिया में कैसे समझा जाए, इस बारे में आज एकदम नए सवालों पर चर्चा हो रही है। इस्लाम भी वैश्विक वातावरण में आ रहे बदलावों का जबाव देने के लिए नए तर्क ढूँढ़ रहा है।

अभी तक इस्लाम का अध्ययन धर्म, दर्शन और कर्मकांड से जुड़े लोग ही करते थे अथवा सामाजिक कार्यकर्त्ता या अध्येता। इस तरह के अध्ययन में विभिन्न धर्मों और आस्थाओं में समानता देखने, उनके नजरिए और भावनाओं में समानता तलाशने पर ही काफी जोर हुआ करता था, लेकिन 9/11 के बाद इस्लामी अध्ययन की यह प्रणाली काफी बदल गई है। अब लिखित पाठ के जानकार मौलवियों द्वारा की जानेवाली व्याख्या से कोई संतुष्ट नहीं होता। आज इस्लाम को जमीनी वास्तविकताओं के आधार पर समझने की कोशिश की जा रही है। हाट-बाजार या किसी दफ्तर में किसी मुसलमान के आचरण के आधार पर इस्लाम को औपचारिक रूप से समझने का अपना महत्व है। इसलिए आज किसी धर्मज्ञानी की व्याख्या को ही पूरी तरह मानना संभव नहीं है। बृहतर मुसलमान समाज और इस्लामी संस्कृति के बदलते स्वरूप के प्ररिप्रेक्ष्य में ही इस बदलाव को देखा जाना चाहिए।

अरब जगत में राजनैतिक परिवर्तन

11 सितंबर 2001 को हुए आतंकवादी हमले ने सिर्फ अमेरिका को ही प्रभावित नहीं किया, इसने अरब जगत पर भी राजनैतिक बदलाव का दबाव बनाया। इस नए दबाव के पीछे अमेरिका तो था ही, खुद इन राष्ट्रों की उदारवादी बौद्धिक जमात ने भी एक नए दौर की वकालत की। मध्य-पूर्व में यह अहसास बढ़ता जा रहा है कि इस्लामी आतंकवाद की सबसे अच्छी दवा लोकतंत्र ही है। सौभाग्य से खाड़ी देशों की उन राजशाहियों के अंदर भी लोकतंत्र पर चर्चा शुरू हो गई है, जहाँ इस तरह की बातों के लिए पहले गुंजाइश ही नहीं थी। पर अधिकांश देशों में बदलाव की दिशा में उठाए गए ठोस कदम कम ही हैं।

इसके कई दूसरे कारण भी मौजूद हैं। सबके बड़ा कारण तो अरब-इजरायल विवाद का अभी तक अनसुलझा रहना ही नहीं, ज्यादा उलझ जाना भी है। अरब जगत के उदारवादी लोगों का अमेरिका के इस दावे पर भरोसा ही नहीं जमता कि वह मध्य-पूर्व में सचमुच शांति और लोकतंत्र चाहता है। उन्हें लगता है कि अमेरिका अब भी इजरायल के साथ खड़ा है और उसे फिलीस्तीनी लोगों के अधिकारों की परवाह नहीं है। दूसरे, अरब सरकारें भी अमेरिकी दबाव के चलते यहाँ लोकतांत्रिक प्रक्रिया चलाने के सवाल पर गंभीर नहीं हैं। उनको लगता है कि तेल की जरूरत और इजरायल को मान्यता देनेवाली सरकारों के हटने का डर अमेरिका के हाथ बाँधे हुए है और वह इन दोनों नुकसानों के मद्देनजर लोकतंत्र लाने की अपनी इच्छा को भूल सकता है।

नए राजनैतिक प्रयोगों का इतिहास भी ज्यादा लाभकर नहीं है। लोकतंत्र अपेक्षाकृत नई चीज है। अरब शासक एकदम तानाशाह रहे हैं। अरबों ने खलीफावाली उस राजनैतिक प्रणाली को ही आधार बनाकर अपनी राजनैतिक व्यवस्था विकसित

ती है, जिसमें एक व्यक्ति (खलीफा)ही सारे मुसलमानों का एकमात्र नेता होता था।

सौभाग्य से 1960 और 1970 के दशक में नए आजाद होनेवाले अरब मुल्कों ने उस समय तक प्रचलन में आ गई लोकतांत्रिक प्रणाली को अपनाया। खाड़ी से बाहर के अधिकतर अरब देशों ने राष्ट्रवाद और समाजवाद के मिले-जुले रूपवाली राजनैतिक व्यवस्था को माना जो तब तीसरी दुनिया के देशों में प्रचलित थी। मिस्र के गमाल अब्देल नासर, भारत के जवाहरलाल नेहरू और युगोस्लाविया में मार्शल टीटो की तिकड़ी इस विचारधारा को अगुवाई प्रदान कर रही थी। लेकिन 1980 के दशक में अरब देशों से यह सब गायब हो गया।

पिछले दशक में अनेक अरब देशों (अल्जीरिया, बहरीन, मिस्र, कुवैत, लेबनान, मोरक्को और यमन) में इस्लामी पार्टियों और उम्मीदवारों ने भागीदारी की है। इन चुनावों में सरकारों ने कहीं कम तो कहीं ज्यादा दखल भी दिया, पर इस बात के संकेत नहीं हैं कि सरकारी दखल ने इस्लामी पार्टी या खेमे को सत्ता में आने से रोका। तुर्की में एक इस्लामी पार्टी ने बहुमत हासिल करके सत्ता पाई और लोकतांत्रिक सफलता का दिलचस्प उदाहरण भी पेश किया।

पश्चिमी समाजों में पहले लोकतंत्र के पक्षधर सक्रिय लोगों की छोटी जमातें ही सत्ता में भागीदार होती थीं। राजनैतिक विचार और जायदाद रखने वाले कुलीन लोग ही वहाँ प्रजातांत्रिक शासन के अगुवा थे। आज अरब जगत में यूरोप और अमेरिका की 18वीं सदी वाली स्थिति नहीं है। वहाँ की शासक जमात को इस्लामी आंदोलनकारियों से मिलनेवाली चुनौतियाँ बढ़ती जा रही हैं, क्योंकि उनका राजनैतिक समर्थन बढ़ता जा रहा है। परिणामस्वरूप लोकतांत्रिक बदलाव के लिए जरूरी हो गया है कि व्यापक आधारवाली ऐसी राजनैतिक पार्टियाँ और आंदोलन सामने आएँ जो लोकतांत्रिक आदर्शों को किताबों से निकालकर ठोस जमीन पर उतारें तथा बेरोजगारी और सुरक्षा जैसी बुनियादी समस्याओं का समाधान करने में ऐसी लोकतांत्रिक व्यवस्थाओं से लोगों को मदद दिलाएँ।

लोकतंत्र एक नियति

21 वीं सदी में लोगों की राजनैतिक चेतना का एक प्रमुख पहलू यह है कि शासन का अधिकार न तो ईश्वर प्रदत्त है और न डर या धमकी पर आधारित है। यह लोगों की इच्छा और सहमति पर आधारित है।[30] शीतयुद्ध की समाप्ति ने इस विश्वास को भी खत्म कर दिया कि जब कोई मुल्क आर्थिक रूप से विकसित हो जाए तभी वहाँ लोकतंत्र ढंग से काम कर सकेगा; और विकासशील देशों में भारत एकमात्र अपवाद है जहाँ लोकतंत्र विधिवत काम कर रहा है। पूर्वी यूराप के साम्यवादी देशों के साथ ही हमने सोवियत संघ की खस्ताहाल आर्थिक वास्तविकता को भी देखा है। इसी के साथ लातिन अमेरिका के सैनिक शासनों और अफ्रीका की राजशाही

या तानाशाही के अधीन दो मुल्कों की बदहाल आर्थिक स्थिति ने भी इस भ्रम को तोड़ा है कि तानाशाही व्यवस्था भी आर्थिक विकास की गारंटी नहीं है।

विश्व बैंक के विश्व-विकास संकेतकों के आधार पर 1960 से आज तक के जो आँकड़े जुटाए गए हैं, उनसे एक बहुत ही सामान्य किस्म की सच्चाई का पता चलता है : पिछले 40 वर्षों में कम आय वाली लोकतांत्रिक शासन-व्यवस्थाओं ने भी औसतन उसी रफ्तार से विकास किया है, जिससे कम आय वाली तानाशाही व्यवस्थाओं ने। पूर्वी एशिया के बाहर गरीब लोकतांत्रिक देशों ने तानाशाही वाली शासन-व्यवस्थाओं में औसतन 50 फीसदी ज्यादा तेज आर्थिक विकास किया है। डोमनिक गणराज्य, भारत, लातविया, मोजांबिक, निकारागुवा और सेनेगल की तरह के लोकतांत्रिक देशों ने अंगोला, सीरिया, उजबेकिस्तान और जिम्बाबे जैसे तानाशाही वाली शासन व्यवथाओं से ज्यादा रफ्तार से प्रगति की है।

और जब हम विकास-दर से हटकर लोगों के जीवन-स्तर की चर्चा करते हैं तो लोकतांत्रिक देशों का रिकार्ड तानाशाही वाले देशों की तुलना में और बेहतर नजर आता है। विकास को जीवन-प्रत्याशा-दर, स्वच्छ पेय जल की उपलब्धता, साक्षरता-दर, खेती की पैदावार और सार्वजनिक स्वास्थ्य सेवाओं के स्तर से भी मापा जा सका है। बेहतर जीवन वाले इन सारे मानकों पर गरीब लोकतांत्रिक देशों का रिकार्ड गरीब तानाशाह शासन-व्यवस्थाओं वाले मुल्कों से काफी अच्छा था।

आँकड़ों को सावधानी से देखने पर गरीब लोकतांत्रिक देश एक अन्य मामले में—प्राकृतिक आपदाओं को टालने या उनका मुकाबला करने में—बहुत अच्छी स्थिति में नजर आते हैं। दक्षिण कोरिया, ताइवान, सिंगापुर और इंडोनेशिया ने अपने यहाँ निजी क्षेत्र को बढ़ावा दिया, निर्यातोन्मुखी नीतियाँ चालाईं और पश्चिम के लोकतांत्रिक मुल्कों के प्रभाव में रहे। उन्होंने वहाँ की राजनैतिक और लोकतांत्रिक संस्थाओं को अपने यहाँ स्थापित करने का प्रयास किया। इतना ही नहीं, 1970 के दशक के अंत तक चीन विकास के मामले में बहुत सुस्त पड़ा हुआ था (तब तक उसने बाजारोन्मुख आर्थिक नीतियाँ नहीं अपनाई थीं।) सो इस क्षेत्र का अनुभव भी यही बताता था कि तानाशाही शासन-व्यवस्था आर्थिक विकास की गारंटी नहीं हो सकती।

लोकतांत्रिक ढंग से चुने गए नेताओं को आम नागरिकों की जरूरतों का पता ज्यादा आसानी से चलता है और वे उन पर तुरंत ध्यान दे पाते हैं। अगर वे ऐसा नहीं करें तो लोग उन्हें पद से हटा देंगे। और चूँकि आम लोगों के लिए रोटी-कपड़ा-मकान की चिंता ही सर्वोपरि होती है, इसलिए लोकतांत्रिक व्यवस्था में दलों और उम्मीदवारों को इन्हें ही ज्यादा महत्व देना पड़ता है। दूसरी ओर किसी खास परिवार या कुल में जन्म लेने या मुट्ठी-भर लोगों के बल पर शासन करने के चलते तानाशाही/राजशाही व्यवस्थावाले शासकों को समाज में जन सामान्य के हितों पर ध्यान देने की जरूरत नहीं होती।

लोकतंत्र में सूचना-तंत्र की आजादी का भी भारी महत्व है। सूचनाएँ सबसे अच्छी तरह स्वतंत्र और विविध माध्यमों से ही मिल पाती हैं। जैसे 1990 के दशक में उगांडाई सरकार ने अपनी ओर से और गैर-सरकारी संगठनों के माध्यम से जब जबरदस्त प्रचार-अभियान छेड़ा, तभी देश में एचआईवी/एड्स के प्रकोप की रफ्तार थमी। उगांडा में एड्स-पीड़ितों की संख्या-दर 30 फीसदी तक पहुँच गई थी, जो 2003 तक गिरकर 7 फीसदी रह गई। दूसरी ओर चीन में जब संक्रामक रोग 'सार्स' के बारे में सूचनाओं को दबाने का प्रयास किया गया तो उसने महामारी का रूप ले लिया। तब तक लोगों को रोग की न सूचना थी, न उससे बचाने के तरीकों की; और जब एक बार लोगों को सरकार पर भरोसा नहीं रहा तो महामारी घोषित करने के बावजूद लोगों ने बचाव के सरकारी तरीकों को अपनाने में उत्साह नहीं दिखाया। यह उदाहरण लोकतंत्र के बारे में एक और बड़ी बात को रेखांकित करता है : लोकतंत्र में अपनी गलतियाँ सुधारने की बेहतर क्षमता होती है। खुले समाजों में जब एक बार सरकार या निजी संस्थाओं की तरफ से कोई फैसला लिया जाता है, तब उसके नतीजे सामने आते ही आगे के लिए सुधार या बदलाव करने की गुंजाइश रहती है। खुलेपन से भ्रष्टाचार का अंदेशा भी कम होता है।

गरीबी-उन्मूलन और लोकतंत्र का प्रचार-प्रसार एक लंबी और मुश्किल प्रक्रिया है और अक्सर इसमें मुश्किलें भी आती हैं, कई बार चीजें आगे बढ़ने की जगह पीछे जाती भी लगती हैं। लेकिन लोकतंत्र राजनैतिक व्यवस्था के तौर पर भी गलतियों को रोकने, संतुलन साधने, नागरिकों की प्राथमिकता के हिसाब से बदलाव करने, खुलेपन और गलतियों में सुधार करने जैसे इंतजाम खुद-ब-खुद कर लेता है और ये सारी चीजें विकास और जीवन-स्तर को सुधारने में मददगार होती हैं।[31]

पिछले कुछ दशकों में ही दुनिया के 117 देशों में लोकतंत्र का फैलाव एक अन्य मामले में भी महत्वपूर्ण है। यह व्यवस्था सरकारों को एक-दूसरे से लड़ने पर अंकुश लगाती है। लोकतांत्रिक शांति अर्थात एक लोकतांत्रिक व्यवस्था के दूसरे से न लड़ने के विचार ने दुनिया को लोकतांत्रिक और गैर-लोकतांत्रिक सरकारों के खेमों में बाँट दिया है। इस विषय में नित्य होनेवाले अध्ययनों और व्यक्त किए गए विचारों-विश्लेषणों से ये बातें भी सामने आई हैं कि नवगठित और नाजुक लोकतांत्रिक व्यवस्था तानाशाहीवाली व्यवस्था की तुलना में युद्ध के प्रति ज्यादा उत्सुक हो सकती है।[32] और यह भी कि संकीर्ण आधारवाली लोकतांत्रिक व्यवस्थाएँ अधिक व्यापक आधारवाली शासन-व्यवस्थाओं से युद्ध छेड़ सकती हैं।[33]

लेकिन लोकतांत्रिक ढंग से चुनी गई सरकारों की कार्यकुशलता में कमी को लेकर चिंता बढ़ती जा रही है। ऐसे अनेक विद्वान हैं, जिनका मानना है कि ऐसे कई मुल्क हैं, जहाँ जरूरी नहीं कि लोकतांत्रिक सरकारें लोगों को ज्यादा आजादी देती हों। संसद और विधायिकाओं जैसी संस्थाओं के कमजोर होते जाने तथा नौकरशाही के ताकतवर होने से व्यक्तिगत आजादी पर अंकुश लगता गया है, और

नौकरशाहीवाली व्यवस्थाएँ स्वास्थ्य और शिक्षा जैसे जरूरी क्षेत्रों में लोगों को लाभ पहुँचाने में विफल रही हैं। ऐसे में सरकार से सूचनाएँ माँगने में नागरिकों के अधिकार, नागरिक समाज के समूहों और चुने हुए प्रतिनिधियों की कमेटियों द्वारा प्रभावी सार्वजनिक व्यय के मूल्यांकन की माँगें उठने लगी हैं, और लोकतंत्र को लेकर सबसे गंभीर चिंताएँ तो अमेरिकी सरकार में कामकाज से जुड़ी हुई हैं। फरीद जकारिया ने आधुनिक लोकतंत्र की चुनौतियों और खतरों के बारे में कई प्रतिबद्ध नागरिकों की राय को कुछ इस तरह व्यक्त किया है :

> *"आधुनिक लोकतांत्रिक सरकारों को और ज्यादा मुश्किल और नई चुनौतियों–जैसे आतंकवाद से लड़ाई, भूमंडलीकरण के अनुरूप मुल्क में बदलाव और बुजुर्गों की देखरेख का सामना करना पड़ेगा और उन्हें अपनी व्यवस्था को अभी की तुलना में ज्यादा चुस्त, चौकस और प्रभावी बनाना होगा। इसका मतलब लोकतांत्रिक निर्णय-प्रक्रिया को ज्यादा प्रभावी बनाना, संवैधानिक उदारवादी और व्यावहारिक लोकतंत्र में मेल बैठाना, जीर्ण-शीर्ण हो गई राजनैतिक व्यवस्थाओं और नागरिक संगठनों को फिर से दुरुस्त करना होगा। संभवतः इसमें भी ज्यादा मुश्किल काम यह है कि जो लोग हमारे समाजों में ताकतवर हैं, वे अपनी जबावदेही उठाएँ और सिर्फ कानूनी तौर पर ही नहीं, नैतिक स्तर पर भी समाज को नेतृत्व प्रदान करें, उसके लिए मानक तय करें। इस आंतरिक बदलाव के बगैर लोकतंत्र एक दिखावा-भर रह जाएगा, जो शासन और नेतृत्व के मामले में सिर्फ अपर्याप्त ही नहीं होगा, खतरनाक भी होगा। इससे आजादी को चोट लगेगी, उसका मनमाना इस्तेमाल होगा और सामान्य जीवन में गिरावट आएगी। निश्चय ही यह एक बहुत बड़ी त्रासदी होगी, क्योंकि अपनी सारी कमियों के बावजूद लोकतंत्र दुनिया-भर के लोगों के लिए 'उम्मीद की आखिरी सर्वश्रेष्ठ किरण' है। इसे मजबूत और चौकस बनाए जाने की जरूरत है।"*[35]

लोकतंत्र और विकास

नई सहस्राब्दी की शुरुआत में ही अंतर्राष्ट्रीय बिरादरी ने अपनी सबसे प्रमुख इच्छा–गरीबी और उससे जुड़ी तकलीफों से मुक्ति की घोषणा है। इस मसले से जुड़े जिन सात लक्ष्यों को 'सहस्राब्दी विकास-लक्ष्य' नाम से संयुक्त राष्ट्र के सदस्य देशों ने स्वीकार किया है, वे हैं 1. अत्यधिक गरीबों की संख्या को 2015 तक आधी कर देना, 2. लैंगिक समानता की प्राप्ति, 3. महिला सशक्तिकरण, 4.बाल और शिशु मृत्यु-दर में दो तिहाई की कमी, 5. प्रसव के दौरान मातृ मृत्यु-दर में तीन चौथाई की कमी, 6. सभी जरूरतमंद महिलाओं को स्वास्थ्य सेवाएँ उपलब्ध कराना, और 7. पर्यावरण को पहुँचे नुकसान की भरपाई।

1798 के अपने प्रसिद्ध लेख 'एसे ऑन द प्रिंसिपल्स ऑफ पापुलेशन' (जनसंख्या-सिद्धांतों पर लेख) में ब्रिटिश अर्थशास्त्री थामस माल्थस ने हमें जनसंख्या में भारी वृद्धि के बारे में चेतावनी दी थी और कहा था कि यदि ऐसा हुआ तो अकाल हमारे सिर पर सदा सवार रहेगा। उन दिनों दुनिया की आबादी करीब एक अरब थी। आज यह 6 अरब है और अगले तीन दशकों में इस की आबादी में दो अरब लोग और जुड़ जाएँगे (इनमें से 47 फीसदी लोग विकासशील देशों में पैदा होंगे और इनमें से भी ज्यादातर गरीबी में जन्मेंगे)। आज के 6 अरब लोगों में से 1.2 अरब लोग रोज 1 डॉलर प्रतिदिन से भी कम पर भी जीवन बसर करते हैं। 1.6 अरब इनसे बेहतर स्थिति में हैं, पर उनका जीवन भी रोज दो डॉलर से कम पर चलता है।[34] दुनिया में व्यक्ति और व्यक्ति, व्यक्ति और मुल्क, मुल्क और मुल्क के बीच जो भारी असमानता है, वह दिमाग को चकरा देनेवाली है।[35]

इस पृष्ठभूमि में हाल के वर्षों में लोकतंत्र की स्वीकार्यता बढ़ी है। यह स्वयं में विकसित होते हुए विकास में भी सहायक होता है। हम जानते हैं कि कोई तानाशाह विकास नहीं लाता, उसका नजरिया और उसको सलाह देनेवाले लोगों की राय इसमें मददगार होती है। अगर तानाशाहीवाले सभी मुल्कों को सिंगापुर के ली क्वान च्वू जैसे शासक मिल जाते तो निश्चित रूप से उनका प्रदर्शन बेहतर होता। पर तानाशाही में अक्सर मोबुतु सेसेसिको या फर्डिनेंड मार्कोस जैसे लोग ही सत्ता में होते हैं, जिनके मन में जन-कल्याण की जरा भी इच्छा नहीं होती। जाहिर है कि लोकतंत्र में ऐसे शासक टिक ही नहीं सकते। लोकतांत्रिक शासन-व्यवस्था में निष्क्रियता को रोकने की संस्थागत व्यवस्था रहती है और निकम्मे नेताओं को सत्ता से बाहर किया जा सकता हैं।[36]

भूमंडलीकरण

उपनिवेशवाद और शीतयुद्ध की समाप्ति ने भूमंडलीकरण की रफ्तार तेज कर दी है; सिर्फ आर्थिक, वित्तीय और व्यावसायिक क्षेत्र में ही नहीं, बल्कि सामाजिक, सांस्कृतिक और राजनैतिक क्षेत्र में भी। आर्थिक और वित्तीय भूमंडलीकरण की प्रमुख बातें तो जगजाहिर हैं और इन्हें बहुराष्ट्रीय निगमों और प्रत्यक्ष विदेशी निवेश के जरिए हासिल किया गया है। दुनिया के विभिन्न हिस्सों में वित्तीय बाजारों और उत्पादन तथा व्यावसायिक संगठनों में जो भारी बदलाव आया है, वह इसी के चलते है और उनका बदला हुआ रूप यह बताता है कि वे किसी भी दौर की तुलना में आज ज्यादा वैश्विक हो गए हैं। भूमंडलीकरण कोई एक घटना नहीं है, यह संगठनों–खासकर आर्थिक संबंधों का–निरंतर और धीरे-धीरे जुड़ना, मजबूत होना है; जिसका असर सामाजिक, सांस्कृतिक और राजनैतिक क्षेत्रों पर भी पड़ता है और उनमें बदलाव भी होता है।

महिला आंदोलन से लेकर पर्यावरणवादी आंदोलन तक, मोबाइल फोन से लेकर इंटरनेट तक और विज्ञापन से लेकर धार्मिक सामग्री तक इस बात के दमदार प्रमाण हैं कि भूमंडलीकरण का समाज और संस्कृति पर गहरा असर हो रहा है। एक और बड़ा बदलाव सूचनाओं के आदान-प्रदान को लेकर हो रहा है। दुनिया में घट रही घटनाएँ आज कम समय में जानी जाती हैं, और जितनी 'पारदर्शी' वे आज हैं, उतनी पहले कभी नहीं थी।

आज के मनुष्य की नियति संयुक्त राष्ट्रसंघ और विश्व बैंक या अंतर्राष्ट्रीय मुद्राकोष जैसी औपचारिक राजनैतिक संस्थाओं से ही नहीं जुड़ी है बल्कि यह जटिल नेटवर्क के सहारे विज्ञान और तकनीक से भी जुड़ी हुई है।

भूमंडलीकरण की प्रक्रिया न सिर्फ विश्व-अर्थव्यवस्था में जुड़ाव पैदा कर रही है, बल्कि उत्पादों, स्वादों और विचारों तक में समानता ला रही है। विभिन्न देशों के बीच वस्तुओं, सेवाओं, तकनीक और पूँजी का आदान-प्रदान न सिर्फ उनके बीच के संबंधों को मजबूत करता है बल्कि उनके लोगों, कंपनियों और सरकारों को भी मजबूर करता है कि या तो वे मुकाबले योग्य स्थिति में आएँ, किसी क्षेत्र में बढ़त बनाएँ या फिर पिछड़ते चले जाने को विवश हों।[37]

बहुराष्ट्रीय कंपनियों ने इधर हाल के वर्षों में राष्ट्रीय राजनीति में भी महत्वपूर्ण भूमिका निभाई है। सूचनाओं और तकनीक को संरक्षित करने की जरूरत ने विभिन्न देशों के बीच संबंधों को मजबूत किया है। मुल्कों की सार्वभौमिकता में कई तरह से कटौती हुई है। वैश्विक अर्थव्यवस्था में अंतर्राष्ट्रीय मुद्राकोष, विश्व बैंक ओर विश्व व्यापार संगठन जैसी एजेंसियों ने राष्ट्र-राज्यों के निर्णयों को दूर तक प्रभावित किया है। आज सरकारों का उन चीजों पर एकाधिकार नहीं रह गया है, जिन पर किसी मुल्क का भविष्य निर्भर करता है। ऐसे मामलों की संख्या बढ़ती जा रही है, जिसमें सरकार की जगह व्यापार ही निर्णायक शक्ति दिखाई देती है और यह प्रवृत्ति लगातार बढ़ रही है। फिर भी राष्ट्रवाद का अभी काफी महत्व है। आज की दुनिया अलग-अलग मुल्कों से बनी है और हर मुल्क के अपने स्पष्ट सार्वभौमिक अधिकार हैं।

अब इस बात का भी अहसास किया जा रहा है कि बाजार को भी सरकारी कायदे-कानूनों की मदद चाहिए। उसके बगैर वह भी काम नहीं कर सकता। वह तभी प्रभावी काम कर सकता है, जब सरकार उसकी मदद करे; निजी सम्पत्ति के अधिकारों की हिफाजत करे; लिखत-पढ़त में हुए करारों को लागू कराए; पेटेंट और ट्रेड मार्क का हिसाब-किताब रखे और गलती करनेवालों पर कार्रवाई करे; माप-तौल के मानक तय करके वस्तुओं और सीमाओं के कारोबार का इंतजाम करे; अंतर्राष्ट्रीय व्यापार के लिए उचित माहौल बनाए; चोरी और .फरेब से रक्षा करे; और इन सबसे बढ़कर सूद की दरें घटा-बढ़ाकर मौद्रिक आपूर्ति पर नियंत्रण रखे। इसलिए उन्मुक्त बाजार जैसी कोई व्यवस्था नहीं होती, न ही चल सकती है और न ही कोई समाज

सब कुछ बाजार को सौंप सकता है।

आज व्यवसाय और नागरिक समाज के बीच सहयोग का महत्व दिनों-दिन बढ़ता जा रहा है। इसके बावजूद सरकार की जरूरत कम नहीं होनेवाली, क्योंकि अंतर्राष्ट्रीय व्यापार लगातार बढ़ता जा रहा है और उसमें सरकार की जरूरत रहेगी ही। ध्यान देने की बात यह भी है कि इस सबके साथ-साथ एक और समांतर जाल भी बिछ रहा है, जो आतंकवादियों, नशीले पदार्थों और अवैध हथियारों के सौदागरों तथा काले धन का कारोबार चलानेवालों का है। इन सबने भी सुरक्षा एजेंसियों के लिए भारी चुनौती पेश की है। ऐसे में 'आपस में जुड़े खतरों' का मुकाबला करने की जरूरत भी दिन-ब-दिन ज्यादा महसूस की जा रही है। सौभाग्य से इस दिशा में एक छोटी क्रांति जैसी हो रही है। कानून पर नजर रखनेवालों, कानून बनानेवालों और जजों के बीच भी अपने नेटवर्क बन रहे हैं।

कैसे जिएँ

आज दुनिया के सामने बुनियादी सवाल है, जीवन कैसे जीएँ। आर्नाल्ड टॉयनबी नें ठीक ही कहा है :

> *"इस अपूर्व वैज्ञानिक और तकनीकी विकास ने ही, जिसने दूरियाँ खत्म करके दुनिया को एक कर दिया है, एटम बम बनाकर मनुष्य जाति को अपना विनाश करने की शक्ति से भी लैस कर दिया है। हम आज इस सच्चाई के रू-ब-रू हो रहे हैं और हमने अनचाहे ही खुद को इस स्थिति में ला खड़ा किया है कि मनुष्य जाति को अब दो एकदम अलग-अलग विकल्पों में से एक का चुनाव करना होगा। या तो उसे अपने जातिनाश का विकल्प अपनाना होगा या फिर एक परिवार की तरह रहना सीखना होगा।"*[38]

हम मनुष्य की उस प्रवृत्ति को कैसे नियंत्रित करें जो हिंसक टकरावों में शामिल है और शांति के लिए खतरा है? हम लोगों के बीच सद्भाव और शांति बनाए रखने के लिए सांप्रदायिक और जातीय निष्ठाओं के उभरने और हिंसक रूप लेने पर कैसे अंकुश लगाएँ? हम दमन और उत्पीड़न की जगह प्रेम और करुणा को कैसे सब तक पहुँचाएँ? किस तरह हम विभिन्न मुल्कों के लोगों को अपनी नियति का मालिक बनाएँ? ये तमाम सवाल बुनियादी हैं, और ऐसे में लोगों के बीच सद्भाव के लिए काम करने और लोकतांत्रिक शासन-प्रणाली के विस्तार की काफी जरूरत महसूस की जा रही है।

तार्किक ढंग से सोचने-समझने वालों के बीच इस बात पर सहमति है कि सभी लोगों की खुशहाली संभव है और इसके लिए सभी से अच्छा व्यवहार वांछित है।

बीसवीं सदी के अंत में अनेक लोगों को लगा कि अब लोकतंत्र, धर्मनिरपेक्षता

और बाजार का झंडा फहर चुका है। हम यह भूल गए कि साम्यवाद और फासीवाद चलाने वाली अनेक सर्वसत्तावादी सरकारें भी धर्मनिरपेक्ष थीं। हम इस तथ्य को भी भूल गए कि अभी दो सदी पहले तक दुनिया में कहीं भी लोकतंत्र न था और सबका काम चल ही रहा था। हम यह भी भूल गये कि अगर अर्थव्यवस्था पर बाजार का कब्जा रहा तो कमजोर, गरीब, अकुशल और बीमार लोगों को इसमें भागीदारी मिलनी मुश्किल हो जाएगी और इससे समाज में असंतोष फैलेगा।

गरीबी खत्म करने और समतामूलक समाज-व्यवस्था लाने की चुनौतियाँ बहुत बड़ी हैं। हिंसा और आतंकवादी डर के साथ ही साथ शक्ति-संतुलन के उस पुराने खेल में फिर से उभार आने का डर भी बना हुआ है। पर यह भी सच्चाई है कि इन गंभीर मसलों के बावजूद मनुष्य-समाज ने हथियार नहीं डाले और यह कभी नहीं लगा कि इनसे लड़ाई लड़ी ही नहीं जा सकती। यह मानने का कोई आधार नहीं है कि नई समस्याओं का समाधान भी थोड़े समय में ही निकाला जा सकता है।[39]

धर्म, सभ्यता, राष्ट्रीयता, वर्ग और नस्ल जैसे पारंपरिक भेदों के बावजूद हमें साथ रहना सीखना होगा और मेलजोल से रहने के लिए हमें एक-दूसरे को अच्छी तरह जानना जरूरी है। इस जाने में एक-दूसरे का इतिहास जानना भी शामिल है। ऐसे नजरिए से ही हम सही समझ बना सकते हैं, क्योंकि मानव मस्तिष्क मनुष्य-जीवन को कालक्रम के हिसाब से ही देख-समझ सकता है। हमें विभिन्न संस्कृतियों को पहचानने और उन के अंतर को स्वीकार करने की जरूरत है, क्योंकि उनके माध्यम से ही यह बात समझ में आएगी कि विभिन्न धर्मों, संस्कृतियों, सभ्यताओं और राष्ट्रीयताओं के माध्यम से ही मानव प्रकृति-अभी तक अपने आपको अभिव्यक्त करती रही है।

आज जो समस्याएँ हमारे सामनें हैं, उनका समाधान करने के लिए हमें इतिहास पर भी नजर डालनी चाहिए और यह जानना चाहिए कि तब टकरावों और समस्याओं को निपटाने के क्या तरीके थे और उनकी क्या सीमाएँ थीं। आर्थर एस. श्लेसिंजर जू. ने अपनी किताब 'वार एंड अमेरिकन प्रेसिडेंसी' में एक समस्या को कुछ इस तरह रखा है :

"अपनी किताब 'फिलासफी ऑफ हिस्ट्री' की भूमिका में हिगेल ने लिखा है, 'लोगों और सरकारों ने कभी भी इतिहास से कोई सबक नहीं लिया है और न उससे निकले सिद्धांतों के अनुरूप काम किया है।' हिगेल ने बातों को कुछ बढ़ा-चढ़ाकर कहा है। किसी भी मुल्क के लिए इतिहास का वही स्थान है, जैसा कि व्यक्ति के लिए यादों का। जिस व्यक्ति की याददाश्त चली जाए, वह दिशा भूल जाता है, गुम हो जाता है, उसे पता नहीं रहता कि क्या हो रहा था, कहाँ हो रहा था। उसी प्रकार अपने इतिहास को भूल चुका मुल्क न तो अपने वर्त्तमान से ठीक से निपट सकता है और न भविष्य से। फिर भी इतिहास के साथ बड़ी जिम्मेदारियाँ जुड़ी होती हैं।

हम अपनी मनमानी से, अपनी इच्छा से, अपनी सुविधा और भ्रष्टाचार से चाजों को अपने मतलब लायक बना लेते हैं, उसकी सही चीजें और दिशा खत्म कर देते हैं, उसे अविस्मरणीय बना देते हैं और वही सब कुछ इतिहास के साथ भी करते हैं। सच तो यह है कि डेल्फी की देववाणी की तरह इतिहास का संदेश भी अक्सर अस्पष्ट और धुँधलके से भरा होता है।"[40]

इतिहास में क्या-क्या हुआ है और तब विवादों/टकरावों को टालने-सुलझाने के क्या-क्या तौर-तरीके थे, इस बारे में हम सब कुछ जानने का दावा नहीं कर सकते। यों हमारी तरफ से चाहे जो भी गलतियाँ रह जाएँ, हमें इतिहास को पलटना और उसमें भी सिर्फ मनुष्यजाति की गलतियाँ देखने की जगह पुराने समय में लोगों के कामकाज को संचालित करने वाली समझदारी को भी जानने का प्रयास करना चाहिए।

बहुधा दर्शन

भारत, मिस्र, इराक, यूनान और चीन को मानव-सभ्यता के पाँच बुनियादी ठिकानों के रूप में जाना जाता है।[41] इनमें से भारत और चीन में सभ्यता का एक अनवरत क्रम जारी दिखता है। ऐतिहासिक छानबीन और पुरातात्विक खोजों से यह साफ तौर से स्थापित हो चुका है कि भारत के सर्वाधिक प्राचीन धार्मिक ग्रंथ 'वेद' ही भारतीयता के बुनियादी आदर्शों को बताते हैं और यही प्राचीन भारतीय सभ्यता को गढ़ने और उसकी प्रवृत्ति तय करने का आधार रहे हैं। इसकी उत्पत्ति का स्वरूप अभी तक स्पष्ट नहीं हुआ है, पर माना जाता है कि इसे संग्रहित करने और वर्तमान रूप देने का काम ई. पूर्व 1500 के आसपास या उससे पहले हुआ होगा।

वेदों की कुल संख्या चार है : ऋग्वेद, यर्जुवेद, सामवेद और अथर्ववेद। इन चारों में सबसे पुराना और सबसे महत्वपूर्ण वेद ऋग्वेद ही है। वैदिक साहित्य के बाद दो महाकाव्यों—रामायण और महाभारत—की रचना हुई। वेद, उपनिषद, रामायण और महाभारत ही भारतीय जीवन-पद्धति को अब तक का उसका स्वरूप देते रहे हैं। गद्य और पद्य दोनों में मौजूद यह प्राचीन भारतीय साहित्य मौखिक रूप से ही श्रुति-परंपरा द्वारा एक पीढ़ी से दूसरी पीढ़ी तक पहुँचता रहा था। संस्कृत कुलीनों की भाषा थी, फिर भी अनेक श्लोक और मुख्य-मुख्य बातें आम लोगों को भी याद थीं और देसी भाषाओं और बोलियों में ही ये बातें एक पीढ़ी से दूसरी पीढ़ी तक पहुँचती रही हैं।

प्रत्येक जीव और मानव-जीवन के प्रति आदर-भाव भारतीय सभ्यता का मूल मंत्र है। वेदों और उपनिषदों में साथ-साथ चलने वाली मौखिक परंपराओं में भी सबके कल्याण के लिए सोचने का भाव रहा है। इस सबमें सभी मनुष्यों, सभी समाजों जल-थल-नभ समेत सारी प्राकृतिक चीजों को समाहित करके सोचने पर

जोर रहा है। यह मनुष्य के मन और मस्तिष्क की बुनियादी एकता की बात करता है। यह नजरिया सोच में भी रहा है और व्यवहार में भी। विचार के तौर पर बहुलतावादी अवधारणा हमें हमारी सांस्कृतिक विविधता तथा जातीय, धार्मिक और भाषायी बहुलता को समझने में मददगार है। बल्कि यही सोच हमें इस बहुलता और विविधता में भागीदारी करने में सक्षम बनाती है। मेरा यह भी मानना है कि यह सोच दूसरे के विचारों के प्रति सहनशीलता-भर न होकर उसे भी समझने की राह दिखाती है। जैसे, आप सिर्फ सहनशील होकर ही अच्छे पड़ोसी नहीं हो सकते या अकेले सहनशीलता से एक-दूसरे के प्रति अज्ञानता को दूर नहीं कर सकते। हाँ, यह उसके लिए जमीन जरूर तैयार करती है।

लोगों के नजरिए से ही मुझे जो एक दृष्टिकोण भारतीय जीवन में बहुत ही सहायक और समृद्ध करनेवाला लगता है, वह है 'एकम् सद् विप्रा बहुधा वदंति'[42]। यह ऋग्वेद का ही एक सूक्तांश है।

मेरी कल्पना है कि 'एक सत्य की अनेक व्याख्याएँ' वाला यह नजरिया हमारे ऋषियों-मुनियों ने प्राकृतिक चीजों और उनके अंतर्संबंधों की जटिलता को समझने और विभिन्न विचारों और आस्थाओं-व्यवहारोंवाले लोगों के बीच सद्भावनापूर्ण जीवन विकसित करने के लिए उस समय रखा होगा, जब प्रत्येक समूह के लोग अपनी-अपनी श्रेष्ठता के दावों से परेशानी पैदा कर रहे होंगे।

विभिन्न समुदायों और धर्मों के बीच मेलजोल, प्रकृति और मनुष्य के बीच तालमेल, जीवन और धर्म, विज्ञान और आध्यात्म के बारे में दूसरे के नजरिए को समझने की किसी और की क्षमता के पीछे 'बहुधा'[43] की अवधारणा ही केंद्रीय भूमिका में रही है। कोई चाहे भारत के महान राष्ट्रीय ग्रंथों को पढ़े, इसकी पवित्र भूमि पर इस कोने से उस कोने तक की यात्रा करे, उसे यह स्पष्ट होने में देर नहीं लगेगी कि न तो हमारा धार्मिक साहित्य और न ही हमारे तीर्थस्थान सत्य के प्रति एक ही नजरिए पर जोर देते हैं। अनेक में एक होने का भाव ही इस चिंतन-प्रक्रिया के केंद्र में है। ऐतिहासिक परिप्रेक्ष्य में यही विचार सम्राट अशोक (273-232 ई.पू.) के गुजरात स्थित 12 वें शिलालेख में व्यक्त किए गए हैं। इसमें लिखा है :

> *सभी लोगों की आस्थाओं का किसी न किसी कारण से आदर किया जाना चाहिए। उनको सम्मान देकर हम अपनी आस्था को प्रतिष्ठा देते हैं और साथ ही दूसरों की आस्था की सेवा भी करते हैं। इसके विपरीत आचरण करके हम अपनी भाषा और आस्था को तो नुकसान पहुँचाते ही हैं, दूसरों का भी नुकसान करते हैं।"*

लेकिन यह सब कहने के बाद भी यह निष्कर्ष निकाल लेना गलत होगा कि भारत में विभिन्न विश्व-दृष्टियों में कभी कोई टकराव ही न था। इससे उलट सच्चाई यही है कि दक्षिण एशिया में ही सभ्यताओं की प्रमुख टकराहटें हुई हैं और फिर यहीं वे अधिकांश बातें हुईं, जो 'बहुधा' दर्शन को सुदृढ़ बनाती हैं और जिन्होंने

कभी-कभार ही इस दर्शन पर गंभीर सवाल उठाए हैं। इस परिप्रेक्ष्य में भारतीय अनुभव का विश्लेषण शांति और सद्भाव की सार्वजनिक नीति बनाने में निश्चय ही सहयोगी हो सकता है।

संदर्भ और टिप्पणियाँ

1. ऋग्वेद (1.164-46) चारों वेदों में सबसे पुराना है और इसकी रचना ई.पू. 1500 या उससे और पहले हुई थी।
2. रिपोर्ट ऑफ हाई लेबल मैनल ऑन थ्रिटस, चैलेंजेज एंड चेंज, संयुक्त राष्ट्र, न्यूयार्क, 2014। पृष्ठ-49
3. नोम चोमस्की (जन्म 7 दिसंबर 1928, फिलाडेल्फिया पेन्सिल्वानिया) एक रूसी अप्रवासी के पुत्र हैं। चोमस्की अध्यापक रहे हैं और अपने समाजवादी और अराजकतावादी वैचारिक रुझान के लिए जाने जाते हैं।
4. 'आउटलुक' 31 जनवरी 2005 को दिए गए डेविड मैकनील के इंटरव्यू से उद्धृत।
5. सिडनी ब्लेमैथन, द क्लिंटन वार्म, वाइकिंग, न्यूयार्क, 2003, पृ. 67
6. फ्रांसिस फुकोयामा, पूर्वोक्त।
7. आर्नाल्ड टॉयनबी, ए स्टडी ऑफ हिस्ट्री: इलस्ट्रेटेड (पहला संक्षिप्त एक खंडवाला संस्करण) स्ट्रैंड बुक स्टाल, बंबई और बंगलोर, पृ. 334-335। टॉयनबी लिखते हैं, "प्रमुख बड़े धर्म, जो आज भी प्रभावी हैं, वे हैं हिन्दू, यहूदी, पारसी, बौद्ध, ईसाई और इस्लाम। यहाँ उनका नाम उसी क्रम में दिया गया है, जिस क्रम में वे दुनिया में आए हैं। लेकिन दो सबसे प्राचीन धर्मों–हिन्दू और यहूदी–की शुरुआत का सही काल नहीं बताया जा सकता, क्योंकि ये शेष चार धर्मों की तरह किसी भी ऐसे एक ऐतिहासिक संस्थापक द्वारा स्थापित नहीं हैं, जिसने या उसके अनुयायियों ने दावा कर रखा है कि वे धर्म के मामले में कोई नई क्रांति कर रहे हैं या एकदम नया कुछ ला रहे हैं।"
8. पूर्वोक्त, पृष्ठ 294-5
9. टी. एन. मदन(संपा.) इंडियाज रिलीजन्स: पर्सपेक्टिव फ्रॉम सोशियोलाजी एंड हिस्ट्री, ऑक्सफोर्ड यूनि. प्रेस, नई दिल्ली, 2004, प्र. 384-85
10. लायड रीजन(संपा.) मेजर वर्ल्ड रिलीजन्स, फ्रॉम देयर ओरिजिन्स टू द प्रेजेन्ट, राउटलेज कर्जन, लंदन,2005, पृ. 285-5
11. टी. एन. मदन, पूर्वोक्त, पृ. 384
12. लायड रीजल, पूर्वोक्त, पृ. 278
13. जलालुद्दीन रूमी(1207-73) द्वारा सुनाई गई एक कहानी से इस विचार को सबसे अच्छी तरह समझा जा सकता है। कहानी यह है कि हिन्दुस्तान में ऐसे लोगों एक समूह था जिसने कभी हाथी को नहीं देखा था। एक दिन वे ऐसी जगह पर पहुँचे, जहाँ हाथी था। घुप अँधेरे में वे हाथी के पास गए और सबने उसे छूकर जानने का प्रयास किया। फिर हर आदमी ने अपने स्पर्श के आधार पर यह बताने का प्रयास किया कि हाथी कैसा है। जिस आदमी ने हाथी के पाँव को छुआ था, उसने कहा कि हाथी खंभे की तरह होता है। जिसने कान छुआ था, उसने उसे सूप या पंखे की तरह का बताया। हर किसी ने इसी तरह की बात की। जाहिरा तौर पर हर आदमी अपने अनुभव के आधार पर सही बात ही बोल रहा था, पर असलियत को पूरी

तरह बताने के नाते तो हर किसी का विवरण अधूरा था। अगर उन्होंने मोमबत्ती की रोशनी में भी इसे देखा होता तो वैसे अलग-अलग ब्यौरे न होते। मोमबत्ती की रोशनी हाथी को पूरी तरह दिखा देती। सूफीवाद असल में यही रोशनी है।

14. हंयूस्टन स्मिथ, इस्लाम : ए कंसाइज इंट्रोडक्शन, हारपर कोलिंस, सैनफ्रांसिस्को, 2001, पृ-57.

15. धार्मिक कट्टरपंथियों को सदा लगता है कि उदार या आधुनिकतावादी प्रतिष्ठान उनके खिलाफ सक्रिय हैं। इससे उनका व्यवहार और भी ज्यादा उग्र हो जाता है।

16. पैगंबर मोहम्मद का जन्म सन 570 में मक्का के प्रमुख कुरैशी कबीले में हुआ था।

17. कुरान 114 सूरा(अध्यायों) में बँटा हैं और उत्तरोत्तर छोटे अध्यायों के क्रम में सजा है (अपवाद सिर्फ पहला अध्याय है, जिसमें मुसलमानो की नमाज का ब्यौरा है और जो छोटा है) सूरा दो में 286 आयतें हैं, सूरा तीन में 200 और कम होते-होते यह क्रम सूरा 114 तक आया है, जिसमें सिर्फ छह आयतें हैं। पैगंबर मुहम्मद को ये सब संदेश 23 वर्षों की अवधि के दौरान मिले। जब उन्हें ये संदेश मिलते थे तो वे विशेष अवस्था में पहुँच जाते थे। उनका रंग-रूप और आवाज, दोनों ही बदल जाते थे। इस भावावस्था में उनके मुँह से निकले अल्फाजों को उनके अनुयायी याद कर लेते थे और हड्डियों, चमड़े, पत्तों और पेड़ों की छाल पर दर्ज कर लेते थे। खुदा स्वयं उनकी शुद्धता की हिफाजत करता था। (ह्यूस्टन स्मिथ, इस्लाम : ए कंसाइज इंट्रोडेक्शन, पूर्वोक्त, पृ. 23-26)

हदीसः इस्लामिक इतिहास की शुरुआत में ही मुसलमानों ने 'हदीस' का महत्व समझ लिया और मुहम्मद साहब की मौत के बाद एक सदी में ही उनका संग्रह सामने आ गया। सबसे पहला हदीस मुन्नाबी नामक है। शुरुआती संग्रह के दो रूप थे और उनके बीच कोई अंतर नहीं माना जाता था। पहले को हदीस कहा जाता है, जिसमें मुहम्मद साहब की तकरीरों और कार्यों का विवरण है। दूसरे को हदीस कुदसी कहा जाता है, जिसमें मुहम्मद के माध्यम से अल्लाह की बातें दर्ज हैं।

18. हदीस कुदसी को हदीस और कुरान शरीफ के बीच की चीज माना जाता है, अर्थात वे भी इल्हाम हैं, पर कुरान से अलग हैं। हदीस कुदसी का महत्व यह है कि यह मुहम्मद साहब की मौत के बाद शुरुआती इस्लामी दौर में अल्लाह द्वारा दिए गए संदेश और पैगंबर के कथनों में बीच धूमिल होती विभाजन-रेखा को मिटने नहीं देता। नौंवी सदी में हदीस के दो विस्तृत संस्करण तैयार किए गए, जिन्हें आज तक आधिकारिक माना जाता है। इन्हें बुखारी (सन 870) और मुस्लिम (सन 874) ने तैयार किया। बुखारी ने तब तक 600000 हदीसों को परखा और माना कि 7275 सही हैं। इसीलिए उन्होंने अपने संग्रह का नाम 'सही' रखा। बुखारी और मुस्लिम द्वारा तैयार संस्करणों के हदीस को विषयवस्तु के हिसाब से सजाया गया(जबकि इब्न हसन ने मुहम्मद साहब के उन अनुयायियों के नाम-क्रम में इसे सजाया था, जिन्होंने इन्हें पैगंबर के मुँह से सुना था)। इससे कानून पर अमल करनेवाले मुल्ला-मौलवियों का काम आसान हुआ। (लायड रिजियन /संपा./ मेजर रिलीजियन्स : फ्रॉम ओरिजिन्स टू द प्रेजेन्ट; रूटलेज कर्जन, लंदन, 2003, पृष्ठ 261-262

19. शरीयत : मुसलमानों के दैनंदिन जीवन को संचालित करनेवाले कायदे-कानून (जोनाथन ब्लूम और शीला ब्लेयर,इस्लाम : ए थाउजेंड ईयर्स ऑफ फेथ एंड पावर, येल यूनि. प्रेस, न्यू हीवेन, 2002, पृ. 243

20. करेन आर्मस्ट्रांग : इस्लाम : ए शार्ट हिस्ट्री, माडर्न लाइब्रेरी, न्यूयार्क,2002, पृ. 5-6

21. ह्यूस्टन स्मिथ, पूर्वाक्त, पृ. 24-29

22. फिलिप हित्ती, हिस्ट्री ऑफ अरब, 1937, संशो. संस्क. न्यूयार्क : सेंट मार्टिन प्रेस, 1930,पृ. 304

23. गुरिल्ला कट्टरपंथियों के कामकाज के लिए अंतर्राष्ट्रीय माहौल उन दिनों एकदम आदर्श था। सऊदी अरब और अमेरिकी सरकारों ने अफगानिस्तान में सोवियत कब्जे का विरोध कर रहे बागी गिरोहों को गोपनीय ढंग से अरबों डालर की मदद दी। यह मदद पाकिस्तानी सेना की खुफिया सेवा–आई. एस. आई. ने बागियों को प्रशिक्षण देकर और उन तक हथियारों की आपूर्ति करके की। पर ओसामा बिन लादेन और उसके साथियों ने प्रशिक्षण और हथियारों की अपनी व्यवस्था बनाई, इसलिए उन्हें प्रशिक्षण देने और उन्हें व्यावहारिक रूप से कोई अमेरिकी मदद नहीं मिली।

24. अप्रैल1988 में अफगानिस्तान में 'जेहाद' कामयाब हुआ। मास्को ने घोषणा की कि अगले नौ महीनों में वह अफगानिस्तान से अपनी फौजें वापस बुला लेगा। जब सेना वापस जाने लगी तो जेहादी नेताओं में बहस छिड़ी कि अब आगे क्या किया जाय।

25. 'जेहाद' का मतलब धर्म-रक्षा के लिए लड़ने का आह्वान है।

26. 1980 में जब ओसामा बिन लादेन अफगानिस्तान पहुँचा तो वह 23 वर्ष का था। वह एक सऊदी निर्माण व्यवसायी की 57 संतानों में 17वाँ है। छह फीट पाँच इंच ऊँचा ओसामा दुबला-पतला है और कमजोर-सा दिखता है, पर असल में वह बहुत चुस्त-चौकस है और घुड़सवारी, दौड़ने, पर्वतारोहण और फुटबाल खेलने में माहिर है। उसने सऊदी अरब के अब्दुल अजीज विश्वविद्यालय से पढ़ाई की है। कुछ लोगों का कहना है कि यहीं उसका रुझान धार्मिक मसलों की तरफ हुआ और उस पर फिलीस्तीनी प्रचारक और कुत्ब के शिष्य अब्दुल्ला आजम के भड़काऊ भाषणों का गहरा असर हुआ। ओसामा तभी उसके अनुयायियों में सबसे प्रमुख बन गया और इसमें उसके धार्मिक रुझानों का ही नहीं, उसके पिता की भारी संपत्ति का भी कुछ हाथ था। उसने बहुत लड़ाइयों में सीधे हिस्सा नहीं लिया, पर सोवियत विरोधी जेहाद में काफी पैसे दिए। वैसे उसने खुद भी कम से कम एक असली लड़ाई में हिस्सा लिया।

27. देवबंद उत्तरप्रदेश का एक छोटा-सा कस्बा है और दिल्ली से लगभग 150 किमी की दूरी पर है। धार्मिक मामलों में इसका महत्व बहुत बड़ा है : इस्लामी अध्ययन का सबसे बड़ा और सबसे महत्वपूर्ण संस्थान दारुल उलूम भी यहीं स्थित है।

28. बहावी मत–मुहम्मद इब्न अब्दुल बहाव (1703-1792) के नाम पर इस्लाम में चलनेवाला एक आंदोलन। यह इस्लाम का कट्टर सुन्नी रूप है और तेल के मामले में सबसे समृद्ध सऊदी अरब के समाज और सरकार के प्रभुत्व के चलते इसमें काफी लोगों की दिलचस्पी बढ़ी है। यह सालामी मत के एक रूप के पीछे की प्रेरणा है। बहावी मत आस्था और धार्मिक आचरण के मामले में तत्वत: मूलवादी और एकदम शुद्धतावादी नजरिए की वकालत करता है। इस्लाम को सारी गड़बड़ियों, अंधविश्वासों, भटकावों, मूर्तिपूजा वगैरह से मुक्त करना चाहता है।

29. 9/11 कमीशन रिपोर्ट : फाइनल रिपोर्ट ऑफ द नेशनल कमीशन ऑन टेररिस्ट अटैक अयॉन यूनाईटेड स्टेटस, डब्लू नार्टन एंड कंपनी, न्यूयार्क, 2005, पृ. 63 और पृ. 367

30. अक्सर 'स्टेट' शब्द का प्रयोग 'नेशन' या राष्ट्र की तरह किया जाता है, पर ये अलग-अलग हैं। 'स्टेट' का मतलब स्वायत्त राजनैतिक व्यवस्था है, जिसमें स्पष्ट शासकीय संस्थाएँ जुड़ी होती हैं। 'राष्ट्र' का मतलब साझा संस्कृति और इतिहास वाले लोगों का समूह है। देश का मतलब किसी शासन-व्यवस्था का क्षेत्रीय हिस्सा है।

31. 'हवाई डेमोक्रेसी एक्सेल' शीर्षक आलेख के लेखक हैं जोजेफ टी. सीगल, मालेज एस. वेइनस्टीन और मार्टन एच. हेल्मेटिन, फारेन अफेयर्स, अंक 83, सितंबर, अक्टूबर 2004.

32. एडवर्ड डी. मैन्सफील्ड और जैक स्नाइडर डेमोक्रेटाइजेशन एंड डैजर ऑफ वार: इंटरनेशनल सिक्यूरिटी 20, सं.1 (ग्रीष्म 1995)पृष्ठ 5-38

33. स्पैंसर आर. वियर, नेवर ऐट वार : हवाई डेमोक्रेसीज विल नॉट .. वन अनदर; येल यूनि. प्रेस,

न्यू हीवेन, 1998

34. यह स्थिति पिछले चार दशकों में तेज विकास के बावजूद है। काफी सारे लोगों को गरीबी में भँवर से बाहर निकाला गया है और जीवन-प्रत्याशा-दर में काफी सुधार हुआ है; और ऐसा इतिहास में पहले कभी नहीं हुआ था।

35. दुनिया में दस सबसे अमीर लोगों के पास करीब 255 अरब डॉलर की संपत्ति है, जो सहारा क्षेत्र के सभी अफ्रीकी देशों की कुल आमदनी का करीब 60 फीसदी बैठती है।

36. फ्रांसिस फुकोयामा, स्टेट बिल्डिंग : गवर्नेंस एंड वर्ल्ड आर्डर इन टवेन्टी फर्स्ट सेंचुरी(दक्षिण एशिया संस्करण) प्रोफाइल बुक्स, लंदन 2004, पृ. 37.

37. भूमंडलीकरण के विभिन्न क्षेत्रों पर प्रभाव की गंभीर पड़ताल के लिए देखें थामस जे. फ्रीडमैन, द लेक्सस एंड ओलिन ब्रांच : इंडस्टैंडिंग ग्लोबलाइजेशन (न्यूयार्क: फार, स्टाउस, गिरोक्स, 1999)

38. आर्नाल्ड टॉयनबी, ए स्टडी ऑफ हिस्ट्री: इलस्ट्रेड

39. जे. एम. राबर्ट्स, ट्वेंटीएथ सेंचुरी: द हिस्ट्री ऑफ वर्ल्ड 1901 2000, वाइकिंग, न्यूयार्क 1999, पृ 843

40. आर्थर एस. श्लेसिंजर, जू. वार एंड अमेरिकन प्रेसिडेंसी, डब्लू डब्लू नार्टन एंड कंपनी, न्यूयार्क 2006, पृ. 121

41. इस आलेख में 'सभ्यता' और 'संस्कृति' पदों का प्रयोग लोगों की संपूर्ण जीवन शैली के संदर्भ में किया गया है। सभ्यता को संस्कृति के विस्तार के रूप में देखा गया है। इन दोनो में स्पष्ट मूल्य, तौर-तरीके, संस्थाएँ और चिंतन-शैलियाँ शामिल होती हैं और हर आनेवाली पीढ़ी इन्हें प्राथमिक महत्व का मानकर इन पर अमल करती जाती है।

42. इसका मूल पाठ और अनुवाद इस प्रकार है : "उन्होंने उसे (सूर्य) इंद्र, मित्र, वरुण और अग्नि को बनाया। वह दैवी है और हर कहीं पहुँच सकनेवाला है। उसे विद्वान लोग अनेक नामों से पुकारते हैं-अग्नि, यम, मातृ सुवन, और सूर्य। यास्क उसे अग्नि कहते हैं, पर दोनों एक ही हैं और अन्य सभी रूपों में दोनों समान हैं। कहा गया है–एकैव का महान आत्मा सूर्य देवता हैं, अर्थात सूर्य महात्मा है; और अग्नि सर्प देवता, अर्थात अग्नि सभी देवताओं का रूप है।

43. 'बहुधा' पद संस्कृत का है और 'बहु' तथा 'धा 'के मेल से बना है। इसमें अनेक मार्गों का, दिशाओं का, अंशों या स्वरूपों का बोध होता है। यह किसी चीज के बहुरूपी, बहुआयामी, बहुमार्गी होने जैसे अनेक अर्थों में प्रयुक्त होता है। इसका प्रयोग काल और बारंबारता के अर्थ में भी होता है। इस पुस्तक में यह पद परम वास्तविकता, मेल-मिलाप और समाज के शांतिपूर्ण जीवन के संदर्भ में प्रयुक्त हुआ है। यह समाज में ऐसी बहुलता और विविधता के अर्थ में आया है, जिससे समाज में मेल-जोल और समन्वय बना रहता है।

II

भारत में बहुधा विचारधारा की अभिव्यक्तियाँ

अध्याय-3

वैदिक विश्वदृष्टि

वसुधैव कुटुम्बकम्', अर्थात संपूर्ण विश्व एक परिवार है।

शांति और सद्भावपूर्ण अथवा टकरावों से मुक्त जीवन की चाह मनुष्य को पहले भी थी और आज भी बनी हुई है। हमारे पूर्वजों को भी एक-दूसरे के साथ शांतिपूर्ण और प्रेमपूर्वक रहने तथा एक-दूसरे के क्षेत्र और प्रभाव का आदर करने की इच्छा जरूर रही होगी। जंगलों और गुफाओं में लंबा जीवन बिताते हुए, कभी-कभार एक-दूसरे के इलाके में जाकर लड़ते-भिड़ते टकराते और प्रकृति की मार सहते हुए उनके अंदर निश्चित रूप में एक संगठित समाज बनाने की इच्छा जगी होगी।

भारतीय संदर्भ में यह एक तथ्य है कि शुरू से ही तरह-तरह के विचार, धर्म और आस्थाओं के साथ-साथ अनेक कबीलों में लोगों का एक साथ रहना भारतीय समाज की विशेषता रही है। भारत में सबसे प्राचीन सभ्यता सिंधु घाटी सभ्यता मानी जाती है। और उससे इस बात के संकेत मिलते हैं कि ई. पू. 2500 के आसपास से ही वह नगर-सभ्यता अस्तित्व में थी और दूसरी सहस्राब्दी ईसा पूर्व के मध्य संभवतः खुद को 'आर्य' कहने वाले लोगों के हमले में नष्ट हो गई। हालाँकि अनेक विद्वान आर्यों के हमले वाली बात को गलत बताते हैं, पर यह जरूर मानते हैं कि भारत में सबसे पहले जिन लोगों का आगमन हुआ, वे आर्य थे। आर्य ईरान से अफगानिस्तान के रास्ते ई. पू. 1500 के आसपास या उससे पहले भारत आए, जोकि मुख्यतः पशुपालक थे।

सिंधु घाटी सभ्यता

सिंधु घाटी में मानव बसावट सबंधी पहली पुरातात्विक रिपोर्ट 1875 में भारतीय पुरातात्विक सर्वेक्षण विभाग के महानिदेशक एलेक्जेंडर कनिंघम ने लिखी थी। लेकिन 1931 में हड़प्पा और मोहनजोदड़ो में खुदाई संबंधी पहली महत्वपूर्ण रिपोर्ट कनिंघम

के उत्तराधिकारी जान मार्शल ने लिखी। उन्होंने लिखा :

> *"पहले कभी एक क्षण के लिए भी यह कल्पना नहीं की गई थी कि आर्यों के बारे में सुने जाने के काफी पहले पंजाब और सिंध में अपनी एक विकसित और समरूप सभ्यता थी जो काफी कुछ मेसोपोटामिया और मिस्र की सभ्यताओं की तरह ही नहीं, उससे बेहतर थी और उनकी समकालीन भी थी। पर हड़प्पा और मोहनजोदड़ो की खोजों ने यह बात निस्संदेह साबित कर दी है।"*[2]

यह एकदम स्पष्ट है कि सिंधु घाटी जैसी सभ्यताएँ अचानक नहीं उठ खड़ी होतीं, बल्कि वे एक लंबे कालखंड में, जो वर्षों और दशकों का ही नहीं, सदियों लंबा होता है, विकसित होती हैं। काफी दिनों तक इस सभ्यता के सिर्फ दो नगरों–हड़प्पा और मोहनजोदड़ो–की खुदाई के विवरण उपलब्ध थे। फिर बाद के दशकों में राजस्थान के कालीबंगा में भी पुरातत्ववेत्ताओं ने एक नागर सभ्यता के अवशेष खोज निकाले। हड़प्पा–काल का चौथा प्रमुख नगर गुजरात के लोथल में निकला और फिर धौलावीरा की खोजों ने साबित किया कि यह भी उसी काल का है और इस सभ्यता का विस्तार सिंधु घाटी से ज्यादा बड़े इलाके में था।

सिंधु घाटी सभ्यता के अनेक स्थलों की खुदाई ने स्पष्ट कर दिया है कि उसका भौगोलिक विस्तार मौजूदा भारत, पाकिस्तान, बांग्लादेश, अफगानिस्तान, श्रीलंका और नेपाल तक को समेटे हुए था। कम से कम 2500 ई. पू. में ही योजनाबद्ध ढंग से बसे शहरों में सामुदायिक जीवन के पर्याप्त प्रमाण मिले हैं। उस दौर में भी भारतीय लोग सोना, चाँदी, ताँबा, टिन, शीशा और काँसा जैसी धातुओं और खनिजों का उपयोग करते थे। उनके भोजन में गेहूँ, जौ, फल, मांस और मछलियाँ शामिल थीं। उन्हें कपास उगाना आता था तथा कपड़ा बुनने और रँगने का काम भी बड़े पैमाने पर होता था। नागर संस्कृति से परिपूर्ण उन शहरों में सड़कें और नाले एकदम व्यवस्थित ढंग से बने हुए थे। योजनाबद्ध ढंग से शहर बसाने के अलावा वहाँ सामाजिक आयोजन और भागीदारीवाली व्यवस्थाएँ भी थीं और उस सभ्यता के लोगों का जीवन–स्तर यह बताता है कि वे देश के दूसरे इलाकों की खेती–बाड़ी और अति विकसित व्यापार के सहारे आराम से अपना जीवन चलाते थे। उस दौर की मोहरें भी उसकी वैधता को बताती हैं।

सिंधु घाटी सभ्यता के धर्म और संस्कृति के बारे में हमारी जानकारी अभी पूरी नहीं है। दरअसल यह ज्ञान अभी तक काफी सीमित है, क्योंकि सिंधु लिपि को पढ़ने में अभी तक सफलता नहीं मिली है। हाँ, एक महत्त्वपूर्ण संकेत यह जरूर मिलता है कि भारत में आर्य और अनार्य मिथकों में धीरे–धीरे मेल या समन्वय होता गया और एक साझा सांस्कृतिक स्वरूप सामने आया।[3] लोग नर और मादा, दोनों तरह के आराध्यों की उपासना करते थे जो आगे चलकर लोकप्रिय हिन्दू पूजा–पद्धतियों में विकसित हुए। इसी प्रकार प्रमुख आर्य देवता शिव और विष्णु आगे

चलकर पूरे हिन्दू समाज के सबसे लोकप्रिय देवता हुए। आर्यों की भाषा संस्कृत ही भारतीय उपमहाद्वीप की भाषा बनी और इसी से उत्तर भारत की तमाम भाषाएँ निकली हैं।

आर्यों के आगमन और फिर वैदिक संस्कृति के विकास के दौरान भारत के बौद्धिक विकास का क्रम हड़प्पा-काल से पूरी तरह बाधित नहीं लगता। पुरातत्ववेत्ताओं का मानना है कि ऋग्वेद के पूरा होने से सदियों पहले वैदिक और द्रविड़ सभ्यता के लोगों का परस्पर संपर्क था।[4] दरअसल सिंधु सभ्यता के अवशेष भी कई संस्कृतियों और अवधारणाओं के घुलने-मिलने का प्रमाण पेश करते हैं, जिनमें मिस्र, मेसोपोटामिया और चीन की प्राचीन सभ्यताएँ भी शामिल हैं।

वैदिक काल (1500 ई. पू.-1000 ई.) में भी आर्यों और अनार्यों के बीच मेल-जोल और समन्वय होता दिखता है। इस समन्वय का कृषि, पशुपालन, उद्योग, व्यापार और कुल उत्पादकता के तौर-तरीकों समेत हर चीज पर प्रभाव हुआ—खासकर धार्मिक और आध्यात्मिक मामलों पर। इसी दौर में भारतीय सभ्यता के बुनियादी मूल्यों ने अपना स्वरूप ग्रहण किया, जिसमें बहुधा दर्शन द्वारा परिभाषित दूसरे के विचारों का आदर करना भी शामिल है। वेदों और उपनिषदों के साथ-साथ रामायण और महाभारत (जिसमें भगवद्गीता भी समाहित है) ने समाज के कुलीन वर्ग के साथ-साथ आम लोगों के जीवन और सोच की दिशा भी तय की। इसके अलावा इस अवधि में संगीत, गणित, आयुर्वेद और खगोलशास्त्र के क्षेत्र में उल्लेखनीय प्रगति हुई।

वेद

वेद चार हैं : ऋग्वेद, सामवेद, यजुर्वेद और अथर्ववेद; और उनकी रचना और उनसे प्रभावित होने वाले काल को वैदिक काल कहा जाता है। हर वेद के चार अंग हैं : (i) संहिता तो प्रार्थनाओं, सूक्तों, यज्ञ-मंत्रों और विधियों का संकलन है; (ii) ब्राह्मण जिनमें यज्ञ और बलि से जुड़े कर्मकांडों के महत्व और विधियों का विवरण है और ये गद्य में हैं। (iii) आरण्यक जिनका कुछ हिस्सा ब्राह्मणों का है और कुछ को स्वतंत्र माना जाता है; और (iv) उपनिषद।

इनमें सबसे ज्यादा प्राचीन और महत्वपूर्ण है ऋग्वेद। अथर्ववेद को महत्व के हिसाब से दूसरे स्थान पर रखा जाता है। अथर्व का शाब्दिक अर्थ है अग्नि का पुजारी। सामवेद में सबसे ज्यादा मंत्र हैं। इन मंत्रों को गाया जाता है और ये सभी स्वरबद्ध हैं तथा इनके साथ स्वर संबंधी निर्देश भी हैं। यजुर्वेद मुख्यत: यज्ञों से संबंधित मंत्रों से बना है। सभी वेदों की शाखाएँ-प्रशाखाएँ हैं किंतु इनमें से सभी आज तक बची हुई नहीं हैं, क्योंकि येश्रुति-परंपरा में ही एक से दूसरी पीढ़ी तक पहुँचती रही हैं।

वेद न तो कोई एक साहित्यिक रचना है, न ही बौद्ध त्रिपिटकों और ईसाइयों

की बाइबल की तरह एक समय में संग्रहित रचना। ये सदियों में रची गई रचनाएँ हैं, जो एक पीढ़ी से दूसरी पीढ़ी तक पहुँचती रहीं।[5] प्राकृतिक सौंदर्य और शक्ति को संबोधित तथा उच्चतर आदर्शोंवाले जीवन को समर्पित इन ऋचाओं के रचयिता एक दूसरे को 'आर्य' कहकर संबोधित करते हैं और यह काफी कुछ आज के 'सज्जन' या 'भद्र पुरुष' जैसा संबोधिन ही है।

वेदों की उत्पत्ति के बारे में श्रीअरविन्दो ने लिखा है :

> *"वेद हमारे बौद्धिक दर्शन के पूर्ववर्ती काल की रचना है। उस मौलिक काल में विचारों का क्रम अलग तरह से चलता था और आज के दौर की तरह तार्किक विवेक और वाक् के क्रम में नहीं चलता था। अपनी आधुनिक आदतों के चलते हम दूसरा क्रम सोच भी नहीं सकते। तब वे सबसे समझदार लोग भी अपनी अनुभूतियों पर ही भरोसा करते थे और कल्पनाशील मस्तिष्क के संकेतों के अनुरूप ही ज्ञान की खोज करते थे और यह ज्ञान मनुष्य की सामान्य समझ और दैनंदिन गतिविधियों से परे के होते थे। उनका उद्देश्य तार्किक निष्पत्तियाँ देने की जगह प्रकाश फैलाना था। उनके आदर्श व्यक्ति विशुद्ध तर्कवादी नहीं, प्रेरणा से परे ऋषि-मुनि थे। भारतीय परंपरा ने वेदों की उत्पत्ति की इस कथा को बहुत ही निष्ठा के साथ माना और आगे बढ़ाया है। ऋषि किसी ऋचा के अकेले रचनाकार न थे, बल्कि वे परम सभ्य और ज्ञान के द्रष्टा थे। वेदों की भाषाश्रुति थी, ऋचाओं की रचना किसी व्यक्ति ने नहीं की थी, उन्हें सुना गया था, अनंत से आनेवाली देववाणी को मनुष्य के मन और आत्मा ने सुना था? पर उसे ग्रहण करकेश्रुति-परंपरा से आगे बढ़ाने की योग्यता भी उन तपस्वी और ज्ञानी लोगों में थी, जिन्होंने अपने आपको अवैयक्तिक ज्ञान प्राप्त करने के योग्य बनाया था। दृष्टि औरश्रुति भी वैदिक अभिव्यक्तियाँ ही हैं; ये जैसे अपने आपमें ज्ञान और प्रेरणा की अभिव्यक्ति करते हैं।"*[6]

वैदिक दर्शन की एक बुनियादी अवधारणा है कि हर व्यक्ति तीन तरह के ऋणों के साथ जन्म लेता है और यह उसका पवित्र कर्त्तव्य है कि वह इनसे उऋण हो जाए। ये ऋण देवों, पितरों और समाज के हैं। देव ऋण यज्ञों से उतरता है, जिनमें प्रकृति का संरक्षण और अन्य प्राणियों के साथ शांतिपूर्ण सह-अस्तित्व भी शामिल है। पितरों का ऋण आज्ञाकारी बनने और परिवार का उचित पालन-पोषण करने से पूरा होता है। समाज का ऋण कमजोर लोगों की मदद करने और समाज के गरीब और वंचित लोगों को दान वगैरह देकर चुकाया जाता है। इस प्रकार स्पष्ट लगता है कि वैदिक साहित्य व्यक्ति, परिवार, समाज और प्रकृति को एक समग्रता में देखता है और मानवीय व्यवहार में एक संपूर्णता की सीख देता है। इसी चीज को उपनिषदों, पुराणों और महाभारत तथा रामायण में ज्यादा विस्तार और अलग-अलग तरीके से व्यक्त किया गया है।

उपनिषद

उपनिषदों की रचना 800 ई. पू. के आसपास हुई थी और ये ही असली दार्शनिक और साहित्यिक अभिव्यक्तियाँ हैं तथा यही वैदिक विश्वदृष्टि की बुनियादी चीजों को जाहिर करते हैं।[7] उपनिषदों की संख्या काफी है और 108 उपनिषद लिखित रूप में भी उपलब्ध हैं। दस उपनिषदों (ईशावाष्य, केन, कथा, प्रश्न, मुंडक, मांडुक्य, तैतरेय, ऐतरेय, छांदोग्य और बृहदारण्यक) ने विशेष रूप से भारतीय दर्शन के विकास को प्रभावित किया है। उपनिषद ज्ञान और जीवन के अनुभवों के विभिन्न पहलुओं पर प्रकाश डालते हैं, जिनमें एक यह भी है कि 'ब्राह्मण' और 'आत्मन' एक ही है: ब्रह्म अपने को प्रत्येक आत्मा के माध्यम से अभिव्यक्त करता है, वह हर आत्मा में बसता है। धर्म के विद्यार्थियों को यही चीज बड़े नाटकीय ढंग से पढ़ाई जाती है कहा जाता है। 'तत् त्वं असि'।[8] उपनिषद एक नैतिक प्रकाश प्रदान करता है, जिसमें दार्शनिक तर्क भी विद्यमान है।

पुराण

पुराणों की रचना वेदों की शिक्षाओं और उपदेशों को लोकप्रिय बनाने के लिए की गई थी। उनमें वेदों की असली बातें हैं। पुराण लिखने का उद्देश्य लोगों के मन में वेदों की शिक्षा को पहुँचाना और ईश्वर के प्रति भक्ति पैदा करना था। इसके लिए ठोस उदाहरणों, कहानियों, मिथकों, संतों-राजाओं-महात्माओं के जीवन की बातों और ऐतिहासिक ब्यौरों का सहारा लिया गया। ऋषियों-मुनियों ने इसी तरीके और इन्हीं उपकरणों के सहारे धर्म के मूल सिद्धांतों को समझाने का काम किया। पुराण ग्रंथ विद्वानों के लिए नहीं, आम लोगों के लिए लिखे गए–ऐसे लोगों के लिए, जिन्हें दर्शन की जटिलताएँ समझ नहीं आतीं और जो वेदों को पढ़ नहीं सकते थे।[9]

पुराण भी श्रुति-परंपरा में आते हैं और उन्हीं के नाम पर हैं, जिन्हें इनमें याद किया गया है। पुराण मिथक कथाओं और इतिहास का अदभुत मेल हैं और बहुत ही आसानी से यहाँ से वहाँ आते-जाते हैं। लगभग सभी पुराण उपदेशक या गुरु और शिष्यों के बीच संवाद की शैली में लिखे गए हैं। पुराण कई हैं, पर उनमें 18 पुराणों को प्रमुख माना जाता है।[10]

इन्हें प्राचीन और मध्यकालीन हिन्दू धर्म, जीवन-शैली, दर्शन, इतिहास, राजनीति, नैतिक मानकों वगैरह का इन्साइक्लोपिडिया कहा जा सकता है। इसी के चलते हम पुराणों में काफी सारी कथाओं, उपकथाओं, संकेतों और मताग्रहों को पाते हैं। इन सबका उद्देश्य संभवत: समाज को मेलजोल और सद्भाव के आधार पर चलाना था।

रामायण और महाभारत

आम तौर पर यह माना जाता है कि ई. पू. आठवीं सदी के पहले ही महाभारत और रामायण भारतीय सामूहिक चेतना का अंग बन चुके थे, लेकिन इनको लिपिबद्ध करने का काम बाद में हुआ और वह काल ईसा पूर्व तीसरी सदी से लेकर तीसरी ईस्वी सदी तक का माना जाता है। रामायण की रचना महर्षि बाल्मीकि ने ईसा पूर्व दूसरी सहस्राब्दी में की। इसमें 24000 श्लोक हैं और यह सात कांडों में बँटा है। रामायण को 'आदि काव्य' और बाल्मीकि को 'आदि कवि' कहा जाता है। इसमें भगवान राम और सीता के जीवन की कथा के साथ-साथ उनके नैतिक और आध्यात्मिक दर्शन को भी बताने का प्रयास किया गया है। रामायण का अनेक भाषाओं में अनुवाद हुआ या उसे थोड़े अलग-अलग रूपों में प्रस्तुत किया गया। इसमें सबसे प्रमुख है हिन्दी में 'रामचरितमानस' और तमिल में कंब 'रामायण'। ये दोनों ही काव्य ग्रंथ बहुत लोकप्रिय हुए हैं और भारतीय जन-जीवन को प्रभावित करते रहे हैं। पारिवारिक संबंध कैसे हों, जीवन को कैसे जिएँ, शासक का जीवन कैसा हो, क्या गलत है क्या सही, ये सब मूल्य इन ग्रंथों में निहित हैं। हमारे जीवन में धर्म का क्या स्थान हो, इस मामले में भी भगवान राम का जीवन आदर्श माना जाता रहा है। रामायण के प्रभाव का दायरा दक्षिण एशिया से आगे तक गया और इसके आदर्श दक्षिण-पूर्व एशिया के लोगों के जीवन का अभिन्न अंग बने। इसकी कथा आज भी अफ्रीका और यूरोप गए भारतीय मूल के लोगों के जीवन में निर्णायक प्रभाव डालती है।[11]

महाभारत[12] एक लाख से ज्यादा श्लोकों का ग्रंथ है और यह 18 पर्वों में बँटा है। आम तौर पर इसे महर्षि व्यास की रचना माना जाता है।[13] इतिहाकारों का मानना है कि इसकी रचना 800 वर्षों की अवधि अर्थात ई. पू. 1000 से लेकर ई. पू. 200 के बीच हुई होगी। महाभारत की कथा भरत कुल के दो परिवारों कौरवों और पांडवों के बीच की कलह और फिर युद्ध पर केंद्रित है, जिसमें भगवान श्रीकृष्ण, महाराज धृतराष्ट्र, भीष्म पितामह और दो अद्‌भुत धनुर्धर कर्ण और अर्जुन मुख्य चरित्र हैं। महाभारत वस्तुतः अपने काल में अनेक कबीलों, कुलों के विश्वासों और शिक्षाओं को समेटने वाला ऐसा अद्‌भुत ग्रंथ है, जिसमें इतिहास और पुराकथा, राजनीति और न्याय-व्यवस्था के साथ-साथ दर्शन और नीतिशास्त्र का भी समन्वय हुआ है। इससे प्रेरित महाकाव्यों, कविताओं, चित्रों, मूर्त्तियों, संगीत, नाटक, इतिहास, दर्शन, सिनेमा और न्यायशास्त्र की अनेक रचनाएँ अब तक सामने आई हैं और आती जा रही हैं।

'भगवद्‌गीता' महाभारत का ही एक हिस्सा है। यह कुरुक्षेत्र की युद्धभूमि में मोहग्रस्त होकर शिथिल पड़ते अर्जुन को दिया गया श्रीकृष्ण का उद्‌बोधन है। इस महाकाव्य की दार्शनिक महत्ता भारतीय मानस का केंद्रीय तत्व है। यह बहुत स्पष्ट शब्दों में कहता है कि आध्यात्मिक व्यक्ति को संन्यास लेने की जरूरत नहीं है और सारी दुनियादारी के बीच रहते हुए ही वैराग्य का अनुभव किया जा सकता है और

वैराग्य के रास्ते की बाधाएँ बाहर न होकर हमारे भीतर ही हैं। एक बार हम जब इस बात को आत्मसात कर लेते हैं कि कर्म करना ही हमारे वश में है और फल देना ईश्वर के हाथ में, तो हम एक नई स्थिति में पहुँच जाते हैं। यह अहसास हमारे मन-मस्तिष्क की दुविधाओं को समाप्त करने के लिए जरूरी है। वामदेव शास्त्री ने गीता के बारे में कहा है :

> *"यह एक ऐसा काव्य है जिसे आज भी हर कहीं के हिन्दू समाज में पढ़ा जाता है, जिसका अर्थ किया जाता है, जिसको उद्धृत किया जाता है और जिसकी शिक्षा पर अमल करने का प्रयास किया जाता है। और मैं आपसे पूछता हूँ कि कहाँ किसी कविता में, किसी धार्मिक पुराकथा में कोई देवता युद्धभूमि में नायक को इस बात के लिए राजी करता मिलेगा कि वह किसी विजय या स्वर्ग पाने के लिए नहीं, न्याय के लिए युद्ध करे, यह उसका कर्त्तव्य है। और न्याय के पक्ष में लड़नेवाले को बाकी चीजों का ख्याल नहीं करना चाहिए कि वह किसे मार रहा है और कौन मर रहा है। दो विशाल सेनाओं के आमने-सामने खड़े होने की स्थिति में रची गई इस महान कविता ने अपना सौंदर्य तो नहीं ही खोया है, सदियों से हिन्दू मानस को कर्मयोग की प्रेरणा दी है।"*[15]

आम लोगों की सोच और चर्चा, दोनों में रामायण और महाभारत को ऐसा शास्त्र माना गया है, जिसमें अच्छे और बुरे का संवाद और बुराई पर अच्छाई की जीत दिलाई गई है। रामायण में रावण और उसके साथी बुराई का प्रतीक हैं, जो कि धर्म और अच्छाई के प्रतीक राम के हाथों पराजित होते हैं। इसी प्रकार महाभारत में पांडवों का पक्ष सही है और वे कुरुक्षेत्र की लड़ाई में अपने उन्हीं चचेरे भाइयों-कौरवों को पराजित करते हैं, जो बुराई का प्रतिनिधित्व करते हैं।

लेकिन कुछ विद्वान और चिंतक इन कथाओं, खासकर महाभारत की आलोचना भी करते हैं। उनका मानना है, और संभवत: सही मानना है कि रामायण की भावभूमि और आधार महाभारत से एकदम अलग है। वहाँ मनुष्यों और दानवों की लड़ाई होती है, जबकि महाभारत चचेरे भाइयों की लड़ाई की कहानी है। रामायण में भगवान विष्णु के अवतार राम लंकापति रावण और उसके पूरे कुल को (अपवादस्वरूप सिर्फ विभीषण बचता है, जिसने पहले ही रावण का साथ छोड़कर राम की शरण ले ली थी) समाप्त कर देते हैं। महाभारत में भी विष्णु के अवतार श्रीकृष्ण मौजूद हैं, पर मध्यस्थता-भर के लिए। जब उनकी मध्यस्थता से भी सही परिणाम नहीं निकलता तो युद्ध होता है।

महाभारत के संदेश को तरह-तरह से देखा गया है। राजमोहन गाँधी अपनी किताब: 'रिवेंज एंड रिकांसिलिएशन' में तर्क देते हैं कि महाभारत में "बदला लेना एक तथ्य है, जबकि मेल-मिलाप ऊपरी तौर पर है, माफ करने का उपदेश दिया गया है; मरहम लगाने की बात कही गई है, पर जख्म दिए हैं।"[16] कुछ अन्य विद्वानों

ने महाभारत में विनाश और मृत्यु को 'पुरुषार्थ' मानने पर टिप्पणी की है। एम.ए. मेहंदले लिखते हैं,

> *"मुझे लगता है कि नीति-उपदेशों और दर्शन की बात छोड़ दें तो महाभारत की कथा का मूल बिंदु है उत्तरधर्मिता-इतिहास की बात को लेकर चलना। और उसका संदेश पुरुषार्थ धर्म के साथ जुड़ा है। यह महाकाव्य हमें यह तो बताता ही है कि धर्म क्या है, इतना और भी बताता है कि क्षत्रिय का 'आपद धर्म' क्या है।"*[17]

कई दूसरे लोगों ने इस कथा को अलौकिक आधार पर देखने का प्रयास किया है। प्रसिद्ध विद्वान वी. एम. सुक्थांकर कहते हैं, " महाभारत का संग्राम असल में मनुष्य के भीतर चलने वाले संघर्ष का ही प्रतिफलन है। यह संघर्ष कुरुक्षेत्र में हुआ, और गीता में मनुष्य-शरीर को 'क्षेत्र' कहा गया है, जहाँ लड़ाई लड़ी गई।"[18] दूसरे शब्दों में कहें तो मनुष्य अपने भीतर अपनी ही बुरी प्रवृत्तियों से लड़ता रहता है और इसमें उसे जरूर विजयी होना चाहिए।

महाभारत की यह बात बहुत महत्वपूर्ण है कि भगवान भी विवाद को शांतिपूर्ण ढंग से निपटाने में असफल हो जाते हैं। यह स्मरणीय है कि पांडवों ने कौरवों के साथ युद्ध टालने के लिए एक आखिरी प्रयास भी किया था। उन्होंने कृष्ण को अपना दूत बनाकर दुर्योधन के पास भेजा था कि अगर वह सिर्फ पाँच गाँव दे दें तो वे शांत हो जाएँगे और युद्ध नहीं होगा। कृष्ण अपने इस प्रयास में भी सफल नहीं हुए।

महाभारत स्वयं भी भगवान कृष्ण की गंभीरता पर सवाल खड़े करता है। दुर्योधन की माँ गांधारी श्रीकृष्ण को युद्ध न रोकने के लिए जिम्मेदार मानकर उन्हें श्राप देती है। वह कहती है, "कौरव और पांडव, सभी मर चुके हैं। आपने यह सब क्यों होने दिया? हे कृष्ण, आप तो युद्ध को रोक सकते थे। आपके पास वाणी भी है और शक्ति भी।"[19] महाभारत के लेखक ने अपने अन्य पात्रों से भी इस बात का समर्थन करवाया है। जैसे, कृष्ण के पुराने मित्र उतंग जीवन की बर्बादी से दुखी होकर कृष्ण से पूछते हैं, "वासुदेव, आप खड़े-खड़े सब कुछ देखते रहे और यह सब होने दिया? आप निश्चित रूप से अपना कर्तव्य पूरा करने में असफल रहे।"[20]

अनेक मामलों में प्रथभ और द्वितीय विश्वयुद्ध के संदेश भी समान ही हैं-सभी युद्ध व्यर्थ हैं। महात्मा गाँधी और महाभारत तथा रामायण के प्रसिद्ध अनुवादक चक्रवर्ती राजगोपालाचारी भी युद्ध के बेमानी होने के बारे में कुछ ऐसा ही कहते हैं। महात्मा गाँधी का मानना है कि इस महाकाव्य का संदेश है कि युद्ध निरर्थक है। महाभारत-युद्ध में कृष्ण और उनके वंशज समेत सभी खत्म हो जाते हैं और दुनिया लगभग खाली हो जाती है। इस आधार पर गाँधी यह निष्कर्ष निकालते हैं कि युद्ध नैतिक, भावनात्मक और भौतिक तीनों स्तरों पर रेगिस्तान और सूनापन ही पैदा करता है। महाभारतकार ने इस ग्रंथ के माध्यम से युद्ध को जरूरी नहीं बताया है, बल्कि उसकी व्यर्थता ही सिद्ध की है। उसने युद्ध के विजेताओं को भी दुख

के आँसू बहाते और पछताते दिखाया है। वे युद्ध जीतकर भी विनाश को ही प्राप्त करते हैं।[21] महाभारत संबंधी अपनी किताब की भूमिका में चक्रवर्ती राजगोपालाचारी लिखते हैं, "महाभारत हमारे मन में यह स्पष्ट कर देता है कि महत्वाकांक्षा और लोभ तथा नफरत बर्बादी ही लाते हैं और यह चीज इतनी अच्छी तरह कोई और पुस्तक व्यक्त नहीं करती।"[23]

समाज में टकराव न हो, यह बात कल्पना से परे है। अक्सर टकराव सामाजिक मुद्दों पर होता है या आर्थिक हक के मारे जाने पर। इसके अनेक पहलू हो सकते हैं। ऋग्वेद और उसके पूर्ववर्ती काल में जो टकराव कबीलों के बीच था या कुछ बाहरी लोगों की घुसपैठ वगैरह को लेकर होता था, वही आगे चलकर पारिवारिक झगड़े से लेकर विश्वयुद्ध तक का रूप ले लेता है। टकरावों की प्रकृति या सघनता भी एक मुद्दा है। कबीलाई और पशुपालक समाजोंवाले ऋग्वैदिक काल में खेती या पशुओं को लेकर विवाद होते रहते थे। धर्मशास्त्रों में युद्ध को जीविकोपार्जन के माध्यम के रूप में भी बताया गया है और क्षत्रियों के लिए युद्ध को तार्किक ठहराया गया है।[24]

सिंधु घाटी-सभ्यता के फलने-फूलने के दौर और फिर नष्ट होने के समय में तथा आर्यों के आगमन और वेदों की रचना के दौर में भी लड़ाइयाँ और टकराव चलते रहे। ऐसे में टकरावों को टालने और सद्भाव बनाने के तौर-तरीके भी विकसित होते रहे। उस समय विचारों की बहुलता वाला जो नजरिया अपनाया गया, उसने भारत और इसकी संस्कृति को समृद्ध करने का काम किया; और इसी नजरिए ने भारत को दुनिया की एक प्रमुख जीवंत सभ्यता बनाने में मदद की । भारत की सभ्यता के स्तर पर एक और विशेषता है : नई चीजों को सीखना और आत्मसात करना। प्रसिद्ध इतिहासकार आर. सी . मजुमदार ने अपने एक आलेख 'इंडियन हिस्ट्री इट्स नेचर स्कोप एंड मैथड' में इस चीज को बहुत सुंदर ढंग से कहा है :

> *"मोहनजोदड़ो से जिन देवी-देवताओं की मूर्त्तियाँ मिली हैं, उनकी भारत में आज भी पूजा होती है। हिमालय से लेकर कन्याकुमारी तक के हिन्दू आज भी उन्हीं वैदिक मंत्रों का पाठ करते हैं, जो चार हजार वर्ष पूर्व सिंधु के तट पर पढ़े जाते थे। भाषा और साहित्य, धार्मिक और सामाजिक व्यवहारों की यह निरंतरता भारत में यूनान और इटली से कहीं ज्यादा बड़ी और मजबूत है, जबकि इन मुल्कों के इतिहास में भी एक वैसी ही निरंतरता दिखती है। प्राचीन यूनान और रोम के सामाजिक और धार्मिक विचार, उनका दर्शन, उनकी जीवन-दृष्टि वहाँ आज के बाशिंदों के लिए पराए-से लगते हैं, जबकि यही चीजें किसी राष्ट्र की परंपरा का निर्माण करती हैं। निस्संदेह इन दोनों मुल्कों में एक कृत्रिम किस्म की निरंतरता बनाए रखी गई है और इतिहास से संबंध को एकदम तोड़ नहीं दिया गया है, जैसा कि मेसोपोटामिया और मिस्र में हुआ है। फिर भी अंतर सिर्फ घनिष्ठता के स्तर का है और*

यूनान हो या इटली, सभ्यता की निरंतरता और परंपरा के निर्वाह में भारत की तुलना में ये कहीं नहीं ठहरते।" [24]

दुनिया में मनुष्य-समाज के बीच प्रेम, घृणा और टकराव बहुत स्वाभाविक बात है। एकदम व्यवस्थित और हर मामले में शांतिपूर्ण समाज कल्पना की ही चीज है। यहाँ उस काल पर भी गौर किया जा सकता है, जब उत्तर और उत्तर-पश्चिम भारत में, जिसमें अफगानिस्तान तक का इलाका शामिल था, आर्य और अनार्य कबीले बसा करते थे और वे राजनैतिक प्रभुत्व और अपने प्रभाव क्षेत्र के विस्तार से लेकर अनेक मसलों पर लड़ते रहते थे। ऋग्वेद में ही ऐसे दर्जनों टकरावों का जिक्र है, जिनमें सबसे अधिक चर्चित 'दस राजाओं का युद्ध' का ही है, अर्थात 'दाशराज्ञ युद्ध' है। लेकिन असली चीज है टकरावों और संभावित टकरावों को सँभालने और रोकनेवाली व्यवस्था। वैदिक सभ्यता के दौरान लोगों ने टकराव समाप्त करने के ऐसे अनेक तरीके विकसित किए जो भारतीय समाज में आगे के अनेक कालों तक काम आते रहे। परस्पर विरोधी प्रवृत्तियों को देखते हुए वैदिक ऋषियों ने ऐसी सामाजिक व्यवस्था और नैतिक मूल्य विकसित किए, जिससे सामाजिक सद्भाव बना रहे।

इस बात के बहुत से प्रमाण हैं कि आर्य या वैदिक कबीलों ने द्रविड़ों और अन्य कबीलों से मेल-मिलाप करने और उसे बनाए रखने का सचेत प्रयास किया था; और इसके लिए द्रविड़ और कबीलाई देवी-देवताओं और रीति-रिवाजों को आर्य देवी-देवताओं और प्रार्थना-पद्धतियों में जगह भी दी गई।[29]

बहुधा नीति का उद्‌गम और स्वरूप

वैदिक काल में कबीलाई टकरावों के बीच शांति और व्यवस्था कायम करने की दृष्टि से ही बहुधा दर्शन का विकास हुआ और ऋग्वेद में इसके लिए बहुत बड़ी-बड़ी बातें कहीं गई हैं। बाद में पुराणों और महाकाव्यों-रामायण और महाभारत--ने इसी संदेश को आगे बढ़ाया। लोककथाओं और कहानियों में, पूजा-पद्धति और रीति-रिवाजों में, कला और स्थापत्य में, शासनादेशों और शिलालेखों में लोगों के बीच संवाद और दूसरे मतों का आदर करने की बातें कही गई। पर हम यहाँ भी एक आदर्श समाज की बात नहीं कर रहे, बल्कि अनेक कमियों वाले ऐसे समाज की चर्चा कर रहे हैं, जिसने टकरावों को खत्म करने के लिए अनेक सामाजिक व्यवस्थाएँ बनाई थीं और अन्याय तथा असमानता लानेवाली प्रवृत्तियों पर रोक लगाने की बात की थी, क्योंकि यही चीजें बढ़ते-बढ़ते जड़ रूप ले लेती हैं और तब बहुधा दर्शन का कोई मतलब नहीं रह जाता।

वैदिक काल में जीवन और रीति-रिवाजों संबंधी अनेक टिकाऊ दर्शन तथा टकरावों को सँभालनेवाली मजबूत व्यवस्थाएँ विकसित हुईं। ऐसा नहीं है कि इनमें कमियाँ न थीं या उन लोगों से कोई गलती ही नहीं हुई, लेकिन इनमें से कई

व्यवस्थाएँ शांति और प्रेमपूर्ण जीवन की थीं और ये लोग सादा जीवन, उच्च विचार के आदर्श पर चले। उन्होंने न तो कभी अपना बहुलतावादी नजरिया छोड़ा और ना इस पर शक किया, जिसमें अन्य मतों और धर्मों के प्रति सहनशीलता का पाठ था और आध्यात्मिक अनुभवों की विविधता को स्वीकार किया गया था। इस सबको चार प्रकार से देखा जा सकता है : (अ) सद्भाव और शांति के प्रति आदर्शवाद, (ब) नैतिक मूल्योंवाली व्यवस्था, (स) सामाजिक ढाँचा, तथा (द) राजनैतिक व्यवस्था।

ब्रह्मांडीय व्यवस्था

सामाजिक, राजनैतिक, आर्थिक और धार्मिक क्षेत्रों में विभिन्न समूहों के साथ हुए अनुभव के परिणामस्वरूप वेदों में ब्रह्मांडीय व्यवस्था के बारे में एक नई दृष्टि विकसित हुई। इसे 'ऋत्' कहा गया है, जिसका मतलब कुछ-कुछ सामंजस्य या तालमेल-जैसा होगा। प्रसिद्ध दार्शनिक आर. पणिक्कर ने इसे व्यवस्था या रीति कहा है। वे लिखते हैं,

> *"यह एक व्यवस्था है। जैसी कि ईसाई दर्शन की व्यवस्था है, जिसमें यूनानी विन्यास और मध्यकालीन ईश्वर की बनाई समझदारीपूर्ण, चयनात्मक व्यवस्था का मेलवाला भाव है...यह एकदम उन्मुक्त चीज है। इसका निर्माण किसी कानून से नहीं हुआ है, ना यह किसी कानून के अधीन है।"* [25]

ऋग्वेद 'ऋत्' को ऐसी ब्रह्मांडीय व्यवस्था बताता है, जिसका हर अंग गतिशील और जीवंत है तथा जो एक परम व्यवस्था के अधीन काम करती है। इस विषय पर महत्वपूर्ण अध्ययन करती हुई जेनी मिलर लिखती हैं :

"वैदिक मनुष्य जीवन को असंख्य दैवी शक्तियों का जाल मानता था, हर चीज को उसी से जुड़ा, उसी से संचालित मानता था, एक परम संतुलन की स्थिति से संचालित मानता था और फिर मानता था कि मनुष्य का हर कर्म उस संतुलन में जो बदलाव करता है, उससे होने वाले परिणामों का उसे अंदाजा भी नहीं होगा। ब्रह्मांडीय स्तर पर 'ऋत' ही संतुलन का सिद्धांत है; मानवीय स्तर पर सच्चाई, अच्छाई और न्याय का नियम; निजी स्तर पर व्यक्ति की निष्ठा, मानवीय चेतना का विकास और व्यवहार को चलानेवाला शांत स्वर इस व्यवस्था का हिस्सा है।" [26]

शांति और सद्भाव का आदर्श

शांति और सद्भाव एक आदर्शवादी स्थिति है और मानवीय आकांक्षा भी। यह आदर्श स्थिति व्यक्तियों के आपस में शांति और प्रेमपूर्ण व्यवहार करने के साथ ही मनुष्य और प्रकृति के बीच बेहतर सामंजस्य बनाकर जीवन जीने से संबंधित है। शांति और

सद्भाव के प्रेरक आदर्शों को व्यक्ति के जीवन का अभिन्न अंग और मूल्य बनाने के साथ ही सामाजिक और राजनैतिक व्यवस्थाओं का हिस्सा बनाने का प्रयास किया गया। इस बात को बार-बार कहा गया कि शांति और सद्भाव को सामंजस्य और मेलमिलाप से ही अच्छी तरह समझा जा सकता है। ऐसा व्यवहार हमें सिर्फ अपने लोगों के बीच ही नहीं, अजनबी लोगों के बीच भी करना होगा। इस संदर्भ में सभी मनुष्यों के लिए साझा उद्देश्यों को तय करना होगा और समाज के सभी समूहों की भागीदारी सुनिश्चित करने के लिए उनके साथ संवाद करना होगा, जिससे सबका साथ रहना और मिलजुल कर काम करना संभव हो सके। चूँकि तत्कालीन समाज पशुपालक और खेतिहर लोगों का था, इसलिए उन्हें प्रकृति, पृथ्वी, जलवायु और पशुओं की चिंता ही सबसे ज्यादा रहती थी।

वैदिककालीन ब्राह्मण के चिंतन को जो प्रार्थनाएँ/श्लोक ज्यादा स्पष्ट रूप में सामने लाते हैं, वे उस दौर के आर्यों अर्थात कुलीनों की प्रार्थना के साथ-साथ तत्कालीन सामाजिक और राजनैतिक व्यवस्था की भी केंद्रीय पहचान बन गए थे। संदर्भतः उनमें से कुछ को यहाँ रखा जा सकता है :

"पृथ्वी शांति, वायु शांति, स्वर्ग शांति, जल शांति, जड़ी-बूटियाँ शांति, वृक्ष शांति। शांति का आह्वान करें, जो सबको प्रसन्न करे, इस प्रार्थना के साथ जो यहाँ कुछ क्रूर है, कुछ डरावना है, कुछ दोषपूर्ण है; आइए, हम उसे पवित्र करे, आइए हम सभी चीजों को लाभकारी बनाएँ।"[27]

"आइए, अपने लोगों से सामंजस्य बनाएँ, अपरिचितों से सामंजस्य बनाएँ; अश्विन, अपनों और परायों के बीच हृदयगत एकता बना दें। हम अपने सोच में एक हों, अपने उद्देश्य में एक हों, अपने आंतरिक देवत्व से न लड़ें। लाशों के बीच युद्धघोष न हो, सूर्योदय होते ही युद्ध के तीर न बरसने लगें।"[28]

"हम साथ चलें, एक आवाज में बोलें। मेल-मिलाप से रहें, क्योंकि देवता मेल-मिलाप से ही प्रसन्न रहते हैं। एक साथ विचार करें और सर्वसम्मति से निर्णय लें। हम सब में विचारों और सोच की समानता हो। मैं तुम्हें समान विचारों से आवेशित करता हूँ। तुम अपने संसाधनों का बराबरी से साझा करो।"

"पृथ्वी में मैं जो भी बो दूँ, वह जल्दी से पैदा हो जाए। हे ईश्वर, हम आपके अंशों को, आपके हृदय को चोटिल न कर दें।"[29]

"वैराग्य भाव के साथ दुनिया की चीजों का आनंद लो। लालची मत बनो। यह सब धन किसका है? सब ईश्वर का है। हम अपने साथ कुछ भी नहीं ले जाते। खुद को धन का स्वामी नहीं, न्यायी मानो।"[30]

"पृथ्वी, आकाश और जल में रहने वाले किसी भी जीव को नुकसान न पहुँचाओ।"[31]

अथर्ववेद का पृथ्वी सूक्त पर्यावरण और जलवायु-संरक्षण के बारे में अदभुत बातें करता है, और हमारा आह्वान करता है। वैदिक ऋषियों की यह घोषणा उस

सारे सोच को बहुत अच्छी तरह बता देती है कि "पृथ्वी मेरी माँ है, मैं उसका पुत्र हूँ।"[32]

वैदिक ऋषि पृथ्वी को ऐसा पवित्र स्थान मानते थे जो अभिषेक करने योग्य और मनुष्यजाति की सारी आकांक्षाओं को पूरा करने में सक्षम है, पर इसके लिए अनुशासित और जिम्मेदारी भरा व्यवहार जरूरी है। इसी पर वैदिक विश्व-दृष्टि टिकी है, जिसमें आध्यात्मिकता और नैतिकता की पवित्रता का बोध भरा हुआ है। ऐसी दुनिया सच्चाई, सद्भाव और ईमानदारी जैसे आत्मानुशासन में चलेगी, जो व्यापक और ब्रह्मांडीय शांति की अवधारणा पर आधारित होगी। शांति संबंधी वेद के एक प्रसिद्ध सूक्त में यही कहा गया है :

> *"हम ब्रहमांडीय सद्भाव की मूल ध्वनि 'ओम' का उच्चारण और आवाहन करते हैं तथा स्वर्ग में शांति और सद्भाव की; जल में शांति और सद्भाव की; पेड़-पौधों और लताओं में शांति और सदभाव की; दुनिया-भर के लोगों और शासनों में शांति और सद्भाव की प्रार्थना करते हैं; शांति, सच्ची और वास्तविक शांति, ऐसी शांति जिसका हमारी आत्मा में वास हो, शांति के लिए शांति, परम शांति, शांति के लिए प्रार्थना।* [33]

'ऋत्' अर्थात ब्रह्मांडीय पूर्णता की दृष्टि धर्म और कर्म के सिद्धांत, चक्रों के सिद्धांत और परमात्मा के साथ सभी जीवों (आत्माओं) की मूल एकता से जुड़ी है। कर्म-सिद्धांत में हम स्पष्ट देखते हैं कि सभी धर्म परस्पर जुड़े हैं और एक-दूसरे को संतुलित प्रति संतुलित करते हैं-जैसे, आपने बोया था तो आप काट रहे हैं; आप बो रहे हैं तो आप काटेंगे। धर्म व्यक्ति में जीवन के कर्त्तव्य-कार्यों के प्रति जिम्मेदारियों को बताता है, उसके आचरण की निगरानी करता है, मूल्य तय करता है, और सभी चीजों को व्यक्ति के भीतरी वास्तविक सत्य के अनुरूप चलाता है। इसे स्वधर्म भी कहते हैं। इसी चीज को वर्ण और आश्रम के सिद्धांत से और स्पष्ट किया गया है। सो 'ऋत' ब्रह्मांडीय संदर्भों से उतरकर सामाजिक और मानवीय संदर्भ में धर्म बन जाता है; ऐसा धर्म जिसे कोई बाहर से नहीं थोपता। वह तो एक ऐसा आंतरिक कानून है, जो हम सबको चलाता है और जब मनुष्य इस पर अमल करता है तो यह एक ऐसे सद्भाव-भरे वातावरण का निर्माण करता है जिससे पृथ्वी पर, ब्रहमांड में दैवी सद्भाव कायम हो जाता है।[35]

नैतिक व्यवस्था

वैदिक दृष्टि के अनुसार व्यक्ति और समाज से उसका संबंध चार पुरुषार्थों के आधार पर तय होता है : (i) धर्म; (ii) अर्थ; (iii) काम; और, (iv) मोक्ष। ये चारों चीजें मानव प्रकृति और मानवीय आकांक्षाओं के विभिन्न पहलुओं से जुड़ी हैं। इसका सम्बन्ध मानवजाति की आकांक्षाओं, भावनाओं, बुद्धि, भौतिक संपदा और नैसर्गिक

प्रगति से है, और भारतीय ऋषि-मुनियों द्वारा बताए गए जीवन के चारों उद्देश्य इनसे जुड़े हैं। चारों पुरुषार्थों को क्रमशः इस प्रकार रखा जा सकता है।

धर्म : धर्म शब्द धारण या धर से बना है, अर्थात चीजों को धारणा करनेवाला, सँभालनेवाला। धर्म का मतलब सत्य के अनुकूल आचरण भी है। अधर्म का मतलब इसके उलट आचरण करना। धर्म कोई पंथ या धार्मिक समूह में बँधनेवाली अवधारणा नहीं है। हर अनुभव, हर समूह, आत्मा और शरीर की हर गतिविधि का अपना धर्म है। मनुष्य अपनी आकांक्षाओं की पूर्ति करे, यह उचित है और यही जीवन की अभिव्यक्ति भी है; पर वह अपनी कामनाओं का दास बन जाए, यह उसके अपने अस्तित्व के लिए भी ठीक नहीं है। अगर वह धर्म का पालन न करे तो अपने सर्वोत्तम परिणाम हासिल नहीं कर सकता।

धर्म ही वह आधार है, जिस पर समाज का महल खड़ा होता है। यही समाज को चलाने और उसकी सभी इकाइयों का कल्याण सुनिश्चित करने वाली कार्यविधि है। इसका उद्देश्य व्यक्ति को सुख देने के साथ-साथ उसका कल्याण करना भी है। यह तभी संभव है जब समाज के सभी व्यक्ति सभी के कल्याण की कामना से काम करेंगे। इस संबंध में कोई भी श्रेष्ठ और कोई भी निम्न नहीं है। सभी बंधु एक-दूसरे की भलाई के लिए साथ हुए हैं। मानव कल्याण का साझा लक्ष्य हासिल करने के लिए मिलजुल कर काम करने के उद्देश्य से ही हर किसी की क्षमता और रुचि के अनुसार काम करने का तरीका विकसित किया गया, जिसे वर्णाश्रम धर्म कहा गया है।

अर्थ : अर्थ का संबंध संपत्ति और भौतिक सुख-सुविधाओं से है। आर्थिक उपलब्धियाँ अपने आपमें उद्देश्य नहीं हैं, पर वे जीवन को चलाने और सुखमय बनाने के लिए जरूरी हैं। उसी समुदाय में आध्यात्मिक जीवन का भी पूरी तरह अहसास हो पाता है, जो दुनियादारी की चिंताओं से मुक्त होता है। भूखे पेट और कष्टों के बीच धाार्मिक कार्य भी ढंग से नहीं हो सकते। आर्थिक असुरक्षा और वैयक्तिक स्वतंत्रता साथ-साथ नहीं चलते।

अर्थ ही मानव-जीवन को चलाने का स्रोत है। अर्थ में वैसा धन या संपत्ति शामिल नहीं है, जो चोरी, डाका, लूट, धोखा या गलत कामों से जुटाया गया हो। अर्थ का इस तरह जुटाया जाना असल में धर्म के प्रतिकूल है और धर्म-विरुद्ध जाकर कमाई गई संपत्ति को अर्थ नहीं माना जाता।

काम : काम का अर्थ है मनुष्य का भावनात्मक अस्तित्व; उसकी भावनाएँ और कामनाएँ। मनुष्य को अगर उसके भावनात्मक जीवन से वंचित कर दिया जाए तो वह निरंतर नैतिक तनाव और परेशानी में जिएगा और खुद-ब-खुद अपने आप से सवाल करने लगेगा। और यदि एक बार यह क्रम शुरू हो गया तो यह उसके मन-मष्तिष्क ही नहीं, उसके शरीर पर भी बुरा असर डालेगा। इसी प्रकार काम भी परेशानियाँ पैदा करता है—अगर व्यक्ति उसी में डूबा रहे, तो। अगर वह दिन रात उसी

में डूबा रहे, भोग में लगा रहे तो इसकी इच्छाएँ बढ़ती ही जाती हैं। इसलिए यह एकदम जरूरी है कि काम भी धर्म से संचालित और नियमित हो।

मोक्ष : मोक्ष मनुष्य का चरम लक्ष्य है। उपनिषद बताते हैं कि मनुष्य के लिए मोक्ष से श्रेष्ठ कोई प्राप्य नहीं है। मनुष्य का शरीर ही सब कुछ या असली चीज नहीं है। असल तो उसकी आत्मा ही है और अपने असली सत्य को पाना, बाहरी आवरण से ऊपर उठना, स्वयं को ऊपर उठाना सिर्फ मनुष्य के लिए ही संभव है।[36] श्रीकृष्ण की सलाह कर्म को छोड़ने की नहीं थी, कामनाओं को छोड़ने की थी–निष्काम कर्म करने की थी। वैराग्य और मोक्ष का मतलब चीजों से मुँह फेर लेना नहीं है। निष्काम कर्म का मतलब गतिविधियों से विरत होना नहीं है; इसका मतलब है स्वार्थ और निजी हित को छोड़कर कर्म करना।

जीवन के चार आश्रम और वर्णाश्रम धर्म

वैदिक ऋषियों ने समाज को सुचारु रूप से चलाने के विचार से व्यक्तियों को चार वर्णों में बाँटा, जिसे वर्णाश्रम करते हैं। ये चार वर्ण हैं–ब्राह्मण, क्षत्रिय, वैश्य और शूद्र। उन्होंने व्यक्ति के जीवन को भी चार आश्रमों में बाँटा : ब्रह्मचर्य, गृहस्थ, वाणप्रस्थ और संन्यास। और फिर सबके लिए कर्म का अलग-अलग सिद्धांत तय किया।

वर्ण व्यवस्था : ब्राह्मण, क्षत्रिय, वैश्य और शूद्र के काम और पेशे अलग-अलग हैं, पर ये उनकी प्रकृति से मेल खाते हैं। ब्राह्मणों का काम शिक्षक, पुजारी और मार्गदर्शक के रूप में समाज को ज्ञान, शिक्षा और दृष्टि देना और समाज को आस्थावान बनाना है। क्षत्रियों का काम समाज को नेतृत्व देना, अपनी उदारता से सबकी रक्षा करना और युद्ध में आगे खड़े रहना है। वैश्यों का कार्य-व्यापार, खेती और पशुपालन करना है। शूद्रों का काम अन्य तीनों वर्णों की सेवा करना है।

पहले तीन वर्णों को द्विज कहा गया। इसका आशय पुनर्जन्म से नहीं है। इसका आशय है इन वर्गों के बच्चों को एक खास आयु में संस्कारित करना, उन्हें वैदिक धर्म में दीक्षित करना, उनको संस्कृत पढ़ने, वेदाध्ययन और वैदिक कर्मकांड के योग्य बनाना है। मनुस्मृति[32] के अनुसार ब्राह्मण बच्चों को आठ वर्ष की आयु में, क्षत्रियों को 11 वर्ष की आयु में और वैश्यों को 12 वर्ष की आयु में जब उपनयन पहनाया जाता है, तो उनका नया जन्म होता है। इससे ही द्विज शब्द बना है। यही आयु लड़कियों के विवाह की है। शूद्रों को जनेऊ या उपनयन पहनने की अनुमति नहीं थी, इसलिए उनको द्विज नहीं माना जाता था।

वेदों में कभी-कभार वर्ण बदलने की चर्चा है, पर ऐसा किसी व्यक्ति के बहुत अधिक योग्यता प्राप्त करने की स्थिति में ही होता था। महाभारत के रचयिता महर्षि वेदव्यास का जन्म मछुआरिन माँ और ब्राह्मण पिता से हुआ था और उनकी शादी

भी नहीं हुई थी। महाभारत के प्रसिद्ध ज्ञानी और नीतिज्ञ विदुर का जन्म भी शूद्र माँ की कोख से हुआ था। उसी विदुर को धर्म का प्रतिरूप[38] कहा गया है। दरअसल महाराज धृतराष्ट्र को जब भी धार्मिक निर्देश या परामर्श की जरूरत होती थी, वे विदुर से ही चर्चा करते थे।[38] अपने ज्ञान के बल पर ब्राह्मण वर्ण प्राप्त करनेवाले अन्य प्रमुख लोगों में विश्वामित्र[39], पराशर[40], क्वैश ऐलुष[41] और सत्यकाम जाबाला[42] शामिल हैं।

मनुस्मृति के अनुसार अपनी आयु के हिसाब से लोग अलग-अलग आश्रमों का जीवन जीते हैं। इसके निर्वाह से मनुष्य अपनी जीवनचर्या को अधिक सुचारु और धर्मानुकूल बना सकता है।

पहला आश्रम है ब्रह्मचर्य : ब्रह्मचारी (विद्यार्थी) रहते हुए विद्यार्थी को गुरु के पास जाकर संस्कृत, गणित, विज्ञान, दर्शन और धार्मिक कर्मकांड को जानना होता है। गुरु ब्राह्मण ही होना चाहिए। विद्यार्थी का धर्म है आज्ञाकारी, विनम्र, अहिंसक होना और ब्रह्मचर्य-व्रत का पालन करना।

दूसरी अवस्था है गृहस्थ : परिवार चलाने तथा आर्थिक, सामाजिक और धार्मिक कार्यों को संपन्न कराने की दृष्टि से यह बहुत महत्वपूर्ण अवस्था है। इसमें भी ब्राह्मण गृहस्थ का जीवन क्षत्रिय और किसान गृहस्थ के जीवन से अलग होगा। इसी अवस्था में कन्या पत्नी और माँ बनती है।

तीसरी अवस्था है वाणप्रस्थ : जब बाल पकने लगें, चमड़ी में झुर्रियाँ दिखने लगें, पोते-पोती हो जाएँ तो व्यक्ति वाणप्रस्थ ले सकता है। यह स्वैच्छिक है। पति-पत्नी परिवार का जिम्मा और संपत्ति बच्चों को सौंपकर वन को प्रस्थान कर सकते हैं, जहाँ वे संन्यासियों जैसा जीवन जी सकें।[43]

चौथी अवस्था है संन्यास: अगर पुरुष चाहे तो वाणप्रस्थ के बाद संन्यासी हो सकता है, पर पत्नी को वापस घर लौटना होता है; पारंपरिक रूप से महिला को अकेले वन में रहना या संन्यासी की तरह भटकने की मनाही थी।

घर हो या बाहर, मनुष्य जीवन का हर पल वर्णाश्रम धर्म के नियमों से स्पष्ट रूप से बँधा हुआ है। हर जाति के ही नहीं, हर अवस्था के लोगों के क्या कर्त्तव्य हैं, यह स्पष्ट है। विद्यार्थी, गृहस्थ, वाणप्रस्थी और संन्यासी के क्या-क्या कर्त्तव्य हैं, इसमें कहीं कोई अस्पष्टता नहीं है। कोई भी उत्पादक कामकाजी व्यवस्था तभी कारगर ढंग से चलती है, जब हर आदमी अपने कर्त्तव्यों को समझे और उसी के अनुरूप काम करे।[44]

जिम्मेदारियों का बँटवारा बहुत जरूरी है, क्योंकि इससे व्यक्तिगत सुरक्षा और खुशी तो बढ़ती ही है, सामाजिक व्यवस्था में स्थिरता भी आती है। हर आदमी के धर्म की एक बृहत्तर और जटिल सामाजिक व्यवस्था की अपनी अलग भूमिका है। और जब वह व्यक्ति अपने 'धर्म' का निर्वाह कर रहा होता है, तब समाज के अन्य लोगों के प्रति भी सचेत होता है। अगर कोई व्यक्ति 'धर्म' के विरुद्ध आचरण करता

है तो वह सिर्फ समाज में ही गड़बड़ नहीं करता, सामाजिक सद्भाव और संतुलन को भी ठेस पहुँचाता है।

अराजकता के डर से ही 'धर्म' को एक दैवी स्थान प्रदान किया गया, और ऐसा लगता है कि इस क्रम में व्यक्ति का धर्म राजा या शासन से भी ज्यादा महत्वपूर्ण बन गया।[45] धर्म की और भी मजबूती या सुरक्षा के लिए उसके साथ एक और अवधारणा–दंड–को जोड़ गया।[46] धर्म की जो अवधारणा अभी तक वर्ण और आश्रमों से जुड़ी थी, अब उसे सारी मानवीय गतिविधियों में लागू कर दिया गया।

ये बातें वर्त्तमान संदर्भों में भी काफी महत्वपूर्ण हैं, क्योंकि ये जटिलताओं भरे समाज की मानवीय समस्याओं को सुलझाने के उद्देश्य से सामने आई थीं। राजा द्वारा धर्म के अनुसार निर्देश देने से उनका महत्व ही नहीं बढ़ा, लोगों द्वारा उन्हें ज्यादा सुगमता और ज्यादा अनुशासित ढंग से माना गया। जैसे अशोक ने अपने राज्यकाल के सामाजिक और आर्थिक संबंधों के तत्कालीन ढाँचे के भीतर ही अपने शिलालेखों के माध्यम से लोगों से सामाजिक उत्तरदायित्व, पारस्परिक व्यवहार में मर्यादा और न्याय के निर्वाह, मानवीय संबंधों में सहनशीलता, करुणा तथा अहिंसा के लिए जो आग्रहपूर्ण आवाहन किया, वह बहुत प्रभावी रहा।

कर्म-सिद्धांत

कर्म का सिद्धांत आदमी के इस जन्म का हिसाब-किताब रखता है और इसी के आधार पर अगले जन्म या आगे के जीवन का स्वरूप और खुशहाली तय होती है। इस प्रकार मनुष्य अपने कर्मों से ही अपनी नियति स्वयं तय करता है। दूसरे शब्दों में, धर्म के अनुरूप आचरण करके वह अपनी स्थिति सुधार सकता है और अगले जन्म में उच्चतर स्थिति प्राप्त कर सकता है। कर्म की अवधारणा पुण्य और पाप के साथ भी जुड़ी है। पूर्व जन्म के कामों का पुण्य इस जन्म की बेहतर स्थिति की व्याख्या कर सकता है। इसी प्रकार भूतकाल से जुड़ाव और निरंतरता भी इतनी ही प्रासंगिक और महत्वपूर्ण है।

हिन्दू पुनर्जन्म में विश्वास करते हैं। इससे उन्हें अपने हर काम और विचार को एक शाश्वत न्याय के पलड़े पर तौलने में मदद मिलती है। कर्म का सिद्धांत कार्य-कारण संबंधों से भी जुड़ा है। कोई भी अपने कर्मों के ऋण से बच नहीं सकता। हिन्दू मान्यता के अनुसार सिर्फ शरीर मरता है, शरीर में बसनेवाली आत्मा कभी नहीं मरती। लेकिन आत्मा भी जब अपने सारे कर्म पूरे कर लेती है और परमात्मा से उसका मिलन हो जाता है, तभी उसे मुक्ति मिलती है।

ऐतिहासिक व्याख्या के हिसाब से कर्म का सिद्धांत धर्म के सिद्धांत के एकदम आमने-सामने, द्वंद्ववाली स्थिति में दिखता है। सामाजिक ढाँचे का कोई भी मॉडल इतना कठोर नहीं हो सकता कि वह मनुष्य के कार्य-कलापों को पूरी तरह ठुकरा

दे, क्योंकि तब यह सैद्धांतिक दृष्टिकोण से भी एकदम अवास्तविक बन जाएगा। इसलिए कर्म की अवधारणा को मानकर मनुष्य की अपनी नियति पर उसके अपने नियंत्रण को स्वीकार किया गया, अपने कर्म में अपनी इच्छा से अच्छा-बुरा करने की गुंजाइश रखी गई।

वर्ण की अवधारणा धर्म के साथ जुड़ी थी–कर्मकाण्ड वाले धर्म से नहीं, एक व्यापक अर्थ वाले धर्म से। इस प्रकार वर्णधर्म का आशय समाज की भलाई को सुनिश्चित करनेवाली सामाजिक व्यवस्था से था। यह माना गया कि समाज चार वर्णों से बना है–बाद में पाँचवाँ वर्ण भी इससे जुड़ा। पहले चार वर्ण थे-ब्राह्मण, क्षत्रिय, वैश्य और शूद्र, जिनमें से पहले तीन द्विज थे। बाद में अछूतों का पाँचवाँ वर्ण भी जुड़ा। वर्ण-व्यवस्था के अनुसार ऊपरी तबके में पहुँचना बहुत मुश्किल या लगभग असंभव था। हर वर्ण का निर्धारण जन्म से ही होता था। समाज में कुलीन वर्ग तीन वर्णों-ब्राह्मण, क्षत्रिय और वैश्य से ही आते थे।

धार्मिक कर्मकांडों में अपनी प्रमुखता के चलते ब्राह्मणों को सामाजिक रूप से कुलीन वर्ग में जगह मिल जाती थी। उनकी आर्थिक हैसियत का फिर कोई मतलब नहीं रहता था। यही बात कुछ हद तक क्षत्रियों पर भी लागू होती थी। वैश्यों का मामला थोड़ा जटिल था, क्योंकि इस श्रेणी में कुछ गरीब कामगार लोग भी हो सकते थे। वैश्य होने के चलते उन्हें कुलीन वर्ग का हिस्सा तो मान लिया जाता था, लेकिन अगर आर्थिक हैसियत न हो तो उनको कोई पूछता नहीं था।

यह बात भी अब स्थापित हो चुकी है कि सामाजिक वर्गीकरण के इस नए फार्मूले से ही पुरानी कबीलाई निष्ठाओं को बदला जा सका। कबीलाई जमातों को साथ लाने के पीछे यही मंशा काम कर रही थी कि सभी साथ रहें, शांति से रहें। कुछ इतिहासकारों का मानना है कि आर्य लोग भारोपीय काल से ही वर्ण-व्यवस्था मानने लगे थे। तब विभाजन पुजारी, योद्धा, किसान और हाथ से काम करनेवालों के बीच था और बाद में भारतीय सामाजिक-आर्थिक परिप्रेक्ष्य के अनुरूप इसे लागू कर दिया गया।

सभी कबीलों के पुजारियों, शिक्षकों और बौद्धिकों को ब्राह्मण वर्ण का काम दिया गया। सभी कबीलों के योद्धाओं को एक श्रेणी में रखकर उन्हें क्षत्रिय नाम दे दिया गया। सभी कबीलों के किसानों, पुशपालकों और व्यापारियों को वैश्य माना गया। यह एक नई व्यवस्था थी और इस पुनर्गठन ने विभिन्न कबीलों के लोगों को एक नई पहचान दी। कबीलाई पहचान अब या तो समाप्त हो गई या धूमिल हो गई और अब सिर्फ चार समूह रह गए। चूँकि इनके काम, कर्तव्य और अधिकार स्पष्ट और परिभाषित थे, इसलिए इनके बीच विवाद की गुंजाइश नहीं थी। पुजारियों और बौद्धिकों को सामाजिक वर्गीकरण में तो सबसे ऊपर रखा गया, पर उनको कोई राजनैतिक ताकत या शासन का अधिकार नहीं दिया गया। वे शासक-समूह को परामर्श और दिशा-निर्देश ही दे सकते थे।

क्षत्रिय सामाजिक रूप से दूसरा स्थान पाकर भी संतुष्ट थे, क्योंकि उनके पास ही वास्तविक सत्ता थी। अधिकांश लोग तीसरी और चौथी श्रेणी में थे और खेती करते हुए राजा को कर और लगान देते थे।

अलग-अलग काम करनेवाले समूह के दस्तकार लोगों को लेकर बनी जातियों के साथ व्यापारियों और पशुपालकों को नई सामूहिक पहचान मिली और वे अपनी जातियों के साथ चार वर्णों में मिले अपने वर्ण के हिसाब से चलते थे। वर्ण-व्यवस्था ने जातियोंवाली पहचान को समाप्त नहीं किया। इसने उन्हें एक वृहत्तर पहचान से जोड़ा, एक अलग तरह की सामूहिक पहचान दी और अपने कबीले से बाहर के व्यक्ति के साथ भी अपनेपन का अवसर दिया।

जब इस व्यवस्था ने एक मजबूत और अखिल भारतीय स्वरूप ग्रहण कर लिया तो इससे बाहर रह गए समूहों और कबीलों ने भी खुद को इससे जोड़ने की कोशिश की। इस प्रक्रिया में सबसे पहले मध्यदेश के ब्राह्मणों को बुलाकर उनकी वंशावली तैयार कराई गई, जिसका संबंध किसी पुराने क्षत्रिय या शासक वंश से जुड़ा होता था। इसके बाद उस पूरे कबीले को उस जाति-व्यवस्था से जुड़ा घोषित किया जाता था। कई बार पूरा कबीला ही क्षत्रिय घोषित किया जाता था तो कई बार उसका मुखिया परिवार के लोगों को ही क्षत्रिय घोषित किया जाता था। कबीले का पुरोहित वर्ग ब्राह्मण मान लिया जाता था।

आज भारत में जितने भी देवी-देवताओं की पूजा होती है, उनमें से बहुतों का जिक्र शास्त्रों में नहीं है। दूसरी ओर आर्यों के सबसे प्रभावी देवता इंद्र और वरुण वगैरह की प्रधानता भी कहीं नहीं है। मातृदेवी के अनेक रंग-रूपों की पूजा आज भारत-भर में होती है। इनमें से अधिकांश के मंदिरों के पुजारी गैर-ब्राह्मण हैं और उनकी अपनी-अपनी विशिष्ट पूजा-पद्धतियाँ हैं। प्राय: ये सभी पहले स्वतंत्र थीं और किसी एक कबीले या समूह के लोगों द्वारा पूजी जाती थीं। पर अब इन सबको शक्ति, दुर्गा या पार्वती का रूप मानकर इनकी पूजा होती है।

नए समूहों को अपने में समाहित करने और फिर उनको धर्म की किसी श्रेणी में रखने की उदारता और लचीलापन भारत में वैदिक काल से ही दिखता है। धर्म को एक रहस्य का आवरण देनेवाली चीज थी 'ऋत्', और यही मनुष्य-आचरण के लिए आदर्श थी। जैसे-जैसे समाज बढ़ा और विस्तृत हुआ तो धर्म भी समाज के बदलावों को अपने में समाहित करता गया।

इसीलिए आम तौर पर यह कहा जाता है कि अगर प्राचीन भारत में धर्म की उदार भूमिका के बगैर सिर्फ जाति और वर्ण-व्यवस्था आई होती तो भारतीय सभ्यता भी प्राचीन सुमेरियाई और मिस्र की सभ्यताओं की तरह नष्ट हो गई होती। भारतीय संस्कृति का मूल मंत्र ही नकार और विनाश के बजाय सबको समाहित करना और नया रूप लेना रहा है। इतनी सारी नस्लों, भाषाओं, धर्मों, आस्थाओं और संस्कृतियों का साथ-साथ फलना-फूलना भारतीय समाज की एक बड़ी शक्ति रही है।

वैदिक काल की सामाजिक व्यवस्था का आधार थे, संयुक्त परिवार, गाँव और जाति। दरअसल ये तीनों ही संस्थाएँ वैदिक काल में उभरीं, मजबूत हुईं और तब से निरंतर चलती आई हैं। इन तीनों में भी परिवार को सार्वजनिक और अकादमिक विमर्श में सबसे ज्यादा महत्व दिया जाता रहा है। जाति-व्यवस्था के बारे में आमतौर पर राय बहुत अच्छी नहीं रही है, बल्कि इधर इसके खिलाफ ही काफी कुछ कहा गया है। गाँव प्रशंसा और आलोचना दोनों के पात्र रहे हैं। इन्हें ऊँची जाति के लोगों द्वारा पिछड़ी जातियों पर दमन करने और क्रूरता बरतने का ठिकाना माना जाता रहा है।

परिवार : वैदिक काल और उससे भी पहले से परिवार जैविक पुनर्जनन के ठिकाने के रूप में उभरा। परिवार के निरंतर चलने और मजबूत होते जाने का यही प्रधान कारण रहा है। इस संस्था ने न सिर्फ परिवार के सदस्यों के चरित्र को गढ़ा है, उनको बचाकर रखा है बल्कि इसने भारतीय संस्कृति और मूल्यगत परंपराओं को बचाने और आगे बढ़ाने का काम किया है। किंतु भारत में परिवार और कुल का स्वरूप हर जगह एक-सा नहीं है। वैदिक काल में भी चार तरह के परिवारों या कुलों की पहचान आसानी से की जा सकती थी : (i) दक्षिण का द्रविड़ कुल; (ii) उत्तर का भारोपीय या संस्कृतवाला परिवार; (iii) मध्य क्षेत्र का मिश्रित परिवार; और (iv) उपमहाद्वीप के किनारेवाले हिस्सों के कबीलाई परिवार।

कुछ आदिवासी समूहों को छोड़कर अन्य सभी समाजों में परिवार पुरुषप्रधान ही रहे हैं। ऐसा संभवत: शुरू में लोगों के समूहों में जुटने और सबसे वरिष्ठ पुरुष सदस्य की अगुवाई में साथ काम करने से हुआ होगा। परिवार की मुख्य जिम्मेवारियों में बच्चों, बुजुर्गों, अपंगों, बीमारों और बेकार लोगों की देखरेख करना प्रमुख रहा है।

परिवार में महिलाओं की स्थिति : वैदिक परिवार पुरुष प्रधान था, पुरुष ही परिवार का मुखिया होता था और वही विवाह समेत परिवार के बच्चे-बच्चियों की सारी गतिविधियों को नियंत्रित करता था। पुरुषों और स्त्रियों के बीच ज्यादा से ज्यादा मेल-मिलाप के लिए गंभीर प्रयास किए गए। परिणामस्वरूप ऋग्वेद में ही स्त्री-पुरुष-समानता का स्पष्ट उल्लेख मिलता है।[47]

उपनिषदों में अनेक ऐसी महिला दार्शनिकों का उल्लेख है, जिन्होंने पुरुषों से शास्त्रार्थ किया। महर्षि याज्ञवल्क[48] को चुनौती देनेवाली वाचक्नवी[49] से उनके संवाद उपनिषदों में दर्ज हैं। गार्गी[50] और मैत्रेयी[51] वैदिक काल की प्रमुख विदूषियों में से थीं।

वैदिक काल में स्त्रियों को परदे में रखने या किसी भी किस्म के कामकाज से अलग रखने का कोई जिक्र नहीं मिलता। युवक-युवतियों का मिलना-जुलना आम था और अपने पति का चुनाव करने में लड़कियों की बड़ी भूमिका होती थी।

विवाह संस्था : वैदिक समाज के अगुवा लोगों ने विवाह-संस्था के बारे में बहुत ही उच्चस्तरीय नैतिक सिद्धांतों की स्थापना की थी। अधिकांश प्राचीन शास्त्रों में विवाह के कई रूपों का वर्णन है। इनमें प्रमुख थे–ब्राह्म विवाह[52], प्रजापत्य[53], आर्श[54], और दैव[55] और ये अपने आप नहीं होते थे। आमतौर पर माँ-बाप ही ऐसी शादियाँ कराते थे। दरअसल तब जोर इसी बात पर था कि माँ-बाप ही शादी आयोजित कराएँ। इसके लिए स्वयंवर का भी आयोजन होता था, जिसमें लड़की के माँ-बाप द्वारा तय कुछ योग्यताओं, सामर्थ्य, शक्ति और ज्ञानवाले लड़के ही भाग लेते थे और फिर वहाँ लड़के का चुनाव करके शादी होती थी। एक-दूसरे से प्रेम करने वाले युवक-युवतियों को भी माँ-बाप आसानी से शादी करने की इजाजत दे देते थे। इस बात का खास ध्यान रखा जाता था कि शादी करने वाले लड़के-लड़कियाँ एक दूसरे के योग्य हों। उनके ज्ञान, शक्ति, योग्यता, शारीरिक सुंदरता और आकार-प्रकार में ज्यादा अंतर नहीं हो। दहेज का जिक्र कहीं भी नहीं है। हाँ, ऋग्वेद में इस बात का उल्लेख है कि लड़की के माँ-बाप उसे विवाह के समय स्वेच्छा से अच्छे-अच्छे उपहार देते थे।[56] शादी के बाद लड़की के माँ-बाप अपनी बेटी के पारिवारिक मामलों में दखल नहीं देते थे। ऐसा समुदाय की पुरुषप्रधान व्यवस्था को शांतिपूर्ण ढंग के चलने देने के लिए किया जाता था। शादी के बाद लड़की अपने पति के घर चली जाती थी, जहाँ पति के माँ-बाप, दादा-दादी, भाई-बहन वगैरह साथ-साथ रहते थे। एक प्रचलित वेद-वाक्य है, "घरवाली ही वास्तविक घर है।"[58] संयुक्त परिवार में लैंगिक आधार पर काम का जो बँटवारा हुआ, वही अंततः स्त्रियों के लिए ज्यादा परेशानी वाला बनता गया।

व्यक्ति और शासन के बीच परिवार की आर्थिक और राजनैतिक भूमिका को सार्वजनिक नीतियों और प्रशासन में हर कहीं स्वीकार किया गया था और परिवार को उपयोग की एकल इकाई मानकर ही सार्वजनिक सेवाओं और वस्तुओं का वितरण किया जाता था। समाजशास्त्रियों का मानना है कि अविभाजित परिवार बढ़ते-बढ़ते एक बड़े कुनबे का रूप लेने के बाद गाँव के रूप में विकसित हुआ होगा।

गाँव : कालक्रम में गाँव बसे और फिर ये पूरे इलाके में जहाँ-तहाँ उभर आए। गाँव में परिवार से कहीं अधिक बड़ा और विविधतापूर्ण जीवन था, साथ ही लोगों की उम्र और पेशों में भी ज्यादा वैविध्य था। भौतिक रूप से गाँव खेतों-मैदानों के बीच किसी ऊँची जगह पर काफी सारे लोगों के मकानों-झोंपड़ियों का समूह होता था। गाँव में सभी एक दूसरे को खूब अच्छी तरह जानते थे और पीढ़ी दर-पीढ़ी साथ-साथ जीते, उत्सव मनाते, सुख-दुख में एक दूसरे से साझेदारी करते थे। गाँवों के आकार अलग-अलग हैं–कुछ सौ की आबादी से लेकर पचास हजार तक की आबादी वाले गाँव देखने में आते हैं।

किसी परिवार में जन्म लेने वाला व्यक्ति सिर्फ उस परिवार की सदस्यता ही

नहीं, उस जाति की सदस्यता भी पा लेता है। कुछ संबंध तो व्यक्ति स्वयं बनाता है, पर अनेक रिश्ते उसके जन्म के साथ ही उससे जुड़ जाते हैं। गाँव की मुख्य आर्थिक गतिविधियाँ खेती और हस्तशिल्प से जुड़ी रही हैं और जातियों का संबंध पेशों से रहा है। दूसरे गाँवों से संबंध बनाने में जातियाँ मुख्य सामाजिक माध्यम बनती हैं। इस प्रकार गाँव और जाति हमारे जीवन के सामाजिक संबंधों का सबसे बुनियादी आधार है। उत्पादन की व्यवस्था भी खेती और गृह-उद्योगों के आधार पर ही बनी है-खेती का मतलब भी छोटी जोत वाली खेती है।

भारतीय ग्रामीण जीवन का सबसे अद्‌भुत गुण है दो व्यक्तियों के बीच मजबूत अंतर-वैयक्तिक संबंध बनाना, जो जाति और वर्ण के दायरे को आसानी से लाँघ जाते हैं। अलग-अलग जातियों के लोग भी एक-दूसरे के भाई-भाभी, चाचा-चाची, भतीजा-भतीजी, बहन-बुआ होते हैं और वे न सिर्फ इन संबंधों को संबोधन-भर के लिए इस्तेमाल करते हैं, बल्कि इन्हें सच्चे संबंधों की तरह निभाते भी हैं। [58]

सामाजिक जीवन के लगभग सभी पहलुओं में सामाजिकता और समन्वय होने से गाँव में एक नैतिक और भावनात्मक एकता आती है और बाहरी मामलों में यह एक साझी पहचान बनाने का प्रयास करती है। गाँव का एक अर्थ सामुदायिकता भी है, जिसमें अलग-अलग स्तर पर व्यक्ति और समूह एक-दूसरे से संबंध बनाते हैं, विचार और भावनाओं का साझा करते हैं और यह क्रम पीढ़ी-दर-पीढ़ी चलता रहता है। गाँव की प्रतिष्ठा उसके लोगों के आपसी मेलजोल, समृद्धि, संबंधों, पास-पड़ोस से रिश्ते और इलाके में आर्थिक-राजनैतिक संबंधों के आधार पर बनती-बिगड़ती है। समृद्ध, शांत, पढ़े-लिखे और आदर-सत्कार करने वालों के गाँव की प्रतिष्ठा स्वार्थी, कंजूस, दकियानूस और झगड़ालू लोगों के गाँव की तुलना में सहज ही ज्यादा होती है। जीवन-चक्र से जुड़े कुछ प्रमुख संस्कार, जैसे विवाह और मृत्यु, समूचे गाँव में खुशी और गम पैदा करते हैं तथा इस क्रम में ग्रामीणों का आपसी संबंध और गहरा हो जाता है।

ग्रामीण जन गाँव के साझा संसाधनों का सामूहिक इस्तेमाल करना-कराना अपनी जिम्मेदारी मानते हैं। परती जमीन, तालाब, जंगल, मंदिर-मस्जिद, श्मशान-कब्रिस्तान की हिफाजत, उनका साझा प्रयोग और उनके रख-रखाव का जिम्मा साझे तौर पर किया जाता है। वैदिक काल में ग्रामीण लोगों के बीच वस्तुओं का आदान-प्रदान आम था। खरीद-बिक्री की व्यवस्था बहुत बाद में आई। गाँव अपनी अधिकांश जरूरतें खुद पूरी कर लेते थे, और इसी के चलते उन्हें 'लघु गणराज्य' कहा जाता था।

ग्रामीण जीवन में मनुष्य, पेड़-पौधों और पशु-पक्षियों के बीच का पारिस्थितिक संतुलन बरकरार रखा जाता था और यह किसी विशेष प्रयास की जगह सबकी जीवनदृष्टि का बहुत सामान्य हिस्सा था। हाँ, बाढ़ या सूखे की स्थिति में यह संतुलन जरूर कुछ गड़बड़ा जाता था और सबके जीवन में मुश्किलें आती थीं। जब आपदा

आती थी तब, गाँव की अलग-अलग इकाइयाँ अपनी जिम्मेवारी समझकर उससे निपटने निकलती थीं। मुश्किल दौर में सगे-संबंधी, पड़ोसी और जाति-बिरादरी के लोग भी मदद के लिए आगे आते थे।

जाति-व्यवस्था : अनेक लोगों का मानना है कि वर्ण-व्यवस्था ही भ्रष्ट होकर जाति-व्यवस्था बन गई। दूसरी ओर इस बात के पर्याप्त प्रमाण हैं कि ऋग्वैदिक काल में ही विभिन्न जातियाँ और समुदाय अस्तित्व में आ चुके थे।

हिन्दू धर्मशास्त्रों [59] में सभी चार वर्णों के असमान अधिकारों और कर्त्तव्यों की विस्तार से चर्चा हुई है। अछूत चांडालों के अधिकारों और कर्त्तव्यों का भी वर्णन किया गया है, जिनके साथ काफी भेद-भाव किया जाता था। दो हजार वर्ष पूर्व हिन्दू समाज के संचालक विधान के रूप में स्वीकृत हो चुकी मनुस्मृति के अनुसार भारत में उस समय भी अनेक जातियाँ थीं और ब्राह्मण उन्हें वर्ण-व्यवस्था में क्रमबद्ध करने का प्रयास कर रहे थे।[60]

जाति-व्यवस्था के ऐतिहासिक उद्भव के कोई प्रमाण उपलब्ध नहीं हैं और न ही इसके वास्तविक स्वरूप का कोई पुराना इतिहास उपलब्ध है। जाति-व्यवस्था के शुरुआती दौर के बारे में भी कोई ठोस आँकड़ा नहीं मिलता, खासतौर से इस गलत धारणा को पुष्ट करने वाला तो कोई भी प्रमाण नहीं है कि जाति-व्यवस्था हमलावर गोरे-छरहरे आर्यों और काले तथा मोटी नाक-नक्शवाले स्थानीय द्रविड़ों के बीच टकराव और मेल-जोल के दौर में पैदा हुई थी।

सुनिश्चित पदानुक्रमवाली जाति-व्यवस्था भारतीय समाज की सबसे महत्वपूर्ण और विशिष्ट संस्था है। इसके अनुसार हर आदमी एक जाति में जन्म लेता है, जीता है और उसी में मरता है। दूसरे शब्दों में कहें तो जाति-व्यवस्था समाज को ऐसे स्थाई समूहों में बाँटती है, जिनके बीच किसी किस्म की गतिशीलता नहीं रह जाती। शादियाँ जातियों के अंदर ही होती हैं, जिससे उसकी पवित्रता बनी रहे। इसी के चलते शादियाँ अक्सर माँ-बाप ही तय करते हैं।

सिद्धांततः जातियों को श्रम-विभाजन से जुड़ा माना जाता है और व्यवहार में भी अनेक धंधे जाति के अनुसार बने हैं-खासकर शिल्पों और खेतीबाड़ी के। जैसे, पूरे भारत में कपड़े धोने का काम प्रायः धोबी ही करते हैं, जबकि लकड़ी का काम बढ़ई। किसी और जाति का व्यक्ति दूसरी जाति के पेशे को अपनाए, ऐसा अपवाद स्वरूप ही देखने को मिलता है। पर लोग अपना जातिगत पेशा छोड़ दें, यह बहुत आम है। जैसे खेती में सभी जातियों के लोग हैं। सारे आधुनिक धंधे जातिगत बँटवारे से मुक्त हैं और उनमें योग्यता के आधार पर कोई भी आ सकता है।-हाँ, इनमें भी कई बार कुछ खास जातियों के लोग काफी ज्यादा अनुपात में आ जाते हैं। पर जातियाँ पेशों से ही जुड़ी रही हैं-पहले या आज भी-इस बात को बहुत जोर-शोर से कहने की जरूरत नहीं है।

लोगों के बीच संवाद कायम करने और सामूहिक रूप से फैसले लेने के लिए नागरिक समाज की संस्थाएँ अस्तित्व में आईं। दो सबसे महत्वपूर्ण संस्थाएँ थीं; 'सभा' और 'विदथा'। सामाजिक मुद्दों पर सामूहिक ढंग से विचार करने और विवाद को निपटाने में इन संस्थाओं ने प्रमुख भूमिका निभाई। 'सभा' एक राजनैतिक और सामाजिक जमावड़ेवाली व्यवस्था थी। इसमें सभी जाति, गोत्र, धर्म, लिंग, वर्ण के लोग भाग लेते थे और अपनी सामाजिक और राजनैतिक समस्याओं पर चर्चा करते थे। विचार-विमर्श के बाद 'सभा' में जो फैसले लिए जाते थे, उनकी सूचना शासकों को दे दी जाती थी। यह 'सभा' के अधिकार क्षेत्र में था कि वह चोर, बदमाशों, भ्रष्ट लोगों, जमाखोरों और बलात्कारियों को सजा देने की सलाह दे।[61] यजुर्वेद में इस आशय की एक सामाजिक प्रार्थना भी है, जिसका भावार्थ कुछ ऐसा है: "हम सभी स्वर्गिक सुख और आनंद का अनुभव करें; इससे हमें अपने उद्देश्यों और कर्त्तव्यों को पूरा करने में मदद मिले, हर जगह शांति और सद्भाव बनाने में मदद मिले।"[62]

'विदथ' एक प्रकार की धार्मिक व्यवस्था थी, जहाँ जब भी आत्मा, परमात्मा, प्रकृति, धर्म, अध्यात्म और परलोक का मसला उठता था, तब उसकी मदद ली जाती थी।

वैदिक समाज-व्यवस्था सामाजिक असमानता पर आधारित है। इसमें शीर्ष पर है ब्राह्मण और सबसे नीचे हैं अछूत जातियाँ, जिन्हें दलित या सरकारी शब्दावली में अनुसूचित जातियाँ कहा जाता है। ब्राह्मणों और दलितों के बीच असंख्य जातियाँ-उपजातियाँ हैं। जाति-व्यवस्था और अन्य सामाजिक संस्थाओं के साथ जातियों के संबंध में पूरे भारत में क्षेत्रीय और स्थानीय स्तर पर काफी भिन्नताएँ हैं।[63]

वैदिक सामाजिक व्यवस्था की जिन दो चीजों ने सदियों से भारतीय समाज को काफी नुकसान पहुँचाया है, उनमें पहली है अछूतों को वर्ण-व्यवस्था से बाहर रखना और दूसरी है स्त्रियों समेत समाज की कई जमातों को शिक्षा से वंचित करना।

किसी को अछूत करार देना सिर्फ अपमानजनक ही नहीं है, बल्कि यह समाज द्वारा अपनी परेशानियों-टकरावों को न सुलझा सकने का प्रमाण भी था। दूसरे अर्थों में, टकरावों को सुलझाने का यह बहुत ही घटिया तरीका था। यह सिर्फ समानता की अवधारणा को नकारना-भर नहीं है-असल में यह मानवाधिकार पर सीधे-सीधे हमला है। और इसका अछूत करार दिए गए लोगों पर ही नहीं, पूरे समाज पर हानिकर प्रभाव पड़ता है।[64] वर्ण-व्यवस्था के नाम पर महिलाओं समेत समाज के काफी सारे लोगों को शिक्षा से वंचित रखना अपने समाज को ही अज्ञानी और निरक्षर बनाना था। इसी के चलते भारतीय समाज में भारी पिछड़ापन और दरिद्रता आई।

शिक्षित न होने का सर्वाधिक नुकसान अछूतों, दलितों, पिछड़ों और स्त्रियों को

हुआ। धर्म-ग्रंथों के अध्ययन और शिक्षा न पाने की व्यवस्था के चलते भारतीय स्त्रियों में असुरक्षा की भावना भर गई। क्षत्रिय वर्ग की स्त्रियों के अपने मृत पति के साथ सती होने के चलन ने उनका मनोबल और तोड़ दिया।

समाज में छुआछूत का चलन और इसके काफी बड़े हिस्से को शिक्षा का अधिकार न देना ऋग्वेद में लिखित ऊँचे-ऊँचे आदर्शों पर भी पानी फेरता है। इन गड़बड़ियों के जारी रहने और दिन-ब-दिन मजबूत होते जाने के पीछे वैदिक समाज पर ब्राह्मणवादी व्यवस्था का पूर्ण नियंत्रण ही मुख्य कारण था और ज्ञान से वंचित शेष समाज भी उसके आगे नतमस्तक बना रहा। वैदिक समाज की ये व्यवस्थाएँ असल में 'बहुधा' दर्शन के विपरीत हैं, जो हर बात में संवाद और चर्चा को महत्व देता है और सच के विविध रूपों को स्वीकारता है।

राजनैतिक व्यवस्था

भारत में राज्य और शासन-व्यवस्था की उत्पत्ति रहस्यों से घिरी हुई है। प्राचीन हिन्दू सिद्धांतों के अनुसार प्रमुख समाज को एक नेता की जरूरत होती है, खासकर युद्ध वगैरह की स्थिति में। प्रारंभिक ब्राह्मण साहित्य में शासन के उद्‌भव के समझौतेवाले सिद्धांत का भी जिक्र है। लेकिन इस सिद्धांत के व्यवस्थित रूप का जिक्र पहली बार बौद्ध ग्रंथ 'दीघनिकाय' में मिलता है।[65] यह उन स्थितियों का वर्णन करता है, जिनमें लोग आपस में ही तरह-तरह के समझौते करते हैं तथा परिवार और संपत्ति जैसी संस्थाओं का विकास करते हैं। पर इसके साथ ही चोरी और व्यभिचार जैसी असंख्य दूसरी समस्याएँ भी सामाने आने लगीं। इसी के चलते लोगों ने आपस में मिलकर एक प्रमुख का चुनाव किया 'जो सबसे आकर्षक, सबसे सक्षम और सबसे ज्यादा प्रसंद किया जानेवाला व्यक्ति' होता था। उनके आग्रह पर वह व्यक्ति जहाँ जरूरी हो वहाँ सख्त, जहाँ जरूरी हो वहाँ डाँट-फटकार और जिनके लिए दंड देना जरूरी हो, उन्हें दंडित करने का जिम्मा उठाता था।

यह माना जा सकता है कि शुरू में यह सहमति या करार एक क्षत्रिय योद्धा और समुदाय के लोगों या कई समूहों की मिश्रित जमात के बीच होता होगा। पर कालक्रम में क्षत्रिय वर्ग ही सामने आता गया। 'दीघनिकाय' में स्पष्ट उल्लेख है कि क्षत्रिय शासक और लोगों के बीच ऐसा करार नहीं हुआ था, बल्कि छोटे-से क्षत्रिय वर्ग और शेष समूचे समाज के बीच यह सहमति बनी थी। बौद्ध समाज के इस समझौते में शासक के लिए सिर्फ एक बाध्यता थी कि वह धर्म के अनरुप आचरण करेगा।

भारतीय दृष्टि से देखें तो परिवार, संपत्ति और वर्ण-व्यवस्था के संरक्षण की चिंता ने राज्य व्यवस्था के निर्माण में महत्वपूर्ण भूमिका निभाई। शासन की प्रकृति, दमनकारी शासन की उत्पत्ति, राजा रहित समाज बनाने की स्थितियाँ और शासक

के कर्त्तव्य की अवधारणा सब एक ही निष्कर्ष पर पहुँचते हैं। संदर्भतः 'लेविएथन' के लेखक ने ठीक ही लिखा है : "उचित और अनुचित शब्द बनने के पहले जरूर कोई दमनकारी सत्ता उभर चुकी होगी।"[66]

वैदिक काल, खासकर उसका प्रारंभिक समय कबीलाई सामुहिकता वाला था और किसी भी आधुनिक राजनैतिक अर्थों में उसे राजनैतिक नहीं माना जा सकता। गण, विदथा, सभा, समिति, परिषद जैसी संस्थाएँ मुख्यतः कबीलाई प्रकृति की थीं। इनमें विदथा को लेकर अनार्यों में ज्यादा उत्सुकता रही है और इसमें ऋग्वैदिक काल के पहले की कुछ बातें भी चलती रहीं। परिषद में महिला सदस्यों की उपस्थिति भी संभवतः प्राक्-आर्य-परंपरा ही थी।

600 ई. पू., अर्थात उत्तर-वैदिक काल में वर्ण-व्यवस्था ने इन कबीलाई व्यवस्थाओं को पीछे धकेल दिया और न्याय-व्यवस्था तथा राजनीति के आधारस्वरूप में सामने आई। धर्मशास्त्रों की रचना वर्ण-व्यवस्था के अनुरूप हुई और नागरिक तथा अपराध-कानून भी उसके हिसाब से बने। सभी वर्णों को न तो समान दंड लगता था, न एक ही अपराध के लिए समान रूप से दोषी माना जाता था। ब्राह्मणों और क्षत्रियों में सहयोग और मेल-मिलाप पर लगातार जोर दिया गया। वास्तविक राजनैतिक मामलों में क्षत्रियों की स्थिति बेहतर रहा करती थी तो अन्य मामलों में ब्राह्मणों की। लेकिन राजनैतिक मामलों में वैश्यों और शूद्रों को कभी प्रमुखता नहीं मिली।

वैदिक काल में दो तरह की राजनैतिक व्यवस्था स्पष्ट रूप से उभरी। पहली व्यवस्था थी गणतंत्र की जो वैशाली के लिच्छवियों में प्रचलित हुई। दूसरी व्यवस्था राजा के शासन की थी और मगध साम्राज्य का उदय इसका प्रतिनिधित्व करता था।

कुल और वंशवाले समाज को ऐसी व्यवस्था ठीक लगती थी, जो ज्यादा समतापूर्ण हो और जिसमें सुदृढ़ और दमनकारी राजशाही शासन-व्यवस्था न हो। लिच्छवियों के अतिरिक्त शाक्य, कोलिया, विदेह वगैरह ने गणतंत्र को अपनाया था, जो बिहार और उत्तरप्रदेश में अवस्थित थे। उनमें खुली सभा में सारे फैसले होते थे, जिसमें औरत-मर्द सभी भाग लेते थे। उनके यहाँ विशेष सभा या परिषदों का चलन भी था, पर उनमें सबको प्रवेश नहीं मिलता था।

बिहार के वैशाली क्षेत्र के लिच्छवी गणराज्य की कुछ अधिक विस्तार से चर्चा करने की जरूरत है। हाल की खुदाइयों से स्पष्ट हुआ है कि गणतंत्र के दायरे में आने वाले क्षेत्रों की समस्याओं पर विचार करने के लिए एक सामुदायिक स्थल हुआ करता था, जहाँ बैठकें होती थीं। यहाँ स्त्री और पुरुष सभी भाग लेते थे, हालाँकि उनके बैठने के स्थान अलग-अलग थे। गणराज्य ईसा पूर्व छठी सदी तक अत्यधिक स्थापित रूप ले चुके थे और उन्हें वज्जि क्षेत्र कहा जाता था। भगवान बुद्ध ने गणतंत्रों की बहुत प्रशंसा की है और वे उनकी बुनियादी ताकत और सुरक्षा देनेवाले गुणों पर भी प्रकाश डालते हैं। उदाहरणार्थ बुद्ध ने आनंद से पूछा, "आनंद, क्या तुमने वज्जियों (वैशाली के गणराज्यों के संघ) के बारे में सुना है जो अक्सर सभी लोगों

की सभा बुलाकर फैसले करते हैं।" "हाँ भगवन, मैंने सुन रखा है।" उसने जबाव दिया। बुद्ध ने आगे कहा, "वज्जि अभी तक जिस तरह से सभा करते आए हैं, वे आगे भी करते रहेंगे तो उनका पतन नहीं होगा। वे और ज्यादा उन्नति करेंगे।"[67]

छोटे गणराज्यों को यह लाभ था कि वे वैदिक यज्ञ और बलि/चढ़ावों का पूरा विधि-विधान नहीं करते थे और इस प्रकार उनका अन्न और सामान बच जाता था। और लोगों की स्वीकृति से इसे वैधता भी मिल जाती थी।

शासन में राजा की मौजूदगी के सैद्धांतिक आधार का उल्लेख दो अलग-अलग स्त्रोतों से मिलता है। लोगों ने आपसी करार से राजा को शासन का अधिकार सौंपा, यह बात बौद्ध स्त्रोत भी बताते हैं और यह मनुस्मृति में भी है। लेकिन ब्राह्मण स्त्रोत राजा के अधिकार को दैवी मानने पर जोर देते हैं। ब्राह्मणवादी परंपरा देवताओं से ही राज-व्यवस्था की शुरुआत मानती है। राजा का चुनाव लोग कर सकते हैं, उसके साथी कर सकते हैं। उसकी भूमिका मुख्यत: सैनिक मामलों में हो सकती है, पर उसकी सत्ता को दैवी मान्यता प्राप्त होनी चाहिए।

उत्तर भारत में ईसा पूर्व पहली सहस्त्राब्दी के मध्य तक गणराज्य और छोटे राज काम कर रहे थे और बड़े राज्य ही शासन चलाएँ, यह जरूरी नहीं था। लेकिन ब्राह्मणवादी शास्त्रों और दर्शन द्वारा बड़े राज्यों का समर्थन करना अंतत: उनके उभार का आधार बना।

वनवास के 14 वर्ष गुजारने के बाद जब राम अयोध्या लौटे तो समृद्धि, न्याय और शासन के मामले में उनके राज को सभी मामलों में आदर्श माना गया। अनेक राजनेताओं और चिंतकों के लिए यही आदर्श शासन है। रामराज्य में धर्म केंद्रीय भूमिका में रहा। यह परिवार के सभी लोगों, माँ-बाप, भाई-बहन और अन्य संबंधियों से व्यक्ति के आचरण को स्पष्ट रूप से बताता है। यह व्यक्ति का पास-पड़ोस से, गाँव के लोगों और सारे समाज से संबंधों को भी बताता है। राजा और समाज हमारा ही हिस्सा है, हम उसके अंग हैं, यह भावना बनी हुई थी। धर्म का मूल आधार था निर्मल मन।[68]

रामराज्य की इस अवधारणा ने भारत के साथ-साथ दक्षिण-पूर्व एशिया में राजतंत्रवाली शासन-व्यवस्था को वैधता प्रदान की। अयोध्या आदर्श राजधानी बन गई और यह अवधारणा अन्य देशों में भी प्रभावी हुई। जैसे, थाईलैंड की राजधानी को 'अयुथिया' नाम दिया गया और उसने रामराज्य की अनेक विशेषताओं को अपने यहाँ उतारने की कोशिश की।

महाभारत में राजा और उसके धर्म को भी पवित्र माना गया है। महाभारत में भी धर्म ही शासन का केंद्रीय दर्शन है। इस ग्रंथ में राजा के आदर्श को बहुत स्पष्ट और बारीक ढंग से समझाया गया है। शांति पर्व में कहा गया है : 'धर्माय राजा भवति न कामकरणाय तु।' अर्थात "राजा का कर्त्तव्य है धर्म के अनुसार शासन करना और जीवन की विलासिताओं से दूर रहना।"[69]

भीष्म कहते हैं कि राजा की नियुक्ति स्वयं भगवान विष्णु करते हैं, इसलिए उसमें उनका अंश आ जाता है और फिर उसकी आज्ञा माननी ही चाहिए।[70] मनु कहते हैं कि राजा न हो तो बलशाली लोग दुर्बल लोगों को उसी तरह निगल जाते हैं, जैसे कि बड़ी मछली छोटी मछली को निगल जाती है।[71] राजा को पृथ्वी पर स्वर्ग का निर्माता भी माना जाता है।[72] इस प्रकार राज्य और उसकी प्रजा की समृद्धि राजा के ऊपर निर्भर करती है।[73]

शास्त्रों के विलक्षण विद्वान विदुर भी महाभारत में अनेक स्थानों पर राजा के कर्त्तव्यों और शासन के सिद्धांत बताते हैं। उनके अनुसार : होशियार राजा को अपनी बुद्धि से अच्छे-बुरे का भेद करना चाहिए। उसे साम, दाम, दंड और भेद के जरिए मित्रों, अजनबियों और दुश्मनों पर नियंत्रण रखना चाहिए।[74]

प्राचीन भारतीय शासन-व्यवस्था में इतिहास के मुख्य चरणों की पहचान आसान है। सबसे पुराना चरण कबीलाई सभाओं वाला था, जो सामाजिक-राजनैतिक जीवन के अधिकांश फैसले करती थी और जिनमें कुछ हद तक महिलाओं की भागीदारी भी होती थी। दूसरा चरण निरंतर टकरावों के चलते कबीलाई शासन-व्यवस्था के टूटने का था। तीसरा चरण बड़े राज्यों के उदय का था। इसी दौर में मुख्य भूमि के बड़े-बड़े भूभागों में कोशल और मगध जैसे साम्राज्यों का उदय हुआ, तो उत्तर-पश्चिम में छोटे-छोटे कबीलाई राज्य सामने आए। हिमालय की तराई में भी छोटे राज्य थे। बड़े राज्यों के साथ जो नई खास चीज जुड़ी, वह थी अपने क्षेत्र की रखवाली के लिए सशस्त्र बलों का गठन। राजस्व-वसूली के लिए भी सरकारी अमला सामने आया। मौर्यकाल में शासन-व्यवस्था ज्यादा सुघड़ रूप में सामने आई और संगठित नौकरशाही भी दिखाई पड़ी। इस पूरी अवधि में धर्म का प्रभाव रहा, पर मौर्यकाल और गुप्तकाल के बाद उसका प्रभाव तब बहुत बढ़ा, जब राजा को दैवी-शक्ति संपन्न बनाने और मानने के चलन ने जोर पकड़ा।

वैदिक अनुभव और बहुधा मूल्यों का महत्व

भारतीय इतिहास में वैदिक युग का एक विशिष्ट स्थान है, क्योंकि इस युग में सामाजिक और सांस्कृतिक संस्थाओं की नींव रखी गई, एक जीवन-शैली विकसित की गई और राजनीतिक परिवेश भी कायम किया गया। इन सबों ने भारत के लोगों को नई पहचान दी जो आज भी देखने को मिलती है, एक विचारधारा प्रदान की जो आज भी हमें प्रभावित करती है। वैदिक ऋषियों और विद्वानों ने हमें आध्यात्मिक चेतना दी, टकरावों को सुलझाने का नया रास्ता दिखाया, जिससे मनुष्य और प्रकृति में सद्भाव बढ़ा।

यह संभव है कि विवादों को निपटाने और सँभालने की वैदिक पद्धति आधुनिक जीवन की वास्तविकताओं से मेल नहीं खाती हो और तब के विचार और संस्थाएँ

आज के सवालों का सीधा जवाब न दे सकती हों, पर तत्कालीन बौद्धिक खोज और वह रास्ता हमारे लिए बहुत मूल्यवान है। वह सब आज की समस्याओं के समाधान और शांतिपूर्ण विश्व की स्थापना के उद्देश्य में बहुत सहायक हो सकता है।

वैदिक दृष्टि में खास बात यह थी कि तब वे ऋषि-मुनि अपने विचारों को विशिष्ट या सिर्फ अपना ही नहीं मानते थे। वे जानते थे कि उनके विचारों और आचरण का समाज और विश्व पर प्रभाव पड़ेगा। पर वे अपने कल्याण के बारे में न सोचकर पूरी मानव जाति के कल्याण की बात सोचते थे। उनकी प्रार्थना थी-सर्वे भवंतु सुखिनः।

वैदिक ऋषियों ने सौहार्द्र और करुणा को एक अच्छी नीति के तौर पर देखा। उनके अनुसार प्रकृति और मनुष्य के बीच और मानव-मानव के बीच इन मूल्यों की जरूरत एक दीर्घकालीन शाश्वत रिश्ते के लिए आवश्यक है। उन्होंने एक तार्किक नीति भी अपनाई और इस बात पर बल दिया कि कही गई बातों को पहले परखना चाहिए और उसके बाद नए-नए तथ्यों के परिप्रेक्ष्य में ही उसका पालन करना चाहिए। ऐसा लगता है कि वैदिक ऋषियों ने एक ही धर्मग्रन्थ पर आधारित जीवन-शैली से अप्रत्याशित रूढ़िवादिता फैलने के खतरे को भी भाँप लिया था। इसलिए उन्होंने दयावान और अहिंसक जीवन-पद्धति को स्वयं अपनाया और दूसरों को भी अपनाने की प्रेरणा दी।

वैदिक ऋषि-मुनियों ने उन कबीलाई और आदिम देवी-देवताओं और उनसे जुड़ी पूजा-पद्धतियों को भी स्वीकार किया, जिनका उद्भव और विकास आर्य परंपरा से इतर हुआ था। फिर उनकी पूजा-पद्धतियों को मान्यता ही नहीं दी गई, उनको अपने धार्मिक ग्रंथों में स्थान भी दिया। इस प्रकार उस काल में अलग आस्था रखनेवाले समूहों को भी व्यापक हिन्दू समाज के दायरे में ले लिया गया; और इस प्रकार आर्य और लगभग सारे अनार्य समूह एक बड़े समाज के रूप में सामने आए।

इस अनुभव से यह भी स्पष्ट है कि वैदिक काल के ऋषि-मुनि ही नहीं, शासक वर्ग भी उदार दृष्टिकोण रखता था और उसने किसी भी दूसरी मान्यता पर आस्था रखने वालों के धर्मांतरण का प्रयास नहीं किया। उसके लिए लोगों की आस्था से ज्यादा महत्वपूर्ण था उनका मानवीय आचरण और यह चीज आज भी प्रासंगिक है।

विभिन्न देवी-देवताओं की पूजा करनेवाले और अलग-अलग पूजा-पद्धतियों को मानने वालों को भी हिन्दू समाज के दायरे में ले लिया गया। रामायण के नायक राम और महाभारत के कृष्ण सिर्फ दबे-कुचले लोगों, औरतों और शूद्रों को ही नहीं, किरात और हूण जैसे लोगों को भी अपना मानते हैं। साधारण रूप में देखा जाय तो विभिन्न मान्यताओं के बीच टकराव और संस्कृतियों में घर्षण हो तो किसी एक मत का वर्चस्व न तो बन पाता है, न अन्य लोग उसे स्वीकार करते हैं। अतः वास्तविक संपर्कों में कुछ न कुछ चीजों का आदान-प्रदान होता है और यह आवश्यक भी है।

जो लोग नई चीजों को स्वीकार करते हैं, वे समाज को एक नया जीवन, नया महत्व भी प्रदान करते हैं। पुराने स्वरूपों से जो भावनात्मक जुड़ाव होता है, वही नए से जुड़ जाता है।

वैदिक काल में धार्मिक और सामाजिक विकास के अनेक लोकतांत्रिक पहलू थे। हर पहलू सामुहिक सोच और नैतिकता के कठोर अनुशासन और अपनी परंपरा के अनुसार सत्य तक जाने की अनुमति देता था। हर समूह की अपनी परंपराएँ थीं और यह पूरे समाज या गाँव में अपनी ही चलाने में विश्वास नहीं रखता था। वैदिक ऋषि-मुनियों ने यह स्पष्ट जान लिया था कि हर धार्मिक रीति-रिवाज या सामाजिक संस्था(कबीलाई हो या गैर-कबीलाई) अपने-अपने अनुयायियों की जीवन-पद्धति और सामाजिक ढाँचे के अनुरूप ही विकसित होती है। उन्होंने माना कि इतिहास ही समाजों को उनका स्वरूप प्रदान करता है और वे अचानक अलग रूप-रंग नहीं ले सकते। इस अहसास के चलते उन लोगों ने देवी-देवताओं और आस्थाओं के मामले में बहुलता बनाए रखी। दक्षिण भारत के एक लोकगीत में उस दौर के भारतीय अनुभव को बहुत अच्छे ढंग से व्यक्त किया गया है। इसका भावानुवाद कुछ इस प्रकार है :

"एक महासागर में
मिलती हैं धाराएँ अनेक
विभिन्न झरनों से निकली
हर नदी अपने क्षेत्र में
पूजी जाती है लोगों द्वारा
उनका सागर में मिलना
मिलना है एक महान देवता से
जो अनेक नामों से जाना जाता है।" [75]

किसी व्यक्ति से जबरन हिन्दू धर्म के सिद्धांतों को मनवाने का जतन नहीं किया जाता, न उसे बहुत मनाही झेलनी पड़ती है। परिणाम यह है कि अगर अद्वैत का दर्शन प्रभावी करने का प्रयास हो रहा है तो साथ ही साथ द्वैत की बात भी चल रही है। किसी ने कुछ अलग लिख दिया या कोई खास रीति-रिवाज नहीं मानता, इसके चलते वैदिक समाज ने उसको अलग नहीं माना।

इस अनुभव के सबक आज बहुत ही प्रासंगिक हैं। विभिन्न आस्थाओं और संस्कृतियों के लोग साथ-साथ कैसे रहें, यह बात हम आज भी जानना चाहते हैं। यह बात तब उन लोगों ने मान ली थी और हमें आज माननी होगी कि हमीं सही हैं और बाकी सभी अँधेरे में भटक रहे हैं, यह नजरिया छोड़ना होगा। ऐसे नजरिए से स्वतंत्र देशों के सभी नागरिकों के बीच भाईचारे की भावना नहीं बढ़ सकती।

'एक सत्य, अनेक व्याख्याएँ' वाला बहुधा का दर्शन ही हमें सारे मतभेदों में निपटाने में मदद देगा। हमें विभिन्न आस्थाओं के बीच भावना की एकता पर भरोसा

करना होगा, क्योंकि यही चीज विभिन्न मतों के लोगों को प्रेरित करती है। अगर सारी दुनिया एक ही नाम वाले ईश्वर की एक ही तरह से पूजा करनी शुरू करे; सभी एक जुबान, एक ही भाषा अपनाएँ, हर किसी को एक ही तरह के गाना गाने को कहा जाए तो वैसी दुनिया काफी दरिद्र होगी।

आज की तकनीक ने एक नए समाज को जन्म दिया है, जिसमें लोग एक-दूसरे से बाजार, राजनीति और इंटरनेट द्वारा जुड़ गए हैं। इसको मजबूत करने के लिए एक आध्यात्मिक चेतना की आवश्यकता है। इस प्रश्न का कोई सरल उत्तर नहीं है। बहुधा दर्शन जो संवाद और बहुलतावाद को सामाजिक और राजनैतिक प्रक्रिया में लाने पर जोर देता है, हमें नई चेतना जगाने में मददगार साबित होगा।

संदर्भ और टिप्पणियाँ

1. पूरा श्लोक इस प्रकार है :

   अयं निजः परोवेति गणना लघुचेतसाम्
   उदारचरितानाम् तु वसुधैव कुटुंबकम्

   यह वैदिक श्लोक हमारे चिंतन में निहित विश्वदृष्टि को सामने लाता है, और इसका अर्थ है कि पूरा विश्व ही एक परिवार है। यह मुक्त श्लोक 'हितोपदेश' में भी अन्य मुक्त श्लोकों के साथ आया है। (देखें, नारायण संहिता, हितोपदेश, चौखंभा संस्कृत प्रतिष्ठान, दिल्ली, 1987 (नया संस्करण), पृ. 36
2. बी.पी. सिंह की किताब 'इंडियाज़ कल्चर–द स्टेट, द आर्ट्स ऐंड वियोंड' से उद्धृत, ऑक्सफोर्ड यूनि. प्रेस, नई दिल्ली, 1998, पृ. 177
3. के. एम. सेन., हिन्दुइज़्म, पेंग्विन बुक्स, लंदन, 1961, पृ. 18
4. ब्रिगेट और रेनाल्ड आलचिन, द राइज ऑफ सिविलाइजेशन इन इंडिया एंड पाकिस्तान, सेलेक्ट बुक सर्विस सिंडिकेट, नई दिल्ली कैंब्रिज यूनि. प्रेस, लंदन के सहयोग से 1983, पृ. 355
5. वेद का अर्थ 'ज्ञान' है। वैदिक श्लोकों की रचना लंबे दौर में हुई और इन्हें चार वेदों में संग्रहित किया गया। ऋग्वेद सबसे पुराना है और सामवेद में भी लगभग उन्हीं अर्थों और विषयोंवाले श्लोक हैं; जो ऋग्वेद में हैं। यजुर्वेद दो हिस्सों में बँटा है और मुख्यतः प्रार्थना के श्लोकों वाला है। अथर्ववेद सबसे बाद का है, पर इसमें सबसे पुराने विचारों की चर्चा है। वेदों में प्रकृति का वर्णन है, यज्ञों से संबंधित मंत्र हैं, दार्शनिक बातें हैं। दर्शनवाली महत्वपूर्ण पुस्तकें हैं उपनिषद, जिनकी संख्या सौ से ज्यादा है। इन पर गंभीर चर्चा के लिए देखें, विलियम गेर्बर (संपा.) द माइंड ऑफ इंडिया, सदर्न इलिनायज यूनि. प्रेस. कार्बोंडेल एंड एडवर्ड्सविले, 1967, पृ. 1-2

   वेदों के रचना-काल को लेकर विद्वानों में मतभेद है। पर अधिकांश मानते हैं कि ऋग्वेद की रचना ईसा पूर्व 1500 के आसपास हुई थी। द सोर्सेज ऑफ इंडियन ट्रेडिशन (संपा. एंजली टी. एंब्री) वेदों तथा अन्य ग्रंथों के रचना-काल को इस तरह रखता है :

   1500-1200 ई. पू. ऋग्वेद की रचना।
   900 ई. पू. महाभारत युद्ध।
   900-500 ई. पू. उत्तर वेदों, ब्राह्मणों और प्रारंभिक उपनिषदों की रचना।
   800 ई. पू. लोहा पाने के प्रमाण; आर्य संस्कृति का बंगाल और दक्षिण की तरफ फैलना,

और 600 ई.पू. गंगा घाटी में मगध समेत अन्य राज्यों का उदय। पर अनेक ऐसे विद्वान भी हैं जो मानते हैं कि वेदों का रचना-काल इसके काफी पहले था।

(i) विंटरनिट्ज का मानना है कि यह काल 2500 ई. पू. का था। करीब 1300 ई. पू. के विवरण के अनुसार मितान्नी राजा मत्तिऊअजा ने हिन्दू देवताओं मित्र, वरुण और इंद्र का आह्वान किया था, इसलिए वैदिक ग्रंथों का रचनाकाल ईसा पूर्व दूसरी सहस्त्राब्दी के मध्य तक तो होना ही चाहिए। आर. एस. शर्मा के अनुसार, "वैदिक ग्रंथ 10वीं सदी से ज्यादा पुराने नहीं हैं। भारत में लेखन की शुरुआत 17वीं से तीसरी सदी ईसा पूर्व होने के कोई प्रमाण अभी तक सामने नहीं आए हैं। कुछ ऋग्वैदिक देवताओं के नाम 14वीं सदी ई. पू. मितान्नी शिलालेखों में हैं, और जिस तरह से वैदिक अध्ययन-अध्यापन की परंपरा थीं, उससे यह लगता है कि इनका संग्रह मौखिक रूप से 1200 ई.पू. में ही हो गया था।" (आर. एस. शर्मा, आस्पेक्ट्स ऑफ पालिटिकल आईडियाज एंड इंस्टीट्यूशन इन एंशिएंट इंडिया, दिल्ली, मोतीलाल बनारसीदास पब्लिशर्स, प्रा. लि., 1996, पृ. 16

भारतीय धर्मग्रंथ और प्राचीन ज्ञानश्रुति और स्मृति-परंपरा से ही पीढ़ी-दर-पीढ़ी चलते आए हैं। माना जाता है कि वेद दैवी श्रुति है। प्राचीन ऋषियों को अपने हृदय में इन परम सत्यों का बोध हुआ और उन्होंने इसे अपने शिष्यों को भी सुनाया और याद कराया। फिर आगे चलकर इनको लिखा गया। हर शिष्य आगे चलकर अपने शिष्यों को यही सुनाता था।

(ii) श्रुति-परंपरा में चारों वेदों की रचना मानी जाती है।

(iii) स्मृति-परंपरा में उपनिषद, जिनमें काव्यशास्त्र और न्याय जैसे विषयों से जुड़े करीब 20 धर्मशास्त्र शामिल हैं (इन्हीं में मनुस्मृति और याज्ञवल्क्य स्मृति भी आते हैं); न्याय और मीमांसा सूत्र तथा 18 पुराण आते हैं। वेदों के चार उपवेद, संगीत, तीरंदाजी, स्थापत्य, मूर्तिशिल्प और रोग-चिकित्सा संबंधी पुस्तकें भी इसी परंपरा से जुड़ी मानी जाती हैं।

6. श्रीअरबिन्द, द सिक्रेट ऑफ द वेदा (कंप्लीट वर्क्स आफ श्रीअरबिन्दो, खंड 15), पांडिचेरी; श्रीअरबिन्दो आश्रम पब्लिकेशन डिपार्टमेंट, 1998, पृ. 10

7. श्रीअरबिन्द के अनुसार ब्राह्मण और उपनिषद ग्रंथ एक शक्तिशाली पुनरुत्थान का प्रमाण है, जिसने वेदों के पवित्र पाठ और रीति-रिवाजों को आध्यात्मिक विचार और अनुभव के तौर पर प्रतिस्थापित किया। इस अभियान के दो पक्ष थे–प्राचीन स्वरूपों को बचाना और वेदों की आत्मा को सामने लाना। पहला काम ब्राह्मणों ने किया और दूसरा उपनिषदों ने। वे कहते हैं, "ब्राह्मणों ने वैदिक यज्ञों के स्वरूप को निर्धारित किया और उनकी हर चीज को बचाया, उनके भौतिक और प्रतीकात्मक अर्थों को स्पष्ट किया, पुरानी परंपराओं और मिथकों को सामने किया। अनेक मिथक कथाएँ वेदों की रचना के बाद की थीं और उनका उद्देश्य उनके अंशों और अवधारणाओं को स्पष्ट करना था, जिनको ठीक से समझा नहीं जाता था।" (पृ. 10 एवं 14)

उपनिषद का अर्थ आंतरिक या रहस्यमय शिक्षा है। यह पद उप(निकट), नि(नीचे) और षद(बैठना) से बना है, अर्थात चरणों के पास बैठना। तब शिष्यों का समूह गुरु के चरणों के पास बैठकर ही शिक्षा लेता था। उपनिषदों के रचयिता ऋषि-मुनि थे, जिन्होंने गंभीर समस्याओं और प्रकृति के रहस्यों पर गंभीर चिंतन करके कुछ निष्कर्ष निकाले और अपने शिष्यों को बताया। शंकराचार्य ने इस उपनिषद पद का अलग अर्थ निकाला। उनका आशय था कि उपनिषद का अर्थ है वह ब्रह्मज्ञान, जिसके द्वारा अज्ञान समाप्त होता हो। ब्रह्मज्ञान ही उपनिषद है और इसीलिए उन्हें वेदांत माना गया।

उपनिषदों में आई अवधारणाओं की कुछ निश्चित प्रवृत्ति है, पर इसके साथ ही अलग-अलग व्याख्याएँ भी उन पर लागू होती हैं। इस चीज को इस तथ्य के आलोक में समझा जा सकता

है कि उनके रचनाकारों के काल/स्थान और सामाजिक पृष्ठभूमि में काफी अंतर था।

8. तत् त्वम् असि-उपनिषदों के चार महावाक्यों में से एक।
9. पुराण का शब्दिक अर्थ है पुराना। पाणिनी के व्याकरण के अनुसार इसका अर्थ है, जो पहले हुआ हो। इसका मतलब पुरानी कहानी भी है, जिसमें पुरानी परंपराओं का पता चलता है। पर पुराण इतिहास नहीं हैं–इन दोनों में अंतर है। बाद में मिथक, पुराकथाएँ, कथाएँ भी इसमें जुड़ती गईं और बादरायण ने पुराणसंहिता तैयार की (देखें विष्णु पुराण-III.6.15.)।
10. मत्स्य पुराण, पद्म पुराण, नारदीय पुराण, विष्णु पुराण, वामन पुरान, वराह पुराण, भविष्य पुराण, ब्रह्म पुराण, शिव पुराण, स्कंद पुराण, मार्कडेय पुराण, गरुड़ पुराण, अग्नि पुराण, कूर्म पुराण, देवी पुराण, ब्रह्मांड पुराण, भागवत पुराण, लिंग पुराण वगैरह इसी श्रेणी में आते हैं।
11. राम-कथा भारत के सभी क्षेत्रों और सभी भाषाओं में कही-सुनी जाती है। रामायण ही विभिन्न भाषाओं, धर्मों और संस्कृतियों के अनुरूप अलग-अलग रूप में है। मूल कथा एक ही रहती है, पर छोटे-छोटे अंतर सब में हैं। थाइलैंड, इंडोनेशिया, मलेशिया, कंबोडिया और वियतनाम जैसे देशों तक में प्रचलित रामकथा ने वहाँ की स्थानीयता को भी ग्रहण किया है।
12. महाभारत भारत की एक विशिष्ट काव्य रचना है और दुनिया में इस तरह का दूसरा उदाहरण नहीं मिलता। करीब 200000 श्लोकोंवाला यह ग्रंथ आकार में 'इलियड' और 'ओडिसी' को मिलाकर भी उनसे आठ गुना बड़ा है और लगभग दो हजार सालों से भारतीय लोगों के जीवन का अभिन्न हिस्सा रहा है, उनको प्रभावित करता रहा है। पीटर ब्रुक्स के प्रयास के चलते आज इसे पेरिस, न्यूयार्क और ग्लासगो जैसे महानगरों में भी भारी लोकप्रियता मिली है। अब इसकी लोकप्रियता भारत की भौगोलिक सीमाओं तक ही नहीं रह गई है।
13. महाभारत के लेखक 'व्यास' पराशर और सत्यवती की संतान थे। पर कालक्रम में यह एक व्यक्ति-भर का नाम नहीं रह गया। इसने ज्ञानी और विद्वानों की पदवी का रूप ले लिया। द्वापर युग में भी एक व्यास ने जन्म लिया था। अगला द्वापर आने तक यह उनका नाम रहा। यह व्यास असल में कृष्ण द्वैपायन थे। रंग साँवला होने से 'कृष्ण' और यमुना के एक द्वीप पर जन्मने के चलते 'द्वैपायन' कहलाए।
14. 'रामायण' और 'महाभारत' को लेकर दूरदर्शन के लिए धारावाहकों का निर्माण हुआ और वे इतने लोकप्रिय हुए कि उनके प्रसारण के समय सड़कों पर यातायात थम-सा जाता था। गाँव की चौपालों पर लोग जुटकर उन्हें देखते थे। भावनाओं के प्रभाववश रोना और खुश होना आम था–उस समय कभी-कभार आनेवाली बिजली भी नियमित रहती थी। बिजली विभाग के लोग जनता की नाराजगी मोल नहीं ले सकते थे।
15. वामदेव शास्त्री, एशियाटिक स्टडीज (दो खंड), 1882 में पहला संस्करण। 1976 में कास्मो पब्लिकेशन्स, नई दिल्ली द्वारा पुनः प्रकाशित, पृ. 21-22, वामदेव शास्त्री अल्फ्रेड सी. लायल का नया नाम था।
16. राजमोहन गाँधी, रिवेंज एंड रिकांसिलिएशन, अंडरस्टैंडिंग साउथ एशिया हिस्ट्री, पेंग्विन बुक्स इंडिया, 1999, पृ. 16
17. डेक्कन कालेज ऑफ पोस्ट ग्रेजुएट एंड रिसर्च इंस्टीट्यूट का डायमंड जुबली अंक-60-61, 2000 और 2001
18. पूर्वोक्त।
19. पी. लाल, महाभारत, पृ. 294
20. राजगोपालाचारी, महाभारत, भारतीय विद्या भवन, मुंबई, पृ. 310
21. जे. जे. बाक्कर, पूर्वोक्त, पृ. 29

22. राजगोपालाचारी, महाभारत, पूर्वोक्त, भूमिका, पृ. iv

23. ऋग्वेद में आए अंतर-कबीलाई टकरावों के उदाहरण गिनवाने का कोई खास मतलब नहीं है, पर रावी क्षेत्र में दाशराज्ञयुद्ध अर्थात दस राजाओंवाली लड़ाई उल्लेखनीय है। दाशराज्ञ युद्ध में भारतीय कबीले के लोग राजा दिवोदास के नेतृत्व में दस राजाओं की मिली-जुली सेना से लड़े थे और विजयी हुए थे। इसमें दिवोदास को विश्वामित्र का समर्थन भी प्राप्त था। इस युद्ध में भाग लेनेवाले कुछ कबीलों का नाम बाद में हम कभी नहीं सुनते। संभवतः वे अन्य बड़े कबीलों में मिल गए और उनका ही नाम अपना लिया। कुछ कबीलों को पूरब की ओर खदेड़ दिया गया और ये सभी आपस में मिल गए। इनका नया नाम पांचाल था और इनके प्रभाववाला क्षेत्र आज का उत्तरप्रदेश है।

24. आर. सी. मजुमदार, इंडियन हिस्ट्री : इट्स नेचर, स्कोप एंड मेथड, द हिस्ट्री एंड कल्चर आफ द इंडियन पीपलः द वैदिक एज (संपा.), भारतीय विद्या भवन, बंबई, 1951, (पांचवें संस्करण 1988, प्र. 38 से उद्धृत)

25. जेनिन मिलर की किताब, 'द विजन ऑल कास्मिक आर्डर इन द वेदाज़' के आर. पणिक्कर द्वारा लिखे प्राक्कथन से उद्धृत। राउटलेज एंड कीगन याल, लंदन, 1985

26. जेनिन मिलर, पूर्वोक्त, पृ. 285

27. अथर्ववेद X. 191.4

    पृथिवी शान्तिरन्तरिक्षं शान्तिद्यौः शान्तिरापः शान्तिरोषधयः शान्तिर्वनस्पतयः
    शान्तिर्विश्वे में देवाः शान्तिः सर्वे में देवाः शान्तिः शान्तिः शान्तिः शान्तिभिः
    ताभिः शान्तिभिः सर्व शान्तिभिः शमयामोऽहं यद्दिह घोरं यद्दिह क्रुरं
    यद्दिह पापं तच्छान्तं तच्छिवं सर्वमेव शमस्तु नः।।

28. अथर्ववेद 7.52.1-2.

    संज्ञान न स्वेभि संज्ञानमरणेभिः।
    संज्ञानमश्विना युवमिहास्मासु नि यच्छतम्
    सं जानामहै मनसा सं चिकित्वा युष्मिहि मनसा दैव्येन
    मा घोषा उत् स्थर्बहुले विनिर्हते मेषुः पप्तदिन्द्रस्याहत्यागते।।

    1. हमें हमारे मन का मेल करा दो, अपरिचितों से एकता करा दो, हे अश्विनों, सद्भाव और प्रेम के साथ हम से जुड़ो
    2. हम मन से, उद्येश्य से एक हों स्वर्ग के देवों से न टकराएं हमारे आसपास हत्याओं का दौर न चले, इन्द्र का तीर न चले

29. अथर्ववेद XVII

    यत् ते मध्यं पृथिवि यच्च नभ्यं यास्त ऊर्जस्तन्वः संबभूवुः।
    तासु नो धेह्यभि नः पवस्य माता भूमिः पुत्रो अहं पृथिव्याः।।
    पर्जन्यः पिता स उ नः पिपर्तु ।।12।।
    यत् ते भूमे विखनामि क्षिप्रं तदपि रोहतु।
    मा ते मर्म विमृग्वरि मा ते हृदयमर्पिपम्।।

हे भूमि, मैं तुमको खोदूं तो पेड़-पौधे जल्दी से बढ़ें, हे मुक्ति दाता में आपका दिल न तोड़ूं, आपको क्षति न पंहचाऊं।

31. यजुर्वेद 40.1.

    ईशा वास्यमिदं सर्व यत्किंच जगत्यां जगत्।
    तेन त्यक्तेन भुण्जीथा मा गृधः कस्यस्विद्धनम्।।

पृथ्वी पर चलने वाली सारी चीजों का ईश्वर ही रक्षक है जो सब कुछ त्याग देता है वही असली आनंद पाता है।

32. यजुर्वेद

'माता भूमिः पित्रोह्य पृथिव्याह'।

33. अथर्ववेद XIX. 9.14

पृथ्वी शान्तिरन्तरिक्षं शान्तिर्द्यौः शान्तिरापः शान्तिरोषधयः शान्तिः
वनस्पतयः शान्तिर्विश्वे मे देवाः शान्तिः सर्वे में देवा शान्तिः शान्तिः
शान्तिः शान्तिभिः। ताभि शान्तिभिः सर्व शान्तिभिः शमयामोऽहं
यदिह घोरं यदिह क्रुरं यदिह पापं तच्छान्तं तच्छिवं सर्वमेव-शमस्तु नः ।।1411 33-41

34. एक ऐसे नियम का मूल विचार, जो ब्रह्मांड की हर चीज के आधार अर्थात जीवन को संचालित करता है और एक परम सिद्धांत का ही प्रतिरूप है तथा अलग-अलग रूपों में व्यक्त होता है : पहले द्वैत के रूप में, फिर बहुलता के रूप में, और जिसका अहसास मनुष्य अपनी दिव्य दृष्टि या एकदम नियमनिष्ठा से जीवन जीकर या उस एक परम तत्व से मेल का अनुभव करके करे, उस सत्य का अनुभव करे जो सामान्य कामकाज और व्यवहार से नहीं होता, उसे रूपायित करने का प्रयास ही ऋग्वेद की पृष्ठभूमि में है और बाद में ब्राह्मणों, उपनिषदों और वेदांत-सूत्रों, महाग्रंथों और पुराणों से यही किया गया है।–जेनिन मिलर, पूर्वोक्त, पृ. 294-95

35. भागवत कहती है,
कामस्य नेन्द्रिय-प्रीतिर्लाभो जीवेत यावता। जीवस्य तत्वजिशासा नार्थो यश्वेह कर्म्मभिः ।।10।।
वदन्ति तत् तत्वविदस्तत्त्वं यज्ज्ञानमद्वषम्। ब्रह्मेति परमात्मेति भगवानिति शब्द्यते ।।11।।
तच्छद्दधाना मुनयो ज्ञानवैराग्ययुक्तया। पश्यन्त्यात्मनि चात्मानं भक्तया श्रुतगृहीतया ।।12।।
"जीवन का परम लक्ष्य स्वर्ग प्राप्त करना नहीं है, बल्कि सत्य की खोज करना है।" (भागवत, 2.10)

36. मनुस्मृति : धर्मशास्त्र की 18 स्मृतियों में से एक, जिसकी रचना ईस्वी सन 200 के आसपास हुई। वेदों के अलावा अधिकांश प्राचीन ग्रंथों को 'स्मृति' के नाम से ही जाना जाता है।

37. महाभारत, आदिपर्व, 63,95

38. महाभारत, उद्योग पर्व,

वीक्षमाणं मुनिं दृष्टवा प्रोवाचेदं वचस्तदा।
जन्म शोकाभितप्तायाः कर्थ ज्ञास्यसि कथ्याताम्।।

39. विश्वामित्र : प्राचीन प्रसिद्ध सात ऋषियों में से एक। वे जन्म से क्षत्रिय थे, पर तप के बल पर उन्होंने ब्राह्मणत्व प्राप्त किया था। वे राम के शस्त्र-शिक्षक के कुलगुरु थे और राम-लक्ष्मण को लेकर वन गए थे, जिससे राक्षसों को मारकर ऋषि-मुनियों की रक्षा कर सकें। वे एक अन्य प्रमुख ऋषि वशिष्ठ के प्रतिद्वंदी माने जाते हैं।

40. पराशर : एक ऋषि, जो महर्षि व्यास के पिता थे। व्यास की माँ सत्यवती ने बाद में शांतनु से विवाह किया था।

41. क्वैश ऐलुषः महर्षि और परम विद्वान। उनका जन्म शूद्र माँ-बाप से हुआ था, पर उन्होंने ब्राह्मण की श्रेणी प्राप्त की।

42. सत्यकाम जाबाल : जाबाला नामक वेश्या के पुत्र और प्रसिद्ध ऋषि। उन्होंने अपने नाम के साथ माँ का नाम सदा जोड़े रखा।

43. इसका अर्थ पूरी दुनियादारी का त्याग नहीं था, क्योंकि पति और पत्नी शारीरिक संबंध (महीने में एक बार) रख सकते थे, यज्ञ की अग्नि जलती रहती थी और कुछ न्यूनतम रस्म-रिवाजों

को पूरा करना होता था।

44. राजा का कर्त्तव्य था अपनी प्रजा की रक्षा करना और अगर वह अपना कर्त्तव्य पूरा नहीं कर पाता तो लोगों को अधिकार है कि वे उसे राजा न मानें (महाभारत, XII-57)। पर हिन्दू परंपरा में विद्रोह के अधिकार को कई नैतिक कानूनों से भी जोड़ दिया गया है और ऐसा संभवतः अराजकता को रोकने के लिए किया गया है। ब्राह्मणों में भी दमनकारी शासक के विरुद्ध अपना क्रोध दिखाने की बात कही गई है। पर यह सब काम नागरिक अधि कारों की रक्षा के नाम पर न होकर शासक द्वारा सत्ता का दुरुपयोग रोकने के प्रयास के लिए ही किया गया था (भागवत पुराण, IV.14)।

45. राजा का कर्त्तव्य धर्म की रक्षा करना भी था (अर्थशास्त्र, III.1.150)

चतुर्वर्णाश्रमस्यायं लोकस्याचाररक्षणात्।
नश्यतां सव्रधर्माणां राजा धर्मप्रवर्तकः।।38।।
धर्मश्व व्यवहारश्व चरित्रं राजशासनम्।
विवादार्थश्वतुश्पादः पश्चिमः पूर्ववाधक।।39।।

46. जब नियमों का पालन न हो रहा हो तो उन्हें लागू कराने का जिम्मा राजा को है क्योंकि चारों वर्णों और चारों आश्रमों के लोगों का आचरण देखना उसका काम है।

सबसे प्रमुख वैष्णव मंदिरों से एक पुरी और उसके अधिष्ठाता भगवान जगन्नाथ का उदाहरण ही लें। कहा जाता है कि भगवान जगन्नाथ की पूजा ओडिसा के घने जंगलों में रहने वाले शबर कबीले के लोग करते थे। फिर एक दिन मालवा के शासक इंद्रद्युम्न ने उनके बारे में सुना और इस देवता और उसके महत्व के बारे में अधिक जानकारी हासिल करने के लिए अपने पुजारी को दूत बनाकर भेजा। बहुत मुश्किल से उसे उस मूर्त्ति के दर्शन हुए, पर दर्शन से वह अभिभूत हो गया। वापस आकर उसने महाराजा को इस मूर्ति के बारे में बताया तो उन्होंने उसे लाने के लिए अपनी सेना भेज दी। सेना को मूर्ति नहीं मिली और वह गायब हो गई। फिर एक बड़ा धार्मिक अनुष्ठान किया गया तो एक चमत्कारी पेड़ लहराते हुए समुद्र के किनारे उग आया। फिर एक शिल्पी ने वैसी ही प्रतिमा उस पेड़ की लकड़ी से बनाई, जैसी पहले थी और फिर वहीं उस प्रतिमा को रखने के लिए विशाल मंदिर तैयार किया गया। आज भी शबर कबीले के आदिवासी, जिन्हें दैत्य कहा जाता है, भगवान जगन्नाथ की पूजा में महत्वपूर्ण भूमिका निभाते हैं और जब भी पुरानी प्रतिमा की जगह नई प्रतिमा गढ़ी जाती है, तो लकड़ी से नई प्रतिमा गढ़ने का काम वही लोग करते हैं। जिस किसी ने भगवान जगन्नाथ की प्रतिमा के दर्शन किए हों, वह मानेगा कि भगवान कृष्ण के रूप से उसकी कोई समानता नहीं है, जबकि ओडिसा के लोग उन्हें कृष्ण का रूप ही मानते हैं। उनकी पहचान इसी रूप में है। हिन्दू देवी-देवताओं की पाँत में उनका बहुत ऊँचा स्थान है, और इसी से उनके मूल भक्तों–शबरों को हिन्दू समाज में ऊँचा स्थान मिल गया है।

47. ऋग्वेद (V-61.8)के इस श्लोक का अर्थ कुछ इस प्रकार किया जाता है : "पति और पत्नी एक ही चीज का आधा-आधा हिस्सा हैं और हर मामले में बराबर हैं। इसीलिए उन्हें धार्मिक और गृहस्थी के कामों में बराबर हिस्सेदारी करनी चाहिए।" ऋग्वेद का हर श्लोक किसी न किसी ऋषि के नाम पर है। अधिकांश श्लोक पुरुष ऋषियों के हैं। ऋग्वेद में अनेक ऐसे श्लोक भी हैं, जिनकी रचना महिला ऋषियों ने की है। बाद में उनको ऋषिका और ब्रह्मवादिनी कहा गया। ब्रह्मवादिनी विद्यार्थी जीवन के ब्रह्मचर्य व्रत से निकला पद था और शिक्षा का ऐसा अधिकार लड़कियों को भी था। ऋग्वेद (7, 9) में इस बात का जिक्र है कि कुँआरी लड़कियाँ ब्रह्मचारिणी की तरह रहकर शिक्षा ग्रहण करती थीं और फिर अपना पति ढूँढ़ती थीं।

48. याज्ञवल्क : वेद संहिता के ऋषि। जनक, मैत्रेयी और कई अन्य को ब्रह्मज्ञान करानेवाले। याज्ञवल्क को ऋषियों में सबसे ऊँचा स्थान दिया जाता है। वे मिथिला के थे औरश्रुति तथा स्मृति, दोनों ही परंपराओं में उनका बहुत ऊँचा स्थान है। वे अपने आध्यात्मिक ज्ञान और शक्ति के लिए जाने जाते हैं।

49. वाचक्नवी: उपनिषद काल की एक महिला दार्शनिक, जिन्होंने याज्ञवल्क को चुनौती दी थी।

50. गार्गी : वैदिक काल की प्रसिद्ध विदुषी: वेदों की भी एक रचयिता।

51. मैत्रेयी: याज्ञवल्क की पत्नी। मैत्रेयी को ब्रह्म की प्रकृति पर चर्चा करने का शौक था। इसी के चलते उन्हें ब्रह्मवादिनी भी कहा गया है।

52. ब्रह्म विवाह : जब युवक अपनी शिक्षा पूरी कर लेता था तो उसके माँ-बाप किसी अच्छे लड़कीवाले परिवार के पास जाकर उनसे अपने बेटे के लिए कन्या का हाथ माँगते थे। तब लड़कीवाले किसी किस्म का दहेज या आभूषण नहीं देते थे। धर्मशास्त्रों में जिन आठ विवाह-पद्धतियों का जिक्र है, उनमें इसे सर्वश्रेष्ठ माना जाना है।

53. प्रजापत्य विवाह : धर्मशास्त्र के अनुसार वर्णित आठ विवाहों में यह भी एक पद्धति है। इसमें कोई लेन-देन नहीं होता, सिर्फ कन्यादान होता है। प्रथम रजोदर्शन होने के बाद ही लड़की का पिता उसके लिए लड़का ढूंढकर उसकी शादी कर देता था।

54. आर्ष विवाह : आर्ष शब्द से यह लगता है कि इसका संबंध ऋषियों-मुनियों से होगा। पर धर्मशास्त्रों के अनुसार वर की तरफ से दो गाएँ देकर कन्या लेनेवाले विवाह को आर्ष विवाह कहते थे। जिस कन्या के माँ-बाप विवाह का खर्च नहीं उठा सकते थे, वे ऐसा करते थे।

55. दैव विवाह : यज्ञ के दौरान ऋत्विक (यज्ञ करानेवाले) से कन्या का विवाह कर देना दैव विवाह कहलाता था। लड़की के माँ-बाप जब यह इंतजार करके थक जाते थे कि कोई लड़केवाला उनकी बेटी का हाथ माँगने आएगा, तब वे यज्ञ कराते थे और फिर यज्ञकर्त्ता से अपनी बेटी की शादी कर देते थे।

56. ऋग्वेद, X, 85

    चतुर्वर्णाश्रमस्यायं लोकस्याचाररक्षणात्।
    नश्यतां सव्रधर्माणां राजा धर्मप्रवर्तक:।। 38।।
    धर्मश्व व्यवहारश्व चरित्रं राजशासनम्।
    विवादार्थश्वतुश्पाद: पश्चिम: पूर्ववाधक।। 39।।

57. जब नियमों का पालन न हो रहा हो तो उन्हें लागू कराने का जिम्मा राजा को है क्योंकि चारों वर्णों और चारों आश्रमों के लोगों का आचरण देखना उसका काम है।

58. यह दुर्भाग्यपूर्ण है कि हमारे समाज का यह पक्ष दिन-पर-दिन कमजोर होता जा रहा है।

59. हिन्दू धर्मशास्त्रों में इनमें सबसे प्रमुख ग्रंथ हैं मनु स्मृति, नारद स्मृति और याज्ञवल्क स्मृति। बौद्ध नियमों को किसी एक किताब में संग्रहित नहीं किया गया है, पर कानूनी आदर्शों का जिक्र विनयपिटक में है।

60. भारत में कभी 3000 जातियाँ और 25000 उपजातियाँ थीं। सिर्फ ब्राह्मणों की ही 1800 उपजातियाँ थीं। प्राचीन काल में सभी ब्राह्मणों के बीच बेटी-रोटी का संबंध नहीं चलता था।

61. ऋग्वेद, 8-86-4

62. यजुर्वेद, 3-41

    उपहूता इह गाव उपहूता अजावय:।
    अथो व: शान्त्यै प्रपद्ये शिवथ्ठं शग्मथ्ठं शंयो: शंयो:।। 43।।

ये रही बुलाई गई गाएं, बकरीयां और भेड़ें और हमारे घर में हमारे भोजन को मीठा बनाने वाले

है। मैं सुरक्षा और शांति के लिए यहा आता हुं। हमें आनंद मिले, हमें आशीवार्द मिले।

63. समकालीन भारत में जाति-व्यवस्था के ऊँच-नीचवाले बँटवारे के खाने टूटते जा रहे हैं। जातिगत असमानता की चारों ओर होनेवाली आलोचना के चलते ऐसा हो रहा है। आज शायद ही कोई जाति-व्यवस्था और उसके भेदभाव को सही ठहराता है। राजनीति में जाति का महत्व जरूर बढ़ा है, पर सामान्य जीवन में विवाह वगैरह को छोड़कर जाति के बारे में कोई नहीं पूछता।

64. भारतीय संविधान में छुआछूत को दंडनीय अपराध बताया गया है।
सती भारत में उस स्त्री को माना जाता है, जो अपने मृत पति के साथ ही चिता में जल जाती थी। माना जाता है कि यह स्वेच्छा से कम, तरह-तरह के दवाबों के चलते ज्यादा होता था। बंगाल प्रेसिडेंसी में इस पर दिसंबर 1829 को प्रतिबंध लगा दिया गया। पर इसके कभी-कभार होने की चर्चा अभी तक उठती है। इसे रोकने के लिए 'सती का महिमामंडन' जैसे प्रयासों पर रोक लगाना भी जारी है।

65. दीघनिकाय; यह सुत्तपिटक का पहला अंश है। इसमें जो उप सुत्त हैं, वे निम्नलिखित तीन वर्गों में बँटे हैं :
(अ) सिलक्कबंध वग्गा-13 सुत्त, और (ब)महा वग्गा-10 सुत्त, (स) पिटक यग्गा-11 सुत्त।

66. राबर्ट डी काप्लान की पुस्तक, 'द कमिंग एनार्की' में उद्धृत। फर्स्ट विंटेज बुक एडिशन, न्यूयार्क, 2001, पृ. X

67. बी. पी. सिंह के सरदार पटेल मेमोरियल लेक्चर 'डेमोक्रेसी इकालाजी एंड कल्चर : द इंडियन एक्सपेटिएंस', 1999 में उद्धृत।

68. भगवान राम के जीवन की कथा, जिसमें माँ-बाप, गुरुओं, प्रजा, मंत्रियों वगैरह से उनका संबंध भी शामिल था, पीढ़ियों से भारतीय जीवन का आदर्श रही है। जीवन के सारे मसलों में रामकथा को आदर्श मानकर उन्हें सुलझाने का प्रयास किया जाता है। हिन्दी प्रदेश में राम-कथा का मतलब है गोस्वामी तुलसीदास द्वारा 'रामचरितमानस' में वर्णित कथा।

69. एम. रामा जोइस द्वारा 'धर्म : द ग्लोबल इथिक्स' में उद्धृत। भारतीय विद्या भवन, मुंबई, 1996, पृ. 46

70. महाभारत, शांति पर्व।
धर्माय राजा भवति न कामकरणाय तु।

71. मनुस्मृति, VII. 20
जातिमात्रोपजीवी व कामं स्याद्ब्राह्मणाब्रुवः।
धर्मप्रवक्ता नृपतेर्न तु शूद्रः कथंचन।।
वैदिकैः कर्मभिः पुझयैर्निष्किादिर्द्विजन्मनाम्।
कार्यः शरीरसंस्कारः पावनः प्रेत्य चेह च ।।26।।

72. कामनाडाका, 1.9

73. महाभारत, उद्योग पर्व।
अथाब्रवीन्महाराजौ धृतराष्ट्रः सुदुर्मना।
विदुरं विदुषां श्रेष्ठं सर्वपार्थिवसंनिघौ।।

74. विदुर महान भक्त थे जिन्होंने श्रीमद-भागवत खुद मैत्रेय मुनि से सुना था। उन्हें धर्म शास्त्र और राजनीति का अद्वितीय विद्वान माना जाता था। भीष्म ने उन्हें धृतराष्ट्र का प्रधानमंत्री नियुक्त किया था। तीनों लोक में उनके ज्ञान और बुद्धि की बराबरी कोई नहीं कर सकता था।

75. गावर, द फोकसांग्स ऑफ सदर्न इंडिया (1871) पृ. 165

अध्याय-4

मार्ग-प्रदर्शक

अप्प दीपो भव[1], *अर्थात अपने दीपक आप बनो*

-गौतम बुद्ध

पोलिश कवि और नोबल पुरस्कार विजेता विस्लावा लिम्बोर्स्का ने अपनी कविता 'पतन की शताब्दी' में एक बहुत ही महत्वपूर्ण सवाल उठाया है :

"जीवन कैसे जिएँ?
किसी ने मुझसे पत्र लिखकर पूछा था,
पर यही सवाल तो
उससे मेरा भी था
हर बार, सदा से सामने खड़ा
इससे जरूरी प्रश्न और नहीं है
हमारे पुरखों ने भी तो यही पूछा था।"[2]

'जीवन कैसे जिएँ?'-जैसे गूढ़ सवाल के बारे में वैदिक विद्वानों ने तीन मार्ग बताए हैं, हालाँकि उन्हें भी इस सवाल की गंभीरता का अंदाजा था। पहला है–कर्म मार्ग, जिसमें खेती से लेकर युद्ध के सारे काम आते हैं; दूसरा है–भक्ति मार्ग, जिसमें धार्मिक कामों और भक्ति के जरिए मनुष्य मुक्ति तक जाता है; और तीसरा मार्ग है–विचार और नजरिए का। 'बहुधा' का रास्ता इसी नजरिए में समाहित है, इसी से सबको साथ लेने और सहनशीलता का बोध होता है, जिससे एक सद्‌भावपूर्ण सुदृढ़ समाज की नींव रखी जा सकती है। हम सोच सकते हैं कि हमारे ऋषियों ने इस मार्ग की कल्पना मोक्ष प्राप्ति के लिए ही नहीं, विभिन्न मतों और सोच-समझ वाले मानव-समूहों के साथ शांतिपूर्वक रहने के लिए भी की थी, वरना हर समूह अपनी श्रेष्ठता का दावा करता होता।

इस बारे में उचित नजरिया विकसित करने के लिए 'बहुधा' दर्शन आज भी केंद्रीय चीज है। ऐसा नजरिया विभिन्न समुदायों और धर्मों, प्रकृति और मनुष्य के बीच मेलजोल भरा वातावरण बनाने के साथ ही जीवन, धर्म, आध्यात्मिकता और

तिज्ञान के मामलों में दूसरों के नजरिए का भी आदर करने की मानसिकता बनाने में मदद करता है।

सभी जीवों और मनुष्य जाति की सारी आस्थाओं के प्रति ऐसा बहुलतावादी दृष्टिकोण भारतीय सभ्यता की केंद्रीय वस्तु है। यह दृष्टिकोण एक विचार भी रहा है और वास्तविकता भी। बतौर विचार बहुलता के आधार पर ही हम अपनी सांस्कृतिक विविधता के साथ-साथ जटिल जातीय, धार्मिक और भाषायी वास्तविकताओं को समझ सकते हैं। और वास्तविकता के रूप में यही हमें इस विविधता में भागीदारी करने में सक्षम बनाता है। मेरे ख्याल से इसका अर्थ दूसरे के नजरिए के प्रति सहनशील होना-भर ही नहीं है, इस बारे में जानने की इच्छा का होना भी है। यही गुण आपको दूसरे के लिए उपयुक्त पात्र बनाता है।

अपने लंबे ज्ञात इतिहास में भारतीय चिंतन-पद्धति ने आंतरिक बदलावों के साथ-साथ बाहरी संपर्कों के चलते अपने अंदर अनेक बड़े परिवर्तन किए हैं। सामाजिक टकराव और बाहरी हमले भारतीय इतिहास के दो अभिन्न अंग रहे हैं। पर इन दवाबों-तनावों, हिंसा और बर्बादी के बीच भी 'बहुधा' का दर्शन ही चिंतनधारा के केंद्र में रहा है। हम इसे कुछ इस परिप्रेक्ष्य में देख सकते हैं :

(अ) पथ-प्रर्दशक : भगवान महावीर, भगवान बुद्ध और गुरु नानक;
(ब) समाज-निर्माता : स्वामी विवेकानंद, महात्मा गाँधी और गुरुदेव रवींन्द्रनाथ ठाकुर;
(स) शासक : अशोक, अकबर और जवाहरलाल नेहरू;
(द) जनमानस

ईश्वर और गुरुओं का मार्ग

अधिकांश धर्म ईश्वर को ब्रह्मांड का रचयिता मानते हैं। पर एक और स्तर पर तर्कवादी इस उधेड़बुन में लगे रहे हैं कि मानव मस्तिष्क में धार्मिक आस्थाएँ ईश्वरीय संकेत से जन्मी हैं या फिर मनुष्य जाति ने अपने विकास और सामुदायिक जीवन जीने के क्रम में इस मान्यता को अपना लिया है। सरल भाषा में कहें तो वे इस सवाल से जूझते रहे हैं कि ईश्वर ने आदमी को बनाया है या आदमी ने ईश्वर की कल्पना की है? वैदिक ऋषियों को जो ईश्वरीय संदेश मिला, वही वेदों में संग्रहित हुआ है और वही हिन्दू धर्म और दर्शन का आधार है। इसी प्रकार ईसा को दैवी प्रकाश मिला तथा मोहम्मद को इल्हाम हुआ।

आज तर्कवादियों तक में यह अहसास बढ़ता जा रहा है कि अपराधों और हत्याओं पर रोक के लिए भी नैतिक मूल्य और बंधन जरूरी है, जबकि वे धर्म को ज्यादा महत्व नहीं देते। मानव व्यवहार की विकासवादी प्रवृत्ति भी यह बताती है कि

अगर किसी व्यक्ति की किसी देवता या धर्म में गहरी आस्था है तो वह उसे बुरे कामों से रोकती है और अच्छे कामों के लिए प्रेरित करती है। उसे लगता है कि ईश्वर हर पल उस पर नजर रखता है, उसके काम को देखता है। अच्छे कर्मों से सिर्फ यही जन्म नहीं सुधरता, बल्कि भावी जन्म भी सुधरते हैं। यही विश्वास व्यक्ति को अच्छे और समझदारी के मार्ग पर चलने को प्रेरित करता है।

ईश्वर के बारे में हिन्दू और बौद्ध नजरिए, जो अभी तक के भारतीय मानस पर सबसे ज्यादा प्रभावी रहे हैं, एकदम अलग-अलग हैं। हिन्दुओं ने ईश्वर को एक ही माना है, पर ऋग्वेद में अग्नि, इन्द्र, वरुण जैसे अनेक देवताओं का जिक्र है। बाद को वेदों में ये देवता पृष्ठभूमि में चले गए और ब्रह्मा, विष्णु, महेश प्रमुखता पा गए। इस त्रिमूर्ति में भी सिर्फ विष्णु के बार-बार अवतार लेने की मान्यता है और उनके दस अवतार माने गए हैं।[3] हिन्दू मानते हैं कि जब-जब धर्म का नाश होता है और अधर्म बढ़ता है तो भगवान विष्णु नया अवतार लेकर हर तरह की असन्तुलन को दूर करते हैं। भगवान श्रीकृष्ण[4] ने अवतार के बारे में भगवद्गीता में यही कहा है।[5]

अर्थात जब-जब धर्म की हानि होती है और अधर्म बढ़ता है, तब-तब मैं स्वयं पृथ्वी पर अवतार लेता हूँ और अधर्म का नाश करके धर्म की स्थापना करता हूँ।

बौद्ध और जैन मत में न तो ईश्वर की सत्ता को स्पष्ट स्वीकारा गया है, न ही उसका खंडन किया गया है। ब्रह्मांड के अस्तित्व के साथ-साथ उसकी अमरता और भव्यता को स्वीकार किया गया है। महात्मा गाँधी ने बहुत ही अच्छे ढंग से बौद्ध मत की मूल भावना को पकड़ा है:

> *"मैंने यह असंख्य बार सुना है और बौद्ध मत की व्याख्या का दावा करनेवाली किताबों में पढ़ा है कि बुद्ध का ईश्वर में विश्वास न था। मेरी विनम्र समझ में यह बात बुद्ध की शिक्षाओं की मूल भावना के विरुद्ध जाती है। तब भगवान के नाम पर जो कुछ चलता होगा, बुद्ध ने उसे खारिज किया और उसी के चलते यह गलतफहमी बनी होगी। निस्संदेह उन्होंने ईश्वर कहलाने के खतरे, दोषों और उससे होनेवाले पश्चताप को समझ लिया था। इसी कारण वे चक्रवर्ती सम्राटों की तरह लोभ और मोह का शिकार होने खतरे से बचे।*
>
> *ईश्वर के नियम अटल और दैवी हैं और उन्हें स्वयं ईश्वर से भी अलग नहीं किया जा सकता। यह उनके परमसत्य और परिपूर्ण होने से जुड़ी चीज है। इसलिए इस पर कोई भी विवाद व्यर्थ है कि बुद्धं ने भगवान को माना या सिर्फ नैतिक नियम-कानूनों को माना।"*[6]

परलोक-गमन और पुनर्जन्म की मान्यता भारतीय धार्मिक चिंतन की एक बुनियादी चीज है और यह हिन्दू, बौद्ध और जैन, तीनों धर्मों में है। यह वास्तविकता की बजाय आस्था का मामला है। बौद्ध धर्मग्रंथों में कहा गया है, "व्यक्ति का

अस्तित्व संस्कारों से बँधा है और कर्म का मतलब उससे ऊपर उठना है।" हम सिर्फ अपने माँ-बाप की संतान-भर नहीं है; हमारा काफी कुछ हमारे पूर्व जन्मों के कर्म पर भी निर्भर करता है।

यहाँ दलाई लामा के चुनाव की प्रक्रिया का जिक्र करना दिलचस्प होगा। किसी भी दलाई लामा के मरने के बाद बाकी प्रमुख लामा लोग एक विशेष बच्चे की तलाश करने निकलते हैं और एक बार उसकी पहचान सुनिश्चित हो जाने के बाद उसे ही दलाई लामा घोषित कर दिया जाता है। पुनर्जन्म का सिद्धांत ही इस चुनाव का आधार है, जैसे, वर्तमान दलाई लामा-जो चौदहवें दलाई लामा हैं-का जन्म उत्तर-पूर्व तिब्बत में हुआ था। उनका बचपन का नाम तेनजिन ज्यात्सो था। तभी तत्कालीन दलाई लामा की मौत के बाद लामाओं ने उन्हें दो वर्ष की उम्र में ही उनके अवतार के रूप में ढूँढ़ निकाला और फिर 1940 में इन्हें तिब्बत की राजधानी ल्हासा की गद्दी पर नए दलाई लामा के रूप में बैठा दिया गया।

भगवान महावीर और भगवान बुद्ध ने धर्म, तर्क और अनुभव पर जोर दिया और लोगों से कहा कि वे अपनी बुद्धि से सत्य की खोज और उसका अनुभव करें। उन्होंने ईश्वर के अस्तित्व को न तो स्वीकार किया, न नकारा; लेकिन भौतिक परिघटनाओं में एक शाश्वत और अटल नियम को देखा। बुद्ध का मानना था कि हमारा सुख-दुख हमारे कर्मों से जुड़ा है।

ईसाई धर्म में भी ईश्वर को ब्रह्मांड का रचयिता तो माना गया है, लेकिन वहाँ हिन्दू धर्म वाली अवतार-जैसी मान्यता नहीं है। हाँ, क्रॉस पर चढ़ाकर मार दिए जाने के बाद जीसस के फिर से जीवित होने की बात अवतार वाली मान्यता से काफी मिलती-जुलती है।

इस्लाम मानता है कि अल्लाह ने ही यह ब्रह्मांड बनाया है और अल्लाह के सिवा कोई दूसरा भगवान नहीं है, अनेक ईश्वरों वाली बात वह नहीं मानता। अल्लाह के कामकाज, उसकी उपस्थिति और उसकी ताकत को समझने के लिए लोगों को उनके पैगंबर मोहम्मद द्वारा बताई गई बातों पर भरोसा करना चाहिए, उनकी शिक्षाओं का पालन करना चाहिए। इस्लाम न तो अवतारवाद को मानता है न ही मूर्तिपूजा को।

अनेक आर्थिक, सामाजिक और राजनैतिक कारणों से वैदिक विश्वदृष्टि की सीमाएँ आज स्पष्ट होती जा रही हैं। आज ज्यादा से ज्यादा हिंदू यह मानने लगे हैं कि उनके पूर्वज जो यज्ञ और बलि-प्रथा चलाते थे, उसका कोई लाभ नहीं था। वर्ण-व्यवस्था के कारण जो सामाजिक अन्याय, खास तौर से अछूतों और औरतों के विरुद्ध हुआ है, उसका अहसास भी आज सबको हो गया है। ब्राह्मणों की बौद्धिक क्षमता और चरित्र में गिरावट आई है और पुराने समय में धार्मिक और सांस्कृतिक क्षेत्र में उनका जो महत्व था, वह आज नहीं है-वे उसके योग्य भी नहीं हैं।

ब्राह्मणवादी पूजा-पद्धति में यज्ञ और बलि का जोर था। ब्राह्मण अपने आर्थिक

लाभ के लिए यह सब कराया करते थे। धन-धान्य और फलादि का दान दिया जाता था और पशुओं की बलि भी दी जाती थी।

उस दौर में यज्ञ, हवन और बलि के पीछे मुख्य उद्देश्य प्राकृतिक शक्तियों को प्रसन्न रखने और उन पर नियंत्रण रखने का था, क्योंकि आर्थिक गतिविधियों के साथ लोगों का स्वास्थ्य भी प्रकृति पर ही निर्भर था। यह नजरिया लंबे समय तक बिना ज्यादा बदलाव के बना रहा, जबकि लोग अपने अनुभव से जान सकते थे कि इसका लाभ कभी-कभार ही मिलता है। धार्मिक कर्मकांड से भी सचमुच कोई लाभ होता हो, ऐसा भी कोई प्रमाण नहीं था। स्वभावत: समाज में बदलाव जारी रहे और धीरे-धीरे पुजारियों की प्रतिष्ठा कम होती गई। पुरानी वर्ण-व्यवस्था आधारित मूल्य-प्रणाली भी गिरती जा रही थी। लोग इस बात से परेशान थे कि नई व्यवस्था में उभरनेवाले राजा-महाराजा ज्यादा निर्दयी होकर अत्याचार कर रहे हैं और आर्थिक गतिविधियाँ उन थोड़े-से व्यापारियों के हाथों में सिमटती जा रही हैं, जो सिर्फ लोभ से काम करते हैं और आपसी प्रतिद्वंद्विता में तरह-तरह के हथकंडे अपनाते हैं।

कई विद्वान तो ऐसे में सिर्फ भौतिकवादी जीवन की बात करने लगे थे। लोकायत दर्शन, जिसके सबसे प्रख्यात विद्वान चार्वाक थे, की मान्यता थी कि सुखमय जीवन ही सब कुछ है। चार्वाक का यह कथन काफी प्रसिद्ध है कि 'ऋणम कृत्वा घृतम पीबेत'।[7] दरअसल यही वह दौर है, जब भारत में अनेक विभूतियों ने समाज और शासन-व्यवस्था को पुनर्गठित करने के लिए गंभीर चिंतन, मनन और प्रयास शुरू किए। इनमें दो सबसे प्रमुख महापुरुष थे महावीर(599-527 ई.पू.) और गौतम बुद्ध(563-483 ई.पू.)।

संयोग से उस दौर में, जिसे इतिहासकार प्रस्तर युग(600-400 ई. पू.) कहते हैं, जो भारी बौद्धिक और धार्मिक हलचल शुरु हुई, उसी ने हमारे समाज को ऊर्जा दी है और उसकी अनुगूँज आज तक सुनाई देती है। जीवन के कष्टों से मुक्ति और मेल-मिलाप से सुखपूर्वक जीने के बारे में तत्कालीन ऋषि-मुनियों और तपस्वी लोगों ने जो कुछ सिखाया, वह काफी उपयोगी था। इस अवधि में भारत में नई धार्मिक मान्यताएँ, खासकर बौद्ध और जैन, सामने आईं और संयोग से दुनिया की अन्य सभ्यताओं में भी तब ऐसे ही सुधारवादी आंदोलन चल रहे थे। चीन में कन्फ्यूशियसवाद और ताओवाद, मध्य-पूर्व और ईरान में एकेश्वरवाद, यूरोप में यूनानी तर्कवाद जैसे नए धर्म और पंथ लोगों को समाज के सामने उपस्थित नई समस्याओं का सामना करने की सीख दे रहे थे। धर्म और समाज के प्रति नजरिए में इस भारी बदलाव ने तेज आर्थिक विकास का-खासकर चीन, ईरान और यूनान में-रास्ता प्रशस्त किया। दूसरे शब्दों में कहें तो अब वैश्विक दर्शन के केंद्र में प्रकृति का अध्ययन और उस पर पकड़ बनाने की जगह मनुष्य का जीवन आ गया था-खासकर लोगों के आर्थिक, सामाजिक और राजनैतिक कामकाज।

भगवान महावीर (599-527 ई. पू.)

भगवान महावीर का जन्म वैशाली के निकट कौंडिन्यपुर में एक शासक परिवार में हुआ था। माँ-बाप ने उनका नाम वर्धमान रखा। उनके पिता राजा सिद्धार्थ थे और उनकी माँ का नाम देवानंद था। शादी के बाद वर्धमान के घर एक बेटी हुई। लेकिन माँ-बाप की मौत के बाद वर्धमान ने पारंपरिक जीवन त्याग दिया और 13 वर्षों तक घोर तपस्या की। तपस्या से ही उन्हें 'कैवल्य' अवस्था प्राप्त हुई। यह परम ज्ञान मिलने के बाद उन्हें 'महावीर' नाम से जाना गया। तपस्या, अनुशासन, आत्मशुद्धि और ज्ञान में वे अपने आप को सामान्य मनुष्य से उच्चतर अवस्था में ले आए। उन्होंने मानव स्वभाव की दुर्बलताओं और स्वयं अपनी आत्मा पर विजय प्राप्त कर ली थी, जिसके चलते उन्हें 'जिन' भी कहा गया। उनकी मृत्यु पटना के निकट पावापुरी में हुई।

भगवान महावीर तीर्थंकरों की परंपरा में 24वें तीर्थंकर थे और वही जैन धर्म के संस्थापक बने। जैन मत के अनुसार तीर्थंकर समय-समय पर जन्म लेकर मनुष्यजाति को ज्ञान और सहायता देते हैं। 'जिन' अर्थात महावीर के अनुयायी जैन कहलाए।[8] भगवान महावीर ने निजी जीवन के साथ-साथ सार्वजनिक जीवन में अहिंसा पर जोर दिया। उनके अनुसार सम्यक ज्ञान, सम्यक कर्म और सम्यक विश्वास से मनुष्य की मुक्ति संभव है। जैन मुनि हमें पाँच व्रत लेने को कहते हैं—किसी की हत्या न करना, असत्य न बोलना, दूसरे की चीजों को न छूना, बह्मचर्य व्रत का पालन करना और दुनियावी चीजों के आनंद का त्याग। पर इन सबमें महत्वपूर्ण है अहिंसा का व्रत, किसी भी जीव को मारने या चोट न पहुँचाने का विश्वास। यानी-'अहिंसा परमो धर्मः। अहिंसा ही एक ऐसी शक्ति है जो धैर्य और संयम से और अधिक मजबूत होती है।

'बहुधा' दर्शन की सर्वश्रेष्ठ अभिव्यक्ति वस्तुतः भगवान महावीर के ही 'अनेकांत' दर्शन में मिलती है, जो कि सत्य के बहुआयामी होने को स्वीकार करता है।

जैन दर्शन के अनुसार 'कैवल्य-ज्ञान' ही हमारा आदर्श और मुख्य लक्ष्य है[9]; लेकिन जहाँ तक हमारी बात है तो हम सच्चाई का एक अंश ही जानते हैं। वस्तु 'अनेकधर्मात्मकय' है अर्थात अनेक पहलुओं वाली है; जटिल है; इसके अनेक गुण हैं। लोग इस या उस पहलू को देखते-समझते हैं, लेकिन उनकी दृष्टि आंशिक, अपूर्ण और काल्पनिक ही है। इन दृष्टियों में पूरा सत्य नहीं होता। इसका ज्ञान उन्हीं लोगों या आत्माओं को होता है जो अपने लोभ, मोह वगैरह से ऊपर उठ गए होते हैं। इससे यह भाव आता है कि हम जो बात मान रहे हैं, संभव है वह सच न हो। यह हमें मानव-मन की कल्पनाशीलता से जुड़ी अनिश्चितता का बोध भी कराता है।

माना जाता है कि जैन मुनियों ने ही सबसे पहले छह अंधे व्यक्तियों और

हाथीवाली कहानी सुनाकर ज्ञान देना शुरू किया था। इनमें से हरेक अंधा उसके विभिन्न अंगों से उसकी अलग-अलग पहचान कराता है। इनमें से हर एक व्यक्ति सच्चा है, पर वह समग्र सच के एक अंश को ही बताता है। यों उनके हिस्से का सच एक-दूसरे के विरुद्ध हो या उनको काटता हो, ऐसा भी नहीं है।

अनेकांत का सिद्धांत इस बात का प्रतीक है कि न तो कोई चीज दूसरे से एकदम अलग है और न उसी जैसी है। यह कई तरह से दूसरे से अलग होती है तो कई तरह से जुड़ी हुई भी। एक व्यक्ति ब्रह्मांड से अलग नहीं होता, पर वह वही नहीं है। निस्संदेह हम आपस में जुड़े हुए भी हैं, तभी हम स्वतंत्र रूप से जीवन जीते हैं और एक-दूसरे पर निर्भर होकर भी रहते हैं।[10]

अनेकांतवाद दर्शन की 'सप्तभंगी' या 'सप्तमंगीनय' के सापेक्षता सिद्धांत से व्याख्या की जाती है। इसकी व्याख्या इस तरह की जा सकती है : (प) सापेक्ष रूप से यह भी है : (2) सापेक्ष रूप से यह नहीं भी है; (3) सापेक्ष रूप से यह है भी और नहीं भी; (4) सापेक्ष रूप से यह अवर्णनीय है; (5) सापेक्ष रूप से यह है भी और इसका वर्णन नहीं किया जा सकता; (6) सापेक्ष रूप से यह नहीं है और इसका वर्णन नहीं किया जा सकता; (7) सापेक्ष रूप से यह है भी और नहीं भी है तथा इसका वर्णन भी नहीं किया जा सकता। सिद्धांत यह भी कहता है कि कोई वस्तु एक भी हो सकती है और साथ ही अनेक भी, क्षणिक भी हो सकती है और शाश्वत भी।

किसी मुद्दे पर सात कोणों से विचार करने के बाद जैन मत ने 'स्यादवाद' का दर्शन विकसित किया। इसमें अनेक गुणों वाली वस्तु के बारे में अंतिम निर्णय करने से पूर्व एक समन्वित दृष्टि अपनाने की बात कही गई है। 'स्यादवाद' के अनुसार अभिव्यंजित सत्य वहीं तक सही है, जहाँ तक जाता है और फिर एकदम खारिज करने की जगह इसे दूर से अन्य अभिव्यंजित सत्य समर्थन देते हैं, इसके पूरे स्वरूप को सामने लाते हैं और तभी किसी खास समस्या से जुड़ी पूरी जटिल सच्चाई हमारे सामने आती है।

माना जाता है, कि 'स्यादवाद' 'दर्शन की एक ऐसी प्रणाली है, जो "सभी प्रणालियों की सच्चाई को साझा करने का प्रयास" करती है। इसके साथ ही यह ऐसा तरीका है जिससे यह समझा जा सके कि यह टुकड़े-टुकड़े को जमा करके बनी कोई चीज न होकर विचारों का एक संगठित स्वरूप है। प्रयास यह है कि सत्य के अनेक पहलुओं को समझने के लिए सभी अंशों को व्यवस्थित ढंग से जोड़ा जाए।

परमवाद की दृष्टि से स्यादवाद भले ही एक सारग्राही समन्वय लगे, पर यह अपनी दार्शनिक स्थापनाओं की विशेषता के प्रति उदासीन नहीं है, क्योंकि वे चमत्कारी समन्वय की माँग करते हैं और यह निश्चित रूप से यही करता है।

अनेक हिन्दू दार्शनिकों और तर्कशास्त्रियों ने सत्य के बारे में इस तरह संदेह

खड़ा करने के लिए जैन अनेकांतवादी[11] दर्शन की आलोचना की है। इस बारे में सबसे मजबूत तर्क यह है कि वस्तु का होना और न होना, एकता और बहुलता, शाश्वत और क्षणिक ठीक उसी तरह एक ही चीज का हिस्सा नहीं हो सकते, जिस तरह अंधकार और प्रकाश, दोनों एक समय एक ही स्थान पर नहीं रह सकते या एक ही चीज एक ही साथ गरम और ठंडा नहीं हो सकती। इस पृष्ठभूमि में कोई व्यक्ति कैसे किसी ऐसी वस्तु की सोच के आधार पर काम कर सकता है, जिसका कुछ भी पक्का न हो, जिसके बारे में हर बात अधूरी और अपूर्ण हो? इस दर्शन में हमें हर किसी को खुश करने का भाव भी दिखाई देता है और इसके लिए जरूरी समझौतापरस्ती खुद से विरोधाभासी बना देती है। अनेकांतवाद के बारे में अँधेरा/प्रकाशवाले उदाहरण पर आधारित तर्क की डॉ. सर्वपल्ली राधाकृष्णन ठीक ही आलोचना करते हैं। वे लिखते हैं :

> *"वे ठीक उसी तरह एक-दूसरे से संबंध नहीं रखते, जैसा कि प्रकाश और अँधेरे का संबंध है; वे इन्द्रधनुष के रंगों की तरह एक-दूसरे से संबंधित है। उन्हें परस्पर विरोधाभासी नहीं माना जा सकता, उन्हें सिर्फ अलग-अलग माना जा सकता है। ये वास्तविकता को अलग-अलग ढंग या रूप में समझने की तरह है।"*[12]

'अनेकांत' दर्शन के समर्थक मानते हैं कि यह एकदम अनिश्चित है और इसे पक्के तौर पर परिभाषित नहीं किया जा सकता। यही विचार एक परम सत्य के बारे में सातपक्षीय बयान से निकलता है और यह चीज सत्य को प्रकृति के अनेक स्तरों पर बताने-जानने के तर्क से निकलती है, क्योंकि ऐसा करने का कोई भी एक तरीका पर्याप्त नहीं है।[13]

निश्चित रूप से अनेकांत दर्शन वर्तमान को देखने और अनेक व्याख्याओं में बीच अंतरसंबधों को बता सकने का अच्छा तरीका बताता है। हमारे उद्देश्य से अनेकांतवाद जीवन और समस्याओं के बहुलतावादी नजरिए से मेल खाता है। यह दर्शन महावीर के अहिंसा दर्शन से, जो शारीरिक और मानसिक, दोनों तरह की हिंसा का नकार है, सीधे जुड़ा हुआ है।[14] महावीर ने इस बात को अच्छी तरह जान लिया था कि हिंसा की जड़ें मनुष्य के मन में ही हैं।[15] उनका मानना था कि मानवीय मुद्दों के बारे में एक परमवादी या बँधी-बँधाई दृष्टि टकराव और विवाद बढ़ाएगी। उन्होंनें इस तथ्य को पहचान लिया था कि सच्चाई के अनेक पहलू हैं और इसी के चलते उसे सिर्फ एकतरफा या एक दृष्टि से नहीं जा सकता। इसलिए वे चाहते थे कि सभी अपने से अलग दृष्टियों और अलग आस्थाओं का आदर करें।

युद्ध की शुरुआत मनुष्य के दिमाग से होती है और बोली ही इसका कारण बनती है।[16] जैन मत हमें बताता है कि अहिंसा की शुरुआत स्वयं से होती है; अपने विचारों, अपनी भाषा और अपने कर्मों पर नियंत्रण करने से होती है। सभी जीवों के प्रति आदर और स्नेह पर आधारित शांतिपूर्ण विश्व-व्यवस्था तभी कायम हो

सकती है, जब हम अपनी व्यक्तिगत अहिंसा को सामाजिक–राजनैतिक और पर्यावरण के क्षेत्र में भी विस्तारित करें और 'स्वयं के लिए अहिंसा' को व्यवहार रूप में 'सबके लिए अहिंसा' का रूप दें। अपनी सोच और दृष्टि को इतना धनात्मक बनाना कैसे संभव है?

हमें पहले इस बात को पहचानना होगा कि सामान्य तौर पर हिंसा 'कुछ भ्रांतियों और घमंड' पर आधारित नजरिए से उठती है, जो दूसरों की वैध बातों और दृष्टिकोण को भी स्वीकार नहीं करती अनेकांतवाद अलग–अलग नजरिए वालों के बीच संवाद का तरीका सुझाकर एक अलग निदान देता है। इसमें दूसरे के नजरिए का सम्मान करने की बात स्वयं निहित है। इसका मतलब यह नहीं कि अपने ज्ञान और अनुभव को गलत माना जाए और अन्य सभी के विचारों को ठीक मान लिया जाए, क्योंकि ऐसा संभव नहीं है। पर यह इस बात को भी कहता है कि किसी भी सोच को तर्क और प्रमाणों के आधार पर ही स्वीकार करना चाहिए। अनेकांतवाद ने जैन चिंतकों–मुनियों को यह सुविधा प्रदान की कि वे सच्चाई के बारे में अपने मत को सही मानते हुए दूसरे मतों का पूरे आदर से मूल्यांकन करें, उनकी आलोचना करें और अगर कहीं अपने नजरिए में कमी लगे तो उसे पहचानकर दूर करने की कोशिश करें। दूसरों के दृष्टिकोण के प्रति इतने आदर–भाव के चलते वैचारिक रूप से प्रतिद्वंद्वी या विरोधी के साथ किसी हिंसक तर्क या बहस की गुंजाइश ही नहीं बनती और सामने वाला भी अपना रुख बदलने को यथा संभव अपने विचारों में जरूरी बदलाव के लिए राजी हो जाता है।

अनेकांतवाद हमें सत्य के बारे में बहुलतावादी नजरिए को स्वीकार करने की अनुमति देता है। दूसरों के विचारों और आस्थाओं के प्रति खुला नजरिया रखने का अर्थ अपनी विश्वदृष्टि को कमजोर करना नहीं है। यह सिर्फ पूर्वाग्रह–मुक्त होकर संवाद की माँग करता है।

'अनेकांत' शब्द दो पदों से बना है–अनेक और अंत (अर्थात गुण, विशेषता या समाप्ति)। जब हम कहते हैं कि किसी वस्तु के अनेक गुण हैं, तो इसका मतलब होता है कि अपने आनुवांशिक क्रम में वस्तु में अनेक बदलावों की क्षमता है या विभिन्न स्थितियों और समय पर उसमें अलग–अलग विशेषताएँ दिखाई देती हैं। अनेकांत पदार्थों और स्वरूप की परस्पर निर्भरता को रेखांकित करता है। सिर्फ एक ही वस्तु या एक ही पदार्थ का अस्तित्व में रहना संभव नहीं हैं। वास्तविकता पदार्थ और स्वरूप के मेल से बनी है और उसमें कुछ चीजें स्थायी भी होती है, कुछ बदलती भी हैं। इसलिए वस्तु का हर स्वरूप पदार्थ की वास्तविकता का ही एक हिस्सा है। अनेकांतवाद हमें शाश्वत और क्षणिक, पदार्थ और स्वरूप के बीच के स्पष्ट आंतरिक विरोधाभास को दूर करने देता है और हमें इन दोनों की परस्पर निर्भरता को स्वीकार करने की अनुमति देता है।

व्यावहारिक जीवन में सत्य के बारे में ऐसा नजरिया हमारे मन–मस्तिष्क को

खुला रखने, साथ ही उस कठमुल्लेपन या अतिवादी नजरिए को दूर रखने को कहता है जो अपने विचारों को न सिर्फ सबसे श्रेष्ठ मानता है, बल्कि दूसरे के विचारों को कोई सम्मान नहीं देता। अनेकांतवादी दृष्टि सहनशीलता लाती है। इस प्रकार अनेकांतवाद अहिंसा के लिए एक ज़रूरी पूर्व शर्त है। बृहतर विश्व-व्यवस्था में अनेकांतवादी दर्शन लाने का अर्थ होगा शाांतिपूर्ण, मेलजोल वाली और अहिंसक विश्व-व्यवस्था बनाना। ऐसे नजरिए से निश्चित रूप से दूसरों के प्रति शत्रु-भाव में कमी आएगी और मानव-समाज में शांति और सद्भाव बढ़ता जाएगा।

जब कोई व्यक्ति अनेक दृष्टियों और विचारों की तरफ बहुत अनुशासित ढंग से बढ़ता है तो इस स्थिति तक पहुँचने के लिए उसके अंदर सच्चाई का बहुत संतुलित और एक हद तक उदासीन नजरिया विकसित हो जाना जरूरी है। उसमें यह समझ भी शामिल है कि अन्य लोग अपने लिए 'अन्य' नहीं हैं। वे खुद को वैसा ही मानते हैं, जैसाकि हम अपने को मानते हैं। टकरावों और युद्धों का इतिहास हमें बताता है कि धर्म और राजनीति का एकतरफा और अतिवादी नजरिया ही इतिहास में चली भारी मारकाट की जड़ में रहा है। अनेकांतवादी दर्शन की मूल बात अर्थात नजरियों की बहुलता सत्य के लिए संवाद और बीच-बचाव का रास्ता अपनाने की सीख देती है तथा किसी समस्या का समाधान या परस्पर उलझी शक्तियों के बीच समाधान निकालने के लिए उनके दावों के गुण-दोष को परखने का रास्ता सुझाती है।[17]

जैन मत यह नहीं मानता कि ब्रह्मांड की रचना किसी एक या अनेक देवताओं ने की। लेकिन वह मत इस वैदिक मान्यता को स्वीकार करता है कि मनुष्य अपने इस जन्म के कर्मों के आधार पर मनुष्य या किसी अन्य योनि में फिर से जन्म लेता है। एकदम अहिंसक आचरण पर जोर देने के चलते न सिर्फ शाकाहार को अपनाया गया, बल्कि पंडितों-पुरोहितों की जरूरत भी नहीं रहने दी गई। महावीर ने स्त्री-पुरुष के गुणों में भरोसा रखा और संन्यास की व्यवस्था स्त्री और पुरुष, दोनों के लिए की।

भगवान महावीर की शिक्षा का बौद्धिकों और राजाओं पर गहरा असर हुआ और यह दक्षिण भारत समेत भारत के अनेक हिस्सों में फैली। उन्होंने जाति-व्यवस्था को नहीं माना और स्त्री-पुरुष की समानता को स्वीकार किया। पश्चिमी भारत, खासकर गुजरात और राजस्थान, के वणिक समुदाय में जैन मत आज भी बहुत लोकप्रिय है। महात्मा गाँधी, जो जन्म से स्वयं बनिया थे, जैन मत के अहिंसा के सिद्धांत से बहुत प्रभावित थे।

9/11 के बाद की दुनिया में हमें तरह-तरह के अतिवादी विचारों और उनके टकराव का परिदृश्य दिखाई देता है। इन्हें एक बुनियादी सच्चाई का अलग-अलग रूप मानने की जगह सभ्यताओं के टकराव का रूप दिया जा रहा है। यह बात भुला दी गई है कि अपनी ही बात पर अड़े रहना या सच्चाई के एक ही पहलू को सही

मानते रहना असल में सात अंधों द्वारा हाथी के चित्रण जैसा मामला है। आज जरूरत सही और गलत का भेद करने की क्षमता और नजरिए को विकसित करने की है और अलग-अलग धर्मों और राष्ट्र-राज्यों के नजरियों के बीच समन्वय करने की है। इस आत्म-नियंत्रण के लिए अहिंसक आचरण करने के साथ-साथ सहनशीलता और दूसरे के विचारों को समझने और मूल्यांकित करने की उसी क्षमता और नजरिए की जरूरत है, जो बहुधा दर्शन में रहा है।

भगवान बुद्ध (563-483 ई. पू.)

भगवान बुद्ध का जन्म नेपाल तराई में कपिलवस्तु के निकट लुम्बिनी में 563 ई. पू. में हुआ था और वे भगवान महावीर के समकालीन थे। उनके बचपन का नाम सिद्धार्थ था और उनके पिता महाराजा शुद्धोधन गौतम वंश और शाक्य कुल के थे। उनकी माँ माया लिच्छवी राजकुमारी थीं। 19 वर्ष की आयु में उनका विवाह राजकुमारी यशोधरा से हुआ। राहुल उनके पुत्र का नाम था। 29 वर्ष की आयु में सिद्धार्थ ने घर छोड़ा और ज्ञान तथा शांति की तलाश में निकल पड़े। वैशाली और राजगृह में आलार और उद्रक नामक गुरुओं ने उन्हें शिक्षा-दीक्षा दी। बाद में छह वर्षों तक उन्होंने उरूवेला (राजगीर के निकट) में घनघोर तपस्या की, लेकिन उन्हें ज्ञान प्राप्त नहीं हुआ। लेकिन बाद में बोधगया में एक वट वृक्ष के नीचे लगातार सात सप्ताह तक ध्यान लगाने के बाद 35 वर्ष की अवस्था में उन्हें बोधि की प्राप्ति हुई। इसके बाद से उन्हें बुद्ध कहा जाने लगा। वे सारनाथ गए और उन पाँच ब्राह्मण अनुयायियों को अपना पहला प्रवचन दिया जो उरूवेला के छह वर्षों की अवधि में उनके साथ थे। उनके उपदेशों को धर्मचक्र-प्रवर्तन कहा जाता है।[18]

गौतम बुद्ध[19] ने चार आर्य सत्यों, कर्त्तव्य के अष्टांगिक मार्गों, पुरखों की तलाश में भटकने की जगह मध्यम मार्ग पर चलने की जरूरत और बेमतलब तपस्या से बचने का रास्ता सुझाया तथा उनकी व्याख्या की। उनके अनुसार चार आर्य सत्य हैं : (1) दुख है; (2) दुख का कारण है (दुख-समुदाय); (3) दुख का निरोध है (दुख-निरोध); और (4) दुख-निरोध का मार्ग है (दुख-निरोध-गामिनी-प्रतिपदा)। कर्त्तव्यों के आठ मार्ग हैं (1) सम्यक दृष्टि, (2) सम्यक कर्म, (3) सम्यक वाचा, (4) सम्यक कर्मांत, (5) सम्यक आजीव, (6) सम्यक स्मृति, (7) सम्यक व्यायाम, और (8) सम्यक समाधि। इनमें से तीन मार्ग व्यक्ति को उसके अपने शरीर पर नियंत्रण रखने में मदद करते हैं तो तीन 'चित्त' पर और दो मार्ग प्रज्ञा पर।[20]

सारनाथ में बुद्ध का पहला प्रवचन सुननेवाले पाँच लोग उनके पहले शिष्य बने। अपने जीवन के शेष 45 वर्षों तक बुद्ध उत्तर भारत में भ्रमण करते रहे और लोगों के बीच प्रवचन करने के साथ-साथ अन्य धर्माचार्यों से चार आर्य सत्यों, अष्टांगिक मार्ग और धर्म के बारे में शास्त्रार्थ करते रहे। बुद्ध ने प्रवचन की भाषा संस्कृत न

रखकर लोकभाषा पालि ही रखी। काफी सारे ऐसे लोग उनके अनुयायी बने, जिन्होंने अपना गृहस्थ जीवन, कारोबार और घर-बार नहीं छोड़ा। इन्हीं लोगों ने उन भिक्षुओं को अन्न, वस्त्र और आवास उपलब्ध कराए, जिन्होंने भगवान बुद्ध की तरह गृहस्थ जीवन छोड़कर भिक्षु बनने का फैसला किया था। भिक्षुओं और भिक्षुणियों का समुदाय 'संघ' कहलाया।

बुद्ध का चरित और धर्म बहुत तेजी से फैला। उनका प्रभावशाली व्यक्तित्व, उनके द्वारा आम लोगों की भाषा अपनाया, और उनकी प्रवचन-शैली ने उनके पंथ और विचारों को तेजी से फैलाया। यह भी उल्लेखनीय है कि उनके परिनिर्वाण के बाद उनके उपदेशों और संवादों को पालि में लिखा गया और उन्हीं के आधार पर श्रीलंका, म्याँमार, कंबोडिया और वियतनाम में बौद्ध धर्म का प्रचार-प्रसार हुआ। बाद में वहाँ बौद्ध धर्म का 'हीनयान' मत भी फैला। इसी प्रकार भगवान बुद्ध के निर्वाण के करीब सौ साल बाद कई विद्वानों ने उनके प्रवचन और शिक्षाओं को संस्कृत में संग्रहित किया। बौद्ध विद्वानों का यही लेखन चीन, जापान, तिब्बत और मध्य एशिया तक गया और यही आगे चलकर बौद्ध धर्म के 'महायान' मत का आधार बना।

बुद्ध ने स्वयं को नए धर्म का संस्थापक कभी नहीं माना या कहा। पर उन्हें मालूम था और उन्होंने कहा भी कि उन्होंने लोभ, घृणा और भ्रांति की आग को बुझा दिया है। जैसाकि महात्मा गाँधी ने लिखा है, "मैं यह कहना चाहता हूँ कि हिन्दू संस्कृति में बौद्ध संस्कृति अनिवार्यत: समाहित है, क्योंकि बुद्ध स्वयं भारतीय थे और सिर्फ भारतीय ही नहीं थे, हिन्दुओं में असली हिन्दू थे। मुझे गौतम के जीवन में ऐसा कुछ भी नजर नहीं आता कि उन्होंने हिन्दू धर्म छोड़ा हो और कोई नया धर्म अपनाया हो।"[21]

उन्होंने आगे लिखा :

> *"गौतम ने जो एक और चीज सिखाई, वह थी कि जाति का जो अर्थ है—और जो आज भी है-वह पूरी तरह गलत था। सो उन्होंने हिन्दू समाज में जाति की श्रेष्ठता और हीनता के भेदभाव को समाप्त किया। उन्होंने वर्णाश्रम धर्म को समाप्त नहीं किया—वर्णाश्रम व्यवस्था जातिवाद नहीं है।[22] मैं भी मानता हूँ कि जाति और वर्ण में कोई समानता नहीं है। वर्ण जीवन देता है तो जाति जानलेवा है और छुआछूत जातिवाद की सबसे घृणित अभिव्यक्ति है। इसलिए आप अपने बीच से छुआछूत को हटा दीजिए। मैं चाहता हूँ कि आप तत्काल इस दिशा में कदम उठाएँ कि हर आदमी बराबर है। अगर आप बौद्धमत से मुँह मोड़ते हैं तो आप मानवता से मुँह मोड़ रहे हैं। जब तक आप एक भी व्यक्ति को अछूत मानते हैं तो आप भारतीय आचरण नहीं कर रहे हैं।"* [23]

भगवान बुद्ध को उत्तरप्रदेश में गोरखपुर जिले के कुशीनगर में एक साल तक एक पेड़ नीचे बैठने के बाद परिनिर्वाण मिला। मृत्यु से पहले उन्होंने अपने शिष्यों

से कहा कि वे अपनी मुक्ति के लिए भी पूरे जतन से काम करें।

'बहुधा' और मध्यमार्ग का दर्शन : बहुधा दर्शन की सबसे खूबसूरत अभिव्यक्ति भगवान बुद्ध के 'मज्झिम निकाय' ग्रंथ में हुई है। इस दर्शन के अनुसार दो अतियों के बीच के मध्यमार्ग पर चलना ही उचित होता है। पर इस बात का कोई प्रमाण नहीं है कि बौद्ध दर्शन पर उपनिषदों का कोई सीधा प्रभाव है।

यह दिलचस्प है कि ईसा पूर्व लगभग इसी अवधि में चीन और यूनान में जो धार्मिक-दार्शनिक आंदोलन उभरे, उनमें भी लगभग इसी तरह की दृष्टि रखी गई। कन्फ्यूशियस (550-479 ई. पू.) का मानना था कि मध्यमार्ग पर चलना ही श्रेष्ठकर है। हर काम में दो अतियाँ होती हैं और उस तरफ मुड़ने से बचना चाहिए और इन दोनों अतियों के मध्य में दोनों से समान दूरी पर जो रास्ता होता है, उसी पर चलना सही है। लाओत्से[24] कन्फ्यूशियस के समकालीन, लेकिन उनसे बड़े थे और उनका मानना था कि सही रास्ता दो अतियों से दूर जाने में ही है। इसी दर्शन के चलते चीनी समाज मुश्किल दौर में भी धैर्य और उत्साह बनाए रखने में सफल हुआ। इसी प्रकार यूनान में अरस्तू (384-322 ई.पू.) ने औसत या मध्यमार्गी दर्शन विकसित किया, जिसके आधार पर विभिन्न स्थितियों में सही कदम का चुनाव किया जा सकता था।

इस बात का कोई प्रमाण या संकेत नहीं है कि चीन में कन्फ्यूशियस को या यूनान में अरस्तू को बुद्ध के मध्यमनिकाय दर्शन का पता होगा। तीन सबसे प्रमुख सभ्यताओं (भारतीय, चीनी और यूनानी) के महापुरुषों की दृष्टि में चकित करनेवाली यह समानता यही बताती है कि सच्चाई का बोध नस्ल, जलवायु या युग से ऊपर की चीज है।

मध्यमार्ग का सिद्धांत, जो सभी चीजों में संयम रखने, परस्पर विरोधी नजरिए के बीच से रास्ता निकालने और सामान्य समझ वाले नजरिए को प्रमुखता देने का है; किसी किस्म की गड़बड़ न करे, ऐसा भी नहीं है। इसका भी दुरुपयोग होने की गुंजाइश रहती है। मध्यमार्ग तक पहुँचना असल में सद्भाव का रास्ता तलाशना है, समझौतापरस्ती नहीं। यह बहुत ही मुश्किल काम है। गहरे स्तर पर यह मन-मस्तिष्क में एकता कायम करने का प्रमाण है।

बुद्ध के मज्झिम या 'मध्यमनिकाय' को भी तर्क और दर्शन के अनुसार बहुत ऊँचा स्थान प्राप्त है और इसे जिस दार्शनिक ने सबसे ज्यादा प्रभावी ढंग से आगे बढ़ाया, वे थे नागार्जुन, जो उन दिनों दक्षिण भारत में सक्रिय थे और उन्होंने ही मध्यमनिकाय (अर्थात मध्यमार्ग की पाठशाला) की स्थापना की। वे बौद्धमत के महायान संप्रदाय के थे। पर हमारे लिए मध्यम निकाय का व्यावहारिक दृष्टि से ही महत्व है, दर्शन और तर्कशास्त्र के हिसाब से नहीं।[25]

भगवान महावीर और भगवान बुद्ध के काल में भारतीय समाज ने विवादों को निपटाने की व्यवस्था में नए विचारों और संस्थाओं का समावेश किया। यह चीज

तीन मामलों में दिखाई देती है : (1)धर्म में करुणा और तर्क का महत्व, (2)सुदृढ़ शासन-व्यवस्था और राज्यों का उदय, और (3)एक अहिंसक व्यवस्था की स्थापना।

धर्म

'ऋत' के संदर्भ में हम धर्म की अवधारणा पर पहले चर्चा कर चुके हैं। वैदिक काल में ही 'ऋत' की अवधारणा विश्व की भौतिक व्यवस्था के साथ-साथ नैतिकता की ओर भी बढ़ती गई और फिर उसके अनुसार परंपराएँ, रीति-रिवाज और कायदे-कानून बने। 'ऋत' अर्थात उस नैतिक व्यवस्था की स्थापना ईश्वर ने नहीं की थी, पर वह स्वयं दैवी था। उपनिषदों में 'ऋत' की जगह धर्म लेता दिखता है और बौद्ध प्रभाववाले समाज में सब कुछ धर्म के अनुसार चले, इस पर खास जोर था। बौद्ध मत में धर्म का स्थान सम्राट से ऊपर था। बुद्ध ने धर्म के नैतिक पक्ष पर सबसे ज्यादा जोर दिया। उनके अनुसार धर्म ही ब्रह्मांड को संचालित करता है, वही उसके संचालन का सिद्धांत है। जैसे-जैसे व्यक्ति और समाज में धर्म की अनुभूति गहरी होती है, हम अपने वर्तमान से बेहतर स्थिति में होते हैं।[26]

बुद्ध ने सार्वजनिक जीवन में धर्म की स्थापना के लिए भिक्षुओं या भिक्कुओं को दीक्षित करने और उनका संघ चलाने का चलन भी शुरू किया। संघ में अनुशासन, ध्यान, सभा-गोष्ठी का आयोजन, अपने वरिष्ठ भिक्कुओं का आदर करने जैसे कामों के साथ करुणा और दया को प्रमुखता दी जाती थी और निम्नलिखित तीन वाक्य संघ-संचालन के सूत्र थे :

बुद्धम् शरणम् गच्छामि!
धम्मम शरणम् गच्छामि!
संघम् शरणम् गच्छामि! [27]

बुद्ध धर्म की अवधारणा में कर्मकांड और पुजारियों की कोई जगह नहीं थी। यह वैदिक युग से एकदम अलग चीज थी। वैदिक मूल्य-व्यवस्था और संस्कारों से जुड़े ऐसे अनेक रीति-रिवाज और कर्मकाण्ड समाज से विदा हो गए जो जन्म, विवाह, मृत्यु, फसल कटने वगैरह से जुड़े थे और जिनमें काफी दान और बलि दी जाती थी।

करुणा : प्रेम और करुणा समाज की बुनियाद है। अगर हम इन मूल्यों को गँवा दें तो समाज में बहुत-सी मुश्किलें आ जाएँगी और अंततः मानवता का बच पाना ही मुश्किल हो जाएगा। बुद्ध का कहना था कि घृणा का जवाब घृणा नहीं हो सकता। इसका सामना सहानुभूति और प्रेम से ही किया जा सकता है और उसी से यह समाप्त होगी।

प्रेम और करुणा की भावना असल में सांसारिकता या माया के साथ जुड़ी हुई है। हमें अपने बच्चों, अपनी पत्नी या पति, अपने माँ-बाप के प्रति बहुत प्रेम होता

है। उनके किसी भी कष्ट में हमारे मन में सहज करुणा उभर आती है। लेकिन प्रेम और करुणा का यह सांसारिक रूप इसके दायरे को छोटा बनाता है, इससे इसका प्रभाव कम हो जाता है, क्योंकि इनके पीछे स्वार्थ का भाव ही मुख्य रहता है–वे मेरे माँ–बाप हैं, मेरे बच्चे हैं, मेरी पत्नी है, मेरे पति हैं; इसीलिए मैं उनसे प्रेम करता हूँ। इसके विपरीत जब यही चीज हमें दूसरों के अधिकारों, जरूरतों से जाकर जुड़ती है तो यह हमारे दुश्मनों तक को अपने दायरे में ले लेती है।[28]

करुणा ही धर्म की असल चीज है। सभी धर्म मनुष्य का जीवन सुधारने, लोगों के बीच भाईचारा और प्रेम को बढ़ाने की बातें करते हैं। ये चीजें सभी धर्मों में समान हैं। अगर हम करुणा को अपने आचरण का आधार बना लें तो धर्म का सारतत्व अपने आप अमल में आने लगेगा और यह बात सभी धर्मों पर लागू होती है। महत्वपूर्ण यह है कि हम अपने दैनिक जीवन में धर्म की मूल बातों : अहिंसा, प्रेम और करुणा पर अमल करें; और इस स्तर पर बौद्ध, ईसाई या किसी भी अन्य धर्म में कोई अंतर नहीं रह जाता।

तर्कवाद : बुद्ध ने इतिहास के किसी भी धर्मगुरु की तुलना में तर्क पर ज्यादा जोर दिया है। एक सुत्त या सूत्र में वे कहते हैं :

भिक्कु और विद्वान,
मेरे शब्दों को भी,
सोने की तरह गलाकर, पिघलाकर, काटकर,
पीटकर ठीक से जाँच लें,
फिर इसे अपना लें,
वह भी मेरे लिए न हों,
मेरे प्रति आदर दिखाने–भर के लिए नहीं। [29]

बुद्ध का आशय यहाँ यह है कि किसी धर्मग्रंथ में होने से ही कोई बात महान नहीं हो जाती, हमें पहले उसे तर्क की कसौटी पर कसकर देखना चाहिए। अगर वह तर्क पर खरा नहीं उतरती, नई वास्तविकताओं के अनुरूप नहीं है, तो फिर उसे मानने और शिरोधार्य करने की जरूरत नहीं है। यह बात स्वयं बुद्ध के अपने कथनों पर भी लागू होती है; और इसके लिए नजरिए में एक बुनियादी बदलाव जरूरी है। एक बौद्ध का नजरिया यही होगा कि हर बात की पुष्टि जब तथ्यों और तर्कों की कसौटी पर हो, तभी उसे स्वीकार करना चाहिए। ऐसा कहने का अर्थ यह भी नहीं है कि हर बात तर्क और तथ्य से जाँची ही जा सकती है। पर अगर धर्मग्रंथों में कोई विवरण मिलता है, तो पहले हमें उसे वास्तविकता से मिलाकर देखना चाहिए और फिर स्वीकार करना चाहिए।

सुकरात की तरह बुद्ध भी पारंपरिक रूप से सत्य और निश्चित मानी जाने वाली चीजों को सीधे स्वीकार करनेवाले नहीं थे–भले ही वह चीज कितनी भी बड़ी और पवित्र क्यों न मानी जाती हो। सुकरात ने भी हर चीज पर सवाल खड़े किए, क्योंकि

वे मानते थे कि नए विचारों और नई संस्थाओं के विकास के लिए यह जरूरी है। इसी प्रकार बुद्ध मानते थे कि हर किसी को अपनी तरह से सत्य का साक्षात्कार करना चाहिए, हर चीज पर सवाल खड़े करने चाहिए, यहाँ तक कि उनकी बातों पर भी। इस नए तर्कवाद में अंधविश्वास की कोई जगह नहीं थी।

बुद्ध निर्वाण की बात करते हैं तो यह कोई स्वर्ग जाने की कल्पना नहीं है। असल में तो यह घृणा और अज्ञान को जीत लेने की स्थिति है। वे स्वयं भी शारीरिक दुखों और बीमारियों से मुक्त नहीं थे, पर किसी भी चीज से उनकी आंतरिक शांति भंग नहीं होती थी और न ही उन्हें गंभीर मानसिक परेशानी होती थी। वे चाहते थे कि हर व्यक्ति निर्वाण का प्रयास करे और संघ में जमा भिक्खू इसी उद्देश्य के लिए प्रयासरत थे।

इस प्रकार बुद्ध एक वैकल्पिक जीवन-पद्धति विकसित कर रहे थे, जहाँ करुणा और दया, तर्कवाद और आत्मसंशय या आत्मपरीक्षण, सद्भावपूर्ण जीवन और भाईचारे की भावना ही मुख्य भूमिका निभानेवाले थे। यह एक नया धर्म था। पालि की इस कविता में उस नैतिक व्यवस्था का सुंदर वर्णन हुआ है, जिसे बुद्ध लाना चाहते थे :

सभी हों खुश?
कमजोर या बलशाली,
गरीब या भाग्यशाली,
जीवित या अजन्मा,
दृश्य-अदृश्य, पास या दूर के,
सभी हों खुश
असत न बोले कोई, धोखा न दे कोई
किसी जीव को कष्ट न दे, क्रोध या घृणा न करे कोई
सभी जीवों का कल्याण सोचें हम,
उसी तरह जैसे माँ बच्चे का सोचती है
हमारे प्रेमपूर्ण सोच से दुनिया भर जाए
कल्याण-भाव हो हर कहीं विराजमान
दुनिया में घृणा और दुश्मनी न हो
सभी हों खुश। [30]

अपने जीवन के आखिरी दिनों में बुद्ध ने अपने अनुयायियों से कहा, "मेरे न रहने के बाद 'धम्म' और मेरा सिखाया अनुशासन ही तुम सब का मार्गदर्शन करेगा।" उन्होंने सदा अपने शिष्यों से कहा कि वे उनकी तरफ न देखकर, 'धम्म' की ओर देखें।[31] वे स्वयं को कभी महत्वपूर्ण नहीं मानते थे। फिर उन्होंने अपनी आखिरी यात्रा के समय आए भिक्षुओं की जमात से कहा कि "हर चीज में क्षरण होना ही है। अपने निर्वाण की दिशा में पूरी कर्त्तव्यपरायणता के साथ बढ़ो।"[32] तथागत के यही अंतिम शब्द थे।

अहिंसा : बौद्ध मत के अनुसार अहिंसा का अर्थ सिर्फ हिंसा न होना ही नहीं है। असल में जीवन को रचनात्मक रूप देने और अपने अंदर तथा दूसरों में अच्छाई भरने के लिए जरूरी धनात्मक दृष्टि और कर्म ही अहिंसा है। हिंसा में शामिल न होने के हर प्रयास के पीछे करुणा और परोपकार की भावना काम करती है। यह दृष्टि व्यक्ति को न सिर्फ हिंसा करने से रोकती है, बल्कि प्रेम और करुणा के जोर से वह दूसरों के भले के लिए भी काम करता है। वह मात्रा और गुणवत्ता, दोनों ही में ज्यादा से ज्यादा भलाई करना चाहता है। अष्टांगिक मार्ग व्यक्ति को रचनात्मक अहिंसक जीवन जीने के रास्ते पर ले जाता है।

अहिंसा भगवान बुद्ध की एक मौखिक शिक्षा है। जो समाज असंख्य कबीलाई और क्षेत्रीय युद्धों में लगा हो और जहाँ भोजन या यज्ञ के लिए रोज हजारों पशुओं की हत्या होती हो, उस समाज में नया विचार कहाँ से आया? यह याद करने की बात है कि बुद्ध के काल तक पूर्वी उत्तर प्रदेश और बिहार के उपजाऊ इलाके में खेतीवाली अर्थव्यवस्था आ गई थी और उसने समृद्धि बढ़ाने के साथ-साथ बाजार का फैलाव भी किया था। घने जंगलों वाले इस क्षेत्र में खूब बरसात होती थी और जमीन काफी उर्वर थी। ऐसे मैदान को जोतने के लिए लोहे के फालवाले हलों की जरूरत थी। हल वाली खेती बिना बैलों के संभव न थी और जब तक ढंग से पुशपालन न होता, अच्छे बैल मिलने मुश्किल थे। पर यज्ञ में पशुओं की बलि-प्रथा इस काम में बाधक हो रही थी। कबीलाई लोग जानवरों को मारकर खाते भी थे। ऐसे में अगर नई कृषि अर्थव्यवस्था को टिकाऊ बनना था तो उसे पशुओं की हत्या रोकनी ही थी। ऐसी स्थिति के चलते ही सबसे प्राचीन बौद्ध धर्मग्रंथ 'सुत्त-निपात'[33] में स्पष्ट कहा गया है कि धार्मिक कर्मकांड के नाम पर पशुओं की बलि नहीं होनी चाहिए, क्योंकि हमारे माँ-बाप, भाई-बहनों की तरह वे भी हमारे सबसे अच्छे मित्र हैं; वे पेड़-पौधों को उगाने, उन्हें बड़ा करने और उनसे फसल लेने में हमारी मदद करते हैं। उनसे हमें शक्ति, सुंदरता और खुशहाली मिलती है। जब ब्राह्मणों ने इस शिक्षा पर ध्यान दिया तो उन्होंने भी इसे अपना लिया। उन्होंने अपनी पूरी जाति को ही इस सुरक्षा-घेरे में ला दिया और गौहत्या-ब्रह्महत्या को परम पाप घोषित कर दिया।

अहिंसा के व्यापक व्यवहार के बारे में बुद्ध का चिंतन बहुत स्पष्ट है। उन्होंने सभी जीवों के प्रति हर स्थिति में सद्भाव विकसित करने का सक्रिय और व्यवस्थित तरीका अपनाने पर जोर दिया।[34] वे घंटों जंगल में अकेले रहते थे और कोई जीव-जंतु उनका कुछ नुकसान नहीं करता था।

यह हमारी नैतिक जिम्मेवारी है कि हम सभी जीवों के कल्याण की चिंता करें। ऐसा संवेदनशील मन विकसित करके ही हम इस दुनिया को रहने की बेहतर जगह में बदल सकते हैं। अच्छा मन ही सारी खुशियों का स्रोत है। हथियार उठाने की इच्छा तो आत्मरक्षा का सबसे आसान तरीका है और यह डर तथा बैर-भाव से आती है। करुणा और अच्छा मन विकसित हो तो उसमें बैर की जगह होगी ही नहीं और

न हथियार उठाने की जरूरत रहेगी। सद्‌भावपूर्ण जीवन जीने का सबसे रचनात्मक तरीका है अहिंसक ढंग से जीना।

अंगुलिमाल : बुद्ध के असंख्य अनुभवों में अंगुलिमाल से हुई उनकी भेंट का अनुभव सबसे महत्वपूर्ण है और यह बताता है कि किस तरह साहसी, रचनात्मक और करुणामय समाज आतंक और हिंसा पर विजय पा सकता है। अंगुलिमाल की कथा बौद्ध धर्मग्रंथों और मौखिक परंपरा, दोनों में मिलती है। अंगुलिमाल अपमान और भेदभाव के प्रतिरोध में डाकू बन गया था।[36] वह श्रावस्ती के निकट स्थित एक जंगल में रहता था और वहीं से अपना आतंक का राज चलाता था। श्रावस्ती तब उत्तर भारत का एक प्रमुख नगर था। अंगुलिमाल लोगों की हत्या करके उनकी एक उँगली काटकर उसे अपने गले की माला में पिरो लेता था। अपने नियमित भ्रमण के क्रम में भगवान बुद्ध और उनके शिष्यों ने एक दिन श्रावस्ती के बाहर जेतवन में अपना डेरा डाला। बुद्ध दोपहर के भोजन की भिक्षा के लिए श्रावस्ती में निकले और अपनी शिष्या नंदिनी का दरवाजा खटखटाया। उन्होंने नंदिनी के चेहरे पर भय देखा। पूछने पर मालूम हुआ कि वह तथा नगर के लोग अंगुलिमाल नामक डाकू से आतंकित हैं।

"अंगुलिमाल कौन है?" बुद्ध ने पूछा। नंदिनी का जवाब था,"वह उँगलियों की माला पहनता है। इसी के चलते उसका नाम अंगुलिमाल पड़ गया है।"

दोपहर का भोजन करके बुद्ध ने जेतवन के अपने डेरे पर जाना चाहा। नंदिनी उन्हें रोकती रही कि वह भयावह डाकू श्रावस्ती और जेतवन के बीच जंगलों में ही रहता है। बुद्ध ने नंदिनी की चिंता की परवाह नहीं की और अपने रास्ते पर निकल पड़े। थोड़ी दूर चलने पर ही बुद्ध को अंगुलिमाल मिल गया, पर बुद्ध मुस्कुराते हुए आगे बढ़ते गए। अंगुलिमाल चीख उठा, "तुम कौन हो? तुम मुझसे डरकर भाग क्यों नहीं रहे? क्या तुम्हें नहीं मालूम कि मैं तुमको पलक झपकते ही मारनेवाला हूँ और तुम्हारी उँगलियों को अपनी माला में गूँथ लूँगा?" बुद्ध एक क्षण को रुके और बोले, "हाँ, मुझे मालूम है कि तुम कौन हो।" उन्होंने आगे कहा, "मैं तो सदा मरने के लिए तैयार रहता हूँ। मरने से किसी का नुकसान नहीं होता। लेकिन मारने से? अंगुलिमाल, जब तुम दूसरों की हत्या करते हो तो तुमको कैसा लगता है? क्या तुमने कभी अपनी इस भावना पर विचार किया है?" अंगुलिमाल ने कहा, "अमीर लोग गरीबों के प्रति क्रूर हैं। ऊँची जाति के लोग नीची जातिवालों से भेदभावपूर्ण और अपमानजनक व्यवहार करते हैं। मैं उनसे प्रेम क्यों करूँ? मैं उन सबकी हत्या करने तक चैन से नहीं बैठूँगा।" दोनों के बीच यह बातचीत जारी रही और अंगुलिमाल उलझन में फँसता गया। फिर उससे कहा कि बेशक तुमने दूसरों के अन्याय के विरुद्ध विद्रोह किया है, पर तुम स्वयं अन्यायी बन गए हो। बुद्ध ने अंगुलिमाल से पूछा, "आतंक से स्वतंत्रता कैसे आ सकती है?" बुद्ध ने उसे समझाया, "जिस तरह मनुष्य अपनी मुश्किलों का कारण आप है, उसी तरह वह अपनी खुशी का कारण भी है,

आनंद का स्रोत भी वही है।" इस बातचीत ने अंगुलिमाल को बदल दिया और वह उनका शिष्य बनकर उनके जेतवन डेरे पर आ गया।

भगवान बुद्ध जब जेतवन आए तो उनके प्रमुख शिष्य आनंद यह देखकर हैरान रह गए कि कोई बहुत ही खूँखार किस्म का आदमी बुद्ध के बगल में खड़ा है। बुद्ध ने यह कहते हुए अंगुलिमाल का परिचय आनंद को दिया कि "ये हमारे नए मित्र हैं, अहिंसक। इन्हें चीवर और भिक्षापात्र दो और भिक्षुओं के तौर-तरीके सिखाओ।"

बौद्ध धर्म का विलुप्त होना : जीवन-दर्शन के मामले में वैदिक धर्म और जैन धर्म के बीच तथा ब्रह्मांड और जीवन के बारे में वैदिक धर्म और बौद्ध धर्म की अवधारणाओं में काफी अंतर है। बौद्ध संगठनों की धार्मिक चर्चाओं के संचालन में एक बुनियादी सिद्धांत यह माना जाता रहा है कि लोगों को तर्क और बातचीत से ही प्रभावित किया जा सकता है तथा इस मामले में भिक्षुओं का उदाहरण पेश करना होगा। बौद्ध धर्म में बलपूर्वक धर्मांतरण की बात कहीं नहीं है। यों यह नजरिया अपनी जगह है, लेकिन इस नए धर्म के उदय के साथ ही नई बहसें (संवाद-भर नहीं) उठीं और साथ ही टकराव और विवाद भी हुए। और कई बार ये टकराव हिंसा तथा धर्मस्थलों को तोड़ने-छोड़ने तक भी गए। लेकिन कभी भी बड़े पैमाने पर हिंसा नहीं हुई और कुछ समूहों या व्यक्तियों तक ही सीमित रही। बौद्ध धर्म भारत में काफी समय तक शासन का धर्म भी रहा, पर इसके बावजूद 10वीं सदी के आसपास से वह भारत से लुप्त-जैसा हो गया। उसका गायब होना विद्वानों और शोधकर्त्ताओं के लिए आज भी काफी दिलचस्पी की चीज है।

फ्रांसीसी विचारक और राजनेता आंद्रे मेलराक्स ने 1936 में जवाहरलाल नेहरू से पेरिस में हुई अपनी पहली भेंट के दौरान बहुत ही दिलचस्प सवाल पूछा, "दुनिया-भर को बौद्ध धर्म देने के बाद भारत ने इसे क्यों छोड़ दिया?" नेहरू तत्काल तो कोई जवाब नहीं दे सके पर 'भारत : एक खोज' में उन्होंने इस सवाल पर अवश्य विचार किया :

> *"हिन्दू धर्म एक अन्य व्यापक और लोकप्रिय धर्म को अपने में समाहित करने में कैसे सफल हुआ, जबकि धर्मों की भारी मारकाट में अनेक देशों के इतिहास रक्तरंजित और विकृत हुए हैं? फिर हिन्दू धर्म में ऐसी क्या आंतरिक ऊर्जा या शक्ति है, जिसने उसे यह विलक्षण काम करने में सक्षम बनाया? और क्या भारत में आज यह आंतरिक शक्ति और ऊर्जा बची है?"*[37]

भारत में बौद्ध धर्म की विदाई के मसले पर नेहरू ने दो पहलुओं पर जोर दिया है। पहला, बौद्ध धर्म ने कभी भी पूरी तरह हिन्दू धर्म को किनारे नहीं किया और ना ही भारत में बौद्ध मत हिंसा के सहारे उखाड़ फेंका गया। भारत में यह मत अपनी स्वाभाविक गति से फैला और सिमटा। दूसरे, अशोक के समय शासन के संरक्षण

से बौद्ध धर्म तेजी से फैला और भारत का प्रमुख धर्म बन गया। इसका प्रचार-प्रसार अन्य देशों में भी हुआ। पर इसके साथ ही ब्राह्मण धर्म का भी पुनरुत्थान हुआ और गुप्त शासनकाल में चौथी और पाँचवीं सदी में एक महान सांस्कृतिक नवजागरण हुआ। इससे हिन्दू धर्म ने फिर से प्रमुखता हासिल कर ली।

वैसे तो बुद्ध और महावीर, दोनों ने ही देवताओं की उपेक्षा की पर वे नास्तिक नहीं थे। इन दोनों ने ही अलौकिक शक्तियों के अस्तित्व को स्वीकार किया और देहांतर या पुनर्जन्म को भी माना, भले ही उन्होंने इसकी व्याख्या अपने-अपने ढंग से की। भारत से बौद्ध धर्म के गायब होने के बारे में महात्मा गाँधी और ए. एल. बाशम की व्याख्याएँ अलग-अलग हैं। गाँधी लिखते हैं :

> *"मेरा मानना है कि बुद्ध की शिक्षाओं का सबसे महत्वपूर्ण हिस्सा अब हिन्दुत्व का अभिन्न अंग बन चुका है। गौतम ने हिन्दू भारत में जो सुधार किए, उनको पहचानना मुश्किल नहीं है और हिन्दू समाज का इससे इंकार करना असंभव है। अपने महान त्याग, अपनी महान तपस्या और अपने जीवन की महान बुद्धता से उन्होंने हिन्दू धर्म पर गहरा प्रभाव छोड़ा और हिन्दू धर्म इस भारत-गुरु के प्रति बहुत ऋणी है।"* [38]

ए. एल. बाशम का मानना है कि :

> *"गुप्तकाल में ही बौद्ध भिक्षुओं ने हिन्दू धर्म-यात्राओं में हिस्सा लेना शुरू कर दिया था। स्थानीय बौद्ध विहारों को हर किस्म की मदद देनेवाले बौद्ध परिवार भी जन्म, विवाह और मृत्यु के समय के कर्मकांडों में ब्राह्मणों की सेवाएँ ले रहे थे। तब तक यह मान्यता कि बौद्ध धर्म अलग धर्म है और यह वेदों को नहीं मानता, सामान्य व्यक्ति की नजर से यह भेद खत्म हो चुका था। उसके लिए यह एक मत या अनेक संप्रदायों में एक संप्रदाय-भर था। और वह मानता था कि सबका उद्देश्य मुक्ति है तथा सभी का सम्मान किया जाना चाहिए। फिर तो मध्यकाल तक उत्तर भारत में बुद्ध को विष्णु के दस अवतारों में नौवाँ मानना शुरू हो गया था। यहाँ तक आते-आते बौद्ध धर्म अपनी अलग पहचान काफी हद तक खो चुका था और हिन्दू धर्म का एक असामान्य संप्रदाय-भर रह गया। हिन्दू धर्म में ऐसे अनेक अलग-अलग तरह के संप्रदाय उभरे थे और सभी बारी-बारी से मिलते गए। हिन्दू धर्म को, जो मुख्यत: अनेक लोगों और सत्ता से दूर रहनेवाले ब्राह्मणों और ऋषि-मुनियों की शक्ति पर आश्रित है, मुस्लिम आक्रमण से धक्का लगा, पर इस्लाम भी इसे गंभीर रूप से घायल या पराजित नहीं कर सका। तब तक बौद्ध धर्म बड़े-बड़े बौद्ध विहारों तक सीमित हो गया था और उसके प्रभाव में तेजी से गिरावट आती जा रही थी। वह नई चुनौतियों को नहीं झेल सका। जब मुस्लिम आक्रमणकरियों ने पहली बार गंगा के इलाके तक पाँव पसारे तो नालंदा और विहार के अन्य बड़े बौद्ध विहारों को लूटा-तोड़ा*

जलाया गया। भिक्षुओं को मार डाला गया और पुस्तकालयों को जला दिया गया। लोग जान बचाकर नेपाल और तिब्बत की पहाड़ियों में जा छुपे और भारत में बौद्ध धर्म का अंत हो गया।" [39]

इतिहास की इस परिघटना के बारे में कई और तरह की व्याख्याएँ की गई हैं। पहली व्याख्या तो यही की जाती है कि बौद्ध धर्म सिर्फ भारत में पैदा ही नहीं हुआ, इसका दर्शन असल में वेदों और उपनिषदों में ही था। दरअसल इसने उपनिषदों के उन हिस्सों पर ज्यादा जोर दिया जिनमें कर्मकांड और पुजारियों-ब्राह्मणों का जोर कम था; साथ ही इसने जाति के महत्व को भी कम किया। दूसरी, बौद्ध धर्म की महायान शाखा ने ब्राह्मणवादी स्वरूप और व्यवस्थाओं को अपने यहाँ जगह दी। इसने हिन्दुओं की तरह बुद्ध को देवता बना दिया।[40] तीसरी, अशोक-काल में राजश्रय प्राप्त बौद्ध धर्म का देश-विदेश में तेजी से प्रचार-प्रसार हुआ और जब भारत में इसके प्रभाव में गिरावट आने लगी तो बौद्ध विद्वान और भिक्षु भी यहाँ से पलायन करके चीन पहुँच गए। चौथी, आठवीं सदी में शंकराचार्य के नेतृत्व में हिन्दू धर्म का विराट पुनर्जागरण हुआ। शंकराचार्य ने अपनी विलक्षण प्रतिभा और नेतृत्व के बल पर पूरे देश के हिन्दुओं को नए सिरे से संगठित किया और अपने चार मठों के द्वारा उनके धार्मिक-सांस्कृतिक जीवन को संचालित करने की नई परंपरा डाली। हिन्दू समाज-व्यवस्था को सुधारने के उत्साह में शंकराचार्य ने बौद्ध धर्म की कई सूक्तियों को अपना लिया और इस उपमहाद्वीप में हिन्दू धर्म की प्रमुखता को फिर से स्थापित कर दिया। इसी के चलते कई विद्वान यह टिप्पणी भी करते हैं कि "शंकराचार्य हिन्दुत्व की चादर ओढ़े बौद्ध हैं।"

मुझे स्वयं यह लगता है कि वैदिक दर्शन और बौद्ध अवधारणाओं के बीच जो संवाद और वैचारिक द्वंद्व चला है, वह भारतीय मानस को समझने के लिहाज से बहुत ही दिलचस्प है। यह तथ्य कि बुद्ध स्वयं हिन्दू थे और हिन्दू के रूप में ही मरे, काफी महत्वपूर्ण है। यह बात भी उतनी ही महत्वपूर्ण है कि साहित्य हो या बौद्ध विहार या विश्वविद्यालय जैसी संस्थाओं का काल, बौद्ध धर्म का सबसे ज्यादा प्रभाव और विस्तार भारत में ही दिखा। बौद्ध विश्वदृष्टि ने हिन्दू समाज के कुलीन तबकों को आत्ममंथन की प्रेरणा दी। परिणामस्वरूप हिन्दू समाज भी पुनर्जाग्रत हुआ और उसने कर्मकांड का महत्व कम किया तथा जाति-व्यवस्था की जड़ता को भी कम किया। उसने स्वयं बुद्ध को अपने देवताओं के बीच स्थापित किया और उन्हें विष्णु का अवतार घोषित कर दिया।

मेरा मानना यह भी है कि भारत से बौद्ध मत अथवा धर्म की विदाई का सबसे बड़ा नुकसान तर्कवाद और वैज्ञानिक सोच का समाप्त होना रहा या उसके कमजोर पड़ने के रूप में हुआ। बौद्ध चिंतन प्रणाली में इन दोनों पर काफी जोर था। उसकी विदाई के साथ भारत में न सिर्फ दकियानूसी बढ़ी, बल्कि हमने अलग-अलग तरह से चीजों को देखना-सोचना कम कर दिया।

मुझे लगता है कि भारत से बौद्ध धर्म की विदाई और ब्राह्मण जाति का फिर से प्रभुत्व कायम होने से स्त्रियों और अन्य जातियों की शिक्षा पर विपरीत प्रभाव पड़ा। तर्कपूर्ण बौद्धिक जिज्ञासा और जातियों में समानता का बौद्ध नजरिया अगर हमारे यहाँ बरकरार रहा होता तो हम न जाने कब के पूर्ण साक्षर हो गए होते। ब्राह्मणवाद के दोबारा प्रभावी होने से सभी चीजें प्रभावित हुईं। भारत में काफी ज्यादा निरक्षरता के लिए इतिहास की अन्य कई चीजें भी जिम्मेदार हैं, लेकिन बौद्ध मत की विदाई और ब्राह्मणवादी व्यवस्था का लौटना निश्चय ही एक प्रमुख कारण है। इसी ने हमारे समाज के काफी बड़े हिस्से को कागज-कलम और किताबों से दूर रखा।

हाँ, बौद्ध धर्म अन्य स्थानों पर फलता-फूलता रहा। सबसे पहले तो यह भारत के पड़ोसी देशों में पहुँचा। भारतीय संस्कृति का फैलाव बाद में नेपाल, तिब्बत, भूटान, सिक्किम, श्रीलंका, वियतनाम, कंबोडिया, जावा, म्याँमार और थाइलैंड में हुआ। दूसरे दौर में यह मध्य एशिया, चीन, कोरिया और जापान जैसे उन इलाकों में पहुँचा, जहाँ अपनी एक मजबूत आध्यात्मिक परंपरा थी। उन देशों में पहुँचे बौद्ध धर्म का भारत के साथ एक अलग तरह का संबंध बना। वह अनेक अर्थों में भारतीय धर्म नहीं रहकर स्थानीय परंपराओं से जुड़ा और उसने पूर्व परंपराओं के साथ अनेक स्थानीय विचारों को भी अपनाया।

यह स्पष्ट नहीं है कि बौद्ध मत की जिस 'परलोक'वादी अवधारणा पर भारत में बहुत जोर दिया जाता था, बाहर के देशों में भी ऐसा ही रहा हो। संभवतः उन देशों में ऐसा नहीं रहा। कारण, पारंपरिक पुजारी वर्ग द्वारा लोगों को बौद्ध मत अपनाने से रोकने का प्रयास और उसे परलोकवाद का डर दिखाना। उल्लेखनीय है कि चीन में लाओत्से के दर्शन में भी प्रकृति और परलोक पर काफी जोर था और कन्फ्यूशियस के अनुयायी इसी के चलते उसके विरुद्ध सफल अभियान चला सके। इन चीजों की आम आदमी और उसकी समस्याओं के संदर्भ कोई प्रासंगिकता नहीं थी।

राज्य व्यवस्था : राजनैतिक हिसाब से जैन और बौद्ध मत का उदय राज्यों की शक्ति और प्रभाव में वृद्धि के साथ ही हुआ। पुराने कबीलाई राज्य और गणतंत्र कोसल और मगध जैसे राज्यों द्वारा जीते और समाप्त किए जा रहे थे। उनका इन महाराज्यों में विलय होता गया।

बुद्ध का स्नेह मल्ल, विदेह, लिच्छवी, कोल्य और वज्जि जैसे गणराज्यों को प्राप्त था, जिन्होंने वज्जिसंघ नाम से अपनी सामूहिक सुरक्षा की व्यवस्था कर रखी थी। लेकिन मगध के शासक अजातशत्रु ने उन्हें जीतकर अपने राज्य में मिला लेने की योजना बना रखी थी। बुद्ध के प्रति सम्मान प्रकट करते हुए उसने इस विषय में उनकी राय लेने के लिए अपने मंत्री वस्सकारा को उनके पास अपना दूत बनाकर भेजा। बुद्ध ने वस्सकारा से कहा कि जब तक वज्जिसंघ अपनी गणतांत्रिक मान्यताओं पर ईमानदारी से चलेंगे, नियमित रूप से सभा करके फैसले लेंगे, आपस में मेलजोल से रहेंगे, अपने बड़े-बुजुर्गों का आदर करेंगे, उनकी सलाह पर ध्यान देंगे तथा उनके

द्वारा बनाए कायदे-कानून को मानते रहेंगे, तब तक सम्राट अजातशत्रु उन्हें पराजित करने में सफल नहीं हो सकेंगे। बुद्ध के विचारों को जानकर अजातशत्रु ने वज्जिसंघ पर हमला न करने का फैसला किया। लेकिन उसने इन गणराज्यों में अपने गुप्तचर भेजे, उनके बीच मतभेद बढ़ाए और अंततः उन्हें कमजोर करके अपना लक्ष्य हासिल कर लिया।

कोसल और मगध का शासन पुराने गणराज्यों और कबीलाई राज्यों की तुलना में बहुत कुशलता से चलता था। इनकी अपनी सेना थी, अपनी नौकरशाही। और वे सभी राजाज्ञा पर तुरंत अमल करती थीं। सेना और नौकरशाही ने नए व्यापार मार्गों को चलाने और उसमें सुरक्षा मुहैया कराने में मदद की और इससे उनके बाजार और अर्थव्यवस्था का तेजी से विकास हुआ। राज्य की शासन-व्यवस्था ने गंगा के मैदानी क्षेत्र में अर्थव्यवस्था के विकास और शहरीकरण में काफी योगदान किया।

ऐतिहासिक रूप से यह सच है कि सांसारिक मामलों के प्रति वैराग्य भाव रखने के बावजूद बौद्ध धर्म का अपना राज्य विस्तार करते शासकों से करीबी रिश्ता था। बौद्ध संस्थाओं ने राजशाही और सामाजिक-राजनैतिक व्यवस्था में उच्च जमात के लोगों से गहरा संबंध रखा। स्वयं बुद्ध के कोसल के शासक प्रसेनजित और मगध सम्राट बिंबिसार से घनिष्ट रिश्ते थे। बिंबिसार की जगह सम्राट बने उनके पुत्र अजातशत्रु के मन में बुद्ध के लिए गहरा आदर-भाव था। कोसल की राजधानी श्रावस्ती में बुद्ध नियमित रूप से प्रवचन करते थे। बुद्धचरित के प्रसार में बिंबिसार की सहायता और संरक्षण की बात जगजाहिर है। मगध के राजनैतिक उत्थान के साथ ही बौद्ध मत भी इस पूरे महाद्वीप में फैला और दूसरे मतों पर छा गया।

विद्वान लोग आधुनिक विचारों के आलोक में बौद्ध मत के इतिहास को फिर-फिर जाँचते-परखते रहे हैं। बुद्ध को तर्कवादी, अनुभववादी और सामाजिक मसीहा माना जाता है और उनके धर्म को नए युग का दर्शन। आधुनिकतावादी यह मानते हैं कि धर्म को सामाजिक जीवन में जो भूमिका निभानी चाहिए, वह इसमें दिखाई देती है। जैसे, भारत में 1958 में छुआछूत के खिलाफ जो अभियान शुरू हुआ, उसके तहत बौद्ध मत में वापस जाने को ही समाधान के रूप में देखा गया।

बौद्ध चिंतन की अनेक बातें आधुनिक दौर की परेशानियों में हमारी मददगार बन सकती हैं। जैसा कि सर्वपल्ली राधाकृष्णन कहते हैं :

> *"वे उन विरले महात्माओं में एक हैं, जो मुझे अपने देवत्व का अहसास कराते हैं और आध्यात्मिक जीवन को भी आकर्षक और दिलचस्प बनाते-बताते हैं, ताकि कि हम दुनियादारी में नई रुचि और नए हार्दिक आनंद के साथ प्रवेश कर सकें।"* [41]

अनुभव के आधार पर राय बनाने पर जोर, बौद्धिक और निजी आजादी की माँग, संवाद में भरोसा और मध्यमार्ग पर आग्रह जैसे बौद्ध-विचार हमारी आज की समस्याओं को सुलझाने में उपयोगी सिद्ध हो सकते हैं। हम उनके द्वारा बताए तरीकों

को पूरी तरह नहीं अपना सकते और न ही व्यवहार में उनके स्तर तक ऊँचा उठ सकते हैं, लेकिन ऐसी संस्थाओं को खड़ा करने, ऐसी व्यवस्थाओं को बनाने और ऐसे व्यक्तियों को तो हम समर्थन दे ही सकते हैं, जो प्रेम और करुणा पर आधारित ऐसी राजनैतिक और सामाजिक व्यवस्था बनाने में मदद करें, जो 'बहुधा' दर्शन से मेल खाती हों।

गुरु नानक (1469-1539)

गुरु नानक ने हिन्दुओं और मुसलमानों के बीच सामंजस्य बैठाने का एक महत्वपूर्ण प्रयास शुरू किया और उनके प्रयासों का नतीजा अंततः अलग सिख धर्म के रूप में सामने आया। गुरु नानक सिख धर्म के संस्थापक और पहले गुरु हुए।

सामाजिक और राजनैतिक स्थिति : आठवीं सदी में भारतीय समाज और राजनैतिक व्यवस्था में जो गिरावट शुरू हुई, उससे पैदा राजनैतिक शून्यता को मुस्लिम आक्रमण और फिर भारत में मुस्लिम शासन की स्थापना से ही भरा गया। इसी के साथ भारतीय सभ्यता में तीसरे टकराव का दौर शुरू हुआ, जो इस्लामी और हिन्दू विश्व दृष्टियों के बीच था।

हिन्दू प्रधान समाज में इस्लाम करीब 600 वर्षों तक शासक वर्ग का धर्म रहा और यह क्रम ब्रिटिश औपनिवेशिक शासन की स्थापना के बाद ही टूटा। इस्लाम ने अपने धर्मावलंबियों को एक ईश्वर[42], प्रार्थना की एक ही अनुशासित प्रणाली और एक स्पष्ट जीवन-पद्धति दी। खान-पान हो या पोशाक, भाषा हो या संगीत, वैवाहिक कानून हों या तलाक के कानून, वास्तुकला हो या चित्रकला या फिर आध्यात्मिक मसले; इस्लाम ने हर विषय पर अपनी अलग और स्पष्ट मान्यताएँ रखीं। महावीर और बुद्ध की तरह मोहम्मद साहब को हिन्दू देवी-देवताओं की पाँत में रखना संभव नहीं था। जायदाद और विरासत, शादी और तलाक जैसे आर्थिक और सामाजिक इस्लामी कानून हिन्दू विवाहों और जायदाद के मामलों में लागू नहीं हो सकते थे। इस्लाम में शादी को दो व्यक्तियों के बीच समझौता माना जाता है, जबकि हिन्दुओं में संस्कार।

इसके बावजूद इस्लाम और हिन्दू दृष्टियों के बीच तालमेल बैठाने और बीच का रास्ता निकालने के कई महत्वपूर्ण प्रयास हुए। भारत में ऐसे तरीके अपनाए गए जिनसे हिन्दू और मुसलमान अलग-अलग आध्यात्मिक और सामाजिक अवधारणाएँ रखते हुए भी सद्भावपूर्ण ढंग से साथ-साथ रह सकें। पर धीरे-धीरे इस्लाम अपनी अरबी और फारसी पहचान की काफी चीजें छोड़ता गया और अनेक हिन्दू और स्थानीय लोक-परंपराओं को अपनाता गया। स्थानीय पोशाक, तौर-तरीके, व्यंजन, संगीत और भाषाएँ भी फारसी और मध्य एशियाई प्रभाव को कम करती गईं। भारतीय लोगों—जिनमें हिन्दू और मुसलमान दोनों शामिल थे—की रचनात्मक प्रतिभा ने सूफी

और भक्ति-आंदोलन के रूप में नई अवधारणाएँ खड़ी कीं। इससे नया साहित्य आया, नए संगीत और नई चित्रकला ने जन्म लिया और भवन-निर्माण कला में भी बदलाव आया, उर्दू के रूप में एक नई भाषा का जन्म हुआ और बड़े-बड़े शहर उभरे।

दक्षिण एशिया में इस्लाम पहले एक धर्म के रूप में आया और फिर एक राजनैतिक शक्ति के रूप में । सिंध पर अरब विजय (711ई.) के बाद भारतीय और अरब विद्वानों के बीच ज्ञान का आदान-प्रदान शुरू हुआ। जैसे, इस्लाम में खगोलशास्त्र के वैज्ञानिक अध्ययन की शुरुआत भारतीय ग्रंथ 'सिद्धांत' के 771 में बगदाद पहुँचने और अनूदित होने के बाद हुई। इस्लामी जगत में भारतीय अंक-प्रणाली का प्रवेश भी तभी हुआ। और फिर नौवीं सदी में अरब गणित में दशमलव प्रणाली का प्रवेश भी भारत में हुआ।

इस्लामी धर्म-दर्शन की तरह इस्लामी रहस्यवाद भी पूरे विकसित रूप में ही भारत आया। 12वीं से 15वीं सदी के बीच इराक और फारस से सूफियों की तीन धाराएँ-चिश्ती, सुहरावर्दी और फिरदौसी[43] उत्तर भारत में आईं।

तब भारत में हिन्दुओं के बीच भी भक्ति-आंदोलन का जोर था। यह आंदोलन दक्षिण के आलवार संतों[44] की शिक्षाओं पर आधारित था। भारत में भक्ति-परंपरा और साथ ही सूफी मत ने यही सिखाया कि ईश्वर एक है और वही वास्तविक है। उसके आगे पूर्ण समर्पण ही उसके प्रति सबसे बड़ी सेवा है। उस तक पहुँचने का सबसे अच्छा तरीका मनुष्य से प्रेम और ईश्वर का गुणगान करते हुए ध्यान करना है।

सूफी पदों और हिन्दू भक्ति गीतों ने हिन्दू और मुसलमान समाज में मेलजोल का नया रास्ता खोला और इससे गाँवों तथा शहरों में रहने वाले दोनों संप्रदायों के लोगों में काफी मेलजोल बढ़ा। इस मेल-मिलाप से पैदा सोच संतों और कवियों के पदों में सबसे अच्छी तरह दिखता है-खासकर रामानंद (1360-1470) और उनके शिष्य कबीर (1440-1518) में। 15वीं और 16वीं सदी में भक्ति-आंदोलन पूरे भारत में फैला। बंगाल में चैतन्य महाप्रभु, महाराष्ट्र में ज्ञानेश्वर, नामदेव और तुकाराम, राजस्थान में मीराबाई, सिंध में सदाना, तथा उत्तरप्रदेश में तुलसीदास और सूरदास इसी दौर में अनुकरणीय हुए।

इसी सामाजिक-राजनैतिक पृष्ठभूमि में लाहौर से उत्तर-पश्चिम में स्थित तलवंडी गाँव में अप्रैल 1469 में गुरु नानक का जन्म हुआ। वे एक राजस्व-अधिकारी के पुत्र थे और उनका कुल क्षत्रिय था। उनकी शुरुआती शिक्षा संस्कृत, फारसी और पंजाबी में हुई। सिर्फ 13 वर्ष की आयु में उनका विवाह हुआ और आगे चलकर उनके दो बेटे हुए। नानक ने सुल्तानपुर के नवाब के यहाँ खजाने में नौकरी से अपना जीवन शुरू किया। वहीं उनका संपर्क मरदाना नामक मुसलमान सहयोगी से हुआ, जो जीवन-भर के प्रगाढ़ संबंध में बदल गया। इन दोनों ने सामुदायिक बैठकें

आयोजित करनी शुरू कीं, जिनमें नानक द्वारा लिखे और मरदाना द्वारा संगीतबद्ध किए पदों का गायन किया जाता था।

29 वर्ष की उम्र में नानक को कुछ दिव्य अनुभूति हुई और वह उनके जीवन का निर्णायक मोड़ सिद्ध हुआ। वह ईश्वर से प्राप्त ज्ञान था और उसके आधार पर उन्होंने कहा कि न तो कोई हिन्दू है न मुसलमान। सभी ईश्वर की संतानें हैं। फिर सारी दुनियादारी छोड़कर नानक ने चारों दिशाओं में चार लंबी यात्राएँ कीं। सबसे पहले वे पूरब में असम तक गए। फिर दक्षिण की तरफ मुड़े और तमिलनाडु के साथ-साथ श्रीलंका भी गए। उनकी तीसरी यात्रा उत्तर में हिमालय तक थी। फिर वे पश्चिम में मदीना और बसरा-बगदाद तक गए। इन यात्राओं ने उनके दिमाग में यह तस्वीर स्पष्ट कर दी कि किस तरह हिन्दू-मुस्लिम विचारों में एकता और तालमेल कायम किया जा सकता है।

जाति, धर्म, रंग, संप्रदाय और अमीर-गरीब के भेदभाव से मुक्त अपनी कल्पना के समाज के लिए उन्होंने सूत्र रूप में कुछ निर्देश दिए–नाम जपो, कीरतन करो और अमृत छको। परम सत्य ईश्वर का नाम जपो, श्रम करो और मिल-बाँटकर खाओ।

गुरु नानक द्वारा स्थापित सिख धर्म दार्शनिक बहसों और भारी-भरकम मुद्दों पर उलझने की बजाय सादगी और सम्मानजनक जीवन-पद्धति विकसित करने पर ज्यादा ध्यान देता है। यह आस्था पर टिका धर्म है, लेकिन आस्था भी तर्क आधारित मान्यताओं पर टिकी है। सत्य ही आत्मा का प्रकाश है। यह परम अनुभूति है और इसे 'नाम' कहा जाता है।

गुरु नानक से पहले कबीर (1440-1518) ने भक्ति और सूफी आंदोलन की लोकचेतना को उस परम ब्रह्म की तरफ मोड़ा, जिसमें इस्लाम का अल्लाह और हिन्दू धर्म का ब्रह्म समाहित था। अपने पदों और उपदेशों से उन्होंने हिन्दुओं और मुसलमानों, अमीरों और गरीबों में अद्‌भुत किस्म की समझ विकसित की। कबीर ने दुनिया की रचना और रचयिता की शक्ति में आस्था व्यक्त की। लेकिन उनका मानना था कि ईश्वर और अल्लाह एक ही है और उस तक पहुँचने का तरीका भी एक हो सकता है। उन्होंने दावा किया कि वह राम और अल्लाह, दोनों की संतान हैं। वे मंदिर और मस्जिद दोनों का उपहास उड़ाने में भी नहीं चूके–"अगर अल्लाह मस्जिद में है तो फिर इस दुनिया में कौन है? .... अगर राम उस मूरत में है, जिसे तुम पूजते हो तो बाहर का क्या होगा? कबीर तो राम और अल्लाह की संतान है। वही मेरा गुरु है, वही मेरा पीर।"

उनके पदों में आम लोगों की सामान्य समझ व्याप्त है। उन्हें हिन्दू भी अपना मानते हैं और मुसलमान भी। उनके पदों को प्रार्थना में इस्तेमाल किया जाता है। ये पद एकदम तीखे और बेलाग हैं और उनमें कठमुल्लापन और कर्मकांडों पर सीधी चोट है। उन्होंने न सिर्फ जाति-व्यवस्था को ठुकराया, बल्कि हिन्दुओं और मुसलमानों

के पूर्वाग्रहों पर चोट की। वे बाहरी दिखावों की जगह आंतरिक आराधना पर जोर देते थे। आधुनिक भारत के रवींद्रनाथ टैगोर और महात्मा गाँधी जैसे लोगों ने उन्हें हिन्दुस्तानी लोगों का सच्चा प्रतिनिधि और मार्गदर्शक माना है। कबीर अक्सर ईश्वर को राम या हरि नाम से पुकारते हैं। ये नाम विष्णु के हैं, पर उनके पदों को देखने से स्पष्ट हो जाता है कि राम और हरि का मतलब निराकार ईश्वर है-वैष्णव परंपरा के राम और हरि नहीं। वे ईश्वर को सतगुरु भी मानते हैं, जो मनुष्य की अंतर्ज्योति को जगा देता है।

कबीर की तरह नानक ने भी ईश्वर के एक होने और सभी लोगों के बराबर होने पर जोर दिया। उनका मानना था कि हिन्दू पुजारी और मुस्लिम उलेमा चाहते हैं कि हिन्दुओं और मुसलमानों के बीच बैर-भाव बना रहे और उनका धंधा चलता रहे। वे ईश्वर को अपने-अपने चंगुल में रखना और दिखाना चाहते हैं और लोगों को हिन्दू और मुसलमान, शिया और सुन्नी, वैष्णव और शैव के नाम पर बाँटे रखना चाहते हैं। गुरु नानक चाहते थे कि लोग इन मजहबी और समाजी बँटवारों से ऊपर उठकर देखें और सिर्फ ईश्वर के नाम और गुरु से मिले संदेशों पर ध्यान लगाएँ तथा सद्व्यवहार और सच्चाई को अपनाएँ। इसी सच्चे मार्ग पर चलते हुए मनुष्य को ईश्वर का आशीर्वाद मिलेगा और उसे मोक्ष प्राप्त हो जाएगा। पंजाब के खेतिहर और व्यवसायी समुदाय के काफी सारे लोगों ने उनके मार्ग को अपनाया और फिर उनके बाद आए दस गुरुओं की देख-रेख में सिख पंथ को ग्रहण किया।

सिखों की आस्था अपने दस गुरुओं, (गुरु नानक देव[45], गुरु अंगद देव[46], गुरु अमर दास[47], गुरु रामदास[48], गुरु अर्जुन देव[49], गुरु हर गोविन्द[50], गुरु हर राम[51], गुरु हरकिशन[52], गुरु तेग बहादुर[53] और गुरु गोबिन्द सिंह[54]) तथा ग्रंथ साहिब में हैं। गुरुओं के बीच में दो का–पाँचवें गुरु अर्जुन देव[54]और दसवें गुरु गोविन्द सिंह का उल्लेख खास तौर से किया जा सकता है।

पाँचवें गुरु अर्जुनदेव ने ही आदिग्रंथ को पूरा करने का काम किया जो बाद में 'गुरुग्रंथ साहिब' के नाम से जाना जाता है। आदिग्रंथ या ग्रंथ साहिब की शुरुआत में जपजी है, जो गुरु नानक द्वारा रचे लगभग 1000 पदों का संग्रह है। सिखों का यह महान धार्मिक ग्रंथ पहले पाँच गुरुओं की रचनाओं के साथ ही भारत-भर के महान हिन्दू और मुसलमान संतों की चुनी हुई रचानाओं का संग्रह है जिनमें कबीर भी शामिल हैं। गुरु अर्जुनदेव ने ही इस ग्रंथ को सिखों के धार्मिक ग्रंथ के रूप में पेश किया और इसका समाज पर बहुत ही महत्वपूर्ण प्रभाव पड़ा। संस्कृत या अरबी न जाननेवाले आम सिखों को स्थानीय भाषा में संग्रहित इन पदों को समझने और उन पर अमल करने में मुश्किलें नहीं आईं। ये पद उन्हें बहुत ही प्रेरक और संतोषजनक लगे।

दसवें गुरु गोविन्द सिंह की प्रतिभा ने खालसा पंथ की स्थापना की। सिखों में एकता और मेल कराने में इस संस्था का अप्रतिम योगदान है। खालसा पंथ के

पुरुषों को सदा पाँच ककार–केश, कघा, कच्छा, कड़ा और कृपाण–धारण करने का निर्देश उन्होंने ही दिया। उनका एक और बड़ा योगदान आदिग्रंथ को गुरु के रूप में सामने रखना और उसे गुरुग्रंथ साहिब नाम देना था। उनकी मंशा इस पुस्तक की पूजा करने-कराने की नहीं थी। वे इसे सिख प्रार्थनाओं और मंदिरों के केंद्र में रखना चाहते थे। इसी के चलते आज भी सभी गुरुद्वारों में ग्रंथ साहिब को केंद्र में रखा जाता है, और सभी धार्मिक अवसरों पर में उसके समक्ष मत्था टेका जाता है।

यह भी उल्लेखनीय है कि पाँचवें गुरु अर्जुनदेव के समय ही सिखों और मुगल शासकों के बीच संबंधों में तनाव और दरार आनी शुरू हो गई थी। 1605 में जब जहाँगीर ने मुगल सत्ता हथियाने की लड़ाई जीती तब सिखों ने सबसे बड़े मुगल शाहजादे खुसरो का समर्थन किया था। माना जाता है कि इसी के चलते जहाँगीर ने गुरु अर्जुनदेव की हत्या करवा दी। इसी प्रकार 1658 में जब एक बार फिर मुगल गद्दी के लिए शाहजादों की लड़ाई हुई तो सिखों ने शाहजादा दारा का साथ दिया और इस के चलते औरंगजेब उनसे नाराज हुआ। इसी का नतीजा दसवें गुरु गोविन्द सिंह के पिता नौंवे गुरु तेगबहादुर की शहादत थी। इसके बाद गुरु गोबिन्द सिंह ने औरंगजेब से लंबी लड़ाई लड़ी। आगे चलकर लंबे समय बाद रणजीत सिंह (1780-1839) के नेतृत्व में ही सिख पंजाब में अपनी एक रियासत कायम करने में सफल हुए, जिसकी राजधानी लाहौर थी।

सिख पंथ को हिन्दू समाज का संरक्षक या भुजा माना जाता था। इसे हिन्दू-सिख एकता के एक विलक्षण नजरिए के रूप में भी देखा जाता था। पर सार्वजनिक नीति के तौर पर इसकी कमियाँ पाँचवें गुरु और मुगल शासकों के बीच द्वंद्व उभरने से ही स्पष्ट होने लगीं और यह चीज गुरु नानक की मृत्यु के कुछ समय के अंदर ही सामने आ गई। 1947 में भारत-विभाजन के समय सबसे भयावह सांप्रदायिक मारकाट पंजाब में ही हुई, जहाँ एक ओर हिन्दू और सिख थे तो दूसरी ओर मुसलमान। सूफी मत और भक्तिकाल में हिन्दू-मुसलमान एकता का जो भाव उभरने लगा था, वह इस दौर की मारकाट को रोकने में एकदम अपर्याप्त साबित हुआ। विभाजन के समय पाकिस्तानी क्षेत्र में जानेवाले पंजाबी इलाकों में रहनेवाले सिख अपना घर-बार छोड़कर भारत आ गए। इस आवाजाही में लाखों सिखों को अपनी जान से हाथ धोना पड़ा।[55]

1984 में इंदिरा गाँधी की हत्या के बाद फूटी हिंसा ने भी हिन्दू-सिख एकता को तोड़ा। 30 अक्टूबर 1984 को श्रीमती गाँधी की हत्या उनके ही दो सिख अंगरक्षकों ने कर दी। यह हत्या उन्होंने अमृतसर में पवित्र स्वर्ण मंदिर में छिपे सिख उग्रपंथी नेता जरनैल सिंह भिंडरावाले और उनके साथियों के खिलाफ हुई फौजी कार्रवाई का बदला लेने के लिए की थी। इस फौजी कार्रवाई में भिंडरावाले की मौत हो गई थी, पर साथ ही स्वर्ण मंदिर को भी नुकसान पहुँचा था। पंजाब और देश

के अन्य भागों में सिख उग्रवाद के उभरने के साथ ही हिन्दू-सिख एकता भी कमजोर होने लगी थी। पर लोकतांत्रिक शक्तियों और धार्मिक मेल-जोल करानेवाली धारा ने उसे फिर से सुदृढ़ कर दिया।

सिखों की एक अलग विशिष्ट पहचान रही है। उन्होंने भले ही हिन्दुओं और मुसलमानों से निकट सामाजिक संबंध रखे, पर इन दोनों से उनकी धार्मिक पहचान जुड़ी नहीं है। कबीर जैसे संतों और खासतौर से गुरु नानक देव ने ईश्वर से मिले ज्ञान और संदेश को 'सबद' के माध्यम से रखा और सिर्फ 'नाम' जपने का संदेश देकर धार्मिक व्यवस्था को नया रूप दिया। शब्दों या नाम का ज्ञान देनेवाले गुरु की भूमिका को खासतौर से रेखांकित करना भारत की आध्यात्मिक और दार्शनिक परंपरा को सिखों का खास योगदान है।

सिखों और मुसलमानों के बीच का टकराव हो या हिन्दुओं और मुसलमानों के बीच का टकराव, उन्हें रोकने की व्यवस्था के तौर पर सिख धर्म भले ही पूरी तरह सफल न हुआ हो, पर इसने यह स्पष्ट कर दिया कि अगर हम विश्वास और उचित समझौतों भरा रास्ता अपनाएँ तो विभिन्न समुदायों के बीच मेल-मिलाप संभव है और इसी से समाज शांतिपूर्ण जीवन जी सकेगा। हिन्दू परंपरा से सिख धर्म ने कर्म और अवतारवादी अवधारणा को ग्रहण किया, इस्लाम से एक ईश्वर को मानने, सामूहिक प्रार्थना करने, जाति प्रथा न मानने और मूर्ति पूजा न करने का दर्शन लिया। इससे सिख मत ने समाज में मेल-जोल और सामंजस्य भाव को बढ़ावा दिया। यह सही है कि सिख मत ने अपनी पूरी शब्दावली और दार्शनिक पद हिन्दू जीवन-दर्शन से लिए हैं और अधिकांश वाणियाँ राम और कृष्ण के प्रति भक्ति-भाव को व्यक्त करती हैं। साथ ही उस पर इस्लामी परंपरा के सूफी मत का भी गहरा प्रभाव है। सूफी संप्रदाय और सिख गुरु, दोनों ही हिन्दू-मुसलमानों को शांतिपूर्ण ढंग से मिल-जुलकर रहने की सीख देते हैं।

यह भी उल्लेखनीय है कि इन सभी रहस्यवादी और संत कवियों ने, चाहे वे हिन्दू हों या मुसलमान-संस्कृत, अरबी या फारसी में रचना करने की जगह लोकभाषाओं में रचनाएँ कीं। कबीर मूलतः मुसलमान थे तो नानक हिन्दू परिवार में जन्मे थे। पर दोनों ने ही हिन्दू और मुसलमानों के बीच एकता पर जोर दिया और इसके लिए काम भी किया। कबीर ने तो अपने आराध्य देव को राम और अल्लाह, दोनों ही नामों से संबोधित किया। दुर्भाग्य से लोक-आस्था में जोर पकड़नेवाले इस अभियान को उस दौर के दोनों मजहबों के दार्शनिकों-सिद्धांतकारों-धर्म गुरुओं और राजनेताओं ने आगे नहीं बढ़ाया। यही कारण है कि इस आंदोलन ने नए धर्म या नई राजनीति का रूप कभी नहीं लिया। यह दुर्भाग्यपूर्ण है कि जो भक्ति-आंदोलन हिन्दुओं और मुसलमानों के बीच एकता का आधार बन सकता था, वह कभी बहुत आगे नहीं बढ़ा और उसके आदर्श ठोस रूप नहीं ले पाए। परिणामस्वरूप नया भारत भी नहीं बन सका।

भगवान महावीर, भगवान बुद्ध और गुरु नानक

भगवान महावीर हों या भगवान बुद्ध या फिर गुरु नानक, तीनों ने ही अपने अनुभव के आधार पर हमें जीवन का नया रास्ता बताया। उनके द्वारा दिखाए रास्तों ने सदियों और पीढ़ियों तक हम भारतीयों का भला तो किया ही है, एशिया और दुनिया के अन्य मुल्कों के काफी सारे लोगों के जीवन को भी बदला है। जीसस क्राइस्ट और पैगंबर मोहम्मद की तरह ही उनका भी प्रभाव रहा है। उनके निजी उदाहरणों, अनुभवों, जीवन-दर्शनों और समाज-व्यवस्था की सीखों ने भारतीय सभ्यता को मजबूती और समृद्धि दी है।

महत्वपूर्ण है कि इन तीनों महापुरुषों—भगवान महावीर, भगवान बुद्ध और गुरु नानक ने एक हिन्दू के रूप में ही जन्म लिया और हिन्दू के रूप में मरे[56]। इनमें से प्रत्येक ने जातिगत भेदभाव, कर्मकांड और समाज पर पुजारियों की मजबूत पकड़ के खिलाफ विद्रोह किया, मूर्तिपूजा का विरोध किया और किसी भी किस्म की अतार्किकता को नहीं माना। यह भी विचित्र संयोग है कि तीनों का जन्म क्षत्रिय परिवारों में ही हुआ, ब्राह्मण या किसी अन्य जाति में नहीं।

बुद्ध ने अपने धर्म के मौलिक सत्यों का पता अपने कामों और अनुभवों के आधार पर लगाया। पर जैन मत महावीर के पहले से मौजूद था। अब यह प्रमाण मिलता जा रहा है कि महावीर से 250 वर्ष पूर्व हुए पार्श्वनाथ ने ही जैन धर्म की शिक्षा दी थी, जिसमें महावीर से पहले हुए तीर्थंकरों ने अपने अनुभव और ज्ञान से कई बातें जोड़ीं। पर यह भी सच है कि भगवान महावीर ही जैन धर्म के सबसे प्रमुख तीर्थंकर और सच्चे मार्गदर्शक थे। गुरु नानक ने हिन्दू और इस्लाम के अनुयायियों के बीच एकता कायम करने का प्रयास किया और भक्ति संगीत से प्रेरणा ली तथा बाद में ऐसे अनेक पदों की रचना की, जो भक्ति आंदोलन का अंग बने। उनके पदों में सूफी मत का भी काफी प्रभाव था।

तीनों ही महापुरुषों ने अपने समय के समाज की गड़बड़ियों पर चिंता जताई और स्वयं संन्यासी या गुरु होने के बावजूद शासन के मामलों में काफी दिलचस्पी रखी। इसलिए अचरज नहीं कि बुद्ध के निर्वाण के कई वर्ष बाद उनके द्वारा बताए गए मार्ग और सोच पर आधारित बौद्ध धर्म को सम्राट अशोक ने अपना राजधर्म घोषित किया। इसी प्रकार मौर्य और गुप्त वंश के शासकों पर जैन धर्म का काफी प्रभाव रहा। मान्यता है कि अपने जीवन के आखिरी दिनों में चंद्रगुप्त मौर्य ने जैन धर्म अपना कर अपने पुत्र बिंबिसार को गद्दी सौंपी और दक्षिण भारत चले गए। वहाँ उन्होंने जैन परंपरा के अनुसार संकारा (उपवास) करते हुए प्राण त्यागे।[57] सिख मत भी पंजाब की कई रियासतों का राजधर्म बना, जिसमें उत्तर भारत में महाराजा रणजीत सिंह का विशाल साम्राज्य प्रमुख था।

उल्लेखनीय है कि इनमें से प्रत्येक ने बहुधा के मध्यमार्ग पर, विभिन्न दृष्टियों

के बीच तालमेल पर विश्वास किया और गुरु नानक ने तो दो प्रमुख धर्म--हिन्दू और इस्लाम--के बीच मेलजोल को ही अपनी मुख्य चिंता बनाया। जैन धर्म का अनेकांत दर्शन और बौद्ध धर्म का मध्यमनिकाय सिद्धांत तो धार्मिक और सामाजिक मामलों के अतिवादी नजरिए को गलत मानकर ठुकराते हैं। दोनों ही अहिंसा पर विशेष जोर देते हैं, भले उनमें एकरूपता न हो। कबीर की तरह गुरु नानक भी कर्मकांडों के साथ-साथ हिन्दुओं और मुसलमानों के पूजा-पाठ के पारंपरिक तौर-तरीकों का उपहास उड़ाते हैं और मानते हैं कि राम और रहीम एक ही हैं। इनमें से प्रत्येक ने अपनी बातों और सोच को विद्वानों, पंडितों और दार्शनिकों तक सीमित रखने की जगह लोगों के बीच ले जाने का तरीका अपनाया। इस प्रयास में इन्होंने संस्कृत, अरबी, फारसी जैसी भाषाओं की जगह बोलियों को ही अपने संदेश का माध्यम बनाया।

कहना न होगा कि हम दुनिया-भर के धर्मों को दो श्रेणियों में बाँट सकते हैं : वस्तु पर जोर देनेवाले और अनुभव पर जोर देनेवाले। वस्तु पर जोर देने वाले सभी मत एक श्रेष्ठतर सत्ता को समर्पित आचरण की माँग करते हैं और इस श्रेणी में ईसाई, इस्लाम और यहूदी धर्म आते हैं। हिन्दू, बौद्ध, जैन और सिख धर्म अनुभव पर जोर देते हैं। गौतम ने जिस बोधि या ज्ञान का अनुभव किया था और जिसका प्रयास उनके अनुयायी करते हैं, वह एक अनुभव ही है। महावीर ने 'साधना' और गुरु नानक ने जपजी (कीर्तन) से यही अनुभव किया था। ऐसा अनुभव पाने के लिए व्यक्ति को निर्मल मन का होना चाहिए और इसके साथ ही उसके मन में करुणा और प्रेम होना चाहिए। ऐसे मार्ग पर चलने का जो अनुभव होता है, वही सद्भावपूर्ण जीवन का रास्ता बनाता है।

इन तीनों महापुरुषों में से बुद्ध के मध्यमार्ग, अहिंसा, प्रेम और करुणा ने संसार के अनेक देशों के असंख्य लोगों को प्रभावित किया है। तार्किक आत्मज्ञान और अनुभव का बौद्ध तरीका भी लोगों को मजहब और राष्ट्रीय पूर्वाग्रहों से ऊपर ले जाकर अनुशासन और सद्भाव का जीवन जीने की तरफ ले जाता है; और ये सभी चीजें हमें तब स्वयंसिद्ध लगती हैं, जब हम इस बौद्ध सूत्र पर ध्यान देते हैं : अप्पो दीपो भव।

संदर्भ और टिप्पणियाँ

1. बुद्ध और उनके प्रमुख शिष्य आनंद के बीच संवाद के साथ ही बौद्ध ग्रंथ 'धम्मपद' में इस तर्क को रखा गया है। इसके कुछ प्रासंगिक अंश इस प्रकार हैं :
   (क) 'अप्पो दीपो भव' या 'सो करोहि दीप्मानो' अर्थात हे आनंद, अपना दीपक स्वयं बनो। स्वयं अपनी तरफ देखो। किसी बाहरी आलंबन का सहारा न लो। सत्य को दीपक की तरह रखो। सत्य को आलंबन बनाओ। अपने अलावा किसी और की ओर न

देखो। -सेक्रेड बुक्स ऑफ द बुद्धिष्ट. संपा. टी. डब्लू. राइस डीवड्स, खंड III, द पालि टेक्स्ट सोसाइटी, लंदन 1977 पृ. 108.9.

(ख) सो करोहि दीप्मानो, खिप्पणे म्यायाम पंडितो भव। अर्थात, जल्दी करो और खुद को एक दीप की तरह बना लो। (दीप एक सुरक्षित जगह है, जो संसार रूपी सागर में सुरक्षित है।)

डेविड्स 'दीप' शब्द का अनुवाद दीपक के रूप में करते हैं, तो कई विद्वान पालि 'दीप' को द्वीप के रूप में लेते हैं जो जातक कथा की व्याख्या पर आधारित है।

2. देखें, बी. पी. सिंह, भारतीय संस्कृति, राजकमल प्रकाशन, नई दिल्ली-2
3. भगवान विष्णु के दस अवतार हैं: मत्स्य, कूर्म, वराह, नरसिंह, वामन, परशुराम, राम, बलराम, कृष्ण तथा कल्कि (जिसे अभी अवतार लेना है)।
4. परम देवता का शरीरी रूप ही अवतार है। ये अलग-अलग नाम, आकार, जगह में हो सकते हैं, पर इनका उद्देश्य दुनिया को परम सत्य का एहसास कराना ही होता है।
5. भगवत गीता. 4.7-8

"यदा-यदा ही धर्मस्य ग्लानिर्भवतु भारतः
अभ्यूत्थानम् अधर्मस्य तदात्मानम् श्रृजान्यहम्"

6. द वे ऑफ बुद्धा: प्रकाशन विभाग, भारत सरकार, नई दिल्ली।
7. "बौद्ध धर्म के प्रादुर्भाव के पहले भी विशुद्ध भौतिकवादी दर्शन के आचार्यों की मौजूदगी के प्रमाण हैं और ये सिद्धांत उसके बाद बार-बार कमजोर और मजबूत होकर सामने आते रहे हैं। लोकायत सिर्फ अनुभव आधारित ज्ञान को ही मान्यता देता है और बाकी निहितार्थों को खारिज कर देता है। यह सिर्फ चार पदार्थों को मानता है, जिनसे शरीर बनता है। इसकी मान्यता है कि कई चीजें मिलने से जिस तरह कुछ नई चीजें बन जाती हैं; उसी तरह शरीर तो बनता ही है, उसमें आत्मा भी आ जाती है और शरीर नष्ट होने के साथ आत्मा भी नष्ट हो जाती है।"
8. महावीर से पहले माने गए तीर्थंकरों की ऐतिहासिकता संदिग्ध है। पर महावीर से 250 वर्ष पूर्व हुए पार्श्वनाथ की ऐतिहासिकता को अब काफी कुछ स्वीकार किया जाने लगा है।
9. जैन मत एक स्वतंत्र और सबसे प्राचीन मत है। कई लोग मानते हैं कि इसकी स्थापना महावीर ने नहीं की थी, वे इसके कई तीर्थंकरों में सबसे प्रभावशाली थे। इसी प्रकार कई विद्वान जैन धर्म को वैदिक धर्म के विरुद्ध विद्रोह भी नहीं मानते। वे इसे भारत की मिली-जुली संस्कृति की दो प्रमुख धाराओं; ब्राह्मण और श्रमण में से एक का हिस्सा मानते हैं। इन दोनों धाराओं ने एक दूसरे को काफी प्रभावित किया है और इनसे ही भारतीय संस्कृति का निर्माण हुआ है। पर यह भी सही है कि जैन धर्म कई मामलों में हिन्दू धर्म से एकदम अलग है।

--आर. गार्वे., लोकायत, इन्साइक्लोपीडिया ऑफ रिलीजन एंड एथिक्स, संपा. हेस्टिंगस, खंड VIII पृ. 1389

10. भारतीय संस्कृति श्रमण और ब्राह्मण धाराओं से बनी है। वैदिक परंपरा ब्राह्मण धारा से निकली है श्रमण धारा में जैन, बौद्ध वगैरह मत समाहित हैं।
11. वाई. जे. पद्मराजैया, ए कंपेरेटिव स्टडी ऑफ दि जैन्स थ्योरीज ऐंड नालेज, जैन साहित्य विकास मंडल, मुंबई।
12. एस. राधाकृष्णन, ओकेजनल स्पीचेज एंड राइटिंग्स, अक्टूबर 1952-जनवरी 1956, प्रकाशन विभाग, भारत सरकार, नई दिल्ली, 1956, पृ. 224
13. जैन दर्शन के प्रति बहुत आदर-भाव रखने वाले भी मानते हैं कि "जैन दर्शन जिस आधे मन से चीजों को जानने का जतन करता है, वह 'सप्तमंत्री' से भी जाहिर होता है, जो हमें एक

साथ कई आंशिक सत्यों को ही दिखाता है, उनके साथ मिलाकर ठीक-ठाक रूप में पेश नहीं करता। यह हमें एकतरफा निष्कर्ष निकालने से सावधान करता है। इतना तो ठीक है, पर आखिर में हमें यूँ ही छोड़ देता है-और एकतरफा दृष्टि से बहुत आगे नहीं ले जाता।"-देखें, वाई. जे. पद्मराजैया, पूर्वोक्त।

14. भगवान महावीर ने अहिंसा पर कभी किसी शंका को ठीक नहीं माना। उनके आंदोलन में अहिंसा पर जितना जोर रहा है, उतना किसी भी दर्शन और जीवन-पद्धति में नहीं देखा गया।
15. बुद्ध और महावीर की तरह श्रमणों ने कर्मकांडो को एकदम छोड़ दिया और आंतरिक 'स्व' पर ही सारा ध्यान केंद्रित किया। 'अहं' भी अपने आप में एक समस्या है। यह हरदम स्वयं को आंशिक मानता है और यह मानकर चलता है कि पूर्ण उससे परे ही है।
16. बीरबल और अकबर की एक कथा इस बात को रेखांकित करती है। एक दिन बीरबल से अकबर ने पूछा कि दुनिया की सबसे मीठी चीज क्या है? वीरबल का जवाब था कि हुजूर, शब्द ही सबसे मीठे होते हैं और सबसे कड़वे भी। अकबर इस पर सहमत नहीं थे। कुछ दिन बाद बीरबल ने महारानी को अपने घर भोजन के लिए बुलाया और नौकरों को कह दिया कि वे जब खाकर निकलने लगें, तो आपस में उनकी बुराई इस तरह करना कि वे सुन लें। रानी ने जब उनसे अपनी बुराई सुनी तो उनको बहुत बुरा लगा। उन्होंने अकबर से शिकायत की। इस पर बीरबल की बुलाहट हुई। बीरबल ने कहा कि शब्दों में मीठापन और तीखापन तो होता ही नहीं, फिर ऐसा कैसे हो सकता है।
17. उमास्व ति, तत्वार्थ सूत्र, 1.1, पूर्वोक्त।
18. धम्मयक्कप्पवत्तन-कथा, महावग्गा, भाग-1, पृ-15-16, बांबे यूनि.। संस्करण, 1944
19. गौतम, जो आगे चलकर 'बुद्ध' कहलाए, का नाम संभवतः ऋग्वेद के कुछ सूत्रों के रचयिता गौतम ऋषि के नाम पर रखा गया था। उन्हें शाक्य मुनि अर्थात शाक्यों का मुनि, सिद्धार्थ (जिसने अपना अर्थ सिद्ध किया हो) और तथागत (सत्य तक पहुँचनेवाला) भी कहा जाता है।
-जेम्स हेस्टिंग्स (संपा.), द इन्साइक्लोपेडिया ऑन रिलीजन एंड एथिक्स, खंड 2, टी एंड टी क्लार्क, एडिनबर्ग, 1981, पृ 881
20. बी. पी. सिंह, पूर्वोक्त, पृष्ठ 19
21. द वे ऑफ द बुद्धा, प्रकाशन विभाग, भारत सरकार, नई दिल्ली, 1995 (साथ ही देखें, विद गाँधीजी इन सिलोन : महादेव देसाई, पृ. 129
22. पूर्वोक्त, यंग इंडियन, दिसंबर 15, 1927
23. पूर्वोक्त, विद गाँधीजी इन सिलोन, पृ. 138
24. लाओत्से का जन्म सन् 604 ई. पू. में हुआ था और अपने 80 वें वर्ष में वे चीन की पश्चिमी सीमा (तिब्बत) की ओर चले गए थे। उनकी मृत्यु का वर्ष अज्ञात है। लाओत्सो की बुनियादी शिक्षा ताओ का सत्य मार्ग है। ब्रह्मांड जिस रूप में प्रकृति में आया, यह उसे जानने का प्रयास करता है। नर (वांग) और मादा (विन) के मिलन अर्थात विलोमों के मिलन(ताई-चाई) से ही असली चीज निकलती है। (देखें, गोलियर इंटरनेशनल इन्साइक्लोपिडिया, खंड 12, गोलियर इंका. डैनबरी, कनेक्टिकट, 1991 पृ. 202
25. जे. एल. गारफील्ड, द फंडामेंटल विज्डम ऑफ द मिडल वे : नागार्जुनाज मूलकाध्यमिककारिका, ऑक्सफोर्ड यूनि. प्रेस, न्यूयार्क, 1995। इस किताब में नागार्जुन के अद्‌भुत लेखों का अनुवाद है। जिन्हें मध्यम मार्ग के दर्शन का बहुत थोड़ा सा ज्ञान है या एकदम नहीं है, उनके लिए यह बहुत अच्छी किताब है। उन्होंने नागार्जुन दर्शन और पश्चिमी दार्शनिकों में तुलना भी की है। दक्षिण भारत के निवासी नागार्जुन सातवाहन राजा यज्ञश्री गौतमी पुत्र (116-196 ई) के

समकालीन और मित्र थे। उन्होंने आम लोगों से लेकर दार्शनिकों तक के लिए लेखन किया, राजाओं को परामर्श दिया। उनकी किताब 'माध्यमिकारिका' बौद्ध धर्म की सारी शाखाओं-प्रशाखाओं में पढ़ी जाती है तथा तिब्बत, चीन, जापान और कोरिया तक में इसका सीधा असर है। भारतीय दर्शन के इतिहास में इतनी प्रभावशाली पुस्तकें गिनती की ही हैं।

26. धर्म का विकास कई तरह से हो सकता है पर इसके मूल में है वाणी पर अनुशासन, अर्थात अनुचित स्थल या बेमौके अपने पंथ की प्रशंसा और दूसरे की आलोचना न करना और उचित अवसरों पर भी विनम्रता न छोड़ना। ऐसा करके कोई व्यक्ति अपने पंथ का ही काम नहीं करता, दूसरों को भी लाभ पहुँचाता है। पर इसके विपरीत आचरण करनेवाला दूसरों का उतना नहीं, जितना अपने पंथ का नुकसान कर देता है। इसलिए वाणी पर अनुशासन रखना चाहिए। (अशोक का गिरनार शिलालेख)
27. चौदहवें दलाईलामा महामहिम तेनजिन ग्यात्सो, काइंडनेस, क्लेरिटी एंड इनसाइट, मोतीलाल बनारसीदास, नई दिल्ली, 1997, पृ. 29.
28. दलाईलामा, अवेकनिंग द माइंड, लाइटनिंग द हॉट। थार्मन (हार्पर कोलिन्स), लंदन, 1997, पृ. XIV
29. दलाईलामा, ए पालिसी ऑफ काइंडनेस : ऐंथ्रालाजी ऑफ राइटिंग्स बाई एंड एबाउट दलाईलामा, एनो लायन पब्लिक, न्यूयार्क, पृ. 60.
30. करेन आर्मस्ट्रांग, बुद्धा, वाइकिंग पेंग्विन, न्यूयार्क, 2001
31. 'धम्म' का अर्थ होता है—क्या है और क्या होना चाहिए। बुद्ध का 'धम्म' जीवन की समस्याओं की समझ और उनका निदान था। देखें, करेन आर्मस्ट्रांग, पूर्वोक्त, पृ. 04
32. द वे ऑफ बुद्धा, प्रकाशन विभाग, पूर्वोक्त, पृ. 123
33. प्रो. रामशरण शर्मा, द्वारा सेंट्रल इंस्टी. ऑफ हायर तिब्बतन स्टडीज, सारनाथ में दिए दीक्षांत भाषण से उद्धृत।
34. एस. राधाकृष्णन्। ईस्टर्न रिलीजन्स एंड वेस्टर्न आर्ट, ऑक्सफोर्ड यूनि. प्रेस, नई दिल्ली, 1985 (छठा संस्करण) पृ. 67
35. सतीश कुमार, द बुद्धा एंड द टेररीस्ट : द स्टोरी ऑफ अंगुलिमाल, द विवेका फाउंडेशन, नई दिल्ली, 2004
36. अनेक ग्रंथों में अंगुलिमाल को ब्राह्मण जाति का भी बताया गया है। लेकिन हमारे लिए यही महत्वपूर्ण है कि वह हिंसक था और समाज में उसका आतंक था।
37. जवाहरलाल नेहरू, भारत : एक खोज, सस्ता साहित्य मंडल, कनॉट प्लेस, नई दिल्ली।
38. द वे ऑफ बुद्धा, पूर्वोक्त।
39. ए. एल. बाशम, अदभुत भारत, पृ. 265-266
40. इस्लामाबाद के पास एक गुफा में मिली रजतपट्टी पर सर जान शोर ने यह खुदा पाया, "ईश्वर ने बुद्ध को पृथ्वी पर अवतार बनाकर भेजा और लोगों तथा देवदूतों का मार्गदर्शन करने को कहा। देखें द हिस्ट्री ऑफ हिन्दोस्तान : इट्स आर्ट्स ऐंट इट्स साइंसेज, डब्लू वूल्मर एंड कं., लंदन, 1795, पृ. 485
41. एस.राधाकृष्णन, गौतम : द बुद्धा, हिन्द किताब, बांबे, 1995, पृ. 64-65
42. यह मान्यता भी है कि पैगंबर मुहम्मद साहब से पहले और भी पैगंबर रहे हैं, पर उनके बाद यह क्रम समाप्त हो गया। अधिक विवरण के लिए देखें ह्यूस्टन स्मिश : इस्लाम, न्यूयार्क, हार्पन सैनफ्रांसिस्को, 2001
43. चिश्ती सबसे बड़ा और सबसे लोकप्रिय संप्रदाय था—सोर्सेज ऑफ इंडियन, पैंग्विन बुक्स इंडिया,

नई दिल्ली, 1991 पृ. 450

44. विष्णु को अपना आराध्य मानकर उनकी प्रशंसा में कविता लिखनेवालों को तमिलनाडु में आलवार कहा गया। कांचीपुरम् के पोछताई, महाबलिपुरम् के भूतम और माइलापुर पे की पहली भक्त तिकड़ी ही सबसे प्रमुख और सम्मानित मानी जाती है।
45. गुरु नानक
46. गुरु अंगद
47. गुरु अमरदास
48. गुरु राम दास। गुरु अमरदास के दामाद।
49. गुरु अर्जुन देव। गुरु रामदास पुत्र मुगल हिरासत में मारे गए।
50. गुरु हर गोविन्द। गुरु अर्जुनदेव के पुत्र।
51. गुरु हर राम। गुरु हर गोविन्द के पुत्र।
52. गुरु हरकिशन। गुरु हर राम के पुत्र।
53. गुरु तेग बहादुर। गुरु हर गोविन्द के पुत्र।
54. गुरू गोविन्द सिंह। गुरु तेग बहादुर के पुत्र, मुगलों द्वारा मारे गए।
55. भारत की एक अरब आबादी में सिखों का अनुपात 2 फीसदी से भी कम है।
56. जवाहरलाल नेहरु : भारत: एक खोज, सस्ता साहित्य मंडल। श्रीमती राइस डेविड का कहना है कि गौतम हिन्दूके रूप में ही जन्मे और हिन्दू के रूप में ही मरे। (यह उद्धरण एस; राधाकृष्णन की किताब 'इंडियन फिलॉसाफी, जार्ज एलन एंड उनविन, लंदन, 1940 से है।)
57. ए. एल. बाशम: अदभुत भारत, पृ. 293

अध्याय-5

राष्ट्रनिर्माता

"हम दुनिया में जो बदलाव चाहते हैं, उन्हें पहले अपने अंदर करना चाहिए।[1] दुनिया में हर सुधार की पहल एक आदमी के प्रयासों से हुई है।"[2]

—महात्मा गाँधी

हम जैसे ही भगवान बुद्ध, भगवान महावीर, संत कबीर और गुरु नानक के दौर से निकलकर रवीन्द्रनाथ ठाकुर, स्वामी विकेकानंद और महात्मा गाँधी के समय में आते हैं, सभ्यताओं के टकराने और मेल-मिलाप का दायरा बहुत फैल जाता है और नई चीजों को अपने में समाहित करने की भारतीय संस्कृति की नई क्षमताओं का पता चलता है।

वेदों और उपनिषदों के रचयिता ऋषियों-मुनियों ने विभिन्न नस्लों और कबीलों के लोगों को अपने साझा दायरे में लेने के क्रम में विलक्षण नरमी और समझदारी दिखाई थी। तब के हिन्दू समाज ने न सिर्फ इन समूहों को अपने साथ लिया और उन्हें सम्मानजनक जगह दी, बल्कि उनके देवी-देवताओं को, उनके आध्यात्मिक ज्ञान और अनुभवों को, उनकी पूजा-पद्धतियों तथा उत्पादन-पद्धतियों को भी साथ लिया, उनको अपनाया और एक समरस सामाजिक व्यवस्था बनाने में सफलता पाई। उनके इसी नजरिए, इसी उदारता ने भारतीय पहचान और स्वभाव की आधारशिला रखी।

आर्यों और द्रविड़ों के बीच अलग-अलग अनुभाग में (उत्तर में आर्यों की बहुतायत थी, तो दक्षिण में द्रविड़ों की) हुए मेल-जोल ने भी भारतीय समाज के स्वरूप को निर्धारित किया। बाद में शकों और हूणों के हमलावर दस्तों ने तथा उसके बाद के दौर में मध्य एशिया के शासकों ने फौजी हमलों के माध्यम से भारतीय समाज से मुठभेड़ की। उनकी भाषा, धर्म वगैरह अलग-अलग थे, पर धीरे-धीरे वे भी इसी समाज में रच-बस गए।[3] इन सबके साथ ही भारत की मुख्य भूमि और सीमावर्ती क्षेत्रों में भी अनेक कबीलाई जमातें बनी रहीं।

मुसमलमान हमलावरों के आने, जीतने और भारत पर अपना शासन कायम करने

के बाद एकदम नई स्थितियाँ बनीं और इसने भारतीय मानस को काफी प्रभावित किया। जिस भारतीय समाज और मानस ने अनेक कबीलों और विधर्मी अथवा विजातीय लोगों को अपने बीच रचा-बसा लिया, वह मुसलमानों के साथ समरसता रख पाने में असफल रहा। मुगल हमलावर जीत, साम्राज्य के विस्तार और अपने धर्म का प्रचार-प्रसार करने के लिए आए थे। ये सैनिक अभियान विस्तारवादी मानसिकता और आर्थिक लाभ के लिए चलाए गए थे। पर कालक्रम में इस्लाम ने भारतीय चिंतन-दृष्टि को प्रभावित किया और खुद भी इसके प्रभाव से अछूता नहीं रहा। रामानंद, जयदेव, एकनाथ, तुकाराम, शंकरदेव, चैतन्य, मीराबाई और तुलसीदास जैसे भक्त कवियों की अगुवाई में चले भक्ति-आंदोलन ने जाति और समानता के आधार पर मिलकर चलनेवाले सामाजिक मूल्यों को फिर से जीवंत किया। इसी प्रकार गुरु नानक और कबीर जैसे भक्त कवियों और गुरुओं ने सीधे-सीधे हिन्दुओं और मुसलमानों के बीच मेल-मिलाप का प्रयास किया। सूफियों की मजारों और सूफी संतों के पास हिन्दू और मुसलमान, दोनों ही जाते थे और यह परंपरा आज तक चली आ रही है।

राजनैतिक स्तर और शासन के सर्वोच्च स्तर पर मेल-मिलाप का प्रयास सम्राट अकबर जैसे लोगों ने किया, जिनका मानना था कि सच्चाई का दावा कोई एक ही धर्म नहीं कर सकता और सभी धर्मग्रंथ समान बातों की ही शिक्षा देते हैं। उन्होंने फतेहपुर सीकरी स्थित अपने महल में प्रसिद्ध 'इबादतखाना' बनवाया जिसमें हिन्दू, मुसलमान, जैन, सिख, जरथुस्ट्रवादी और ईसाई, सभी धर्मों के लोग एक साथ बैठते थे और आपस में विचार-विमर्श करते थे। उन्होंने सभी धर्मों की अच्छी शिक्षाओं को लेकर 'दीन-ए-इलाही' नामक नया धर्म भी शुरू करने का प्रयास किया। पर यह ज्यादा लोकप्रिय नहीं हो पाया।

वास्को डि गामा ने 1493 ई. में भारत का समुद्री मार्ग खोज निकाला था। एक दशक बाद ही पुर्तगालियों ने गोवा को अपने नियंत्रण में ले लिया। इसके बाद अगली कई शताब्दियों तक पुर्तगाली, स्पेनिश, डच, फ्रांसीसी और ब्रिटिश लोग भारत पर नियंत्रण का प्रयास करते रहे और 18वीं सदी का अंत आते-आते इंगलैंड सबसे ताकतवर स्थिति में आ गया। अब जब भारत पर ब्रिटिश शासन कायम हो गया तो भारतीय समाज को ईसाई धर्म और पाश्चात्य जीवन-मूल्यों से भी निपटना था। वैसे ईसाई धर्म की शुरुआत से ही भारतीय समाज को उसका पता था। ईसाई धर्म और अँगरेजी शिक्षा ने भारतीय समाज, खासकर हिन्दू समाज में नया जागरण पैदा किया। हिन्दू, ईसाई और इस्लाम धर्म की मूल भावनाओं में बुनियादी एकता की बात सबसे पहले राजा राममोहन राय ने की। 1928 में उन्होंने 'ब्रह्म समाज' की स्थापना की और सभी धर्मों, जातियों और वर्गों के लोगों को उसमें दाखिला दिया। बंगाल में उनके साथियों ने इस संदेश को फैलाया और ब्रह्म समाज एक ताकतवर आंदोलन के रूप में उभरा। पश्चिम में स्वामी दयानंद सरस्वती (1824-1883) ने 'आर्य समाज' की

स्थापना की, जिसका उद्देश्य सबके कल्याणार्थ सबके बीच एकता पैदा करना था, जैसाकि सर्वपल्ली राधाकृष्णन कहते हैं :

"अपने पूरे इतिहास में भारत ने हार्दिक मेल-मिलाप और भावनाओं की आजादी का प्रयास किया है। उसने मतभेदों या अंतर को खत्म नहीं किया, बल्कि उसके पीछे की बुनियादी एकतावाले तत्वों की पहचान करके उन पर जोर दिया। बाहर से आकर बसनेवालों को भारत ने अलग नहीं माना, न ही उसने उनके रीति-रिवाजों का उपहास उड़ाया। भारत ने इस सबको सम्मान दिया, मान्यता दी और बाहर से भी अच्छे तत्वों को ग्रहण किया। नए विचारों के उभरने के बाद पुरानी परंपराओं को खारिज नहीं किया गया, बल्कि उन्हें भी आदर दिया गया, उनकी नई व्याख्या की गई। सबको जोर-जबरदस्ती से समरूप करने का प्रयास भारत ने नहीं किया। अथर्ववेद के पुरुष सूक्त का एक प्रसिद्ध उद्धरण है, जिसमें कहा गया है कि पृथ्वी माँ है जो विभिन्न बोलियों, धर्मों, और अपने-अपने विश्वासानुसार रीति-रिवाजों का जीवन जीनेवाले सभी लोगों का भार उठाती है और सभी को समान स्नेह के साथ आपस में मिलाती है।"[4]

भारत सदा से विदेशी नस्ल के लोगों को भी आदर देकर अपनी सभ्यता में जगह देता आया है। इसने किसी के लिए भी अपने दरवाजे बंद नहीं किए हैं। पर हिन्दू, इस्लाम और ईसाई धर्मों के पारस्परिक अंतर को रेखांकित करना भी जरूरी है।

यहूदी एकेश्वरवाद और रोमन सर्वेश्वरवाद के मेल से निकला ईसाई मत आध्यात्मिक मामलों में क्रांतिकारी था, क्योंकि यह सिर्फ चुने हुए लोगों की जगह सबको मुक्ति का अवसर प्रदान करता था। साथ ही संेट पाल के प्रभुत्व के चलते यह राजनैतिक टकरावों से बचने पर बहुत ध्यान देता था। सीजर के फार्मूले की चर्चा भी यहाँ जरूरी है। शुरू से ही ईसाई धर्म शासन और धर्म को अलग-अलग रखने के पक्ष में था और यह इस बात को स्वीकार करता था कि ऐसा विभाजन संभव है और वांछित भी।

इस्लाम में उसके महान धार्मिक ग्रंथों में सिद्धांत के स्तर पर भी धर्म और शासन में ऐसे अलगाव की बात नहीं कही गई है। कुरान में भी कायदे-कानून की सबसे ज्यादा चिंता की गई है और इस्लाम सदा से स्पष्टत: सामाजिक, सांगठनिक और राजनैतिक मसला रहा है तथा सैद्धांतिक रूप में इसमें व्यक्ति के जीवन के हरेक पहलू के बारे में कुछ न कुछ जरूर कहा गया है।

हिन्दू मत में धर्म को जीवन-पद्धति भी माना गया है और इसे केंद्रीय स्थान भी दिया गया है। लेकिन राजा और गुरु के बीच अंतर साफ है। धार्मिक स्तर पर भी इसमें उदारता है और कई बातें समाहित करने की गुंजाइश है। व्यक्ति अपनी इच्छा से या अपने समूह की इच्छा या मान्यता से पेड़-पौधों, पहाड़-नदियों-तालाबों

और पशु-पक्षियों या इनके प्रतिरूप देवी-देवताओं की भी पूजा कर सकता है। तीन सहस्राब्दी से भी ज्यादा समय से हम सुनते आए हैं और इस बात की चर्चा धर्मग्रंथों में भी है कि हिन्दू लोग 33 करोड़ देवी-देवताओं को पूजते हैं और इस बात पर उनमें न कभी जलन होती है न लड़ाई।

भारत में हिन्दू, इस्लाम और ईसाई तीनों धर्मों का महत्व है और इनकी कहानियाँ अलग-अलग हैं। भारतीय राजा-महाराजाओं ने अपने धर्म का प्रचार-प्रसार करने के लिए कभी अपनी सेनाओं की सहायता नहीं ली। फिर भी यह सभ्यता और यहाँ के धर्म एशिया-भर में, खासकर दक्षिण-पूर्व एशिया में फैले और वहाँ इनका आज तक बहुत गहरा असर है।

दक्षिण-पूर्व एशिया में भारतीय और चीनी प्रभाव के अंतर को बताते हुए राबर्ट ब्राउन एक बहुत ही दिलचस्प व्याख्या प्रस्तुत कहते हैं। भारत के प्रभाव के बारे में वे कहते हैं : "दक्षिण-पूर्व एशिया में फौज नहीं, स्वयं देवी-देवता आए और लोगों ने उन्हें अपना लिया।"[5] चीनी नजरिए के बारे में वे लिखते हैं : "दक्षिण-पूर्व एशिया (वियतनाम को छोड़कर)में चीनी मौजूदगी ने सांस्कृतिक दृष्टि से कोई हलचल पैदा नहीं की। वे अकेले ही आए, उनके देवी-देवता भी उनके साथ न थे।"[6]

भारत पर ब्रिटेन की जीत ने भी एक नया अध्याय शुरू किया। ईस्ट इंडिया कंपनी ने यहाँ अपना शासन आर्थिक लाभ के लिए ही जमाया और फैलाया। इसके बाद जब ब्रिटिश शासन स्थापित हुआ, तब ईसाई मिशनरियों का प्रवेश हुआ। कई जगहों पर तो पहले मिशनरी लोग पहुँचे, तब फिर ब्रिटिश शासन का झंडा आया। भारत में ईसाई मत का प्रवेश और प्रचार-प्रसार कई देशों की कोशिशों से हुआ और यह सिर्फ कैथोलिक मत तक सीमित न था।

हमारे पास इस बात के पर्याप्त प्रमाण हैं कि बौद्ध भिक्षुओं और 'अर्हतों' तथा हिन्दू आचार्यों और गुरुओं के बीच किस-किस किस्म के संवाद होते थे। काफी समय बाद ईसाई मिशनरियों और हिन्दू नेताओं के बीच भी संवाद चले। पर भारत पर जब ईसाई प्रभाव ज्यादा गहरा हुआ, तब हिन्दुओं के पुराने सांस्कृतिक वैभव को पुनर्जीवित करने की जरूरत महसूस हुई। मुगल शासन-काल में भी जिन लोगों ने इस्लाम कबूल नहीं किया, उन्हें अपनी पुरानी मान्यताओं को रखने और अपने तौर-तरीकों से प्रार्थना करते रहने की आजादी थी।

पश्चिम में इस्लाम और ईसाई धर्म के बीच टकराव और हिंसा का लंबा इतिहास रहा है। जुलाई 1099 में ईसाई धर्मयोद्धाओं ने पश्चिमी यूरोप से यरुशलम पर हमला बोला, जो मक्का और मदीना के बाद इस्लाम का तीसरा सबसे पवित्र शहर है। हमलावरों ने वहाँ रहनेवालों को मार दिया और फिलीपीन्स, लेबनान और अनातोलिया नामक राज्यों की स्थापना की। ईसाइयों का यह रूप इस्लाम ने पहली बार देखा था। पाँचवीं सदी में रोमन साम्राज्य के पतन के बाद पसरे 'अंधकारयुग' के बाद पश्चिम का यह नया उभार था। धर्म-योद्धाओं ने यरुशलम के लगभग 30,000 मुसलमानों

और यहूदियों को मार डाला था। यह महत्वपूर्ण है कि विभिन्न धर्मों के लोगों के बीच ऐसी हिंसक लड़ाइयाँ भारत में नहीं हुईं। निश्चित रूप से हमलावर मुसलमान फौजों ने बौद्ध संघों और पुस्तकालयों के साथ हिन्दू मंदिरों में लूट-पाट की, तोड़फोड़ की, आगजनी की; पर तब भी मामला उस जैसे धार्मिक युद्ध जैसा नहीं हुआ, जैसाकि ईसाइयों और मुसलमानों के बीच हुआ। दूसरी महत्वपूर्ण घटना है आक्रमणकारी सेना के ज्यादातर लोगों का भारत में ही बसना, भारत को ही अपना घर बनाना और भारतीय समाज का हिस्सा बन जाना।

भारत में बौद्धिक उभार और गिरावट के दौर लगातार आते रहे थे और 10 वीं सदी के बाद तो गिरावट ही गिरावट रही; पर भारत ही नहीं, एशिया में उस तरह की औद्योगिक क्रांति नहीं हुई जैसी यूरोप में हुई और जिसने यूरोप को ही नहीं, उसके अमेरिकी उपनिवेशों को भी विकसित कर दिया। 16वीं और 17वीं सदी में इन देशों की अर्थव्यवस्था ने कृषि उत्पादों के अधिकांश की जगह तकनीक का विकास किया और काफी सारे आर्थिक संसाधन पैदा किए। इससे धीरे-धीरे खेतिहर समाज की जगह औद्योगिक समाज ने ले ली। 19वीं सदी तक यूरोप और अमेरिका अपने धन-बल और समृद्धि के चलते ही दुनिया-भर में मान-सम्मान पाने लगे थे। इससे वहाँ के लोगों के नजरिए और सामाजिक ढाँचे में काफी बड़े बदलाव हुए। पाया गया कि कार्यकुशल और उत्पादक बनने के लिए किसी भी आधुनिक देश को तार्किक और वैज्ञानिक नजरिया अपनाना होगा, उन्हीं मूल्यों पर चलना होगा तथा धर्मनिरपेक्ष और लोकतांत्रिक व्यवस्था अपनानी होगी। एक तरह से यह दूसरे 'प्रस्तर युग' की वापसी थी। इस नए युग की मान्यताएँ वैदिक ऋषियों, बुद्ध और महावीर के चिंतन या सुकरात, अरस्तू, कन्फ्यूसियस और लाओत्से जैसे लोगों के दर्शन और चिंतन पर आधारित न होकर काफी सारे वैज्ञानिकों और तकनीशियनों के आविष्कारों और प्रयोगों पर आधारित थीं।

भारत में विज्ञान बनाम धर्म की वैसी तीखी भिड़ंत कभी देखने में नहीं आई, जैसी 19वीं सदी के यूरोप में देखी गई थी और जिसने यूरोप में हलचल मचा दी थी। पर समय बीतने के साथ-साथ आधुनिक शिक्षा के मामले में नई जागरूकता आई और भौतिकी, रसायनशास्त्र और जीवविज्ञान जैसे नए अनुशासनों की पढ़ाई ने जोर पकड़ा। साथ ही उभरती राष्ट्रवादी चेतना ने भारतीय राष्ट्रीय कांग्रेस और मुस्लिम लीग जैसे राजनैतिक संगठनों को जन्म दिया।

19वीं और 20वीं सदी में आजादी की बढ़ती भूख और एक के बाद एक राष्ट्रीय महापुरुषों का सामने आना बड़ी महत्वपूर्ण घटनाएँ थीं। राजा राममोहन राय के सक्रिय होने के साथ बंगाल में जो नया दौर शुरू हुआ, उससे पूरे भारत के लोगों के नजरिए में बदलाव आया। सदियों से भारतीय समाज में असमानता थी और उसे स्वाभाविक माना जाता था, पर अब समानता की बात उठने के साथ-साथ लोगों को धार्मिक, राजनैतिक और आर्थिक मसलों में ज्यादा से ज्यादा भागीदारी देने की बातें भी उठने

लगीं। इन मामलों में तीन नेताओं : स्वामी विवेकानंद (1863-1902), रवीन्द्रनाथ ठाकुर (1861-1941), और महात्मा गाँधी (1869-1948) का योगदान ऐतिहासिक है। यह इतिहास का संयोग-भर है कि इन तीनों का जन्म उन्नीसवीं सदी के छठे दशक में हुआ। इनमें से प्रत्येक अपने-अपने कार्यक्षेत्र में प्रभावी ढंग से उभरे; स्वामी विवेकानंद धर्म के क्षेत्र में, तो गुरुदेव टैगोर साहित्य के क्षेत्र में, और महात्मा गाँधी राजनीति के क्षेत्र में।

ये तीनों स्वतंत्रता संग्रामवाले उस दौर के लोग थे, जब इस बात की जरूरत थी कि हिन्दू, बौद्ध, इस्लाम और ईसाई धर्म के मूल्यों को सहेजकर आजादी के काम में लगाया जाए और औपनिवेशिक सत्ता को समाप्त किया जाए।

स्वामी विवेकानंद (1863-1902)

अपने समय और उसके बाद के दौर में भारतीय मानस पर महान प्रभाव डालनेवाले उक्त तीनों में सबसे पहले स्वामी विवेकानंद आते हैं। नरेंद्रनाथ दत्त (स्वामी विवेकानंद का मूल नाम) का जन्म एक उच्च मध्यवर्गी-कायस्थ परिवार में 12 जनवरी 1863 को हुआ था। उनका जन्म उनके पैतृक मकान, 3 गौरमोहन लेन, कलकत्ता में हुआ था। अपने छोटे से-जीवन में ही (स्वामी विवेकानंद का निधन मात्र 39 वर्ष की आयु में कलकत्ता के बेलूर मठ में 4 जुलाई 1902 को हुआ) उन्होंने हिन्दू दर्शन, खासकर सहनशीलता के बारे में हिन्दू दर्शन को एकदम नया अर्थ दे दिया। उन्होंने ही वेदांत दर्शन को प्रचारित करने के लिए 'रामकृष्ण मिशन' की स्थापना की। मठ के जरिए उन्होंने पूरे भारत में अच्छी शिक्षा और स्वास्थ्य सेवाएँ उपलब्ध कराने का प्रयास भी किया। उनके बारे में यह कहना बिल्कुल सही है कि वे "अपने त्याग में उतावले, अपनी गतिविधियों में अनंत, अपने प्रेम में असीम, अपने बहुमुखी ज्ञान में विलक्षण, अपनी भावनाओं में उद्दाम, अपनी आक्रामकता में निष्ठुर; लेकिन बच्चों की तरह एकदम सरल और सुलभ थे। वे हमारी दुनिया के एक विलक्षण व्यक्तित्व थे।"[7]

स्वामी विवेकानंद ने वेदांत दर्शन के बारे में जो कुछ कहा, वह व्यवहारतः बहुधा दर्शन की ही बात थी। उन्होंने कहा कि हमारे पुरखों ने जिस वेदांत दर्शन को हमारे लिए छोड़ा है, वह न तो ब्राह्मण धर्म का है न बौद्ध, न ईसाई या इस्लाम धर्म का-यह इस सबका मिला-जुला रूप है। 11 सितंबर 1893 को अमेरिका के शिकागो में हुए विश्व धर्म संसद में दिए अपने ऐतिहासिक भाषण में स्वामी विवेकानंद ने कहा था :

> *"ईसाई को न तो हिन्दू या बौद्ध होने की जरूरत है न ही हिन्दू या बौद्ध को ईसाई। हाँ, प्रत्येक को दूसरों की भावनाओं को जानना और अपने में समाहित करना होगा। यह करते हुए भी उसे अपनी निजता बचानी होगी और*

अपने ढंग से विकास करना होगा। अगर मिशन-धर्म संसद दुनिया को कुछ दिखाना-बताना चाहती है तो उसे यही सिद्ध करना होगा कि पवित्रता, शुद्धता और लोक-कल्याण की बात पर दुनिया में किसी एक गिरजाघर या मंदिर का एकाधिकार नहीं है और हर धर्म और पंथ ने विलक्षण प्रतिभा के स्त्री-पुरुष पैदा किए हैं। इस तथ्य को जानने के बाद भी अगर कोई सिर्फ अपने धर्म के बचे रहने और दूसरों के नष्ट या समाप्त होने का सपना देखता है तो उस पर मैं सिर्फ दया ही कर सकता हूँ और यह बता सकता हूँ कि लाख प्रतिरोध के बावजूद बहुत जल्दी ही हर धर्म के ध्वज पर यही लिखा होगा, 'लड़ो नहीं मदद करो', 'बर्बादी नहीं मेल-मिलाप', 'शांति और सद्भाव चाहिए, मतभेद और टकराव नहीं'" [8]

शिकागो की धर्म संसद[9] में दिए अपने भाषणों में से एक में स्वामी विवेकानंद इन शब्दों के साथ बहुधा दर्शन पर जोर देते हैं: "क्या मेरी कामना है कि ईसाई लोग हिन्दू बन जाएँ? ईश्वर माफ करे। क्या मैं यह चाहता हूँ कि हिन्दू और बौद्ध लोग ईसाई बन जाएँ? राम-राम।"[10]

हिन्दुस्तानी मान्यता और सोच यह थी कि मनुष्य को अपने वातावरण के अनुरूप सर्वोत्तम काम करने की आजादी हो, उसे उस योग्य बनाया जाए और फिर वह उसी के अनुरूप आचरण करे। रामकृष्ण परमहंस कहा करते थे, 'जतो मत, ततो पथ' अर्थात जितने मत हैं, उतने ही पंथ हैं, और असल में यही हिन्दू दर्शन की बुनियादी मान्यता है। विवेकानंद ने मानवीय मामलों में बहुलतावाले नजरिए को काफी महत्व दिया और एक मत या एक ही बात पर जोर देने को गलत माना। वे धार्मिक मान्यताओं में मेलजोल के पक्ष में थे और सबके लिए एक धर्म के खिलाफ थे। उन्होंने कहा था :

"अगर दुनिया-भर के लोग एक ही धर्म को मानें, स्वीकार करें, एक ही तरह से पूजा करें, एक ही मानक मूल्यबोध से चलें तो यह सबसे बड़ा दुर्भाग्य होगा। यह पूरी धार्मिक और आध्यात्मिक प्रगति की मृत्यु होगी। अच्छे या बुरे तरीकों से लोगों को अपने

धार्मिक मत में लाने और दीक्षित करके इस खतरनाक प्रक्रिया को तेज करने की जगह हमें यह करना चाहिए कि हम मनुष्य के रास्ते से वे सारी बाधाएँ हटाएँ, जो उसको अपने आदर्शों के अनुरूप आगे बढ़ने से रोकती हैं। दुनिया-भर में एक ही धर्म का ध्वज लहराने की खतरनाक कल्पना से हमें दूर रहना है।" [11]

भारत में विदेशी शासन के खिलाफ आजादी की लड़ाई को स्वामी विवेकानंद के जीवन और कामों से काफी मदद मिली। उनका मानना था कि अगर भारत को आजाद होना है तो इसे सिर्फ हिन्दुओं या सिर्फ मुसलमानों के मुल्क के रूप में सोचकर काम नहीं करना होगा। यह राष्ट्रवाद के आदर्शों से प्रेरित सभी धर्मों के

लोगों का भारत होकर ही आजाद हो सकता है। सभी धर्मों में मेलजोल और सभी मतों के प्रति उदारता दिखाए बगैर इतनी विविधताओंवाले राष्ट्र में राष्ट्रीय चेतना का विकास हो ही नहीं सकता।

स्वामी विवेकानंद ने सभी धर्मों की एकता और विभिन्न समुदायों के बीच झगड़े बंद करने संबंधी श्रीरामकृष्ण परमहंस के उपदेशों को ही आगे बढ़ाया। अत्यंत कल्पनाशील संवाद के क्रम में श्रीरामकृष्ण ने उन्हें शिक्षा दी थी कि सिर्फ दया करने-भर से काम नहीं चल सकता। मनुष्य स्वयं जीवित देवता है। तो क्या हम सभी देवता पर दया करने की सोच सकते हैं? नहीं, उल्टे हमें उसकी सेवा का, उसकी पूजा करने का अवसर मिले, यही हमारे लिए सौभाग्य की बात है। इसलिए 'दया' की बात सही नहीं है। सही बात है 'जीव' को 'शिव' मानकर उसकी सेवा करना, देवत्व की अभिव्यक्ति मानकर मनुष्यता की सेवा करना। किसी से भी घृणा नहीं करनी चाहिए, गलती करनेवाले में भी देवता होता है। वही नारायण कहीं चोर के रूप में हमें मिलते हैं, कहीं असभ्य और असंस्कृत रूप में। वे अच्छे और सभ्य लोगों में भी होते हैं, बुरे लोगों में भी।[12]

यह माना जाता है कि रामकृष्ण और विवेकानंद में वैसे ही संबंध थे, जैसे जीसस क्राइस्ट और सेंट पाल में थे। विवेकानंद को जानने के लिए पहले रामकृष्ण को जानना ही होगा। जैसा कि सुभाषचंद्र बोस ने कहा था, "निवेदिता की तरह मैं भी रामकृष्ण और विवेकानंद को एक ही अविभाज्य व्यक्तित्व के दो रूप मानता हूँ।"[13]

स्वामी विवेकानंद पर भगवान बुद्ध के चिंतन का बहुत प्रभाव था। बुद्ध द्वारा खुद को बौद्ध न कहने या कहलवाने को वे बहुत बड़ी बात मानते थे। जैसा कि निवेदिता कहती हैं, "बौद्ध बनना एक उपलब्धि है, वह कोई व्यक्ति नहीं होता।" स्वामी विवेकानंद ने इन शब्दों में बुद्ध की प्रशंसा की है :

> *"बुद्ध समता के महान उपदेशक थे। उनकी शिक्षा है कि आध्यात्मिक मामलों में प्रत्येक पुरुष और स्त्री को समान अधिकार है। पुजारियों और अन्य जातियों के बीच के भेद को भी उन्होंने समाप्त कर दिया। सबसे निचले कुल के लोगों को भी सर्वोच्च आध्यात्मिक उपलब्धि हासिल करने की आजादी थी: उन्होंने निर्वाण के द्वार सबके लिए खोल दिये..."*[14]

विवेकानंद वह कथा भी बहुत उत्साह से सुनाते थे कि किस तरह बुद्ध ने एक नाई को अपना साथी बनाया।[15] बुद्ध की तरह उन्होंने भी मानवीय व्यवहार में तर्क के नियम की प्रमुखता पर जोर दिया। वे मानते थे कि हम जो कुछ भी करें, उसे तर्क की कसौटी पर खरा उतरना चाहिए, वरना हमारी मान्यताएँ कोरी कल्पना-भर रह जाएँगी। मनुष्य को एक ऐसे धर्म के साथ जीवन जीना चाहिए जो उसकी बौद्धिक चेतना को, उसकी तर्क-भावना को संतुष्ट रख सके। उसके अलावा धर्म को ऐसी टिकाऊ आस्था की भूमिका भी निभानी चाहिए जो जाति, धर्म, समुदाय या नस्ल

का भेद किए बिना हर व्यक्ति के बौद्धिक और आध्यात्मिक विकास पर जोर दे। जो धर्म मनुष्य और मनुष्य के बीच भेद पैदा करे, किसी के विशेषाधिकारों, शोषण और युद्ध को समर्थन दे, वह हमारा धर्म नहीं हो सकता।

विवेकानंद की तरह इतिहास के बहुत कम चिंतकों ने धर्म को मानवीय कष्टों, सामाजिक भेदभाव और गरीबी मिटाने के संदर्भ में महत्वपूर्ण मानकर काम किया होगा। उन्होंने कहा था :

> *"हम मनुष्य का निर्माण करनेवाला धर्म चाहते हैं...मनुष्य को कमजोर करनेवाला रहस्यवाद, जादू-टोना छोड़िए और मजबूत बनिए...अन्य सभी बेकार के देवी-देवताओं को हमारे मस्तिष्क से विदा हो जाने दीजिए। सिर्फ एक ही देवता जागृत है, हर जगह उसका हाथ है, हर जगह उसके पंख हैं, हर जगह उसके कान हैं, उसकी पहुँच हर जगह तक है..और यह देवता हैं हमारी जाति के लोग, हमारे लोग। सबसे पहली पूजा तो अपने इर्द-गिर्द के लोगों की पूजा ही है...ये सभी हमारे देवता हैं...मनुष्य और पशु-पक्षी, और जिस पहले देवता की हमें पूजा करनी है, वे हैं हमारे अपने देशवासी।"*[16]

विवेकानंद ने सदा यह कहा कि हमारे लिए ईश्वर की सेवा का मतलब गरीब की सेवा होना चाहिए। यह न तो किसी खास कर्मकांड से जुड़ा उपदेश था न ही किसी व्यक्ति के बाहरी कामकाज पर थोपी गई कोई पाबंदी। पंडितों और मुल्लाओं, मंदिरों और मस्जिदों तथा गिरजाघरों और गुरुद्वारों की परवाह न करते हुए उन्होंने अपने धर्म को नया अर्थ दिया, वरना तब तक ये ही चीजें धार्मिक चर्चा और कर्मकांड के केंद्र में थीं और मोक्ष की आकांक्षा वाले लोग इनकी शरण में ही आते थे। विवेकानंद ने एकदम नई चीज पर जोर दिया कि गरीब को यह अहसास हो कि उसके अंदर बैठा मूल देवत्व ही धर्म का उद्देश्य है। उन्होंने एक नया पद गढ़ा 'दरिद्रनारायण' और इसके माध्यम से उन्होंने धर्म को एक नए और बृहत्तर अर्थ से जोड़ा। 'दरिद्रनारायण' की बात ने उन लोगों के मन में यह कर्त्तव्य-बोध जगाया कि जो ईश्वर की सेवा करना चाहते हैं, गरीबों की सेवा करें।

19वीं सदी के भारतीय समाज में भेदभाव बहुत व्यापक और गहरा था। इसमें जातीयता और छुआछूत भी शामिल थी। विवेकानंद जाति-व्यवस्था के घनघोर विरोधी थे। उन्हें छुआछूत से गहरी नफरत थी, क्योंकि यह मनुष्य के आत्म-सम्मान के लिए अपमानजनक थी। वे इसी सिद्धांत पर अमल करते रहे कि हर किसी में ईश्वर का वास है। हर किसी को अपने भीतर बैठे ईश्वर का अहसास करने के लिए उसके अंदर अंतर्ज्योति जगानी चाहिए और इस लक्ष्य में कोई छुआछूत नहीं रख सकता।

विवेकानंद धर्म और समाज-सुधार से भी आगे बढ़े और आजादी, प्रगति और सद्‌भाव के लिए राष्ट्रीय आंदोलन की नींव तैयार की। जैसा कि पंडित जवाहरलाल नेहरू ने कहा है :

"वे सामान्य अर्थों में राजनेता न थे, लेकिन मुझे लगता है कि वे भारत के राष्ट्रीय आधुनिक आंदोलन के एक महान संस्थापक थे। आप चाहें तो इसके लिए अलग शब्द का प्रयोग कर सकते हैं। भारत के राष्ट्रीय आंदोलन में हिस्सा लेनेवाले काफी सारे लोगों ने स्वामी विवेकानंद से प्रेरणा ली थी। श्रीरामकृष्ण परमहंस जैसे लोगों ने, स्वामी विवेकानंद जैसे लोगों ने, महात्मा गाँधी जैसे लोगों ने मुल्क में एकता बनाने में बड़ी भूमिका निभाई। ये लोग अपनी खास शिक्षाओं-भर से ही नहीं, अपने पूरे नजरिए और कामकाज से विश्व की महान रचनात्मक विभूतियों में रहे हैं और विश्व के चेतन-अवचेतन पर पड़े उनके प्रभाव हमारे लिए काफी महत्व के हैं।" [17]

कई अर्थों में विवेकानंद एक साथ अनेक व्याख्याओं वाले 'बहुधा' के नजरिए से भी बहुत आगे गए। उन्होंने कहा कि हर धर्म निश्चित रूप में गरीबों की मदद करे और हमारे समाज से भूख गरीबी, अशिक्षा, बीमारी, अज्ञानता को दूर करने का प्रयास करे। फिर उन्होंने कहा कि इस काम में स्त्री और पुरुष में, एक मत और दूसरे मत में, जातियों और नस्लों के बीच भेद नहीं हो सकता। दरअसल उन्होंने गरीबों की सेवा को पूजा के स्तर पर पहुँचा दिया और उस स्तर पर विभिन्न आस्थाओं के बीच मेल-मिलाप स्वतः एक पूर्व शर्त बन जाती है। ऐसा वातावरण सभी लोगों के बीच मेल-मिलाप की माँग भी करता है। दुश्मनों और दुश्मनी के भाव पर जीत के लिए हमें सबसे पहले नफरत को छोड़कर प्रेम और करुणा को अपनाना होगा।

रवीन्द्रनाथ टैगोर (1861-1941)

रवीन्द्रनाथ टैगोर का जन्म कलकत्ता में 7 मई 1861 को हुआ था। उनके पिता देवेन्द्रनाथ ठाकुर और माँ शारदा देवी थीं। रवीन्द्रनाथ का पालन-पोषण उत्तर कलकत्ता के जारासांख भवन में हुआ था, जिसे उनके दादा द्वारकानाथ ठाकुर (1774-1846) ने बनवाया था। उनका परिवार बहुत बड़ा (रवींद्रनाथ 15 भाई-बहनों में 14वें थे) और काफी अमीर था। धन के अलावा परिवार में और भी काफी कुछ था। उनका नजरिया बहुत आधुनिक था और उसके सदस्य बहुत ही प्रतिभाशाली थे तथा कला और साहित्य में उनकी गहरी रुचि थी।[18] रवींद्रनाथ को स्कूली पढ़ाई बहुत उबाऊ लगती थी। इसलिए उन्होंने स्कूल जाना छोड़ दिया, लेकिन अपना अध्ययन और सीखना जारी रखा।[19] उन्होंने 13 वर्ष की उम्र से कविता लिखना शुरू किया। 17-18 की उम्र तक पहुँचते पहुँचते उन्होंने कुछ रहस्यमय अनुभूतियों समेत काफी सारे अनुभव प्राप्त कर लिए थे।[20] वे उपनिषदों, बौद्ध धर्मग्रंथों और रहस्यवादी बाउल संगीत से बहुत प्रभावित थे।[21] 22 वर्ष की उम्र में उनकी शादी मृणालिनी से हुई। रवीन्द्रनाथ जब 41 वर्ष के थे, तो मृणालिनी का निधन हो गया और उसके बाद उन्होंने दूसरा विवाह नहीं किया।

उपनिषदों से शुरुआत करके उन्होंने भारतीय संस्कृति के विभिन्न चरणों के बारे में गंभीर अध्ययन किया। उन पर बौद्ध साहित्य, संस्कृत-शास्त्रों और मध्यकालीन संत कवियों कबीर, नानक और चैतन्य का गहरा प्रभाव पड़ा। टैगोर ने ही पहली बार कबीर के 100 पदों का संग्रह कराया, जो 1940 में द इंडियन सोसाइटी, लंदन से छपा था। पश्चिमी दर्शन और साहित्य का भी उन्होंने अध्ययन किया। बांग्ला में खूबसूरत कविताओं और विलक्षण गद्य की अनेक किताबें लिखीं। उन्हें लगा कि पश्चिम के मानववाद और प्राचीन भारत के विचारों और इतिहास में संबंध है।

टैगोर अपने जीवन के अंतिम वर्ष तक रचनात्मक रूप से सक्रिय रहे और यह हैरानी की बात नहीं कि अपने 80वें और अंतिम जन्मदिन पर उन्होंने जो संदेश दिया, वह संकट और सभ्यता विषय से संबंधित था।[22] इसके कुछ दिनों बाद ही उन्होंने 7 अगस्त 1941 को अंतिम साँस ली। उनकी मृत्यु कलकत्ता स्थित उनके पैतृक मकान में हुई।

टैगोर की रचनात्मक प्रतिभा उनकी कविताओं, उपन्यासों, कहानियों, नाटकों, गीतों, लेखों और चित्रों में प्रकट हुई। 1913 में जब स्वीडिश अकादमी ने उनके काव्य संग्रह 'गीतांजलि' को नोबल पुरस्कार के लिए चुना तो यह उनके विश्वकवि रूप को स्वीकार करना भी था। रवि बाबू ने भारतीय मानस को बहुत गहरे तक प्रभावित किया। आज भी उनकी रचनाओं को बड़े पैमाने पर असम, त्रिपुरा, पश्चिम बंगाल, पूरे बांग्लादेश में पढ़ा जाता है और ये बहुधा के दर्शन को समझने के लिए अमूल्य हैं। उन्होंने ही बांग्ला परिवार को हिन्दू, मुस्लिम और ब्रिटिश, तीन सभ्यताओं के मिलन से बना बताया था।[23]

रवीन्द्रनाथ ने ईश्वर को 'शिवम्, सत्यम् और अद्वैतम्' कहा था। वे मानते थे कि ईश्वर निजी भी है और निजता से परे भी। वह सर्वव्यापी भी है और कहीं नजर न आनेवाला भी, "मेरे लिए धर्म एकदम ठोस चीज है, वैसे मैं उसके बारे में ज्यादा बात करने का अधिकारी नहीं हूँ, लेकिन अगर कभी मुझे ईश्वर की अनुभूति हुई या कभी ईश्वर का दर्शन करने का सौभाग्य मिला तो निश्चित रूप से यह सब इस दुनिया में, यहाँ के लोगों के, पेड़-पौधों, पशु-पक्षियों और धूल-मिटटी के माध्यम से ही होगा।"[24]

ईश्वर से सीधे संवाद या संबंध की अभिव्यक्ति टैगोर के लेखन में जगह-जगह हुई है। वे एक ही ईश्वर-प्रेम के ईश्वर में विश्वास करते थे। उन्हें सामाजिक अन्याय, अंधविश्वासों, दकियानूसी, जाति-व्यवस्था और छुआछूत से गहरी नफरत थी। शुद्धता, करुणा, समता और क्षमा भाव को वे बड़े गुण मानते थे। अपनी कल्पना के नए धर्म में वे इन गुणों को बड़ी जगह देते हैं और 'गीतांजलि' में उसकी चर्चा भी करते हैं :

ये मंत्र, ये संगीत, यह माला फेरना छोड़ो। मंदिर के अँधेरे कोने में बैठे दरवाजा बंद किए तुम किसे पूजते हो? जरा आँखें खोलो, तुम्हारा देवता कहाँ नहीं है? वह

तो हलवाहे के हल जोतने मे हैं, सड़क बनाने के लिए पत्थर तोड़नेवाले में हैं, धूप में, बरसात में, वह उनके साथ हैं, कपड़े उसके धूल से सन गए हैं। सो यह दिखावा छोड़ो, और उसी की तरह जमीन पर आओ।"(भावार्थ)[25]

टैगोर की मानसिक बनावट में मानवता के प्रति सोच के कई चरण हैं। जैसे 1901 में उन्होंने 'निवेदिता' का प्रकाशन कराया था, जिस वर्ष शांति निकेतन की स्थापना हुई थी। इसकी कविताओं में जितना ईश्वर का गुणगान हुआ है, उतना आम लोगों का भी। इसी विषय को उन्होंने 'द रिलीजन ऑफ मैन'(1932) नामक पुस्तक में ज्यादा विस्तार से उठाया है, जो 1931 में ऑक्सफोर्ड विश्वविद्यालय में दिए उनके भाषण पर आधारित थी। वे कहते हैं कि आज सारी बाधाएँ खड़ी हैं और मानवता के देवता गरीबों के खस्ताहाल मंदिर के द्वार पर पहुँच गए हैं। कुछ इसी से मिलती-जुलती बातें उन्होंने 1926 में आइंस्टीन से अपनी मुलाकात के समय भी कही थीं। उन्होंने रवि बाबू से पूछा था, "तो क्या सत्य या सौंदर्य मनुष्य से स्वतंत्र नहीं है?" रवि बाबू का जवाब था, "सत्य की अनुभूति मनुष्य के माध्यम से होती है ... हम लोग अपने निजी स्तर पर अपनी गलतियों के माध्यम से, अपने साझा अनुभव से, अपनी जागृत चेतना से इस तक पहुँचते हैं..."[26]

कृष्णा दत्त और एंड्रयू रोबिन्सन रवि बाबू और आइंस्टीन के बीच हुए एक अन्य संवाद का जिक्र करते हैं, जिसमें टैगोर कहते हैं कि विज्ञान को समाज और मानवता की सेवा करनी चाहिए। उनका उद्धरण है :

> *"टैगोर का कहना था कि विज्ञान, जिसकी पढ़ाई उन्होंने बहुत कम उम्र में की थी और जिस पर लिखा भी था, को समाज की सेवा करनी चाहिए न कि समाज को विज्ञान की। यह दार्शनिक आधार पर बनी एक पक्की मान्यता थी।1930 में आइंस्टीन से बात करते हुए टैगोर ने उनसे कहा था, यह दुनिया मानवीय दुनिया है। इसके बारे में वैज्ञानिक दृष्टि भी वैज्ञानिक व्यक्ति की है। तब आइंस्टीन इस बात से सहमत नहीं हुए थे, पर अब अनेक प्रमुख वैज्ञानिक टैगोर के नजरिए को सही मानते हैं। इनमें से एक, रसायनशास्त्र के लिए नोबल पुरस्कार प्राप्त इल्या प्रिगोगाइन ने 1984 में कहा, 'विशेष बात यह है कि विज्ञान के मौजूदा विकास की वही दिशा है, जिसका उल्लेख भारतीय महाकवि ने किया था'।"*[27]

इन सारे अनुभवों ने रवींद्रनाथ के अंदर एक विशिष्ट किस्म का धार्मिक बोध पैदा किया। जैसा कि वे कहते हैं, "आखिरकार मुझे अपना धर्म मनुष्य का धर्म लगता है, जिसमें असीम भी मानवता में समाहित और परिभाषित होकर मेरे पास इसलिए आता है, क्योंकि उसे मेरे प्रेम और सहयोग की जरूरत है।"[28]

ऐसा ही नहीं है कि अपने जीवन या अपने साहित्य में रवींद्रनाथ ने विभिन्न धर्मों का मेल-मिलाप करके कुछ नया हासिल करने का प्रयास किया हो, बल्कि वे जिस माहौल में पले-बढ़े और जिस तरह से उन्होंने भारतीय और पश्चिमी स्रोतों

से ज्ञान प्राप्त किया, उसमें उनका व्यक्तित्व स्वाभाविक रूप से ऐसा ही निखरा। उनके लेखों और पत्रों से ये सभी प्रभाव तो झलकते ही हैं, उनकी व्यापक दिलचस्पी भी दिखती है जो राजनीति से लेकर समाज तक, धर्म से लेकर दर्शन तक, अंतर्राष्ट्रीय संबंधों से लेकर विज्ञान तक और संस्कृति से लेकर साहित्य तक में थी।

उनके उपन्यास 'घरे-बाइरे' का नायक, जो वे स्वयं लगते हैं, कहता है :

"दुनिया को सिकंदर ने नहीं, बुद्ध ने जीता था। यह बात सूखे गद्य में कहता हूँ–और जाने कब हम इसे गाकर कहने में सक्षम होंगे? कब दुनिया के यह सब असली सत्य किताबों के पन्नों से निकलकर उसी तरह सामने आएँगे जैसे गंगोत्री से निकलकर गंगा हम सबके सामने आती है।"[29]

टैगोर के मन में शांति और सद्भाव की ताकतों, तथा धार्मिक भेदभाव, राष्ट्रवादी अहंकार, आतंकवाद और सामाजिक भेदभाव की ताकतों के बीच भेद और चुनाव करने के बारे में कभी कोई गलतफहमी नहीं रही और वे यहीं नहीं रुकते, बल्कि वे अच्छाई वाली ताकतों के संग खड़ा होने के पक्ष में भी थे। रवींद्रनाथ चाहते थे कि भारतीय लोग जानें कि अन्य लोग कैसे रहे हैं, उनकी आस्था क्या रही है; पर वे अपनी संस्कृति और विरासत को न छोड़ें, न बिसारें। इसी संदर्भ में उन्होंने मन की आजादी पर जोर दिया है। 'गीतांजलि' की एक कविता उपनिषद के दर्शन को पूरी तरह सामने लाती है :

जहाँ मन में भय न हो, सिर ऊँचा हो;
जहाँ ज्ञान मुक्त हो;
जहाँ दुनिया छोटी-छोटी दीवारों से बँटी न हो;
जहाँ शब्दों के पीछे सच्चाई की शक्ति हो;
जहाँ बाहें पूर्णता का प्रयास करती हों;
जहाँ तर्क की धारा कर्मकांड के रेगिस्तान में न भटकी हो;
जहाँ मस्तिष्क विचारों और कर्म की दिशा में आगे ही बढ़ जाए;
आजादी के स्वर्ग में,
ओ पिता, मेरे देश को जगा दो।"[30]

टैगोर के लेखन में बहुधा दर्शन बहुत ही प्रभावी ढंग से अभिव्यक्त हुआ है। उन्होंने जोर देकर कहा है कि सांस्कृतिक अलगाववाद और भारत के अपने चरित्र में मेल नहीं है, बल्कि ये दोनों एक-दूसरे की विरोधी सोच है। उनका मानना था कि भारतीयता का अर्थ ही है, सभी दृष्टिकोणों को समाहित करना, बल्कि पूरी मानवीय रचनात्मकता को समाहित करना। वे लिखते हैं :

"मानव-उद्यम से पैदा जो कोई भी चीज हम जान-समझ लेते हैं और जो हमें अच्छी लगती है, वह तत्क्षण हमारी हो जाती है, भले ही उसका उद्गम कहीं से हुआ हो। मैं तभी अपनी मानवता पर गर्व कर सकता हूँ जब मैं अन्य देशों के कवियों और कलाकारों को समान दृष्टि से देखूँ, उनकी रचना

का समान मन से आस्वाद कर सकूँ। मुझे बिना किसी हिचक के यह अनुभूति करने दीजिए कि मनुष्य समाज के सभी महान गौरव मेरे हैं। इसलिए जब मेरे देश में पश्चिम के खिलाफ आवाज उठती है, जब पश्चिमी शिक्षा से सिर्फ हमें नुकसान की बात कही जाती है, तब मुझे गहरी चोट लगती है।"[31]

अपने सबसे प्रसिद्ध उपन्यास 'गोरा' (1910) में टैगोर बहुधा के दर्शन को और आगे बढ़ाते हैं, जब उपन्यास के अंत में उसका नायक गोरा कहता है :

"आज मैं सबसे बढ़कर एक भारतीय हूँ, मेरे अंदर समुदायों–हिन्दू, मुसलमान या ईसाई–वाली कोई टकराहट नहीं है। आज भारत की हर जाति मेरी जाति है, हर किसी का कुल मेरा कुल है...कम से कम मैं तो अपने मुल्क को तरह–तरह के रंगों से रँगने और बाँटने की सभी व्यर्थ की कोशिशों से बाहर आ गया हूँ।"[32]

रवींद्रनाथ का पूरा जीवन एक ही बड़े उद्देश्य के प्रति समर्पित था–मानवता के सभी हिस्सों में एकता बनाने के लिए और इसे वे आपसी समझ-बूझ और सहानुभूति से, प्रेम और सच्चाई से पाना चाहते थे। उनकी विश्वभारती एक अंतर्राष्ट्रीय विश्वविद्यालय है, जहाँ पूरी दुनिया एक ही नीड़ में समाना चाहती है। इस संस्थान के माध्यम से, यहाँ के छात्रों के मन में आपस में जुड़ी मानवता के वास्तविक चरित्र और पूरब तथा पश्चिम की सभ्यताओं की गहरी एकता की बात बैठाना चाहते थे। थामस हार्डी ने कहा है, "अंतर्राष्ट्रीय विचारों का आदान-प्रदान ही दुनिया की समस्याओं का एकमात्र संभावित समाधान है।" हमारे प्राचीन ऋषि-मुनियों ने धर्म और नस्ल के क्षुद्र नजरिए से अपनी दृष्टि को धूमिल नहीं होने दिया। मनुष्य का असली व्यक्तित्व सभी लोगों के मेल-मिलाप वाले अनुभव और भावना से ही विकसित हो सकता है।[33]

टैगोर तर्कवादी थे और अपने इसी तर्कवाद के चलते उन्होंने महात्मा गाँधी की भी तब आलोचना की, जब उन्होंने बिहार भूकंप के विषय में कहा था कि "ईश्वर ने हमारे अपराधों की सजा दी है।" गाँधी ने यह भी कहा था कि बिहार में यह आपदा यहाँ के लोगों द्वारा बरती जानेवाली छुआछूत की सजा है। टैगोर भी छुआछूत के एकदम खिलाफ थे, पर उन्होंने गाँधी के बयानों को अतार्किक बताया और कहा कि प्राकृतिक आपदाओं के प्रति इस प्रकार के अवैज्ञानिक नजरिए से लोगों को मुक्त कराने की जरूरत है। इसी प्रकार टैगोर गाँधीजी की इस बात से भी सहमत नहीं थे कि हर आदमी को रोज आधा घंटा चरखा चलाना चाहिए। गाँवों की अर्थव्यवस्था को सुधारने में चरखे की बड़ी भूमिका तो थी ही, वह हमारे राष्ट्रीय आंदोलन में एक बड़ा संदेश भी बन गया था। पर टैगोर चरखा संबंधी गाँधी की बातों से सहमत नहीं हो सके। यह और बात है कि गाँधी जी को वे बहुत मानते थे और उन्हें 'महात्मा' नाम उन्होंने ही दिया।

टैगोर लोगों के बीच बंधुत्व भाव के बहुत बड़े पैरोकार थे। तब भारत आजादी की लड़ाई के बीचोबीच फँसा था, पर टैगोर को लगता था कि राष्ट्रवाद की अपनी सीमाएँ हैं। उग्र राष्ट्रवाद मानव-स्वतंत्रता के मार्ग में बाधक हो सकता है। इसी कारण टैगोर क्रांतिकारी राष्ट्रवादी आंदोलनों से अलग रहे।

'बहुधा' दर्शन में विश्वास रखनेवाले लोग टैगोर की विलक्षण उपलब्धियों से ऊर्जा पा सकते हैं। वे ऐसे कवि हैं, जिन्हें 'हिन्दू' भारत और 'मुसलमान' बांग्लादेश, दोनों के राष्ट्रगीत लिखने का गौरव हासिल है। 'जन गण मन' भी उन्हीं का लिखा हुआ है और 'आमार सोनार बांग्ला' भी उन्हीं का है। उन्होंने आगे लिखा है कि "परिस्थितियों ने हमें अँगरेजी सीखने के लिए लगभग मजबूर कर दिया और इस सौभाग्यपूर्ण दुर्घटना ने हमें दुनिया का सबसे समृद्ध राजनैतिक साहित्य पढ़ने का अवसर भी दे दिया।" भारतीय प्रतिभाओं ने बीते वर्षों में अँगरेजी साहित्य और भाषा में महत्वपूर्ण योगदान किया है।

रवीन्द्रनाथ टैगोर किसी भी किस्म के धार्मिक रूढ़िवाद और सांस्कृतिक अलगावाद के खिलाफ थे और यह चीज बहुधा दर्शन के अनुरूप थी।[34] लगभग आधुनिक कबीर की मुद्रा में वे लिखते हैं :

"उसे प्रतीक्षा है
प्रेम का मंदिर बनने की
पर लोग पत्थर ले आते हैं।"[35]

महात्मा गाँधी (1869-1948)

मोहनदास करमचंद गाँधी का जन्म गुजरात के पोरबंदर में 2 अक्टूबर 1869 को हुआ था। उनके पिता करमचंद गाँधी पोरबंदर रियासत के दीवान थे और इस पद पर 28 वर्षों तक रहे। उनकी चार शादियाँ हुई थीं। पहली तीन पत्नियों की मौत हो गई थी। चौथी पत्नी पुतली बाई से उनको चार संतानें हुईं, तीन बेटे और एक बेटी। मोहनदास गाँधी उनकी अंतिम संतान थे। पुतली बाई काफी सामर्थ्यवान महिला थी। वे अपने पति से 20 साल छोटी थीं और उनकी रुचि मुख्यत: घरेलू कामों में ही रही। गाँधी वैश्य वर्ण से थे। उनका परिवार वैष्णव था। करमचंद गाँधी अपने घर पर जैनियों, मुसलमानों और पारसियों को बुलाते थे। एक पक्के हिन्दू द्वारा अन्य धर्मों के प्रति ऐसी उदारता और सहनशीलता दिखाने का मोहनदास गाँधी के बाल मन पर काफी प्रभाव पड़ा।

13 वर्ष की आयु में मोहनदास की शादी पोरबंदर के व्यापारी और गाँधी परिवार के मित्र गोकलदास माकणजी की बेटी कस्तूर बाई से हुई। मोहनदास की पढ़ाई पोरबंदर, राजकोट और अहमदाबाद में हुई। बाद में, 1888 में वे इंग्लैंड के इनर टेंपल स्कूल में कानून की पढ़ाई करने गए और पढ़ाई पूरी करके 1891 में भारत लौटे।

उन्होंने वकालत शुरू की, पर ज्यादा सफल नहीं हो सके। 1893 में दक्षिण अफ्रीका के नाटाल प्रांत से सबसे अमीर भारतीय व्यापारियों में से एक अब्दुल्ला सेठ ने उन्हें अपने एक मुकदमे की पैरवी के लिए दक्षिण अफ्रीका बुलाया।[36] मई 1893 में गाँधी डरबन पहुँचे।[37]

डरबन पहुँचने के सातवें या आठवें दिन वे डरबन से प्रीटोरिया के लिए रेलगाड़ी से रवाना हुए। उनके लिए फर्स्ट क्लास का टिकट लिया गया था और वे उसी डिब्बे में सवार हुए। शाम के समय जब गाड़ी मेरिट्जबर्ग पहुँची तो उन्हें आदेश दिया गया कि वे फर्स्ट क्लास से उतरकर सामान्य डिब्बे में चले जाएँ। टिकट और बुकिंग रहने के चलते उन्होंने जब ऐसा करने से इंकार कर दिया तो उन्हें और उनके सामान को फर्स्ट क्लास के डिब्बे से बाहर फेंक दिया गया। सर्दी का मौसम था। गांधी ने अपनी आत्मकथा 'सत्य के साथ मेरे प्रयोग' में इस पूरे प्रकरण के बारे में लिखा है :

> *"गाड़ी नाटाल की राजधानी मेरिट्जबर्ग में रात नौ बजे पहुँची। इस स्टेशन पर रात में सोने के लिए बिस्तर दिया जाता था। एक रेल कर्मचारी आया और सबके साथ उसने मुझसे भी पूछा कि क्या आपको बिस्तर चाहिए। मैंने कहा, 'नहीं, मेरे पास अपना बिस्तर है।' वह वापस चला गया। इसके बाद एक यात्री आया और उसने मुझे ऊपर से नीचे तक घूरा। उसने देखा कि मैं 'काला आदमी हूँ'। इससे वह परेशान हुआ। वह बाहर गया और फिर एक या दो अधिकारियों के साथ वापस आया। वे सब चुप रहे और उनमें से एक अधिकारी मेरे पास आकर बोला, 'मेरे साथ चलो, तुम्हें सामान्य श्रेणी के डिब्बे में जाना पड़ेगा।'*
>
> *'लेकिन मेरे पास फर्स्ट क्लास का टिकट है,' मैंने कहा।*
>
> *'उसका कोई मतलब नहीं है,' दूसरा अधिकारी बोला 'मैं तुमसे कहता हूँ कि तुम्हें सामान्य डिब्बे में जाना ही होगा।' 'मैं बताता हूँ, मुझे डरबन से इसी डिब्बे में आने की अनुमति मिली थी और मैं इसी में चलना चाहता हूँ।' 'नहीं, तुम ऐसा नहीं कर सकते,' अधिकारी बोला, 'तुम इस डिब्बे से निकल जाओ वरना तुम्हें यहाँ से धक्के देकर बाहर निकलवाने के लिए मुझे पुलिस बुलानी पड़ेगी।'*
>
> *'हाँ, आप चाहें तो बुला सकते हैं: मैं खुद से यहाँ से जाने से इंकार करता हूँ।'*
>
> *पुलिस का जवान आया। उसने मेरा हाथ पकड़ा और मुझे खींचकर बाहर निकाल दिया। मेरा सामान भी निकालकर फेंक दिया गया। मैंने दूसरे डिब्बे में जाने से इंकार कर दिया और गाड़ी रवाना हो गई। मैं प्रतीक्षालय में गया और वहीं अपने हैंडबैग के साथ बैठ गया। बाकी सामान वैसे ही बाहर पड़ा रहा। वह सब रेलवे के अधिकारियों के जिम्मे रहा।*

सर्दी का मौसम था और दक्षिण अफ्रीका के ऊँचाईवाले इलाकों में कड़ाके की सर्दी पड़ती है। मेरिट्जबर्ग भी काफी ऊँचाई पर है, सो वहाँ काफी ठंड थी। मेरा ओवरकोट मेरे सामान में पड़ा था, पर मैंने इस डर से उसे निकालने की माँग न की कि कहीं मुझे फिर से अपमानित न होना पड़े। इसलिए मैं बैठा हुआ ठिठुरता रहा। कमरे में कोई रोशनी न थी। मध्य रात्रि के आसपास एक यात्री वहाँ आया और संभवतः वह मुझसे बातचीत करना चाहता था। लेकिन बात करने की मेरी इच्छा न थी। मैंने अपने कर्तव्य के बारे में विचार शुरू किया।" [38]

उस रात एक नए गाँधी ने जन्म लिया, जिसे बाद में महात्मा गाँधी कहा गया। उन्हें कड़कड़ाती ठंड में मेरिट्जबर्ग रेलवे स्टेशन के प्रतीक्षालय में 24घंटे से भी कम समय में जैसे एक तरह का 'बोध' मिल गया।[39]

1893 से लेकर 1915 में अपने भारत लौटने तक गाँधी दक्षिण अफ्रीका में भारतीय समुदाय के हक में उनके मानवाधिकारों की लड़ाई लड़ते रहे। गाँधी के जीवनीकार बी. आर. नंदा लिखते हैं :

"महात्मा गाँधी ने दक्षिण अफ्रीका के लिए जो कुछ किया, वह दक्षिण अफ्रीका द्वारा गाँधी के लिए किए काम से काफी कम था। वे एक व्यावसायिक कंपनी के जूनियर वकील के तौर पर सालाना 105 पौंड की फीस पर गए थे। फिर जब उन्होंने वहाँ स्वेच्छा से वकालत छोड़ी, तब उनकी फीस 5000 पौंड थी। बंबई में 115 छोटे मुकदमों के दौरान एक गवाह से पूछताछ के दौरान उन्हें दौरा पड़ गया था : पर उसी व्यक्ति ने दक्षिण अफ्रीका में एक मँजे हुए राजनेता जैसा आचरण करते हुए एक राजनैतिक संगठन बना लिया। जब उन्होंने 25 वर्ष की उम्र में नाटाल इंडियन कांग्रेस की स्थापना की तो उन्होंने उन आदर्शों के लिए काम किया, जिनकी कोई भी स्थापित राजनैतिक संगठन खिल्ली उड़ाता। आखिर राजनीति का सच्चाई और व्रत या निश्चय से क्या लेना-देना है?" [40]

वकालत में सफलता और अपनी वित्तीय स्थिति ठीक होने से गाँधी बड़े आराम से वहीं रह सकते थे और अपने परिवार का भरण-पोषण अच्छी तरह कर सकते थे, पर दक्षिण अफ्रीका में उन्हें कभी संतुष्टि नहीं मिली। इसी असंतोष और नए ज्ञान की तलाश में वे भगवद्गीता और बुद्ध पर लिखी किताबों के अलावा ब्रिटिश समाजवेत्ता जॉन रस्किन और रूसी उपन्यासकार लियो टाल्सटॉय के अधिक दार्शनिक लेखन की तरफ मुड़े। उन्होंने अमेरिकी विचारक हेनरी डेविड थोरो की किताबें भी पढ़ीं। इन सबसे उनके मन में आजादी और निजी आचरण के स्तर पर शुद्धता तथा दिलेरी का भाव जाग्रत हुआ; और अब उनके अंदर बैठा सामाजिक कार्यकर्त्ता अपने मन की करने को बेचैन होने लगा। उनके विचारों में अब दिन-ब-दिन भारत की चिंता बढ़ती जा रही थी।

1915 में जब तक गाँधी भारतीय परिदृश्य पर उभरे, तब तक भारतीय राष्ट्रीय कांग्रेस-जिसकी स्थापना 1885 में हुई थी-के नेतृत्व में राष्ट्रीय आंदोलन ने देश के पढ़े-लिखे और अच्छे कामकाज में लगे लोगों के बीच ठीक-ठाक जगह बना ली थी। भारत लौटने पर उन्होंने देश का हाल जानने और खुद को उसके अनुकूल बनाने के लिए पूरे देश का दौरा किया। फिर चंपारण के राजकुमार शुक्ल और उनके साथी किसानों के आग्रह पर वे बिहार गए और उन्होंने निलहों के दमन से किसानों को बचाने के लिए दखल दिया। लेकिन जब वे चंपारण के जिला मुख्यालय मोतिहारी पहुँचे तो उन्हें अगली ही उपलब्ध गाड़ी से वापस जाने को कहा गया, क्योंकि सरकार ने वहाँ उनकी मौजूदगी को सार्वजनिक शांति के लिए खतरा माना। उन्होंने यह आदेश मानने से इंकार किया और जब उनको गिरफ्तार करके मजिस्ट्रेट के सामने पेश किया गया तो 18 अप्रैल 1917 को उन्होंने अदालत में जो बयान दिया, वह उनके निश्चय और सोच को स्पष्ट करता है। गाँधी ने कहा :

> *"मैंने खुद को मिले आदेश का पालन इसलिए नहीं किया कि मुझे कानून के प्रति कोई सम्मान नहीं है बल्कि मैंने उससे बड़े कानून-अपनी अंतरत्मा की आवाज को मानकर इस आदेश का पालन नहीं किया है।"*[41]

गाँधी और उनके साथियों के आंदोलन ने बिहार के गवर्नर एडवर्ड गैट और भारत सरकार को मजबूर किया कि चंपारण के किसानों की स्थिति जाँचने के लिए 'चंपारन एग्रेरियन कमेटी' नामक जाँच आयोग गठित किया जाए। इसके बाद चंपारण में निलहों की शोषक 'तिनकठिया' प्रणाली को समाप्त करने समेत कई सुधार हुए और किसानों से गैरकानूनी वसूली और बेगारी बंद हुई।

गाँधी को दूसरी बड़ी सफलता उनके अपने गृह प्रदेश गुजरात में मिली। अहमदाबाद के मिल मालिकों और मजदूरों के बीच वेतन बढ़ाने के सवाल पर तकरार हुई। इसमें गाँधी ने मजदूरों का पक्ष लिया और उनकी तरफ से आमरण अनशन करने की घोषणा करके अपनी जान भी जोखिम में डाल ली। अनशन का फैसला गाँधी ने बहुत सोच-विचारकर नहीं किया था। गाँधी ने बाद में स्वयं कहा, "ये शब्द मेरे मुँह से स्वतः निकल गए।" गाँधी ने अपने साथ अनशन करने का अनेक मजदूरों का आग्रह नहीं माना। उपवास का वांछित परिणाम निकला और मजदूरों को वेतनवृद्धि मिल गई। सार्वजनिक उद्देश्यों के लिए गाँधी का यह पहला उपवास था। इससे यह बात साबित हो गई कि सत्याग्रह से सभी संबद्ध पक्षों के लिए शांतिपूर्ण समाधान निकाला जा सकता है। पर सत्याग्रह के लिए आत्मानुशासन और आत्मशुद्धि जरूरी है, तभी उससे नैतिक दबाव बनता है।

गाँधी का तरीका सभी धर्मों में मेलजोल और अहिंसा का था। धर्म के बारे में यह नजरिया उनके निजी आचरण में भी था और इसने लोगों के अंदर भी यह भाव भरा कि सहनशीलता और अहिंसा का मतलब भी सक्रिय सामाजिक-राजनैतिक काम हो सकता है और ये चीजें भी प्रभावी उपकरण बन सकती हैं। गाँधी में यह

विलक्षणता भी थी कि वे एक साथ आम लोगों से भी संवाद बना सकते थे और ऊँचे से ऊँचे विद्वान और प्रशासक से भी। वे बातचीत और समझौतों के उस्ताद थे, तो अपने सिद्धांतों से भी रत्ती-भर डिगने वाले नहीं थे।

टैगोर ने पहली बार गाँधी को 'महात्मा' कहा। उनका आलेख 'द कॉल ऑफ ट्रुथ' 1921 के 'मॉडर्न रिव्यू' में छपा और उसमें सार्वजनिक जीवन में गाँधी के उदय की बहुत अच्छे और भावपूर्ण ढंग से चर्चा की गई थी :

> *"फिर एक बहुत ही महत्वपूर्ण अवसर पर महात्मा गाँधी आए और देश के करोड़ों लोगों की वेश-भूषा में उन्हीं की जुबान में बोलते हुए उनके साथ, उनके दरवाजे पर खड़े हुए। यह कोई किताबी किस्सा नहीं है, यह वास्तविक घटना है। इसी के चलते उनको उचित ही 'महात्मा' नाम दिया गया है। किसी और व्यक्ति ने भारत के इतने सारे लोगों को अपने रक्त-मांस का हिस्सा माना है? सत्य के स्पर्श मात्र से लोगों की अन्तरात्मा जाग्रत हो उठती है। जब भारत के द्वार पर प्रेम इस रूप में खड़ा हुआ तो वह भी खुल पड़ा। सभी आंतरिक कमजोरियाँ जाती रहीं। सत्य से सत्य उद्‌भाषित हुआ। निस्संदेह यह स्वतंत्रता का जन्म है, कुछ और नहीं ... इसका भारत के अन्य कामकाज से कोई मतलब नहीं है। यह प्रेम की विशुद्ध अभिपुष्टि है।"*

गाँधी के जीवन में दो घटनाओं का बहुत महत्वपूर्ण स्थान है–एक बहुत बड़ी सफलता थी तो दूसरी उतनी ही बड़ी असफलता। पहली घटना दांडी यात्रा थी तो दूसरी भारत का विभाजन।

26 जनवरी 1930 को गाँधी को लगा कि मुल्क जनांदोलन के लिए तैयार है और उन्होंने नमक कानून को तोड़कर आंदोलन की शुरुआत की। नमक पर कर ज्यादा नहीं था पर यह हर किसी के दैनिक जीवन को छूता था। नमक समुद्र के किनारे बनाया जाता था या खान से निकाला जाता था। गाँधी ने तय किया कि वे सत्याग्रहियों का पहला जत्था लेकर दांडी जाएंगे और नमक कानून तोड़कर आंदोलन की शुरुआत करेंगे; और फिर उन्होंने इस तैयारी की सूचना सरकार को दे दी। सत्याग्रहियों का चुनाव साबरमती आश्रम में रहनेवालों के बीच से हुआ। 12 मार्च 1930 को गाँधी ने 79 सत्याग्रहियों के साथ 241 मील लंबी दांडी यात्रा शुरू की। 24 दिनों की पदयात्रा के बाद गाँधी और उनके साथी दांडी पहुँचे। 6 अप्रैल को गाँधी समुद्र तट पर गए और झुककर एक मुट्ठी नमक उठाकर नमक कानून तोड़ा। फिर पूरे देश में जगह-जगह लोगों ने नमक बनाकर इस कानून को तोड़ा। पूरे मुल्क में नागरिक अवज्ञा आंदोलन शुरू हो गया। इसके बाद गाँधी को गिरफ्तार करने के बाद 6000 सत्याग्रहियों को भी जेलों में डाल दिया गया।

दांडी यात्रा राजनैतिक रूप से जबरदस्त तरीके से सफल रही, क्योंकि इसने देश-भर में तूफान खड़ा कर दिया और दुनिया-भर में इसकी गूँज सुनाई दी। लुई

फिशर ने लिखा है, "एक बड़ी ताकतवर सरकार के कानून को तोड़ते हुए आप एक चुटकी नमक उठा लें तो आप अपराधी मान लिए जाते हैं–यह सोचना और फैसला करना जबरदस्त कल्पनाशक्ति, आत्मबल और जबरदस्त प्रदर्शनकारी बुद्धि का प्रभाव है।"[43]

1944 तक मुसलमानों के लिए अलग मुल्क की माँग करके मुहम्मद अली जिन्ना (1875-1948) मुसलमानों के बड़े नेता बन चुके थे। गाँधी ने जिन्ना के साथ बातचीत का सिलसिला शुरू किया और बंबई में उनसे कई बार मिले भी, पर जिन्ना पाकिस्तान की माँग पर अड़े रहे और बातचीत टूट गई। 1945 में ब्रिटेन में लेबर पार्टी सत्ता में आई और उसके प्रधानमंत्री क्लिमेंट एटली ने घोषणा की कि भारत के लोग जितनी जल्दी आजादी के स्वरूप के बारे में फैसला कर लेंगे, उनकी सरकार सत्ता का हस्तांतरण कर देगी। काफी लंबी चर्चा और बहस के बाद नेहरू, पटेल और कांग्रेस कार्यसमिति ने भारत को दो हिस्सों–भारत और पाकिस्तान–में बाँटने के प्रस्ताव पर सहमति दे दी। इस प्रस्ताव पर नई दिल्ली में हुई अखिल भारतीय कांग्रेस कमिटी ने भी 15 जून 1947 को अपनी मुहर लगा दी। लेकिन गाँधी ने इस विभाजन को स्वीकार नहीं किया। विभाजन का अर्थ था 50 लाख हिन्दुओं और सिखों का पश्चिमी पंजाब से अपना सब कुछ छोड़कर पूर्वी पंजाब आना। इतने ही मुसलमान मुल्क के इस हिस्से से उस पार गए। स्वतंत्रता के साथ कई स्थानों पर दंगे फूट पड़े और इन दंगों ने गहरा सांप्रदायिक रंग ले लिया।

गाँधी ने 15 अगस्त 1947 को आजादी के जश्न में हिस्सा नहीं लिया और उसकी जगह उन्होंने दंगाग्रस्त नोआखली (अब बांग्लादेश में) में रहकर लोगों को अहिंसा और सांप्रदायिक सद्भाव का पाठ पढ़ाने का काम किया। लेकिन कलकत्ता में हिन्दुओं और मुसलमानों द्वारा एक-दूसरे पर हमला करने का क्रम न रुकने पर वे अनशन पर बैठ गए। उस उपवास ने बहुत जल्दी और प्रभावी असर दिखाया। माउंटबेटन ने कहा कि 'एक आदमी की फौज' ने नरसंहार को रोक दिया।

उनका दूसरा और अंतिम उपवास 13 जनवरी 1948 को नई दिल्ली में शुरू हुआ। हिन्दू, मुसलमान और सिख नेताओं द्वारा गाँधी को पक्का आश्वासन दिए जाने के बाद वह उपवास समाप्त हुआ। तीनों समुदाय के नेताओं ने शांति और सद्भाव के लिए काम करने का भरोसा दिलाया था। गाँधीजी सरदार पटेल से मिले और नेहरू को पत्र लिखकर उन्होंने उन दोनों से राष्ट्र के कल्याण को ध्यान में रखकर मिलजुलकर काम करने को कहा। शाम 5.03 मिनट पर जब वे अपनी दो पोतियों आभा और मनु के साथ बिड़ला हाउस की प्रार्थना-सभा में जा रहे थे, तब नाथूराम गोडसे नामक एक नौजवान उनके सामने आया, हाथ जोड़कर उन्हें प्रणाम किया और चरण छूने की मुद्रा में झुका। गाँधी ने भी प्रणाम का जवाब दिया। नाथूराम ने जेब में पिस्तौल छुपा रखी थी। उसने पिस्तौल निकाली और सामने से गाँधी पर निशाना साधकर तीन गोलियाँ दागीं। गाँधी का सफेद खादी-वस्त्र खून से सन गया। वे गिर

पड़े और 'हे राम' कहते हुए प्राण त्याग दिए।[44]

इस मौत से गाँधी अमर और सार्वभौमिक हो गए। वे नफरत और टकराव के खिलाफ लोगों में प्रेम और सद्भाव का प्रतीक बन गए। सत्याग्रह, सत्य और अहिंसा से महात्मा गाँधी ने विवादों को निपटाने का एकदम नया उपकरण विकसित किया–दूसरे शब्दों में, 'बहुधा' की संस्कृति को ठोस समाजी रूप देने जैसा मूल्यवान काम ।

'बहुधा' दर्शन की सबसे सही अभिव्यक्ति हम गाँधी के जीवन और कामों में देख सकते हैं। सत्य और अहिंसा को सर्वोच्च महत्व देने, प्रेम और करुणा के मामले में तथा विभिन्न धर्मों के बीच मेलजोल के मामले में यह चीज खासतौर से दिखाई देती है।

सत्य और अहिंसा

गाँधी की चिंतन–प्रक्रिया में ही नहीं, उनके कार्यक्रमों के पीछे भी मूल विचार सत्य और अहिंसा का ही था। सत्य तथा अहिंसा को मिलाकर ही उन्होंने सत्याग्रह का विलक्षण राजनैतिक हथियार तैयार किया था। उनका सत्य सिर्फ अपने तक सीमित नहीं रहता, बल्कि वह एक ताकत बन जाता है; ऐसी ताकत जिससे अन्याय को समाप्त किया जा सके और बृहतर सामाजिक हितों को आगे बढ़ाया जा सके। इसी चिंतन और सोच के आधार पर गाँधी चाहते थे कि सत्याग्रही को कभी भी सत्य या अहिंसा के मार्ग से भटकना नहीं चाहिए, क्योंकि ऐसा आचरण करके ही वह अपने आसपास के अन्याय को तो सामने लाएगा ही, संबद्ध पक्षों को भी कोई नुकसान नहीं पहुँचाएगा।

गाँधी मानते थे कि पृथ्वी के पास हर आदमी की जरूरतें पूरी करने की क्षमता है, पर वह एक भी आदमी के लोभ और भोग की इच्छा को पूरा कर पाने में समर्थ नहीं है। इसलिए वे मानते थे कि अगर दुनिया में संसाधनों का उचित बँटवारा हो तो हर आदमी, औरत और बच्चे को उसकी जरूरत–भर का भोजन, कपड़ा और मकान दिया जा सकता है। उनके रचनात्मक कार्यक्रमों में सभी धर्मों में मेलजोल के लिए निजी और सामूहिक प्रयास, छुआछूत जैसी सामाजिक बुराइयों को नकारना, शिक्षा का प्रसार, उत्पादन और वितरण–व्यवस्था का विकेंद्रीकरण और लोगों के स्वास्थ्य और सफाई–व्यवस्था में सुधार करना शामिल था। वे मानते थे कि इनको प्रभावी बनाने के लिए अहिंसा और सत्य का ही सहारा लेना होगा। जैसाकि वे कहते हैं :

> *"सत्य और अहिंसा के साथ निरंतर चौंतीस वर्षों से प्रयोग करने के बाद मैं अब निश्चित रूप से मानता हूँ कि जब तक अहिंसा को शरीरिक श्रम और पड़ोसियों के दैनंदिन संबंधों से नहीं जोड़ा जाएगा, इसे आगे नहीं बढ़ाया*

जा सकता। यही रचनात्मक कार्यक्रम है।"[45]

इसलिए मामला चाहे राजनैतिक हो, आर्थिक हो या सामाजिक हो, यह सत्य के सिद्धांत के अनुरूप होना चाहिए और इसे हासिल करने का उपकरण अहिंसक रहना चाहिए। सत्य और अहिंसा से जरा भी इधर-उधर होना गाँधी को स्वीकार नहीं था।

विवादों को अहिंसक ढंग से निबटाने का गाँधीवादी उपकरण–'सत्याग्रह' बहुधा का ही नया रूप है, जिसमें बातचीत और आपसी सहमति से टकराव को सुलझाने की बात कही गई है। ऐसे अनेक विद्वान हैं, जो मानते हैं कि जब विरोधी पक्ष में 'नैतिकता' होगी, तभी शासक प्रभावी हो सकता है, वरना नहीं। ऐतिहासिक दृष्टि से कहें तो यह कहना बहुत अजीब है कि ब्रिटेन के खिलाफ तो सत्याग्रह सफल हो गया, पर नाजियों या कम्युनिष्ट तानाशाहों के खिलाफ यह सफल नहीं हो सकता था। नाजियों के बीच रहने वाले यहूदियों ने जर्मनी में हिंसक टकराव टालने की अहिंसक तकनीकों का प्रयोग नहीं किया, पर गाँधी ने इस सवाल पर भी गौर किया था और उनका मानना था कि सत्याग्रह का तरीका नाजियों पर भी कारगर होता। डेविड हार्डीमैन ने 1943 में नाजियों के खिलाफ छोटे अहिंसक प्रतिरोध की सफलता का उल्लेख किया है, "जर्मन नाजी पुलिस गेस्टेपो ने जिन दो हजार यहूदी पुरुषों को गिरफ्तार किया था, उनकी गैर-यहूदी पत्नियों और बच्चों ने जेल के बाहर एक हफ्ते तक शांतिपूर्ण विरोध किया। और जब नाजियों को लगा कि उनके प्रदर्शन का बाकी गैर-यहूदियों पर भी असर होने लगेगा तो उन्होंने उन दो हजार यहूदियों को छोड़ दिया।"[46] बाद में शांतिपूर्ण ढंग से विवाद निपटाने में इस हथियार का उपयोग अमेरिका में मार्टिन लूथर किंग; दक्षिण अफ्रीका में नेल्सन मंडेला जैसे अनेक बड़े नेताओं तथा दक्षिण एशिया में स्थानीय विवादों को निपटाने में अनेक गाँधीवादी कार्यकर्त्ताओं ने सफलतापूर्वक किया है।

पर यहीं यह भी कहना जरूरी है कि अहिंसा में गाँधी के विश्वास का मतलब कायरता का समर्थन करना या साहसिकता में कमी होना नहीं था। ऐतिहासिक परिप्रेक्ष्य में यह कहना होगा कि गाँधी को मानव समाज के विकास में हिंसा और टकराव का पता था। जब कायरता और बल प्रयोग के बीच चुनाव की नौबत हो तो गाँधी हिंसा के ही पक्ष में होते थे। जैसाकि उन्होंने कहा भी है : "अगर किसी में हिम्मत न हो तो मैं उससे डरकर भागने की जगह मरने-मारने का कौशल हासिल करने को कहता हूँ।"[47]

इस संदर्भ में उन्होंने यह भी कहा है, "यह दुनिया पूरी तरह तर्कों के आधार पर नहीं चलती है। जीवन जीने में भी कई तरह की हिंसा करनी होती है, पर हमें सबसे कम हिंसा का मार्ग चुनना होता है।"[48]

हमारे दौर में गाँधी अहिंसा के सबसे बड़े वकील और प्रचारक थे। यह चीज भारत के इतिहास से भी मेल खाती है, जहाँ हिन्दू, बौद्ध और जैन धर्म की बुनियाद

अहिंसा ही रही है। यह गाँधी की विलक्षणता थी, जिसने अहिंसा को भी सामाजिक और राजनैतिक कामकाज में उपकरण बना लिया और भारत की विशाल आबादी को इन आंदोलनों में साझीदार बनाना संभव हो पाया। उन्होंने आत्मबल और निर्भयता को भी राजनैतिक रूप दिया। गाँधी के अहिंसात्मक संघर्ष में तीन चीजों का समावेश था–रचनात्मक कार्यक्रम, संवाद बनाए रखना और अहिंसा; और इन्हीं तीन चीजों ने बहुधा दर्शन को नया अर्थ और नई प्रासंगिकता दी।[49]

गाँधी ने अहिंसा को निजी व्यवहार के सिद्धांत से बदलकर सामूहिक व्यवहार का हथियार बना दिया। उन्होंने ब्रिटिश शासन से आजादी की लड़ाई में इस बात पर खास जोर दिया कि कहीं भी हिंसा न हो और आंदोलन अहिंसा के रास्ते पर ही चले। उनके अनुयायियों ने लाठियाँ-गोलियाँ खाईं, पर अपने हाथ नहीं उठाए। गाँधी की शहादत के बाद उनके तरीकों का उपयोग नस्लवाद, विदेशी शासन और सामाजिक असमानता के खिलाफ होने के साथ-साथ विभिन्न देशों के आपसी और आंतरिक टकरावों में बहुत ही सफलता के साथ किया गया है। अमेरिका में नागरिक अधिकारों और नस्लभेद के खिलाफ चले आंदोलनों पर गाँधी के विचारों की स्पष्ट छाप रही है। इस आंदोलन के प्रसिद्ध नेता मार्टिन लूथर किंग ने लिखा है :

> *"जीसस ने मुझे प्रेरणा दी और गाँधी ने रास्ता बताया–गांधी इतिहास के संभवत: पहले व्यक्ति थे, जिन्होंने जीसस के प्रेमवाले पक्ष को इतनी मजबूती से उठाया और इसे लोगों के बीच आपसी व्यवहार की चीज से उठाकर बड़े स्तर पर एक प्रभावी और शक्तिशाली सामाजिक शक्ति का रूप दे दिया।"*[50]

आज गाँधी की अहिंसा का महत्व और बढ़ गया है। शीतयुद्ध तो समाप्त हो गया है, पर दुनिया में जातीय, भाषाई और क्षेत्रिय टकराव और दुश्मनियाँ बढ़ती जा रही हैं। गाँधी को अपने अहिंसक सपने को वास्तविक दुनिया में उतारने की मुश्किलों का अंदाजा था। लेकिन उन्होंने जिस मूल्य को बुनियादी माना उस पर किसी किस्म का समझौता करने से इंकार कर दिया। उनका मानना था कि पवित्र साध्य के लिए साधन भी पवित्र होने चाहिए। सत्य, प्रेम और दया का पारिवारिक मूल्य समूहों, समाजों और राष्ट्रों के लिए भी उतना ही प्रासंगिक और जरूरी है। गाँधी का मानना था कि अहिंसा हमारी प्रगति का नियम है, तो हिंसा क्रूर लोगों का नियम है।[51]

प्रेम और करुणा

गाँधी मानते थे कि घृणा को सिर्फ प्रेम और करुणा से जीता जा सकता है। वे जानते थे कि अपमान और किसी के आत्मसम्मान को ठेस पहुँचाने से हिंसा भड़क सकती है। महाभारत से लेकर द्वितीय विश्वयुद्ध तक समाज में बढ़ती हिंसा ने गाँधी को बताया था कि हिंसा की संस्कृति दूसरों को दबाने और उन्हें अधीन बनाने तक उनके

दमन के लिए अपनाई जाती है। लेकिन हिंसा से स्थायी या टिकाऊ समाज नहीं बनता, न ही या बुराई को अच्छाई में बदल सकती है। प्रेम, करुणा, अहिंसा और आपसी संवाद की संस्कृति और चाह ही शांत और सद्‌भावपूर्ण समाज का निर्माण करती है। यही बात बहुधा दर्शन के केंद्र में भी है : दूसरों की बात सुनने का धैर्य और साहस, बदला लेने की इच्छा पर अंकुश और शांतिपूर्ण समाज बनाने के प्रयास से ही हम विवादों को शांतिपूर्ण ढंग से निपटा सकते हैं। संवाद से ही एक-दूसरे के प्रति समझदारी विकसित होती है और आपसी समझ के आधार पर ही शांतिपूर्ण समाज का पुनर्गठन किया जा सकता है।

जो लोग यह मानते हैं कि आधुनिक दुनिया में हिंसा से या तो सीधे भिड़कर उसे खत्म करने या अपनी आँखें बंद करके चलने के अलावा और कोई रास्ता नहीं है, उनके और हम सबके लिए गाँधी एक नया विकल्प रखते हैं कि प्रेम के सिद्धांत से सबको जीता जा सकता है। प्रेम मनुष्य-जीवन का स्वभाव है, उसकी स्वाभाविक जरूरत है। हम उस स्थिति की तरफ बढ़ रहे हैं जब मनुष्य जीवन के लिए प्रेम के सिद्धांत की अनदेखी करना, इसके खिलाफ जाना असंभव हो जाएगा। हमें युद्धों का सामना इसीलिए करना पड़ता है, क्योंकि हम उस निस्वार्थता की स्थिति में अभी नहीं आए हैं, जिसमें युद्ध की जरूरत नहीं रह जाती। शांति का युद्ध व्यक्ति को हृदय में ही लड़ना होगा। उसकी अंतर्रात्मा को स्वार्थ और अहंकार, लोभ और मद की ताकत पर जीत पानी होगी। एक ऐसी नई जीवन-शैली को राष्ट्रीय जीवन और विश्व-व्यवस्था का आधार बनना होगा, जिसमें सभी नस्लों और सभी राष्ट्रों के वास्तविक हितों की रखवाली हो, उनकी पूर्ति हो।[52]

गाँधी का मानना था कि प्रेम और करुणा से मनुष्य इसी आदर्श की तरफ बढ़ेगा। गाँधी इस चीज को खूबसूरत ढंग से कहते हैं :

> *"भगवान बुद्ध कहते हैं, क्रोध पर अक्रोध से जीत पाओ? यह 'अक्रोध' क्या है? यह एक धनात्मक गुण है और परोपकार तथा प्रेम जैसे सर्वोच्च मूल्य इससे जुड़े हैं। आपको अपने अंदर इन्हें विकसित करना होगा, और जब आप किसी क्रुद्ध व्यक्ति के पास जा रहे हों तब इन्हें प्रकट करना चाहिए। इसके लिए जरूरी है कि आप उसकी नाराजगी का कारण जानें। अगर आपके चलते उसे नाराजगी है तो खुद में सुधार करें, उसके सोचने में गलती हो तो समझाकर उसे बताएँ, उसे इसका एहसास कराएँ तथा यह भी बताएँ कि बात को समझने और सुधारने का प्रयास करने की जगह क्रुद्ध हो जाना गलत है। आत्मा के इस गुण के प्रति सचेत होने और सोच-समझकर दूसरों के व्यवहार में भी इन गुणों का प्रयोग करने से सिर्फ मनुष्य अपने को ही बेहतर नहीं बनाता, बल्कि अपने आसपास के माहौल को भी सुधारता है। निस्संदेह, यह काम वही कर सकता है, जिसके मन में प्रेम भरा हो। यह प्रेम निरंतर प्रयास से ही आ सकता है।"*[53]

धार्मिक सहिष्णुता

यह बात उल्लेखनीय है कि भारत में एकता के ऐतिहासिक दूत रहे हैं धर्म-सुधारक और उनके अनुयायी, धार्मिक संस्थाएँ, पंथ, साधु-संत-भिक्षु, मंदिर और संघ। चाहे कबीलाई सरदार हों या जाति के प्रमुख, राजवंश हों या बड़े व्यवसायी, धार्मिक कार्यों में लगे हुए लोगों और संस्थाओं ने इन सबसे मदद माँगी और उन्हें भरपूर मदद मिली भी। भारत में बड़े राज्यों के उभरने और मौर्य, गुप्त और मुगल वंश जैसे प्रतापी राजवंशों के आने के बावजूद धार्मिक सुधारकों और प्रचारकों के महत्व और भूमिका में कोई कमी नहीं आई। हिन्दुओं और बौद्धों, मुगलों और हिन्दुओं तथा मुसलमानों के बीच धार्मिक ही नहीं, राजनैतिक श्रेष्ठता और प्रभाव बढ़ाने की होड़ रही, द्वंद्व हुआ पर वह कभी बड़ी हिंसा या टकराव में नहीं बदले और किसी एक ही धर्म की सर्वोच्चता बने, एक ही देवता को सभी मानें, यह आग्रह एक सीमा से आगे नहीं गया।

मूल ब्राह्मणवादी धर्म ने, जिसे सनातन धर्म भी कहा जाता है, पहले बौद्ध धर्म और बाद में इस्लाम तथा ईसाई धर्म के संपर्क में आने से अपने अंदर काफी बदलाव किए। एक विशाल और कुशल मुगल प्रशासन देने के साथ ही इस्लाम ने वास्तुकला, चित्रकला, संगीत और अनेक नए मूल्यों में योगदान किया। इसके बावजूद इस्लाम और हिन्दू धर्म की होड़ भी निरंतर चलती रही। भारत में सभ्यताओं के टकराव का मतलब देसी चिंतन और व्यवहार में बहुलवादी तथा हमलावर शासकों के संग आए एकेश्वरवादी नजरिए का टकराव ही है। इस्लाम और ईसाई मत, दोनों ही एक ईश्वर, एक धर्मग्रंथ को माननेवाले हैं। इसी के चलते इस्लाम हो या ईसाई मत, उन्हें धर्मों, छवियों, पूजा-पद्धतियों की बहुलता को स्वीकार करने में मुश्किल हुई, जबकि भारतीय समाज का यह हजारों वर्ष पुराना गुण रहा है।

सहिष्णुता का भाव धर्म की गहराई की समझ से आता है। बौद्ध दर्शन इसे परस्पर निर्भर उत्पत्ति का बोध मानता है। उसका मानना है कि ब्रह्मांड की सभी चीजें एक-दूसरे से जुड़ी और एक-दूसरे पर निर्भर हैं और वे एक-दूसरे से क्रिया-प्रतिक्रिया करके एक परिणाम तक पहुँचती हैं। यह सब कुछ विविधता में सामंजस्य के एक अदभुत और जटिल व्यवहार से चलता है और इस सत्य को समझना ही बोध है। सार्वभौम और वास्तविक धर्म सभी चीजों में विद्यमान है और उसी से यह दुनिया बनी है, जो परस्पर निर्भरता और परस्पर संबंधों के आधार पर चलती है। किसी भी घटना का यह वास्तविक पक्ष परस्पर निर्भर उत्पत्ति के रूप में ही हमारे सामने आता है।

अगस्त 1905 में ही गाँधी जी ने अपने साप्ताहिक अखबार 'इंडियन ओपिनियन' (अगस्त 1905) में यह कहा था कि अब वह वक्त बीत गया है, जब किसी एक धर्म का अनुयायी उठकर यह दावा करे कि सिर्फ हमारा धर्म ही वास्तविक है और बाकी सब नकली हैं। उनके लिए अलग-अलग धर्म एक ही बिन्दु पर पहुँचने के

अलग-अलग रास्ते हैं। अगर हम उसी लक्ष्य तक पहुँच जाएँ तो फिर मार्ग कौन सा अपनाया, इससे क्या फर्क पड़ता है?[54] उसी का नाम ईश्वर, अल्लाह, राम, खुदा, नारायण या गॉड है। वे अक्सर गुजराती वैष्णव भक्त कवि नरसी मेहता का पद गुनगुनाते थे-'ईश्वर अल्ला तेरे नाम, सबको सन्मति दे भगवान।' वे मानते थे कि वास्तव में उतने ही धर्म हैं, जितने व्यक्ति।

महात्मा गाँधी सभी धर्मों की शिक्षाओं में एक बुनियादी एकता देखते थे और उस पर जोर भी देते थे। वे कहते थे, "ईश्वर की कृपा और ज्ञान किसी एक नस्ल या राष्ट्र की बपौती नहीं है। जो कोई हरि को भजता है, वह उसका हो जाता है-हरि को भजे सो हरि का होई। वे मानते थे कि सभी धार्मिक आस्थाओं की उत्पत्ति ईश्वरीय प्रेरणा से हुई है, लेकिन वे सभी अपूर्ण मानवीय उपकरण हैं, इसलिए उनमें कमियां हैं। जैसाकि गाँधी ने लिखा है :

> *"मैं मानता हूँ कि दुनिया के सभी बड़े धर्म कमोबेश सही हैं। मैं 'कमोबेश' इसलिए कह रहा हूँ कि जिस किसी भी चीज को आदमी छू देता है, वह पूरी तरह से शुद्ध नहीं रह जाती, क्योंकि वह अपनी कुछ कमियाँ-अशुद्धियाँ उसमें जोड़ देता है। एकदम शुद्ध तो देवता ही हैं और उस परमशुद्धता को वर्णित नहीं किया जा सकता, यहाँ उतारा नहीं जा सकता। मैं यह भी मानता हूँ कि हर व्यक्ति में देवता जैसा बन सकने की संभावनाएँ हैं। इसलिए जरूरी है कि हम सभी उसी शुद्धता को प्राप्त करने की कोशिश करें। लेकिन जब वह सौभाग्य प्राप्त हो जाता है तो वह वर्णनातीत हो जाता है, उसे परिभाषित नहीं किया जा सकता। और, मैं पूरी विनम्रता से यह मानता हूँ कि वेद हों या कुरान या बाइबिल, इन सभी में ईश्वर का संदेश एकदम शुद्ध रूप में नहीं आया है। और फिर हम सभी के लिए जो खुद शुद्ध नहीं हैं और तरह-तरह की आसक्तियों में जकड़े रहते हैं, ईश्वर की बातों को ठीक-ठीक समझ लेना भी संभव नहीं है।"*[55]

गाँधी ने दूसरे के नजरिए के प्रति सहिष्णुता दिखाने और दूसरों की आस्था के प्रति आदर भाव रखने पर भी जोर दिया। सहिष्णुता का अर्थ अपनी आस्था की उपेक्षा नहीं बल्कि उसके प्रति ज्यादा समझदारीपूर्ण और ज्यादा शुद्ध प्रेम है। उन्होंने लिखा, "आज वक्त की जरूरत एक धर्म की न होकर परस्पर आदर-भाव और विभिन्न धर्मों के अनुयायियों के बीच सहिष्णुता है। कोई भी धर्म पूर्ण रूप से सही नहीं है, पर सर्वोत्तम लोगों ने ही इनको चलाया है।" गाँधी का कहना था, "अगर आप कुरान पढ़ते हैं तो उसे आपको एक मुसलमान के नजरिए से पढ़ना चाहिए; अगर आप बाइबिल पढ़ते हैं तो आपको एक ईसाई के नजरिए से पढ़ना चाहिए; अगर आप गीता पढ़ते हैं तो उसे आपको हिन्दू की दृष्टि से ही पढ़ना चाहिए। एक-एक बारीक बात को ढूँढ़ निकालने और फिर उसके आधार पर किसी धर्म का उपहास करने का क्या लाभ है?"[56]

गाँधी ने हर धर्म में एक ही ईश्वर को देखा। उन्होंने लिखा :

"इस्लाम का अल्लाह भी वही है, ईसाइयों का गॉड भी वही है और हिन्दुओं का ईश्वर भी वही है। हिन्दू धर्म में ही ईश्वर के अनेक नाम हैं। इस्लाम में भी उसे कई नामों से पुकारा जाता है। नामों का अर्थ उसे अलग-अलग बताना नहीं है। असल में यह हम छोटे लोगों द्वारा उस विराट ईश्वर को वर्णित करने की विनम्र कोशिशें हैं, जबकि वह वर्णनातीत है, अपरिमेय है। इस परम ईश्वर में विश्वास का मतलब है सभी धर्मों के प्रति समान आदर-भाव। यह हमारी अज्ञानता की पराकाष्ठा होगी कि हम अपने धर्म को सबसे श्रेष्ठ मानें और दूसरों को अपने धर्म में लाने के प्रयास को उचित ठहराएँ।"[67]

गाँधी को हिंसा के तौर-तरीकों की भूमिका और इस्लाम में उसके स्थान के बारे में आम लोगों के मन में बैठी बातों के प्रति चिंता थी। उनके अनुसार :

"मैं इस्लाम को भी उसी तरह शांति का धर्म मानता हूँ जैसाकि ईसाई, बौद्ध या हिन्दू धर्म को मानता हूँ। निस्संदेह इन सबकी प्राथमिकताओं के स्तर में कुछ-कुछ अंतर है, पर इन सभी धर्मों का उद्देश्य शांति है।

मैंने यह राय जाहिर की है कि इस्लाम के अनुयायियों ने ज्यादा स्वच्छंदता से तलवार का इस्तेमाल किया है। पर ऐसा कुरान की शिक्षाओं के चलते नहीं हुआ है। मेरा मानना है कि ऐसा उस माहौल के चलते हुआ, जिसमें इस्लाम का जन्म हुआ था। ईसाई धर्म में भी काफी खून-खराबा हुआ है, पर ऐसा जीसस के चाहने से नहीं हुआ था। इस ऊँचे विचार को जिस माहौल में फैलाने का प्रयास किया गया, वह उसके अनुकूल नहीं था, उसी के चलते हिंसा हुई।"[58]

सद्भावपूर्ण जीवन को, भारतीय धर्मनिरपेक्ष नजरिए को सिर्फ सर्वधर्म समभाव कहना ज्यादा ठीक होगा। गहरे अर्थों में धार्मिक होने के बावजूद गाँधी का कहना था कि वे किसी एक राजधर्म के खिलाफ हैं। अगर भारत के सभी लोग एक ही धर्म को मानते होते, तब भी वे उसे शासकीय धर्म घोषित किए जाने का विरोध करते। 1931 के कराची कांग्रेस अधिवेशन में मौलिक अधिकारोंवाला जो प्रस्ताव गाँधी की स्वीकृति से पास हुआ, उसमें धार्मिक स्वतंत्रता के सिद्धांत को स्वीकार किया गया था, और यह घोषणा की गई थी कि, "शासन सभी धर्मों के सभी मामलों में उदासीन रहेगा।" जब भारत का संविधान बना तो उसमें इन्हीं मौलिक अधिकारों को रखा गया, जबकि इस दौरान मुस्लिम लीग ने धर्म के आधार पर मुल्क के बँटवारे की भीषण मुहिम चलाकर उसे बाँट दिया। गाँधी धर्म को निजी आस्था की चीज मानते थे। एक ईसाई मिशनरी को उन्होंने कहा था : "शासन को लोक कल्याण, स्वास्थ्य, संचार, मुद्रा और इस तरह के मामले देखने चाहिए, हमारे और आपके धार्मिक मामलों को नहीं। यह हर आदमी का निजी मसला है।"[59]

अगर विभिन्न धर्मों से आपको परस्पर विरोधी सलाहें मिल रही हो तो आप क्या करेंगे? इस सवाल पर गाँधी का जवाब था :

> *"सत्य सबसे बड़ा है और मैं इसके आधार पर ही बाकी चीजों को मानता या खारिज करता हूँ। इसी प्रकार अहिंसा भी एक मानक है और उसके खिलाफ जानेवाली चीजों को खारिज किया जाना चाहिए। फिर मामले को तर्क की कसौटी पर भी कसना चाहिए और जो खरा न उतरे उसे खारिज किया जाना चाहिए।"* [60]

उनके अनुसार ईश्वर को न तो सत्य से अलग किया जा सकता है न वह मनुष्य से दूर जा सकता है। गाँधी जी ने लिखा है : "मैं करोड़ों बेजुबान लोगों के दिलों में बसनेवाले देवता के अलावा किसी ईश्वर में विश्वास नहीं करता। कई लोग उसकी उपस्थिति से बेखबर होते हैं, पर मुझे उसकी उपस्थिति का अहसास है और मैं उस ईश्वर की पूजा करता हूँ जो इन करोड़ों लोगों की सेवा के माध्यम से सत्य या उस सत्य की पूजा करते हैं, जो ईश्वर है।"

गाँधी की प्रार्थना सभाएँ किसी मंदिर या मस्जिद में नहीं होती थीं; वे खुले आसमान के नीचे होती थीं और उनमें हिन्दू, मुस्लिम, ईसाई, सिख, जरथुस्ट्र और बौद्ध धर्म ग्रंथों के अंशों का पाठ होता था। प्रार्थना में पाठ और भजन गाने के बाद गाँधी जी देश के समक्ष उपस्थित हर तरह के मुद्दे पर बोलते थे। 1944-48 में जब मुल्क में भारी सांप्रदायिक तनाव उभर कर आया, तब भी उनकी प्रार्थना सभा में भारी भीड़ उमड़ती थी और वह दिन-ब-दिन सहनशीलता और सांप्रदायिक सद्भाव के रूप में प्रकट होती गई।

महात्मा गाँधी के नेतृत्व में चले स्वतंत्रता-संग्राम ने प्रभातफेरियों तथा सुबह-शाम की प्रार्थनाओं के माध्यम से बहुलतावादी सांस्कृतिक मूल्यों को अभिव्यक्ति प्रदान की। इसके साथ ही आंदोलन में खादी और ग्रामोद्योग के माध्यम से स्वदेशी और बहुकेंद्रित उत्पादन व्यवस्था को भी प्रचारित किया। गाँधी के नेतृत्व में चलनेवाले स्वतंत्रता आंदोलन में भागीदारी करनेवाले हर आदमी ने इन सभी गतिविधियों में भी भाग लिया और इनको विशेष महत्व दिया गया।

विवेकानंद, टैगोर और गाँधी, वास्तव में तीनों ही महापुरुष समाज-निर्माता थे और इन्होंने जिन चीजों—छुआछूत, गरीबों की उपेक्षा, अतार्किकता को गलत माना, उनकी निर्ममता से आलोचना की। उनमें से प्रत्येक सच्चाई के रास्ते पर अडिग था। उनमें से प्रत्येक हमें प्रेरणा देता है कि हम गरीबों की सेवा का प्रयास करें। इनमें से हरेक ने हमारी विरासत पर गर्व किया और उसी के आधार पर वर्तमान को खड़ा करने की कोशिश की, लेकिन ये सभी अंधविश्वासों और कर्मकांडों के खिलाफ थे। इनमें से प्रत्येक ने अपने विशेष कार्यक्षेत्र में जबरदस्त सफलताएँ हासिल कीं—विवेकानंद ने धर्म के क्षेत्र को चुना था तो रवि बाबू ने साहित्य को, और गाँधी ने राजनीति को।

इनमें से प्रत्येक ने भारत की धार्मिक विरासत से तो काफी शक्ति ली ही, धर्मों के आपसी संबंधों के बारे में जो नई समझ बनी, उसे भी ध्यान में रखा। इनमें प्रत्येक ने भारतीय लोगों और समाज को बौद्ध, ईसाई और इस्लाम धर्म के सर्वोत्तम तत्वों से भी परिचित कराया। यह चीज ऋग्वेद के एक श्लोक की मूल भावना के अनुकूल थी, जिसका भावार्थ है कि हे ईश्वर, कल्याणकारी भाव अपनाने में हमारी सहायता करो। देश के राष्ट्रवादी आंदोलन की नींव रखने में विवेकानंद की भूमिका को जवाहरलाल नेहरू ने भी स्वीकार किया है:

> *"टैगोर मुख्यत: वैचारिक व्यक्ति थे, जबकि गाँधी अथक गतिविधियाँ करनेवाले जुनूनी आदमी थे। दोनों के पास अपनी-अपनी विश्वदृष्टि थी, पर साथ ही दोनों पूरी तरह भारतीय थे। वे भारतीयता के अलग-अलग, लेकिन एक-दूसरे के अनुपूरक पक्षों का प्रतिनिधित्व करते लगते हैं।"*[61]

ये सभी आधुनिक विश्व के प्रति सचेत थे और सबने अपने-अपने ढंग से उसके संदर्भ में प्रतिक्रिया भी की, लेकिन भारत की आध्यात्मिक परंपरा से ये कभी अलग नहीं हुए। इन्होंने भावनात्मक जीवन को नजरंदाज नहीं किया, पर ये सभी अधिक समतापूर्ण और मानवीय समाज बनाने के लिए ठोस जमीनी काम करने पर जोर देते रहे। विवेकानंद ने हिन्दू समाज के नजरिए में बदलाव के उद्देश्य से रामकृष्ण मिशन की स्थापना की। इसके तहत शिक्षा, स्वास्थ्य और आध्यात्मिकता, सभी क्षेत्रों में जरूरतमंद लोगों की मदद और गरीबों की सेवा का उद्देश्य रखा गया। महाकवि टैगोर ने 1901 में शांतिनिकेतन की स्थापना की, जहाँ देसी तथा पश्चिमी ज्ञान-पद्धतियों का श्रेष्ठतम अपनाकर शिक्षा देने की व्यवस्था बनी। गाँधी ने इसी चीज को आगे बढ़ाया।

उन्होंने एक ऐसे आंदोलन की शुरुआत की, जिसका स्त्री हो या पुरुष, अमीर हो या गरीब, शिक्षित हो या अशिक्षित, हिन्दू हो या मुसलमान सबके लिए बहुत महत्व था। उन्होंने मानव इतिहास में एक नया अध्याय लिखा और अपने देशवासियों के साथ-साथ ब्रिटिश शासकों को भी स्वतंत्रता और समानता की जरूरत को समझा दिया। यह और बात है कि वे मुल्क का बँटवारा और उसके साथ हुए खून-खराबे को नहीं रोक पाए। साथ ही उन्होंने हर फैसले में सबको भागीदार बनाने की व्यवस्था करके और उस पर अमल करके एक नई दृष्टि दी। गाँधी के नेतृत्व ने सबको साथ लेने, सबसे निर्णयों में भागीदार बनाने की इस मुहिम ने 20 वीं सदी में परस्पर भिन्न नजरिए के बीच संवाद बनाने और उससे समाधान निकालने का बुनियादी अनुभव दिया, जो बहुधा दर्शन के अनुरूप है।

निष्कर्षत: कहा जाना चाहिए कि वैदिक और बौद्ध काल में भारतीय समाज का जो मानस बना, उसमें परवर्ती गुरुओं और आचार्यों ने अपनी क्षमता और ज्ञान के आधार पर योगदान किया। उन्होंने जीवन का अर्थ तलाशने की कोशिश की। शंकर और उनके अनुयायियों ने उपनिषदों के दैवी और अद्वैत पक्ष पर बल दिया तो

रामानुज, माध्वाचार्य और वल्लभाचार्य जैसे वैष्णव संतों ने भारतीय सांस्कृतिक अनुभव में प्रेम, करूणा और भक्ति के पक्षों पर नया जोर देना सिखाया। पर इन सबके बीच भारतीय चिंतनधारा के व्यक्तियों की जगह धर्म और सत्य को ज्यादा महत्वपूर्ण माना जाता रहा। बृहदारण्यक उपनिषद में इस बात को महत्वपूर्ण ढंग से उठाया गया है :

> *"धर्म राजाओं का राजा है। धर्म से ऊपर कुछ भी नहीं है। यही कारण है कि शक्तिशाली के विरुद्ध कमजोर को धर्म का ही सहारा रहता है। इसी प्रकार धर्म ही ब्रह्मांड का सत्य है। इसीलिए कहा जाता है कि सत्य बोलने वाला धर्म पर टिका होता है और धर्म पर आचरण करनेवाला सत्य पर टिका होता है। दोनों ही का अर्थ एक है।"*[61]

टकरावों को टालने और विवादों को निपटाने में सत्य और अहिंसा को बौद्ध, जैन और गाँधीवादी नजरिए ने और भी ज्यादा महत्व और समर्थन दिया। ज्ञान की सीमा को मानने और प्रेम तथा अनासक्ति पर आधारित मानवीय नजरिया अपनाने की जरूरत पर भी भारतीय चिंतन-परंपरा में काफी जोर रहा है। जैसा कि रवीन्द्रनाथ टैगोर कहते हैं :

> *"इस सीख पर भगवद्‌गीता में उचित ही ज्यादा जोर दिया गया है, जिसमें वास्तविकता के प्रति अपनाए अलग-अलग नजरिए के बीच तालमेल के लिए ज्ञान के रास्ते, प्रेम के रास्ते, सत्य और वैराग्य भाव के रास्ते का सहारा लेने की बात कही गई है तथा एक दर्शन विकसित किया गया है, जिसके जरिए व्यक्ति परमात्मा के समक्ष अपने अहं का त्याग करने में सक्षम होता है और अपनी आध्यात्मिक संतुष्टि पाता है। समूचे भारतीय आध्यात्मिक-दार्शनिक ज्ञान और आचरण को यह स्वरूप दिया गया था कि उसमें निर्वैयक्तिकता, अनासक्तिपूर्ण जीवन और भक्ति में डूबकर आनंद लेने के मार्ग ही प्रमुख रहे। वस्तु की जगह कामनाओं की बलि देना, दुनिया की जगह अहं को छोड़ने की बात इस आध्यात्मिक प्रयास में सबसे महत्वपूर्ण बन गए।"*

अन्य सभ्यताओं की तरह भारत में भी समाज और संस्कृति के क्षेत्र में उथल-पुथल और टकरावों के दौर आए हैं, लेकिन सांस्कृतिक बदलाव या विकास में एक निरंतरता भी दिखाई देती है। हर दौर में, जिसमें मूल्यों में गिरावट और विदेशी आक्रांताओं के हाथों पराजय से मिले जख्मों का दौर भी शामिल है, भारतीय संस्कृति ने अपने आत्मबल से जबरदस्त वापसी की है। उपनिषदों को रचनेवाले ऋषि-मुनियों ने, बुद्ध और महावीर ने, अशोक, अकबर और नानक ने अपने-अपने दौर में मौलिक आध्यात्मिक सत्यों को हमारे लिए नए सिरे से जीवंत बनाया और हमें मेल-मिलाप और शांतिपूर्ण जीवन के बहुधा वाले रास्ते पर ले आए।

भारत का विभाजन बहुलतावाद और बहुधा दर्शन की एक बड़ी असफलता थी। सवांद और सहजीवन की भारतीय विरासत को, जियो और जीने दो के संदेश को

तथा सहनशीलता और उदारता की परंपरा को विभाजन के दौर में गहरी चोट लगी। लेकिन भारत की आध्यात्मिक और बौद्धिक परंपरा में बहुलतावाद और अनेकांतवाद का जो स्थान रहा है, उसने आजाद भारत में फिर से नया जीवन पाया है।

'बहुधा' दर्शन में दूसरों की आस्था और विश्वास को महसूस करने और वैश्विक बिरादरी में रखने पर जोर है। और आज जब हम वैश्विक स्तर पर मेल मिलापवाला जीवन जीना चाहते हैं, तब जरूरी है कि हम दूसरे लोगों के बारे में, उनके धर्म-संस्कृति के बारे में ज्यादा से ज्यादा जानें। एक अमेरिकी या यूरोपीय व्यक्ति पूरब की सभ्यताओं–चीनी, जापानी और भारतीय के बारे में भी उसी तरह जाने, जैसाकि यहूदी, रोमन या यूनानी सभ्यता के बारे में जानता है, और यह सामान्य बात होनी चाहिए। इसी प्रकार भारतीयों को, चीनियों को, इंडोनेशियाई को, मिस्र वाले को, ईसाई मत और पश्चिमी मूल्यों का पता होना चाहिए। धर्म अपने अनुयायियों को जो उम्मीदें देता है, वह विविधतापूर्ण वास्तविकताओं के अहसास से पूरी होनी चाहिए।

धर्म के प्रति, सामाजिक जीवन के प्रति, विज्ञान और नई तकनीक के उपयोग के प्रति, विभिन्न धर्मों के लोगों के बीच मेल-मिलाप के प्रति और पास-पड़ोस तथा अंतर्राष्ट्रीय समुदाय के बीच सहयोग के प्रति नजरिए में भारी बदलाव जरूरी है, और इसमें लोकतंत्र, धर्मनिरपेक्षता और संवाद के मूल्य को आधार बनाना चाहिए। इस धारा को आतंकवाद, घृणा, शोषण, भूमंडलीकरण और हमारे-आपके अपने क्षुद्र स्वार्थों से खतरा भी है। इन सबके बीच हम सबको सामूहिक रूप में शांतिपूर्ण और सामंजस्यपूर्ण जीवन की तरफ बढ़ना है, और यह प्रेम और तार्किकता, दोनों की माँग करता है। इन चीजों को पूरा करने का दायित्व हम सब पर है।

संदर्भ और टिप्पणियाँ

1. बार-बार उद्धृत होनेवाला यह वाक्य बीसवीं सदी की राजनीति का एक सूत्र बन गया है। कई पश्चिमी देशों में इस कथन को सोना-चाँदी के लॉकेट पर लिखकर बेचा जाता है।
2. देखें, राघवन एन. अय्यर (संघ.) द इशेन्सियल राइटिंग्स ऑफ महात्मा गाँधी, ऑक्सफोर्ड यूनि. प्रेस, नई दिल्ली, 1993, पृ. 338-339
3. रवींद्रनाथ टैगोर इस परिघटना की व्याख्या इस तरह करते हैं : "वैदिक ऋचाओं में हमें बार-बार भारत के मूल निवासियों और बाहर से आई नई शासक जमात के बीच टकराव के किस्से दिखते हैं। वहाँ परस्पर अविश्वास की अभिव्यक्ति हुई है। एक बड़ी लड़ाई का जिक्र भी हमें मिलता है, जिसमें एक पक्ष को पूरा ही दास बना लेने का प्रयास था या विपक्षी खेमे को पूरा खत्म कर देने का। अगर लोगों ने सहयोग और प्रेम के सर्वोच्च सत्य का अहसास नहीं किया होता तो वह बैर-भाव और हिंसा चलती रहती।" (देखें, रवीन्द्रनाथ टैगोर, द रिलीजन ऑफ जैन, नविन बुक्स, लंदन, 1961, 100)
4. सर्वपल्ली राधाकृष्णन, फेलोशिप ऑफ द स्पिरिट, द सेंटर फार स्टडी ऑफ वर्ल्ड रिलीजन्स हार्वर्ड यूनि. प्रेस, मैसाच्यूसेट्स, 1961, पृ. 24

5. राबर्ट एल. ब्राउन, द ह्वील्स खलील ऑफ लॉ एंड इंडियनाइजेशन ऑफ साउथ ईस्ट एशिया, ई. जे. ब्रिल, लंदन, 1996, पृ. 99
6. पूर्वोक्त, पृ. 199
7. स्वामी विवेकानंद, माई इंडिया : द इंडिया इंटरनल, रामकृष्ण मिशन इंस्टी. ऑफ कल्चर, 1993 पृ. 208
8. पूर्वोक्त, पृ. 199
9. "ध्यान के लिए क्या शानदार जगह है।"1893 में उनकी शिकागो यात्रा में उनके अनुभवों के सहयात्री और उनकी यात्रा का प्रबंध करनेवाले कुछ लोगों का कहना था कि पश्चिम की अपनी पहली यात्रा में वे अक्सर ध्यानमग्न हो जाते थे। ट्राम में यात्रा करते हुए कई बार वे अपने उतरने की जगह भूल जाते थे और उन्हें पूरे रूट का भाड़ा देना पड़ता था। पर समय बीतने के साथ उनका ध्यान का तरीका भी बदला। यद्यपि यह बदलाव ऊपरी ही था। (सिस्टर निवेदिता, द मास्टर ऐज आई सा हिल, उद्‌बोधन आफिस, कलकत्ता, 1972, पृ. 221
10. स्वामी लोकेश्वरानंद (संयोजक और संपादक), द परेनियल विवेकानंद : ए सेलेक्शन, साहित्य अकादमी, कलकत्ता, 1992 पुनर्मुद्रित) पृ. 6. यह उद्धरण स्वामी विवेकानंद द्वारा शिकागो में हुए विश्व धर्म संसद के आखिरी सत्र में दिए भाषण से है, जो 27 सितंबर 1893 को दिया गया था। यह इस प्रकार है : "धार्मिक एकता के लिए साझापन ढूँढ़ने की बातें बहुत कही गई हैं। अभी मैं अपना कोई सिद्धांत पेश करने नहीं जा रहा हूँ। लेकिन यहाँ मौजूद लोगों में से किसी को लगता है कि यह एकता किसी एक धर्म की जीत और बाकी सभी के खात्मे से होगी, तो मैं उससे कहूँगा, बंधु, आप असंभव उम्मीद कर रहे हैं।"
11. स्वामी विवेकानंद, माई इंडिया : द इंडिया इंटरनल, रामकृष्ण मिशन इंस्टी. ऑफ कल्चर, कलकत्ता, 1993, पृ. 97
12. पूर्वोक्त, 5-15, स्वामी विवेकानंद और श्रीरामकृष्ण परमहंस की पहली भेंट सचमुच बहुत ही रोचक थी। किसी भी नौजवान की तरह विवेकानंद उनका भाषण सुनना और उनसे बहस करना चाहते थे। इस भेंट के बारे में वे स्वयं लिखते हैं : "मैंने उस व्यक्ति के बारे में सुन रखा था और मैं उनका प्रवचन सुनने गया। वे अति सामान्य दिख रहे थे और उनमें कोई भी चीज खास उल्लेखनीय न थी। वे बहुत ही सरल भाषा में अपनी बातें कह रहे थे। तब मुझे लगा कि 'क्या यह व्यक्ति इतना बड़ा गुरु हो सकता है?' मैं उनके पास गया और उनसे भी वही सवाल पूछा जो मैं इससे पहले सबसे पूछा करता था,' क्या आप भगवान को मानते हैं? हाँ, उनका जवाब था।–कैसे?–क्योंकि मैं उन्हें भी यहाँ उसी तरह देख रहा हूँ, जैसे तुमको देख रहा हूँ, बल्कि तुमसे भी ज्यादा स्पष्ट रूप में। मुझे इस जवाब ने एक बार में सम्मोहित कर लिया। मुझे पहली बार ऐसा आदमी मिला था जो ईश्वर को देखने की बात कर रहा था। जो कह रहा था कि धर्म एक वास्तविकता है, जिसका अनुभव किया जा सकता है, जिसको इंद्रियों से महसूस किया जा सकता है। फिर मैं उस व्यक्ति के पास रोज-रोज जाने लगा और स्वयं महसूस करने लगा कि धर्म को किसी को दिया जा सकता है। एक स्पर्श से, एक दृष्टि से पूरे जीवन को बदला जा सकता है...जब मैंने स्वयं इस व्यक्ति को देखा तो मेरे सारे संदेह दूर हो गए।" पूर्वोक्त, पृ. 37-38
13. पूर्वोक्त, पृ. 209
14. पूर्वोक्त, पृ. 130
15. नाईवाली कहानी इस प्रकार है : नाईवाली कहानी से अच्छी बात और क्या होगी? महात्मा मेरे घर के पास से गुजरे। नाई के घर के पास से गुजरे! मैं दौड़ा, वे मुड़े और मुझे रोक लिया–नाई? मैंने कहा, 'भगवन! क्या मैं आपसे कुछ कहूँ?' और उन्होंने कहा 'हाँ'। मुझे 'हाँ' कहा–नाई!

और मैंने पूछा, 'क्या मेरे जैसों को भी निर्वाण मिल सकता है?' और उन्होंने कहा, 'हां' मुझे भी मिल सकता है-नाई? और मैंने कहा, 'क्या मैं आपका शिष्य बन जाऊँ?' और उन्होंने कहा, 'जरूर!' मै भी-नाई! और मैंने पूछा, 'भगवन, क्या मैं आपके पास रहूँ?, और उन्होंने कहा, 'तुम जरूर रहो! मैं भी गरीब हूँ नाई?' (सिस्टर निवेदिता, पूर्वोक्त, पृ. 260-261)

16. स्वामी विवेकानंद, पूर्वोक्त, पृ. 216-217 द स्टोरी ऑफ सिविलाइजेशन: अवर ओरिएंटल हेरिटेज, खंड I-सिमोन एंड थूस्टर, न्यूयार्क, 1954, पृ. 618)
17. पूर्वोक्त, पृ. 207 (श्रीरामकृष्ण एंड विवेकानंद, अद्वैत आश्रम, कलकत्ता, 1960, पृ. 4-13)
18. उनके एक बड़े भाई सत्येंद्रनाथ इंडियन सिविल सर्विसि में आनेवाले सबसे पहले भारतीयों में एक थे।
19. देखें, रवीन्द्रनाथ टैगोर की किताब 'माई ब्यॉज़ हुड डेज़'।
20. रवींद्रनाथ टैगोर, द रिलीजन ऑफ मैन, उनविन बुक्स, लंदन, 1961, पृ. 58
21. रवींद्रनाथ टैगोर ने अपने ऊपर बाउल प्रभाव का वर्णन भी उपरोक्त पुस्तक में किया है। पृ. 12
22. रवींद्रनाथ टैगोर : ए सेंटेनरी वॉल्यूम 1861-1961में उनका लेख 'क्राइसिस इन सिविलाइजेशन' साहित्य अकादमी, नई दिल्ली, 1986 (पुनर्मुद्रित) पृ. XXIII-XXIV
23. टैगोर लिखते हैं : "मैं ब्रिटिश भारत के एक शहर में जन्मा था। ईस्ट इंडिया कंपनी का कारोबार बढ़ने के समय ही हमारे पूर्वज कलकत्ता आ गए थे। इसलिए हमारे परिवार की जीवन दृष्टि में तीन संस्कृतियों-हिन्दू, मुस्लिम और ब्रिटिश का मेल था।" (देखें विजन ऑफ इंडिया, भारतीय सांस्कृतिक संबंध परिषद, नई दिल्ली, 2005, पृ. 23)
24. रवींद्रनाथ टैगोर, सेंटेनरी वॉल्यूम, पूर्वोक्त, पृ. xix
25. गीतांजलि।
26. रवीन्द्रनाथ टैगोर, द रिलीजन ऑफ मैन, उनविन बुक्स, लंदन, 1961
27. कृष्णा दत्त और एंड्रयू रोबिन्सन (संपा.) रवींद्रनाथ टैगोर : ऐन एंथ्रालाजी, पिकाडोर, लंदन, 1997, पृ. 7

    यह भी उल्लेखनीय है कि टैगोर और आइंस्टीन की मुलाकात 1926 और 1930 में हुई थी। इन दोनों के बीच हुए संवाद को कृष्णा दत्त और एंड्रयू रोबिन्सन(संपा.) सेलेक्टेड लेटर्स और रवीन्द्रनाथ टैगोर, कैंब्रिज यूनि. प्रेस, कैंब्रिज, में देखा जा सकता है। 1997, पृ 527-536

28. रवींद्रनाथ टैगोर, द रिलीजन ऑफ मैन, उनविन बुक्स, लंदन, 1961, पृ. 60
29. कृष्णा दत्त और एंड्रयू रोबिन्सन, पूर्वोक्त, पृ. 1
30. गीतांजलि, पद संख्या-35
31. बी. पी. सिंह का लेख, 'बहुधा एंड द पोस्ट-9/11 वर्ल्ड'। सोशल चेंज: जर्नल ऑफ द कौंसिल फार सोशल डेवलपमेंट, दिसंबर 2004, खंड 34, अंक, 4, पृ-11
32. उमा दासगुप्ता, रवीन्द्रनाथ टैगोर : ए बायोग्राफी, आक्सफोर्ड यूनि. प्रेस, नई दिल्ली, 2004, पृ. 5
33. रवींद्रनाथ टैगोर : ए सैटेनरी वाल्यूम, पूर्वोक्त, पृ. 33
34. मेन स्ट्रीम, 2004 का वार्षिकांक, 25 दिसंबर 2004, आवरण पृष्ठ।
35. कृष्णा दत्त और एंड्रयू रोबिन्सन, पूर्वोक्त, पृ. 381
36. उनका करार एक वर्ष के लिए था। उन्हें इसके लिए प्रथम श्रेणी से आने-जाने का भाड़ा, यात्रा-खर्च के ऊपर से 105 पौंड मिलने थे।
37. नाटाल का बंदरगाह डरबन है।
38. मोहनदास करमचंद गाँधी, सत्य के साथ मेरे प्रयोग, नवजीवन पब्लिशिंग हाउस, अहमदाबाद, पृ. 93-94

39. लेखक ने भारत के प्रधानमंत्री इंद्रकुमार गुजराल और महात्मा गाँधी के पौत्र गोपाल कृष्ण गाँधी, जो तब दक्षिण अफ्रीका में भारत के राजदूत थे, के साथ अक्टूबर 1997 में मेरिट्ज़बर्ग रेल स्टेशन को देखा था।
40. बी. आर. नंदा, महात्मा गाँधी, ऑक्सफोर्ड यूनि. प्रेस, नई दिल्ली, 1989, पृ. 81
41. पूर्वोक्त, पृ. 100
42. रवींद्रनाथ टैगोर : ए सैंटेनरी वॉल्यूम, पूर्वोक्त, पृ. 14
43. होवार्ड गार्डनर, क्रिएटिव माइंड्स : ऐन एनाटामी ऑफ क्रिएटिविटी सी. थ्रू द लाइव्स ऑफ फ्रॉयड, आइंस्टीन, पिकासो, स्ट्राविन्सकी, इलियट, ग्राहम एंड गाँधी, बेसिक बुक्स, न्यूयार्क, 1993, पृ. 344
44. लुई फिशर, द लाइफ ऑफ महात्मा गाँधी, ग्राफ्टन बुक्स, ग्लास्को, 1982, पृ. 626
45. राघवन अय्यर और अन्य द्वारा संपादित गाँधी एंड ग्लोबल नॉन वायलैंट ट्रांसफार्मेशन, गाँधी स्मृति और दर्शन समिति, नई दिल्ली, 1994, पृ. 12
46. डेविड हार्डीमैन, गाँधी इन दिस टाइम एंड आवर्स: द ग्लोबल लिगेसी ऑफ हिज़ आइडियाज़, कोलंबिया यूनि.प्रेस, न्यूयार्क, 2003
47. हरिजन, 15 जनवरी 1938, पृ. 418
48. हरिजन, 28 सितंबर 1934, पृ. 259
49. लेकिन यह कोई सफलता की कहानी नहीं है। 1944 से 1947 के बीच गाँधी जी ने भारत को दो हिस्सों में बाँटने की मुहिम को रोकने की अनेक स्तर पर कोशिशें की पर सफलता नहीं मिली।
50. बी. आर. नंदा, सेंट्रल इंस्टी. ऑफ हायर तिब्बतन स्टडीज़, सारनाथ के 12वें दीक्षांत समारोह, 18 फरवरी 2005 को दिया गया दीक्षांत वक्तव्य।
51. पूर्वोक्त।
52. पहले कुछ व्यक्तियों ने निजी स्तर पर अहिंसा का प्रयोग जरूर किया था, पर गाँधी ने इसे पहली बार सामाजिक,और राजनैतिक आजादी के हथियार के तौर पर प्रयुक्त किया। उनके नेतृत्व में दक्षिण अफ्रीका और भारत में संगठित समूहों ने अपनी परेशानियों और सामाजिक राजनैतिक मुद्दों को सुलझाने के लिए इसका बड़े पैमाने पर प्रयोग किया।
53. आर. के. प्रभु और यू. आर. राव (संपा.) द माइंड ऑफ महात्मा, ऑक्सफोर्ड यूनि. प्रेस, लंदन, 1945 पृ. 78-79
54. पूर्वोक्त, पृ. 85
55. पूर्वोक्तः पृ. 82-83
56. बी.पी. सिंह (लेख), बहुधा एंड पोस्ट 9/11 वर्ल्ड, सोशल चेंज: जर्नल ऑफ द कौंसिल ऑफ सोशल डेवलपमेंट, दिसंबर 2004, खंड 34, अंक 4, पृ. 12
57. हरिजन, 14 मई 1938
58. आर. के. प्रभु और यू. आर. राव (संपा.) द माइंड ऑफ महात्मा, पृ. 92-93
59. बी.आर. नंदा (संपा.) महात्मा गाँधी : 125 ईयर्स, इंडियन कौंसिल ऑफ कल्चरल रिलेशन्स और न्यू ऐज इंटरनेशनल पब्लिशर्स लि., नई दिल्ली, 1995, पृ. 146-147 (हरिजन, 22 सितंबर 1946)
60. पूर्वोक्त, पृ. 139 (यंग इंडिया, 20 फरवरी 1980)
61. रवीन्द्रनाथ टैगोर : ए सैंटेनरी वौल्यूम, पूर्वोक्त, पृ. 374

अध्याय-6

शासकीय प्रतिमान

"जो शासन का प्रमुख हो और संपत्ति जुटाते जाना चाहता हो उसे अपने आसपास घटिया लोग रखने ही होते हैं। हो सकता है कि उसकी मंशा सही हो, पर ये घटिया अधिकारी ही मुल्क को और शासन को नष्ट कर देते हैं और फिर उसकी अच्छी मंशा का कोई मतलब नहीं रह जाता। इसीलिए कहा जाता है कि किसी मुल्क की भौतिक समृद्धि सिर्फ उसकी भौतिक समृद्धि में नहीं होती, उसके उचित उपयोग में होती है।"[1]

–कन्फ्यूशियस

यूनानी और भारतीय सभ्यता में शुरू से शासन-व्यवस्था को लेकर पर्याप्त चिंतन-मनन चलता रहा है। प्लेटो (427-347 ई. पू.), अरस्तू (384-322 ई.पू.) और उनके परवर्ती पश्चिमी दार्शनिकों ने शासन की उत्पत्ति, सरकार के आदर्श स्वरूप और राजनीति में कानून के आधार को लेकर काफी चिंतन किया था। भारत में भी शासन और शासन में नेतृत्व की भूमिका को 'ऋत्' और 'धर्म' के दायरे में ही समेटा गया। शासन-व्यवस्था और आदर्श शासक के बारे में पहली व्यवस्थित बातें कौटिल्य के 'अर्थशास्त्र' में आई हैं। इस पुस्तक में लिखित बातें गहरे अध्ययन, लंबे अनुभव और सोच-विचार पर आधारित हैं। वे सिर्फ अकादमिक ढंग से नहीं लिखी गई हैं। कौटिल्य (350-275 ई.पू.) सम्राट चंद्रगुप्त के प्रधानमंत्री थे, जिन्होंने 321 से 300 ई. पू. तक शासन किया था। 'अर्थशास्त्र' में शासक के कर्त्तव्यों के साथ-साथ शासन चलाने के हर मामले में विस्तार से चर्चा है। साथ ही लोक-कल्याण का ध्यान रखने के लिए जरूरी हर कदम का विवरण भी इसमें है। समुद्री मार्ग और भूमि मार्ग से संचार का मसला हो, अथवा खेती और सिंचाई, खान और खनिज, पेड़-पौधे और जड़ी-बूटियाँ, युद्ध में प्रयुक्त होनेवाली चीजें, या फिर कृषि-वास्तु और खनन में प्रयुक्त होनेवाले उपकरण-यह किताब सभी के बारे में जानकारी का खजाना है। कौटिल्य ने शासक के लिए शासन करने के अच्छे और बुरे, दोनों ही तरीकों का सुझाव दिया है। अपनी स्वायत्तता की रक्षा करने के तरीकों

और कूटनैतिक दाँव-पेंच का विस्तार से विवरण भी इस पुस्तक में है।

रामायण और महाभारत जैसे ग्रंथों में भी आदर्श राज्य के राजनैतिक दर्शन की चर्चा है। रामायण में रामराज्य के आदर्शों की विस्तार से चर्चा हुई है। महाभारत के शांति पर्व में शासन चलाने के तरीकों और मानव-कल्याण के बारे में काफी सारी बातें कही गई है।[2] इसी प्रकार चक्रवर्ती सम्राट के मिथक ने भी अनेक राजाओं को भारतीय उपमहाद्वीप के ज्यादातर हिस्सों को अपने शासन क्षेत्र में लाने के लिए बार-बार उकसाया। भारत के लंबे शासकीय इतिहास में जिन तीन बड़े शासकों ने 'बहुधा' दर्शन में व्यावहारिक योगदान किया है, वे हैं अशोक (304-232 ई.पू.), अकबर(1542-1605) और जवाहरलाल नेहरू(1889-1964)।

अशोक (304-232 ई. पू.)

प्राचीन भारतीय इतिहास के असंख्य राजाओं, सरदारों और सामंतों के बीच अशोक एकदम अलग और विशिष्ट नजर आते हैं। उन्होंने राजनैतिक, सामाजिक और धार्मिक मामलों से विवादों को सँभालने और समाधान निकालने में न सिर्फ 'बहुधा' दर्शन का सफल प्रयोग किया, बल्कि सद्‌भाव बनाए रखने के कुछ विलक्षण तौर-तरीके भी अपनाए।

सिकंदर (356-323 ई. पू.) के भारत आने और फिर वापस लौटने की घटना ने भारतीय समाज और राजनीति में दूरगामी प्रभाव डाला। ई. पूर्व चौथी शताब्दी में मौर्य साम्राज्य के उदय का अर्थ नंद वंश के शासन की समाप्ति था। चंद्रगुप्त मौर्य ने नंद वंश का शासन समाप्त कर ई. पू. 321 में अपने गुरु कौटिल्य के निर्देश और देख-रेख में अपना शासन कायम किया। कौटिल्य बाद में मौर्य शासन में प्रधानमंत्री नियुक्त किए गए। भारत और यूनान की शासक जमात के बीच बढ़ते संबंधों और विचारों के आदान-प्रदान ने दोनों देशों की संस्कृतियों के साथ-साथ शासन चलाने के तौर-तरीकों पर भी गहरा प्रभाव डाला।[3] लगभग नौ दशकों तक चले चंद्रगुप्त, बिन्दुसार और अशोक के शासनकाल में ही चक्रवर्ती सम्राट की अवधारणा मूर्त रूप से दिखाई दी।[4]

बिन्दुसार ने दक्षिण में साम्राज्य विस्तार के लिए अभियान चलाया और मैसूर तक के इलाके को अपने साम्राज्य के अधीन कर लिया। तमिल भूमि सीधे-सीधे उत्तर भारतीय शासन के अधीन नहीं हुई, पर उसने भी मौर्य साम्राज्य से मैत्री के लिए हाथ बढ़ाया। जब बिन्दुसार की 272 ई.पू. में मृत्यु हुई तो भारतीय उपमहाद्वीप का लगभग समूचा क्षेत्र मौर्य साम्राज्य के अंतर्गत आ गया था।[5] मौर्य शासन मध्य एशिया में खोतान और अफगानिस्तान के कंधार तक फैला हुआ था। पड़ोसी देशों में भी उसका लंका से बहुत ही मैत्रीपूर्ण संबंध था और वहाँ के शासक उसके गहरे प्रभाव में थे। नेपाल ने भी मौर्य शासन से बहुत अच्छा संबंध रखा और वह भी उसके

प्रभाव में था।

अशोक का जन्म मौर्य शासक परिवार में 304 ई. पू. में हुआ था।[6] उनके पिता बिन्दुसार तो मौर्य शासक थे, पर माँ शुभद्रांगी चंपा देश के ब्राह्मण की बेटी थी, जो शादी के बाद रानी बनी। अशोक भारत के ज्यादातर हिस्से को अपने शासन के अधीन लानेवाले और मौर्य वंश की स्थापना करनेवाले चंद्रगुप्त मौर्य का पोता था, जिन्होंने प्रसिद्ध दार्शनिक और अपने गुरु कौटिल्य की मदद से 22 वर्षों तक शासन किया। वर्ण व्यवस्था के अनुसार सम्राट चंद्रगुप्त जन्म से वैश्य थे।

अशोक का पालन-पोषण ऐसे वातावरण में हुआ, जहाँ विचारों का भी बहुत आदर था। चंद्रगुप्त मौर्य एक कुशल शासक के अलावा चिंतक भी थे, और वे जीवन-भर साम्राज्य को फैलाने में ही नहीं लगे रहे, बाद के वर्षों में उन्होंने जैन धर्म को अपना लिया था। उनके कामकाज और सोच पर यूनानी प्रभाव भी था, जैसा कि रोमिला थापर लिखती हैं :

> *"चंद्रगुप्त की राजसभा पर जैन मत का ही प्रभाव न था, वहाँ मौजूद यूनानी लोगों का प्रभाव भी था और उसकी तेज-तर्रार बुद्धि भी उससे प्रभावित थी। कई यूरोपीय स्रोतों के अनुसार चंद्रगुप्त और सिकंदर की भेंट हुई थी, पर कम से कम एक बड़े आधुनिक इतिहासकार ने इस भेंटवाली बात पर संदेह जताया है। हम जानते हैं कि प्रसिद्ध इतिहासकार मेगास्थनीज यूनानी सेनापति सेल्यूकस के दोस्त के तौर पर भारत आया था और उसने कुछ वक्त मौर्य राजसभा में भी बिताया था। निस्संदेह उससे यूनान और एशिया माइनर में प्रचलित विचारों और संस्थाओं के बारे में जानकारियाँ ली गई होंगी। साथ ही उसने भी भारत के बारे में अपने विवरणों में जितनी बुद्धिमत्ता और उत्साह दिखाया है, उससे साफ है कि उसने राज-काज में भी उतने ही उत्साह से भाग लिया होगा।"*

नए विचारों के प्रति बिन्दुसार भी बहुत खुले थे। भारतीय और यूनानी, दोनों के साहित्य में इस बात की चर्चा मिलती है कि उन्होंने यूनान से बतौर उपहार जिन चीजों की माँग की थी, उनमें यूनानी दर्शन के एक अध्यापक को भेजने की माँग भी शामिल थी। तब तक पाटलिपुत्र के अलावा पश्चिम भारत में तक्षशिला भी पढ़ाई-लिखाई और ज्ञान-केंद्र के रूप में उभर चुका था और वहाँ वैदिक दर्शन के साथ-साथ बौद्ध तथा यूनानी दर्शन और जीवन-पद्धति के जानकार थे। अशोक के मानस को बनाने में परिवार और समाज के इस वातावरण ने निश्चित रूप से प्रभावी भूमिका निभाई होगी। उनके व्यक्तित्व की बनावट और विभिन्न धर्मों और आस्थाओं के प्रति बहुलतावादी नजरिए का निर्धारण भी इन्हीं सबके प्रभाव से हुआ होगा।

बहुत कम उम्र में अशोक ने शासकीय कामकाज में सक्रिय हिस्सेदारी शुरू कर दी थी। उनकी पहली नियुक्ति तक्षशिला में हुई। 18 वर्ष की उम्र में अशोक को

उसके पिता बिन्दुसार ने उज्जैन का प्रभार देकर वहाँ भेजा। उज्जैन में ही अशोक एक स्थानीय व्यापारी की पुत्री देवी या विदिशा की महादेवी से प्रेम करने लगे और 286 ई. पू. में उससे शादी कर ली। दो वर्ष बाद (ई. पू. 284) उसे पहला बेटा हुआ, जिसका नाम महेंद्र रखा गया। इसके बाद जन्मी बेटी का नाम संघमित्रा था। इन दोनों ने 'धम्म' के प्रचार-प्रसार में उल्लेखनीय योगदान दिया और शासन छोड़कर इसी में लग गए।

29 वर्षों तक राज करने के बाद 274 ई. पू. में अशोक के पिता बिन्दुसार की मौत हुई। ऐसा लगता है कि उनके उत्तराधिकार के लिए संघर्ष चला और उनकी मृत्यु के चार साल बाद 270 ई. पू. में अशोक का राज्याभिषेक हुआ।

अशोक के जीवन में सबसे महत्वपूर्ण मोड़ 262 ई. पू. में आया। हम चाहें तो इसे 'बोधि' या ज्ञान प्राप्ति भी कह सकते हैं। इतिहासकार इसे 'हृदय परिवर्तन' और सोच की दिशा बदलना वगैरह नाम देते हैं। राजगद्दी पर बैठने के आठवें वर्ष में अशोक ने कलिंग पर चढ़ाई की और उसे जीत लिया। उनके तेरहवें शिलालेख में इस जीत का विस्तृत विवरण मिलता है। और युद्ध की विभीषिका का विस्तार से वर्णन भी। उस युद्ध में एक लाख लोग मारे गए थे और उससे कई गुणा लोगों का जीवन तबाह हुआ था (संभवतः जख्मों और बाद में पड़े अकाल से)। करीब 1,50,000 लोगों को बंदी बना लिया गया। और इस सबसे बढ़कर बात यह हुई कि इस मारकाट और खून-खराबे की अशोक के मन पर जबरदस्त प्रतिक्रिया हुई।

कलिंग पर जीत ने अशोक की विश्वदृष्टि में नाटकीय परिवर्तन ला दिया। अशोक का जन्म तो हिन्दू के रूप में हुआ था, लेकिन जीवन के उत्तर काल में वे बौद्ध धर्म की शिक्षाओं की तरफ मुड़े। उन्होंने बल की जगह 'धम्म' की अवधारणा पर चलने की घोषणा करके सीधे-सीधे 'बहुधा' के नजरिए को अपना लिया। उनके 13वें शिलालेख में नजरिए के बारे में बहुत स्पष्ट विवरण मिलता है। शिलालेख में कहा गया है :

> *"कलिंग को जीतने के बाद देवप्रिय को पछतावा हुआ, क्योंकि जब स्वतंत्र देश को जीता जाता है तो हत्या, खून-खराबा, लूट-मार का जो क्रम चलता है, वह देवप्रिय को पंसद नहीं है और ये चीजें उनके मस्तिष्क में घूमती रहती हैं–जो लोग बच जाते हैं और जिनका प्यार बच जाता है, उन्हें भी अपने बंधुओं, मित्रों, संबंधियों को खोने का कष्ट तो होता ही है। आज कलिंग में जितने लोग मारे गए हैं, मरे हैं या जिन्हें यहाँ से खदेड़ दिया गया है, उसके सौंवें या हजारवें अंश लोगों के साथ भी यह सब हुआ रहता तो देवप्रिय के ह्रदय पर उसका गहरा बोध होता।*
>
> *धम्म का यह शिलालेख इसलिए खुदवाया गया है कि अगर कोई पुत्र या पौत्र नए राज्य को जीतने की सोचे तो उसे यह विचार छोड़ देना चाहिए और उनके पास जो भी क्षेत्र है या जितनी जीतें हैं, उन्हीं से संतोष करना*

चाहिए। उन्हें सिर्फ धम्म की जीत को ही वास्तविक जीत मानना चाहिए और धम्म के आनंद को ही अपना वास्तविक आनंद मानना चाहिए क्योंकि यही चीज इस लोक के लिए भी मूल्यवान है और परलोक के लिए भी।"[8]

कौटिल्य का 'अर्थशास्त्र' वैसे तो अपने लेखक और अशोक के दादा चंद्रगुप्त के साथ ही जुड़ा हुआ था, पर अनेक स्तरों पर यह अशोक को भी एक विरासत के रूप में मिला। इस ग्रंथ की बातों और कौटिल्य के व्यक्तित्व ने अशोक और उनके पिता की पीढ़ी के विचारकों और सेनापतियों की सोच पर गहरा असर डाला। 'अर्थशास्त्र' में किसी भी राजा द्वारा अपने पास-पड़ोस को जीतना उसका पवित्र कर्त्तव्य माना गया है। इसमें सात तरह के युद्धों का जिक्र है। सेना और युद्ध-कौशल की काफी सारी बारीकियाँ तो हैं ही-विश्व-विजेता बनने की ओर इशारा भी किया गया है। इस परिदृश्य में अशोक का 'हृदय-परिवर्तन' और शासन चलाने की नई दृष्टि अपनाना एक बिल्कुल नई चीज तो थी ही, क्रांतिकारी कदम भी था। पर विजय के बाद अशोक ने कलिंग निवासियों के साथ वैसा ही व्यवहार किया, जैसा 'अर्थशास्त्र' में सुझाया गया है :

"नए इलाके जीतने के बाद राजा को अपने पूर्ववर्ती राजा (शत्रु) की जगह स्थापित करना चाहिए और अगर पुराना शासक अच्छा था तो वहाँ उससे भी अच्छा शासन देना चाहिए। धर्म के अनुसार शासन करते हुए उसे लाभकारी और खुशियाँ देनेवाली नीतियों पर चलना चाहिए। उसे लोगों को माफी देकर, लाभ देकर, उपहार और सम्मान देकर उनका दिल जीतना चाहिए।"[9]

शासक के तौर पर अशोक ने अपनी शासन-व्यवस्था को अनेक महत्वपूर्ण तरीकों से सुदृढ़ किया। उन्होंने एक बड़ी सेना बनाई और उसे सारी सुविधाओं से लैस रखा। उन्होंने नागरिक प्रशासन को भी बहुत अच्छा तथा चुस्त-दुरुस्त बनाया। वह लोगों और पशुओं के लिए सड़कें और अस्पताल बनवाने में भी अव्वल थे तथा उन्होंने यात्रियों को आराम देने के लिए सड़कों के किनारे छायादार पेड़ लगवाए, कुँए खुदवाए और सराय बनवाईं। माना जाता है कि उन्हों 8400 से ज्यादा बौद्ध स्तूपों का निर्माण कराया और अनेक स्तंभ बनवाए, जिनमें से कई आज तक बने हुए हैं।

अशोक के शासन काल में भारतीय शासन-व्यवस्था ने एक सबल उप-महाद्वीपीय राजनैतिक व्यक्तित्व धारण किया, जिसमें सभ्यतावाला चरित्र भी था और यह चीज काफी लंबे समय तक चलती रही। यह काम विभिन्न जनसमूहों के बीच एकता कायम करने, एक विशाल सेना रखने और 'धम्म' के अनुसार शासन चलाने से संभव हुआ। इस सबसे भारत के कुलीन तबके में ऐसी व्यापक दृष्टि आई जो आगे काफी समय तक भारत की राजनैतिक चिंतन-प्रक्रिया को प्रभावित करती रही।

शासननीति के उपकरण के रूप में धम्म

अशोक ने इतिहास की रचना भी की और उनमें गंभीर इतिहासबोध भी था। इस उपमहाद्वीप के विभिन्न हिस्सों में उन्होंने शिलालेखों और स्तंभलेखों के जरिए अपने शासन की नीतियाँ स्पष्ट कीं।[10]

अशोक ने धम्म को शासन-नीति के तौर पर अपनाया था और युद्ध को त्याग दिया था। उन्होंने लोगों के बीच सद्भावपूर्ण जीवन के प्रश्न को काफी महत्व दिया और पड़ोसी देशों से अच्छे संबंध को प्राथमिकता दी। इस सबमें धम्म की प्रेरणा प्रमुख थी। दुनिया के किसी भी शासक द्वारा शासन में इन चीजों को प्रमुखता देने का काम पहली बार हुआ था, और कलिंग-युद्ध के बाद के तीन दशक लंबे अपने शासन काल में अशोक ने सचमुच इन नीतियों पर अमल करके दिखाया।

'धम्म की अवधारणा'

धम्म के पीछे मूल भावना व्यक्तियों को मानसिक स्तर पर ऐसे सामाजिक व्यवहार के लिए तैयार करने की थी, जिसमें दूसरे के नजरिए के प्रति सहनशीलता हो और हर व्यक्ति के महत्व को स्वीकार किया जाए। धम्म की नीति मौर्यकालीन भारतीय समाज की व्यावहारिक वास्तविकताओं के अनुरूप भी थी, क्योंकि तत्कालीन समाज में अनेक भाषाएँ और बोलियोंवाले लोग थे, जिनका विभिन्न कबीलों, पंथों और जातियों से जुड़ाव था। वे भौतिक और बौद्धिक विकास के विभिन्न चरणों में थे और सामाजिक, आर्थिक और धार्मिक शक्तियाँ आपस में टकराती, संवाद करती चल रही थीं। उस समय अर्थव्यवस्था तेजी से बदल और विस्तृत हो रही थी, सो उसके लिए विभिन्न वस्तुओं और सेवाओं की आवाजाही का शांतिपूर्ण वातावरण जरूरी था। इसलिए 'धम्म' को सामाजिक सद्भाव की सार्वजनिक नीति के तौर पर बहुत सोच-समझकर लाया गया था।

'धम्म' की अवधारणा काफी कुछ बौद्ध धर्म से ली गई थी, पर कई मायनों में वह बौद्ध मत से अलग भी थी। जैसे, अशोक ने स्वयं तो बौद्ध धर्म को अपनाया पर उसे शासन का धर्म घोषित नहीं किया। फिर उनके 'धम्म' और वैदिक काल में विकसित 'धर्म' की अवधारणा में काफी समानताएँ हैं। धर्म की लगभग सारी बुनियादी बातें 'धम्म' में भी समाहित हैं। दरअसल 'धम्म' के सिद्धांतों में तब देश में प्रचलित ब्राह्मण, बौद्ध, जैन और अनेक दूसरे पंथों के वे सभी सिद्धांत शामिल थे, जो सद्भावपूर्ण जीवन की शिक्षा देते थे। यह अशोक की विलक्षणता ही थी जो उसने धम्म को अच्छे व्यवहार, जिसमें सहनशीलता प्रमुख गुण था, के नाते परिभाषित किया और उसे आचरण के किसी भी कायदे-कानून का रूप नहीं दिया। बौद्ध और जैन मत का अहिंसा का सिद्धांत 'धम्म' का सबसे प्रमुख सिद्धांत था। अशोक के

काल में अहिंसा का मतलब युद्ध का त्याग और हिंसा के सहारे नए इलाके जीतने की नीति का त्याग था। उसने पशुओं की हत्या भी काफी कम करा दी। पर अपनी सेना खत्म करने या परेशानी पैदा करने वाले कबीलों के लिए फौजी अभियान भेजने जैसे काम बंद नहीं किए।

अशोक का 'धम्म' जितने व्यापक दायरे को समेटता है, उसमें यही कहना उचित होगा कि उन्होंने हिन्दू और बौद्ध धर्म से काफी चीजें ली थीं, पर यह उनका अपना आविष्कार था। अनेक अर्थों में 'धम्म' कर्मकांडी धर्माचार और घनघोर इहलौकिकता के बीच की चीज था। धम्म हिन्दू व्यवस्था में आई बुराइयों की बौद्ध आलोचना को मानता था। यह पंडे-पुरोहितों द्वारा पैदा की गई अतार्किकता को भी अस्वीकार करता था। पर इसने बौद्ध और जैन मत के साथ जुड़ी घोर तपस्या और वैराग्य जैसी चीजों को भी ठुकराया। 'धम्म' को अपनाना दुनियादारी को छोड़ना नहीं था बल्कि वह तार्किक सोच पर आधारित सामाजिक व्यवहार का दर्शन था।

'धम्म' को सीधे-सीधे एक शब्द में बताना मुश्किल है, पर उसे न्याय, दया, करुणा, कर्तव्य, सदाचरण, सच्चाई, शुद्धता, अच्छाई जैसे पदों से बताने की कोशिशें हुई हैं। अशोक ने उसे शिलालेखों और स्तंभलेखों पर देश के लोगों के लिए स्थायी रूप से अंकित करा दिया। वे चाहते थे कि भारत ही नहीं, दूर-दराज के देशों में भी धम्म शांति और स्थिरता का आधार बने। जैसा कि सातवें स्तंभलेख में कहा गया है : "मैं चाहता हूँ कि मेरे बेटे, पोते-पड़पोते और जब तक सूरज और चाँद है, तब तक सभी लोग धम्म का आचरण करें।[11]

विशुद्ध शासन के नजरिए से ही अशोक की विलक्षणता धम्म को दैनंदिन काम-काज में उतारने और व्यावहारिक बनाने में थी। इसके लिए एक व्यवस्थित और बड़ी शासन-व्यवस्था कायम की गई। अपने शासन के चौदहवें वर्ष में अशोक ने 'धम्म-महामत्तों' की नियुक्ति की।[12] पाँचवें शिलालेख में स्पष्ट कहा गया है कि धम्म की स्थापना और विकास के लिए सभी पंथों में धम्म-महामत्तों की नियुक्ति की गई है। उनके जिम्मे तत्कालीन सभी धर्मों के अनुयायियों के कल्याण का काम भी था। इसमें यह भी कहा गया है कि धम्म सैनिकों और उनके नायकों पर, हिन्दू संतों और गृहस्थों, अनाथों-बेघरों और आयु के चलते अशक्त लोगों पर भी लागू होगा, इसी से सबका कल्याण होगा, सभी का जीवन खुशहाल होगा और जो लोग खुद को धम्म की शरण में लाएँगे, उन्हें किसी तरह की परेशानी नहीं होगी।[13] शासन के आदेशों की अवहेलना करनेवाले लोगों को गिरफ्तार करने, उन पर मुकदमा चलाने और उनको दंडित करने का अधिकार अधिकारियों को दिया गया था इस शिलालेख में कहा गया है :

> *"मेरे शासन के हर क्षेत्र में धर्म के प्रति अनुराग रखनेवालों, धर्म की चाह रखनेवालों या लोक-कल्याण के लिए संपत्ति दान करनेवालों के बीच 'धम्म महामत्तों' की नियुक्ति की गई है। इसी उद्देश्य से इस शिलालेख को स्थापित*

किया गया है कि यह कभी खत्म नहीं होगा और मेरे बाद आनेवाली पीढियाँ इस पथ का अनुसरण कर सकती है।"[14]

अशोक ने बहुत सावधानी से 'धम्म महामत्तों' का चुनाव किया और वे सीधे उनसे निर्देश लेते थे और उन्हें सभी बातें बताते थे। उन्हें दिन-रात कभी भी सम्राट के पास पहुँचाने की आजादी थी। उन्होंने बड़े भावुक ढंग से छठे शिलालेख में अपने उद्गार व्यक्त किए हैं :

"देवताओं के प्रियदर्शी कहते हैं : पहले खबर लेने और जल्दी निर्णय लेने का काम नहीं होता था, पर मैंने अब ऐसी ही व्यवस्था की है। मैं चाहे खा रहा हूँ, अपने शयनकक्ष में होऊँ या अपने अंत:कक्ष में या अपनी गऊशाला में या बागवानी में, हर समय, मैं चाहे जहाँ रहूँ, मेरे लोग मुझे जनहित के कार्यों की सूचना देते रहें। इस प्रकार में चाहे जहाँ होता हूँ लोगों का काम करता रहता हूँ।"[15]

धम्म का एक काम गरीबों समेत समाज के सभी लोगों का कल्याण करना था। दूसरे शिलालेख में धम्म के अंग के रूप में समाज-कल्याण के कुछ कामों का जिक्र है। उसमें मनुष्यों और पशुओं के लिए औषधालय बनवाना, कुओं और छायादार पेड़ों वाली सड़कें बनवाना और जड़ी-बूटियोंवाले पेड़-पौधे लगाना शामिल था। अशोक अच्छी सड़कें और उन पर लोगों और सामान की सुरक्षित और बेरोक-टोक आवाजाही चाहते थे। इससे न सिर्फ व्यापार और वाणिज्य बढ़ा, बल्कि उनके विचारों को और व्यापक स्तर तक फैलाने में मदद मिली।

अशोक के पूरे चिंतन में समझदारी भरा व्यवहार और पारिवारिक मूल्यों को काफी महत्वपूर्ण स्थान मिला है। परिवार ही ऐसी इकाई है, जिसमें मनुष्य को जीवन के विभिन्न चरणों और स्थितियों में सही मार्गदर्शन मिलता है, अच्छे-बुरे को पहचानने की दृष्टि मिलती है। जाति व्यवस्था और अपने कुल में ही शादी पर जोर देने की मान्यता ने परिवार को समाज के बृहत्तर दायरे से जोड़ा।

अशोक ने बहुत पहले ही यह राय बना ली थी (पहला शिलालेख) कि धम्म के अधिकारियों को अपना काम इस तरह करना चाहिए जिससे लोगों के मन में उनके प्रति वैसा ही आदर-भाव हो जैसा पिता-पुत्र के बीच होता है। शासक और उसकी प्रजा के बीच पारंपरिक संबंधों से यह एकदम अलग व्यवस्था थी। शासन के नजरिए में यह एक क्रांतिकारी बदलाव था।

अशोक को देश में विभिन्न पंथों की लड़ाइयों का अहसास रहा होगा। इससे सिर्फ सामाजिक सद्भाव ही नहीं बिगड़ता था, बल्कि उनका मानना था कि इससे धम्म के प्रभाव और विस्तार में भी कमी आती थी। उनके सारे शिलालेखों और स्तंभलेखों में यह बात अनिवार्यत: रखी गई है कि वे ब्राह्मण और श्रमण, दोनों को संबोधित हों। वे बताते हैं कि अशोक के चिंतन में सभी पंथों को समान महत्व देने की बात सर्वोपरि थी। शासनादेशों और शिलालेखों के जरिए लोगों को यह निर्देश

था कि वे स्थानीय स्तर पर एक-दूसरे से घुल-मिलकर रहें। अशोक ने काफी पहले ही धर्म या राजनीति में सांप्रदायिकता के विकास को रोकने के लिए विभिन्न समूहों के बीच संवाद की प्रक्रिया के महत्व को समझ लिया था।

अशोक के चिंतन में सहनशीलता का भी बहुत बड़ा स्थान है–शासन द्वारा विभिन्न पंथों-मतों के प्रति सहनशीलता दिखाना और विभिन्न पंथों के लोगों द्वारा एक-दूसरे के प्रति सहनशीलता दिखाना। उसने सहनशीलता को अपने जीवन का एक उद्देश्य माना–धम्म के अनुसार समझदारीपूर्ण जीवन का एक प्रमुख मूल्य। सातवें शिलालेख में सभी पंथों के लोगों के बीच आपसी सहनशीलता की बात का खासतौर से उल्लेख किया गया है। इसमें कहा गया है :

> *"महामहिम और पवित्रात्मा की इच्छा है कि सभी जगहों पर अलग-अलग पंथों के लोग मिलते-जुलते रहें। इसके लिए जरूरी है कि सबके मन में करुणा हो और उनका मन साफ हो। पर लोग अलग-अलग सोच के हैं और उनके मन में करुणा के स्तर का भी फर्क है। इस चलते वे अपना कर्त्तव्य पूरा या आंशिक रूप से ही कर सकते हैं। पर ऐसे लोगों में उदारता की कमी नहीं होती। उन्हें करुणा, आंतरिक शुद्धता, भक्तिभाव के मामले में आगे आना चाहिए।"* [16]

धम्म और आम आदमी

जिस दौर में संचार के साधन एकदम ही विकसित नहीं हुए थे, उस दौर में भी अशोक ने 'धम्म' का संदेश ज्यादा से ज्यादा लोगों तक पहुँचाने की कोशिश की। इसी बात के मद्देनजर जो शिलालेख, स्तंभलेख या गुफालेख तैयार कराए गए, उन्हें स्थानीय भाषाओं और लिपियों में ही रखा गया, जिससे साक्षर लोग भी उन्हें पढ़ सकें। अधिकांश शिलालेख प्रकृत भाषा और ब्राह्मी लिपि में हैं। जिन इलाकों में ब्राह्मी लिपि प्रचलित नहीं थी, वहाँ के लिए अलग इंतजाम किया गया। कंधार का शिलालेख यूनानी और अरमैक तथा मानसेहरा और शाहबाजगढ़ी के शिलालेख खरोष्ठी लिपि में खुदवाए गए थे।

इस प्रकार अशोक का 'धम्म' एक ऐसी जीवन-पद्धति के रूप में सामने आता है, जिसमें 'एक सत्य, अनेक व्याख्याएँ' वाले 'बहुधा' नजरिए को शामिल किया गया था। इसके अलावा अहिंसा के प्रति अशोक की व्यक्तिगत निष्ठा, पारिवारिक संबंधों को महत्व देने तथा धम्म के कायदे-कानून कठोर न होने से सुशासन देने में सहायता मिली। धम्म के सिद्धांत में व्यक्तिगत आजादी की गारंटी थी। पर मानवीय व्यवहार के मामले हों, या पर्यावरण के, अगर व्यक्ति का आचरण 'धम्म' के एकदम प्रतिकूल हुआ तो धम्म-महामत्त और स्वयं अशोक भी उन्हें दंड दिया करते थे।

विदेशों से संबंध

विदेशों से संबंध रखने के लिए भी धम्म-महामत्तों की नियुक्ति की गई थी। नई नीति में अब विदेशी इलाकों को युद्ध और हिंसा के जरिए जीतने की जगह धम्म से जीतने पर जोर था। जीत का मतलब अशोक के लिए किसी विदेशी भूमि को अपने अधीन करना नहीं था, बल्कि उसका मतलब था कि वह और उसके अधिकारी विदेशी राज के कामकाज को भी धम्म के अनुरूप प्रभावित करेंगे। इसके लिए उन्होंने सीरिया, मिस्र, साइरेन, मैसिडोनिया और इविरस के यूनानी इलाकों तथा लंका और नेपाल जैसे पड़ोसी देशों को अपने प्रभाव में लिया।

दुर्भाग्यवश अशोक के उत्तराधिकारी मौर्य साम्राज्य को अक्षुण्ण नहीं रख पाए। उनके उत्तराधिकारी सिर्फ गुणों और चरित्र में ही कमजोर सिद्ध नहीं हुए, उनमें वह दृष्टि भी नहीं थी। इस सबका परिणाम यह हुआ कि चंद्रगुप्त, बिन्दुसार और अशोक के द्वारा खड़ा किया गया विशाल साम्राज्य बिखर गया। इसमें से अनेक छोटे-छोटे राज्य उभर आए। धम्म भी अपने आप इस साम्राज्य को बचा पाने में अक्षम सिद्ध हुआ। यह कोई अप्रत्याशित बात भी नहीं है, जैसा कि जान केए कहते हैं :

> *"फिर भी जो नीति असफल हुई, वह निरंतर अनुकरण की चीज बन गई। सागर से सागर तक और पहाड़ों से समुद्र तट तक फैले साम्राज्य की अशोक की विरासत हर किसी की कल्पना में बसनेवाली चीज हो गई और कई सहस्त्राब्दियों तक ऐसे ही रही। यही हाल अशोक की ऐतिहासिक जीतों का हुआ, पर परंपरा ने उसकी यादों को सँजो कर रखा, भारतीय इतिहासकार कहते हैं कि पूरे भारतवर्ष पर राज करने के विचार को कभी भी नहीं भुलाया गया और न ही उसके शिलालेखों में कही गई मानवता की बातों को। दूसरी बात को तो पूरे भरोसे से कहा जा सकता है। पंथ, जाति और कुल की सीमाओं से उपर उठकर पूरे भारतीय समाज को संबोधित करने के उसके प्रयासों को बाद में अन्य अनेक समाज-सुधारकों ने दोहराया, जिसमें गुरु नानक और बाद में महात्मा गाँधी प्रमुख हैं।"*[17]

अशोक एक दूरदर्शी राजनेता थे, जिनके व्यक्तित्व में आदर्शवाद और यथार्थवाद का अद्‌भुद समन्वय था।[18] वह एक ऐसे दौर में थे जहाँ महत्वाकांक्षी शासकों ने ताकतवर सेनाओं के सहारे सैनिक जीतों का सिलसिला शुरू कर दिया था। उन्हें इस बात का पूरा अहसास था कि सिकंदर (356 ई.पू.) और उसके उत्तराधिकारी सेल्यूकस (312-281 ई.पू.) ने भारतीय धरती पर जीत हासिल की थी। इसी के चलते उसने जब हिंसा का रास्ता त्याग दिया तब भी अपनी सेना को समाप्त नहीं किया। न ही उन्होंने फौज को आर्थिक या सामाजिक कामों में लगाकर उसे अपनी बुनियादी जिम्मेवारी से अलग किया था। इसी से उनके शासन काल में आमतौर पर शांति रही और सैनिक अभियान प्रायः नहीं चलाने पड़े।

अशोक में जबरदस्त इतिहास-बोध भी था और उन्होंने खुद को जिस तरह याद रखना चाहा, वह इसका प्रमाण है। वह एक ऐसा सम्राट था जिसने, विशाल साम्राज्य तो खड़ा किया, पर स्वयं को 'धम्म' के प्रचारक,और शासन-नीति के तौर पर 'धम्म' को आचरण में उतारनेवाले के रूप में याद रखवाना चाहा था। धम्म अशोक के लिए कोई मत्र या उपदेश न था, बल्कि एक जीवन-पद्धति था, जो लोगों को शांतिपूर्ण ढंग और मेल-जोल से रहना सिखाता था। वह एक ऐसे दौर की शुरुआत का भी संकेत था, जिसमें पड़ोसी देशों पर सैनिक अभियान रोककर धम्म-आधारित शांतिपूर्ण और परस्पर सम्मान भाववाले संबंध बनते थे। ग्यारहवें शिलालेख में दो विकल्पों के बीच अशोक की पसंद को बहुत स्पष्ट शब्दों में बताया गया है :

> *"देवताओं को प्रिय प्रियदर्शी कहते हैं : धम्म के उपहार से किसी और उपहार की तुलना नहीं की जा सकती। धम्म का गुणगान, धम्म का भागीदार बनना, धम्म का अनुसरण करना सबसे बड़ी चीज है। और धम्म है : दासों और नौकरों के प्रति अच्छा व्यवहार, माँ-बाप का आज्ञापालन, दोस्तों-परिचितों, संबंधियों श्रमणों-ब्राह्मणों के प्रति उदारता, और जीवों की हत्या से परहेज। पिता, पुत्र, भाई, स्वामी, मित्र, परिचित, संबंधी और पड़ोसी को कहना चाहिए, 'यह अच्छा है, हमें यह करना चाहिए।' ऐसा करने से इस दुनिया को लाभ ही लाभ है और धम्म के उपहार से उस दुनिया में भी लाभ ही लाभ है।"* [19]

अशोक चाहते थे कि लोग उन्हें 'देवनामप्रिय प्रियदर्शी' नाम से जानें और यह बात सारे शिलालेखों से जाहिर होती है। निस्संदेह उनमें दोनों गुण थे-वे देवताओं के भी प्रिय थे और उनका रंग-रूप भी भव्य था। उन्हें देवताओं और अपने देश के लोगों का स्नेह प्राप्त था और वे सभी आज भी उनसे प्रेम करते हैं।

अकबर (1542-1605)

अकबरे-आजम के नाम से विख्यात जलालुद्दीन मोहम्मद अकबर (1542-1605) मुगल साम्राज्य के तीसरे शासक थे।[20]

1398 ईस्वी में तुर्क हमलावर तैमूर, जिसे तैमूरलंग भी कहते हैं, ने भारत पर हमला किया और उसके साथ ही सामाजिक, राजनैतिक और सांस्कृतिक धरातल पर भारी परिवर्त्तन का आरम्भ हुआ।

उस सामाजिक और राजनैतिक परिदृश्य में ही मुगल या तुर्क सेनानायक जहीरुद्दीन मोहम्मद बाबर ने समुचे हिन्दुस्तान को जीतने की इच्छा से हमला किया और जीत हासिल करने के बाद भारत में मुगल वंश की नींव डाली। बाबर का जन्म 1484 में ताशकंद में हुआ था और उसकी परवरिश काबुल में हुई थी। उसकी भाषा तुर्की थी और धर्म इस्लाम था। उसने काबुल और कंधार पर बहुत सफलता से शासन

किया था, पर हिन्दुस्तान को जीतने की ललक उसके मन में लगातार बनी रही। 1519 से उसने अपनी मुहिम शुरू की। 5 नवंबर 1526 को दिल्ली से 50 मील उत्तर में स्थित पानीपत की लड़ाई में उसने दिल्ली के सुल्तान इब्राहिम लोदी की एक बड़ी फौज को परास्त किया। जीत के तत्काल बाद वह दिल्ली आया और यहाँ से लोदी शासकों की राजधानी आगरा पहुँचा और फिर पूरे साम्राज्य पर अपना नियंत्रण कायम कर लिया। उसने अफगानिस्तान से अपने पुत्र हुमायूँ को भी बुला लिया और उसे शासन के काम में अपना सहायक बनाया।

बाबर ने अपने डायरीनुमा ग्रंथ 'बाबरनामा' में बहुत ही साफगोई और सच्चाई के साथ अपनी विरासत और अपने सैनिक अभियान के बारे में लिखा है।[21] उसने कई शादियां की थीं। उसकी सबसे चहेती बेगम माहम ने 6 मार्च 1508 में काबुल में हुमायूँ को जन्म दिया। बाबर महान सैनिक था, खिलाड़ी-पहलवान था, भवन-निर्माता था। इसके साथ ही वह विद्वान व्यक्ति भी था। शेरशाह सूरी के साथ उसका अच्छा संबंध था और उसने शेरशाह को संरक्षण भी दिया था। 26 दिसंबर 1530 को 46 वर्ष की उम्र में बाबर की मृत्यु हो गई। उसकी मृत्यु के समय उसके साम्राज्य में मध्य एशिया के कुछ इलाके, काबुल, पंजाब, दिल्ली, बिहार और ग्वालियर थे। बाबर के बाद उसकी गद्दी पर उसका बेटा हुमायूँ आया।

पर हुमायूँ न तो बाबर जैसी कद-काठी और शारीरिक बल वाला ही था, न ही उसकी तरह के मजबूत इरादोंवाला। उसकी गंभीर विषयों में तो दिलचस्पी थी, पर रणनीति और संगठन बनाने के मामलों में वह खास कुशल नहीं था। अपने पिता से मिले साम्राज्य को बचाए रखने में उसे भारी मुश्किलों का सामना करना पड़ा। शासन सँभालने के आठ साल बाद ही हुमायूँ को गुजरात के शासक बहादुरशाह के हाथों पराजय झेलनी पड़ी तथा समुद्र के पास तक का इलाका गँवाना पड़ा। शेरशाह ने जो बाबर की सत्ता स्वीकार करता था और लाहौर चला गया था, उससे उत्तर और पूर्व का इलाका छीन लिया। फारस लौटते हुए रास्ते में सिंध के उत्तरकोट में 23 नवंबर 1542 को हुमायूँ की बेगम हमीदा ने अकबर को जन्म दिया।[22] इसके बाद अगले 15 वर्षों तक हुमायूँ अपना खोया राज पाने की जुगत में लगा रहा। आखिर 1554 में वह काबुल से फौज लेकर पंजाब आया और दिल्ली में प्रवेश करने में सफल रहा । 1555 के मध्य में उसने बाबर के साम्राज्य को हासिल कर लिया। लेकिन जनवरी 1556 को वह अपने पुस्तकालय की सीढ़ियों से फिसल कर गिरा और उसके जख्मों ने उसकी जान ले ली। उसके दरबारियों ने अब उसके 14 वर्ष के पुत्र अकबर को गद्दी पर बैठाया और उसे हिन्दुस्तान का बादशाह घोषित किया। हुमायूँ के दरबार के प्रमुख दरबारी बैरम खाँ ने किशोर बादशाह की देखरेख और शासन चलाने में मुख्य मददगार की भूमिका निभाई।

अकबर के शासन के शुरुआती वर्ष

अकबर बहुत तेजी से एक समर्थ और समझदार शासक के रूप में उभरे। पर उनकी सत्ता को जल्दी ही हिन्दू शासक हेमू से खतरा पैदा हुआ। पानीपत के जिस मैदान में बाबर ने जीत हासिल की थी, वहीं एक बार फिर से दोनों सेनाएँ जूझीं। बैरम खाँ के पक्के निश्चय और बहादुरी से हेमू परास्त हुआ। 19 वर्ष का होते-होते अकबर ने बैरम खाँ को दरकिनार कर दिया, उससे इस्तीफा ले लिया और साम्राज्य के विस्तार तथा शासन में विलक्षण गुणों का परिचय देना शुरू किया।

नए जीते इलाकों के शासन-प्रबंध और इस्लाम संबंधी भूमिका के बारे में अकबर ने अपने बाप-दादा से मिली सीख को ही अपनाया। उनकी शासन प्रणाली के दो मुख्य आधार थे—प्रथम, हर सूबे का जिम्मा एक-एक बहादुर और विश्वसनीय व्यक्ति को सौंपना और, हर सूबे में केंद्र-नियंत्रित फौजी टुकड़ी का होना। साथ ही उनका विचार शासक के धर्म इस्लाम को धार्मिक मामलों में प्रमुखता देने का था। अन्य सभी धर्मों और पूजा-पद्धतियों को इस्लाम से कम करके माना जाता था।

पर अपनी विलक्षण तर्क-बुद्धि और खोजी मस्तिष्क के चलते अकबर को जल्दी ही लग गया कि ये दोनों चीजें अपर्याप्त हैं और अवांछित भी। वह पूरे हिन्दूस्तान में फौज रखकर उसको लूटने-खसोटने व आक्रमणकारियों वाली नीति को मानने को तैयार न था। वह भारतीय लोगों की भावनाओं, उनकी परंपराओं और उनकी आकांक्षाओं को नजरअंदाज करने के पक्ष में न था। इसलिए उनका मस्तिष्क शासक और शासित के हितों के बीच संतुलन बैठाने में लगा रहा। इसी प्रकार धार्मिक मामलों में भी अकबर ने जल्दी ही समझ लिया कि भारत के अधिकांश लोगों का हिन्दू धर्म हजारों साल पुराना है, जबकि इस्लाम नया धर्म है। उन्होंने यह महसूस किया कि टिकाऊ शासन तभी हो सकता है, जब परस्पर आदर-भाव और भरोसा कायम हो। विभिन्न पृष्ठभूमि के लोगों के बीच सोच के स्तर पर एकता कायम करने के लिए नस्ल, धर्म और परंपराओं के अंतर को भी मानना होगा। उन्होंने इन उद्देश्यों को पाने के लिए निरंतर प्रयास किया और सही लोगों का चुनाव करने में विलक्षणता दिखाई, चाहे वे किसी भी मजहब के हों। सही लोगों पर पूरा भरोसा करते हुए वह उन्हें बड़ी जिम्मेदारियाँ देते रहे।

अपने शासन के शुरुआती वर्षों में अकबर पर नए इलाके जीतने और अपने साम्राज्य को मजबूत करने की धुन सवार थी। वह अपनी सत्ता को मजबूत करने के लिए निरंतर दौरे करते थे। अपने उद्देश्यों को पाने के लिए अकबर को फौजी ताकत की तरह ही कूटनीति पर भी उतना ही भरोसा था। तैमूर का वंशज होना तो उनके लिए बड़ी चीज थी ही, वह उसके भी आगे गए और उन्होंने सभी कुलीन मुसलमान जमातों से मैत्री का प्रयास किया। पर इससे भी महत्वपूर्ण था अपने दरबार में महत्वपूर्ण पदों पर हिन्दुओं को बैठाना। उन्होंने राजपूत राजाओं के ऊँचे-ऊँचे ओहदे

और महत्वपूर्ण इलाकों का जिम्मा सौंपा। 1580 तक शाही दरबार में 43 राजपूत राजा थे। ओहदों और विशेषाधिकारों के बदले ये लोग अपने इलाके पर अकबर का स्वामित्व स्वीकार कर लेते थे। यह संबंध राजपूत राजकुमारियों से अकबर की शादी से और भी मजबूत हुआ। राजपूतों ने खुद ही अपनी बेटियाँ बादशाह को सौंपीं और उन्होंने भी उनसे शादी करके उन्हें सम्मानित किया। शादी की इस कूटनीति ने शासन की नीतियों को प्रभावित किया और मुगल शासन को टिकाऊ बनाने में मदद की।

अकबर ने एक बड़ी सेना बनाई थी, जिसका उनकी प्रजा बहुत सम्मान करती थी और विरोधी बहुत डरते थे। वह सेना नागरिक प्रशासन के साथ भी अच्छी तरह जुड़ी हुई थी।[23] उन्होंने अपने साम्राज्य को 12 सूबों में बाँट दिया था, बाद में यह संख्या 18 तक पहुँच गई थी। उन्होंने अपनी ओर से अधिकारियों का एक 'केंद्रीय ढाँचा' विकसित किया था, जिन पर लगान वसूली के साथ ही कानून-व्यवस्था की भी जिम्मेवारी थी। राजस्व अधिकारी की यह जिम्मेदारी थी कि वह सिंचित जमीन का, उस पर लगी फसल का और उसमें सरकारी हिस्से का हिसाब रखे और उसकी वसूली करे। पूरी शासन-व्यवस्था के सूत्रधार राजा टोडरमल थे।

अपने लंबे शासन काल में अकबर ने फतेहपुर सीकरी जैसा खूबसूरत शहर बनाया। फतेहपुर सीकरी से उन्होंने 1577-1585 तक शासन भी किया। दरअसल उन्होंने लंबे शासन काल में आगरा, फतेहपुर सीकरी और लाहौर, तीनों ही शहर राजधानी रहे। पर अकबर की सत्ता के केंद्र के रूप में फतेहपुरी सीकरी को ही जाना जाता है। अनेक अर्थों में फतेहपुर सीकरी भारतीय इस्लाम का भी प्रतीक है। इसी में प्रसिद्ध सूफी संत शेख सलीम चिश्ती की मजार भी है, जिनके पास अकबर अक्सर जाते थे और जिनसे आशीर्वाद और सलाह लेते थे। इस बात के ऐतिहासिक प्रमाण उपलब्ध हैं कि शेख सलीम चिश्ती के आशीर्वाद से ही अकबर को संतान हुई, जिसका नाम शहजादा सलीम रखा गया।

लोगों की पहचान का अकबर में विशेष गुण था और उसी गुण के चलते उनके दरबार में प्रसिद्ध अबुल फज़ल जैसे सेनानायक, प्रशासक और इतिहासकार तथा फ़ैजी जैसा शायर (ये दोनों भाई थे)। मौजूद रहे। राजपूत सरदार और योद्धा राजा मानसिंह, राजस्व प्रशासन की विलक्षण प्रतिभा टोडरमल, संगीत-सम्राट तानसेन, विलक्षण बुद्धिमान और मजाकिया बीरबल तथा विलक्षण प्रतिभा के धनी अब्दुल रहीम खानखाना भी उनके दरबार में थे। इन सभी लोगों की प्रतिभा और निष्ठा ऐसी थी कि दुनिया का कोई भी शासक ऐसे सहयोगियों के मिलने पर अपने को खुश-नसीब समझेगा।

आध्यात्मिक भाव

अकबर के शासन में आने तक भारत में दो रहस्यवादी आंदोलनों—भक्ति आंदोलन

और सूफी आंदोलन ने जोर पकड़ लिया था। यह मात्र संयोग ही था कि भक्ति आंदोलन ने सातवीं सदी में तमिलनाडु से शुरूआत की तो करीब-करीब उसी समय बसरा (इराक) में सूफी आंदोलन भी शुरू हुआ। हिन्दू और मुसलमान संत ईश्वर और उससे संबंध बनाने के तरीकों की खोज में लगे हुए थे। पर ऐसा वे पूजा-पाठ और कर्मकांड या तार्किक खोजबीन की जगह प्रेम और भक्ति से कर रहे थे। हिन्दू रहस्यवादियों को गुरु, गुरसाईं, संन्यासी और जोगी कहा जाता था, तो मुसलमान रहस्यवादियों को पीर, दरवेश और फकीर। दोनों ही धाराओं के लोगों ने आम जन की भाषा में बातें कहीं, भजन गाए। भारत के विभिन्न हिस्सों में सक्रिय भक्तों और सूफियों का कहना था कि ईश्वर एक है और हिन्दू-मूस्लिम का भेद नकली है। जैसे कबीर (1440-1518) का कहना था कि राम और रहीम में भेद नहीं है। यही बात नानक ने भी कही। दादू दयाल (1544-1603) जैसे अन्य भक्त कवियों ने भी सूफियों जैसी बातें कहीं। मजेदार बात यह है कि कबीर हों या नानक, हिन्दू और मुसलमान दोनों को ही अपना मानते रहे। लोक संस्कृति में हिन्दुओं और मुसलमानों के बीच रीति-रिवाजों, त्यौहारों और विश्वासों का भी प्रचलन था।[24]

इन रहस्यवादियों के संग-संग हिन्दुओं और मुसलमानों में कट्टरपंथी और कठमुल्ला लोग भी थे। इन्हीं में से एक था सुन्नी इतिहासकार मुल्ला अब्दुल कादिर बदायूँनी (1540-1615), जिसे सूफी और शिया, दोनों पंथों से नफरत थी और वह अकबर की उदार नीतियों का आलोचक था। पर सौभाग्य से वह निर्णय लेनेवाले व्यक्तियों में नहीं था, सिर्फ निर्णयों को दर्ज करने वाला था। वह इतिहासकार था और अकबर इतिहास को बनानेवाले। इस काम में सबसे ज्यादा मार्गदर्शन मिला मुबारक और उनके दो बेटों अबुल फ़ज़ल और फैज़ी से। शेख मुबारक यमन के थे, लेकिन सिंध में आ बसे थे। 1543 में वे आगरा आ गए और अध्यापन का काम करने लगे। इस दौर के इतिहासकार बताते हैं कि अपने उदार विचारों और सूफी मत की प्रशंसा करने के चलते वे कट्टरपंथी सुन्नियों को पसंद नहीं थे। सुन्नियों का आरोप था कि वे संत की तरह व्यवहार करते हैं। शेख मुबारक के बड़े पुत्र अबुल फ़ैज़ी का जन्म 1547 में हुआ था। वे एक प्रसिद्ध शायर हुए, जिन्हें अकबर ने 1588 में अपने दरबार में नियुक्त किया। मुबारक के दूसरे और अधिक विख्यात पुत्र अबुल फ़ज़ल का जन्म 14 जनवरी 1551 को हुआ। वह बचपन से ही विलक्षण थे। बहुत जल्दी ही उन्होंने सैनिक मामलों में तरक्की की और ऊँचा पद पा लिया। उन्होंने 'अकबरनामा' की रचना की,[25] जो अकबर के शासन का सबसे आधिकारिक दस्तावेज है। अबुल फ़ज़ल के विचार सांप्रदायिक दायरे से ऊपर उठे हुए थे और अकबर उन्हें अपनी सोच के करीब पाते थे। इसी के चलते उन्हें अबुल फ़ज़ल का साथ बेहद पसंद था।[26]

'अकबरनामा' से यह भी पता चलता है कि 1561-62 में अकबर ने ईश्वर को समझने और उसे पाने की काफी कोशिशें कीं। इसी क्रम में उन्होंने सभी धर्मों के जानकार लोगों से सलाह-मशविरा किया।1575 तक उनके मन की उथल-पुथल अपने चरम पर पहुँच चुकी थी। 'अकबरनामा' बताता है कि वह रात-रात भर जागकर खुदा की इबादत करते थे। वह पूजा-पाठ, नमाज और ध्यान में काफी वक्त लगाने लगे। कई बार उन्होंने समाधि या ध्यान की परम अवस्था का भी अनुभव किया। 1575 में ही उन्होंने अपने फतेहपुर सीकरी किले के अंदर 'इबादतखाना' बनवाने का फैसला किया।

इबादतखाना

धीरे-धीरे फतेहपुर सीकरी का वह इबादतखाना सभी धर्मों के लोगों के बीच संवाद का प्रमुख केंद्र बन गया। शुरू में वहाँ सिर्फ इस्लामी धर्म और दर्शन के मुद्दों पर चर्चा होती थी और उसमें सैयद, उलेमा, शेख और अमीर लोग हिस्सा लेते थे। बाद में उसे सभी मतावलंबियों के लिए खोल दिया गया। मुसलमानों के साथ हिन्दू, जैन, ईसाई, जरथुस्त्रवादी, यहूदी और अन्य मतों के लोग भी इन चर्चाओं में आने लगे। बैठकें प्रायः गुरुवार शाम को होती थीं और बादशाह स्वयं उनका संचालन करते थे। कई बार चर्चा और बहसें इतनी जोरदार होती थीं कि पूरी रात भी बात खत्म नहीं होती थी और शुक्रवार को दोपहर उसे जबरन समाप्त करना होता था। जब चर्चा की भाषा कड़वी हो जाती थी, तो अकबर दुखी हो जाते थे। पर निरंतर चलनेवाले इसी संवाद से अकबर को यह अहसास हो गया कि हर धर्म में कुछ न कुछ बहुत अच्छी बातें हैं और वह खुले तौर पर इसकी तारीफ करते थे। उन्होंने सबके लिए शांति रखने और अपनी प्रत्येक प्रजा की भौतिक अैर आध्यात्मिक जरूरतें पूरी करने का प्रयास किया।

अकबर ने इस बात को महसूस किया कि हर धर्म के सर्वश्रेष्ठ चीज को लिया जाए। ब्रिटिश इतिहासकार जी. बी. मेलमन ने ठीक ही लिखा है :

> *"हर धर्म में अच्छाई है : अच्छाई को ले लें ओर बाकी को छोड़ दें। यही उसका नजरिया था। उसने हिन्दू धर्म की विनम्र और शांत कार्यशैली में यह चीज पाई, परिवार के काम करने के तरीके में इसे पाया। उसने ईसाई नजरिए में इसे देखा। सभी में उसे अच्छाई दिखी। इसी प्रकार उसने यह भी माना कि सभी व्यक्तियों में अच्छाई है। इसलिए वह जब तक व्यक्ति में सुधार की गुंजाइश देखता था, उसे दंड देने से बचता था, उसे माफ कर देता था। 'जाओ आगे से गलती न करना,'* उसका प्रिय वाक्य था और यह उसके पूरे आचरण का सार रूप था।" [27]

जजिया की समाप्ति

सन 711 में भारत के बहुसंख्यक हिन्दुओं और मुसलमान अल्पसंख्यकों के बीच गैर-बराबरी के रिश्ते की शुरुआत हुई। इसी साल मुहम्मद बिन अल कासिम ने भारतीय उपमहाद्वीप के एक हिस्से, जो अब पाकिस्तान में है, के लोगों को मुसलमान बनाने में सफलता पाई। अपने शासनकाल में उसने एक नीति चलाई, जिसके अनुसार हिन्दू, बौद्ध, ईसाई और यहूदी समेत सारे गैर-मुसलमानों को एक विशेष समूह में डाल दिया गया, जिन्हें 'धिम्मी' कहा गया। इन्हें जजिया कर देना होता था। जैसे-जैसे भारत के अन्य भागों में मुस्लिम राज फैलता गया, यह जजिया भी लागू होता गया। लेकिन सम्राट अकबर ने 1564 में जब मोइनुद्दीन चिश्ती की अजमेर स्थित दरगाह की यात्रा की, तो जजिया को समाप्त कर दिया।

दीन-ए-इलाही

1582 में अकबर ने अपने दरबार में सभी ज्ञानी लोगों तथा फौजी सरदारों को निमंत्रित किया। उन सबकी उपस्थिति में उन्होंने एक नए धर्म 'दीन-ए-इलाही' की घोषणा की और खुद को उस का संस्थापक और प्रधान घोषित किया। दीन-ए-इलाही में हिन्दू, इस्लाम और ईसाई धर्म की अच्छी बातों का समावेश था और उसका मुख्य उद्देश्य सबको मेल-मिलाप भरा जीवन जीने देना था। अपने भाषण में उन्होंने खुलेआम कहा कि विभिन्न मजहब के लोगों के बीच बैर-भाव देखकर उन्हें बहुत दुख होता है। अनेक अर्थों में 'दीन-ए-इलाही' अकबर के निजी अनुभवों और ज्ञान की अभिव्यक्ति थी।

अकबर के मन में यह बात एकदम साफ थी कि सिर्फ उन्हीं लोगों को इस नए धर्म में दीक्षित किया जाएगा, जिनके अंदर तार्किकता हो और रूहानी ऊँचाई पाने का उद्देश्य हो। इसी सोच के चलते 'दीन-ए-इलाही' में इबादत की कोई तय जगह नहीं थी। उसमें किसी ग्रंथ को पढ़ने की सलाह भी नहीं दी गई थी। उन्होंने शासन के सर्वोच्च पदों पर बैठे लोगों के दिमाग में यह बात जरूर बैठा दी कि उन्हें अलग-अलग नजरिए के लोगों के बीच तालमेल बैठाने का प्रयास करना चाहिए।

आश्चर्य नहीं कि मुसलमान मुल्ला-मौलवियों ने 'दीन-ए-इलाही' को धर्मद्रोह माना। एक सवाल अक्सर पूछा जाता है कि क्या 'दीन-ए-इलाही' अपनाने का मतलब इस्लाम को छोड़ना था? पर ऐसा लगता नहीं है। 'दीन-ए-इलाही' के संस्थापक अकबर हों या मुबारक या फिर अबुल फ़ैज़ी और अबुल फ़ज़ल जैसे इसके सदस्य, खुद को सभी मुसलमान मानते थे। इस नए पंथ को अपनाने वाला अकेला हिन्दू सदस्य बीरबल था।

'दीन-ए-इलाही' का संस्थापक होने के बावजूद अकबर ने इस्लाम को नहीं

छोड़ा था। अपनी मौत से पाँच साल पहले 1601 में गोवा के पुर्तगाली प्रशासक के नाम लिखी चिट्ठी में अकबर ने खुद को मोहम्मद का अनुयायी[28] बताया था। यह बात उल्लेखनीय है कि अकबर का अंतिम संस्कार भी इस्लामी कायदे से हुआ और कोई यह नहीं कहता कि यह काम उसकी इच्छा के विपरीत हुआ। पर अकबर का नजरिया हो या आचरण, उनमें कई ऐसी चीजें भी थीं जो इस्लामी कायदे से मेल नहीं खातीं। इस बात के काफी सारे प्रमाण हैं कि अकबर ने 1580 से खुलेआम सूर्य की आराधना शुरू कर दी थी। बदायूँनी का आरोप है कि बादशाह जरथुस्ट्रवादियों, अपनी राजपूत बेगमों और बीरबल के प्रभाव से सूर्य का उपासक बन गया।[29] हम अबुल फ़ज़ल के माध्यम से जानते हैं कि अकबर बहुत उत्साह से दीवाली का हिन्दू त्यौहार भी मनाता था। अकबर को हिन्दुओं की भावनाओं की इतनी कद्र थी कि जब एक बार दशहरा उनकी माँ की बरसी के दिन ही पड़ा तो उन्होंने एक दिन के लिए बरसी को ही टाल दिया, और दशहरा मनाया। इसके साथ ही अकबर पैगंबर का जन्मदिन भी बड़ी धूम-धाम से मनाया करते थे।[30]

सन 1580 तक भारतीय उपमहाद्वीप पर अकबर का शासन पूरी तरह से जम चुका था। हिन्दुओं और मुसलमानों के बीच सामाजिक टकराव और कड़वाहट का दौर पीछे छूट रहा था और उसकी जगह एक-दूसरे के नजरिए को जानने और सम्मान करने का दौर आ रहा था। इस मेल-मिलाप की दिशा में अनेक संतों, सूफियों, विद्वानों और अन्य लोगों ने काफी काम किए। दोनों मजहबों की विश्वदृष्टियों में मेल बैठाने के प्रयास भी हुए।

उल्लेखनीय है कि मुसलमानों की शासक जमात दूसरे मजहब के लोगों को हीन दृष्टि से देखती आई थी। अकबर का जन्म भी ऐसे ही माहौल में हुआ था, पर अपनी तर्क-बुद्धि और ज्ञान की तलाश के चलते उन्होंने न सिर्फ अपने मजहब में कुछ कमियाँ पाईं, बल्कि दूसरे धर्मों में भी अच्छाइयाँ देखीं। और जब विभिन्न धर्मों और संप्रदाय के प्रमुख लोगों को लगा कि अकबर संकीर्ण और फिरकापरस्ती भावना से ऊपर उठ रहे हैं और लोगों का कल्याण चाहते हैं तो फिर सभी उनके साथ हो लिए। जिस तरह से उन्होंने पुरस्कार और दंड देने का काम शुरू किया, उससे भी यह साफ था कि उनमें प्रतिभा, सच्चाई और सार्वजनिक हितों की जबरदस्त परख थी और उन्हें दुष्ट तथा बदमाश लोग एकदम नापसंद थे।

अकबर और बहुधा

हिन्दुओं और मुसलमानों के बीच मेल-मिलाप रहे और सारी प्रजा शांति से रहे, इस उद्देश्य के लिए सार्वजनिक नीति तलाशते हुए अकबर ने जो मानसिक यात्रा की, वह 'बहुधा' के दर्शन के हर पहलू को छूती है। वह एक पक्के मुसलमान थे और फिर जब उन्होंने अपने आसपास की दुनिया में दिलचस्पी लेनी शुरू की तो इस बात

को जानने में काफी धैर्य का परिचय दिया कि दूसरे के नजरिए और सोच की प्रणाली भी सही हो सकती है और इसलिए उसे भी देख-परख लिया जाए।

धार्मिक सद्भाव के प्रति अकबर के नजरिए में कई बातें बहुत उल्लेखनीय हैं। पहली, सूफी सोच है कि सिर्फ ईश्वर ही सच्चा है और बाकी सभी चीजें माया है। अकबर भी एक अल्लाह को मानते थे और सूफी मत से उनकी सोच ज्यादा अलग न थी। पर उन्होंने अपनी राय किसी पर नहीं थोपी।[31] दूसरी, अशोक की तरह अकबर ने भी सभी मतों के प्रति सहनशीलता दिखाई। उनका मानना था कि हर धर्म में सच्चाई का अंश है। उसने कहा, "यह मेरा कर्त्तव्य है कि मैं सभी लोगों की बात समझूँ-अगर वे ईश्वर की ईच्छा के अनुरूप चल-फिर रहे हैं तो उसमें दखल देना गलत होगा; और अगर वे ऐसा नहीं कर रहे हैं तो संभव है वे अज्ञानी[32] हों; और तब उन्हें मेरी सहानुभूति और करुणा की जरूरत है।" अकबर इससे भी आगे गए और ईरान के शाह को लिखे खत में उन्होंने राजा के कर्त्तव्य कुछ इस प्रकार गिनवाए :

> *"अल्लाह की दया हर नस्ल के साथ जुड़ी है और सबको उसकी क्षमता के अनुरूप फलने-फूलने का अवसर देने के लिए हर संभव प्रयास किया जाना चाहिए।...इसलिए यह उचित है कि शासक, जो ईश्वरत्व की छाया है, इस सिद्धांत से अलग न हो।"*[33]

अकबर के धार्मिक आचरण का एक पक्ष यह भी था कि वह हर धर्म के साधु-संत पीर-फकीरों का आदर करते थे, पर जो लोग खुद को ईश्वर का भक्त बताकर धन-दौलत और भोग-विलास के पीछे भागते थे, उनसे अकबर बहुत चिढ़ते थे। वह चाहते थे कि विभिन्न धर्मों के ग्रंथों का अनुवाद हो, जिससे प्रमुख धर्मों की विशेषताओं को सभी लोग जान सकें। अबुल फजल कहते हैं :

> *"हिन्दुओं और मुसलमानों के बीच भारी नफरत को जानने और इसके पीछे परस्पर अज्ञानता का कारण जानने के चलते इस बुद्धिमान शासक ने एक-दूसरे के धर्मग्रंथों को उपलब्ध कराकर इस अज्ञानता को खत्म करने का प्रयास किया। उसने महाभारत से शुरुआत कराई, क्योंकि यह सबसे व्यापक तो था ही, इसका सबसे ज्यादा प्रभाव भी था। उसने दोनों धर्मों के जानकार लोगों द्वारा इसका अनुवाद कराने की व्यवस्था की। यह कराने के पीछे उसकी यह इच्छा भी थी कि हिन्दू लोग भी यह जानें कि उनकी कई प्रथाओं और मान्यताओं का उनके शास्त्रों में कोई स्थान नहीं है। इसके जरिए नए मुसलमानों को भी बादशाह यह बताना चाहता था कि दुनिया के 7000 वर्ष पुरानी सभ्यता के अस्तित्व को नकारना बेवकूफी ही है।"*[34]

अकबर के आध्यात्मिक प्रयोगों का इस्लाम पर भी गहरा प्रभाव पड़ा। अकबर के बाद से ही यहाँ के मुसलमानों में दो धाराएँ दिखने लगीं। एक धारा तो हिन्दुस्तान को ही सब कुछ मानने लगी, पर दूसरी अरब भूमि को ही अपना मानती थी। अकबर

के पोते औरंगजेब के शासनकाल में यह विभाजन और ज्यादा स्पष्ट हुआ। जैसाकि एनीमेरी श्चिमेल कहती हैं :

> *"भारतीय इस्लाम की दो धाराएँ शाहजहाँ के दो बेटों दारा शिकोह और औरंगजेब के रूप में बहुत स्पष्ट ढंग से दिखती हैं। दारा शिकोह को रहस्यवादी और उदारवादी माना जाता है तो औरंगजेब को कट्टरपंथी। औरंगजेब भारत को पक्का इस्लामी मुल्क बनाना चाहता था। वह सज़ा देने और कर लगाने के मामलों में भी शरीयत के अनुसार ही काम करता था।"*[35]

और अचरज नहीं कि 1679 में औरंगजेब ने फिर से जजिया थोप दिया।

अकबर और कलाएँ

अकबर की कलाओं में गहरी दिलचस्पी थी। वह स्वयं संगीतकार और कलाकार थे, और अपने अधीन काम करने वाले कलाकारों से उच्चस्तरीय काम की माँग करते थे। अकबर खुद तो पढ़ नहीं सकते थे पर वह नियमित रूप में इतिहास और साहित्य की किताबें पढ़वाते थे और आनंद लेते थे। उसने बड़ी संख्या में पुस्तकें भी लिखवाईं।

अकबर के शासन के दौरान बनी कलाकृतियों में सुंदरता और सहनशीलता को दर्शाने पर ही सारा जोर था। वह चाहते थे कि चित्रों से दर्शकों के मन में शांति का भाव आए और अपने रचनाकार के प्रति आदर भाव। वह चाहते थे कि कला की आंतरिक भावना और बाहरी स्वरूप पर समान रूप से ध्यान दिया जाए। उनका पक्का विश्वास था कि प्रत्येक कलाकृति को अपने दर्शक के मन में गहरे तक उतरना चाहिए और अकबरकालीन मुगल चित्रकला देखने और भावनात्मक रूप, दोनों ही तरह से बहुत संतोष देनेवाली है। इस कलात्मक अभिव्यक्ति का निश्चित रूप से व्यावहारिक अर्थ भी था। जैसे अपने मित्रों के माध्यम से अकबर अपने दरबारियों से असली चरित्र को पहचानने की कोशिश करते थे। उसी तरह रूहानी स्तर पर देखें तो बाहरी स्वरूप के पीछे आंतरिक अर्थ ढूँढ़ने की कोशिश कलाकार और दर्शक दोनों के मन में ही उस परमशक्ति और रचयिता के लिए चेतना जगाती थी।"

निष्कर्ष

अकबर की मृत्यु 15 अक्टूबर 1605 को हुई और मौत से ठीक पहले उन्होंने अपनी पगड़ी उतारकर सलीम को पहना दी। अकबर की कब्र पर एक विशाल मकबरा बनाया गया, जिसकी शैली कुछ अजीबोगरीब है। यह मकबरा आगरा के निकट सिकंदरा में है।

अकबर बहुमुखी प्रतिभा के धनी थे। जब वह बहुत कम उम्र के थे, तभी उन्होंने

अपने आप को जबरदस्त योद्धा, विजेता और प्रशासक के रूप में स्थापित किया। पर अकबर की दिलचस्पी प्रशासन और सैनिक मामलों तक ही सीमित नहीं थी। तैमूर और चंगेज खाँ की विरासत पर गर्व करनेवाले अकबर स्वयं को काफी बड़ा और लगभग दैवी भूमिकावाला मानते थे, जिन्हें अपनी प्रजा के भौतिक और सामाजिक जीवन का ही उत्थान नहीं करना था बल्कि उनके आध्यात्मिक और बौद्धिक विकास के लिए भी काम करना था।

अकबर को उचित ही मुगल साम्राज्य का 'पहला भारतीय संस्थापक' कहा जाता है। कहा जा सकता है कि बाबर बहुत प्रतिभाशाली और दिलेर था, पर भारत में वह एक विजेता के तौर पर आया तथा हमलावर ही बना रहा। उसका पुत्र हुमायूँ भी बहुत व्यापक दिलचस्पी वाला व्यक्ति था, पर वह शासन या राजनीति पर ज्यादा प्रभाव नहीं छोड़ पाया।

भारत में अकबर की सफलता का मुख्य कारण यह था कि अपने काम के प्रति गंभीर, मेहनती और व्यवस्थित होने के साथ ही उनमें सही-गलत का जबरदस्त बोध था और उन्होंने जो उचित लगा, वही किया। उन्होंने अपने सामने सदैव यह उद्देश्य रखा कि वह एक ऐसी प्रशासनिक इमारत बनाएँ, जो स्थानीय लोगों की इच्छाओं के अनुरूप हो और शासक के व्यक्तित्व से अलग हो।

कहना चाहिए कि भारत के लंबे इतिहास में अकबर एक उल्लेखनीय व्यक्तित्व था। वह खुद तो निरक्षर थे पर उनकी समझ बहुत पैनी थी। उनके तौर-तरीके अद्वितीय थे और वह बहुत दिलेर थे। हर आदमी अपने समय की पैदाइश होता है, पर अकबर के विचार और काम अपने समय के नहीं, उससे आगे के थे। उनमें जबरदस्त रचनात्मक बुद्धि थी, जिसने एक खूबसूरत शासन-प्रणाली विकसित की। पर इनसे बढ़कर अक्सर उन्होंने ऐसा समाज बनाया, जिसमें विभिन्न धर्मों के लोग आपसी मेलजोल से रहे और जिन्होंने अपने-अपने मजहब की शुद्धता और कट्टरपन की जगह एक-दूसरे की एकता को ही ज्यादा महत्व दिया। इस सबके चलते ही अकबर ने इतिहास में अपने लिए एक महत्वपूर्ण स्थान बना लिया।

जवाहरलाल नेहरू (1889-1964)

जवाहरलाल नेहरू का जन्म 14 नवंबर 1889 को इलाहाबाद में हुआ था। उनकी माँ स्वरूप रानी और पिता मोतीलाल नेहरू कश्मीरी ब्राह्मण थे, जो उत्तरप्रदेश में आकर बस गए थे। किशोर नेहरू के मन में अपने पिता के लिए जबरदस्त प्रशंसा और आदर का भाव था। वे उन्हें 'ताकत, हिम्मत और बुद्धिमानी' का मूर्त रूप लगते थे। उनकी तरह का कोई भी दूसरा नजर नहीं आता था और उन्होंने बड़े होकर उनकी ही तरह बनने की ठानी थी।[36] अपनी अँगरेज गवर्नेस तथा ट्यूटरों ने उनका पालन-पोषण और अध्यापन किया था। तब इलाहाबाद में मौलवियों और पंडितों द्वारा

पढ़ाने का चलन था, पर जवाहरलाल को इनसे दूर रखा गया। अपनी स्कूली शिक्षा के लिए उन्हें 1905 में इंगलैंड के हैरो भेजा गया। उसके बाद वे ट्रिनिटी कालेज कैंब्रिज में गए, जहाँ उन्होंने प्रकृति विज्ञान, रसायन शास्त्र, भूगोल और वनस्पत्ति विज्ञान की पढ़ाई की और फिर वे कानून की पढ़ाई के लिए इनर टेंपल गए। 1912 में उन्होंने कानून की उपाधि प्राप्त की।

कैंब्रिज में पढ़ने के दौरान नेहरू ने राजनीति में दिलचस्पी नहीं ली। वे यूनियन के सदस्य थे, पर उसकी बैठकों में उन्होंने हिस्सा नहीं लिया। जवाहरलाल की दिलचस्पी राजनैतिक विचारों में थी और फेबियन समाजवाद उन्हें सबसे दिलचस्प लगता था। उनके नजरिए पर ब्रिटेन का प्रभाव सबसे ज्यादा था और इसे उन्होंने खुद भी स्वीकार किया है :

> *"मैंने हैरो और कैंब्रिज के अधिकांश सिद्धांतों को अपना लिया और उन्हीं के अनुसार अपनी पसंद-नापसंद बना ली। मैं संभवतः एक भारतीय से ज्यादा एक अंग्रेज बन गया।"*[37]

जवाहरलाल नेहरू ने आईसीएस की परीक्षा नहीं दी, क्योंकि उनके पिता ने पहले ही फैसला कर लिया था कि वे बेटे को आईसीएस अधिकारी बनाकर दूर-दराज के जिलों में जाने नहीं देंगे और इसी सोच के अनुरूप जब वे 1912 में भारत लौटे तो अपने पिता की इच्छानुसार वकालत शुरू की। दरअसल उन्होंने इलाहाबाद हाईकोर्ट में अपने पिता के साथ ही वकालत शुरू की।

जवाहरलाल के स्वदेश लौटने के पूर्व ही उनके पिता ने उनके लिए बहू तलाश ली थी, और वह थी दिल्ली की 13 वर्षीय कश्मीरी किशोरी कमला कौल। नेहरू ने चार साल बाद 1916 में कमला से तब शादी की, जब वह 17 साल की थी और वे स्वयं 27 साल के हो गए थे। उनकी अपनी एकमात्र संतान इंदिरा प्रियदर्शिनी का जन्म 19 नवंबर 1917 को हुआ।

नेहरू का रूपांतरण

1919-20 के दौरान घटी तीन घटनाओं ने जवाहरलाल नेहरू को इलाहाबाद हाईकोर्ट के नौजवान और बेहद चुस्त वकील से भारतीय स्वतंत्रता संग्राम का विद्रोही नायक तथा महात्मा गाँधी का पक्का अनुयायी बना दिया।

पहली घटना रौलट एक्ट से संबंधित थी, जो शांति के समय भी किसी व्यक्ति को बिना वारंट के गिरफ्तार करने और उस पर मुकदमा चलाकर सजा देने का अधिकार प्रशासन को देता था। ये प्रावधान बहुत ही डरावने थे और भारत के लोगों ने इस कानून के बारे में बहुत ही सटीक नारा गढ़ लिया था, "ना वकील, ना अपील, ना दलील।" इस संदर्भ में गाँधी की बेचैनी को लेकर नेहरू अपनी आत्मकथा में लिखते हैं :

"गाँधी जी 1919 में गंभीर बीमारी से उबरे थे। अपनी बीमारी वाली हालत में ही उन्होंने वायसराय से निवेदन किया था कि वे इस कानून को मंजूरी न दें। गाँधी की अन्य अपीलों की तरह इसे भी ठुकरा दिया गया और गाँधी ने अपनी इच्छा के लगभग विपरीत जाकर अपने पहले अखिल भारतीय आंदोलन की अगुवाई करने का फैसला किया। उन्होंने सत्याग्रह सभा की जिसके सदस्य रौलट कानून को न मानने की शपथ लेते थे...वे अपने उद्देश्यों के लिए आम कानून तोड़कर जेल जाने को तैयार रहते थे।"

जवाहरलाल भी तत्काल सत्याग्रह सभा की सदस्यता लेना चाहते थे, पर उनके पिता इसके एकदम खिलाफ थे। फिर गाँधी जी ने स्वयं दखल दिया और पिता-पुत्र का टकराव टालने के लिए जवाहरलाल को सत्याग्रह सभा की सदस्यता न लेने के लिए राजी किया।

दूसरी घटना थी 13 अप्रैल 1919 का जालियाँवाला बाग नरसंहार। एम. जे. अकबर ने इस घटना के प्रभावों को बहुत सुंदर ढंग से रखा है :

"उस साल रामनवमी 9 अप्रैल को थी। अमृतसर के सभी धर्मों के लोगों ने इसमें भागीदारी की और यह सब शांतिपूर्ण ढंग से निपट गया, लेकिन 10 अप्रैल को अंग्रेजों ने दो स्थानीय नेताओं डॉ. सैफुद्दीन किचलू और डॉ. सलमान को भारत रक्षा कानून के तहत गिरफ्तार कर लिया। जैसे ही उनकी गिरफ्तारी की खबर फैली, लोग जमा हो गए और उन्होंने जुलूस निकालकर उनकी रिहाई की माँग की। पुलिस ने रेलवे क्रासिंग के पास भीड़ को रोका और फायरिंग शुरू कर दी। कई लोग मारे गए। भीड़ ने भी गुस्से में जवाबी पथराव शुरू किया। आधा दर्जन अंग्रेजों को उनके दफ्तरों से निकालकर मारा डाला गया। 11 अप्रैल को ब्रिगेडियर जनरल आर. ई. एच. डायर ने चार्ज लिया। 12 अप्रैल को सत्याग्रहियों ने घोषणा की कि वे अगले दिन 4.30 बजे स्वर्ण मंदिर से कुछ सौ मीटर की दूरी पर स्थित जालियाँवाला बाग मैदान में सभा करेंगे। रविवार के उस दिन बैसाखी भी थी, जिसका मेला लगा था। जालियाँवाला बाग में जितने सत्याग्रही थे, उससे ज्यादा दूसरे लोग थे और कुल मिलाकर 10000 से कम लोग न थे, जबकि वहाँ से बाहर निकलने का एक सँकरा रास्ता ही था। जनरल डायर ने हिन्दुस्तानियों को सबक सिखाने और अंग्रेजों की ताकत को जता देने का फैसला किया। बिना किसी वजह के उसकी फौज ने भीड़ पर दनादन गोलियाँ बरसानी शुरू कीं और दस मिनट के अंदर ही 1650 राउंड गोलियाँ दागी गईं। सरकारी आँकड़ों के ही अनुसार उसमें 329 लोग मारे गए और 200 लोग जख्मी होकर जमीन पर गिर पड़े। उसी शाम प्रांतीय सरकार ने वायसराय से पंजाब में मार्शल लॉ लगाने की माँग की, जिसे 15 अप्रैल को मान लिया गया। सेंसरशिप ने जालियाँवाला बाग घटना की

खबरों को भारत से बाहर नहीं जाने दिया।"[38]

निर्दोष नागरिकों के इस तरह मारे जाने की खबरें भारत में भी धीरे-धीरे फैलीं। 30 मई को रवींद्रनाथ टैगोर ने 1915 में मिली 'सर' की उपाधि लौटा दी। 8 जून को इलाहाबाद में अखिल भारतीय कांग्रेस कमेटी की बैठक हुई और उसने घोषणा की कि वह पंजाब में हुई ज्यादतियों की जाँच करेगी। इसके लिए एक कमेटी गठित की गई और जवाहरलाल को इस कमेटी की मदद करने का जिम्मा सौंपा गया। पर, अंग्रेजी हुकूमत के रवैए से किसी पछतावे या गलती का अहसास का पता नहीं चलता था। उसने इस नृशंस हत्याकांड को सही ठहराया। इससे जवाहरलाल और भी ज्यादा उखड़े। कई वर्ष बाद उन्होंने लिखा :

> *"इस कुकृत्य ने मेरे अंतर्मन को झकझोर दिया। यह मुझे एकदम अनैतिक और गलत लग रहा था। और आम बोलचाल की भाषा में कहें तो यह घटियापने की इंतहा थी। तब मुझे अहसास हुआ कि साम्राज्यवाद कितना क्रूर और अनैतिक है और इसने ब्रिटिश उच्चवर्ग की आत्मा को निगल लिया है। इससे पहले इन बातों का मुझे हल्का आभास-भर था।"*[39]

'क्रूर और अनैतिक साम्राज्यवाद' से लड़ने का जवाहरलाल का निश्चय और भी ज्यादा मजबूत होता गया। इस हादसे ने उनके दिमाग को साफ किया और आगे काम करने की दिशा तय कर दी।

तीसरी घटना थी अंग्रेजों द्वारा लगान के नाम पर गरीब किसानों से पैसा ऐंठने की ब्रिटिश शोषक व्यवस्था का अहसास। इससे उत्तरप्रदेश का किसान दरिद्र होता जा रहा था। इलाहाबाद आकर नेहरू ने किसान आंदोलन में हिस्सा लेना शुरू किया। अपनी आत्मकथा में वे लिखते हैं, "यह जुड़ाव आगे के वर्षों में बढ़ता ही गया और इसने मेरा नजरिया बदल दिया।"[40] जवाहरलाल ने किसानों को प्रोत्साहित किया कि वे जमींदारों के खिलाफ अपने अधिकारों के लिए संघर्ष करें। नेहरू ने उत्तरप्रदेश के खेत-खलिहानों में ही अपनी भाषण कला विकसित की। किसानों ने भी अपना प्रेम और भरोसा देकर जवाहरलाल को नेता बनाया।

गाँधी और नेहरू

युवा नेहरू पर गाँधी का पहला प्रभाव ही काफी गहरा था। स्वयं नेहरू ने लिखा है, "मैं तो सीधी-साधे गाँधी द्वारा मोह लिया गया।"[41] गाँधी के प्रभाव से ही नेहरू परिवार को अपनी पूरी जीवन-शैली और इस बाप-बेटे को अपने आसपास घट रही घटनाओं को देखने का नया नजरिया मिला। जवाहरलाल ने ही नहीं, पूरे परिवार ने सरल जीवन जीना शुरू किया। उन्होंने खादी कातना सीख लिया और जवाहरलाल ने पश्चिमी कपड़ों को छोड़कर खादी पहनना शुरू कर दिया। उन्होंने नियमित रूप से भगवदगीता पढ़ना भी शुरू किया, "किसी दार्शनिक या धार्मिक कारण से नहीं

बल्कि इसके कई अंशों का मेरे जीवन पर गहरे असर होने के चलते।" 1921 का अंत आते-आते बाप और बेटा, दोनों ने ही जेल का अनुभव भी ले लिया था।

अमृतसर में नेहरू ने पहली बार गाँधीजी से 'हिन्दू-मुसलमान की जय' का नारा लगवाते सुना। धीरे-धीरे नेहरू के राजनैतिक दर्शन में भी हिन्दू-मुसलिम एकता एक अनिवार्य तत्व बन गई। 1921 में ही नेहरू बहुत उत्साह के साथ कहते हैं, "गाँधी जी का प्रभाव किस तरह से हर वर्ग और समूह के आदमी पर पड़ता है और किस तरह वे सभी को अपने साथ लेकर संघर्ष की राह पर चल पड़ते हैं, यह देखना एक अद्भुत अनुभव है। निश्चित रूप से वे सभी लोगों की मिली-जुली आकाक्षांओं की अभिव्यक्ति का प्रतीक बन गए हैं।"[42]

अगले 27 वर्षों तक गाँधीजी नेहरू के नेता और मार्गदर्शक रहे और हिन्दुओं तथा मुसलमानों में मेल-मिलाप नेहरू के राजनैतिक दर्शन का अभिन्न अंग रहा। चौथाई सदी से ज्यादा समय तक गाँधी और नेहरू के बीच चले संबंधों ने कांग्रेस पार्टी, आजादी की लड़ाई और दुनिया में अन्य जगहों पर औपनिवेशिक शासन के खिलाफ चलने वाली लड़ाइयों की नीतियों और कार्यक्रमों को काफी प्रभावित किया।

इस बात में संदेह नहीं कि महात्मा गाँधी और जवाहरलाल नेहरू का पालन-पोषण अलग-अलग ढंग से हुआ था और दुनिया के बारे में दोनों का नजरिया अलग-अलग था, पर आजादी की लड़ाई में नेहरू का प्रवेश और शुरुआती वर्षों में उन पर गाँधी के प्रभाव ने उनके मन में यह बात तर्कपूर्ण ढंग और पक्के तौर पर बैठा दी थी कि गाँधी को व्यक्तियों और घटनाओं की बेहतर पहचान है और वे उन पर पूरा भरोसा कर सकते हैं।

1919 तक नेहरू अपने पिता की छत्रछाया में रहे थे। फिर जब उनके जीवन में गाँधी का प्रवेश हुआ तो सभी चीजें एकदम बदल गई। असहयोग और सत्याग्रह संबंधी गाँधी की अवधारणाओं ने नेहरू को बहुत प्रभावित किया। नागरिक अवज्ञा आंदोलन के साथ सत्य और अहिंसा जैसे नैतिक सिद्धांतों को सफलतापूर्वक जोड़ने की गाँधी की क्षमता ने भी नेहरू को मंत्रमुग्ध कर दिया। गाँधी के सत्य और अहिंसा पर आधारित स्वतंत्रता संग्राम के रास्ते पर चलते हुए नेहरू को अपने जीवन का नया अर्थ समझ में आने लगा था।

1919-1947 के बीच नेहरू राष्ट्रवाद और बलिदान की प्रतिमूर्ति के तौर पर उभरे और देश के लोगों के दुलारे बन गए। नौजवानों और वयस्क लोगों की जमात के नेहरू आदर्श थे। इसी अवधि में नेहरू को कई परेशानियों से भी गुजरना पड़ा। 1931 में उनके पिता की, 1936 में उनकी पत्नी की, 1938 में उनकी माँ की तथा 1944 में उनके बहनोई रंजीत पंडित की मौत हो गई। इन वर्षों में से लगभग दस साल की अवधि नेहरू ने विभिन्न जेलों में बिताई थी। जेल में सौभाग्य से उनके अंदर छुपी एक लेखक की विलक्षण प्रतिभा को सामने आने का अवसर दिया। उन्होंने इसी दौरान 'विश्व इतिहास की झलक', 'भारत : एक खोज' (1946) और 'मेरी

आत्मकथा' (1936) नामक लगभग 2000 पृष्ठों की तीनों किताबें लिखीं। इनमें से कई बातें उन्होंने अपनी पुत्री को पत्र के रूप में लिखीं।

भारत को जब आजादी मिली तो नेहरू प्रधानमंत्री पद के लिए सभी की पसंद थे। प्रधानमंत्री के रूप में नेहरू ने संसदीय लोकतंत्र को मजबूत किया और अपने नेतृत्व में कांग्रेस पार्टी को 1952, 1957 और 1962 के चुनावों में जीत दिलाई। उन्होंने भारत की शासकीय संस्थाओं को सुदृढ़ करने और उनकी आजादी तथा निष्पक्षता सुनिश्चित करने के लिए दिन-रात काम किए। उन्होंने बड़े पैमाने पर सामुदायिक विकास के कार्यक्रम शुरू किए और अल्पसंख्यकों, अनुसूचित जातियों, अनुसूचित जन-जातियों तथा महिलाओं को राष्ट्रीय पुनर्निर्माण में प्रमुख भूमिका दिलानी चाही। वे निर्गुट आंदोलन के जनक थे और विश्व-राजनीति में उन्होंने एक महत्वपूर्ण जगह बना ली थी। लेकिन 1962 में चीनी आक्रमण ने उनके सपनों को तो चकनाचूर किया ही, उनकी वैश्विक प्रतिष्ठा को भी चोट पहुँचाई। नेहरू सदा से मानते थे कि भारत और चीन में दोस्ती रहनी चाहिए और चीन ऐसा पड़ोसी है जो हम पर कभी भी हमला नहीं करेगा। पर उनका यह भरोसा टूट गया। वे शारीरिक और मानसिक रूप से टूट गए और काफी सारे लोग मानते हैं कि इसी सदमे ने उनकी जान भी ले ली।

बहुधावाला नजरिया

नेहरू ने अपनी प्रभावकारी शैली में ही बहुधा के 'एक सच, अनेक व्याख्याएँ' वाले नजरिए में सार्थक योगदान किया और आजाद भारत के प्रधानमंत्री और नेता की हैसियत से संवाद की प्रक्रिया को मजबूत करने तथा मुल्क के आम लोगों को निर्णय-प्रक्रिया में साझीदार बनाने का जतन किया। उन्होंने मध्यमार्ग तक पहुँचने के लिए अथक श्रम किया, जिससे हरेक आदमी को लाभ मिल सके। इसके लिए वे शुद्ध साधनों का प्रयोग भी जरूरी मानते थे। 1960 में संयुक्त राष्ट्र आमसभा के अपने संबोधन को उन्होंने इन शब्दों के साथ समाप्त किया :

> *"मैं यह भी निश्चित रूप से मानता हूँ कि अगर हमें सही साध्य पाने हैं तो साधन भी सही इस्तेमाल करने होंगे। गलत तरीकों से सही नतीजे नहीं पाए जा सकते। यही संदेश हमारे महान नेता महात्मा गाँधी ने हमें दिया था और भले ही भारत में हम अनेक मामलों में इस पर अमल करने में असफल रहे हैं, पर यह संदेश आज भी हमारे दिलो-दिमाग में मौजूद है। काफी समय पहले भारत के एक अन्य महान सपूत महात्मा बुद्ध ने कहा था कि असली जीत वही है, जिसमें सभी पक्ष समान रूप से विजेता हों और कोई भी पराजित न हो। आज की दुनिया में सिर्फ यही व्यावहारिक जीत है। दूसरा तरीका सबके लिए बर्बादी लाएगा।"*[43]

नेहरू को समाज के संचालन और टकरावों को सँभालने के मामले में समाज के विभिन्न समूहों के बीच संवाद और लोकतांत्रिक ढंग से निर्णय करने के तरीके पर गहरा भरोसा था। सामाजिक और राजनैतिक चिंता के प्रमुख मामलों–धर्म, सांप्रदायिक सद्भाव और धर्मनिरपेक्षता, विदेश नीति तथा चीन से मैत्री और नागालैंड जैसे आंतरिक विवादों के बारे में नीतियाँ बनाने में यह स्पष्ट रूप से उजागर भी हुआ।

धर्म और नेहरू

धर्म के मामले में नेहरू और गाँधी के विचारों में कोई भी मेल न था। अपनी आत्मकथा में नेहरू ने धर्म के बारे में गाँधी के कुछ विचारों को उद्धृत किया है। महात्मा गाँधी ने जोर देकर कहा था कि "कोई भी व्यक्ति धर्म के बिना जीवित नहीं रह सकता।" एक अन्य जगह गाँधी ने धर्म को राजनीति के साथ जोड़ा था। गाँधी के अनुसार, "सत्य के प्रति भक्ति के चलते ही मैं राजनीति में आया हूँ; और मैं बिना हिचक के, और पूरी विनम्रता के साथ कह सकता हूँ कि जो लोग यह कहते हैं कि धर्म का राजनीति से कोई लेना-देना नहीं है, वे धर्म के बारे में कुछ भी नहीं जानते।"[44] गाँधी के इन विचारों पर नेहरू की टिप्पणी थी :

> *"शायद उनका यह कहना ज्यादा ठीक होता कि जो लोग जीवन और राजनीति से 'धर्म' को अलग करना चाहते हैं, उनके धर्म के अर्थ में और मेरे धर्म के अर्थ में अंतर है। यह स्पष्ट है कि वे इसे किसी भी अन्य चीज से ज्यादा नैतिक और मूल्य के रूप में मानते हैं, जबकि धर्म के आलोचक ऐसा नहीं मानते।"*[45]

नेहरू धर्म के सबसे बड़े आध्यात्मिक नेताओं को जानते थे और उनके प्रति अपार श्रद्धा रखते थे। लेकिन संगठित धर्म ने उनको कभी आकर्षित नहीं किया। अपनी आत्मकथा में वे धर्म के अपने दर्शन को बहुत जोरदार ढंग से रखते हैं :

> *"मुझे जीवन के रास्तों में दिलचस्पी है; जीवन को जानने में दिलचस्पी है, उसे ठुकराने की जगह स्वीकारने में दिलचस्पी है। संगठित धर्म अनिवार्यतः न्यस्त स्वार्थ में बदल जाता है और फिर वह सारे बदलावों और प्रगति का विरोध करनेवाली प्रतिक्रियावादी शक्ति बन जाता है।"*[46]

नेहरू की रुचि थियोसाफी, वेदांत दर्शन, भगवद्गीता में थी। भारत की गंगा-जमुनी सांस्कृतिक विरासत पर उन्हें बड़ा नाज था। पर नेहरू ने सदा से संगठित धर्म से अपने को अलग रखा, क्योंकि वे उसे काफी कुछ दकियानूसी और दिखावे की चीज मानते थे। वे धर्म और राजनीति को अलग-अलग रखने में पूरा यकीन करते थे और सामाजिक संबंधों तथा राजनैतिक निर्णय-प्रक्रिया में धर्मनिरपेक्षता के पक्षधर थे।

धर्मनिरपेक्षता की नेहरू-दृष्टि के चार बहुत महत्वपूर्ण पहलू हैं। पहला, धर्म को राजनैतिक, आर्थिक और सामाजिक मामलों से एकदम अलग रखना और उसे सिर्फ निजी मामला मानना चाहिए। दूसरा, शासन को धार्मिक मामलों से अलग रहना चाहिए। तीसरा, धर्म को निजी तौर पर मानने की पूरी आजादी होनी चाहिए तथा अंतरधार्मिक संवाद और संपर्क को सबसे ज्यादा महत्व दिया जाना चाहिए। चौथा, समाज और शासन दोनों को हर धर्म के माननेवालों को आगे बढ़ने और फलने-फूलने का समान अवसर उपलब्ध कराना चाहिए।

धर्मनिरपेक्षता शुरू से ही हमारे राष्ट्रीय आंदोलन का प्रमुख वैचारिक तत्व रहा है और उस दौरान आजाद भारत के स्वरूप के बारे में जो खाका बन रहा था, उसमें भी धर्मनिरपेक्षता को प्रमुख स्थान दिया गया था। इतना ही नहीं, राष्ट्रीय आंदोलन लगातार सांप्रदायिकता और सांप्रदायिक शक्तियों के खिलाफ चौकस रहा। दिलचस्प है कि इस मामले में गाँधी के विचारों में भी आगे चलकर बड़ा बदलाव आया। वर्षों तक वे धर्म और राजनीति में निकट संबंध की वकालत करते रहे, लेकिन इससे उनका मतलब एक व्यापक नैतिक मूल्यों वाले जीवन-दर्शन से था जो सभी धर्मों को शामिल करता था। लेकिन जब उन्होंने पाया कि सांप्रदायिक शक्तियां धर्म का उपयोग अपनी घटिया राजनीति के प्रति लोगों को आकर्षित करने के लिए कर रही है; तो उन्होंने 1942 में बहुत स्पष्ट रूप से कहा, "धर्म हर व्यक्ति का निजी मामला है। इसे राजनीति या राष्ट्रीय मामलों के साथ नहीं मिलाया जाना चाहिए।"[47] इसी प्रकार नेहरू का कहना था कि अनेक धर्मों को मानने वाले समाज में राष्ट्रीय एकता का आधार धर्मनिरपेक्षता ही हो सकती है।

यह सही है कि राष्ट्रीय आंदोलन सांप्रदायिक शक्तियों और विचारधारा से लड़ने में पूरी तरह सफल नहीं हुआ और 1947 में मुल्क बँट गया, लेकिन धर्मनिरपेक्षता के प्रति इस आंदोलन की गहरी निष्ठा तब स्पष्ट हुई जब विभाजन और भारी खून-खराबा झेलने के बावजूद स्वतंत्र भारत ने धर्मनिरपेक्षता को अपने एक बुनियादी मूल्य के रूप में रखा और इसे सिर्फ संविधान में ही दर्ज नहीं किया गया, समाज ने भी इसे माना।

उम्र बढ़ने के साथ धर्म और नैतिक मूल्यों के प्रति नेहरू के रुझान में भी बदलाव आए और इसे अनेक जानकार लोगों ने अनुभव किया। 1960 में प्रकाशित अपनी किताब 'द माइंड ऑफ नेहरू' में प्रसिद्ध पत्रकार आर. के. करंजिया लिखते हैं :

> *"नेहरू ने उनसे नैतिक और आध्यात्मिक समाधानों की बात की। करंजिया ने पूछा, 'नेहरू जी, आप आज जो कह रहे हैं, क्या वह बुढ़ापे में ईश्वर की तलाश की आपकी दृष्टि से निकली बातें हैं?' नेहरू ने कहा–'हाँ, मैं बदल गया हूँ...पुराना हिन्दू विचार है कि इस दुनिया में कोई दैवी चीज है और हर व्यक्ति में इसका कुछ अंश होता है और हम इसे विकसित भी*

कर सकते हैं। मुझे अब वह चीज आकर्षित करती है।" 48

इस बचाव के बावजूद नेहरू अज्ञेयवादी ही रहे। उन्हें जीवन के वर्तमान वाले पक्ष की ही चिंता सबसे अधिक रहती थी और वे तर्कवादी ही थे। दूसरे शब्दों में, उन्हें कल्पना का भविष्य बनाने या अपने अंदर के दैवी संतुलन को साधने में कोई रुचि नहीं थी। यह अलग बात है कि मृत्यु के बाद उनके परिवार के लोगों ने उनका अंतिम संस्कार हिन्दू तौर-तरीकों से करने का फैसला किया और यह मानने में भी हर्ज नहीं है कि वे स्वयं इसके विरोधी नहीं थे।

भारत ही नहीं, दक्षिण एशिया के देशों में धर्म निजी और सामूहिक, दोनों ही तरह का मामला रहा है। इसलिए हम भारत में धर्मनिरपेक्षता को बहुत ही किताबी रूप में लागू कर पाने की बात नहीं सोच सकते, जिसमें धर्मविरोधी और नास्तिक भाव प्रमुख हो। इसके साथ ही नेहरू का यह मानना बहुत उचित था कि शासन को धार्मिक मामलों में किसी का भी पक्ष नहीं लेना चाहिए। पर यह आज भी जरूरी है कि गाँधी और नेहरू की सोच के आधार पर धर्मनिरपेक्षता का एक भारतीय मॉडल विकसित करने का प्रयास किया जाय।

सांप्रदायिक सद्भाव

1920 के शुरूआती दिनों में राजनैतिक जीवन शुरू करने से लेकर अंत तक जवाहरलाल नेहरू सांप्रदायिकता के एकदम खिलाफ रहे। वे 'हिन्दू मुस्लिम भाई-भाई' वाले नजरिए के पक्षधर थे, क्योंकि स्वतंत्रता आंदोलन के अन्य नेताओं की तरह वे भी मानते थे कि हिन्दू-मुस्लिम एकता से ही आजादी हासिल की जा सकती है। नेहरू का मानना था कि सांप्रदायिकता भारत की सामाजिक वास्तविकताओं से जुड़ी हुई नहीं है और देश तथा यहाँ के लोगों की असली समस्याएँ कुछ और हैं। वे देख सकते थे कि भले ही हिन्दुओं, मुसलमानों या सिखों का एक धर्म न हो पर उनकी सामाजिक, धार्मिक और राजनैतिक समस्याएँ एक ही हैं।

नेहरू का मानना था कि सांप्रदायिकता ही भारत में फासीवाद का एक रूप है। जब नेहरू ने पूरे देश का दौरा किया, लोगों और स्थानीय नेताओं से बातचीत की तब धर्मनिरपेक्ष लोकतांत्रिक सामाज-व्यवस्था बनाने का उनका निर्णय और भी दृढ़ हुआ। नेहरू स्पष्ट रूप से देख सकते थे कि सांप्रदायिकता की जड़ में धर्म नहीं है। इसीलिए भारत के विभिन्न धर्मों या उनके धार्मिक अंतर ने सांप्रदायिकता को जन्म नहीं दिया है। 'भारत : एक खोज' में उन्होंने लिखा है, "सांप्रदायिक टकरावों पर अक्सर धर्म का मुलम्मा चढ़ा दिया जाता है, पर उसका धर्म से कोई लेना-देना नहीं है।"49

सांप्रदायिकता के उनके दमदार विरोध का मतलब धर्मनिरपेक्षता की जोरदार वकालत भी था। आजादी और भारत विभाजन के तत्काल बाद देश में कई जगह

से आवाजें उठीं, और उन्हें कांग्रेस के कुछ लोगों का समर्थन भी हासिल था, कि भारत मुसलमानों के साथ वैसा ही व्यवहार करे जैसा पाकिस्तान वहाँ बच गए हिन्दुओं के साथ कर रहा है। नेहरू ने इस नजरिए की निंदा की और कहा कि भारत धर्मनिरपेक्षता की अपनी बात पर कायम रहेगा, भले ही इसकी उसे जो भी कीमत चुकानी पड़े। उन्होंने सांप्रदायिकता के खिलाफ निजी और सार्वजनिक तौर पर जंग छेड़े रखी और जनता के बीच भाषण हो, रेडियो-प्रसारण हो, संसद में बहस हो या मुख्यमंत्रियों और कांग्रेस के नेताओं से पत्र-व्यवहार, हर जगह उन्होंने इस रुख को बरकरार रखा और साथ ही वे लगातार धर्मनिरपेक्षता की वकालत भी करते रहे। सांप्रदायिकता के वे सख्त खिलाफ थे। अक्टूबर 1951 के अपने एक भाषण में उन्होंने कहा :

> *"अगर कोई भी व्यक्ति धर्म के आधार पर किसी और को नीचे करने के लिए हाथ भी उठाता है तो मैं अंतिम साँस तक उससे लड़ूँगा-सरकार का मुखिया होने के साथ-साथ व्यक्ति के तौर पर भी।"*[50]

2 अक्टूबर 1947 को दिल्ली प्रदेश कांग्रेस कमेटी की बैठक को संबोधित करते हुए नेहरू ने हिन्दू महासभा और जनसंघ की कठोर शब्दों में निंदा की थी : "हिन्दू मुल्क की माँग सिर्फ बेवकूफी और मध्यकालीन ही नहीं है, यह फासीवादी चरित्र का भी है। जो लोग ऐसे विचार रखते हैं, उनका हश्र भी हिटलर और मुसोलिनी जैसा ही होगा।"

संविधान सभा में नेहरू की भूमिका महत्वपूर्ण थी और भारतीय संविधान पूरी तरह धर्मनिरपेक्षता को अपनाए, इस बात का उन्होंने खास ख्याल रखा। मुसलमान पिछड़े और कमजोर थे, इसलिए उनके प्रति नेहरू का व्यवहार ज्यादा उदार था और वे उनके मन से यह से डर भी निकालना चाहते थे कि उन्हें भारतीय संघ में समान दर्जा नहीं दिया जाएगा। नेहरू ने ठीक ही कहा है :

> *"हमारा संविधान कहता है कि हम एक धर्मनिरपेक्ष देश हैं। पर यह भी स्वीकार करना चाहिए कि हमारे आम जीवन और सोच में यह चीज प्रतिबिम्बत नहीं होती। इंगलैंड जैसे मुल्क में संविधान के अनुसार भी शासन ईसाई संप्रदाय, चर्च ऑफ इंगलैंड के साथ संबद्ध है, पर वहाँ के शासन और लोगों का आचरण मोटे तौर पर धर्मनिरपेक्ष ही है। इसी के चलते इंगलैंड का समाज भारत से ज्यादा विकसित है, भले ही हमारा संविधान उनसे ज्यादा विकसित लगे।"*[51]

वाई. डी. गुनदेविया के अनुसार 1963 के आखिरी दिनों में एक शुक्रवार सुबह विदेश मंत्रालय में भारतीय विदेश सेवा के लोग गपशप के लिए जमा हुए। वहाँ नेहरू जी भी आए और उनकी उपस्थिति का लाभ लेने के उद्देश्य से नौकरशाही की निष्पक्षता के मसले पर बात छेड़ दी गई। गुनदेविया ने पूछा, "अगर ऐसा हो कि कल कम्युनिस्टों का राज आ जाए तो हम क्या करेंगे? केरल में अभी भी कम्युनिस्ट

शासन है। पर अगर कल वे केंद्र में शासन के लिए चुन लिए जाते हैं और यहाँ दिल्ली का शासन सँभालते हैं तब नौकरशाही का क्या होगा?"

जवाब देने के पहले नेहरू कुछ सोचते रहे। फिर कहा, "कम्युनिस्ट, कम्युनिस्ट, कम्युनिस्ट! आप सभी के सिर कम्युनिस्टों और कम्युनिस्टों का भूत क्यों सवार है? कम्युनिस्ट मुल्क के लिए ऐसा क्या कर देंगे जो हम नहीं कर सकते या हमने नहीं किया है? आपको क्यों लगता है कि केंद्र में कम्युनिस्टों की सरकार बन जाएगी!" फिर वे थोड़ा रुके और सोच सोच कर बोलने लगे : "आप सभी यह जान लें कि भारत के लिए कम्युनिस्ट कोई खतरा नहीं है। खतरा है हिन्दू कट्टरपंथी।"[52]

बैठक समाप्त होने के पहले नेहरू ने इन दोनों आखिरी पंक्तियों को फिर से दोहराया। सांप्रदायिकता के खिलाफ उनकी सोच और उनका संदेश एकदम स्पष्ट था।

निर्गुट विदेश नीति

जवाहरलाल नेहरू राष्ट्रीय मामलों में ही नहीं, अंतर्राष्ट्रीय मामलों में भी परम आदर्शवादी थे। द्वितीय विश्वयुद्ध के बाद बनी व्यवस्थाओं के दो ध्रुवीय बनने की बात उन्होंने पहले ही देख ली थी और इसके अनुरूप ही उन्होंने इंडोनेशिया के सुकर्णो (1901-1970), युगोस्लाविया में जोजेफ ब्राज टीटो (1892-1980) और मिस्र के अब्देल गमाल नासिर (1918-1970) के साथ मिलकर निर्गुट आंदोलन की आधारशिला रखी। इस आंदोलन ने मध्य मार्ग को अपनाया और नव स्वतंत्र देशों को वैश्विक शांति और विकास के मुद्दों पर स्वतंत्र ढंग से बोलने का मंच और अधिकार उपलब्ध कराया। इस मध्य मार्ग से लंबे समय से गुलामी, औपनिवेशिक दमन और उपेक्षा झेल चुके लोगों के स्वाभिमान को स्थापित करने का प्रयास किया गया। एशिया, अफ्रीका और लातिन अमेरिका के काफी सारे मुल्क इस आंदोलन का हिस्सा बने।

नेहरू ने विदेश नीति को सिर्फ भारत के हितों से जोड़कर कभी नहीं देखा। उनका मानना था कि विदेश नीति का उद्देश्य पूरी दुनिया में शांति और सद्भाव को बढ़ावा देना होना चाहिए। उन्होंने भारत के हित को सदा ही मनुष्य समाज के बृहत्तर हितों से जुड़ा माना। स्वतंत्रता-संग्राम के दौरान भी उनकी यही राय थी। इस नीति ने भारत को वैश्विक मामलों में केंद्रीय मंच पर ला दिया और स्वयं नेहरू को भारी प्रतिष्ठा दिलाई।

नेहरू एटमी शक्ति के सैनिक प्रयोग के खिलाफ थे। शांतिवादी होने के चलते उन्होंने यह घोषणा भी कर डाली कि भारत परमाणु शस्त्र नहीं बनाएगा। लेकिन इसके साथ ही वे परमाणु हथियारों के मामले में भेदभावपूर्ण नीति के भी खिलाफ थे। इसी के चलते उन्होंने परमाणु अप्रसार संधि पर दस्तखत करने से मना कर दिया था, जिसमें यह व्यवस्था थी कि पाँच परमाणु हथियार संपन्न मुल्क–अमेरिका,

सोवियत रूस, ब्रिटेन, फ्रांस और चीन तो परमाणु अस्त्र बना सकते हैं, पर भारत जैसे दूसरे मुल्क ऐसा नहीं कर सकते।

शुरुआत से ही नेहरू ने चीन के प्रति मैत्री और शांति की नीति पर अमल किया। बहुत पहले ही नेहरू ने अमेरिका की यह पेशकश ठुकरा दी थी कि वह संयुक्त राष्ट्र सुरक्षा परिषद की वह स्थायी सदस्यता ले ले, जो तब ताइवान को दी गई थी। नेहरू का जवाब था कि कायदे से यह स्थान चीन को मिलना चाहिए, उसके बाद ही भारत का दावा बनता है। राजनीति की सैद्धांतिक बातों को 1954 में चीन के साथ पंचशील सिद्धांतों पर आधारित दोस्ती करके ठोस रूप देने का प्रयास किया गया। ये पाँच सिद्धांत थे–एक-दूसरे की सार्वभौमिकता का सम्मान, अनाक्रमण, आंतरिक मामलों में अहस्तक्षेप, समानता और शांतिपूर्ण सह-अस्तित्व। उसी साल यूगोस्लाविया की अपनी 15 दिवसीय राजकीय यात्रा के बाद नेहरू ने जो संयुक्त घोषणापत्र युगोस्लाव नेता जोजफ ब्राज टीटो के साथ जारी किया, उसमें भी पंचशील के पाँच सिद्धांतों को दोहराया गया था। नेहरू चाहते थे कि वैश्विक मामलों में इन पाँचों सिद्धांतों पर अमल हो।

भारत ने चीन के साथ पंचशील सिद्धांत नीति पर आँख मूँदकर अमल किया, जो नेहरू के इस विश्वास पर आधारित था कि भारत और चीन के शांतिपूर्ण संबंध ऐतिहासिक आधार पर तो टिके ही हैं, विश्व शांति के लिए भी जरूरी हैं। पर पंचशील समझौते के बावजूद चीन की रणनीति कुछ और थी। चीन भारत के काफी बड़े हिस्से पर अपना दावा जता रहा था।

सीमा के सवाल पर भारत और चीन के बीच लंबा पत्राचार चलता रहा। इस मसले पर दोनों मुल्कों के अधिकारियों की वार्ता के साथ-साथ राजनैतिक स्तर की वार्ताएँ भी हुईं। लेकिन चीन ने चुपचाप सैनिक हमले का रास्ता चुनने का फैसला किया और अंततः 20 अक्टूबर 1962 को चीन ने भारत के सैनिक अड्डों पर हमला कर दिया और फिर भारतीय सीमा में प्रवेश कर गया। भारतीय सेना बुरी तरह पराजित हुई। 2 नवंबर 1962 को चीनी सेना तेजपुर तक आने की स्थिति में आ गई थी पर तभी उसने एकतरफा युद्ध विराम घोषित कर दिया और फिर कई विजित इलाकों से वापस लौट गई।

चीनी हमले के तत्काल बाद नेहरू ने स्वीकार किया कि वे अवास्तविक दुनिया में जी रहे थे। 3 नवंबर 1962 को उन्होंने राज्यसभा में कहा, "हमने हर कहीं शांति का ध्वज ले जाने की सोची थी और हमारे साथ धोखा हुआ। चीन ने हमारे साथ धोखा किया; दुनिया ने हमारे साथ धोखा किया। शांति के रास्ते पर चलने की हमारी कोशिशों को सिरे से नकार दिया गया। हमें मजबूरन, अपनी इच्छा के खिलाफ रक्षात्मक युद्ध की तैयारी करनी पड़ी।"[53]

नेहरू को अहसास हो गया कि चीन पर भरोसा नहीं किया जा सकता। फिर भी उन्होंने चीन के मामले में बीच-बचाव की नीति पर अमल करने का फैसला

किया। महात्मा गाँधी के अनुयायी होने के चलते वे अपने इस निश्चय पर पक्का थे कि वे मुल्क की सुरक्षा और क्षेत्रीय अखंडता के मामले में किसी भी किस्म का समझौता नहीं करेंगे। उनके अंदर डर के लिए लिए भी कोई जगह नहीं थी। पर उन्होंने हड़बड़ी और युद्धोन्माद के बीच मध्य मार्ग पर चलने के निर्णय को नहीं छोड़ा। चीन ने जो कुछ किया, उसके बावजूद वे उसके साथ शांतिपूर्ण समाधान के पक्ष में थे। चीन के मामले में नेहरू के उत्तराधिकारियों ने भी इसी नीति पर अमल किया और अब धीरे-धीरे इसके परिणाम सामने आने लगे हैं।

नागा नीति

जवाहरलाल नेहरू आदिवासी जीवन-शैली के प्रशंसक थे। वे आदिवासियों के जीवन की सरलता, उनकी बहादुरी और हर स्थिति में खुश रहने वाले गुणों के प्रति बहुत आकर्षित थे। पर वे उनकी दरिद्रता, अशिक्षा और अज्ञानता से भी अनजान न थे। उन्हें लगता था कि आदिवासियों को शोषण से बचाना और उनकी सामाजिक तथा सांस्कृतिक, उन्मुक्तता और मेलजोल की रक्षा करना भी जरूरी है। उनका मानना था कि किसी के भी सभ्य और लोकतांत्रिक होने का एक पैमाना यह है कि वह अपने कमजोर और आदिवासी समूहों के प्रति कितना संवेदनशील है। वे आदिवासियों की भाषाओं और मौखिक साहित्य के संरक्षण के पक्ष में थे। उनका मानना था, आदिवासी समाज में आधुनिकीकरण की प्रक्रिया को बहुत स्वाभाविक ढंग से विकसित होने का अवसर देना चाहिए। लोगों को अपनी प्रतिभा के अनुरूप अपना विकास करने का अवसर मिलना चाहिए। हमें उन्हें उनके इतिहास से अलग किए बिना उनकी पारंपरिक कलाओं और संस्कृतियों को बढ़ावा देने की हर संभव कोशिश करनी चाहिए।[54]

आदिवासियों के प्रति जिस उदारता और सहानुभूतिवाली नीति की वकालत नेहरू करते थे, उसकी परीक्षा का अवसर भी उनके जीवनकाल में ही आ गया। ऐसा नागाओं की नाराजगी के क्रम में हुआ। पारंपरिक रूप से नागा लोग भारत और बर्मा में बसते थे। नागा पहाड़ियों का शासन तब असम सरकार के जिम्मे था, जिसके अधीन पूरा पूर्वोत्तर था। असम के अहम शासकों के समय से ही इस बहादुर कबीले के लोगों को काफी स्वायत्तता मिली हुई थी। आजादी के तत्काल बाद कुछ नागा समूहों ने एक स्वतंत्र देश की माँग कर डाली।

फरवरी 1952 में हुए पहले आम चुनाव में नागा पहाड़ियों में चुनाव प्रक्रिया शुरू ही नहीं हो पाई, क्योंकि जापु फिजो के आह्वान पर नागाओं ने लोकसभा और विधानसभा, किसी भी चुनाव में हिस्सा नहीं लिया।

22 मार्च 1956 को नागा नेशनल कौंसिल ने जापु फिजो के नेतृत्व में स्वतंत्र नागा संसदीय सरकार गठित करने की घोषणा की और बहुत ही व्यवस्थित ढंग से

विद्रोह किया गया। इसके चलते नागालैंड में फौज भेजनी पड़ी, पर नेहरू इस बात पर जोर देते रहे कि अगर नागा नेतृत्व हिंसा और स्वायत्तता का विचार छोड़कर बात करना चाहे तो उसके साथ बातचीत की जा सकती है। नेहरू उन तरीकों को अपनाने की उधेड़-बुन में भी लगे रहे, जिससे आम नागाओं को भारत अपना मुल्क लगे और वे बेहतर महसूस करें। नागालैंड की हिंसा को लेकर वे सदा परेशान रहे। 22 जनवरी 1957 को असम के राज्यपाल एस. फजल अली को नेहरू ने लिखा :

> *"नागाओं को लेकर मैं काफी चिंतित हूँ। यह चिंता सैनिक और अन्य कारणों से न होकर मनोवैज्ञानिक पराजय के चलते है। हम उन्हें अपने पक्ष में कर पाने में सफल क्यों नहीं हैं? मैं भारत में कहीं भी दमनकारी कदम उठाने जैसी स्थिति में पहुँचना नहीं चाहता। यह स्थिति राष्ट्रीय और अंतर्राष्ट्रीय, दोनों स्तरों पर हमें नुकसान पहुँचाती है। और अगर मैं अपनी बात कहूँ तो मुझे इससे काफी दुख होता है। इसलिए मैं इस मामले में नतीजा दे सकनेवाले हर तर्कपूर्ण नजरिए पर विचार करने को तैयार हूँ।"*[55]

इसके बाद सेना ने स्थिति को सँभाल लिया, फिजो यूरोप भाग गए। नागा लोगों में अब उदारवादी स्वर प्रमुख हो गया और जो लोग हिंसा के बल पर अलग होने की बात कर रहे थे, वे हाशिए पर आते गए।

नेहरू के मन में था कि संविधान में संशोधन करके नागाओं को तुएनसांग फ्रंटियर जिला, जो तब 'नेफा' का हिस्सा था, देने पर विचार किया जा सकता है। असम के मुख्यमंत्री विष्णुराम मेधी के विरोध के बावजूद नेहरू ने घोषणा की थी कि नागाओं को अधिकतम स्वायत्तता देने के लिए वे उनसे बातचीत करने और उसके लिए जरूरी हुआ तो संविधान में संशोधन करने को भी तैयार हैं। इसी घोषणा के बाद 1 दिसंबर 1957 से तुएनसांग जिले को नागा पहाड़ियों का हिस्सा बना दिया गया। बाद में नेहरू ने अपनी दूरदर्शिता का परिचय देते हुए 2 दिसंबर 1963 को एक राज्य बना दिया।

लेकिन नागालैंड का अलगाववादी आंदोलन फिर भी शांत नहीं हुआ। ऐसे में नेहरू ने नागालैंड में शांति कायम करने का एक और तरीका अपनाया। उन्होंने जयप्रकाश नारायण, असम के मुख्यमंत्री वी. पी. चालिहा और माइकेल स्काट का एक प्रतिनिधिमंडल बनाया और उसे नागालैंड भेजा। इन लोगों ने नागा समाज के अनेक समूहों और नेताओं से बातचीत की और इन लोगों के साथ एक प्रारंभिक समझौता किया गया। दुर्भाग्य से समझौते पर हस्ताक्षर के कुछ दिनों बाद ही मई 1964 में नेहरू जी का निधन हो गया।

सौभाग्य से नागालैंड में संवाद के जरिए समस्या सुलझाने की इस प्रक्रिया को नेहरू के उत्तराधिकारियों ने भी जारी रखा। नागालैंड के लोगों में वास्तविकता को समझने की जबरदस्त शक्ति है और जैसे ही उनको यह स्पष्ट हो जाएगा कि भारत सरकार संविधान और संसद की शक्ति के तहत हर संभव चीज देने को तैयार है,

तो वे समझौता करने में पीछे नहीं रहेंगे। वे भी लंबे समय से चल रही हिंसा और अनिश्चितता को समाप्त करना चाहते हैं। नागा लोगों के सशक्तिकरण और शासन की लोकतांत्रिक संस्थाओं के गठन से इस कबीले और उसके आसपास के इलाकों में शांति कायम होगी और उनके आर्थिक और सांस्कृतिक विकास का रास्ता खुलेगा।

संवाद-प्रक्रिया और दूसरे को सही बात के लिए मना लेने में नेहरू की निश्चय ही गहरी आस्था थी। अपने सबसे प्रमुख दुश्मन से भी संवाद की संभावना को वे समाप्त नहीं करते थे। यही कारण है कि उन्होंने भारत को चीन के खिलाफ टकराव की मुद्रा में कभी नहीं आने दिया। उन्हें विधानसभा, संसद, राष्ट्रमंडल और संयुक्त राष्ट्र जैसी संस्थाओं में गहरी आस्था थी, जहाँ सभी लोग अपने विचार रखें और फिर आपसी सहमति से फैसले लिए जाएँ। उनकी लोकतंत्र में जितनी गहरी आस्था थी, वैसा ही भरोसा भारतीय संस्कृति के बहुलतावादी चरित्र में था, जिसने हजारों साल के लंबे दौर में कई बहुत ही खूबसूरत प्रवृत्तियाँ धारण कर ली हैं। इसी पृष्ठभूमि के चलते नेहरू पश्चिमी या भारतीय विचारों और व्यवहारों को एकबारगी न तो स्वीकार करते थे, न ठुकराते थे। वे उन्हें जरूरत के हिसाब से और तार्किक ढंग से जाँच-परखकर अपनाते थे। भारतीय राष्ट्र के निर्माताओं, जैसे स्वामी विवेकानंद, महात्मा गाँधी और रवीन्द्रनाथ टैगोर जैसे लोगों ने जो नजरिया अपनाया था, नेहरू का दृष्टिकोण उससे मेल खाता था।

अशोक, अकबर और नेहरू

दुनिया के सबसे बड़े लोकतंत्र की राजधानी दिल्ली से मेरा प्रारंभिक संबंध महानगर के प्रति शंकालु का था। दिल्ली की विरासत, इसके समद्ध प्राकृतिक संसाधनों, इसके इतिहास और इसकी वृहत्तर चिंताओं को जानने के साथ-साथ मेरा इससे लगाव बढ़ता गया।[56] जल्दी ही मैंने पाया कि दिल्ली के चाणक्यपुरी में तीन परिसर आसपास ही बने हैं और उनके नाम अशोक, अकबर और नेहरू के नाम पर हैं।

1956 में जवाहरलाल नेहरू ने ही नई दिल्ली में राष्ट्रीय सरकार के पर्यटन मंत्रालय द्वारा बनवाए गए पहले प्रमुख होटल का नाम अशोक रखा था। 25 फरवरी 1965 को नेहरू के उत्तराधिकारी लालबहादुर शास्त्री ने अशोक होटल से लगे 75 एकड़ से ज्यादा जमीन में फैले खाली और पहाड़ी जमीन पर बन रहे पार्क का नाम नेहरू पार्क रखा, और फिर 1971 में इस पार्क से लगी एक और जमीन पर बने होटल का नाम अकबर के नाम पर रखा गया। यह होटल भी भारत सरकार के पर्यटन मंत्रालय ने बनवाया था। आज अशोक होटल, नेहरू पार्क और अकबर होटल बहुत जबरदस्त तिकड़ी के रूप में दिल्ली के चाणक्यपुरी इलाके में अवस्थित हैं। यह 2500 वर्ष से ज्यादा लंबी अवधि में फैली भारत की राजनैतिक पहचान की भी एक खूबसूरत अभिव्यक्ति है।

अशोक का जन्म और पालन-पोषण हिन्दू के रूप में हुआ था। बाद में वे बौद्ध धर्म के प्रति आकर्षित हुए और उन्होंने बौद्ध धर्म को अपना लिया। उन्होंने देश में और विदेशों में इसके प्रचार-प्रसार के लिए काफी प्रयास किए। पर उन्होंने न तो विधिवत रूप से हिन्दू धर्म छोड़ने की घोषणा की ना ही बौद्ध भिक्षु वाला चीवर धारण किया।

अकबर का जन्म और पालन-पोषण मुसलमान के रूप में हुआ था। अपनी तार्किक बुद्धि से उन्होंने महसूस किया कि हर धर्म में कुछ न कुछ सच्चाई है और विलक्षणता भी। सो उन्होंने सभी धर्मों की अच्छाइयों को लेकर एक नया धर्म चलाने की जरूरत महसूस की। अनेक अर्थों में अकबर ऐसे पहले प्रमुख व्यक्ति थे जिसने धर्मों का तुलनात्मक अध्ययन किया और इस काम में उन्हें उस दौर के सभी प्रमुख धर्मों-इस्लाम, हिन्दू, ईसाई और जरथुस्ट्रवादी के जानकार लोगों ने मदद की।

नेहरू का जन्म हिन्दू के रूप में हुआ, पर उनका पालन-पोषण धर्मनिरपेक्ष वातावरण में हुआ। वे इलाहाबाद के किसी भी स्कूल में नहीं पढ़े। अपने पिता के विशाल भवन में उन्हें पढ़ाने के लिए जो ट्यूटर आए वे सभी ईसाई थे। उनके पिता हिन्दू धर्म के रीति-रिवाजों पर नियमित रूप से अमल करनेवाले न थे। बालक जवाहरलाल पर एकमात्र हिन्दू प्रभाव उनकी माँ स्वरूप रानी की तरफ से आया, जो धार्मिक प्रकृति की थीं। इलाहाबाद स्थित उनके पारिवारिक मकान में रहनेवाली उनकी दो चाचियाँ भी पक्की हिन्दू थीं। पर बालक नेहरू पर सबसे ज्यादा प्रभाव उनके पिता मोतीलाल नेहरू का पड़ा। उनकी ही तरफ वे ज्यादा आकर्षित भी थे। इसके बाद सात वर्षों तक वे इंगलैंड में रहे। तब वहाँ उन पर हिन्दू असर पड़ने का सवाल ही न था। ऐसे में अचरज नहीं कि 1912 में इंगलैंड से भारत लौटने पर नेहरू ने खुद को 'भारतीय से ज्यादा अंग्रेज' ही माना था।

कलिंग विजय के बाद अशोक ने बौद्ध जीवन-पद्धति अपना ली थी। उन्होंने राष्ट्रीय नीति के एक अंग के रूप में युद्ध का त्याग कर दिया। लोगों के बीच मेल-मिलाप का उसका प्रभाव भी उतना ही महत्वपूर्ण था। फिर पड़ोसी देशों से 'धम्म' के अनुरूप संबंध बनाए रखने का प्रयास भी उन्होंने किया। मानव इतिहास में कभी भी 'धम्म महामत्त' जैसे अधिकारी नियुक्त नहीं किए गए, पर इससे भी महत्वपूर्ण तथ्य यह है कि उन्होंने सार्थक ढंग से अपनी जिम्मेदारियों का निर्वाह भी किया। अपने शासन के शेष करीब चार दशकों की अवधि में अशोक कभी भी 'धम्म' के मार्ग से नहीं हटे और ना ही उन्होंने फिर कभी हिंसा का सहारा लिया। उन्होंने अपना जीवन पूरी तरह प्रजा के कल्याण के लिए समर्पित कर दिया था।

स्मरणीय है कि अकबर का जन्म वैसे तो हिन्दुस्तान (सिंध, जो अब पाकिस्तान में है) में हुआ था, पर उनकी रगों में तुर्क, मंगोल और फारसी खून भी बह रहा था। अपने पिता की ओर से वह तैमूर (1336-1405) के बाद सातवीं पीढ़ी में थे और बाबर की माँ की ओर से चंगेज खाँ (1162-1227) के वंशज थे। चंगेज और

तैमूर जबरदस्त लड़ाका थे और उनकी सैनिक रणनीति का प्रभाव अकबर पर भी था। इस सैनिक पृष्ठभूमि के बावजूद अकबर के अंदर एक जबरदस्त बदलाव हुआ और उन्होंने अपना शासन चुस्त-चौकस किया, दरबार में आम लोगों से मिलते थे। हाट-बाजार में लोगों के बीच में जाते थे और विभिन्न धर्मों के जानकार लोगों के साथ उन्होंने गंभीर चर्चाएँ कीं। जल्दी ही अकबर के अंदर खुद को बादशाह के रूप में प्रतिष्ठित कराने का ही नहीं, हिन्दुओं और मुसलमानों के दिलों में जगह बनाने की तमन्ना जगी और उन्होंने हिन्दुस्तान की तारीख में अपना नाम स्वर्णाक्षरों में लिखवा लिया।

अनेक अर्थों में अकबर ने अपने दीन-ए-इलाही के माध्यम से सभी धर्मों की अच्छाइयों को समेटने का जो काम किया, वह नानक और कबीरवाला काम ही था। पर इसमें वह सफल नहीं हो पाए, अकबर के प्रयासों और संरक्षण के बावजूद दीन-ए-इलाही हिन्दू, इस्लाम या ईसाई धर्म का विकल्प नहीं बन पाया। संभवतः शासक किसी नए धर्म या आध्यात्मिक मार्ग बनाने के मामले में अगुवाई करने के योग्य नहीं होते।

इस बात के प्रमाण नहीं हैं कि अकबर को अशोक और उनके कार्यों के बारे में कोई जानकारी थी। पर 1800 वर्षों के फासले पर जिए इन दोनों महान शासकों की इस मुल्क और इसकी सीमाओं के बारे में राय लगभग एक जैसी है। अशोक द्वारा कलिंग और अकबर द्वारा कश्मीर, ओडिसा, सिंध और दक्कनी रजवाड़ों को जीतना भारत के दूर-दराज के इलाकों को अपने साम्राज्य में लाने की एक कोशिश थी। वह इससे बाहर के इलाकों को हिन्दुस्तान का हिस्सा नहीं मानते थे।

भारत को नेतृत्व देने के मामले में अशोक, अकबर और नेहरू ने अलग-अलग तरह की शुरुआत की। अशोक के शासन की शुरुआत शक्तिशाली सेवाओं के सहयोग से हुई और उन्होंने भारतीय उपमहाद्वीप के अधिकांश इलाकों पर अपना शासन कायम किया। वह बाद के दिनों में शांतिवादी हुए पर उन्होंने कभी भी अपनी सेना में कमी नहीं की। अकबर ने भी एक विजेता के रूप में अपने शासन की शुरुआत की और जब उन्होंने अपने साम्राज्य को पर्याप्त फैला लिया और मजबूत बना लिया तब उन्होंने शांति और धार्मिक मेल-जोल की बातें शुरू कीं। अशोक की तरह उन्होंने भी अपनी फौजी ताकत में कटौती नहीं की। अशोक और अकबर से उलट नेहरू ने अपने राजनैतिक जीवन की शुरुआत स्वतंत्रता सेनानी के रूप में की और महात्मा गाँधी के नेतृत्व में काम करने के चलते उनकी अहिंसा, शांति और सत्य में पूरा भरोसा बनाये रखा। जब वे प्रधानमंत्री बने तब भी उन्होंने सेना को मजबूत करने पर खास ध्यान नहीं दिया। बल्कि न सिर्फ मजबूत सेना और उसकी उपयोगिता को नजरंदाज किया बल्कि वे शांति, मैत्री, भाईचारा और मुल्क के विकास को ही सब कुछ मानकर काम करते रहे।

स्पष्ट है नेहरूजी को इसमें नुकसान भी उठाना पड़ा। भारत-चीन-युद्ध इसका

सबसे बड़ा प्रमाण है। इसलिए यह कहना गलत न होगा कि देश की सुरक्षा के लिए ही नहीं कानून और व्यवस्था तथा शांति के साथ-साथ राजनैतिक नेतृत्व के लिए भी सेना की मौजूदगी जरूरी है। 'बहुधा' का दर्शन भी ऐसे ही वातावरण में फलता-फूलता है, इससे समाज में शांति और विकास का रास्ता खुलता है।

नेहरू के मन में अशोक, उनके साम्राज्य निर्माण के गुण और उनकी शासन व्यवस्था के लिए गहरा सम्मान-भाव था। अपनी किताब 'भारत : एक खोज' में उन्होंने प्रसिद्ध इतिहासकार एच. जी. वेल्स को उद्धृत करते हुए अशोक पर एक पूरा लेख लिखा है :

> *"इतिहास में जिन हजारों-लाखों राजाओं के नाम दर्ज हैं उनमें बड़े-बड़े बादशाह, सम्राट शामिल हैं, पर उनके बीच अशोक का नाम एक जगमग सितारे की तरह अलग ही चमकता है। वोल्गा से लेकर जापान तक आज भी उसका नाम आदर के साथ लिया जाता है। चीन, तिब्बत और भारत ने भले ही अशोक का मार्ग काफी हद तक छोड़ दिया हो, पर उसकी परंपरा को अभी तक बरकरार रखा है।"* [57]

संविधान सभा में नेहरू ने ही अशोकस्तंभ पर उत्कीर्ण चतुर्मुख सिंह को राष्ट्रीय प्रतीक चिह्न बनाने का प्रस्ताव रखा और उसे सर्वसम्मति से स्वीकार कर लिया गया। नेहरू के मन में अकबर के लिए भी गहरा प्रशंसा भाव था। खासतौर से अकबर द्वारा भारत में साझा संस्कृति विकसित करने और केंद्रीकृत शासन व्यवस्था चलाने की उपलब्धियों को लेकर। पर उनका मानना था कि दो मामलों में अकबर असफल साबित हुए। नेहरू के अनुसार, पहली असफलता थी "महान मुगल वंश का महान शासन होने और थल सेना के मामले में अपार शक्ति रखने के वाबजूद अकबर नौ सेना के मामलों में एकदम कमजोर था। उसका इस ओर ध्यान ही न था। वास्को-डि-गामा केप होकर 1498 में कालीकट आया; अल बकर क्यू 1511 में मलक्का पहुँचा और झंडा फहरा दिया। भारत का पश्चिमी तट स्थित गोवा पुर्तगाल के अधीन आ गया।"[58] नेहरु के ही अनुसार, दूसरी कमी थी "अकबर ने सामाजिक बदलाव की शुरुआत नहीं की । अगर उसक तेज और खोजी दिमाग इस ओर गया होता और उसने दुनिया के अन्य हिस्सों में चल रही हलचल पर ध्यान दिया होता तो यह काम मुश्किल न होता।"[59]

सही भी है, अकबर ने नौसेना खड़ी नहीं की और पश्चिमी दुनिया में उस समय हो रही विज्ञान और तकनीक की तरफ ध्यान नहीं दिया। पर नेहरू ने भी गलती की। कई इतिहासकारों का मानना है कि सेना के आधुनिकीकरण की उपेक्षा करना और प्राथमिक शिक्षा का इंतजाम सबके लिए न कर पाना उनकी सबसे बड़ी गलती थी। फिर भी नेहरू ने न सिर्फ एक समझदार नेता और प्रधानमंत्री का उदाहरण पेश किया बल्कि अपनी दूरदृष्टि और काम से अन्य राजनैतिक और संवैधानिक संस्थाओं के कामकाज के स्वरूप को निर्धारित किया। उन्होंने परंपरा और आधुनिकता के बारे

में व्यापक संवाद शुरू किया और आम लागों से खुद सीधा संवाद बनाए रखा। वैज्ञानिक दृष्टि और तार्किकता पर जोर देकर उन्होंने भारतीय समाज को आधुनिक बनाने का काम किया।[60]

नेहरू ने भारत की भविष्य की जरूरतों के मद्देनजर भारतीय तकनीकी संस्थानों (आई.आई.टी.), भारतीय प्रबंधन संस्थान और भारतीय आयुर्विज्ञान संस्थान (एम्स) जैसी संस्थाओं की शुरुआत की। आज इन संस्थाओं से निकले इंजीनियरों, डॉक्टरों और मैनेजरों की सारी दुनिया में माँग है। इन संस्थानों की खूबी यह है कि इनमें आने वाले बच्चों का दाखिला सिर्फ प्रतिभा के आधार पर होता है, परिणामस्वरूप गरीब माँ-बाप के प्रतिभाशाली बच्चे भी यहाँ दाखिला पा जाते हैं और यह सामाजिक गतिशीलता का एक बहुत बड़ा उदाहरण है।

जवाहरलाल नेहरू संवाद के 'बहुधा' नजरिए के जबरदस्त पैरोकार थे और उन्होंने लगातार सामाजिक मामलों में मेल-मिलाप पर जोर दिया। अपने प्रस्ताव में यूनेस्को ने नेहरू की भूमिका के बारे में बहुत ही खूबसूरती से लिखा है :

> *"जवाहरलाल नेहरू सहनशीलता और समझदारी की प्रतिमूर्ति के रूप में सारी दुनिया में जाने जाते हैं। इसका कारण यह है कि अपने पूरे जीवन में उन्होंने कभी भी इतिहास की मूल भावना की श्रेष्ठता पर भरोसा करना बंद नहीं किया। वे जेल में रहे या सत्ता के केंद्र में-जो कई अर्थों में जेल जैसा ही होता है-उन्होंने कभी भी विश्वबंधुत्व, वैयक्तिक और राष्ट्रीय स्वतंत्रता की माँग को अलग-अलग कर नहीं देखा।"*[61]

देश में समाजवाद लाने और वैश्विक मामलों में निर्गुट आंदोलन की नेहरूवादी नीतियों की आज बहुत प्रासंगिकता भले न बची हो, पर आज भी गाँधी के साथ उन्हें भी भारतीय स्वतंत्रता संग्राम का नायक और आधुनिक भारत के निर्माता के रूप में याद किया जाता है। दुनिया के सबसे बड़े लोकतंत्र का प्रधानमंत्री रहने के दौर में उन्होंने बहुत ही कल्पनाशीलता और मेहनत से काम करके देश को एक नया रूप दिया। बीसवीं सदी के नेताओं में नेहरू का मूल्यांकन करते हुए राल्फ वुल्तजेन्स ने ठीक ही लिखा है, "बौद्धिक तेजस्विता, मानवता और समझदारी भरे नेतृत्व के मामले में नेहरू आधुनिक राजनैतिक दिग्गजों में शुमार होते हैं-संभवतः वे पश्चिमी जमात से बाहर के एकमात्र ऐसे नेता होंगे।"[62]

इन तीनों महापुरुषों ने समाज को नया बनाने, अच्छा शासन देने की दृष्टि के साथ काम किया। वे अपनी सोच के मामले में अपने दौर से कहीं आगे थे। हर किसी का अपना निजी आकर्षण था, जबरदस्त बुद्धि थी, निष्ठा का भाव था और इन सभी ने जिम्मेवारी समझकर काम किया। इन्होंने सबने जो विरासत छोड़ी, उसने इतिहास और बहुधा के दर्शन को समृद्ध किया। इन तीनों की कहानियाँ–मौर्यवंश के किस्से, अकबर-बीरबल की कहानियाँ तथा नेहरू-गाँधी और स्वतंत्रता आंदोलन में शामिल अन्य नायकों के किस्से ही हमारे लोक मानस का हिस्सा है।

संदर्भ और टिप्पणियाँ

1. कन्फ्यूशियस ने सार्वजनिक सेवकों के कर्त्तव्यों की सूची भी बनाई है। वे कहते हैं, "किसी अच्छे आदमी को देखना और उसके बारे में अपने वरिष्ठ से अनुशंसा न करना भी कर्त्तव्य से चूकना है। किसी गलत आदमी के बारे में जानकर भी उसे प्रशासन से निकालना या दूर न करना एक कमजोरी है। नैतिक आदमी का जीवन विश्व की नैतिक व्यवस्था के लिए उदाहरण है।
2. देखें ए. एल. बाशम, अद्भुत भारत। बाशम लिखते हैं : "गुप्तकाल से लेकर मध्ययुग तक अनेक राजनैतिक पुस्तकें बची रहीं। उनमें सबसे महत्वपूर्ण हैं गुप्तकाल में ही रचित कामदेव की पुस्तक 'नीतिकार', 10वीं सदी के जैन लेखक सोमदेव सूरी की 'नीतिवाक्यांमृत' और 'नीतिशास्त्र'। यह किताब प्राचीन ऋषि शुक्र की कही जाती है, पर निश्चित रूप से इसकी उत्पति उत्तर-मध्यकाल की है। इनमें वही बातें दोहराई गई हैं जो पहले कही जा चुकी हैं। पर जहाँ-तहाँ इसमें मौलिक विचार भी हैं। विशेष रूप से राजनैतिक जीवन और विचारोंवाली किताबें भी हैं, पर ऋग्वेद से लेकर पूरे प्राचीन भारतीय साहित्य में समाज के बारे में भी महान सूचनाएँ हैं।"
3. यह संभव है कि सेल्यूकस की एक बेटी पाटलिपुत्र राज-दरबार में आई हो, तो उसके साथ अनेक यूनानी महिलाएँ भी आई हों। सेल्यूकस का राजदूत मेगास्थनीज कई वर्षों तक पाटलिपुत्र में रहा और उसने भारत में काफी भ्रमण किया। मौर्य शासकों और सेल्यूकस के बीच निरंतर दूतों और उपहारों का आदान-प्रदान चलता रहा था। पाटलिपुत्र नगर समिति में विदेशी मेहमानों के लिए एक विशेष व्यवस्था थी, जिससे अंदाजा लगता है कि तब वहाँ विदेशियों की काफी आवाजाही थी। (साथ ही देखें, रोमिला थापर, हिस्ट्री ऑफ इंडिया, खंड-प, पेंग्विन बुक्स, पृ. 71)
4. बौद्ध साहित्य में 'चक्रवर्तीन' का मतलब पूरे जम्बूद्वीप-सागर से सागर तक का शासन करनेवाले सम्राट से है। (अधिक विवरण के लिए देखें, रोमिला थापर, अशोक एंड डिक्लाइन ऑफ मौर्याज, ऑक्सफोर्ड यूनि. प्रेस, दिल्ली, 1963, पृ.-146)
5. मान्यता है कि श्रीनगर शहर अशोक ने बसाया था।
6. राधाकुमुद मुखर्जी, अशोक, मोतीलाल बनारसीदास, दिल्ली, 2002, पृ. 44.5
7. रोमिला थापर, अशोक एंड डिक्लाइन ऑफ मौर्याज, पूर्वोक्त, पृ. 138-39
8. पूर्वोक्त, पृ. 255-257
9. कौटिल्य, अर्थशास्त्र (अनु. और संपादन, एल. एल. रंगराजन), पृ-741
10. अभी तक 14 शिलालेख, 7 स्तंभलेख, 4 लघु सांभ लेख, कलिंग शिलालेख, लघु शिलालेख, सब्रू शिलालेख, 2 प्रशस्तिलेख, और 3 गुफालेख मिले हैं। ये सभी स्थानीय भाषा और लिपि में हैं। अशोक ने इन्हें पढ़कर स्वयं स्वीकृत किया था। ये सभी हमें तत्कालीन इतिहास और 'धम्म' विषयक आदर्शों और सिद्धांतों की जानकारी देते हैं।
11. रोमिला थापर, अशोक एंड डिक्लाइन ऑफ मौर्याज, पूर्वोक्त, पृ. 266
12. पाँचवें शिलालेख में यह कहा गया है कि पहले कोई भी 'धम्म महामत्त' न था और अब उनकी नियुक्ति हो रही है।
13. राधाकुमुद मुखर्जी, अशोक, पूर्वोक्त, पृ. 139-42
14. पूर्वोक्त, पृ. 144
15. रोमिला थापर, अशोक एंड डिक्लाइन ऑफ मौर्याज, पूर्वोक्त, पृ. 252-253
16. राधाकुमुद मुखर्जी, अशोक, पूर्वोक्त, पृ. 149-50

17. जान केए, इंडिया : ए हिस्ट्री, ग्रोव प्रेस, न्यूयार्क, पृ. 100
18. राधाकुमुद मुखर्जी ने अपनी महत्वपूर्ण पुस्तक 'अशोक' की शुरुआत इन शब्दों से की है : "राजवंशों के इतिहास में शायद ही कोई ऐसा रिकार्ड हो जो शासन और व्यक्ति, दोनों ही स्तरों पर अशोक की तुलना में खड़ा हो सकता है।" (यह किताब सबसे पहले 1928 में लंदन से छपी थी)
19. रोमिला थापर, अशोक एंड..., पूर्वोक्त, पृ-254-55
20. मुगल शासक इस्लाम को मानने वाले थे और बाहर से भारत आए थे। मुगलों के पहले भारत में मुस्लिम शासन शुरू हो गया था, पर मुगलों ने भारतीय सभ्यता और संस्कृति से काफी कुछ लिया और हर मामले में काफी योगदान किया।
21. बाबर अपने पिता की ओर से तैमूर की पाँचवीं पीढ़ी का था। युवा शासक के रूप में उसने अपने पिता से मिला समरकंद का राज भी गँवा दिया था। पर 1504 में उसने दोबारा काबुल और कंधार को जीता।
22. अकबर का सिंध में पैदा होना उसे अपने बाप और दादा से अलग करता है जो अफगानिस्तान में पैदा हुए थे, और अकबर इस प्रकार भारत में पैदा होने वाला पहला मुगल शासक हुआ।
23. अकबर के उसकी अपनी देखरेख में 12000 घुड़सवार थे जो किसी भी समय उसके आदेश से जूझने को तैयार रहते थे। इसके अलावा उसके पास 7000 अहदी (सामंती घरानों के नौजवान) थे। (देखें पर्सिवल स्पीकर्स, ए हिस्ट्री ऑफ इंडिया, खंड ए, पेंग्विन बुक्स, 1968 पृ. 44)
24. जान. एफ. रिचर्ड्स, द न्यू कैंब्रिज हिस्ट्री ऑफ इंडिया : द मुगल एंपायर, कैंब्रिज यूनि. प्रेस, कैंब्रिज, 1993, पृ. 34
25. अबुल फ़ज़ल द्वारा लिखा गया तीन खंडोंवाला 'अकबरनामा' उस दौर के बारे में सबसे ज्यादा सूचनाएँ देता है। उसमें साम्राज्य और शासन से लेकर फूलों की देखरेख करनेवाले कर्मचारियों की संख्या और अकबर के प्रिय शिकारी चीते को दी जाने वाली खुराक के विवरण तक शामिल हैं। आईन-ए-अकबरी में मुगल शासन के विवरण हैं।
26. यह विवरण भी इस बात की पुष्टि करता है : "अबुल फ़ज़ल विभिन्न मतों के बीच टकराव से काफी दुखी थे। अकबर की तरह उन्होंने भी कहा, 'मैं सभी धर्मों के शास्त्रों को जान गया हूँ और मैं उनमें आए ज्ञान की बातों के प्रति नतमस्तक हूँ। कश्मीर के एक मंदिर में लगे शिलालेख में उनकी कविता की कुछ पंक्तियाँ हैं जो उनके दर्शन को स्पष्ट करती हैं। (देखें एस. एम. बर्क, अकबर : द ग्रेटेस्ट मुगल, मुंशीराम मनोहरलाल पब्लि., नई दिल्ली, 1989, पृ. 101-102)
27. जी.वी. मालेसन, रूलर्स ऑफ इंडिया : अकबर, आक्सफोर्ड, क्लेरेंडन प्रेस, 1890, पृ. 199
28. एस. एम. बर्क, पूर्वोक्त, पृ. 122
29. अकबर और अबुल फ़ज़ल जोर देकर कहते हैं कि सूर्य की उपासना सूरज की न होकर अल्लाह की उपासना ही है। अकबर का कहना था, सूरज से शासन के लिए एक विशेष कृपा दृष्टि फूटती है और इसी चलते वे सूरज की पूजा अल्लाह की उपासना मानकर करते हैं।" अबुल फ़ज़ल के अनुसार, "सूरज की आब अल्लाह की ताकत की मिसाल है। अगर आब और रोशनी न हो तो हम भोजन और दवा के लिए तरस जाएँगे, आँखों में देखने की ताकत नहीं रह जाएगी।" वे मानते थे कि अग्नि और प्रकाश की पूजा एक धार्मिक कर्त्तव्य और ईश्वर का गुणगान करना है। सिर्फ अज्ञानी लोग ही इसे नकार सकते हैं। अग्नि मीर में दिन-रात आग जलती रहती थी। शाम को जब रोशनी जलती थी तो पूरा दरबार उसके प्रति सम्मान दिखाते हुए उठ खड़ा होता

था। (देखें, एस. एम. बर्क, पृ. 122-23)
30. एस.एम.बर्क, पूर्वोक्त, पृ. 122
31. खुदा के नाम के प्रति बादशाह का लगाव इसी बात से स्पष्ट हो जाता है कि नए मजहब का नाम उन्होंने दीन-ए-इलाही, नए कैलेंडर का नाम इलाही काल, माप की इकाई का नाम इलाही राज और अपनी कुलीन फौज का नाम अहदी रखा था। (देखें, एस. एम. बर्क, पूर्वोक्त, पृ. 127)
32. एस.एम. बर्क, पूर्वोक्त, पृ. 127
33. पूर्वोक्त।
34. एनीमेरी श्चिमेल, द एम्पायर ऑफ ग्रेट मुगल, ऑक्सफोर्ड यूनि. प्रेस. नई दिल्ली, 1989, पृ. 113
35. पूर्वोक्त, पृ. 109
36. देखें, जवाहरलाल नेहरू, आत्मकथा, सस्ता साहित्य मंडल, नई दिल्ली। पृ. 5
37. सर्वपल्ली गोपाल, जवाहरलाल नेहरू : ए बायोग्राफी, ऑक्सफोर्ड यूनि. प्रेस, दिल्ली, 1975, पृ. 28
38. एम. जे. अकबर, नेहरू : द मेकिंग ऑफ इंडिया, वाइकिंग, लंदन, 1988, पृ. 117-118
39. एस. गोपाल, पूर्वोक्त, पृ. 37
40. जवाहरलाल नेहरू, पूर्वोक्त, पृ. 51
41. तिबोर मेंडे, कन्वर्सेशन विद मिस्टर नेहरू (लंदन, 1956), पृ. 23
42. पूर्वोक्त, पृ. 75
43. बी.आर. नंदा, जवाहरलाल नेहरू : रिबेल एंड स्टेट्समैन, ऑक्सफोर्ड यूनि. प्रेस, दिल्ली, 1995, पृ. 24
44. बी. आर. नंदा (संपा.) महात्मा गाँधी : 125 इयर्स, भारतीय सांस्कृतिक संबंध परिषद और न्यू ऐज इंटरनेशनल पब्लिशर्स लि. नई दिल्ली, 1995, पृ. 118-119
45. जवाहरलाल नेहरू, आत्मकथा, पूर्वोक्त, पृ. 377
46. पूर्वोक्त।
47. नलिनी मेनन (संपा.), द इंडियन एक्सपीरिएन्स, मीडिया ट्रांस एशिया लि. नई दिल्ली।
48. बी. आर. नंदा, जवाहरलाल नेहरू : रिबेल एंड स्टेट्समैन, पूर्वोक्त, पृ. 101
49. जवाहरलाल नेहरू, भारत : एक खोज, पृ. 343
50. मणिशंकर अय्यर, कन्फेशंस ऑफ ए सेक्यूलर फंडामेंटलिस्ट, पेंग्विन, नई दिल्ली, 2004
51. जवाहरलाल नेहरू, सेंटेनरी वाल्यूम, ऑक्सफोर्ड यूनि. प्रेस, दिल्ली, 1989, पृ. 69
52. एस. गोपाल (संपा.), जवाहरलाल नेहरू : ए बायोग्राफी, ऑक्सफोर्ड यूनि. प्रेस, नई दिल्ली।
53. जवाहरलाल नेहरू, सेंटेनरी वाल्यूम, ऑक्सफोर्ड यूनि. प्रेस, नई दिल्ली, 1989, पृ. 585-586
54. 'नागा' शब्द की उत्पत्ति स्पष्ट नहीं है। पर यह शब्द 19वीं सदी में ही विशेष लोकप्रिय हुआ। लंबे समय तक असम के मैदानी इलाकों के लोग उनको 'नोगा' या 'नागा' कहा करते थे। फिर नागा संबोधन नागालैंड और आसपास के प्रदेशों–असम, अरुणाचल प्रदेश और मणिपुर तथा बर्मा के सीमावर्ती इलाकों में रहनेवाले 30 कबीलों के लोगों के लिए प्रचलित हो गया। लंबे कालखंड में दक्षिण-पूर्व चीन और बर्मा से आकर ये लोग नागा पहाड़ियों में बस गए। नागाओं में प्रचलित मान्यताओं के अनुसार वे बर्मा से सांमरा होते हुए मणिपुर की सीमा के पास लगे खंजेनोमा पहुँचे। उन्हें बाहरी लोगों ने ही 'नागा' नाम दिया। काफी समय तक उन्होंने इस नाम को पसंद नहीं किया। जब राजनैतिक बाध्यता हुई, तभी इसे स्वीकार किया गया। विभिन्न नागा कबीले कभी

एक साथ नहीं रहे। हर गाँव काफी हद तक आत्मनिर्भर था और मोटे तौर पर अपना आजाद चरित्र बरकरार रखे हुए था। वे किसी किस्म का दखल, घुसपैठ बर्दाश्त नहीं करते और ऐसा होने पर लंबी लड़ाई शुरू हो जाती है।

मैंने अपनी किताब 'द प्रोब्लेम्स ऑफ चेंज' में नागा समाज का जो वर्णन किया है, उसके कुछ अंशों को यहाँ प्रस्तुत करना लाभकर होगा : "नागा कोई नाग लोग नहीं हैं, जैसा कि गलती से मान लिया जाता है। अपने कबीले को छोड़ दें तो नागाओं ने काफी मजबूत और स्वायत्त गाँवों का विकास किया है, जो एक सरदार के नेतृत्व में रहता है और अपनी आजादी को बहुत पसंद करता है। नागाओं में पत्थर की पूजा आम है, क्योंकि उनका मानना है कि उनकी उत्पत्ति पत्थर से हुई है। नागाओं के कई कबीले हैं और सबकी बोलियाँ अलग हैं। पर बहादुरी के मामले में सभी एक हैं। इतिहास की विभिन्न उपाधियों में नागाओं में निरंतर लड़ाई और मारकाट चलती रही है। मणिपुर से लड़ाई, ब्रिटिश फौज और फिर आजादी के बाद सुरक्षा दलों से उनकी लड़ाई को सभी जानते हैं। असम के मैदानी लोगों से भी उनकी लड़ाई पूरे इतिहास-भर चलती रही है। अपने सामाजिक-राजनैतिक मामले में वे औरतों-मर्दों की बराबरी में विश्वास करते हैं, पर औरतें राजनीति, शिकार और युद्ध में हिस्सा नहीं लेतीं। अपनी परंपरा के अनुसार ही वे लोकतांत्रिक व्यवस्था में भी औरतों को विधानसभा या लोकसभा में चुनकर प्रायः नहीं भेजते। संपत्ति को बाँटने का ही एक रूप है, बड़े-बड़े सामूहिक भोज आयोजित करना। ऐसे भोज आज भी होते हैं, पर संपत्ति के प्रति नजरिया बदला है। अब संपत्ति जमा करने का भाव प्रबल हुआ है और जायदाद को सामूहिक संपत्ति मानने का चलन खत्म होता जा रहा है। यह प्रक्रिया अब रोकी या बदली जा सकने वाली नहीं लगती।" (पृ. 30-31)

55. एस.गोपाल, जवाहरलाल नेहरू : ए बायोग्राफी, खंड III, ऑक्सफोर्ड यूनि. प्रेस, दिल्ली 1984, पृ. 29
56. मैं अक्टूबर 1975 में दिल्ली से हटकर असम के खूबसूरत और देहाती इलाके में पहुँचा। तब से मैं दिल्ली आता-जाता रहा हूँ और 2003 के मध्य से मैंने इसे अपना स्थायी निवास बनाया है। (देखें, बी. पी. सिंह (संपा. द मिलेनियम बुक ऑफ न्यू डेल्ही, ऑक्सफोर्ड यूनि. प्रेस, नई दिल्ली, 2001)
57. जवाहरलाल नेहरू, भारत : एक खोज, पृ. 135
58. पूर्वोक्त, पृ. 260
59. पूर्वोक्त, पृ. 264
60. जुडिथ ब्राउन, नेहरू : ए पोलिटिकल लाइफ, ऑक्सफोर्ड यूनि. प्रेस नई दिल्ली, 2003, पृ. 338-345
61. नेहरू एंड द मॉडर्न वर्ल्ड, इंडियन नेशनल कोऑपरेशन विद यूनेस्को, नई दिल्ली, 1967, पृ. 7
62. राल्फ बुल्तजेन्स, इंडिया : स्टेट्समैन फार ऑल सीजन्स, एशियन रिव्यू, हांगकांग, अक्टूबर 2005, पृ. 19-41

अध्याय-7

लोगों के बीच

"जो विनम्र हैं, उन्हें ही आशीर्वाद है, क्योंकि वही पृथ्वी के मालिक बनेंगे, शांति कायम करनेवालों को ही आशीर्वाद है, क्योंकि उन्हें ही देवता का पुत्र कहा जाएगा।"[1]

–बाइबिल

मैं उस पीढ़ी का हूँ, जिसने महात्मा गाँधी के नेतृत्व में मिली आजादी के वक्त होश सँभाला। अपनी पीढ़ी के असंख्य लोगों की तरह मैं भी गाँव में पला-बढ़ा और वहीं मेरी शिक्षा-दीक्षा हुई। मेरे गाँव (बिहार के बेगुसराय जिले का बीहट गाँव) में आजादी की लड़ाई के दौरान भारी उथल-पुथल चलती रही थी। आजादी के बाद बीहट में सामाजिक, शैक्षिक और सांस्कृतिक सृजन के कई महत्वपूर्ण काम हुए। बड़े होने पर मैं भारतीय प्रशासनिक सेवा के अधिकारी के रूप में असम के विभिन्न जिलों में काम करता रहा तथा ब्रह्मपुत्र घाटी और पहाड़ी इलाकों के जातीय और धार्मिक समूहों के सीधे संपर्क में रहा। इस बीच, खासतौर पर दिल्ली में स्थानांतरण होने पर देश के अन्य भागों में भी जाने का मौका मिला। बिहार और असम के ही नहीं, देश के विभिन्न हिस्सों के असंख्य लोगों से अपने प्रत्यक्ष संपर्क के क्रम में मैंने जाना कि भारत में कितनी विविधता है और आम आदमी के पास जानकारियों और अनुभवों का कैसा अमूल्य खजाना है। साथ ही एक शाश्वत एकता का भी बोध हुआ। विदेश भ्रमण के दौरान मुझे यह भी स्पष्ट हुआ कि भारतीयों की एक भौतिक या दैहिक पहचान ही नहीं है, बल्कि आध्यात्मिक धरातल पर भी उनमें गहरी एकता है, जो सदियों से अक्षुण्ण रही है और जिसकी गुणी विदेशी नागरिकों को भी परख है।

मुझे भारतीय लोगों, जिनमें पढ़े-लिखे और अनपढ़ दोनों शामिल हैं, के जीवन और आर्थिक प्रयासों को प्रत्यक्ष रूप से देखने और समझने का अवसर मिला है। रामायण और महाभारत जैसे महान ग्रंथों तथा क्षेत्रीय भाषाओं की ऐसी ही महत्वपूर्ण धार्मिक रचनाओं ने भारतीय लोगों के व्यक्तित्व निर्माण में एक बड़ी भूमिका निभाई

है, जो उन्हें अन्य मानवी नस्लों और मुल्कों के लोगों से अलग करती है। तभी हमारे लोग निजी बातचीत और बैठकों में अपनी बातों को ज्यादा स्पष्ट करने के लिए इन ग्रंथों से उद्धरण देते हैं। बौद्ध, मुसलमान, ईसाई और पारसी लोगों ने भी अपने धर्मग्रंथों और विरासत से कई चीजें भारतीय धारा में जोड़ीं और वह सब जनता की अभिव्यक्ति का एक साझा तरीका बन गया है।

भारतीयों के सहज स्वभाव और भारतीय संस्कृति के बहुलतावादी चरित्र को लेकर जवाहरलाल नेहरू ने अपनी किताब 'भारत : एक खोज' में बड़ी ही उपयुक्त टिप्पणी की है। वे लिखते हैं :

> *"अपनी विविधता और आकर्षण से भारत मुझे दिन-ब-दिन ज्यादा मोहता जा रहा है और मैं इसे जितना देखता-समझता हूँ, उतना ही मुझे यह एहसास होता है कि मेरे लिए या किसी और के लिए इसकी मूल भावनाओं/विचारों को समझ पाना कितना मुश्किल है। इसके भौतिक विस्तार या इसकी विविधता ने मुझे उतना परेशान नहीं किया है, जितना इसके अंतर्रात्मा की गहराई ने, हालाँकि मुझे कई बार इसकी झलक देखने का अवसर मिला है। यह किसी पुराने मूलावशेषी की तरह है, जिस पर विचारों की परत-दर-परत जमी हैं और विचार खुदे हुए हैं। पर कोई भी एक परत उसके पहलेवाली परत के लेखन को न पूरी तरह ढँक पाई है ना मिटा पाई है। ये सभी चीजें हमारे मानस और अंतःचेतना में बैठी हुई हैं। संभव है कि हम इनकी मौजूदगी से भी बेखबर हों और भारत का एक जटिल और रहस्यवादी व्यक्तित्व बनाने में जुटे हों। इसके व्यंग्यात्मक मुस्कानवाले स्फिंक्स जैसे चेहरे को इसके पूरे जमीनी विस्तार के साथ जोड़कर देखना चाहिए। ऊपर से देखने पर हमारे लोगों में काफी विविधता और क्रमबद्धता दिखाई देगी, पर हर कहीं हम सबमें एक जबरदस्त एकता बोध है, जिसने हमें युगों से एक रखा; और जितने भी राजनैतिक उतार-चढ़ाव हमने देखे हैं, उसका इस पर कोई असर नहीं हुआ है। भारत की एकता अब मेरे लिए सिर्फ एक बौद्धिक अवधारणा नहीं है। यह एक भावनात्मक अनुभव भी है जो अब मुझे जकड़ चुका है। यह बुनियादी एकता इतनी मजबूत है कि कोई भी राजनैतिक बँटवारा, कोई भी तबाही, कोई भी बर्बादी इसे तोड़ नहीं सकी है और यह सबको झेलकर और मजबूत होती आई है।"*[2]

यह सही है कि आजादी की लड़ाई के दौरान जब समाजीकरण की प्रक्रिया तेज हुई तो भारत के लोगों ने अपनी नई पहचान हासिल की। स्वतंत्रता सेनानी जब एक शहर से दूसरे शहर गए, और वहाँ पहुँचकर अपने धार्मिक स्थलों पर भी गए तो उन्हें भारत के अलग-अलग क्षेत्रों और समुदायों के जीवन के नए पहलू दिखे। वे स्वयं भी अपने साथ कई नई बातें वहाँ ले गए, और फिर उन्होंने सामाजिक टकरावों को टालने और सँभालने के जो तरीके विकसित किए, समस्याओं को

निपटाने पर जो नया चिंतन किया, उन सबने इस पहचान को और मजबूत करने में मदद की। संदर्भतः जे. एच. हटन ने ठीक ही लिखा है :

"इस बात से इंकार नहीं किया जा सकता कि भारतीय समाज अब भी मुख्यतः जाति और धर्म के आधार पर संगठित है और सामाजिक व्यवहार उन आचरणों से प्रभावित है जो स्वयं धार्मिक न भी हों तो भी उनके लिए धार्मिक स्वीकृति लेना जरूरी है।"[3]

'द पीपुल ऑफ इंडिया' परियोजना (1984-86) ने भारत में 4694 विभिन्न समुदायों की पहचान की, जो अलग-अलग जाति, कबीले और जातीय समूहों के थे। इनमें से 2204 मुख्य समुदाय थे, 589 क्षेत्रीय खंड और 1900 क्षेत्रीय इकाइयाँ थीं। कुल 324 भाषाएँ/बोलियाँ और 25 लिपियाँ थीं।[4]

यह बात ध्यान में रखने योग्य है कि 1.5 अरब से भी ज्यादा की भारतीय आबादी में 80 फीसदी से ज्यादा लोग हिन्दू हैं। इनके बाद क्रमशः मुसलमानों, ईसाइयों, सिखों, बौद्धों, जैनों और फिर जरथुस्त्रवादी और यहूदी जैसे समुदायों के लोग हैं। हिन्दू धर्म में भी अनेक पंथ और मान्यताओं के लोग हैं[5] और इसीलिए इसे समाजशास्त्रीय और धार्मिक दृष्टि से विभिन्न आस्थाओं का समूह या संघ कहना उचित होगा। जैसा कि टी. एन. मदान कहते हैं :

"भारत में धर्मों की बहुलता अक्सर हिन्दुओं की विराट संख्या और आकार के आगे धूँधली और अस्पष्ट ही लगती है। हिन्दुओं की भारत के हर इलाके में बसावट है और प्रायः हर कहीं उनका प्रभुत्व-सा है। हर पाँच में से चार भारतीय हिन्दू है। सांस्कृतिक दृष्टि से नृशास्त्रियों और समाजशास्त्रियों ने संस्कृति और सामाजिक जीवन के ऐसे तमाम उदाहरण विस्तार से पेश किए हैं, जो बताते हैं कि तथाकथित गैर-हिन्दू समुदायों ने हिन्दुओं से अधिकांश चीजें ली हैं या धर्मांतरण के पहले के अपने हिन्दू रीति-रिवाजों-संस्कारों को थोड़े-बहुत बदलाव के साथ या उसी रूप में अभी भी बनाए रखा है। भारत के सांस्कृतिक परिदृश्य की इस लोकप्रिय अवधारणा और सरकारी आँकड़ों के हिसाब से पुख्ता होने वाली इस राय को सीधे-सीधे स्वीकारने की जगह कई और कसौटियों पर भी कसने की जरूरत है। भारत के अन्य धर्मों के चरित्र के विपरीत हिन्दू धर्म असल में विभिन्न आस्थाओं, और पंथों की एक छतरी-सी है। वह एक समान धार्मिक समूह होने की जगह क्षैतिज और लंबवत बँटे वर्गीकृत समूहों का धर्म है। भारत के एक हिस्से के हिन्दुओं की मान्यताओं और आचारण में दूसरे इलाके (जैसे बंगाल का महाराष्ट्र से) के हिन्दुओं से ही अंतर नहीं है, वरन उन इलाकों की जातियों के बीच भी ऐसे स्पष्ट अंतर हैं।"[6]

यही कारण है कि विभिन्न समुदायों के बीच उनके विशेष लक्षणों में काफी समानता है। जब हम विभिन्न धार्मिक समूहों के बीच उनके गुणों या लक्षणों की

तुलना करते हैं तो पाते हैं कि हिन्दुओं और मुसलमानों में 96.77 फीसदी, हिन्दुओं और बौद्धों में 91.19 फीसदी, हिन्दुओं और सिखों में 88.99 फीसदी तथा हिन्दुओं और जैनों में 77.46 फीसदी समानता है। मुसलमानों और सिखों में 89.95 फीसदी, मुसलमानों और बौद्धों में 91.18 फीसदी और जैनों-बौद्धों में 81.34 फीसदी की समानता है।

सामाजिक मेल-मिलाप और गतिशीलता की दृष्टि से जाति भारतीय समाज को समझने का एक और महत्वपूर्ण घटक है। विभिन्न जातियों और उप-जातियों के बीच मेल-मिलाप बनाए रखना एक प्रमुख सामाजिक और राजनैतिक चुनौती है। जब मामला विकास के पायदान पर सबके नीचे आनेवाले दलितों और सबसे ऊपर की जातियों के बीच संबंधों का हो, तब सद्भाव रखना सबसे ज्यादा दायित्वपूर्ण काम हो जाता है। दलितों और आदिवासियों की सामाजिक और आर्थिक उन्नति के लिए किए जाने वाले काम में अक्सर टकराव उभरता है और उसे सँभालना सचमुच बहुत बड़ी चुनौती है।

भारतीय संविधान धर्म, जाति, भाषा और पेशे का भेद किए बिना सभी नागरिकों को समान मानता है। पर इसके साथ ही यह भी समझना होगा कि हर समुदाय की अपनी अलग विश्वदृष्टि है, उसके सदस्यों में आपसी एकता है, कुछ समान आचरणों और व्यवहारों का साझा है। पर इन सबसे बढ़कर सामाजिक और आर्थिक असमानता का यथार्थ है और जिसके चलते शोषण और प्रभुत्व का खेल चलता रहता है। शोषण के भी आधुनिक और पारंपरिक, दोनों रूप हैं और इनकी पहचान भी जरूरी है।

भारतीय लोग अपने पुरखों द्वारा बनाए गए सभ्यता के दायरे में ही रहते हैं और उनकी अपनी एक लय है। भाषाएँ चाहे अलग-अलग हों पर अनेक शब्दों, पदों और अभिव्यक्तियों का साझा उनमें है। इस संदर्भ में जवाहरलाल नेहरू ने ठीक ही कहा है कि विविधताओं के बीच सांस्कृतिक एकता ही भारत है। वह विरोधाभासों का एक समूह है जो अदृश्य लेकिन मजबूत धागों से बँधा हुआ है। ये धागे हैं हमारे गुण, हमारे विचार, हमारी भावनाएँ जो हमें परस्पर बाँधे हुए हैं।[7]

विभिन्न समुदायों के अलग-अलग व्यक्तियों के बीच भी भारतीयता का एक भाव है, जो सब पर हावी है। रवींद्रनाथ टैगोर अपनी कविता में इसी चीज को एक अनुपम अभिव्यक्ति देते हैं :

हेथाय आर्य, हेथाय अनार्य,
हेथाय द्राविड़-चीन
शक-हूण-दल, पाठान, मोगल
एक देहै होलो लीन।[8]

मैं स्वयं भारतीय लोगों के इसी बृहतर सभ्यतावाले ढाँचे के अंदर 'बहुधा' नजरिए को देखना-परखना चाहता था। इसी उद्देश्य से 4 जनवरी 2005 से 12 फरवरी 2005 तक चालीस दिनों की भारत-यात्रा की।[9] सांस्कृतिक-भौगोलिक हिसाब से

ठिकानों का चुनाव किया गया। इस यात्रा के लिए केरल के कालिकट, पश्चिम बंगाल के बीरभूम का कैंदुली गाँव, झारखंड के सिमडेगा के खूँटीटोली गाँव, बिहार के मधुबनी जिले का सरिसब-पाही गाँव और असम के कामरूप जिले के हाजो गाँव का चुनाव किया गया। इस यात्रा में धर्म-प्रचारकों, कलाकारों, स्कूल-अध्यापकों, रीति-रिवाजों के जानकारों, पर्यटकों, तीर्थयात्रियों, सरकारी अधिकारियों-कर्मचारियों और आम स्त्री-पुरुषों से बातचीत के आधार पर जानकारियाँ जुटाई गईं।

भारत के लोगों, खासकर ग्रामवासी लंबे समय से अपनी मानवीयता, अपने आत्मसम्मान और अपनी आध्यात्मिक शक्ति के लिए विख्यात रहे हैं। ये गुण किसी खास सामाजिक श्रेणी या इलाके के लोगों में ही नहीं रहे हैं। पर क्या ये तमाम गुण उनके दैनंदिन जीवन का अंग रहे हैं? और ये गुण उनके आर्थिक जीवन-यापन में, सामाजिक जीवन को चलाने में, समूह के आपसी रिश्तों में, धार्मिक और सांस्कृतिक कामकाज में किस तरह प्रयोग होते हैं। इस अध्याय में इन्हीं बातों की चर्चा की गई है।

केरल

केरल की सांस्कृतिक एकता का इतिहास काफी पुराना है। भारत के नक्शे पर यह राज्य पश्चिम में अरब सागर और पूरब में पश्चिमी घाटों के बीच पसरी पतली पट्टी की तरह दिखता है। यहाँ के लोग समृद्ध भाषा मलयालम बोलते हैं, जिस पर तमिल और संस्कृत का काफी प्रभाव है। केरल में मुख्यतः हिन्दू, मुसलमान और ईसाई रहते हैं। प्रसिद्ध भारतीय दार्शनिक शंकराचार्य भी केरल के थे। भारत में ईसाई धर्म को अपनानेवाला पहला व्यक्ति भी केरल का था। पहली सदी में सन्त सर थामस ने उसे ईसाई धर्म की दीक्षा दी थी। आज भी वहाँ उस धारा के लोग हैं और उन्हें सीरियन ईसाई कहा जाता है। इसी प्रकार भारत में इस्लाम को अपनानेवाले लोग भी केरल के मोपला थे, जो मालाबार क्षेत्र में रहते हैं। अरब व्यापारियों ने स्थानीय महिलाओं से विवाह किए और यहीं बस गए। ये उन्हीं से पैदा संतानें हैं, जो बाद में अन्य इलाकों में भी गए। दुनिया में सबसे पहले यहूदी धर्म अपनानेवालों में, भी केरल के लोग थे। धर्म के मामले में इन विशेषताओं और आबादी में काफी बँटवारे के बावजूद केरल के लोगों ने बहुत ही सद्भावपूर्ण जीवन जीने का तरीका विकसित कर लिया। वे एक ही भाषा बोलते हैं, लगभग एक जैसी पोशाक पहनते हैं, समान रीति-रिवाजों को मानते हैं और सभी अपनी विरासत पर गर्व करते हैं। जैसे ओणम के त्यौहार में हिन्दू, मुसलमान और ईसाई समान उत्साह से भाग लेते हैं।[10] इस त्यौहार के बारे में माना जाता है कि पौराणिक शासक महाबलि ओणम के दिन धरती पर आते हैं और देखते हैं कि उनकी प्रजा का क्या हाल है।

केरल के मौजूदा राज्य की स्थापना सन 1956 में तीन इलाकों–त्रावणकोर,

कोचीन और मालाबार को मिलाकर हुई थी। त्रावणकोर, कोचीन के इलाके 1947 के पहले रजवाड़ों के अधीन थे।

सामाजिक और आर्थिक विकास के मामले में केरल भारत के अन्य राज्यों से बहुत आगे है। यहाँ जीवन-प्रत्याशा-दर सबसे ज्यादा है और शिशु-मृत्यु-दर सबसे कम है। प्रति व्यक्ति अस्पतालों की सुविधा का अनुपात सबसे ज्यादा है और साक्षरता की दर में यह सबसे ऊपर है। केरल में भूमि-सुधार पूरी तरह लागू हुआ है और यहाँ छुआछूत का नामोनिशान तक नहीं है। केरल की औरतें स्वास्थ्य और शिक्षा के मामले में देश में सबसे आगे हैं।

कालीकट राज्य के कोझीकोड जिले का मुख्यालय एक खूबसूरत बंदरगाह है। केरल जिला गजट में इसकी उत्पत्ति और इतिहास के बारे में कुछ इस तरह लिखा गया है :

> *"केरलोपति के अनुसार यह चेरामन पेरूमल के राज्य का अंग था और जब पेरूमल मक्का चले गए तो यह जमोरिन के कब्जे में आ गया। कालीकट से व्यावसायिक संपर्क सबसे पहले चीनी लोगों ने बनाया। वे अपने साथ सोना, चाँदी, तांबा, जटामांसी और रेशम तथा सोने के कपड़े लाते थे और यहाँ से बदले में काली मिर्च, दालचीनी, अदरक, काजू-बादाम और सूती कपड़े ले जाते थे। 1342-47 के बीच जब इब्न बतूता ने कालीकट की यात्रा की, तब मूर प्रमुख व्यवसायी जमात थी। 15वीं सदी की शुरुआत तक उन्होंने व्यापार के मामले में चीनियों का एकाधिकार तोड़ दिया। कहा जाता है कि इब्न बतूता कम से कम छह बार कालीकट आया और अपनी पहली यात्रा में तीन महीनों तक यहाँ रुका। उसके लिए कालीकट मालाबार देश के प्रमुख बंदरगाहों में एक था, जहाँ चीन, सुमात्रा (जावा), लंका, मालदीव (महल), यमन और फारस के लोग ही नहीं, सारी दुनिया से लोग आते और व्यापार करते थे। कालीकट दुनिया के सबसे बड़े बंदरगाहों में एक था।"* [11]

अरब और चीनी व्यापारी कोझीकोड बंदरगाह को पसंद करते थे, क्योंकि यहाँ काम बहुत कुशलता से होता था। यहाँ का समाज खुले नजरिए वाला था तथा यहाँ व्यक्ति और उसकी संपत्ति की सुरक्षा की व्यवस्था बहुत अच्छी थी।

कालीकट में पुर्तगाली, अरब व्यापारी और चीनी मिशनरी बस गए। बाद में फ्रांसीसियों को भी वहाँ बसने की इजाजत दे दी। कालीकट नगरपालिका का गठन 1865 में ही हो गया था। इस शहर में काफी सारे मंदिर, गिरजाघर और मस्जिदें हैं। यहाँ सबसे ज्यादा संख्या में हिन्दू बसते हैं। उसके बाद मुसलमानों और फिर ईसाइयों का नंबर आता है। राज्य के अन्य हिस्सों की तरह यहाँ भी हिन्दू समाज जातियों और उप-जातियों के आधार पर संगठित है, और उसी के आधार पर काम करता है। वे सभी हिन्दू देवी-देवताओं की पूजा करते हैं, पर शिव और विष्णु इनमें

सबसे प्रमुख हैं। मुसलमानों को मोपला नाम से जाना जाता है। इनमें से ज्यादातर सुन्नी हैं। कालीकट में रहनेवाले ईसाई भी अनेक पंथों वाले हैं।

वहाँ यह धारणा आम थी कि यहाँ के तीनों प्रमुख धर्मों-हिन्दू, मुसलमान और ईसाई में सदा मेल-मिलाप रहा है। क्या यह सही है? कालीकट विश्वविद्यालय के प्रोग्राम आधिशासी डॉ. एम. रामकृष्ण का जवाब था, "ऐसा नहीं है कि केरल में कभी टकराव हुआ ही नहीं। पहले छोटी जाति के लोगों को मंदिर में प्रवेश नहीं करने दिया जाता था। पर कई समाज-सुधारकों और क्रांतिकारियों ने इसका विरोध किया। ऐसे ही एक महापुरुष थे नारायण गुरु (1853-1928)[12] जिन्होंने ब्राह्मणवाद से निरंतर संघर्ष किया और राज्य में शिक्षा का प्रसार भी किया। पिछड़ी जाति से होने के बावजूद उन्होंने 1838 में अराविपुरम में शिव की प्रतिमा स्थापित की। केरल के इतिहास में इस मूर्ति-प्रतिष्ठा का बहुत ही महत्वपूर्ण स्थान है, क्योंकि एक ऐसी जाति के व्यक्ति ने मंदिर में शिव की प्रतिमा स्थापित की, जिन्हें मंदिर में घुसने नहीं दिया जाता था। इस मंदिर की दीवार पर लिखा है, "जाति, नस्ल, नफरत या आस्था की दीवारें यहाँ नहीं हैं। हम यहाँ सभी भाई-भाई होकर रहते हैं।" लाखों लोगों के लिए नारायण गुरु एक संत, साधु, दार्शनिक, कवि और समाज सुधारक थे। उनका मानना था कि सभी धर्मों का मूल भाव एक ही है और उन्होंने सभी धर्मों का तुलनात्मक अध्ययन करने की भी वकालत की। अराविपुरम में मूर्त्ति प्रतिष्ठा की सौवीं वर्षगाँठ 1988 की शिवरात्रि को मनाई गई।

केरल में विभिन्न कलाओं की लंबी और समृद्ध परंपरा रही है। सजावटी कला, प्रदर्शनकारी कला, उपयोगितावादी कला तथा वास्तुकला के मामले में उसकी परंपरा बहुत समृद्ध है। तैयम या कालीअट्टम उत्तरी केरल का धार्मिक नाट्य है और आमतौर पर इसे कथित पिछड़ी जाति के लोग ही करते हैं। लेकिन विविध धार्मिक अवसरों पर होने वाले इस आयोजन में कलाकार पर 'देवता आ जाते' हैं और फिर वह सामान्य नहीं रहता। तब वह दर्शकों और देवता के बीच एक माध्यम बन जाता है। उस स्थिति में ब्राह्मण लोग भी उसका आशीर्वाद लेते हैं। इस अवसर पर जाति का ढाँचा टूट जाता है और सांस्कृतिक तथा सामाजिक मेल-मिलाप का अद्‌भुत नजारा देखने को मिलता है। उनसे आशीर्वाद लेनेवालों में ईसाई और मुसलमान भी होते हैं और वे उस पर चढ़ावा भी चढ़ाते हैं।

कालीकट विश्वविद्यालय के अरबी विभाग के प्रो. के. एम. मोहम्मद से मुलाकात उपयोगी रही। उनका कहना था कि "इस्लाम एक समग्र जीवन-पद्धति है और यह धार्मिक और धर्मनिरपेक्ष शिक्षा को महत्व देता है। पैगंबर ने अपने साथियों से कहा था कि अगर चीन से शिक्षा मिले तो उसे भी अपनाओ और फिर इसे शब्दश: माना गया। कुरान में ऐसी आयतें हैं जो लोगों से दुनिया की विविधतापूर्ण रचना को समझकर अपनी आस्था को मजबूत करने की सलाह देती हैं।" प्रो. मोहम्मद का कहना था कि "एक मुसलमान से यह उम्मीद की जाती है कि वह अल्लाह के

बारे में, अपने कर्त्तव्यों और जिम्मेवारियों के बारे में, मृत्यु के बाद के जीवन के बारे में और करने तथा न करनेवाले कामों के बारे में जरूर जानेगा। ऐसे मामले अल्लाह ही तय करता है, पर इस्लामी ज्ञान का यह अंश मात्र है।"

प्रो. मोहम्मद ने आगे कहा, "केरल के उलेमा कई विषयों के जानकार हैं। मखदूम अहमद जैनुद्दीन (मृत्यु 1028 हिजरी) ने ही केरल का पहला इतिहास 'तुहफतुन मुजाहिद्दीन' लिखा था। आपको मालूम है कि विलियम लोगन ने पोन्नानी के विद्वानों के बारे में कैसी अद्‌भुद टिप्पणी की है?" फिर वे अपने निजी पुस्तकालय में गए और वहाँ से मैन्यूअल ऑफ मालाबार, खंड-I(मद्रास:1951) निकाला, जिसमें विलियम लोगन ने लिखा है, "असली अरब लोग, जिनमें से कई परिवारों में अब भी विशुद्ध अरबी मौजूद हैं, समुद्रतटीय क्षेत्रों में बस गए हैं और ज्ञान और कौशल के मामले में काफी आगे हैं। अरबों के हिसाब से भी ये लोग काफी पढ़े-लिखे हैं। विज्ञान और इतिहास की अपनी किताबों का उनका ज्ञान बहुत उच्च कोटि का है और जो कोई मनोयोग से मलयालम में उनकी बात सुनने को तैयार हो, उसे वे काफी कुछ बताना चाहते हैं। उनके मन में सच्चाई के प्रति बड़ा सम्मान है और अपनी बारीक समझदारी के मामले में वे मालाबार की किसी भी अन्य जमात के लोगों की तुलना में अंग्रेजों के ज्यादा निकट पड़ते हैं।"

अपनी बात रखते हुए प्रो. मोहम्मद ने कहा, "मुझे यह भी लगता है कि आजादी के बाद मदरसा शिक्षा-व्यवस्था में ग्रेड प्रणाली का समावेश भी लाभकर साबित हुआ है। अफगानिस्तान और पाकिस्तान के कुछ हिस्सों के उदाहरणों से तुलना करने पर इसका मतलब और स्पष्ट होता है। जरूरत इस बात की है कि बाहरी लोग ही नहीं, इस्लामी शैक्षिक संस्थाओं के अध्यापक और धार्मिक शिक्षा के दायरे में ही रहनेवाले तार्किक और धर्मनिरपेक्ष लोग शिक्षा के मूल्य को समझें। बिना धार्मिक पृष्ठभूमि के धर्मनिरपेक्ष शिक्षा भी नहीं हो सकती।"

पश्चिम बंगाल

पश्चिम बंगाल के उत्तर में सिक्किम, हिमालय पर्वत, नेपाल और भूटान; पश्चिम में असम, झारखंड और बिहार; दक्षिण पश्चिम में ओडिसा; दक्षिण में बंगाल की खाड़ी और पूरब में बांग्लादेश है। ऐतिहासिक रूप से अंग्रेजी हुकूमत के दौर में 1765 से बंगाल, बिहार और ओडिसा एक ही प्रांत बंगाल में हुआ करते थे। 1905 में बिहार और ओडिसा बंगाल से बाहर निकले। फिर देश के बँटवारे के समय बंगाल दो हिस्सों में बँटा। इसका पूर्वी हिस्सा पाकिस्तान में गया, जो अब आजाद मुल्क बांग्लादेश है। शेष बंगाल अब पश्चिम बंगाल के नाम से जाना जाता है, जो भारतीय संघ का एक प्रदेश है।

हिन्दू और ईसाई सभ्यताओं का टकराव सबसे पहले और सबसे अच्छी तरह

19वीं सदी के बंगाली पुनर्जागरण के माध्यम से ही दिखाई दिया। स्मरणीय है कि यह पुनर्जागरण अंग्रेजी शिक्षा, ईसाई धर्म के प्रसार, भारतीय बाजार के विदेशों से जुड़ने और योरुप से मिले ज्ञान और ताकत के आधार पर ही हुआ। कलकत्ता जैसा शहर ब्रिटिश औपनिवेशिक शासन की राजधानी होने के चलते सिर्फ प्रशासनिक इकाई ही न था, यह व्यापार और वाणिज्य का केंद्र भी बन गया था।[13] इसी प्रक्रिया में बंगाली समाज में कुलीन जमात जिसे भद्रलोक कहा जाता था-भी पैदा हुई, जिसका शासक अँगरेजों के साथ ज्यादा नजदीकी संपर्क बना। यही बंगाली भद्रलोक बदलाव का अग्रदूत बना। राजा राममोहन राय(1772-1833) इस पुनर्जागरण आंदोलन के अगुवा थे। उनके व्यक्तित्व और सोच ने तत्कालीन बंगाली समाज के चिंतन को, और बाद में पूरे भारत को काफी प्रभावित किया। राममोहन राय द्वारा शुरू की गई मुहिम को केशवचन्द्र सेन (1838-1884), बंकिमचंद्र चटर्जी (1838-1889), केदारनाथ दत्त भक्तिविनोद (1838-1914) और माइकेल मधुसूदन दत्त (1824-1873) जैसे अनेक लोगों ने आगे बढ़ाया। कलकत्ता में अंग्रेजी माध्यम से शिक्षा देनेवाले हिन्दू कॉलेज की स्थापना ने भी इस मुहिम को काफी मदद पहुँचाई, जहाँ भारतीय मानस को ध्यान में रखकर पश्चिमी ज्ञान-विज्ञान, दर्शन, साहित्य और व्याकरण की पढ़ाई होती थी।

इस अभियान ने भारतीय लोगों की रचनात्मक ऊर्जा को सामने लाने का काम किया। पर यह नया पढ़ा-लिखा कुलीन तबका स्पष्ट रूप से यह राय रखता था कि भारतीय समाज को ब्रिटेन की, यूरोपीय समाज की अंधी नकल नहीं करनी है। भारत को अपनी संस्कृति और सभ्यता के आधार पर ही अपना पुनर्निर्माण करना होगा, और अपनी इस कोशिश में ये लोग काफी हद तक सफल भी हुए।

हम पश्चिम बंगाल के एक प्रमुख गाँव में मेल-मिलाप और संवाद के 'बहुधा' नजरिए के बारे में जानना चाहते थे। हमें लगा कि वैष्णव संत और प्रसिद्ध कवि जयदेव के जन्मग्राम से बढ़िया कोई और जगह इसके लिए नहीं हो सकती। इसलिए हमने केंदुली गाँव का चुनाव किया।

केंदुली पश्चिमी बंगाल के वीरभूमि जिले में रोड के किनारे बसा गाँव है। यह 'गीत गोविन्द' के रचनाकार जयदेव से जुड़ा है। माना जाता है कि जयदेव का जन्म इसी गाँव में हुआ था और उन्होंने अपनी वह प्रसिद्ध पुस्तक गाँव के पास बहनेवाली अजय नदी के किनारे बैठकर लिखी थी।[14] हर साल पौष संक्रांति (14 जनवरी) को गाँव में एक सप्ताह का मेला लगता है। पाँच लाख से ज्यादा लोग इस मेले में आते हैं। उनमें से ज्यादातर लोग पश्चिम बंगाल के ही होते हैं, पर पास के झारखंड और ओडिसा से भी काफी लोग होते हैं। केंदुली मेला एकमात्र ऐसा आयोजन और स्थान है, जहाँ देश-भर से हजारों बाउल गायक जुटते हैं। इसे 'बाउलेर बागान' भी कहा जाता है।

केंदुली मेला सांप्रदायिक सद्‌भाव का अद्‌भुत उदाहरण है। यह हिन्दू धर्म में

विभिन्न पंथों-शैव, शाक्त, वैष्णव, और बाउल का मिलन स्थल भी है। इस मेले में मुसलमान भी हिस्सेदारी करते हैं। यों यहाँ आने वाले लोगों को कभी किसी संप्रदाय या पंथ का प्रमुख होने की जरूरत महसूस नहीं होती और वे यहाँ अपनी उपस्थिति का भरपूर आनंद उठाते हैं। मेले का अपना इतिहास है और इससे अनेक किस्से-कहानियाँ जुड़ी हुई हैं।

उस बार मेले में जबरदस्त भीड़ थी। अनेक नामी लोग जुटे थे–साधन बाउल, दीनदयाल बाउल, अरुण चक्रवर्ती, महेंद्र मिश्र, उस्मान फकीर। एक प्रसिद्ध कहानी यह है कि भगवान जगन्नाथ के कहने पर पंडित रामदेव मिश्र अपनी पत्नी और खूबसूरत बेटी को लेकर केंदुली आए और जयदेव से उन्होंने अपनी पुत्री का विवाह कर दिया। बांग्ला कवि अरुण चक्रवर्ती के अनुसार "शुरू में जयदेव शिव के भक्त थे और तंत्र विद्या में विश्वास रखते थे। एक दिन सुबह जब वे गहन समाधि की अवस्था में थे, उन्होंने अपने सामने शिव और काली को खड़ा पाया। उन्हें देखकर वह आनंदित हो गए। उनके आनंद की कोई सीमा न थी। अचानक शिव का चेहरा बदल कर राधा का हो गया और काली के चेहरे पर कृष्ण का चेहरा आ गया। इसके बाद से जयदेव के मन में हिन्दू धर्म के विभिन्न पंथों में कोई अंतर न होने की बात बैठ गई। उस दिन के बाद से वे विष्णु के भी परम भक्त बन गए। इसी घटना से प्रेरित होकर उन्होंने 'गीत गोविन्द' की रचना की। यह सद्भाव का ही एक उदाहरण है।

जयदेव की इस कथा के पुरी और भगवान जगन्नाथ से जुड़े होने से क्या हिन्दुओं के विभिन्न पंथों में मेल-मिलाप में कोई मदद मिलती है? इस सवाल के जवाब में ओडिसा की लोक-कथाओं और लोक-संस्कृति के जानकार महेंद्र मिश्र का जवाब था, "भगवान जगन्नाथ के भी कई रूप हैं। वे शिव या भैरव भी हैं और भगवती विमला भैरवी भी हैं। उन्हीं में शैव और शाक्त मत भी समाहित हैं। जगन्नाथ की मुद्रा बुद्ध की मुद्रा से बहुत मेल खाती है। जगन्नाथ, बलभद्र और सुभद्रा की तिकड़ी को बुद्ध, धर्म और संघ अर्थात बौद्ध के तीन रत्नों से भी जोड़कर देखते हैं। कई बौद्ध तो रथयात्रा में भी अपने त्यौहारों की झलक देखते हैं।"

"हिन्दू-मुस्लिम मेल-मिलाप को लेकर यहाँ कोई चीज दिखती है?" महेंद्र मिश्र जैसे इस सवाल के लिए तैयार ही बैठे थे। उन्होंने जवाब दिया, "मुसलमान भी पुरी क्षेत्र को बंधुत्व का केंद्रीय स्थल मानते हैं। मुस्लिम शासन के शुरुआती दिनों में शत्रु भाव और अज्ञानता के कारण जगन्नाथ मंदिर को अपवित्र करने की कई कोशिशें हुईं। पर धीरे-धीरे मुसलमानों का नजरिया बदला और उन्होंने भी जगन्नाथ पंथ के साथ मेल-मिलाप से रहना ठीक समझा। मुसलमानों ने अपने कट्टर विचारों को छोड़कर मंदिर आना और महाप्रसाद ग्रहण करना शुरू कर दिया। आमिर अली जैसे यात्रियों और नेमतुल्लाह, अहमद रज़ी, असगर अली, मलिक मोहम्मद जायसी तथा गाजीपुर के उस्मान जैसे शायरों ने भी इस बात की पुष्टि की है। ओडिसा के मुस्लिम

कवि सालाबंग द्वारा भगवान जगन्नाथ की भक्ति में पद गाने की प्रतिध्वनि आज तक गूँजती है। कहा जाता है कि कबीर भी पुरी आए थे और भगवान जगन्नाथ, बलभद्र और सुभद्रा की त्रिमूर्ति पर मोहित हो गए थे। उन्होंने यहाँ एक धर्मशाला का निर्माण कराया, जिसे आज भी कबीर चौरा कहा जाता है। महेंन्द्र मिश्र पुरी में हिन्दुओं और सिखों के मेल-मिलाप की कहानी भी सुनाते हैं, "गुरु नानक की पुरी-यात्रा की याद में बनवाई गई बाउली और मंगू नामक धर्मशालाओं में 'गुरु का लंगर' की परंपरा एक समान है। नानक उस आध्यात्मिकता और धार्मिक परंपरा को चाहते थे, जिसमें देश-काल और क्षेत्र का भेद न रहे, यह उन्हें पुरी आने पर जगन्नाथ धर्म में ही दिखी। सिख धर्म के संस्थापक द्वारा शुरु की गई यह परंपरा इतनी समृद्ध है कि हर पक्का सिख इस त्रिमूर्ति का आराधक है।"

इस मेले का बाउलों से नजदीकी संबंध है। लोग मानते हैं कि हर साल बाउलों के 1001 अखाड़े बनते हैं और इस मेले में 75000 से ज्यादा बाउल भाग लेते हैं। साधन बाउल और अरुण चक्रवर्ती बताते हैं कि "जयदेव पहले बाउल थे।" दीनदयाल बाउल बताते हैं, "यह मेला सामाजिक सद्‌भाव का आदर्श स्थल है। मुसलमान फकीर, वैष्णव संत और गायक, तांत्रिक, बाउल और बंगाल के आम स्त्री-पुरुष इस मेले में आते हैं। कोई भी किसी और की उपस्थिति को लेकर सवाल नहीं उठाता। हर आदमी सबके साथ बोलने, मिलने-जुलने के लिए स्वतंत्र है। दरअसल अधिकांश बाउल गीत उन लोगों ने लिखे हैं जो बाउल नहीं होकर पेशेवर गीतकार हैं। हम उन्हें गहरी भक्ति और प्रेम के साथ अपना मानकर ही गाते हैं।"

बाउल की विश्वदृष्टि और सद्‌भाव

बाउलों का दर्शन इस दोहे में समाहित है :

मैंने दुनिया को अपना घर बना लिया
और घर में दुनिया को समा लिया,
मैंने दूसरों को अपना बना लिया
और मेरे अपने लोग दूसरे हो गए।

दीनदयाल बाउल इस दर्शन की व्याख्या करते हुए कहते हैं, "बाउल तो बाउल होने के कारण ही बाउल है। वह दुनिया को अपने घर के रूप में देखता है। लोगों की खुशी में वह अपनी खुशी देखता है और लोगों के दुख में अपना दुख। लोग उसके बारे में क्या सोचते हैं, इसकी परवाह वह नहीं करता। कोई गुरु आकर उसे प्रार्थना करना सिखाए, इसका इंतजार वह नहीं करता। उसे जब गाने का मन होता है तो गाता है, नाचने का मन होता है तो नाचता है, दुख का अनुभव हो तो रोता है, भावनात्मक उबाल हो तो चिल्लाता है। उसकी जब इच्छा होती है, तो प्रार्थना करता है, भूख लगती है तो खाता है, नींद आती है तो सो जाता है। अपने स्वाद

और उपलब्धता के अनुसार शाकाहारी या मांसाहारी भोजन करता है। बाउल के लिए कोई भी छोटा या बड़ा नहीं है, सभी बराबर हैं।"

दीनदयाल बाउल गायक हैं। अपने कथन की पुष्टि में भी वे दो पंक्तियाँ गाकर सुनाते हैं, जिनका भावार्थ इस प्रकार है :

> *"जब तक तुम बड़े-छोटे के हिसाब से फैसला करते हो, तुम्हारा भ्रम अभी समाप्त नहीं हुआ है। असलियत जाननेवाले के लिए सभी समान हैं।"*

फिर कहते हैं, "इस अर्थ में ईश्वर ही हमारा गीतकार-संगीतकार और निदेशक है और यह दुनिया हमारे लिए मंच है। हम तो उसके इशारों पर अपनी भूमिका करनेवाले अभिनेता-भर हैं।"

पूछा गया, "ईश्वर क्या है? वह कौन है?" दीनदयाल का जवाब था, "ईश्वर शक्ति का केंद्र है। अपने कर्त्तव्यों को पूरा करने, गहरे आध्यात्मिक ज्ञान, समझ, प्रतिभा और ध्यान से उसे पाया जा सकता है। हर किसी को सही-गलत का ज्ञान होता है। हम सभी की पसंद अलग-अलग है, पर संगीत एक ऐसी कला है जिसे हर कोई पसंद करता है। अगर संगीत में कुछ गहरा ज्ञान हो तो इसे सुनते हुए लोगों को उसका भी लाभ मिल जाता है। यही कारण है कि बाउल बिना संगीत के जिंदा नहीं रह सकता। बाउल संगीतमय लोग हैं। गीत और संगीत पति-पत्नी की तरह है। एक साथ रहकर ही वे दुनिया को फल दे पाते हैं।"

एक अन्य अखाड़े में देशराज बाउल जमे हुए थे। वे शांतिनिकेतन से आए थे और वहाँ वनस्पति विज्ञान में स्नातकोत्तर की पढ़ाई कर रहे थे। उनका मूल नाम राजकुमार सिंह था। बाउल की विश्वदृष्टि ने उन पर गहरा असर डाला और वे भी बाउल बन गए। कुछ और विस्तार से जानने के लिए कैलाश ने उनसे पूछा, "आप किसकी प्रेरणा से बाउल बने?"

देसराज का जवाब था, " मैं करीब एक दशक पहले बॉटनी में एम. एस. सी. करने के लिए शान्तिनिकेतन आया था। छात्र जीवन के शुरुआती महीनों में ही मुझे लगा कि हम भले ही इक्कीसवीं सदी में आ गए हों, पर अभी भी जाति, धर्म और क्षेत्र वगैरह के आधार पर बँटे हुए हैं। पर असल सच्चाई यही है कि हम सभी मानव सभ्यता का महत्वपूर्ण हिस्सा हैं। मुझे लगा कि लोगों को हमें सामाजिक समस्याओं के प्रति सचेत करने के लिए कुछ करना चाहिए। इसी के चलते मैंने बाउल गीत गाने का फैसला किया, क्योंकि ये सच्चाई को बहुत सरल ढंग से बता देते हैं। अगर मैं मानव समाज के लिए कुछ ढंग का काम कर पाया तो मुझे लगेगा कि मैं रवीन्द्रनाथ टैगोर का सच्चा अनुयायी हूँ, क्योंकि उन्होंने बहुत ही अद्‌भुत ढंग से मानवता की पूजा की है।"[15]

बाउल का संदेश बहुत स्पष्ट है, "जन्म के आधार पर, अमीरी-गरीबी के आधार पर, उम्र और लिंग के आधार पर किसी को ईश्वरीय आशीर्वाद से वंचित नहीं किया जा सकता और ईश्वर को पाने का मार्ग एक ही है—भक्ति।"

बंगाल के इतिहास और सामाजिक विकास में बाउल की विश्वदृष्टि ने महत्वपूर्ण भूमिका निभाई है। बाउल को घुमंतू भक्त या आध्यात्मिकता की तलाशवाला व्यक्ति माना जाता है। वह लंबे बाल लहराता, अपने चोगे को फहराता, धूल भरी सड़कों पर एकतारा बजाता और गीत गाता हुआ मगन मन चलता जाता है। असल में बाउल मजहबी सांप्रदायिकता से मुक्त ऐसा विचार है, जो दकियानूसी और कठमुल्लापन का विकल्प बन सकता है। बाउल की विश्वदृष्टि में हिन्दू और मुसलमान दोनों नजरियों का संगम देखा जा सकता है। इस मायने में यह सूफी मत के काफी करीब है।[16]

झारखंड

15 नवंबर 2000 को झारखंड भारत का 28 वाँ राज्य बना। इससे पहले 2 अगस्त 2000 को संसद ने बिहार पुनर्गठन विधेयक पास किया, जिससे झारखंड अस्तित्व में आया और इसमें बिहार के 18 जिले आ गए। झारखंड के उत्तर में बिहार, पश्चिम में छत्तीसगढ़, दक्षिण में ओडिसा और पूरब में पश्चिम बंगाल है।[17]

झारखंड कई आदिवासी समूहों का पारंपरिक घर रहा है और यही लोग शायद भारतीय समाज के सबसे पुराने बाशिंदों में हैं। यहाँ 32 कबीलों के आदिवासी लोग रहते हैं। कई जिलों की आबादी आदिवासी बहुल है। आधुनिकीकरण की प्रक्रिया शुरू होने के बाद से यहाँ की आबादी का समीकरण बदल गया और आदिवासी अल्पसंख्यक हो गए। आज यहाँ की आबादी में आदिवासियों का अनुपात 28 फीसदी, अनुसूचित जातियों का 12 फीसदी और अन्य लोग 60 फीसदी है।

झारखंड का अर्थ है जंगलों का प्रदेश। औपनिवेशिक शासन के दौरान झारखंड का इलाका छोटानागपुर कहलाता था। "छोटानागपुर एक विशाल फैला हुआ पहाड़ी इलाका है। पूरा इलाका कहीं घने जंगलों तो कहीं झाड़-झंखाड़ से ढँका है और जहाँ जंगल कम घना है, वहाँ काली चट्टानें दिखाई देती रहती हैं। जहाँ जमीन नीचे है या ढलानवाला इलाका है, उस पर मीलों तक घने जंगल फैले हुए हैं।

ये तमाम भू-दृश्य मिलकर इस इलाके को जबरदस्त आकर्षक बना देते हैं और वास्तव में आपकी कल्पना में प्राकृतिक खूबसूरती के जो भी दृश्य हों, वे सब यहाँ दिख जाते हैं। सुदूर खड़े पहाड़ों की पृष्ठभूमि में जब प्रकाश की किरणें बिखरती हैं तो नीले या बैंगनी रंग उभरते हैं। हरियाली का तो यहाँ कुछ पूछना ही नहीं है। रंग-बिरंगे जंगली फूलों के साथ मैदानी इलाकों में लहलहाती धान की फसलें और फिर उनके पकने पर बिखरनेवाली महक और चमक इस इलाके की सुंदरता में चार चाँद लगा देती हैं।

आधुनिकीकरण और औद्योगिकीकरण के सिलसिले में मानवीय दखलंदाजियों ने इस खूबसूरती की कुछ चीजों को तो गायब ही कर दिया है। झारखंड में अपार खनिज संपदा है और जंगल के उत्पादों की भी कमी नहीं है। कोयला, लौह अयस्क,

ताँबा, बाक्साइट, यूरेनियम, सोना, चाँदी, अभरक जैसी न जाने कितनी चीजें यहाँ जमीन से निकलती हैं। यहाँ के औद्योगिक केंद्र भी अब काफी बड़े हो गए हैं। इसमें राज्य की राजधानी रांची, जमशेदपुर, बोकारो और धनबाद जैसे केंद्र प्रमुख हैं।

स्थानीय आदिवासियों और बाहरी लोगों, जिन्हें आदिवासी 'दीकू' कहते हैं, के बीच संबंधों में खटास आती गई है, क्योंकि बाहरी लोगों ने औने-पौने दामों पर आदिवासियों की काफी जमीनें खरीद ली हैं। जमीन का हस्तांतरण बहुत तेजी से हुआ है। हाल के वर्षों में सिमडेगा और झारखंड के ग्रामीण इलाकों में जमीन की स्थिति में बहुत उलट फेर हुआ है। इलाके के गरीब आदिवासी दिन-ब-दिन भूमिहीन मज़दूर बन रहे हैं या फिर उनमें से कुछ थोड़ी-बहुत जमीन बचा सके हैं।

आधुनिकीकरण की प्रक्रिया ने स्थानीय आबादी को अलग-थलग कर दिया है, क्योंकि इस प्रक्रिया में भागीदार बनने की काबिलियत उनके पास नहीं के बराबर है। फलस्वरूप वे हर गलत चीज का दोष बाहरी लोगों पर डालने लगे हैं। उनका अपने नेताओं, व्यापारियों या ज्यादातर मध्यवर्गीय लोगों से भी तनातनी का ही रिश्ता है। काफी सारे आदिवासी नौजवान अब नक्सलियों के जत्थों में शामिल हो गए हैं।[18]

बाहरी लोगों के हाथों रोजगार गँवाने, जमीन के कागजात दुरुस्त न रहने और सूदखोर महाजनों के हाथों परेशान होने के चलते आदिवासी समाज का एक बड़ा हिस्सा मुख्यधारा की लोकतांत्रिक राजनीति से भी कट गया है। सामाजिक तनाव और टकराव की स्थिति ने ग्रामीण इलाकों में शिक्षा और स्वास्थ्य सुविधाओं के प्रसार को प्रभावित किया है। लोकतांत्रिक संवाद की प्रक्रिया का भी यहाँ बहुत सीमित प्रभाव है और गैर-बराबरी, अस्थिरता और बेचैनी इतनी आम होती गई है कि इस पर तत्काल ध्यान देने और कुछ बड़े कदम उठाने की जरूरत है। झारखंड के गठन का मतलब सिर्फ बिहार से होना ही नहीं होना चाहिए। यह नया राज्य भारतीय लोकतंत्र की लक्षित सफलता को तभी पा सकेगा, जब यहाँ बेहतर शासन चले, जीवन-यापन के अवसर बेहतर और समाज का सशक्तिकरण हो। इसी पृष्ठभूमि में सिमडेगा इलाके में 'बहुधा' नजरिए की स्थिति को देखने की कोशिश की गई है।

सिमडेगा, झारखंड

सिमडेगा झारखंड के एकदम दक्षिणी इलाके का एक छोटा-सा शहर है[19], जिसे अब जिला मुख्यालय भी बना दिया गया है। सिमडेगा की सीमाएँ ओडिसा और छत्तीसगढ़ से लगती हैं।

सिमडेगा के पास एक गाँव खूँटी टोला में हमारी मुलाकात एक लोकप्रिय नेता साइमन टिग्गा की विधवा से हुई।

श्रीमती टिग्गा ने कहा, "यह काम तो बहुत अच्छा है। झारखंड जैसा राज्य विभिन्न लोगों और उनकी संस्कृतियों में मेल-मिलाप और सद्भाव का असाधारण

उदाहरण है। सांस्कृतिक कामकाज, विभिन्न समूहों के संबंध और भाषायी बहुलता झारखंड की ताकत रही है। प्राचीन काल से ही झारखंड में बाहरी लोग आते रहे हैं। संथाल, मुंडा, उराँव और हो जैसे अनेक समूहों के लोग अनेक जगहों से घूमते-घूमते झारखंड में आकर बस गए। आज झारखंड में आदिवासियों के 32 समूह हैं–मुंडा, संथाल, अपुर, भूमिज, बैगा, बथुडी, बेडिया, बिनधारा, बिरहोर, बिरजिया, चेरो, चोक, बरैक, चिक बरैक, गोंड, गोड़ाइत, हो, करमाली, खड़िया, खुकार, खोंड, किस्मान, कोड़ा, कोड़वा, लोहदा, महली, काल पहाड़िया, उराँव, पहाड़िया, सौरिया पहाड़िया और सवाल। इनके अलावा कुड़मी, घटवाल, मुडी, बानिक और मुसलमान लोग भी यहाँ हैं, जो न जाने कब से इनके साथ रहते आए हैं। झारखंड में पहले आकर बसे लोगों के लिए 'सदान' शब्द प्रचलित है।"

श्रीमती टिग्गा के घर पर ही एक सज्जन निर्मल मिंज आ गए। वे करीब 40 वर्ष के थे। मजबूत कद-काठी के काले और दमदार आदमी थे। उन्होंने शुरुआती पढ़ाई सिमडेगा से की थी और आगे की पढ़ाई के लिए रांची गए थे। फिर उन्होंने अपना पारिवारिक व्यवसाय सँभाला और राजनीति में भी दिलचस्पी ली। यह पूछने पर कि झारखंड के निर्मल मिंज का जवाब था, "इसके पीछे जो कारण है, वह है निरंतर शोषण का इतिहास। वर्षों पहले यहाँ उत्तर बिहार के लोग काम की तलाश में आए। उनमें मुख्यतः तेली, सूढ़ी, बनिया और कुछ मुसलमान थे। उन्हें अपने मकान बना लेने के लिए जमीन के छोटे-छोटे टुकड़े मिले और वहीं से उन्होंने अपना कारोबार शुरू किया। ये बहुत ही धूर्त और चालाक लोग थे और उन्होंने भोले-भाले आदिवासियों को मौके-बेमौके कुछ पैसे उधार दिए। फिर उस पर सूद की एकदम ऊँची दर थोपकर वसूली शुरू की। इससे बहुत कम समय में ही वे सेठ-साहूकार बन गए। उधार के बदले उन्होंने जोर-जबरदस्ती आदिवासियों की उपजाऊ जमीन और गहने खरीद लिए। जब स्वयंसेवी संगठनों, सामाजिक कार्यकर्त्ताओं और सरकारी एजेंसियों द्वारा शिक्षा और चेतना का प्रसार करने पर नौजवान पीढ़ी को इन लोगों की असलियत का पता चला, तो वे उनके प्रति नफरत से भर उठे। अब हर इलाके के आदिवासी लोग इन लोगों से अपनी जमीन, पुराना काम और सम्मान वापस चाहते हैं। विडंबना यह है कि इन लोगों ने जिन आदिवासियों की जमीन हड़पी है, वे बेचारे अपनी ही जमीन पर बंधुआ मजदूर के रूप में काम कर रहे हैं। बाद में कुछ बेरोजगार युवकों ने नक्सलियों से दोस्ती बढ़ाई। अब उनके संबंध गहरे हो चुके हैं और अब आदिवासी लड़कियाँ भी नक्सली दस्तों में शामिल हो गई हैं।"

बाद में निर्मल मिंज ने एक शहरी आदिवासी कवि द्वारा सातवें दशक के आखिरी दिनों में लिखी एक कविता सुनाई, जिसे उसने इस उम्मीद से लिखा था कि यही एक दिन झारखंड का राष्ट्रगान होगा। यह गाना बहुत अच्छा और दिलचस्प है। एकता और सर्वसम्मति इसका सबसे प्रभावी तत्व है। इस गीत की कुछ पंक्तियों का भावार्थ इस प्रकार है :

सब बोलते हैं एक भाषा
संयुक्त झारखंड में...
हिन्दू हों या मुसलमान,
आदि-धर्मी या क्रिस्तान,
सिख, जैन या बाकी जहान,
रह सकते हैं सब मिल-जुलकर
संयुक्त झारखंड में...
मुंडा, उराँव, संथाल
आने दो उनको आगे साथ
खड़िया, हो, पहाड़िया
सदानों से मिल-जुलकर
संयुक्त झारखंड में...
एक के दुख में सभी दुखी हों
एक के सुख में सभी सुखी
हम में हरेक का भविष्य
लिखा है उसी आम जन ने
संयुक्त झारखंड में...

निर्मल मिंज बताते हैं, "इस गाने में किसी को भी भाषा, धर्म या जातिगत अंतर के चलते झारखंडी समुदाय से बाहर नहीं माना गया है। इसमें वर्णित झारखंड समुदाय असल में राजनैतिक जरूरत से बना लगता है, क्योंकि इसमें संकीर्ण आदिवासी नजरिए को छोड़कर सदानों को भी झारखंड में गिना गया है। सदान पुराने दिकू हैं। जिन झारखंडियों की गिनती अनुसूचित जन जातियों के रूप में नहीं हुई है और जो इस इलाके में काफी पहले आ गए थे, जैसे सदान, मंडल, महतो, कुड़मी और घटवाल, उन्हें आदिवासी असली सदान ही मानते हैं। कुम्हार, तेली, कामरा (लोहार), ग्वाल और मोमिन (बुनकर) जैसी काश्तकार जातियों ने भी सदियों से आदिवासियों से गहरा रिश्ता बनाया हुआ है।" उन्होंने इस टिप्पणी के साथ अपनी बात खत्म की, "शायद इस कवि का सपना पूरा हो जाए।"

बिहार

बिहार के इतिहास[20] पर शोध करने के क्रम में मुझे एक युवा अधिकारी की महत्वपूर्ण टिप्पणी देखने को मिली। कैंब्रिज से इतिहास पढ़कर निकले उस अधिकारी की 19वीं सदी के प्रथमार्द्ध में ही उत्तर बिहार के सेलटमेंट आफिसर के रूप में मुजफ्फरपुर में नियुक्ति हुई थी। तब मैकगवर्न नाम का यह अधिकारी युवा और ऊर्जा से भरा था। उसने अपनी एक रिपोर्ट की भूमिका में लिखा है कि मैंने किताबों में

बिहार की समृद्ध सांस्कृतिक विरासत के बारे में पढ़ रखा था और चाहता था कि वहाँ जाकर चीजों को स्वयं देखूँ। सभ्यता के विकास संबंधी अपने भौगोलिक ज्ञान के आधार पर वह मौजूदा दरभंगा और मधुबनी जिले के गाँवों की तरफ गया, क्योंकि वह दर्शनशास्त्र की न्याय और योग जैसी शाखाओं की भूमि थी। वह यह देखकर हैरान था कि मिथिला के लोगों की विलक्षण तर्क-बुद्धि और ज्ञान की परंपराओं की चमक समय बीतने के साथ-साथ धूमिल हो गई है। ये गाँव दरिद्रता और अज्ञानता में डूबे थे, पर उनमें से कई में अब्र भी पुरानी हल्की चमक बची हुई थी। उसे हैरानी हुई कि ऐसा क्यों हो गया। पर अपनी ओर से उसने कोई जवाब देने की कोशिश नहीं की है और यह बहाना बना लिया है कि सेटलमेंट अधिकारी को इन सवालों के जवाब देने की जरूरत नहीं है।[21]

शुरू से ही बिहार का भारत के इतिहास में महत्वपूर्ण स्थान है। यह प्रदेश यहाँ की राजनैतिक सत्ता का केंद्र तो था ही, भारतीय सभ्यता के विकास का केंद्र भी रहा है। बिहार में ही बौद्ध धर्म के संस्थापक भगवान बुद्ध और जैन धर्म के संस्थापक भगवान महावीर का जन्म हुआ। वैदिक काल में मिथिला वैदिक विद्वानों का प्रमुख केंद्र था। मिथिला का संबंध विदेह राज जनक से था, जिनकी एक बेटी सीता का विवाह अयोध्या के राजकुमार राम से हुआ था। एक अन्य मान्यता के अनुसार बिहार का चंपारण 'रामायण' के रचयिता महर्षि बाल्मीकि का घर था। 'अर्थशास्त्र' के विख्यात लेखक कौटिल्य पाटलिपुत्र (आधुनिक पटना) के रहने वाले थे। बिहार सिखों के दसवें और अंतिम गुरु गोविन्द सिंह की जन्मस्थली भी है और यहीं उन्होंने दीक्षा भी ली थी। बिहार के वैशाली में ही भगवान बुद्ध के समय में लिच्छवियों ने दुनिया में सबसे पहले गणतंत्र का प्रयोग किया। ज्ञान-परंपरा और विद्वता के लिए बिहार विख्यात रहा है। नालंदा और विक्रमशिला विश्वविद्यालय उस दौर में दुनिया के सबसे प्रतिष्ठित शिक्षा केंद्र थे।

आजादी की लड़ाई के दौरान भी बिहार ने अगुवाई की। 1857 में बाबू कुँवर सिंह के नेतृत्व में और बाद में महात्मा गाँधी और डॉ. राजेन्द्र प्रसाद के नेतृत्व में। चंपारण गाँधी के नागरिक अवज्ञा-आंदोलन की पहली प्रयोगशाला बना। लेकिन भारत की आजादी और गणतंत्र की स्थापना के शुरुआती वर्षों में ठीक-ठाक विकास करने के बाद यह राज्य भौतिक समृद्धि के मामले में पिछड़ता गया है।

हाल के वर्षों में विभिन्न धर्मों के लोगों के बीच मेलजोल के मामले में बिहार का रिकार्ड काफी अच्छा रहा है। इस संदर्भ में मिथिला क्षेत्र के एक प्रमुख गाँव सरिसब-पाही के पास कहने को एक कहानी भी है।

सरिसब-पाही, मधुबनी

उत्तर बिहार के मिथिलांचल का एक बहुत प्रसिद्ध गाँव है सरिसब-पाही। सरिसब

सरसों को कहते हैं, यह शब्द संस्कृत के 'सर्षप' से निकला है। यहाँ विद्वता की हजार साल पुरानी बहुत ही समृद्ध परंपरा है-लंबे समय तक वहाँ के विद्वानों की भाषा संस्कृत थी, पर बीते 125 सालों से आधुनिक अंग्रेजी, ज्ञान-विज्ञान और प्रबंधन में भी इस गाँव के लोगों ने बहुत नाम कमाया है। विभिन्न जातियों और हिन्दू-मुसलमानों के पारस्परिक सद्‌भाव के लिए भी यह प्रसिद्ध रहा है। अयाचि मिश्र इस गाँव के सबसे प्रसिद्ध विद्वान थे। उनका काल 13वीं सदी है। वे अपनी विद्वता के संग-संग अपनी ईमानदारी और वैराग्य भाव के लिए भी प्रसिद्ध थे। आज भी लोग अयाचि मिश्र की इस पवित्र भूमि को प्रणाम करके आशीर्वाद पाने की कोशिश करते हैं।

सरिसब-पाही दरभंगा से झंझारपुर और निर्मली की तरफ जानेवाली मुख्य सड़क पर दरभंगा से करीब 20 किलोमीटर दूर स्थित है। मधुबनी से भी इसकी इतनी ही दूरी है।

इस गाँव के बारे में चार लोगों से विशेष बातें हुईं। 72 वर्षीय केदार ठाकुर (सोनार), 65 वर्षीय ठकाई मंडल (धानुक मजदूर), 45 वर्षीय केदार साफे (धोबी) और 57 वर्षीय इदरीस मिर्जा (राज मिस्त्री)।

ठकाई मंडल ने शुरुआत की, "हम बहुत गरीब लोग हैं। हमारे पास मकान बनाने लायक जमीन भी नहीं है। गाँव की आबादी बढ़ गई है, पर सारी जमीन थोड़े-से श्रोत्रिय परिवारों के पास ही है। हमारे लिए रोजगार भी नहीं है। हमारे बच्चे दिल्ली, पटना, कलकत्ता, पंजाब, बंबई और असम जाकर कमाते हैं। अब हम मकान बनाने के लिए जमीन खरीदना भी चाहते हैं तो धनिक लोग जमीन बेचना नहीं चाहते।"

केदार ठाकुर ने अपनी बात शुरू की, "ठीक है, हम आपको अपने गाँव के महत्व के बारे में बताएँगे। यह एक महान गाँव है—शुरू में श्रोत्रिय ब्राह्मण यहाँ आए और उन्होंने अपने मकान बनाए। बाद में उनको जब अलग-अलग काम करनेवालों की जरूरत हुई तो उन्होंने हर जाति के लोगों को बुलाया और बसने के लिए मुफ्त जमीन दी। आज यहाँ सभी जातियों के लोग हैं और कुछ घर मुसलमानों के भी हैं।" इसी बीच गाँव के कुछ और लोग आ गए और उन्होंने गाँव की पृष्ठभूमि के बारे में और भी जानकारियाँ दी।

सरिसब-पाही में सभी जातियों के लोग खेती से सीधे या किसी न किसी रूप में जुड़े हैं। श्रोत्रिय अपनी जमीनों पर बटाई खेती कराते हैं। केवट, धानुक, पासी और मुसहर बटाई करते हैं। बटाई खेती अब शहर में रहकर जमीन से कोई मतलब न रखनेवाले किसानों-जमींदारों के लिए खासी आमदनी का जरिया हो गया है। वे साल में एक बार गाँव में आते हैं, साल-भर का हिसाब लेते हैं और फिर शहर चले जाते हैं।

सरिसब-पाही के जुलाहा टोले में अभी अधिकांश जुलाहा ही रहते हैं। गाँव में टकुली (तकली) या चरखे पर सूत काता जाता है, जिससे जनेऊ बनते हैं और ज्यादा

सूत हुआ तो खादी बुनी जाती है। हर घर में चरखा-टकुली है। यों अब इसका चलन कम होता जा रहा है।

गाँव में अब भी जजमानी प्रथा चलती है। मृत्यु या अन्य आयोजनों पर महापात्र, डोम और मुसहर यजमान के घर जाते हैं तथा अनाज और चढ़ाने वाली चीजें पाते हैं। जजमानी व्यवस्था में आनेवाली जातियाँ हैं महापात्र, (श्राद्ध और मृत्युभोज वगैरह का अनाज ग्रहण करनेवाले ब्राह्मण), डोम, लहेरी (चूड़ी बनाने-बेचनेवाले), हज्जाम और चमार। पुरोहित भी जजमानी का हिस्सा हैं। फिर सिक्की बुननेवाले, पंखा बनानेवाले, सतौरा बनानेवाले और हलवाई जैसे लोग भी इसमें आते हैं। घर छाने और घर बनानेवाले भी मोटे तौर पर इसी दायरे में आते हैं। लोग घर बनाते हुए उनसे काम लेते हैं या सलाह लेते हैं और उन्हें विशेष मजदूरी देते हैं।

सरिसब-पाही के लोग सिर्फ बिहार ही नहीं, देश के विभिन्न हिस्सों में अलग-अलग जगहों पर काम करते हैं। इनमें से कई तो विदेशों में बस गए हैं और इंजीनियर, प्रोफेसर, डॉक्टर वगैरह हैं। कुछ फैक्टरी मजदूर, हैं। कुछ रिक्शा आदि चलाकर और अन्य कुशल-अकुशल काम करते हुए जीवन-यापन करते हैं। इनमें से कुछ ने अपना कारोबार भी शुरू कर दिया है। ऐसे अधिकांश लोग अपने साथ परिवार को बाहर ले गए हैं। गाँव में दसेक ऐसे लोग भी हैं जो सेवानिवृत्ति के बाद सपरिवार वापस गाँव आ गए हैं। उन्हें डाकघर या बैंक के जरिए पेंशन मिलती है।

पारंपरिक रूप से श्रोत्रिय ब्राह्मणों समेत ज्यादातर ब्राह्मणों के पास ही जमीनें थीं। इनमें से कुछ परिवारों के पास तो काफी जमीन है। केवट, धानुक, मुसहर, डोम, चमार जैसी जातियों के लोग दूसरों के खेतों पर काम करके गुजर करते हैं। बनिया, सोनार और हलवाई वगैरह आजाद स्थिति में हैं। दूसरों पर आश्रित जातियों के लोगों को मजदूरी मिलती है, कई बार बटाई पर कमाने के लिए जमीन दी जाती है। पहले वे मृत्यु, बीमारी या शादी-ब्याह की स्थिति में बनिया, सोनार या किसी भी महाजन के यहाँ अपने गहने या कीमती चीजें बंधक रखकर पैसा कर्ज लेते थे। यह पुरानी व्यवस्था अब धीरे-धीरे बदल रही है। आज के ज्यादातर नौजवान लड़के खेती का काम नहीं करना चाहते। वे शहर जाकर कई तरह के कामों से कमाई करते हैं। इसलिए अब गाँव में मजदूरों का अकाल-सा हो गया है। मजदूर अब ज्यादा मजदूरी माँगता है या अपने मन-लायक काम करता है।

लगभग हर जाति की अपनी पंचायत है। छोटे-छोटे मामले यही पंचायत निपटा देती है। केवट, धानुक, मुसहर, चमार और डोम जातियों की पंचायतें ज्यादा सक्रिय हैं। चार-पाँच समझदार और बुजुर्ग लोग पंचायत बुलाते हैं और उनके फैसले को सभी मानते हैं। आमतौर पर गलती करनेवाला अपनी गलती कबूल करता है। किसी की फसल चटा देने, जानवर के खेतों में जाने, किसी के तालाब से मछली मारने जैसे अपराध ही पंचायत के सामने आते हैं। ऐसे मामले मौखिक रूप से निपट जाते हैं। ब्राह्मणों और श्रोत्रियों में भी बड़े-बुजुर्ग ही विवादों को निपटा देते हैं।

सरिसब-पाही में ग्राम पंचायत भी है, जिसकी अपनी इमारत है। हाल ही में पंचायत चुनाव हुए थे। पर अभी तक ग्राम पंचायत ने कोई महत्वपूर्ण भूमिका नहीं निभाई है।

दैनंदिन जीवन में सद्भाव

सरिसब-पाही उस इलाके में पहले से ही प्रसिद्ध है और इसकी ख्याति विद्वानों के गाँव के रूप में ही है। गाँव की आबादी बहुत है और राजनैतिक दल यहाँ अपने वोट बैंक की राजनीति भी खूब चलाते हैं। गाँव का हर समुदाय अपने हितों को लेकर पूरा सजग है। वे अपने नेताओं से लाभ की उम्मीद रखते हैं। अब जात-पाँत की राजनीति काफी मजबूत हो गई है। लोगों को पार्टियों की जगह अपनी जाति के नेताओं और व्यक्तियों में ही दिलचस्पी रह गई है।

गाँव में कानून और व्यवस्था की कोई विशेष समस्या नहीं है। छोटी-मोटी चोरियाँ तो होती हैं पर हत्या, आत्महत्या, डाका, यौन अपराध, नशीले पदार्थों का धंधा, मानवाधिकारों का उल्लंघन और सांप्रदायिक दंगों की वारदातें पिछले 15 वर्षों में कभी नहीं हुईं। हिन्दू मुसलमानों को गाँव का अभिन्न अंग मानते हैं और उनके धर्म के प्रति असम्मान नहीं रखते।

गाँव में कोई नया धाार्मिक आंदोलन चला हो, इसके भी प्रमाण नहीं हैं। गाँव के लोगों को इतने नामी विद्वानों के लिए प्रसिद्ध गाँव में जन्म लेने पर गर्व है।

घरेलू मामलों में फैसले की आजादी औरतों को है। आमतौर पर वे घर के बाहर का काम नहीं करतीं। छोटी जातियों की औरतें जरूर खेती और पशुपालन जैसे कामों में पुरुषों का साथ देती हैं। एक बार फसल घर में आ जाए तो उसे सँभालने का सारा जिम्मा औरतों का होता जाता है। शादी जैसे पारिवारिक मामलों में औरतों की सक्रिय और निर्णायक भागीदारी होती है। शादी के बाद लड़की को अर्द्धांगिनी माना जाता है। स्त्रियों के सशक्तिकरण के आधुनिक उपायों का भी ग्रामीण पुरुषों की ओर से कोई प्रतिरोध नहीं हुआ है। उनका मानना है कि कुछ मामलों में औरतें मर्दों से बेहतर फैसला कर सकती हैं। इसलिए औरतों की साक्षरता, नौकरियों और पंचायतों में आरक्षण से समाज को लाभ होगा।

प्रत्येक समुदाय अलग-अलग देवी-देवताओं की अलग-अलग तरीके से पूजा करता है। जैसे, मल्लाह कोइलावीर की पूजा करते हैं तो दुसाध राजा सल्हेस और आल्हा-ऊदल की। उनके सम्मान में धूम-धाम से नाच-गान होता है। गाँव के कुछ लोग लोरिक और दीनाधारी की कथा भी सुनाते हैं और उनकी पूजा भी होती है।

अधिकांश बड़ों की राय है कि अच्छे जीवन का मतलब सरल और ईमानदारी से जीना है, अपनी सारी जिम्मेवारियों का निर्वाह करना है। गाँव की अधिकांश औरतों के लिए अच्छे जीवन का मतलब शांति से रहना, अपने हिस्से के सभी काम ठीक

से करना तथा अपने घरवालों से तारीफ पाना है। नौजवानों के लिए सुखी जीवन का मतलब अच्छी नौकरी और जीवन की सुख-सुविधाएँ हैं। हिंसा से सिर्फ खौफ पैदा होता है, जबकि अहिंसा से दिल जीते जा सकते हैं। अपना नजरिया जाहिर करने और दूसरों की समस्याएँ समझने के लिए आजादी का होना बहुत जरूरी है। समाज के सभी हिस्सों में बराबरी को वक्त की माँग और समाज के विकास की जरूरत माना जाता है। उनका मानना है कि शांत और सद्भावपूर्ण समाज विकास के नए रास्ते खोलता है और फिर वांछित लक्ष्य को हासिल किया जा सकता है।

आधुनिक शिक्षा के प्रसार के चलते ग्रामीण लोग संचार-साधनों और मीडिया का महत्व जानते हैं। गाँव के ज्यादातर लोग रोज अखबार पढ़ते और महत्वपूर्ण खबरों पर चर्चा करते हैं। पिछड़ी जातियों के लिए आरक्षण ने निश्चित रूप से उनकी सामाजिक-आर्थिक स्थितियों में बदलाव ला दिया है। राजनैतिक रूप से हर ग्रामीण अपने तथा अपने समुदाय के हितों के प्रति सचेत है। गाँव में जब भी विधायक और सांसद आते हैं तो गाँव वाले उन्हें अपनी समस्याएँ बताने जुट जाते हैं।

सरिसब-पाही में जीवन के नए और पुराने मूल्यों का अद्भुत संगम दिखाई देता है। गाँव के लोगों ने समय बीतने के साथ ही नए विचारों को भी अपनाया है। इसके साथ ही उन्होंने पुराने मूल्यों को बचाए रखा है और उनका सम्मान करते हैं। गाँव के अनुभवी और पुराने पढ़े-लिखे लोगों का मानना है कि नई राजनैतिक और प्रशासनिक व्यवस्था सारे लोगों का ख्याल रख पाने लायक नहीं है। उनका मानना है कि कमजोर प्रशासन के चलते ही अपराध बढ़े हैं। उनका यह भी मानना है कि गंदी राजनीति से प्रशासन को बेहतर नहीं बनाया सकता। इसलिए साफ और पारदर्शी लोकतंत्र की बेहद जरूरत है।

असम

1947 में देश के आजाद होने के बाद से भारत के हर क्षेत्र में काफी बड़े बदलाव आए हैं। पूर्वोत्तर में संभवतः सबसे ज्यादा बदलाव दिखता है। आजादी मिलने तक अपने आप में सिमटे रहनेवाले पूर्वोत्तर के परंपरागत समाज में किसी भी अन्य समाज से ज्यादा व्यापक और तेज बदलाव हुए हैं। इस क्षेत्र की राजनैतिक और प्रशासनिक व्यवस्था में भी भारी बदलाव हुआ है। कभी पूरे पूर्वोत्तर को असम राज्य के नाम से जाना जाता था, पर आज उसी इलाके को सात राज्यों में बाँट दिया गया है। इस इलाके की जातीय बनावट और विविधता भी बहुत जटिल है। यहाँ 200 से भी ज्यादा कबीलों के लोग हैं और गैर-आदिवासियों के भी अनेक जातीय समूह हैं।

भौगोलिक रूप से आज का असम तीन हिस्सों को मिलाकर बना है (1) ब्रह्मपुत्र घाटी (2) सुरमा घाटी; और (3) पहाड़ी जिले। इसके उत्तर और उत्तर-पूर्व में भूटान और अरुणाचल प्रदेश, पूरब में नागालैंड और मणिपुर, दक्षिण में मिजोरम

और त्रिपुरा तथा पश्चिम में बांग्लादेश, मेघालय और पश्चिम बंगाल है। असम चाय के लिए दुनिया-भर में विख्यात है और यहाँ का रेशम भी प्रसिद्ध है, जिसके उत्पादन में औरतों की भूमिका प्रमुख है।

असम के भूगोल की चर्चा करते हुए ब्रह्मपुत्र और हिमालय का भी उल्लेख जरूर किया जाना चाहिए, क्योंकि इन दोनों का राज्य के आर्थिक, सामाजिक और सांस्कृतिक जीवन पर बहुत गहरा असर है। ब्रह्मपुत्र घाटी दो महान सभ्यताओं–भारत और चीन के बीच पसरी बहुत ही सुंदर संरचना है।[22]

पूर्वोत्तर भारत स्थानीय लोगों के बीच बाहरी धर्मों के प्रवेश और टिकने का बहुत अच्छा उदाहरण पेश करता है। 20वीं सदी की शुरुआत से यहाँ के विभिन्न कबीलाई लोगों के बीच अपना मूल धर्म और मान्यताओं को छोड़कर हिन्दू और ईसाई धर्म अपनाने का क्रम बढ़ा है। पूर्वोत्तर भारत की ब्रह्मपुत्र घाटी रामायण और महाभारत की परंपरा का केंद्र बना। असम के मूल आदिवासी लोगों के बीच ही उनकी पारस्परिक मान्यताओं और हिन्दू धर्म के मेल से तांत्रिक पंथ का जन्म हुआ।

ताई या शान नस्ल के अहोम लोगों ने ब्रह्मपुत्रघाटी पर 1228 से लगभग 600 वर्षों तक राज किया। बाहर से आए इन लोगों ने धीरे-धीरे हिन्दू धर्म को अपना लिया। हमारे लिए सबसे महत्व की चीज है ब्रह्मपुत्र घाटी के शंकरदेव (1449-1569) की अगुवाई में चला वैष्णव आंदोलन। इस आंदोलन ने सिर्फ एक धार्मिक या भक्ति पंथ को फैलाने का काम न करके यहाँ के लोगों–मैदानी और आदिवासी दोनों के ही जीवन के हर क्षेत्र में प्रभाव डाला। उनके सामुदायिक जीवन, पूजा-पाठ के तरीके, कला-रूपों, संगीत और नृत्य, सभी पर इसका असर हुआ।

असम में बौद्ध धर्म बिहार के रास्ते नहीं आकर तिब्बत से अरुणाचल प्रदेश के रास्ते और बर्मा से मिजोरम और पूर्वोत्तर के अन्य हिस्सों से होकर पहुँचा।

ऐतिहासिक रूप से असम पर इस्लाम का प्रभाव 1205-6 में शुरू हुआ, जब बंगाल के तुर्क-अफगान शासक बख्तियार खिलजी ने असम को जीतने की असफल कोशिशें कीं। अहोम शासकों ने मुसलमान संतों को बड़ी-बड़ी जागीरें और बंधुआ मजदूरी से छूट देकर अपने यहाँ बुलाया और संरक्षण दिया था। अहोम राजा गंगाधर सिंह (1681-96) ने मुस्लिम धर्म प्रचारक अजान फकीर को अपने राज्य में स्थायी रूप से बसा लिया। मुस्लिम धर्मगुरु अहोम दरबारों से भी जुड़े थे। अहोम शासकों के उदार नजरिए तथा 14वीं सदी में शंकरदेव और महादेव की शिक्षाओं ने असम में हिन्दुओं और मुसलमानों के बीच अन्य किसी भी जगह की तुलना में ज्यादा नजदीकी रिश्ता बना दिया।

ईसाई धर्म का प्रवेश इस इलाके में 1837 में हुआ। ब्रह्मपुत्र घाटी और उसके आसपास के इलाकों में ईसाई मिशनरियों ने धर्म-प्रचार शुरू किया और 1946 में यहाँ से 'अरुणोदय' नामक असमिया पत्रिका का प्रकाशन भी शुरू किया। फिर बाइबिल का असमिया में अनुवाद हुआ। इसी काल में आदिवासी भाषा को रोमन

लिपि दी गई। बड़ी संख्या में स्कूल और कालेज खोले गए। 1901 में गुवाहाटी के काटन कालेज की नींव पड़ी।

आजकल असम फिर से चर्चा में है। पूरी ब्रह्मपुत्र घाटी आज उग्रवादी आंदोलनों की गिरफ्त में है। एक का नेतृत्व असम को भारत से अलग करने की माँग करने वाला उल्फा कर रहा है तो दूसरे का नेतृत्व बोडो कर रहे हैं। बोडो (मैदानी क्षेत्र का एक प्रमुख आदिवासी समूह) अपने लोगों के लिए अलग राज्य की माँग कर रहे हैं। धान के खेत हों या वन, भाषा हो या लिपि, सभी मसलों पर आम असमिया हिन्दुओं और बोडो लोगों के बीच मतभेद हैं। बोडो अपने लिए अलग राज्य की माँग कर रहे हैं, जबकि असम की शासक जमात उसके खिलाफ है। उल्फा अलग मुल्क की माँग के सवाल पर सिर्फ सुरक्षा बलों से ही खूनी भिड़ंत नहीं करता, बल्कि अपने समाज के उन लोगों के साथ भी मार-काट करता है, जो उसकी इस माँग से सहमत नहीं हैं या जिन्हें वह इस मार्ग में बाधक मानता है।

लोकतंत्र, संवाद, शांति और विकास की बातें करनेवाले लोग उल्फा और बोडो उग्रवादी संगठनों के नजरिए से परेशान हैं। उग्रवादी समूह अवैध हथियारों की बिक्री, चाय बागानों, तेल कंपनियों और उद्योगपतियों से अवैध वसूली के बल पर अपना धंधा कर रहे हैं और बेरोजगार युवाओं की फौज उनके बहकावे में आ जाती है।

लोकतांत्रिक शक्तियों और हिंसा की पक्षधर शक्तियों के बीच चलनेवाले संपर्क के दौर में भी ब्रह्मपुत्र घाटी के विभिन्न धार्मिक और आदिवासी समूहों के बीच किस किस्म का सामाजिक सद्‌भाव है, इसे देखने के लिए हाजो समाज पर नजर डाली जा सकती। कामरूप जिले का उपायुक्त (1973-75) रहने के दौरान मैंने पाया कि हाजो समाज मैदानी लोगों और आदिवासियों, हिन्दुओं और बौद्धों तथा मुसलमानों के बीच सद्‌भाव का अद्‌भुत उदाहरण पेश करता है। मैं जानना चाहता था कि ब्रह्मपुत्र घाटी से अलगावादी, उग्रवादी आंदोलनों के उभार के साथ-साथ क्या इस जगह के बुनियादी चरित्र में भी कोई बदलाव आया है।

हाजो, असम

हाजो एक बड़ा गाँव है, जो अब एक तहसील और प्रखंड का मुख्यालय तो है ही, वहाँ एक थाना भी बन गया है। यह कामरूप जिले का एक प्रमुख थाना है। यह गुवाहाटी से करीब 14 मील उत्तर-पूर्व में स्थित है। हाजो में कई जातियों और धर्मों के लोग रहते हैं और यहाँ मुसलमानों की भी काफी बड़ी आबादी है। यह संस्कृति और शिक्षा का प्रमुख केंद्र है। धान यहाँ की प्रमुख फसल है। धान के खेत गाँव से निकलते ही शुरू हो जाते हैं। बस्तियाँ टोलों में बँटी हैं-पक्की सड़क के दोनों तरफ मकान बने हैं। हर टोला बाँस की बाड़ से घिरा है। हर टोले में एक केंद्रीय आँगन जैसी बड़ी जगह के इर्द-गिर्द कच्ची झोपड़ियाँ बनी होती हैं। हर घर के

पिछवाड़े में केले, नींबू, नारियल के पेड़ों के चलते गाँव एकदम हरे-भरे दिखते हैं। अब काफी सारे मकान पक्की दीवारों और फर्शवाले बन गए हैं, जिन पर टीन डाल दी गई है।

हाजो में अनेक जातियों और धार्मिक समुदायों के लोग बसते हैं। असम के उच्च जातिवाले हिन्दू, बोडो और मुसलमान यहाँ साथ-साथ जीवन बसर करते हैं। जाति, धर्म और संप्रदाय के काफी भेद के बावजूद सभी लोग मिल-जुलकर रहते हैं। गाँव के विकास का मामला सामने हो तो धर्म, जाति वगैरह के मामले पीछे चले जाते हैं। शंकरदेव के वैष्णववादी प्रभाव ने जातिगत बँटवारों को और कम कर दिया है। वैष्णव मत ने न सिर्फ जाति-व्यवस्था की जड़ता कम की है, बल्कि आदिवासियों को भी एक बृहत्तर असमी समाज का हिस्सा बना दिया है। पर इस गाँव की पंचायत और अन्य संस्थाओं में सभी धर्मों और जातियों के लोगों को आनुपातिक प्रतिनिधित्व मिला हुआ है।

फिर भी सामाजिक बँटवारा अब भी बना हुआ है। हाजो गाँव कई सूबों (टोलों) में बँटा है और हर सूबे में किसी एक जाति या धर्म की पहचान का पता चलता है। कुछ लोगों का मानना है कि सामाजिक वर्गीकरण के कुछ ढीला होने और छुआछूत समाप्त या कम होने से अंतर-जातीय और अंतर-धार्मिक संबंध आसानी से बनने लगे हैं। हिन्दू-मुसलमान संबंधों में भी घनिष्ठता आई है। अनेक मुसलमान इस मेल-मिलाप को अच्छा बताते हैं।

एक नौजवान मुसलमान के अनुसार, "हिन्दुओं में अब छुआछूत काफी कम हो गई है। पहले तो मुसलमानों को हिन्दुओं, खासकर ब्राह्मणों के घर में नहीं आने दिया जाता था। साथ ही हिन्दू भी मुसलमानों के यहाँ नहीं जाते थे। जब भी कोई मुसलमान किसी से मिलने किसी हिन्दू के दरवाजे पर जाता था तो उसे वहीं उसका इंतजार करना पड़ता था। उसे घर के लोगों के इस्तेमाल वाली कुर्सियों पर भी नहीं बैठने दिया जाता था। अगर चाय दी गई, तो उन्हें अलग रखे गए बरतनों में ही चाय दी जाती थी। मेहमान को ही चाय का कप धोकर रखना होता था। पर हिन्दुओं में अब काफी बदलाव आ गया है। अब वे यह सब नहीं करते।"

असम के हिन्दुओं के धार्मिक जीवन को 'नामघर' और 'सत्र' नामक दो महत्वपूर्ण संस्थाओं को जाने बगैर नहीं समझा जा सकता। ये दोनों संस्थाएँ शंकरदेव की वैष्णव शिक्षा के बाद सामने आई हैं और दोनों ही आज की असमी संस्कृति का अंग बन गई हैं।

नामघर एक सामुदायिक प्रार्थनाघर है। एक बड़ा आयाताकार हॉल दो भागों में बँटा होता है। इसके भीतरी भाग और अपेक्षाकृत छोटे हिस्से को मंदिर कहते हैं और बाहरवाले बड़े हिस्से को सभागार। मंदिरवाले हिस्से में प्रमुख आराध्य की मूर्ति की 'स्थापना' होती है। जिस ऊँची जगह पर उसकी 'स्थापना' होती है, उसे मंडप कहा जाता है। सभागार में लोग 'नाम' (भक्ति गीत) कीर्तन या धार्मिक ग्रंथों के अंशों

का पाठ करते हैं।

चुने हुए लोगों की नामघर समिति ही नामघर का प्रबंध करती है। नामघर समिति सिर्फ एक सम्प्रदाय के लोगों की होती है। नामघर की देखरेख और सच्चाई का जिम्मा जिस एक व्यक्ति पर होता है, उसे 'नामघरिया' कहते हैं।

'सत्र' भी एक महत्वपूर्ण धार्मिक संस्था है। असल में यह नामघर का ही व्यापक और ज्यादा व्यवस्थित रूप है, जहाँ इसका प्रमुख या पुजारी स्थायी रूप से नियुक्त होता है। 'सत्र' की गतिविधियाँ काफी व्यापक होती हैं। उस के प्रमुख को गोस्वामी, सत्राधिकारी या गोसाईं कहते हैं। उस व्यक्ति को उसके अनुयायी बहुत आदर से देखते हैं। सत्र में सात्रिया नृत्य, नाम (भजन), धर्मग्रंथों का पाठ और कई अन्य तरह के धार्मिक काम होते हैं। भक्ति-संस्कृति और कला का विकास करने में भी इनकी केंद्रीय भूमिका है। इस प्रकार सत्र लोगों के बीच काम करनेवाले धार्मिक और सांस्कृतिक केंद्र हैं।

शंकरदेव और महादेव के अनुयायी ब्राह्मणवादी कर्मकांडों के खिलाफ रहते हैं।

हाजो में हिन्दू और मुसलमान, दोनों ही एकजुट होकर रहते हैं। गाँव में कभी कोई बड़ा हिन्दू-मुसलमान टकराव हुआ हो, इसका इतिहास नहीं है। हाँ, कभी-कभार दोनों समुदायों के बीच छिटपुट झगड़े जरूर हुए हैं-खासकर नौजवानों में। ऐसी स्थिति में गाँव के बड़े बुजुर्ग बैठकर झगड़ा सुलझा देते हैं और गलती करनेवालों को सजा देकर मामला रफा-दफा कर देते हैं।

तीन धर्मों का तीर्थस्थल

हाजो अपने पंचतीर्थ के लिए सारे असम में प्रसिद्ध है। यहाँ हयाग्रीव-माधव मंदिर, केदारेश्वर (शिव मंदिर), कमलेश्वर मंदिर, कामेश्वर मंदिर और गणेश मंदिर हैं। हयग्रीव-माधव मंदिर को महामुनि बुद्ध का चैत्य माना जाता है। तिब्बत, नेपाल, लेह और अन्य क्षेत्रों के बौद्ध सर्दियों में यहाँ आते हैं और बौद्ध रीति-रिवाज के अनुसार पूजा-आराधना करते हैं । मणिकूट पहाड़ी पर मुस्लिम संत गियासुद्दीन का एक छोटा और खूबसूरत मजार है। इसे 'पोआ मक्का' कहा जाता है। आसपास के इलाकों के मुसलमान यहाँ आकर नमाज और श्रद्धा प्रकट करते हैं। ये सभी तीर्थस्थल और धार्मिक इमारतें हाजो को असम का विशिषट स्थान बनाती हैं, जहाँ विविधता के बीच सर्वधर्म सद्भाव बना हुआ है।

हयाग्रीव-माधव मंदिर का असम के धार्मिक इतिहास में बहुत महत्वपूर्ण स्थान है। यह मंदिर मणिकूट पहाड़ी पर अवस्थित है। इसकी इमारत बहुत खूबसूरत है—वास्तुकला और शिल्पकला के लिए विशिष्ट। इसको 1583 में कोच राजा रघुदेवनारायण ने बनवाया था। पर मूल और पुराने मंदिर का निर्माण संभवत: छठी या सातवीं शताब्दी में हुआ था। मौजूदा भवन में अब भी पुराने मंदिर का एक भाग

बचा हुआ है। अनेक विद्वानों का मानना है कि पुराना मंदिर बौद्ध चैत्य था। पुराने हिस्से में बनी कुछ आकृतियाँ, खासकर मेहराब के ऊपर बना हाथियों का जोड़ा बौद्ध वास्तु का नमूना लगता है। ये एलोरा की कलाकृतियों से मिलते हैं। सर्दियों में दुनिया के विभिन्न हिस्सों से काफी सारे बौद्ध तीर्थयात्री हाजो आते हैं। वे मंदिर के बूढ़ा माधव की मूर्ति को बुद्ध की मूर्ति और इसे महामुनि कहते हैं। लोग अपनी आस्था, रीति-रिवाजों और परंपराओं के हिसाब से एक ही देवता की अलग-अलग तरह से पूजा करते हैं। पर इससे दो धर्मों के अनुयायियों के बीच कभी मनमुटाव नहीं होता और यह माहौल अन्य कहीं भी नहीं देखा जा सकता। मंदिर के हिन्दू पुजारी का कहना था, "हाँ, हमें मालूम है कि बौद्ध लोग इसे अपने देवता, महामुनि बुद्ध का मंदिर मानकर पूजा-अर्चना करने आते हैं। हमें उनसे कोई परेशानी नहीं है, वे अपनी आस्था, परंपरा और रीति-रिवाजों के अनुसार पूजा करते हैं और हम अपने विश्वास के अनुसार। ऐसे में टकराव क्यों होगा? यहाँ सब कुछ ठीक गति से चलता है। हमारे बीच पूरा सद्भाव है।"

पोआ मक्का

केदार पहाड़ी से लगी पहाड़ी पर यह मुसलमानों का एक प्रसिद्ध स्थान है।[23] इसे पोआ मक्का कहा जाता है और यहाँ संभवतः मुसलमान सूफी गियासुद्दीन औलिया की मजार और एक मस्जिद है। फारसी में लिखी आयतों वाले पत्थरों के अवशेष आज भी यहाँ दिखते हैं, जो मुगल सम्राट शाहजहाँ द्वारा 1657 ई. में बनवाई गई थी। अब यह मस्जिद नहीं है।

एक विश्वसनीय कथानक के अनुसार गियासुद्दीन औलिया 16वीं सदी में इस इलाके में इस्लाम का प्रसार करने के लिए आए थे। वे अपने साथ मक्का की थोड़ी मिट्टी भी लाए थे और उसी जगह पर उसे गाड़ दिया, जहाँ बाद में मस्जिद बनी और उनके भक्तों ने बाद में उनको भी वहीं दफना दिया। यह माना जाता है कि पोआ मक्का आने वालों को हज यात्रा का चौथाई पुण्य मिल जाता है।

गियासुद्दीन औलिया के साथ भी अनेक किंवदंतियाँ जुड़ी हुई हैं। विद्वानों का एक समूह मानता है कि उनके माध्यम से ही पूरे पूर्वोत्तर में सूफी मत और इस्लाम का फैलाव हुआ। हजरत अजान फकीर, जिन्हें मूलतः शाह मिर्जा के नाम से जाना जाता था, जैसे लोग भी गियासुद्दीन औलिया की विरासत लेकर ही आगे बढ़े। मोहम्मद याहा तामिजी के अनुसार, "पूर्वी भारत पहुँचने के पहले सूफी मत ने लंबी यात्रा की थी। इस इलाके में सूफियों की संख्या काफी कम है। पूरे पूर्वी भारत में 13वीं और 14वीं सदी में सूफी मत की धूम थी। उल्लेखनीय है कि सूफी धार्मिक ठिकाने लोगों ने खुद बनवाए थे। उनको शाही संरक्षण हासिल था और शासक लोग भी उनकी विद्वता और धार्मिक विचारों के चलते उनका बहुत सम्मान करते थे। पर

शासकों का सूफियों की संस्थाओं पर कोई नियंत्रण नहीं था।"

पोआ मक्का के खादिम सैयद अब्दुल अली ने बताया, "गियासुद्दीन औलिया संत आदमी थे। अहिंसा में उनका पक्का भरोसा था। वे मानवता, बंधुत्व, शांति और सभी धर्मों के साथ जीने में विश्वास करते थे।"

खादिम ने आगे कहा, "पोआ मक्का किसी एक धर्म का स्थान नहीं है। यह पूरी मानवता का है। यह मानवता से, शांतिपूर्ण जीवन से, अहिंसा से प्रेम करनेवालों का है। यह सभी धर्मों के लोगों के लिए खुला है। कष्ट और दुख-दर्द में पड़े लोग चमत्कार की आस से यहाँ आते हैं और यहाँ सबको आराम मिलता है। आप देख सकते हैं कि कितने सारे हिन्दू लड़के-लड़कियाँ भी यहाँ आजादी से घूम रहे हैं। यहाँ हर मर्ज या समस्या का समाधान है।"

खादिम का मानना है कि बस्ती के हिन्दुओं और मुसलमानों के बीच बहुत गहरे संबंध हैं। "कलिताकुशी, बामनबाड़ी, हीराजानी और दोलाइतल्ला जैसे अनेक मुसलमान गाँवों का हिन्दू नाम आज भी चलता है। ये नाम बताते हैं कि इस गाँव के पुरखे हिन्दू रहे होंगे। उन्होंने अपना धर्म बदल लिया पर अपने गाँव का नाम नहीं बदला। इस प्रकार हिन्दू और मुसलमान दोनों ही मानते हैं कि असल में वे एक ही पुरखों की संतानें हैं। इससे हमें इस इलाके में सांप्रदायिक शांति बनाए रखने में मदद मिलती है। परिणामस्वरूप इस इलाके में हमने दोनों धर्मों के लोगों के बीच कोई बड़ी लड़ाई नहीं देखी।"

खादिम इस्लाम की ऐतिहासिक भूमिका के संदर्भ से ही भारत में इस्लाम के आने को देखते हैं। वे भारत में मुसलमानों की मौजूदगी के बारे में बहुत ही रोमांटिक तस्वीर पेश करते हैं। वे मानते हैं कि "भारत में जो मुसलमान पहले आए, वे दुनियावी उद्देश्यों को सबसे ऊपर रखे हुए थे, और सूफियों ने बराबरी और सामाजिक न्याय का जो संदेश दिया, वह दबी-कुचली पिछड़ी जातियों में ज्यादा लोकप्रिय हुआ और इसी के चलते उसमें से काफी लोगों ने इस्लाम को अपना लिया। जहाँ तक मुसलमान शासकों की बात है तो वे 'दिलेर और महत्वाकांक्षी' थे, जिन्होंने मुल्क को तरक्की और समृद्धि के रास्ते पर ला दिया। वे खुद को 'मुल्क के लोगों की सेवा के लिए खुदा द्वारा तैनात व्यक्ति' मानते थे। बाहर से आए मुसलमान भी यहीं बस गए और इसी को अपना घर बना लिया। इस प्रकार मुसलमान राज में ही भारत का अधिकांश हिस्सा एक प्रशासनिक इकाई बना और मुल्क बाहरी दुनिया के संपर्क में आ गया। मुसलमानों ने वास्तु में, कला में, पोशाक में, भाषा और साहित्य में नयापन ला दिया और खेती तथा व्यापार की प्रगति कराई। इससे भी बड़ी बात है कि इस्लाम ने भारतीयों को ईश्वर के एक होने का विश्वास दिलाया, कर्मकांडों-पुजारियों और मूर्ति-पूजा के दबाव से बचाया और उनके अनेक अंध-विश्वासों को समाप्त किया। उसने सामाजिक एकता और महिलाओं के हक का संदेश भी दिया और अनेक हिन्दू सुधारवादी आंदोलन इस्लामी प्रभाव को स्वीकार भी करते हैं। हाल के वर्षों में भी

मुसलमानों ने अंग्रेजों से लड़ाई में अग्रणी भूमिका निभाई।"

"ओसामा बिन लादेन के बारे में पूछने पर उनका जवाब था, "वह आतंकवादी है। उसने अफगानिस्तान के निर्दोष लोगों को बर्बाद कर डाला और मुस्लिम दुनिया के काफी लोग भी उसकी करतूतों से परेशान हुए हैं। अगर कोई मुसलमान ओसामा के पैसों से मस्जिद बनवाता है तो मैं वहाँ नमाज नहीं पढ़ सकता। खुदा ने मोहम्मद साहब से कहा है, 'तुम आतंकी द्वारा बनवाई मस्जिद में नमाज न पढ़ना।' इस्लाम सबसे सहनशील धर्म है, इसलिए असली मुसलमान आतंकवादी हो नहीं सकता। जब हिटलर ने यूरोप के यहूदियों को मारा तो मुसलमान देशों में रहने वाले यहूदी सुरक्षित थे। यह एक ऐतिहासिक तथ्य है। नामी मुसलमान इतिहासकारों ने मुझे यह बात बताई है। आतंकवादी नकली मुसलमान हैं।" खादिम का निष्कर्ष था।

हाजो अनेक धर्मों के सह-अस्तित्व का असाधारण उदारहण पेश करता है। स्थानीय पंडा दीपेन भगवती कहते हैं, "हाजो तीन धर्मों : हिन्दू, बौद्ध और इस्लाम का त्रिवेणी संगम है। यहाँ हर धर्म दूसरे के प्रसार में बाधा न डालते हुए अपनी रफ्तार में चलता जा रहा है।"

निष्कर्ष रूप में कहा जाय तो मूल्य, विश्वास और नजरिया, जिसे साझा रूप में संस्कृति कहा जाता है, भारत के ग्रामीण इलाकों में बड़ी तेजी से बदल रहे हैं। ऐसा आधुनिकता के कारण भी हो रहा है और भूमि, पैसा और श्रम जैसे उत्पादन के कारकों के संबंध बदलने से भी। लोग धर्म और जाति के आधार पर संचालित मानवीय संबंधों को भी नए बदलाव और टकराव के अनुसार बदल रहे हैं। हमने देखा है कि बिहार के सरिसब-पाही, असम के हाजो और पश्चिम बंगाल के केंदुली जैसे पारंपरिक समाजों में धर्म से बहुत ज्यादा प्रभावित सांस्कृतिक मूल्य आज भी पूर्ववत चल रहे हैं। इन गाँवों के कुछेक व्यक्तियों को छोड़ दें तो आधुनिक शिक्षा ने यहाँ के लोगों पर कोई बहुत गहरा असर नहीं डाला है। फिर भी चीजें बदलती जा रही हैं और लड़के लड़कियाँ आर्थिक रूप से अपनी स्थिति बेहतर बनाने के अवसरों की तलाश में हैं।

सरिसब-पाही हो या केंदुली या फिर हाजो, यहाँ विभिन्न धर्मों और जातियों के लोगों के बीच शांति और सद्भाव बनाए रखने में 'बहुधा' नजरिया काफी महत्वपूर्ण भूमिका निभाता है, पर जब सिमडेगा में नक्सलियों का सामना करना होता है, तो इसकी सीमाएँ भी स्पष्ट होती हैं। यहाँ संवाद की प्रक्रिया बिखर गई है और उसे फिर से शुरू करने की जरूरत है। यह मानने के पर्याप्त आधार हैं कि जब शासन कानून और व्यवस्था को बनाए रखने तथा शिक्षा और स्वास्थ्य सुविधाओं की उपलब्धता बढ़ाने के साथ ही भूमि-सुधार जैसे कदम उठाएगा, तभी टकराव टालने की पारंपरिक व्यवस्था कारगर ढंग से चल पाएगी। आर्थिक प्रगति में ठहराव का दोष स्थानीय सांस्कृतिक नजरिए को नहीं दिया जा सकता। इसका कारण नक्सल प्रभावित इलाके में रोजगार का उपलब्ध न होना है। बाजार-व्यवस्था विकसित न होने

और शासन-व्यवस्था द्वारा शिक्षा, जीवन-यापन और शांति कायम न रख पाने जैसे कारणों से यह भयानक स्थिति बनी है। केरल को छोड़ दें तो बाकी राज्यों में लड़कियों की शिक्षा के होने का भी खराब असर पड़ा है।

हमने देखा है कि मदरसा-शिक्षा व्यवस्था में हमारी प्रचलित धारणाओं को केरल के मदरसे किस तरह झुठलाते हैं और बताते हैं कि वहाँ भी आधुनिक और धर्मनिरपेक्ष शिक्षा दी जा सकती है। इस्लाम को माननेवाले उसके ऐतिहासिक परिप्रेक्ष्य को भी जानते हैं और 7वीं सदी तक मोहम्मद साहब द्वारा उसकी स्थापना के कई सौ साल बाद, इसकी प्रगतिशील भूमिका को भूले नहीं हैं। जब तक मदरसा-शिक्षा धर्मनिरपेक्ष शासन द्वारा बनाई पाठ्यचर्या को मानती है और बच्चों के मन में सवाल जगाने का, उत्सुकता पैदा करने का काम करती है, वह किसी भी तरह ईसाई मिशनरी स्कूलों या रामकृष्ण मिशन स्कूलों से पीछे नहीं है।

हमने हाजो और कालीकट दोनों जगहों पर यह देखा है कि आम लोगों के स्तर पर इस्लाम की समझ कठोर धार्मिक नहीं है। इस्लाम की सूफी परंपरा तो और भी उदार है और उनकी दरगाहों पर सबको जाने की अनुमति है, उनके पीर सबके पीर होते हैं।

हाजो में हिन्दुओं और बौद्धों द्वारा एक ही मंदिर, एक ही मूर्ति की पूजा करना और हिन्दू नामवाले मुस्लिम बहुल गाँवों की मौजूदगी अपने आप में काफी दिलचस्प तथ्य है। दरअसल, गाँव के लोग अक्सर पहले भगवान शिव के मंदिर में जाकर फूल-बेलपत्र चढ़ा लेते हैं और फिर नामघर जाकर कीर्तन करते हैं। उन्हें न तो यहाँ कोई शैव-वैष्णव झगड़ा दिखता है न ब्राह्मणवादी कर्मकांड के अनुसार पूजा करने या इन कर्मकांडों के विरोध में खड़े हुए नामघरों में कीर्तन करने में कोई परेशानी होती है। हाजो हिन्दू-मुसलमान और बौद्ध लोगों के बीच धार्मिक मेलजोल का अद्भुत उदाहरण पेश करता है।

सरिसब-पाही का उदाहरण एक और महत्वपूर्ण सबक देता है कि विद्वता अपनी-अपनी भी होती है और उसकी परंपरा भी चलती है। 'एक शिक्षक दस को पढ़ाए' वाला अयाचि मिश्र का सिद्धांत ठीक से काम करे तो एक साथ हजारों लोगों को शिक्षित किया जा सकता है। विद्वता संवाद की प्रक्रिया को ज्यादा सार्थक बनाती है, समाज के आर्थिक और सामाजिक विकास में मदद देती है और सद्भाव बढ़ाती है। पर जब मामला सशस्त्र नक्सलियों जैसे समूह की मौजूदगी का हो, तब बहुधावाली दृष्टि को चलाने के लिए भी शासन के मजबूत दखल की जरूरत होगी।

बाउलों की विश्वदृष्टि एक खुशनुमा समाज के लिए बहुत अच्छा उदाहरण है और इस प्रक्रिया में नवयुवक-नवयुवतियाँ जाति और धर्म तथा अन्य बंधनों से ऊपर उठ जाते हैं। केंडुली बाउलों की मस्ती भरी जीवन-शैली और उनका संगीत तथा चार दशक से निरंतर चलनेवाले वामपंथी शासन में ज्यादा बैर नहीं है और दोनों अपनी-अपनी जगह चलते जा रहे हैं।

हम यह भी पाते हैं कि जाति और धर्मों के बँटवारे के बावजूद गाँवों और कस्बों में साथ-साथ एक समाज की तरह लंबे समय तक जीवन बिताने का भी भारत के लोगों की एकता के लिए काफी महत्व है। निर्मल मिंज द्वारा गाया झारखंड का राष्ट्रगान हो या हाजो के खादिम द्वारा ओसामा को आतंकी और शांति के लिए खतरा बताना, इन चीजों को देखना-सुनना बहुत उत्साह बढ़ानेवाला है।

लेकिन लोगों के बीच अज्ञानता आज भी भरी हुई है। भारत के अन्य भागों और दुनिया के अन्य स्थानों, खासतौर पर लातिन अमेरिका और अफ्रीकी देशो में क्या कुछ हो रहा है, इसका बहुतों को पता नहीं है और न दिलचस्पी है। जब हम वैश्विक स्तर पर संवाद चाहते हैं तो दूसरों के बारे में विशेषकर उनके धर्म, विज्ञान और तकनीक के बारे में रुचि लेनी होगी। यह एक सामान्य बात होनी चाहिए कि एक अमेरिकी या यूरोपवासी पूरब के देशों और उसकी सभ्यताओं और समस्याओं के बारे में जानें।

यह एक सुखद पहलू है कि भारत के आमलोगों में बहुधा दृष्टिकोण व्यापक रूप में फैला हुआ है। इसने भारत की धर्मनिरपेक्ष और प्रजातांत्रिक व्यवस्था को मजबूती प्रदान की है और उससे खुद भी मजबूत हुआ है।

भारत के काफी सारे गाँवों में आज भी बुनियादी सुविधाओं, जैसे शौचालय, साफ पेयजल, अच्छे स्कूल और स्वास्थ्य-सुविधाओं का अभाव है। लेकिन चेतना का खूब फैलाव हुआ है और लोग सामाजिक सद्‌भाव और सुशासन में लाभ की संभावना देखते हैं। फिर भी सदियों से अन्याय और असमानता के शिकार लोग बागी हो रहे हैं या नक्सली और अन्य उपद्रवी जमातों के प्रति सहानुभूति रखते हैं। काफी सारे इलाकों में लोकतंत्र और कानून के शासन ने अपने आपको जमाया है तथा जीवन-यापन के नए अवसर पैदा किए हैं। चीजों को वास्तविक रूप लेने में असामान्य देरी को लेकर सचमुच की चिंता पैदा हुई है, पर आशा और प्रजातांत्रिक संस्थाओं में विश्वास कायम है।

राजनीति और लोकतंत्र की एकतावाली भूमिका को राजनेताओं ने ही जाति, धर्म, क्षेत्रीय और सांप्रदायिक भावनाओं को उभारकर अपनी रोटी सेंकने के चक्कर में कमजोर किया है। चुनाव जीतने, अपने रिश्तेदारों और पसंदीदा लोगों को आगे करने में उन्हें उन चीजों की मदद लेने में कोई परेशानी नहीं होती, जिससे सामाजिक सद्‌भाव और कानून का शासन कमजोर होता है। पर यह देखकर खुशी होती है कि लोकतंत्र की संस्कृति व्यापक और मजबूत है और परस्पर निर्भरता से उसे बल मिला है।

हर जगह लोगों के विश्वासों और नजरिए में बदलाव आ रहा है। लेकिन इन समाजों में चलनेवाली संस्थागत प्रणालियों में सुधार की जरूरत है, जिससे कि संवाद की प्रक्रिया में खलल न पड़े और सचेत नागरिक तथा नागरिक समाज-संगठनों को ताकत मिले। व्यक्तियों और शासन के बीच निरंतर संवाद की प्रक्रिया को चलाना

महत्त्वपूर्ण है, लेकिन लोगों के बीच संवाद को सर्वाधिक महत्व देने की जरूरत पहले है, क्योंकि यह प्रक्रिया राष्ट्रीय मजबूती के लिए ही नहीं पारस्परिक सद्भाव के लिए भी जरूरी है।

संदर्भ और टिप्पणियाँ

1. मैथ्यू 5: ना.
2. जवाहरलाल नेहरू, भारत : एक खोज, सस्ता साहित्य मंडल, नई दिल्ली, पृ. 58-59
3. कुमार सुरेश सिंह, पीपुल ऑफ इंडिया : ऐन इंट्रोडक्शन, एंथ्रोपालाजिक सर्वे ऑफ इंडिया, कलकत्ता, 1992, पृ. 97
4. कुमार सुरेश सिंह, पूर्वोक्त।
5. 2001 की जनगणना के अनुसार विभिन्न धर्मावलंबियों की संख्या का अनुपात इस प्रकार था : हिन्दू-80.5 फीसदी, मुसलमान 13.8 फीसदी, ईसाई-2.3 फीसदी, सिख-10.9 फीसदी, बौद्ध-0.8 फीसदी, जैन-0.4 फीसदी और अन्य 0.6 फीसदी।
6. वीणा दास (संपा.) ऑक्सफोर्ड इंडिया कंपैनियन टू सोशियोलाजी एंड सोशल एंथ्रोपोलाजी, खंड-I, ऑक्सफोर्ड यूनि. प्रेस, 2003, नई दिल्ली, 2003, पृ. 40
7. नलिनी मेनन (संपा.) द इंडियन एक्सपीरिएन्स, मीडिया डांस एशिया लिमिटेड, बैंकाक, 1997, पृ. 40
8. रवीन्द्रनाथ टैगोर, संचयिता और गीतांजलि में भारततीर्थ शीर्षक कविता से।
9. यात्रा की शुरुआत-4 जनवरी 2005 कालीकट (केरल); 6-9 जनवरी 2005; केंडुली (प. बंगाल)13-15 जनवरी 2005; सिमडेगा (झारखंड) 20-22 जनवरी 2005; सरिसब-पाही (बिहार) 23-28 जनवरी 2005; हाजो (असम) 31 जनवरी-9 फरवरी 2005; और दिल्ली वापस लौटने की तारीख–12 फरवरी 2005
10. के. पी. एस. मेनन, मैनी वर्ल्ड्स : ऐन आटोबायोग्राफी, ऑक्सफोर्ड यूनि. प्रेस, लंदन, 1965, 5.1
11. आर. सी. मजूमदार, द दिल्ली सल्तनत, पृ. 417-418 (साथ ही देखें, ए. श्रीधर मेनन, केरल गजेटियर, कोझिकोड, गवर्नमेंट प्रेस, त्रिवेंद्रम, 1962, पृ. 752)
12. नारायण गुरु का जन्म 20 अगस्त 1853 को हुआ था। उन्होंने अछूतों समेत सबसे बंधुत्व भाव का प्रचार किया। गरीबों और पिछड़ों के इस मसीहा का सूत्र वाक्य था, "एक लोग, एक ईश्वर; एक धर्म।" 20 सितंबर 1928 को उनकी मृत्यु हुई।
13. कलकत्ता 1912 तक भारत की राजधानी रहा। उसके बाद राजधानी दिल्ली आ गई।
14. जयदेव की वास्तविक जन्मतिथि अज्ञात है। लेकिन विद्वानों की राय है कि उनकी प्रसिद्ध रचना 'गीत गोविन्दम' की रचना 12वीं और 13वीं सदी में कभी हुई होगी।
15. रवीन्द्रनाथ टैगोर पर 'बाउलेर-गाथा' का बहुत प्रभाव था। उन्होंने बंगाल-विभाजन के बाद शुरू हुए स्वदेशी आंदोलन के समय जो राष्ट्रवादी गीत लिखे, उन्हें 'बाउल' शीर्षक से ही छपवाया था। उनमें से अधिकांश को 'बाउल-सुर' में रचा गया था। अपनी नृत्य नाटिका-'फाल्गुनी' में भी उन्होंने अंधे बाउल की भूमिका निभाई थी।
16. बाउलों को तीन श्रेणियों–साधक बाउल, सहज बाउल और शिल्पी बाउल में बाँटा जा सकता है। साधक को घर छोड़ना, गुरु से दीक्षा लेनी होती है। सहज बाउल के लिए कोई शर्त नहीं

होती। शिल्पी बाउल पेशेवर श्रेणी में आते हैं।

17. झारखंड की माँग 1900 की शुरुआत में ही हो गई थी। तब ऑक्सफोर्ड से पढ़े और 1928 ओलंपिक में स्वर्णपदक जीतनेवाली भारतीय हाकी टीम के कप्तान तथा पंडित जवाहरलाल नेहरू के मित्र जयपाल सिंह ने बिहार के दक्षिणी जिलों को लेकर झारखंड बनाने की माँग उठाई थी। इस लेखक ने भी झारखंड, उत्तरांचल और छत्तीसगढ़ राज्यों के गठन में महत्वपूर्ण भूमिका निभाई है। जानने के लिए देखें, भारतीय समाज विज्ञान संस्थान, नई दिल्ली में 19-20 सितंबर 2004 को आयोजित सेमिनार में पढ़ा गया : 'कंफ्लिक्ट थ्रूज बिटविन द सुप्रीम कोर्ट एंड कंस्टीटयूशन' (अप्रकाशित)।

18. नक्सली आंदोलन की शुरुआत 1960 के दशक में पश्चिम बंगाल के सिलीगुड़ी जिले के नक्सलबाड़ी प्रमंडल से हुई। फिर यह आंध्र प्रदेश, ओडिसा, मध्य प्रदेश, महाराष्ट्र, झारखंड, छत्तीसगढ़ समेत अनेक राज्यों में फैला। अभी तक यह आंदोलन 13 राज्यों के 102 जिलों में फैला हुआ है और इसके कैडर में 18000 लोगों के होने का अनुमान है।

19. सिमडेगा आज जिला मुख्यालय है, पर 1915 में यह रांची जिले का प्रमंडल बना था। जिला गजट पृष्ठ-607 के अनुसार : 'सिमडेगा नाम कहाँ से आया, यह स्पष्ट नहीं है। कुछ लोग इसे 'सिम' अर्थात मुर्गी और 'डेग' अर्थात कदम से बना बताते हैं। कई लोग इसे झरनों से जोड़कर बना बताते हैं, पर कोई भी विश्वसनीय नहीं लगता।",

20. बिहार शब्द की उत्पत्ति बौद्ध विहार से प्रेरित है। इसके उत्तर में नेपाल, पूरब में प. बंगाल, दक्षिण में झारखंड तथा पश्चिम में उत्तर प्रदेश और मध्य प्रदेश हैं।

21. बी. पी. सिंह, डॉ. के. के. दत्त मेमोरियल व्याख्यान, 8 मार्च 1997, पटना संग्रहालय, पटना।

22. बी. पी. सिंह, द प्रोब्लेम ऑफ चेंज : ए स्टडी ऑफ नार्थ, ईस्ट इंडिया, ऑक्सफोर्ड यूनि. प्रेस, नई दिल्ली, 1987, पृ. 27

23. पोआ मक्का के एक शिलालेख में लिखा है : हिजरी 1067; दानकर्त्ता : मोहम्मद सुजाउद्दीन (1657 ई.)। मोहब्बत और करुणा से भरे अल्लाह के नाम पर शुरू किया गया। सारे अच्छे गुण अल्लाह में ही हैं...

दुनिया का बादशाह, दीन का रखवाला, अच्छे स्वभाव का, राजकुमार और शाही जज सुजाउद्दीन मोहम्मद जिसके समय में बंगाल में कई महत्वपूर्ण घटनाएँ हुईं और जिसके अधीन सुजाबाद प्रांत के मुसलमान अमन और शान से रहे। और इस जगह पर सिराज के लुतफुल्ला ने बहुत सुंदर मस्जिद बनवाई। संतों के नाम और यश से तथा अल्लाह की दुआ से यह पवित्र जगह स्थायी हो जाए, क्योंकि यह बहुत मजबूत नींव पर खड़ी है। जब लोग इसकी तारीख जानना चाहेंगे, तो उन्हें हिजरी 107 दिखाई देगा।

III

बहुधा : सद्‌भाव की सार्वजनिक नीति का एक उपकरण

अध्याय-8

बहुधा की संस्कृति

"चूँकि लड़ाई मनुष्य के मष्तिष्क से ही शुरू होती है-इसलिए शांति के लिए रक्षा-व्यवस्था भी मानव मस्तिष्क में ही की जानी चाहिए।"

यूनेस्को का संविधान।[1]

इतिहास दर्शन की प्रसिद्ध पुस्तक 'ए स्टडी ऑफ हिस्ट्री' के विख्यात लेखक आर्नाल्ड टॉयनबी मानते हैं : "खतरा अपने आप में, भले ही वह हमारे दौर जितने प्रबल रूप में दिखे, मनुष्य को अपनी मुक्ति का मार्ग खोजने के लिए प्रेरित करने में पर्याप्त नहीं होता। यह एक कमजोर प्रेरक है, क्योंकि यह ऋणात्मक है। बेचैनी के समय बहुत हिसाब लगाकर ढूँढे गए तरीके में हमें बचाने योग्य आध्यात्मिक बल नहीं हो सकता। यह बल सिर्फ धनात्मक उद्देश्य से ही आएगा और तभी आत्मघात या अपनी बर्बादी रोकने की ऋणात्मक स्थिति को टालेगा; मनुष्य में धनात्मक लक्ष्य सिर्फ प्रेम से ही आ सकता है।"[2]

लोगों में आज अपनी पहचान को सिर्फ अपने राष्ट्र से जोड़कर देखने के बजाय अपने धार्मिक, जातीय और नस्ल-समूह के आधार पर देखने का चलन बढ़ता जा रहा है। अपनी विरासत के बारे में ऐसी चेतना और अभियान से व्यक्तिगत स्तर पर तो संतुष्टि मिलती है, पर अगर आर्थिक अवसरों, राजनैतिक अधिकारों और धार्मिक संवेदनशीलता के स्तर पर समाज के अन्य सदस्यों के प्रति अवसर का अभाव हो तो टकराव की स्थिति बनती है, जो अक्सर हिंसक रूप भी ले लेती है। इससे अक्सर कुछ खास घृणात्मक छवि और धारणाएँ बनती हैं, जिससे व्यक्ति और समूह आगे भी इन्हीं के आधार पर सोचने और काम करने लगते हैं, और इस डरावनी हिंसा की अभिव्यक्ति स्कूलों में होनेवाली गोलीबारी से लेकर छोटे-छोटे बच्चों द्वारा किए जाने वाले आत्मघाती हमलों में होती है। 11 सितंबर 2001 को अमेरिका में हुए आतंकी हमले और उसकी प्रतिक्रिया में उठाए गए कदमों से जानमाल को तो भारी नुकसान हुआ ही, हिंसक टकरावों का दौर भी शुरू हो गया।[3]

इन टकरावों में आतंकवाद द्वारा मानव बमों का उपयोग सबसे नई चीज है और

यह सब जातीय और धार्मिक असंतोष के नाम पर किया जा रहा है। एक आतंकवादी संगठन के तौर पर अल कायदा की कहानी "राजनैतिक और सामाजिक उथल-पुथल की उर्वर भूमि से पैदा होनेवाले हिंसक और बौखलाहट भरे विचारों की ही कहानी है।" पर असल सवाल यह है कि हिंसा के इस दुष्चक्र को कैसे तोड़ा जाय?

इस पृष्ठभूमि में हमें 'एक सत्य, अनेक व्याख्याएँ' के सिद्धांत में विश्वास रखने की जरूरत और अधिक बढ़ जाती है। सामाजिक सद्भाव की एक व्यापक नीति और काल की कसौटी पर खरा उतरनेवाले इस दर्शन की प्रासंगिकता आज और बढ़ गई है। बहुधा की संवाद संस्कृति व्यक्ति के नजरिए में काफी दिनों से समाहित है और संवाद की इस प्रक्रिया के लिए जरूरी है कि हम जिस तरह से विभिन्न मुद्दों को देखने का नजरिया विकसित करते हैं, उस पर भरोसा रखें, पर दूसरे के नजरिए को सुनने का धीरज भी रखें। इसके लिए यह मानसिक अनुशासन रखना अनिवार्य है कि दूसरा व्यक्ति जो बात कर रहा है, वह भी सही हो सकता है। हर व्यक्ति और समाज बुनियादी तौर पर अहिंसा और सत्य को आधार मानकर काम करे, इस अहसास ने इस नजरिए को नई शक्ति दी है।

टकरावों की प्रकृति

टकराव और हिंसा मानवीय कार्य-व्यवहार का अभिन्न हिस्सा रहे हैं। टकराव और हिंसा के कारणों पर भी विद्वानों ने गहरे विश्लेषण किए हैं। व्यक्तिगत द्वंद्व से लेकर धार्मिक, जातीय और वैचारिक स्तर पर टकराव के बारे में अनेक तरह से विचार व्यक्त किए गए हैं। विभिन्न देशों के बीच सशस्त्र भिड़ंत के साथ ही शीतयुद्ध के तनाव को भी सबने भुगता और जाना है। शीतयुद्ध के बाद अमेरिका के सैमुअल हटिंगटन समेत अनेक विद्वानों ने सभ्यताओं के बीच टकराव को आधुनिक विश्व का नवीनतम दौर बताया है।[4] लोग राजनीति और अपनी लोकतांत्रिक आजादी का उपयोग सिर्फ अपने हितों को आगे बढ़ाने के लिए ही नहीं करते, वे जातीयता, नस्ल, भाषा, जाति और धर्म संबंधी अपनी पहचान को आगे बढ़ाने के लिए भी उसका उपयोग करते हैं।

1945-89 के बीच अरबों और इजरायलियों, भारत और पाकिस्तान, सूडानी मुसलमानों और ईसाइयों, श्रीलंका के बौद्धों और तमिलों तथा लेबनान के शिया और मोरानी लोगों के बीच जातीय और धार्मिक आधार पर करीब 32 युद्ध हुए हैं। पूर्व युगोस्लाविया के सर्ब और क्रोएट तथा श्रीलंका के बौद्धों और हिन्दुओं के बीच की लड़ाई तो भारी खून-खराबे वाली रही है।

यह समझने की जरूरत है कि आज दुनिया में धर्म की जिस तेजी से वापसी हो रही है, वैसा पहले कभी नहीं हुआ था। इस्लाम, ईसाइयत, बौद्ध, हिन्दू, शिंतो और यहूदी धर्म के माननेवालों के बीच नए आंदोलन उभर रहे हैं। लंबे समय तक

कम्युनिस्ट व्यवस्थाओं में रहनेवाले रूस और चीन में भी काफी लोग फिर से धार्मिक हो रहे हैं। तुर्की और मिस्र की मुसलमान आबादी ने पहले काफी हद तक पश्चिमी तौर-तरीके अपना लिए थे, लेकिन अब वहाँ भी रूढ़िवादी धार्मिक आग्रह बढ़ रहे हैं। मुख्य चिंता यह है कि धर्मग्रंथों में लिखी गई हर बात को नए सिरे से जीवन में उतारने का जोर बढ़ता जा रहा है और माना जाने लगा है कि सारे मानवीय कार्य-व्यापार को संचालित करने के लिए जरूरी बातें धर्मग्रंथों में भरी पड़ी हैं। ऐसा आग्रह सही अर्थों में दुराग्रह है। नए आर्थिक, तकनीकी और सामाजिक मसलों को नए ढंग से सुलझाने और कुछ नई बातें सोचने की प्रवृत्ति इस नए धार्मिक दुराग्रह से कमजोर होगी। इस नजरिए के चलते लोग सूचना और संचार के नवीनतम उपकरणों का लाभ लेने, इस नई क्रांति से फायदा उठाने से वंचित होंगे। ऐसे नजरिए से दूसरे धर्म के लोगों से संवाद करने की जगह नहीं बचती और नई चीजों की शिक्षा लेने का आग्रह खत्म होता है।

धर्म का यह नया उभार असल में "20वीं सदी के उत्तरार्द्ध में दुनिया-भर में तेजी से चली आर्थिक, सामाजिक और सांस्कृतिक आधुनिकीकरण की प्रक्रिया" से व्यक्तिगत और सामूहिक पहचान के गायब होने की प्रतिक्रियास्वरूप आया है। सत्ता की पारंपरिक व्यवस्थाएँ ध्वस्त हुई हैं। लोग नए कायदे-कानून और अपनी महत्वाकांक्षा की चकाचौंध में अपनी पारंपरिक जड़ों से कट गए हैं। ऐसे लोगों को नई पहचान की, स्थायी और एक नई सामूहिकता की तथा जीवन को नया अर्थ और उद्देश्य देनेवाले नए नैतिक भावबोध की जरूरत है। इन्हीं जरूरतों के चलते संगठित धार्मिक समूहों, मुख्यधारा और कठमुल्लावादी ताकतों का प्रभाव बढ़ता जा रहा है।[5]

टकरावों का एक अन्य महत्वपूर्ण पहलू विभिन्न धर्मों के बीच की प्रतिद्वंद्विता भी है। इस्लाम और ईसाई धर्मों के अनुयायियों के बीच इतिहास में टकराव का बहुत लंबा दौर चला है और दोनों की नई कठमुल्लावादी जमातें उस टकराव को आधार बनाकर काम कर रही हैं। इसी प्रकार इस्लाम और हिन्दू, बौद्ध और इस्लाम के बीच पहले हुई भिड़ंतों की यादें—खासतौर से उस दौर की जब इस्लाम भारत में फैल रहा था—भी समय-समय पर हिंसक टकराव का आधार बना देती हैं। 1992-1995 के बीच बोस्निया और हर्जेगोविना में धार्मिक हिंसा के नाम पर बड़ी संख्या में लोगों की हत्या का क्रम थमा और यह काम संयुक्त राष्ट्र के दखल से संभव हुआ। 1984-2004 के बीच भारत में भी एक तरह से अपूर्व मारकाट हुई। 1984 में निर्दोष सिखों की हत्या, 1992 में अयोध्या स्थित बाबरी मस्जिद को गिराने और फिर बंबई में हुए बम विस्फोटों तथा 2002 में गुजरात में मुसलमानों के नरसंहार ने शासन-व्यवस्था की कमजोरियों को तो उजागर किया ही, यह भी स्पष्ट कर दिया कि भारत के बहुलतावादी धर्मनिरपेक्ष मूल्यों को मजबूत करने का काम भी बहुत जरूरी है और इसे निरंतर चौकस ढंग से करना होगा। दक्षिण एशिया के सामाजिक और धार्मिक परिदृश्य पर नजर रखनेवाले प्रेक्षकों को धर्म आधारित हिंसा की हाल की ये घटनाएँ

और इनसे संबंधित कुछ राजनैतिक घटनाएँ बहुत चिंताजनक लगती हैं। राजनेताओं और राजनैतिक समूहों द्वारा धर्म के अपने राजनैतिक मंसूबों के लिए इस्तेमाल से लोगों की परेशानियाँ बढ़ी हैं और असहिष्णुता में वृद्धि हुई है। आपसी समझ और करुणा का माहौल बनाने के साथ ही नफरत और परेशानियों को दूर करने के उपायों पर भी गौर करने की जरूरत है।

कई धर्मों के विभिन्न पंथों का आपसी टकराव भी उतना ही चिंताजनक है। ईसाई धर्म का इतिहास तो ऐसे टकराव के किस्सों से भरा पड़ा है। दुनिया के विभिन्न हिस्सों में होनेवाले शिया-सुन्नी टकराव में जान-माल की भारी क्षति होती है। हिन्दू धर्म में अगर पंथवादी टकराव नहीं दिखता, तो यहाँ जाति और जातीयता के आधार पर झगड़े होते ही रहते हैं। बौद्ध धर्म के हीनयान और महायान पंथों के बीच भी अपने मतभेद हैं। तमाम प्राकृतिक और सामाजिक बुराइयों के लिए शुरू हुए विभिन्न धार्मिक आंदोलन 'धर्म' की व्याख्या और उसे पाने के तरीकों के सवाल पर ही उलझ कर आपस में टकराते रहे हैं।

विभिन्न समूहों में अंतर के चलते ही टकराव नहीं होता, कई बार उनमें समानता भी विवाद का कारण बन जाती है। हर जगह के लोग दूसरों को थोड़ा हिकारत से देखते, उन्हें ही सारी समस्याओं का कारण मानते हैं, ऐसे तमाम लोग अपने समूह के हर काम को ठीक मानने के अभ्यस्त हो गए हैं। अपने समूह के खिलाफ कभी पहले हुई ज्यादतियों को ही नहीं, अपने समूह की 'जीत' और 'नायकों' को वे बहुत शान से याद करते हुए पुराने जख्मों का बदला लेने की योजना बनाते हैं। दुर्भाग्यपूर्ण सच्चाई यह है कि एक दूसरे से नफरत करने और उनकी हत्या करने की 'क्षमता' सभी लोगों में है और बात यदि अपने पड़ोसियों और परिवार के सदस्यों की हत्या की हो, तब भी उनकी यह प्रवृत्ति कमजोर नहीं पड़ती।[6]

आज भी विचारधाराओं की टकराहट है, पर यह उतनी तीखी नहीं रह गई है जितनी कि 1917 की रूसी क्रांति के बाद के उस दौर में थी, जब पूरी दुनिया ही दो विचारधाराओं में बँट गई थी। इसमें एक ओर साम्यवादी दर्शन को सही माननेवाले थे तो दूसरी ओर पूँजीवाद और लोकतंत्र को सही माननेवाले। सौभाग्य से दूसरे विश्वयुद्ध ने नाजीवाद और फासीवाद को इतिहास के पन्नों में ही बंद कर दिया। 1945 से 1991 तक चले शीतयुद्ध के दौर में समाजवाद बनाम लोकतंत्र के नाम पर भी काफी तनातनी चली और सौभाग्य से यह दौर भी अब बीत चुका है। दरअसल सोवियत संघ के पतन और फिर पूर्वी यूरोप के देशों में हुए बदलावों के बाद बाजार ने बहुत तेजी से अपना विस्तार किया है और इसमें भूमंडलीकरण और लोकतंत्र की विचारधाराओं ने उसकी काफी मदद की है।

विवाद और टकराव का एक और संभावित स्रोत है दुनिया में बढ़ती आर्थिक असमानता। यह सही है कि पिछले पचास वर्षों में दुनिया में जो आर्थिक प्रगति हुई है, वह इतिहास के किसी भी इतने छोटे कालखंड की प्रगति से बहुत ज्यादा है।

आज हम जिस दुनिया में रहते हैं, उसमें सालाना 31000 अरब डॉलर का उत्पादन हो रहा है। फिर भी विकासशील देशों के करीब 1.2 अरब लोग हर रोज एक डॉलर से भी कम की आमदनी पर जीवन बसर करने को मजबूर हैं। दुनिया की आबादी में 20 फीसदी लोगों का ही पृथ्वी के 80 फीसदी संसाधनों और आमदनी पर कब्जा है। फिर भी इस असमानता के और बढ़ने की ही आशंका है। पाँच सौ वर्ष पहले दुनिया की आबादी करीब 50 करोड़ थी। आज यह 6.4 अरब है। 2050 तक यह बढ़कर 9.1 अरब हो जाएगी, और उसकी यह वृद्धि भी लगभग विकासशील देशों में ही सिमट कर रह जाएगी, खासकर दुनिया के सबसे गरीब 50 देशों में।[7] 1995-2005 के बीच दुनिया के सबसे गरीब 20 मुल्कों में से 16 में गृहयुद्ध छिड़े। विवादों-टकरावों से भरे समाज में असमानता और कुशासन भी चल रहा है और इलेक्ट्रानिक मीडिया तथा इंटरनेट तकनीक ने भी मानवीय आकांक्षाओं को इतना बढ़ा दिया है, जैसी वे पहले कभी न थीं।

सैमुअल हंटिंगटन के अनुसार, आधुनिक विश्व में टकरावों के क्रम में सभ्यताओं का टकराव नवीनतम है। उनके अनुसार यह टकराव कई कारणों से होता है। पहला, सभ्यताओं का टकराव न सिर्फ वास्तविक है बल्कि बुनियादी भी है। सभ्यताओं का अंतर और उनके गुण राजनैतिक और आर्थिक व्यवस्थाओं की तुलना में ज्यादा बुनियादी हैं, इसलिए उनको दबाना, मिटाना या समझौते करना बहुत मुश्किल है। दूसरे, दुनिया जिस तेजी से सिकुड़ती जा रही है, उसमें विभिन्न सभ्यताओं के लोगों के बीच मेल-जोल और टकराव बढ़ते जा रहे हैं। इससे सभ्यताओं और समुदायों की समानताओं और अंतरों का बोध भी बढ़ता जा रहा है। यह बोध, सांस्कृतिक, आर्थिक और राजनैतिक कामकाज तथा मेलजोल की पृष्ठभूमि तैयार करता है। इसीलिए भविष्य में सभ्यतावाली पहचान निरंतर ज्यादा महत्वपूर्ण होती जाएगी और दुनिया का कार्य-व्यवहार सात या आठ सभ्यताओं के आपसी संबंधों के आधार पर ही काफी हद तक तय होगा।[8]

बहुधा दर्शन और मुख्य सभ्यताएँ

सभ्यता का अर्थ है एक बड़े समुदाय के लोगों की समग्र जीवन-शैली। यह किसी समुदाय के लोगों का सर्वोच्च सांस्कृतिक समूह बनना और उनकी सांस्कृतिक पहचान का सबसे व्यापक स्तर है। इस अर्थ में एक सभ्यता में कई-कई संस्कृतियों, कई-कई राष्ट्र-राज्य तथा संस्कृतियों से जुड़ी अनेक पहचानें शामिल हो सकती हैं, पर कई सभ्यताएँ अपने समाजों में मूल्य स्थापित करने और टिकाऊ होने के मामले में बहुत ही लंबे-लंबे समय तक चलती आई हैं। आज दुनिया की आबादी के काफी बड़े हिस्से को मुख्यत: चार सभ्यताएँ समेटती हैं–भारतीय, चीनी, इस्लामी और पश्चिमी।[9] 'एक सत्य अनेक व्याख्याएँ' का बहुधा दर्शन इन सभी की एक प्रमुख विशेषता रही है।

भारतीय सभ्यता

भारतीय सभ्यता[10] व्यापक अर्थों में बहुलतावादी रही है। शुरू से ही इसने दुनिया के विभिन्न नजरियों को अपनाने और अपने भीतर बदलाव करने में हिचक नहीं दिखाई। शुरू में ही सबसे बड़ा बदलाव तो द्रविड़ और आर्य संस्कृतियों का मेल है। वेदों की रचना के साथ जुड़ा ब्राह्मण धर्म 1500 ई.पू. से प्रभावी था और शुरू में इसने बौद्ध और जैन प्रभावों को अपनाकर अपने भीतर बदलाव किए। सभ्यता के स्तर पर भारतीय उपमहाद्वीप का अगला महत्वपूर्ण टकराव इस्लाम से और बाद में ईसाई धर्म के साथ हुआ। भारतीय सभ्यता की सबसे दिलचस्प भिड़ंत इस्लाम के साथ हुई जो एकेश्वरवादी है; जबकि भारतीय सभ्यता हर तरह बहुलतावादी है, अनेक आस्थाओंवाले लोगों से जुड़ी हुई। पर भारत ने एक ईश्वर, एक धर्मग्रंथ, एक शासक वाले नजरिए को कभी नहीं अपनाया और इसने अपना बहुलतावादी और बहुदेववादी नजरिया बरकरार रखा।

बौद्ध, जैन, सिख तथा बाद में इस्लाम और ईसाई धर्म के संपर्क में आने से हिन्दू विश्व-दृष्टि में जो बदलाव आए, उन्होंने भारतीय सभ्यता के चरित्र को और व्यापक और उदार बनाया। आज एक सभ्यता और इतिहास के तौर पर भारत राष्ट्र हिन्दू पहचान से काफी बड़ा है। यह शुरू से ही आज तक भारतीय सभ्यता के बहुलतावादी चरित्र को अपनाए हुए है। इस्लाम और ईसाई, दोनों धर्मों में एक ईश्वर, एक धर्मग्रंथ की मान्यता है और लगभग 800 वर्षों तक ये दोनों धर्म हमारी शासक जमात के धर्म रहे हैं, पर यह स्थिति भी भारत के मूलभूत बहुलतावादी चरित्र को बदल नहीं सकी। यही नहीं, 26 जनवरी 1950 से अस्तित्व में आए भारतीय गणराज्य ने तो अपने संविधान के माध्यम से भी धर्मनिरपेक्ष बहुलतावादी संवैधानिक व्यवस्था का निर्माण कर लिया है। अपनी असफलताओं और अनेक कमियों के बावजूद हमारी शासन-व्यवस्था ने बहुलतावादी और धर्मनिरपेक्ष मूल्यों को मजबूत करने का ही काम किया है।

पुराने हिन्दू धर्मग्रंथों की 'वसुधैव कुटंबकम्' (समूचा विश्व एक परिवार है) और 'अनो भद्राह कृतव भन्तु विश्वताह'(सभी ओर से उत्तम विचारों को आने दो) जैसी मान्यताएं आज भी शासकीय ही नहीं, नागरिक संस्थाओं पर भी अपना प्रभाव डाल रही हैं।

चीनी सभ्यता

चीनी सभ्यता[11] भी एकेश्वरवादी है। अपनी उत्पत्ति के समय कन्फ्यूशियसवाद, ताओवाद और बौद्ध मत की विश्वदृष्टियों में चाहे जो भी फर्क रहा हो, ये सभी चीन में फली-फूली हैं। पुराने चीन में आत्मा और देवताओं की बहुलता को स्वीकार

किया जाता था। 221 ई. पू. में चीन के एकीकरण से पहले वहाँ के सम्राट को सभी प्रमुख शक्तियों का मुख्य पुजारी माना जाता था। हान साम्राज्य में, जिस दौर में कई धार्मिक मान्यताओं में एका हुआ, अनेक प्राचीन पंथ एक बृहतर ब्रह्मांडीय व्यवस्था के अनुरूप एक साथ ला दिए गए।[12]

भारत से जाने वाले बौद्ध मत के साथ बहुलतावाद की हिन्दू भावना भी वहाँ पहुँची। कन्फ्यूशियस द्वारा महायान संप्रदाय को दबाने और संभव हो तो समाप्त कर देने के प्रयास सफल नहीं हुए। बौद्ध मत को ताओवादियों का समर्थन मिला, जिन्हें बौद्ध दर्शन में अपनी चिंताओं की झलक दिखाई देती थी। उनका दर्शन था 'हिंसा से घृणा और अति का त्याग'। और इसी का परिणाम हुआ कि महायान बौद्ध दर्शन को चीनी दुनिया में एक प्रमुख स्थान मिल गया। चीन में सामाजिक स्तर पर ताओवाद और महायान ने गहरा रिश्ता विकसित कर लिया। काफी लंबे समय तक चीन कन्फ्यूशियसवाद के कठोर सामाजिक नियमों और ताओवाद की उदारता के बीच झूलता रहा और उनका मेल भी कराता रहा। करुणा और बहुलतावाद को आधार माननेवाला बौद्ध मत इन दिनों ताओवाद के साथ ही रहा। लेकिन सारग्राही नजरिए के विकास में भारत से बौद्ध मत के पहुँचने की स्थितियों और विभिन्न मतों को बिना कष्ट सँभालने वाले चीनियों की क्षमता का भी योगदान है।

'ते-ताओ-चिंग' (समझदारी का मार्ग) को लाओत्से की रचना माना जाता है, जिनका जन्म 604 ई.पू. में हुआ था। इसी किताब को ताओवाद का सबसे पवित्र ग्रंथ माना जाता है। यह किताब सभी चीजों में बुनियादी एकता की बात करती है और प्रकृति के साथ-साथ अपनी अंतरात्मा के साथ तारतम्य बनाकर संतुलित जीवन जीने का आग्रह करती है। कन्फ्यूशियस (551ई.पू-479ई.पू.) के जीवन और व्यवहार को चीन में व्यवस्था और सुशासन का श्रेय दिया जाता है। अपनी शिक्षा में उन्होंने चीन में अधिक स्थायित्व वाले उदाहरण दिए और सही जीवन शैली को महत्व दिया। उन्होंने कहा कि एक अच्छे नागरिक को निजी जीवन और राज अधिकारी, दोनों की ही हैसियत से सद्व्यवहार के साथ सभी से अच्छा संबंध रखना चाहिए। कन्फ्यूशियस के अनुयायियों का मानना था कि ताओवादी प्रकृति पर जोर देकर गलत रास्ते पर चल रहे हैं और उन्होंने गलत चीजों पर वक्त बर्बाद करने के मामले में महारत हासिल कर ली है। कन्फ्यूशियसवाद का खास जोर ज्ञान प्राप्त करने में अनुशासन और आज्ञाकारिता पर था। कन्फ्यूशियस के अनेक कथन सिर्फ चीन में ही नहीं, पूरी दुनिया में प्रसिद्ध हुए। जैसे, "समझदारी अकेले खड़े रहने में नहीं है," और "हर स्थिति में पाँच चीजों पर अमल करना ही पक्की समझदारी है–ये पाँच चीजें हैं गुरुत्वाकर्षण, हार्दिक उदारता, लगनशीलता, तत्परता और करुणा।" उनकी शिक्षाओं को नियम का दर्जा दिया गया और वे हर व्यक्ति की समझदारी और ज्ञान का स्तर जाँचने का आधार बन गईं। सरकारी नौकरी में भी उनकी शिक्षाओं के ज्ञान को आधार बनाया गया। कन्फ्यूशियस की शास्त्रीय शिक्षाओं का चीन की कई पीढ़ियों

पर काफी प्रभाव पड़ा और इसने चीनी सभ्यता के साथ-साथ वहाँ की शासन-व्यवस्था में भी काफी योगदान किया।

ताओवाद, कन्फ्यूशियसवाद और बौद्ध मत पर आधारित चीनी सभ्यता की ताकत वहाँ के साहित्य, कला, दर्शन और विज्ञान में अभिव्यक्त हुई है। 1949 में चीन में साम्यवादी दर्शन के आने और उसी के आधार पर बने चीनी जनवादी गणराज्य के संविधान ने सामाजिक स्तर पर इस संतुलन से ज्यादा छेड़छाड़ नहीं की है। वैश्विक बाजार से चीन के जुड़ाव के बाद बेरोजगारी और परेशानियों के खिलाफ कभी-कभार जन-उभार के कुछ छोटे मामले जरूर नजर आते हैं। मेल-मिलाप और संवाद वाले बहुधा के नजरिए को तिब्बत में जैसे भुला ही दिया गया है। 1989 में थ्येन आन मन चौक पर लोकतंत्र समर्थक आंदोलन को कुचलते वक्त भी इस चीज की परवाह नहीं की गई।

1980 के बाद से विज्ञान, तकनीकी और व्यापार के क्षेत्र में चीन ने जो तीव्र विकास किया है, उसने चीन को और दुनिया-भर में फैले चीनी मूल के लोगों को भी सभ्यता के केंद्र के रूप में उभरने का अवसर दिया है। इसने चीन को सिर्फ ताइवान और सिंगापुर में ही नहीं, थाइलैंड, कोरिया, वियतनाम, मलेशिया, इंडोनेशिया और फिलीपीन्स के साथ-साथ पश्चिमी देशों से संबंधों के मामले में मजबूत स्थिति में ला दिया है। चीनी मूल के लोग आज अमेरिका समेत पश्चिमी देशों में महत्वपूर्ण हैसियत में हैं और वे चीन को चीनी सभ्यता का केंद्र मानते हैं।

इस्लामी सभ्यता

यहूदी और ईसाई धर्म की तरह ही इस्लाम[13] भी प्रबल एकेश्वरवादी धर्म है। इसका प्रमुख सूत्रवाक्य है, "ला इलाहा इलल्लाह मोहम्मद रसूलिल्लाह", अर्थात अल्लाह के अलावा दूसरा ईश्वर नहीं है और मोहम्मद उसके पैगंबर हैं।

गिरजा और यहूदी मंदिरों के प्रति आदर-भाव रखना, और उनकी रक्षा करना तथा बाइबिल के पुराने नियम को एक पवित्र ग्रंथ माना (कुरान जैसा नहीं) मुसलमानों के लिए निषिद्ध है। वे मोजेज और जीसस को प्रमुख हस्ती मानते हैं, पर इनमें से किसी को अल्लाह का वैसा संदेशवाहक नहीं मानते, जैसा पैगंबर मोहम्मद को मानते हैं। कुरान ने मुसलमानों को हिदायत दी है कि वह अल्लाह की बनाई हर चीज का सम्मान करें और इसमें उसके संपूर्ण मजहब और प्रार्थना पद्धति का भी ख्याल रखा जाना चाहिए। कुरान की सूरा काफिरान, आयत 109 में कहा गया है, "सभी काफिरों से कहो कि तुम जिसकी इबादत करते हो, उसकी हम नहीं करते। मैं उसकी इबादत नहीं करूँगा, जिसकी तुम करते हो, ना ही तुम उसकी इबादत करोगे, जिसकी मैं करता हूँ। तुम्हारे लिए तुम्हारा मजहब है; मेरे लिए मेरा मजहब।"

विचारों की एकता पर इस्लाम बल देता है तथा उम्मा (मुसलमान समाज का

धार्मिक हिस्सा) की इसमें एक बड़ी भूमिका है। समानता, सामाजिक सद्‌भाव को बढ़ावा और दया इस्लाम के प्रमुख गुण हैं। इस्लामी सभ्यता ने सिर्फ शासन-व्यवस्था को मजबूत करने में ही भूमिका नहीं निभाई; इसने कला, वास्तु, कानून और साहित्य के विकास में भी योगदान दिया है।

इस्लामी देशों को औपनिवेशिक शासन से तो एक हद तक मुक्ति मिल गई, पर इनकी एकता अभी दूर की कौड़ी लगती है। सांस्कृतिक रूप से भी वे बँटे हुए हैं। दुनिया के अधिकांश मुसलमान आज अरबी नहीं जानते। इस्लामी दुनिया के सामने राजनैतिक ही नहीं, सामाजिक और आर्थिक मुश्किलें हैं। फिलीस्तीन समस्या अभी सुलझी नहीं है। इस्लाम के काफी सारे अनुयायी उस के स्वर्णिम युग को सिर्फ साम्राज्य-निर्माण के खयाल से ही नहीं, दर्शन के साथ-साथ कला, विज्ञान और वास्तु में उसके योगदान के लिए भी गौरव के साथ याद करते हैं। साथ ही साथ बदलाव और पश्चिमी आधुनिकीकरण की चाह भी एक महत्वपूर्ण पहलू है। जो नई पीढ़ी की मानसिकता को जाँचती और प्रभावित करती है।

पश्चिमी सभ्यता

पश्चिमी सभ्यता[14] लोगों के एक खास समूह या किसी एक भौगोलिक क्षेत्र तक सिमटी हुई नहीं है। ऐतिहासिक रूप से तो पश्चिमी सभ्यता से आशय यूरोपीय सभ्यता है, पर आज इसका अर्थ उससे कहीं ज्यादा व्यापक हो चुका है।

पिछली चार सदियों में पश्चिमी सभ्यता ने विज्ञान और कला, साहित्य और भाषा के क्षेत्र में बहुत प्रगति की है। पर सबसे बड़े बदलाव का दौर 1275 से 1475 का था, जब यूरोप के सुधार-आंदोलन ने समाज पर कैथोलिक चर्च की गिरफ्त को कमजोर किया और उससे पुनर्जागरण की शुरुआत हुई।

पश्चिमी जगत की सभ्यतागत शक्ति का सबसे बड़ा स्रोत तो ईसाई धर्म ही था। ऐतिहासिक रूप से जीसस को सूली पर चढ़ाए जाने के बाद से ही ईसाई धर्म ने रोमन साम्राज्य में अपना प्रभाव विस्तार शुरू कर दिया था। ईसाई मत ने शुरुआत तो यहूदी धर्म के एक पंथ के रूप में की और नए नियम के साथ यहूदी धर्मग्रंथों और परंपराओं को भी अपनाया, साथ ही जीसस के जीवन और शिक्षाओं की भी अपनी तरह से व्याख्या की। बाद में चर्च ने यूनानी और यहूदी विरासत से भी बहुत-सी चीजें लीं। ईसाई गिरजों ने रोमन विश्व में गरीबों और दबे-कुचले लोगों के लिए नई पहचान और समुदाय का विकास किया तथा भारत और मेसोपोटामिया तक अपना प्रभाव बढ़ाया। यहूदी और ईसाई, दोनों मतों ने प्रेम और करुणा पर जोर देकर असल में 'बहुधा' नजरिए को ही समर्थन दिया।

न्यूयार्क स्थित संयुक्त राष्ट्र के भवन पर लगी पट्टी में ओल्ड टेस्टामेन्ट की ये जो पंक्तियाँ लिखी हुई हैं, वे बहुत उचित संदेश देती हैं:

"वह निश्चित रूप से राष्ट्रों के मामले में फैसला करेगा और लोगों का सम्मान करते हुए मामलों को सुलझा लेगा। और फिर उन्हें भी अपनी तलवारों को हल की फाल और भालों को फावड़े का रूप देना होगा। राष्ट्र एक दूसरे के खिलाफ तलवार नहीं उठाएँगे और ना ही अब वे युद्ध करना सीखेंगे।"

17वीं सदी के बाद से विज्ञान और तकनीक के नाते पश्चिमी सभ्यता ने अन्य सभी सभ्यताओं को काफी प्रभावित किया है। अनेक आविष्कारों ने पश्चिम में बड़े पैमाने पर औद्योगीकरण कराया और इसका विश्वव्यापी असर हुआ। इन चीजों का असर यह हुआ कि दुनिया के अन्य हिस्सों में लोग समृद्धि और आधुनिकता के मामले में पश्चिम की बराबरी करने की होड़ में जुट गए। और यह बात सभी को समझ में आ गई है कि अपनी रचनात्मकता से काम करने का नया तरीका ढूँढ़कर ही हम आगे बढ़ सकते हैं।

सभ्यताओं के आपसी संवाद का भी एक लंबा इतिहास है। आज संचार और सूचना तकनीक के तेज विकास ने संवाद की इस प्रक्रिया को काफी बढ़ा दिया है। आज यह चेतना बढ़ती जा रही है कि विज्ञान और तकनीक के मामले में भी हमें न तो एक ही सभ्यता के वैश्विक गुणों को बढ़ाना चाहिए और न ही हम ऐसा कर सकते हैं। सभ्यताबहुल और संस्कृतिबहुल विश्व में एक ही वैश्विक सभ्यता या एक ही पक्के धर्म की तलाश करने की जरूरत नहीं हैं, बल्कि आज की जरूरत है बहुलता और विविधता को स्वीकारने और उसका सम्मान करने की।

सभ्यता और धर्म

संसार की हर प्रमुख सभ्यता की केंद्रीय विशेषता धर्म है। भारतीय, चीनी, इस्लामिक और पश्चिमी सभ्यताओं की मुख्य शक्ति क्रमशः हिन्दू, कन्फ्यूशियसवाद, इस्लाम और ईसाई धर्म है। संस्कृति विभिन्न धर्मों की अभिव्यक्ति का स्वरूप तय करती है, अर्थात उनकी पूजा-पद्धति, भाषा, वेश-भूषा और अन्य चीजें। फिर धर्म संस्कृति के प्रमुख रूपों-चित्रकला, मूर्तिकला, नृत्य और कविता जैसी हर चीज को एक निश्चित अर्थवत्ता प्रदान करता है। पर जैसे ही हम बहुलता को स्वीकार करते हैं और विविधता का आदर करते हैं, हमारी रचनात्मकता एक विशिष्ट पहचान बना लेती है। तब हम सद्भाव कायम करने का प्रयास करते हुए शांति का आधार ही ढूँढ़ते हैं। लेकिन विडंबना यही है कि धर्मों ने अगर शांति के मामले में सबसे ज्यादा योगदान किया है तो उन्होंने ही बँटवारा, नफरत और युद्ध भी दिए हैं। समकालीन इतिहास में ही नहीं, पहले भी धर्मगुरुओं ने कई बार उन्हीं आदर्शों को स्वयं ही तोड़ा है, जिनका वे प्रसार करते रहे हैं।

अगर किसी धर्म के अनुयायी सच्चाई पर अपने धर्म का एकाधिकार मान लेते हैं तो फिर वे अकारण ही अन्य धर्मों को बकवास, झूठ या गलत मानने लगते हैं।

वे अपनी विश्वदृष्टि के मौलिक सिद्धांतों के पक्ष में मजबूत तर्क गढ़ते हैं। इस विश्वास के चलते वे अन्य मान्यताओं को दबाने या बदनाम करने में भी नहीं चूकते, क्योंकि उन्हें अपनी आस्था और विश्वास के लिए ऐसा करना जरूरी लगने लगता है। अक्सर ऐसे लोग धार्मिक उन्मादी या जुनूनी का रूप भी ले लेते हैं, जिनके सामने कोई तर्क या अपील काम नहीं करती। यही चीज हिंसा की जड़ में होती है। इस मानसिकता को 'जेहाद' कहते हैं। सौभाग्य से हर धर्म में अनेक ऐसी बातें भी हैं कि लोग अब धीरे-धीरे इस 'जेहादी' भाव के नुकसान या बेमतलब होने का ज्यादा अहसास करने लगे हैं। जैसे, इस्लाम के अनुयायियों में सुधारवादियों के ऐसे कई मजबूत समूह हैं जो ऐसे कट्टरपंथी और बंद दिमाग लोगों से संवाद करने और उन्हें प्रभावित करने को तैयार हैं। 'बहुधा' का नजरिया सिर्फ इस्लाम के अनुयायियों के बीच ही नहीं, अन्य आस्थाओं के लोगों से उनके संवाद का रास्ता भी खोलेगा। यह पश्चिम की शासक जमातों की नीतियों और शासकीय नजरिए में भी ऐसे बदलाव का रास्ता खोलने में मदद करेगा, वहाँ काफी संख्या में रहनेवाले मुसलमानों का जीवन बेहतर होगा।[15]

धर्मों की उत्पत्ति चाहे जिस मुल्क या इलाके में हुई हो, उनके लिए कोई भौतिक सीमा नहीं होती। एक ही कालोनी में भी अलग-अलग धर्मों के लोग रहते हैं। पुराने समय में जब परिवार या जाति या कुनबे के स्तर पर समस्याएँ उठती थीं तो स्वाभाविक रूप से उनका निपटारा उसी स्तर पर हो जाता था। आज स्थिति एकदम बदल गई है। आज परस्पर निर्भरता और जुड़ाव, दोनों काफी बढ़ गए हैं। स्वाभाविक रूप से आज धर्म का महत्व भावना और सेवाओं में साझेदारी और समानता के रूप में ही है, अपने को विशिष्ट बताने या दूसरों के नजरिए से अंतर को स्पष्ट करने में नहीं।

'धार्मिक सद्भाव' शब्द का एक अर्थ में कोई मतलब नहीं है, क्योंकि कोई भी सच्चा धर्म सद्भावना और मेल-जोल के विपरीत नहीं जा सकता। अगर कोई पारंपरिक विचार या आस्था-प्रणाली सद्भाव के विपरीत है तो वह धर्म नहीं हो सकती। कोई भी 'वाद' अगर अनैतिक काम का रास्ता दिखाए तो वह आध्यात्मिकता का नतीजा नहीं हो सकता। धर्म का दुरुपयोग करके ही हम टकराव और सामाजिक विभाजन बढ़ाते हैं।

आज दुनिया के सामने उपस्थित बड़ी समस्याओं को निपटाने के लिए धर्मों के बीच संवाद और सहयोग की जरूरत है, क्योंकि अलग-अलग कोशिश करने की जगह इन्हें साझा प्रयासों से ही निपटाया जा सकता है। जॉन लाक ठीक ही कहते हैं कि "धर्मों के मामले विविध नजरिए को जोड़नेवाले लोगों की सहनशीलता, गास्पेल और तर्क के इतने अनुरूप हैं कि लोग उससे नजर फेर लें, यह चीज आत्मघाती लगती है।"[16]

धर्म और सहनशीलता

टकराव का स्रोत धर्मों की विविधता में नहीं, हम में सहनशीलता का अभाव है। सहनशीलता हमारे नजरिए को खोलती है। हम भले ही अलग-अलग रास्तों पर चलें, पर हमारा लक्ष्य एक ही है। विभिन्न धर्मों के अनुयायियों को एक दूसरे को आध्यात्मिक बंधु मानना चाहिए। सहनशीलता के इस नजरिए को अधिकांश धार्मिक मान्यताओं के साथ-साथ कर्मकांडों में भी स्थान दिया जाना चाहिए। दुनिया के सबसे बड़े देशों में से दो–भारत और चीन-में ही नहीं, बल्कि कई सारे अन्य मुल्कों में अपना कोई राष्ट्रीय धर्म नहीं है।

इतिहास बताता है कि टकराव और युद्ध भले ही चलते रहे हों, पर सहनशीलता में भी वृद्धि हुई है। बहुधा नजरिए में दूसरों के विचारों को गौर से सुनना, विविधता को स्वीकार करना और मतभेदों को मानना शामिल है, क्योंकि स्वतंत्रता, न्याय, मानव-सम्मान और शांति जैसे वैश्विक मूल्यों को बचाने और आगे बढ़ाने के लिए यह जरूरी है। तानाशाह और तानाशाह की राजनीति अपनी राय या धारणा से अलग किसी के निजी, राजनैतिक और सामाजिक विचारों को स्वीकार नहीं कर सकती। सामाजिक मामलों में भी उन्हें विविधता का सम्मान करना और विविधतापूर्ण समूहों के बीच संबंधों को बेहतर बनाने का काम पसंद नहीं आता।

हिंसा और आक्रामकता डराने-धमकानेवाले उपकरण हैं। ये अनिवार्यतः लंबे समय तक चलनेवाली दुश्मनियाँ पैदा करते हैं और अक्सर हिंसा करनेवालों को भी अपना शिकार बनाते हैं। यह बात स्वीकार करनी चाहिए कि अगर सीमित साक्ष्य और तर्क हों तो कोई भी आदमी गलत निष्कर्ष तक पहुँच सकता है और गलत धारणा बना सकता है।

यूनेस्को के प्रयास

द्वितीय विश्वयुद्ध के बाद दुनिया-भर के बौद्धिक और राजनैतिक नेताओं ने यूनेस्को की स्थापना की और इसे लोगों के दिलो-दिमाग में शांति के लिए प्रतिरक्षा विकसित करने का विशेष जिम्मा सौंपा। उनका कहना था कि सिर्फ आर्थिक और राजनैतिक संधियों पर ही शांति कायम रखने का जिम्मा सौंपना पर्याप्त नहीं है। इसके लिए संपूर्ण मानवता की बौद्धिक और नैतिक एकता का आधार जरूरी है।[17]

अपने बनने के बाद से ही यूनेस्को रचनात्मक और टिकाऊ शांति की स्थापना और उसे मजबूत करनेवाले तरीकों पर काम करता रहा है। इसके लिए इसने लगातार इस बात पर जोर दिया है कि लोग और संस्थाएँ एकता और सहयोग की भावना से काम करें। इसी उद्देश्य से इसने फरवरी 1994 में शांति की संस्कृति को बढ़ावा देने के लिए एक भारी-भरकम कार्यक्रम शुरू किया। यह प्रयास इस अहसास से

पैदा हुआ कि :

"वैश्विक सहयोग और एकता के सामने जो नई चुनौतियाँ आई हैं, उनमें दुनिया को देखने के पुराने नजरिए से बाधा आ रही है। पुराने नजरिए में सबको दुश्मन मानने और फिर बचाव के लिए हथियारों का जखीरा जमा करने पर जोर था। पर अब दिन-ब-दिन यह अहसास बढ़ता जा रहा है कि हम समाज में युद्धक संस्कृति की जगह शांति की संस्कृति को बढ़ाएँ। शांति की संस्कृति लाने का लक्ष्य दुनिया में मौजूद समृद्ध सांस्कृतिक बहुलता के बीच सहयोग और मेलजोल बढ़ाकर हासिल किया जा सकता है।"[18]

कारण चाहे जो रहे हों, पर शांति की संस्कृति की मुहिम वांछित स्तर तक नहीं पहुँच पाई है। इसलिए यह देखना जरूरी है कि इस बारे में नए प्रयास कैसे हों। सिर्फ नजरिए और मानसिकता पर केंद्रित 'बहुधा' दर्शन पर इसी संदर्भ में जोर दिए जाने की जरूरत है।

बहुधा दर्शन

हममें से हरेक दुखों से मुक्ति और आनंद को पाना चाहता है। दुर्भाग्य से काफी सारे लोग आनंदप्राप्ति के ऐसे तरीके अपनाते हैं जो जुगुप्सा और कष्ट पैदा करनेवाले हैं। फलतः ऐसे प्रयास अपने आप दुख देनेवाले हो जाते हैं-आनंद नहीं मिलता। संदर्भतः चौदहवें दलाई लामा का यह कथन उद्धरणीय है :

"अगर हम बृहत्तर परिप्रेक्ष्य में चीजों को देखते हैं तो कष्ट से बचने और आनंद पाने का लक्ष्य बहुत मुश्किल नहीं लगता, खासकर तब जब हम असंख्य दूसरों की तुलना में स्वयं को अपेक्षाकृत महत्वहीन पाते हैं। व्यक्तिगत आनंद का कोई खास महत्व नहीं रहा जाता; यदि हम दूसरों के प्रेम और उनकी सेवा की पूरी प्रक्रिया से जुड़ जाते हैं तो आनंद हमें यूँ ही प्राप्त हो जाता है।"[19]

कहा जा सकता है कि प्रेम और करुणा जैसे मूल्य सिर्फ व्यक्ति या समाज के लिए लाभकर नहीं हैं, बल्कि वे विश्व-शांति का नैतिक आधार भी हैं।

विकास का मामला हो, सूचनाओं के मुक्त प्रवाह का हो या महिलाओं की पूरी भागीदारी और सशक्तीकरण का, इन सभी में मूल्यों की साझेदारी का मोल बढ़ता जा रहा है। अब जरूरत इस बात की है कि इसे वंचित लोगों और समाजों तक पहुँचाया जाय। 'बहुधा' दर्शन में बहुलता से उठनेवाले टकरावों से इन्कार नहीं किया जा सकता, पर इसमें उन्हें टालने और सँभालने के लिए संवाद का अहिंसक रास्ता दिखाया गया है।

'बहुधा' का दर्शन सिर्फ शासन के मामलों में ही नहीं, नागरिक समाज और नागरिकों के दैनंदिन जीवन के लिए भी उपयोगी है।

विदेश-संबंधों में 'बहुधा' दर्शन का सबसे उत्कृष्ट रूप पंचशील के सिद्धांत में दिखाई देता है। 29 अप्रैल 1954 को भारत और चीन ने व्यापार तथा चीन और भारत के बीच स्थित तिब्बत के बारे में एक समझौते पर दस्तखत किए। इसमें कहा गया था कि दोनों देशों के संबंध इन पाँच सिद्धांतों पर आधारित होंगे :

(i) एक-दूसरे की क्षेत्रीय अखंडता और सार्वभौमिकता का सम्मान;

(ii) एक-दूसरे पर हमला न करना;

(iii) एक-दूसरे के आंतरिक मामलों में दखल न देना;

(iv) समानता और परस्पर लाभ; तथा

(v) शांतिपूर्ण सह अस्तित्व।[20]

वैश्विक मामलों में आदर्शवाद के आग्रह के साथ काम करनेवाले जवाहरलाल नेहरू को लगता था कि पंचशील ही वह आदर्श व्यवस्था है, जो मुल्कों के आपसी संबंधों को चला सकती है और इसी से शांति के युग का मार्ग प्रशस्त होगा। पंचशील के सिद्धांतों के आधार पर सिर्फ भारत और चीन के ही नहीं, चीन और बर्मा (म्याँमार), बर्मा (म्याँमार) और भारत तथा इंडोनेशिया के रिश्ते भी चलनेवाले थे। फिर यही सिद्धांत वियतनाम के लाओत्स और कंबोडिया के संबंधों का आधार बनना था। नई दिल्ली में चीनी प्रधानमंत्री को दिए भोज में नेहरू ने घोषणा की :

> *"ये सिद्धांत सिर्फ इन्हीं दो मुल्कों के लिए नहीं, सभी के लिए उतने ही अच्छे हैं ...जब इन सिद्धांतों को बृहत्तर दायरे में माना और अपनाया जाएगा तो युद्ध का डर गायब हो जाएगा और मुल्कों के बीच सहयोग का भाव प्रबल होगा।"*[21]

पर मुख्यत: बहुधा के नजरिए पर आधारित यह पंचशील सिद्धांत उस समय धराशायी हो गया जब चीन ने बिना किसी बातचीत और संवाद के बौद्ध देश तिब्बत में साम्यवादी व्यवस्था लागू कर दी और फिर अपना दमन-तंत्र भी तेज कर दिया। मार्च 1959 में उसने तिब्बती जनता के विद्रोह को फौज के हाथों कुचल दिया, और फिर अक्टूबर-नवंबर 1962 में भारत पर हुए चीनी हमले ने तो पंचशील-सिद्धांत को दफन ही कर दिया।[22]

जॉन लाक ने अपनी प्रसिद्ध किताब 'कंसर्निंग ह्यूमन अंडरस्टैंडिंग'(1689) में 'आनंद की तलाश' पद का प्रयोग किया है। फिर इसी पद को अमेरिकी संविधान में शामिल किया गया और इसने अनेक राजनीतिज्ञों और अर्थशास्त्रियों के चिंतन और लेखन पर भी प्रभाव डाला। मौजूदा विचार यह है कि सरकार समेत सार्वजनिक संस्थानों को अपने नागरिकों के लिए 'आनंद की तलाश' लायक उचित माहौल तैयार करना चाहिए। नया नियम भी समाज और राजनीति के लिए नए लक्ष्यों के पक्ष में ही है। मैथ्यू का कहना है :

> *"ईश्वर का आशीर्वाद कमजोरों को प्राप्त है, क्योंकि वही इस पृथ्वी के मालिक होंगे...शांतिदूतों को ईश्वर का आशीर्वाद प्राप्त है, क्योंकि उन्हें ईश्वर*

की संतान कहा जाएगा।"[23]

दुनिया के अधिकांश लोग, चाहे वे जिस भी समाज, संस्कृति, सभ्यता या धर्म को माननेवाले हों, सिर्फ इतना चाहते हैं कि वे शांति से रहें और दूसरों को भी शांति से रहने दें। इसे पाने के लिए हम सभी लोगों को यह अहसास करना होगा कि हम सभी अविभाज्य रूप से जुड़े हुए हैं और हम एक ही मानव समाज के अंग हैं।

'बहुधा' पूरा जीवन-दर्शन नहीं है, पर किसी खास स्थिति में इसे लागू करने के लिए कुछ खास किस्म के अनुशासन की जरूरत होती है। पर इसके लिए पारिवारिक, जातीय, धार्मिक या राष्ट्रीय पहचान खत्म करने की जरूरत नहीं है। इसकी जगह बहुलतावादी पहचानों और उनकी प्रासंगिकता को स्वीकार करने-भर की जरूरत है। यह सिर्फ विवाद निपटाने की प्रक्रिया विकसित करने-भर की बात है और यह संवाद पर आधारित होनी चाहिए। इसके हर चरण में संवाद, उससे निकली बातों पर अमल और अहिंसा के आधार पर काम होना चाहिए।

'बहुधा' की संस्कृति का मतलब टकरावों का गायब हो जाना भी नहीं है, क्योंकि यह इस बात को अच्छी तरह जानती है कि दुनिया में अनेक नस्लों, भाषाओं और धर्मों के लोग हैं, ये सभी सीमित आर्थिक और शैक्षिक अवसरों को पाने की होड़ में हैं और ऐसे में टकराव व्यक्ति के ही नहीं, राष्ट्रों के जीवन का भी हिस्सा बने रहेंगे।

'बहुधा' का नजरिया विवादों और टकरावों को नए और रचनात्मक ढंग से निपटाने और टालने-भर में मदद करता है। किसी भी स्थिति में इस नजरिए को अपनाने से सबके खुश और संतुष्ट होने की गुंजाइश है, क्योंकि इसमें सबको शामिल करनेवाली बात ही बुनियादी है।

'एक सत्य, अनेक व्याख्याएँ' वाला दर्शन लोगों को अपनी विरासत के परिप्रेक्ष्य में चीजों को देखने-समझने में मददगार होगा। चूँकि अधिकांश सभ्यताओं की विरासत प्रेम और करुणा पर आधारित है, इसलिए लोगों को आतंकवाद और हिंसा, युद्ध और बर्बादी से मुँह मोड़ने तथा परस्पर आदर और समझदारी, शांति और विकास के युग की तरफ बढ़ने के लिए किसी और मार्गदर्शन की जरूरत नहीं रहेगी। उन्हें सारा कुछ खुद ही स्पष्ट हो जाएगा। यह प्रक्रिया गिनती के लोगों की ही नहीं, ज्यादा से ज्यादा लोगों की भागीदारीवाली होगी। एक शांतिपूर्ण बदलाव संभव है और 'बहुधा' का दर्शन इस प्रक्रिया को आगे बढ़ा सकता है।

'बहुधा' दर्शन में हर व्यक्ति का अपना महत्व है। यह बिल्कुल अलग बात है कि हर व्यक्ति का अपना नजरिया होता है। पर जब कोई व्यक्ति या समूह यह मान लेता है कि उसी के धर्म या उसी की राजनीति परम सत्य है या वह दूसरों से श्रेष्ठ है तो फिर उसके लिए दूसरों का कोई मतलब नहीं रह जाता। यह कट्टरपंथी सोच कि उनकी समझ का सत्य ही परम सत्य है, उस समूह को इस भ्रम में फँसा देता है कि उसे दूसरों को ठीक करना है, उन पर मनमानी करनी है। ऐसी कट्टरपंथी या रूढ़िवादी जमात को लगता है कि उसके सत्य से ही धर्म, राजनीति या

अर्थव्यवस्था के क्षेत्र की सभी समस्याओं को सुलझाया जा सकता है।

सौभाग्य से आज 'मेरा देश ही हमेशा सही होता है', 'मेरे लोग ही इतिहास में सर्वश्रेष्ठ हैं', और 'मेरा धर्म दूसरों से श्रेष्ठ है' जैसे दावे कम किए जा रहे हैं। विवेकपूर्ण दृष्टि के चलते लोग अपने धर्म, अपनी संस्कृति, अपनी सभ्यता पर भी नए सिरे से गौर करने लगे हैं और साथ ही दुनिया के दूसरे समूहों के धर्म, संस्कृति और सभ्यता को भी देखने लगे हैं, क्योंकि दुनिया में दिन-ब-दिन परस्पर निर्भरता ज्यादा बढ़ती जा रही है।

'बहुधा' संस्कृति एक ऐसा वातावरण पेश करती है, जिसमें लोग और विभिन्न मुल्क कुछ समय बिताने के बाद दूसरे के नजरिए के प्रति आदर-भाव विकसित कर लेंगे और नफरत तथा डर को दरकिनार कर सकेंगे। इससे संवाद की प्रक्रिया शुरू करने में मदद मिलेगी और उससे होनेवाले फायदे मनुष्यजाति के लिए बहुत उपयोगी होंगे। 'बहुधा' सिर्फ नैतिक धरातल पर ही काम नहीं करता, यह व्यावहारिक स्तर पर भी बहुलतावादी समाज और उदार लोकतंत्र का आधार तैयार करता है।

हमारी दुनिया में विविधता भरी पड़ी है। 6 अरब से ज्यादा लोग न सिर्फ अलग-अलग तरह से काम करते हैं, बल्कि वे विभिन्न भाषाएँ और बोलियाँ बोलते हैं, अलग-अलग देवी-देवताओं की पूजा करते हैं, उनकी पूजा-पद्धतियाँ भी हर संस्कृति में अलग-अलग हैं। ऐसे बहुलतावाद को परस्पर प्रतिद्वंद्विता और सहयोग तथा समन्वय के हिसाब से भी देखना होगा और यह काम मुक्त भाव से संवाद करके और साथ जीवन जीकर ही किया जा सकता है। देवी-देवताओं के बारे में मौजूद विविधता ही नहीं, संगीत, छपित सामग्री, कला, फोटोग्राफी, सिनेमा, रेडियो, टीवी और अन्य तरह के मीडिया तंत्र के साथ वैज्ञानिक आविष्कार उस दुनिया को समृद्ध बनाते हैं, जिसमें हम सभी जीवन जी रहे हैं। कुछ व्यक्तियों और कुछ राष्ट्रों का दूसरों से ज्यादा योगदान होता है तथा एक सांस्कृतिक प्रभुत्व का खतरा भी वास्तविक रूप लेता है। लेकिन एक बार जब नागरिक समाज का नजरिया बहुलतावादी बन जाता है, तब मतभेदों को बातचीत से सुलझाना मुश्किल नहीं होता, क्योंकि कोई भी सच्चाई बाकी सभी को नहीं झुठला सकती। इसी प्रकार टकराव सुलझानेवाली प्रणालियाँ भी विकसित हो जाती हैं और विभिन्न समूहों के बीच मेल-मिलाप या टकराव की स्थिति में विवाद सुलझाने के लिए मध्यस्थता का रास्ता भी खुल जाता है। सौभाग्य से आज ये सारी चीजें हो रही हैं, पर अभी इसके दायरे में अनेक समाज और आबादी का काफी बड़ा हिस्सा नहीं आ सका है।

बहुधा और लोकतंत्र

'बहुधा' के नजरिए को लोकतंत्र, पारस्परिक सद्भाव, समन्वय और शांति की पूर्व शर्त भी माना जा सकता है। 'बहुधा' की वास्तविक भावना शांति से समस्याओं को

सुलझाने और शांति बनाए रखने की है। अगर कोई पक्ष मतभेदों का लाभ लेकर आक्रामक या दमनकारी रवैया अपनाता है, तब भी उसे शांतिपूर्ण ढंग से सच्चाई का अहसास कराना ही बहुधा दर्शन है। दूसरे शब्दों में कहें तो मतभेदों और विविधता को स्वीकार करना और विभिन्न समूहों के बीच शांतिपूर्ण सह-अस्तित्व की भावना विकसित करना और सामंजस्य बैठाना ही 'बहुधा' है।

दूसरे के नजरिए पर गौर करना और उसकी बातों को सुनने का धैर्य पैदा करना एक बड़े बदलाव और शिक्षा की माँग करता है। इसके अलावा सामाजिक और सांस्कृतिक विविधता और बहुलता को स्वीकार करना भी बहुधा की भावना को विकसित करता है। यही चीजें थोड़ा आगे चलकर लोकतंत्र का आधार बनती हैं। मजेदार बात यह है कि लोकतांत्रिक व्यवस्था भी बड़ी आसानी से विविधता और बहुलता को मान लेती है। अर्थात लोकतंत्र और बहुधा एक-दूसरे को मदद करनेवाले विचार हैं। इस प्रकार राजनैतिक हालात ही 'बहुधा' की मानसिकता तय करते हैं और फिर उन्हीं से 'बहुधा' की भावना बनती है।

'बहुधा' और कानून

हर देश की एक कानूनी व्यवस्था होती है, जिसमें नागरिकों के लिए शांति और सद्भावपूर्ण समाज बनाने के लिए कुछ मौलिक कर्त्तव्य निश्चित किए गए होते हैं। यही नजरिया संयुक्त राष्ट्र के संविधान का भी है। इसके पूर्वकथन में कहा गया है, "संयुक्त राष्ट्र के लोग...सहनशीलता पर अमल करते हुए और एक-दूसरे के अच्छे पड़ोसी का आचरण करते हुए शांतिपूर्ण ढंग से रहेंगे और अंतर्राष्ट्रीय शांति और सुरक्षा को कायम रखने में हमारी शक्ति को और बढ़ाएँगे।" इसमें सदस्य देशों की मौलिक जिम्मेवारियों का भी उल्लेख है। उन्हें "नस्ल आधारित भेदभाव को समाप्त करने और सभी नस्ल के लोगों के बीच आपसी समझदारी विकसित करने" का काम सौंपा गया है। 25 नवंबर 1951 की अपनी घोषणा में संयुक्त राष्ट्र की जनरल एसेंबली ने कहा, "धर्म और आस्था की आजादी के मामले में आपसी समझदारी, सहनशीलता और परस्पर आदर-भाव को विकसित करना जरूरी है।"

'बहुधा' नजरिए को विकसित करने के लिए निम्नलिखित कदम उठाना जरूरी है :

- सभी धर्म संबंधी संवादों में इस बात पर जोर दिया जाना चाहिए कि प्रेम और करुणा पर आधारित प्रतिक्रिया ही असली जीत है और अपने धर्म की रक्षा करना भी जरूरी है।
- विभिन्न धर्मों के बीच सामंजस्य बढ़ाने के लिए उनकी असमानताओं का सम्मान करना सीखना चाहिए।
- विभिन्न परंपराओं के धार्मिक नेताओं को स्थानीय, राज्य और राष्ट्र के स्तर

पर नियमित रूप से मिलना-जुलना चाहिए, जिससे उनमें निजी स्तर पर संबंध विकसित होंगे और उनको मिलते-जुलते देखकर उनके अनुयायियों के मन की भ्रांतियाँ भी दूर होंगी।

- अंतर-धार्मिक संवाद, सर्वधर्म प्रार्थनाएँ और विभिन्न धर्मों के तीर्थस्थलों पर सभी संप्रदायों के लोगों की यात्राओं को प्रोत्साहित किया जाना चाहिए।
- धार्मिक नेताओं को इस बात से चौकस होना चाहिए कि राजनेता धर्म का इस्तेमाल करके अपना वोट बनाने में सफल न हो पाएँ।
- धार्मिक उपदेशकों और अनुयायियों के दैनंदिन जीवन-व्यवहार के मामले को समाप्त करने का प्रयास किया जाना चाहिए।
- अंतर-धार्मिक समझ विकसित होकर सभी धर्मों के बीच कामचलाऊ शांति लायक स्थिति तो लाई ही जा सकती है। लोग दूसरे धर्म की परंपरा, विशिष्टकर स्थिति को भंग करना न सीखें।
- दुनिया के सभी धर्मों और आस्थाओं को मान्यता देना, उनके बारे में जानकारियाँ पाना अपने आप में धार्मिक सहिष्णुता के लिए बहुत महत्वपूर्ण काम हैं।
- मास मीडिया और सूचना-सेवाएँ देनेवाले अन्य लोगों को अपने काम में पूरी तरह वस्तुगत नजरिया अपनाना चाहिए।
- एक स्वतंत्र और बहुलतावादी मीडिया की स्थापना लोगों, खासकर युवाओं में 'बहुधा' नजरिए को विकसित कराने के लिए जरूरी है, क्योंकि उसके माध्यम से आनेवाले मुक्त विचार ही इसका आधार बनेंगे।
- युवकों को मानवाधिकारों और सभी लोगों की बुनियादी स्वतंत्रताओं का सम्मान करना सिखाना होगा, तभी वे सद्भावपूर्ण समाज के निर्माण में अपनी भूमिका निभा सकते हैं।
- अपनी विनम्रता बचाए रखनेवाले नेताओं की पहचान करना और समाज में उनको आदर्श के तौर पर स्थापित करना।

व्यावहारिक समस्याओं को सिर्फ शांत और स्पष्ट मन से ही सुलझाया जा सकता है। दूसरी ओर घृणा, स्वार्थ, ईर्ष्या या क्रोध के आते ही हम अपना दिमागी संतुलन खो देते हैं। राष्ट्रपति और प्रधानमंत्री होने के बाद भी जब सार्वभौम राष्ट्रों के अधिकारों और दावों पर फैसला करना होता है, तब अगर नफरत और क्रोध ही प्रभावी रखें, तो सशस्त्र युद्ध तक जाने में देर नहीं लगती। संवाद और गलत चीजों को हटाते जाने का 'बहुधा' नजरिया सभी के लिए उपयोगी है—उन लोगों के लिए तो और भी ज्यादा, जिन पर राष्ट्रीय मामलों को चलाने की जवाबदेही है।

'बहुधा' दर्शन सदा से यह मानता आया है कि सत्य का अनुभव करने तथा ईश्वर, प्रकृति और मनुष्य से उसके संबंधों को तय करने के अनेक रास्ते हैं। यह मानव जीवन में धर्म की भूमिका को स्वीकार करता है। हम भले ही किसी धर्म को मानें, अपने जीवन को अलग-अलग ढंग से चलाएँ, पर उद्देश्य सबका एक ही

है–मनुष्य का हित। हम सभी को यह चीज जोड़ती है। इस प्रकार 'बहुधा' का नजरिया विभिन्न तरह के लोगों और समाजों के बीच मेल-मिलापवाली एक वैश्विक सार्वजनिक नीति का टिकाऊ आधार बन सकता है। 9/11 के बाद की दुनिया को ऐसी ही नीति की जरूरत है।

पर 'बहुधा' का नजरिया सिर्फ संवाद चलाते रहने और फिर कोई फैसला न लेने तथा यथास्थिति बनाए रखे का बहाना नहीं बनना चाहिए। आनेवाले वर्षों/दशकों में 'बहुधा' का भविष्य उसके सामने आनेवाली चुनौतियों और मानव-समाज की प्रतिक्रिया पर निर्भर करेगा।

वैसे भी आज हम इतिहास के एक निराशाजनक दौर से गुजर रहे हैं। एक-दूसरे के प्रति हमारा व्यवहार सिर्फ रूखा ही नहीं बल्कि कई बार काफी क्रूर हो जाता है। सामाजिक और धार्मिक नाराजगी के साथ जब गैर-बराबरी और कमजोर व्यक्तियों या मुल्कों के शोषण का मसला जुड़ जाता है तो इस घातक मिश्रण से पूरी दुनिया को लंबे समय तक परेशान करने वाली नकारात्मक ऊर्जा तैयार हो जाती है। इन सबके ऊपर आज पर्यावरण के संकट और आतंकवाद से परेशान दुनिया को हमारी संवाद-प्रक्रिया की जरूरत है, जिससे हम सब परस्पर सहयोगी कौशल को बढ़ा सकें। इसके लिए सांस्कृतिक, लोकतांत्रिक और पर्यावरण संरक्षण में लगी ताकतों को मिलकर टकराव और हिंसा के मूल कारणों को समाप्त करने का प्रयास करना चाहिए। अंतरधार्मिक सहयोग एक बेहतर तरीका हो सकता है, जिससे विभिन्न सभ्यताओं के लोग कुछ साझी चीजें विकसित कर सकते हैं। सहयोग का एक अन्य क्षेत्र पर्यावरण-संरक्षण का है। इस मामले में वैश्विक स्तर पर पृथ्वी की जीवन-रक्षक क्षमताओं को बढ़ाने के प्रयास की बेहद जरूरत है। आर्थिक असमानता के सवाल को स्थानीय स्तर पर ही नहीं, राष्ट्रीय और अंतर्राष्ट्रीय स्तर पर भी उठाया जाना चाहिए। बाजार इस संकट को नहीं सुलझा सकता, जब तक कि उस पर सचेत नागरिकों और लोकतांत्रिक संस्थाओं का नियंत्रण न हो। दुनिया के अनेक लोकतंत्र हमें सिखाते हैं कि स्वतंत्रता और भविष्यत पीढ़ियों के कल्याण के लिए काम करने में हमारा अपना भी स्वार्थ है, क्योंकि अगर हम अभी प्रयास नहीं करेंगे तो हमारे बच्चों और फिर उनके बच्चों का भविष्य दाँव पर लग जाएगा।[24]

मानव-प्रकृति विपरीतों का मेल बनी रहेगी : प्रेम और घृणा, शांति और हिंसा, सच और झूठ, निस्वार्थता और स्वार्थ, संतत्व और शैतानियत, आध्यात्मिकता और भौतिकता। दरअसल ये परस्पर विरोधी प्रवृत्तियाँ एक-दूसरे से अलग भी नहीं की जा सकतीं। मानव-मस्तिष्क की विशेषता यही है कि वह सबको समाहित करनेवाली न्यायपूर्ण व्यवस्था बनाए, और व्यक्तियों, समूहों और राष्ट्रों के बीच संवाद का तरीका विकसित करे। इसमें धर्म और आध्यात्म, शिक्षा और संस्कृति तथा विश्व की राजनैतिक और आर्थिक संस्थाएँ महत्वपूर्ण भूमिका निभा सकती हैं।

संदर्भ और टिप्पणियाँ

1. यूनेस्को संविधान 16 नवंबर 1945 को स्वीकार किया गया था।
2. आर्नाल्ड टॉयनबी, ए स्टडी ऑफ हिस्ट्री, पहला संक्षिप्त संस्करण, स्ट्रैंड बुक स्टाल, बंबई, 1995, 5-47
3. 9/11 कमीशन्स रिपोर्ट, डब्लू. डब्लू. नोर्टन एंड कंपनी, न्यूयार्क, 2004, पृ-48
4. सैमुअल पी. हंटिंगन, द क्लैश ऑफ सिविलाइजेशन एंड द रिमेकिंग ऑफ वर्ल्ड आर्डर, सिमोन एंड ईस्टर, न्यूयार्क, 1996
5. पूर्वोक्त।
6. फ्यूचरिस्ट, सितंबर-अक्टूबर 2004 में वेंडल बेल का लेख, 'ह्यूमनिटीज कॉमन वैल्यूज सीकिंग ए पोजिटिव फ्यूचर', पृ. 30-36
7. वर्ल्ड बैंक ग्रुप रिपोर्ट, 2003
8. सैमुअल हैंटिंगटन, पूर्वोक्त।
9. पूर्वोक्त, पृ. 45
10. यह सबसे पुरानी जीवित सभ्यता है, जो भारतीय उपमहाद्वीप में 5000 साल से गतिमान है। इसे आम तौर पर हिन्दू या भारतीय सभ्यता कहा जाता है।
11. चीनी सभ्यता के दायरे में अकेले चीन के ही नहीं, दक्षिण-पूर्व और अन्य जगह बसे चीनी समुदाय के लोग भी आते हैं। भारतीय सभ्यता की तरह यह भी 5000 वर्षों से चली आ रही जीवित सभ्यता है।
12. आर्थर कोटेरेल (संपा.) द पेंग्विन इंसाइक्लोपीडिया ऑफ क्लासिकल सिविलाइजेशन्स, पेंग्विन बुक्स, मिडलसेक्स, इंगलैंड, 1995
13. इस्लामी सभ्यता में अरब, तुर्क, फारसी और मलेशियाई संस्कृतियाँ शामिल हैं। यह मध्य एशिया में ही नहीं, दक्षिण-पूर्वी एशिया, भारतीय उपमहाद्वीप और उत्तरी अफ्रीका में भी काफी दमदार है।
14. पश्चिमी सभ्यता में यूरोप, उत्तरी अमेरिका और लातिन अमेरिका तीन प्रमुख हिस्से आते हैं।
15. जोसेलाइन संजारी, श्नेन इस्लाम एंड डेमोक्रेसी मिट्सः मुस्लिम इन यूरोप एंड यूनाइटेड स्टेट्सस, पालग्रेव, मैकमिलन, न्यूयार्क 2004। इस किताब का अनुमान है कि पश्चिमी यूरोप (मुख्यतः फ्रांस, जर्मनी, इटली, हालैंड और इंग्लैंड) में करीब 1.2 करोड़ मुसलमान रहते हैं। कई पश्चिमी लोकतांत्रिक देशों में आज मुसलमान सबसे प्रमुख अल्पसंख्यक समूह के रूप में उभरे हैं।
16. जॉन लाक, ए लेटर ऑन टालरेंस, 1689.
17. यूनेस्को एंड ए कल्चर ऑफ पीस : प्रोमोटिंग ए ग्लोबल मूवमेंट, यूनेस्को कल्चर ऑफ पीस प्रोग्राम, फ्रांस, 1995 पृ. 3
18. पूर्वोक्त, पृ. 10-11
19. द स्पिरिट ऑफ तिब्बत : यूनिवर्सल हेरिटेज, सेलेक्टेड स्पीचेज एंड राइटिंग्स ऑफ हिज हाइनेस द दलाईलामा, एलायड पब्लिशर्स लि., नई दिल्ली 1995, पृ. 263
20. क्लाउड आर्मी, बॉर्न इन सिब : द पंचशील एग्रीमेंट-द सेक्रिफाइस ऑफ तिब्बत, मित्तल पब्लिकेशन्स, नई दिल्ली, 2004, पृ-215
21. इंटरनेशनल हेराल्ड ट्रिब्यून, 19 अक्टूबर 1941
22. क्लाउड आर्मी, पूर्वोक्त, पृ.-139
23. मैथ्यू 5: 3-11
24. वैंडल वेल, 'ह्यूमिनिटीज़ कॉमन वैल्यूज सीलिंग ए पॉजिटिव फ्यूचर' नामक लेख, 'द फ्यूचरिस्ट' (सितम्बर-अक्टूबर 2004) में प्रकाशित।

IV

बहुधा का वैश्विक परिप्रेक्ष्य

अध्याय-9

सभी लोगों के लिए धर्म

"अपने धर्म में विश्वास न रखनेवालों से कहो कि तुम जिसकी प्रार्थना करते हो, उसकी मैं नहीं करता और मैं जिसकी प्रार्थना करता हूँ उसकी तुम नहीं करते। तुम जिसकी इबादत करते हो उसकी मैं नहीं करूँगा और मैं जिसकी इबादत करता हूँ, उसकी तुम नहीं करोगे। तुम्हारे लिए तुम्हारा धर्म, मेरे लिए मेरा धर्म।"[1]

–कुरान

पृष्ठभूमि और तर्क

19वीं सदी के अंत में जर्मन दार्शनिक फ्रेडरिक नीत्शे ने एक हैरान करनेवाला बयान दिया, "ईश्वर मर चुका है"। इस बयान के पीछे यह सोच काम कर रही थी कि ब्रह्मांड के रचयिता और सर्वव्यापी ईश्वर से जुड़ी पारंपरिक सोच अब प्रासंगिक नहीं रह गई है। 'जीनियोलॉजी ऑफ मोरल्स' में नीत्शे ने लिखा :

> *"अब 'होने' जैसी कोई चीज नहीं है; 'करनेवाला' अब सीधे-सीधे कल्पना की चीज हो गया है। हम जो करते हैं, वही असली है हमारा विज्ञान अभी भी भाषा के पुराने संस्कारों से जकड़ा हुआ है; यह अभी 'विषयों' जैसी चीजों से मुक्त नहीं हुआ है।"*[2]

बाद के चिंतनों और लेखों ने भी इस तथ्य को उजागर किया कि अब लोगों की भगवान में पहले जैसी दिलचस्पी नहीं रह गई है। यह महसूस किया गया कि अब दुनियावी मामलों में धर्म का पहले जैसा दखल नहीं रह जाएगा। पर इससे भी बड़ी बात यह महसूस की गई कि धर्म की प्रासंगिकता इसी बात पर निर्भर करेगी कि उसने अपने आप को उस दुनिया के बदलावों के अनुभव में कितना ढाला है, जिसे वह प्रभावित करना चाहता है। यह कहा गया कि दुनिया के अनेक हिस्सों में धार्मिक आस्था की तुलना में धर्मनिरपेक्षता और तार्किकता मानवीय मामलों को अधिक निर्णायक ढंग से संचालित कर रहे हैं।

विज्ञान और तकनीक की प्रगति ने मनुष्य को प्राकृतिक शक्तियों पर ज्यादा

नियंत्रण करने की शक्ति दे दी। तर्क और विवेक के दौर ने अपना दबाव बढ़ाया और हर मामले में अपनी चलाने लगा। लुडविग फायरबाख, कार्ल मार्क्स, चार्ल्स डार्विन, फ्रेडरिक नीत्शे और सिगमंड फ्रॉयड ने वास्तविकता की ऐसी वैज्ञानिक व्याख्याएँ कीं और ऐसे दर्शन विकसित किए, जिनमें ईश्वर की कोई जगह नहीं थी।

पर मानवीय मामले सिर्फ तर्क और विवेक के आधार पर नहीं चलते। इसलिए 20 वीं सदी के अंत तक धर्म ने नए सिरे से अपना प्रभाव जमाना और विश्व के घटनाचक्र को प्रभावित करना शुरू किया। सोवियत संघ के टूटने का अर्थ उस मुल्क में शासन की नीति के तौर पर चली नास्तिकता को भी ठुकरा देना था। मास्को और कम्युनिस्ट व्यवस्था में रहे अन्य स्थानों पर गिरजाघरों में फिर से चमक-दमक ही नहीं, जीवंतता भी लौटने लगी। अन्य अनेक पश्चिमी देशों में भी लोग धर्म में ज्यादा दिलचस्पी लेने लगे। यही बात शेष विश्व पर भी लागू होती है। राजनेता, पत्रकार और विद्वान नागरिकों की धार्मिक आस्था का मूल्य समझने लगे। उन्हें यह भी लगने लगा कि समाज में विकास, शांति और खुशहाली लाने में धर्म का उपयोग हो सकता है।

पर धर्म के उभार के साथ धार्मिक अतिवाद और कठमुल्लापन भी उभरा। यहूदी अतिवादी, उग्र हिन्दूवादी, क्रुद्ध बौद्ध भिक्षु, दक्षिणपंथी ईसाई और कठमुल्ला मुसलमान जमात सुर्खियों में आने लगे। इस्लाम के अनुयायियों में धर्म के प्रति जगी नई चेतना ने पश्चिम को खासतौर से ज्यादा चौंकाया है और इसी आधार पर कई लोग इस्लाम बनाम ईसाई सभ्यता के टकराव की भविष्यवाणी भी करने लगे हैं। सार्वजनिक क्षेत्र में धर्म की पुनर्प्रतिष्ठा ने 'मेरा धर्म ही सर्वश्रेष्ठ है' वाली भावना को भी लौटाया है। धर्म संबंधी कठमुल्लापन, दकियानूसी और उग्रता ने पहले कई युद्ध कराए हैं, इस बात को लोग भूलते जा रहे हैं। एक प्रेसबाइटेरियन का एक जेसुइस्ट से बहस में यह कहना कि "हमें आपसी मतभेद रखने पर सहमत होना चाहिए। हम दोनों ही एक ईश्वर की आराधना करते हैं-तुम अपने तरीके से, मैं अपने तरीके से"[3] अचानक याद करने योग्य वाक्य बन गया।

मानव-इतिहास का यह एक निराशाजनक तथ्य है कि धर्म विवाद, टकराव और युद्ध का भी एक स्रोत रहा है। कर्मकांडों, मान्यताओं और रीति-रिवाजों के नाते धर्म अक्सर दूसरे से इतना ज्यादा अलग होता है कि यही चीज टकराव और मतभेद पैदा कर देती है। फिर मनुष्य के अपने स्वार्थ और अपनी संकीर्णताएँ हैं ही। वह किसी खास समूह और राष्ट्र-राज्य के आर्थिक, भौगोलिक-राजनैतिक हितों के लिए धर्म का इस्तेमाल करने की बजाय अपने छोटे-छोटे स्वार्थें के लिए उसका उपयोग करना शुरू कर देता है।

सारे धर्म मनुष्य के बनाए हुए हैं, इसलिए सभी में कमियाँ हैं, सभी में विद्रूपताएँ हैं। पर साथ ही यह तथ्य ज्यादा महत्वपूर्ण है कि सभी धर्म बहुत ऊँची सोच और अच्छी मंशा से आए हैं, बहुत रचनात्मक मस्तिष्क की उपज हैं और इन्होंने असंख्य

लोगों को अपने जीवन का अर्थ समझने और उसे पूरा करने में मदद की है। आज इस पुराने सत्य पर जोर देने की जरूरत है कि धर्म सत्य का अहसास करने का महत्वपूर्ण मानवीय प्रयत्न है। कर्मकांड, रीति-रिवाज और मान्यताएँ सिर्फ आध्यात्मिक चेतना को जगाने के उपकरण-भर हैं और इस चेतना को जागृत करके हम जीवन में नई संभावनाओं के द्वार खोलते हैं। वास्तविक धर्म का मतलब पूरी निष्ठा और समर्पण भी है। जब हम भक्ति और प्रार्थना कर रहे होते हैं, तब एक परम सत्य के सामने खुद को समर्पित करते हैं। धर्म के ये अनुभव हमारे बीच बँटवारे की जगह एकता पैदा करते हैं।

प्रमुख धर्म और उनकी विश्वदृष्टियाँ समकालीन राजनैतिक, सामाजिक, आर्थिक और नैतिक मुद्दों से घनिष्ठ रूप से जुड़ी हुई हैं। अनेक सवाल पूछे जा रहे हैं : धर्म की राजनैतिक भूमिका क्या है? विश्व-शांति के लिए यह किस तरह की चुनौती पेश कर रहा है या खुद इसके सामने क्या-क्या चुनौतियाँ हैं? ये संवाद महज अकादमिक दिलचस्पी-भर के नहीं हैं, खासतौर पर 9/11 के बाद की दुनिया के लिए। वैश्विक शांति और सामाजिक सद्भाव की सार्वजनिक नीतियाँ बनाने के लिए विभिन्न धर्मों के अनुयायियों के विचारों, भावनाओं, रीति-रिवाजों, नैतिकता की अवधारणा और आकांक्षाओं को जानना-समझना काफी महत्वपूर्ण है।

धर्म, राजनीति और राज्य

सामाजिक और राजनैतिक मामलों में धर्म की भूमिका महत्वपूर्ण है, इस बात पर राजनेता, पत्रकार, विद्वानों के साथ-साथ धार्मिक नेता भी नए सिरे से गौर कर रहे हैं। सार्वजनिक मामलों में धर्म ने इधर जो प्रमुखता पाई है, वह कितनी महत्वपूर्ण है, इसे लेकर विद्वानों की राय और विभिन्न मुल्कों की स्थिति में फर्क है। काफी सारे लोग धर्म की प्रमुखता को कम आँकते हैं तो कई ज्यादा और इस मामले में मध्य मार्ग को ढूँढ पाना आसान नहीं है।

राजनीति में धर्म का महत्व अनेक मुल्कों में सीधे-सीधे राष्ट्रीय स्वाभिमान और/या जातीय पहचान से जुड़ गया है। एक अन्य स्तर पर आधुनिकीकरण की प्रक्रिया ने समाज के कई समूहों में असुरक्षा का भाव बढ़ाया है और अपनी पहचान तथा अपने हितों की रक्षा के लिए धार्मिक कट्टरपंथी इस बात को लेकर भी परेशान हैं कि समाज का विकास उनकी सोच और मान्यताओं के अनुरूप नहीं हो रहा। इसकी जगह बाजार और भूमंडलीकरण, मास मीडिया और तकनीकी द्वारा किया जानेवाला तेज बदलाव पारंपरिक मान्यताओं को ढहा दे रहा है, उन्हें चुनौती दे रहा है। धार्मिक अतिवादी जमात अक्सर इस बात को भी प्रचारित करती है कि उनकी धार्मिक जीवन पद्धति को पश्चिमी और अमेरिकी प्रभाव से खतरा है।

यह भी उल्लेख करना जरूरी है कि धार्मिक कट्टरता और दकियानूसी सिर्फ

इस्लाम के साथ ही नहीं जुड़ी है, ईसाई, यहूदी, हिन्दू और बौद्ध मतों के साथ भी ऐसी ही प्रवृत्ति दिखाई दे रही है। हर धर्म का कट्टरपंथी मानता है कि आधुनिकीकरण और धर्मनिरपेक्षता का जोर बढ़ने से उसकी पहचान खतरे में है और उसे अगर अवसर मिले तो वह अपनी पुरानी मान्यताओं और व्यवस्थाओं की तरफ वापस जाने, उन्हें बचाने का प्रयास करने का जतन करेगा। धार्मिक कट्टरपन के साथ एक और तथ्य जुड़ा है कि यहूदी, ईसाई और इस्लाम से जुड़े धार्मिक कट्टरपंथी तो हर बात में अपने धर्मग्रंथों का हवाला देते हैं, पर हिन्दू और बौद्ध कट्टरपंथी राष्ट्रीय स्वाभिमान और जातीयता से जुड़े मुद्दों के साथ अपने पुराने इतिहास का गुणगान करके ऊर्जा प्राप्त करते हैं।

धार्मिक हिंसा और राजनैतिक मामलों पर इसके प्रभाव भी सर्वज्ञात हैं। भिंडराँवाले के नेतृत्व में उभरे सिख आतंकवाद, मिस्र में शेख उमर अब्देल रहमान के नेतृत्व वाले इस्लामी आतंकवादी गुट की करतूतें या फिर थाइलैंड की दक्षिणपंथी बौद्ध आतंकवादी मुहिम जैसे उदाहरण इस मामले में जवाबी सार्वजनिक नीतियाँ बनाने की सीख देते हैं। हमें यह बात भी समझनी होगी कि कई बार धर्म से प्रेरित लोगों ने ही राष्ट्र प्रमुखों और प्रमुख राजनेताओं की हत्या कर दी है। महात्मा गाँधी और इंदिरा गाँधी की हत्या धर्म की 'प्रेरणा' से ही हुई थी। इसी प्रसार मिस्र के अनवर सादात और इजरायल के यित्जाक राबिन भी धर्मोन्माद की आग में ही जले थे।

हमने यह भी देखा है कि धर्म की सिर्फ सांकेतिक ताकत ही नहीं होती, इसका भावनात्मक प्रभाव भी बहुत ज्यादा होता है । विभिन्न इलाकों और मुल्कों में रहनेवाले विभिन्न धर्म के लोगों के बीच की पुरानी दुश्मनियों ने काफी मारकाट कराई है और लोगों के राजनैतिक आचरण को प्रभावित किया है। भारत में हिन्दू-मुसलमान और हिन्दू-सिख, उत्तरी आयरलैंड में कैथोलिक-प्रोटेस्टेंट टकराव और इजरायल में मुसलमान-यहूदी खूनी चिंतन ने राजनीति पर और अपने-अपने मुल्कों के इतिहास पर गहरा प्रभाव डाला है।

इसी बीच हमने समकालीन इतिहास में भी, खासतौर से 9/11 के बाद, धर्म का हिंसा और साथ ही राजनीति से बढ़ता रिश्ता भी देखा है। धार्मिक टकराव अचानक छोटी-सी बात से पैदा होकर भयावह रूप ले लेता है और फिर धीरे-धीरे शांत हो जाता है। पर इसमें जितनी राजनीति शामिल हो जाती है, उसके शांत होने की रफ्तार उतनी ही कम हो जाती है। हमने यह भी देखा है कि जिस नेता की पूछ सामान्य ढंग से कम होने लगती है, वह वोट पाने या अपने आपको मजबूत करने के लिए सांप्रदायिक मसला उठा लेता है।

राजनीति और शासन के बीच गहरा और लगभग समाप्त न किया जा सकनेवाला संबंध होता है। आज भी चर्च और शासन का पूरी तरह से अलगाव नहीं हुआ है। और अगर हम राजनीति में धर्म और जातीयता के मसलों को ले आएँ, और फिर उन्हें शासन या सरकार को प्रभावित न करने दें तो यह संभव ही नहीं । अगर धार्मिक

मसले राजनीति का एजेंडा बनेंगे और फिर शासन को भी अपने रंग में रँग देंगे तो नीतियाँ कदापि धर्मनिरपेक्ष नहीं रह पाएँगी।

धर्म, राजनीति और शासन के संबंधों की इस जटिल प्रक्रिया में हम धर्मनिरपेक्ष राजनीति और धर्मनिरपेक्ष शासन, धार्मिक शासन और धार्मिक राजनीति, धर्मनिरपेक्ष शासन और धार्मिक राजनीति तथा धार्मिक शासन और धर्मनिरपेक्ष राजनीति के उदाहरण आराम से देख सकते हैं। और कोई देश सदा एक ही श्रेणी में रहा हो, यह भी नहीं कहा जा सकता। आज राजनीति जिस हाल में है, उसमें हम जर्मनी, फ्रांस और ब्रिटेन को ही नहीं; चीन, रूस और अमेरिका को भी ऐसा देश मान सकते हैं, जहाँ धर्मनिरपेक्ष राजनीति और धर्मनिरपेक्ष सरकार है। इसी प्रकार ईरान, इजरायल, पाकिस्तान और बांग्लादेश को धार्मिक शासन और धार्मिक राजनीतिवाला मुल्क कहा जा सकता है। इंडोनेशिया एक महत्वपूर्ण देश है, जिसे धार्मिक शासन परंतु धर्मनिरपेक्ष राजनीतिवाला मुल्क मानना होगा। जापान, भारत और पोलैंड ऐसे देश हैं जहाँ शासन-व्यवस्था धर्मनिरपेक्ष है, पर राजनीति में धर्म महत्वपूर्ण भूमिका निभाता है।

इस्लामी राष्ट्र-राज्य

मिस्त्र, तुर्की, पाकिस्तान, बांग्लादेश और इंडोनेशिया जैसे इस्लामी मुल्कों में रहनेवाले लोगों को लगता है कि सिर्फ कुरान और शरीयत जैसे धर्मग्रंथ उनकी सारी और नित नई आनेवाली समस्याओं का समाधान नहीं दे सकते। इन सभी मुल्कों पर भूमंडलीकरण और आधुनिकीकरण की शक्तियों के साथ ही इस्लामीकरण की शक्तियों का भारी दबाव है।

मिस्त्र धर्मनिरपेक्ष शासन और इस्लामी उग्रवादियों के बीच की खींचतान में फँसा है। तुर्की का इतिहास शानदार रहा है, जहाँ कमाल अतातुर्क ने फ्रांसीसी क्रांति से लोकतांत्रिक दर्शन लिया, 1923 में खलीफावाली पुरानी व्यवस्था को समाप्त किया और मुल्क तथा वहाँ की शिक्षा व्यवस्था में गणतांत्रिक और लोकतांत्रिक मूल्यों को जोड़ा। आज तुर्की के इस रुझान को अल्पसंख्यक मुसलमानों का एक आंदोलन चुनौती दे रहा है, जो चाहता है कि तुर्की पूरब की तरफ मुँह करके सीरिया, इराक, ईरान, तुर्कमेनिस्तान, अफगानिस्तान और पाकिस्तान जैसे मुस्लिम देशों से दोस्ती करे और एक आर्थिक, सैनिक और धार्मिक गठबंधन बनाने की पहल करे। यूरोप में भी अनेक दक्षिणपंथी ताकतें हैं, जो चाहती हैं कि तुर्की को यूरोपीय हलके में पूरे सदस्यवाली हैसियत की भागीदारी न दी जाए। इंडोनेशिया सबसे बड़ा मुसलमान मुल्क और दुनिया में आबादी के हिसाब से चौथा सबसे बड़ा देश है। यह बहुत ही बिखरा और बहुलतावाला देश है, जिसमें करीब 300 आदिवासी कबीलों और जातीयता के लोग बसते हैं, 400 भाषाएँ और बोलियाँ बोलते हैं। यह करीब 14000 टापुओं का देश है। धार्मिक बहुलता के मामले में इंडोनेशिया सचमुच के 'पंचशील' पर आचरण

करता है। पाँच धार्मिक विश्वदृष्टियों–इस्लाम, बौद्ध, हिन्दू, ईसाई और जीववाद की मौजूदगी के लिए यह 'पंचशील' पद प्रयुक्त होता है। अपनी समृद्ध बहुलतावादी परंपरा और अपने द्वीपों पर अलग–अलग धर्म के लोगों के सहजीवन को देखते हुए यहाँ के नेताओं ने अभी तक मुल्क को इस्लामी रंग में रँगने के दबावों को सफल नहीं होने दिया है। वैसे तो आधिकारिक रूप से इंडोनेशिया इस्लामी मुल्क है, पर अनेक लोगों का मानना है कि इस्लाम ने इंडोनेशिया पर अपना रंग उतना नहीं चढ़ाया है, जितना इंडोनेशिया ने इस्लाम पर।

विभिन्न धर्मों के इंडोनेशिया पहुँचने और अपनी जड़ें जमाने की कहानी काफी दिलचस्प है। यह मुल्क पहले तो प्रकृति–पूजकों से भरा था, जिन्हें आज जीववादी कहा जाता है। सबसे पहले ये लोग हिन्दू और बौद्ध धर्म की तरफ आकर्षित हुए। इंडोनेशिया में इस्लाम 15वीं सदी में पहुँचा। ईसाई धर्म का प्रवेश 18वीं और 19वीं सदी में हुआ। लोगों के स्तर पर अलग–अलग धर्म लगभग साथ–साथ फलते–फूलते रहे हैं। इनका समाज की चेतना पर गहरा असर है और ये स्थानीय लोककथाओं और कलाओं में भी उतर आए हैं। यहाँ के एक पक्के मुसलमान को भी मंदिर का विचार, राम और सीता की कथाएँ, कृष्ण और राधा की रासलीला, बुद्ध के निर्वाण की परिकल्पना कभी पराई नहीं लगती। ये चीजें सबके जीवन का अभिन्न अंग हैं। इसके लिए मस्जिद और जन्नत की कल्पनाएँ भी उतनी ही प्यारी हैं, जितनी ये सभी। वी. एस. नायपाल ने इस भावना पर बहुत अच्छा लिखा है :

> *"इंडोनेशिया आकर हम इस्लामी दुनिया के एक छोर पर आ जाते हैं। करीब 1000 वर्षों तक और 1400 ईस्वी तक यह बृहत्तर भारत का ही सांस्कृतिक और धार्मिक अंग था : जीववाद, बौद्ध, हिन्दू और इस्लाम का पदार्पण यहाँ यूरोप के पहुँचने से काफी पहले हो चुका था, और फिर यहाँ पहुँचकर वह उसकी बड़ी शक्ति भी नहीं रहा, जितना दूर–दराज के अन्य इलाकों में था। पिछले दो सौ वर्षों के उपनिवेशवादी दौर में इस्लाम प्रतिरक्षावाली मुद्रा में रहा, शासित लोगों का धर्म रहा है। लोगों के दिलों पर अपना पूरा रंग चढ़ाने में यह सफल नहीं हुआ है। यह अभी भी मिशनरी धर्म ही है। उपनिवेशवादी शासन के दौर में गाँव में, गाँव के मदरसों में, जो संभवत: बौद्ध मठों की परंपरा से निकले थे, हमने खुद को जीवित रखा।"*[4]

भारतीय अनुभव

धर्मों के इतिहास में भारत का विशेष स्थान है। यह हिन्दू, जैन, बौद्ध और सिख धर्म की जन्मस्थली है। ईसाई, यहूदी, जरथुस्टवादी, इस्लाम और बहाई धर्म भारत में बाहर से अलग–अलग कालों में आए और यहाँ उन्होंने अपनी गहरी जड़ें जमा ली।[5]

भारतीय इतिहास की एक प्रमुख विशेषता रही है, शास्त्रार्थ की परंपरा। गुरुओं

और संतों का प्रवचन और उपदेश चलता रहा है, पर यहाँ विद्वानों और पंडितों के बीच शास्त्रार्थ की भी बहुत मजबूत परंपरा रही है। और किसी भी अन्य व्यक्ति की तुलना में इसका श्रेय बुद्ध को जाता है, जिन्होंने संतों से संवाद की परंपरा शुरू की और गाँवों तथा नगरों में उपदेश और उनके बाद प्रश्नोत्तर का चलन शुरू किया। सारनाथ में दिए उनके उपदेशों को सभी जानते हैं। उनके अनुयायियों ने इसी परंपरा को आगे बढ़ाते हुए 'बौद्ध परिसरों' का आयोजन शुरू किया। विभिन्न जगहों पर रहनेवालों और धर्म तथा ज्ञान की विभिन्न शाखाओं के विद्वानों को एक साथ जुटकर संवाद करने वाली परिषदों का आयोजन बुद्ध की मृत्यु के कुछ समय बाद से ही शुरू हो गया। पहली बौद्ध परिषद राजगीर में हुई और एक सदी के बाद दूसरी वैशाली में। अपने शासन-काल में अशोक ने तीसरी बौद्ध परिषद का आयोजन भारत की तत्कालीन राजधानी पाटलिपुत्र (आज का पटना) में कराया। एक सदी बाद चौथी परिषद कश्मीर में आयोजित हुई। इन आयोजनों ने धार्मिक सिद्धांतों और व्यवहारों के अंतर को कम करने में मदद की तथा इनसे सामाजिक सद्‌भाव और विकास का माहौल बनाने में समर्थन मिला। यह भी उल्लेखनीय है कि इन परिषदों में सिर्फ शास्त्रों या दर्शन की बातें ही नहीं हुईं, बल्कि सामाजिक और आर्थिक मुद्दे तथा आम लोगों की दिलचस्पी के विषयों पर भी चर्चा हुई।

संवाद और धार्मिक बहुलता की प्राचीन भारतीय परंपरा आगे भी जारी रही। मुगल काल में 16वीं सदी में अकबर ने हिन्दू, मुसलमान, ईसाई, पारसी, जैन, यहूदी और नास्तिकों के नेताओं का एक सम्मेलन कराया था, जिसकी अध्यक्षता उन्होंने स्वयं की थी।

भारतीय अनुभव का एक विशेष पक्ष यह भी है कि यह नए विचारों, नए ज्ञान को अपनाने के संदर्भ में एकदम उदार रहा है। ऐसा सिर्फ धर्म और आस्था के मामले में ही नहीं है, यह चीज विज्ञान और तकनीक, कला और वास्तु, संगीत और पोशाक जैसी सभी चीजों में है। भारतीय बहुलतावाद का एक और अच्छा उदाहरण है प्रचुर संख्या में धार्मिक साहित्य की उपलब्धता। यह पद्य और गद्य दोनों रूपों में है और अनेक भाषाओं में उपलब्ध है। यह साहित्य भी बताता है कि टकरावों को संवाद के माध्यम से टालने और निपटाने का काम किस तरह से हुआ है।[6]

ब्रिटिश शासन काल में भी नागरिक और विधायी संस्थाओं में विभिन्न मसलों पर बहस और संवाद का अवसर मिला, जिसमें भाषा से लेकर सांप्रदायिक सद्‌भाव, स्वास्थ्य और शैक्षिक मसलों पर बातचीत हुआ करती थी। औपनिवेशिक अनुभवों, खासकर 20वीं सदी का किस्सा कुछ और है। इस अवधि में भारतीय समाज और राजनीति में हिन्दुओं और मुसलमानों के बीच उभरे टकराव ने अंततः 1947 में मुल्क का बँटवारा ही करा दिया।

शासन के मामले में धर्मनिरपेक्ष भारत के विचार का खास महत्व है। यह कहना अतिशयोक्ति न होगी कि सरकार इसी पर टिकी हुई है। अपने चर्चित मध्यरात्रिवाले

भाषण में जवाहरलाल नेहरू ने कहा था, "हमें स्वतंत्र भारत में ऐसे भवन का निर्माण करना है, जिसमें भारत माँ के सभी बच्चों का ढंग से पालन-पोषण हो सके।" विभाजन के बाद हुई सारी सांप्रदायिक मारकाट और जब-तब उभर आते सांप्रदायिक विवादों के बाद यह बात स्वयंसिद्ध है कि शासन के उपकरणों को धर्मनिरपेक्ष मूल्यों को अपनाना ही होगा। धर्मनिरपेक्षता का विचार एक नारा-भर नहीं है, यह शासन का एक उपयोगी और व्यावहारिक सिद्धांत है। धर्म के नाम पर मुल्क के बँटने के बावजूद हमारे नेताओं ने स्वतंत्र भारत के लिए धर्मनिरपेक्ष संविधान का रास्ता चुना, यह तथ्य न सिर्फ उस नेतृत्व की विलक्षण बुद्धि को बताता है, बल्कि भारत की बहुलतावादी और धर्मनिरपेक्ष परंपरा को भी दर्शाता है।

यह बात भी ध्यान में रखनी चाहिए कि सिर्फ पुराने गौरव के आधार पर धर्मनिरपेक्षता नहीं चल सकती थी और न ही इस बात से कि गाँधी ने यह कहा या नेहरू ने इस पर जोर दिया। इसे नित्य जीवन के कार्यकलाप में स्थान देना आवश्यक है। जानकार नागरिक धर्मनिरपेक्ष मूल्यों के लिए जनमत बनाने में मदद कर सकते हैं।

हाल के वर्षों में धर्म पर आधारित दो घटनाओं ने भारतीय शासन की नीतियों को प्रभावित किया, पहली घटना है 31 अक्टूबर 1984 को इंदिरा गाँधी की हत्या के बाद सिखों के खिलाफ हुई हिंसा और दूसरी है 6 दिसंबर 1992 को बाबरी मस्जिद का विध्वंस। 3 जून 1984 को प्रधानमंत्री इंदिरा गाँधी ने भारतीय सेना को सिखों के सबसे पवित्र धर्मस्थान अमृतसर स्थित स्वर्णमंदिर में छुपे सिख उग्रवादियों को बाहर निकालने के लिए कार्रवाई का आदेश दिया। इन अतिवादियों का नेता जरनैल सिंह भिंडराँवाले था। इस कट्टरपंथी सिख धर्मप्रचारक का उद्देश्य स्वतंत्र सिख देश (खालिस्तान) बनाने के लिए हिन्दुओं और सिखों के बीच नफरत की स्थायी दीवार खड़ी करना था। 'ऑपरेशन ब्लूस्टार' नामक इस सैनिक अभियान में तीन दिनों तक लड़ाई चली और फिर सेना के टैंक मंदिर परिसर में दाखिल हुए। भिंडराँवाले और उसके साथ काफी सारे उग्रवादी मारे गए, पर इस कार्रवाई में स्वर्णमंदिर परिसर को भी काफी क्षति उठानी पड़ी। पाँच महीने बाद प्रधानमंत्री इंदिरा गाँधी के दो सिख अंगरक्षकों ने उन्हें उनके आवास पर ही गोलियों से भून दिया।

इंदिरा गाँधी की हत्या के बाद सिख विरोधी दंगे भड़क उठे और उनमें 3500 सिखों की हत्या हुई, जिनमें से ज्यादातर मौतें दिल्ली में हुईं। इस घटनाचक्र के बाद उभरे सिख आतंकवाद ने और जोर पकड़ा और आतंकवादियों ने हिन्दुओं को निशाना बनाया। हिन्दू और सिख ध्रुवीकरण भी शुरू हो गया। पर संवाद की परंपरा और लोकतंत्र ने स्थिति को सँभाल लिया और हिन्दू-सिख दरार ज्यादा चौड़ी नहीं हुई। धीरे-धीरे यह दरार भी कम हो गई और सिख आतंकवाद भी गायब होता गया।

भारत की एक अरब की आबादी में सिखों का हिस्सा दो फीसदी से भी कम है। 22 मई 2004 को एक बड़ी लोकतांत्रिक घटना बहुत ही नाटकीय रूप में घटी।

एक सिख, डॉ. मनमोहन सिंह ने अचानक ही भारत के 14 वें प्रधानमंत्री के रूप में शपथ ली। यह काम उन्हीं इंदिरा गाँधी की बहू सोनिया गाँधी ने किया, जिन्होंने स्वर्ण मंदिर में सेना भेजने का फैसला किया था। कांग्रेस संसदीय दल का नेता चुने जाने के बाद और इस पद की स्वाभाविक दावेदार सोनिया गाँधी ने अपनी जगह मनमोहन सिंह को प्रधानमंत्री बनवा दिया। बहु-धार्मिक, बहु-भाषी और बहु-जातीयतावाले मुल्क में लोकतंत्र द्वारा किसी समूह के घावों पर मरहम लगाने का यह सर्वश्रेष्ठ उदाहरण था।

हिन्दू अतिवादियों द्वारा 6 दिसंबर 1992 को अयोध्या स्थित बाबरी मस्जिद को गिरा देने से हिन्दू-मुसलमान एकता को गहरा धक्का लगा। अयोध्या में मुगल सम्राट बाबर के एक सूबेदार ने 1528 में एक मस्जिद बनवाई थी। जिस जगह पर यह मस्जिद बनी थी, उसे सदा से हिन्दू राम-जन्म भूमि मानते रहे थे। अनेक इतिहासकार मानते हैं कि 1528 से पहले इस जगह पर एक राम मंदिर था। 1987 में भाजपा ने दो अन्य अतिवादी हिन्दू संगठनों-विश्व हिन्दू परिषद और बजरंग दल के साथ उस मस्जिद को गिराकर उसकी जगह भव्य राम मंदिर बनवाने का अभियान शुरू किया। सदियों से राम हर भारतीय के लिए–चाहे वह हिन्दू हो, मुसलमान हो सिख हो, ईसाई हो, या फिर बौद्ध या जैन हो-परिचित और आदरणीय नाम है। उन्हें मर्यादा पुरुषोत्तम कहा गया है। वे विष्णु के अवतार, न्याय और त्याग की मूर्ति, सहनशीलता और बहादुरी की मिसाल माने जाते हैं। पर जब बाबरी मस्जिद गिराई गई तो यह बात अधिकांश हिन्दुओं को भी अच्छी नहीं लगी, जबकि प्रायः सभी अयोध्या में राम मंदिर बनवाने के पक्ष में थे।

समकालीन भारत में हिन्दू-मुसलमान[7] तनाव का किस्सा 1980 के दशक से शुरू हो जाता है, जब 1981 से तमिलनाडु के मीनाक्षीपुरम् में दलितों को मुसलमान बनाया गया। उसके बाद से घटनाओं की एक पूरी श्रृंखला है। 1992 में बाबरी मस्जिद गिराई गई और प्रतिक्रिया में मुल्क-भर में दंगे हुए–खासकर मुंबई में और इन सबने हिन्दू-मुस्लिम संबंधों को खट्टा किया। 2002 में हिन्दू रेल-यात्रियों को जलाए जाने की घटना के बाद गुजरात में मुसलमानों की हत्या हुई। आमतौर पर यह माना जाता है कि ट्रेन जलाने की कार्रवाई 'आतंकवादियों' ने की थी। पर इस आधार पर अनेक विद्वान यह सवाल उठाने लगे कि क्या हिन्दू और मुसलमान एक साथ रह सकते हैं या वे साथ रहकर भी अलग-अलग ही हैं?

इस बात का उल्लेख जरूरी है कि दक्षिण एशिया में हिन्दू और मुसलमान अलग-अलग नहीं रहते। उनका संपर्क सिर्फ हाट-बाजार में ही नहीं होता; खेत-खलिहान, फैक्टरी-दूकान में में ही वे साथ-साथ काम नहीं करते, बल्कि ब्याह-शादी, तीज-त्यौहार पर उपहारों के आदान-प्रदान से लेकर सुख-दुख के हर आयोजन में वे आपस में भागीदारी करते हैं। अनेक नागरिक मामलों और मतदान केंद्रों पर साथ जाने और अपनी-अपनी समझ के अनुसार वोट देना अब इस साझेपन

के नए पहलू हैं। लोगों के स्तर पर आपसी समझ का जो दायरा है, वह इतना व्यापक है कि दोनों समुदाय के अतिवादी और दकियानूस लोग ठीक से उसकी कल्पना भी नहीं कर सकते। मेल-मिलाप की ताकतें आज फिर से अपनी शक्ति प्रदर्शित कर रही हैं और हम पाते हैं कि अयोध्या, मुंबई और गुजरात की कड़वी यादों को भुलाकर फिर से आर्थिक और सामाजिक कामों में साथ-साथ भागीदारी बन रही है।

भारतीय अनुभव यह भी बताता है कि आम भारतीय अपने व्यवहार से, चाहे उसका अपना धर्म जो हो, धार्मिक बहुलता का आदर करता है, करता आया है। यह बहुलतावादी नजरिया बाजारों में दिखता है और उन सभी नागरिक समाज संगठनों में दिखता है, जहाँ धर्मनिरपेक्ष मसलों पर सहमति बनाने के मामले में धार्मिक पहचान आड़े नहीं आती।

धर्मनिरपेक्षता की अवधारणा को सिर्फ विभिन्न धर्मों के लोगों द्वारा एक-दूसरे के प्रति आदर-भाव प्रदर्शित करने और शासन की तरफ से धार्मिक मामलों में भेदभाव न किए जाने भर के दायरे में ही देखा जाना चाहिए। अनेक अवसरों पर सामाजिक और राजनैतिक व्यवस्था की इन दोनों चीजों पर भारी मुश्किलें आईं। पर भारत की बहुलतावादी परंपरा और लोकतांत्रिक ढाँचे ने जीवंत सामाजिक वास्तविकता और शासन नीति, दोनों ही स्तरों पर धर्मनिरपेक्ष मूल्यों को बचाया, मजबूत किया है। प्रसिद्ध समाजशास्त्री टी. एन. मदान इस परिघटना को इस तरह रखते हैं :

> *"19वीं सदी के पारंपरिक कुलीन लोग बहुलतावाद के लिए प्रसिद्ध थे, लेकिन वे इसे अशिक्षित जनता के अज्ञान से ज्यादा नहीं मानते थे। आज की आधुनिक बौद्धिक जमात ने धर्मनिरपेक्षता की विचारधारा को सोच-समझकर अपनाया है, जिसके अनुसार धर्म अगर पूरी तरह समाप्त न भी हो तो यह लोगों के निजी जीवन तक में सिमटा रहे। यह विचारधारा उस बहुलतावाद पर जोर देती है, जो समाज की संरचनात्मक विविधता पर आधारित हो। इस बात को जोर से कहने का कोई मतलब नहीं है कि यह दो तरह की बहुलता—आम लोगों और बुद्धिजीवियों में बहुत से मामलों में अंतर है। आम लोगों की बहुलता बहुत कुछ स्वाभाविक है, जीवन अनुभव की सच्चाई है, लेकिन दूसरे किस्म की बहुलता वैचारिक है और इस के चलते खुद को लेकर सचेत है-एक बनावटी किस्म की है। पहली बहुलता धर्म के प्रति धनात्मक दृष्टिकोण से आई है, पर दूसरे में धर्म को लेकर संशय का भाव है। दोनों बहुलताओं में फासला है, लेकिन इस मुद्दे की उस गंभीरता से छानबीन नहीं हुई है, जिसकी यहाँ जरूरत है।"*[8]

एक विचार के तौर पर बहुलतावाद भारत की बौद्धिक और आध्यात्मिक विरासत से जुड़ी हुई चीज है। यह भारतीय सभ्यता का एक बुनियादी मूल्य है और इसकी जड़ें प्राचीन वैदिक परंपरा में निहित हैं। वहीं 'एक सत्य और अनेक व्यख्याएँ' की बात स्वीकार की गई है और वहीं आस्था की जगह सत्य को पाने के लिए बुद्धि

के उपयोग पर भी जोर हैं। संवाद और सहजीवन, 'जियो और जीने दो' तथा समझ और नई बातों के प्रति खुलेपन की भारतीय दार्शनिक परंपरा को समय-समय पर कड़ी मुश्किलों से गुजरना पड़ा है, पर इसने हर दौर में अद्‌भुत जीवंतता दिखाई है और पूरे भारतीय विमर्श में यह अद्‌भुत नजरिया सदा विद्यमान रहा है। अपने लंबे इतिहास में निरंतर चले इसी विमर्श से भारत समकालीन दौर की धर्मनिरपेक्षता के लिए सांस्कृतिक और दार्शनिक आधार जुटाता है।

भारतीय समाज बहुलतावाद का समर्थन करता है। राजनैतिक व्यवस्था के तौर पर धर्मनिरपेक्षता के माध्यम से यह बहुलतावाद अभिव्यक्त होता है। भारतीय संविधान पारंपरिक बहुलतावादी नजरिए के साथ-साथ भारतीय स्वतंत्रता आंदोलन के बेहतरीन मूल्यों को भी समेटे हुए है। अगर विभाजन नहीं हुआ होता तो संभव है 1947 के बाद हमने जिन समस्याओं को भुगता है, उनका चरित्र कुछ और होता और आज जितनी आर्थिक और सामाजिक प्रगति दिखती है, स्थिति उससे और बेहतर होती।

बहु-भाषी, बहु-सांस्कृतिक, बहु-जातीय और बहु-धार्मिक समाज में बहुलता को सिर्फ आपसी प्रतिद्वंद्विता के हिसाब से ही नहीं समझना चाहिए। इसे मुक्त मानवीय संवाद और सहजीवन के आधार पर परस्पर सहयोग और मिलनवाले पैमाने से भी देखा जाना चाहिए। जब नागरिक समाज में बहुलतावादी व्यवस्था स्वीकार कर ली जाती है, तब सभी मतभेदों पर बातचीत करने की गुंजाइश स्वत: बन जाती है, क्योंकि तब किसी एक सत्य को परम नहीं माना जाता है। फिर टकरावों को टालने, सँभालने वाली व्यवस्थाएँ विकसित हो जाती हैं और मध्यस्थता के लिए रास्ता खुल जाता है। इससे कभी मेल-मिलाप कायम किया जा सकता है और अगर मतभेद रहे भी तो समानता के आधार पर उनको स्वीकार करके भी जीना सीख लिया जाता है।

भाषा का ही सवाल लें। भारत में भाषा की विविधता सभी मानते हैं। यह बहुलतावाद का एक महत्वपूर्ण पक्ष है। बहुभाषी समाज के लोग अपनी भाषा को बनाए रखते हुए अन्य भाषाओं के लोगों से संवाद कर लेने के तरीके विकसित कर लेते हैं; वे दो या अधिक भाषा में बोलने लगते हैं या उनका कामचलाऊ ज्ञान विकसित कर लेते हैं। सभी भाषाएँ महत्वपूर्ण हैं, पर समाज में अलग-अलग भाषाओं की अलग-अलग भूमिकाएँ हैं, शैक्षिक व्यवस्था में उनकी अलग-अलग जगह है। हर एक को दूसरी भाषा की भी जानकारी (उर्दू और हिन्दी) है, पर दोनों के बीच एक साझा (हिन्दुस्तानी) जुबान भी होती है। इसी प्रकार तमिल बोलनेवाला व्यक्ति कामचलाऊ अंग्रेजी के माध्यम से भी हिन्दी बोलनेवाले से संवाद कर लेता है। अपनी पहचान को स्थापित करना और स्वीकार करना असल में दोतरफा मामला है। इसके माध्यम से विभिन्न सामाजिक समूह अपनी अलग पहचान भी रख सकते हैं और दूसरे के साथ अपनी सामूहिकता भी विकसित कर सकते हैं।

धर्म के मामले में भी हम पाते हैं कि अलग-अलग मान्यताओं के आधार पर

भी सुखपूर्वक जीवन बिताया जा सकता है। मैं अपनी आस्था के साथ सुखी रह सकता हूँ और मेरा पड़ोसी अपनी आस्था के साथ। यह व्यावहारिक ज्ञान दूसरे धर्मों के बारे में बेहतर समझ देता है और 'मेरा धर्म तुम्हारे धर्म से श्रेष्ठ है' वाला पुराना भाव समाप्त कर देता है। विभिन्न धर्मों के लड़के-लड़कियों को साझा स्कूल और साझा राजनैतिक प्रक्रियाओं से बहुलतावादी जुड़ाव बनाने में मदद मिल सकती है। जब तक लोकतंत्र विभिन्न धर्मों को फूलने-फलने और राष्ट्रीय पहचान का हिस्सा बनने का पर्याप्त अवसर देता है, बहुलतावादी समाज बनना तय है और फिर यह समाज कई मायनों में बहुत समृद्ध होता है।

बहुलतावादी जुड़ाव कई मायनों में 'सलाद का कटोरा' या 'मेल्टिंग पॉट' वाली धारणा से अलग होता है। 'मेल्टिंग पॉट' वाली अवधारणा में सभी समूहों का अपनी पहचान को समाप्त करके आपस में मिलने का भाव होता है या सबसे प्रभावी समूह में खुद को विलीन कर लेने का भाव होता है। अलगाव या छँटनी विभिन्न समूहों को अलग-अलग करता है। लोकतांत्रिक ढाँचे में अगर बहुलतावादी मूल्यों को चलने दिया जाय तो बहुलतावादी जुड़ाव बहुत स्वाभाविक ढंग से बनता है। इस बात को रेखांकित करने और इसे प्रोत्साहित करने की जरूरत है, और सिर्फ यही चीज लोकतांत्रिक धर्मनिरपेक्ष भारत के विचार को मजबूत करेगी।

'बहुधा' नजरिए के भारतीय अनुभव के आलोचक इस तथ्य को उजागर करते हैं कि दार्शनिक स्तर पर तो बहुधा के नजरिए का काफी बड़ा मतलब और प्रासंगिकता है, पर सामाजिक स्तर पर यह न तो पहले कभी बहुत प्रभावी ढंग से काम करता रहा है, न अभी कर रहा है। यह कहा जाता है कि सामाजिक लेन-देन और समन्वय की बात भारत में नहीं चलती। विशिष्टता के बोध के चलते ही शुद्धता और अशुद्धता की अवधारणा आई, जिसने छुआछूत की भावना और फिर समाज में अछूतों का वर्ग बनवा दिया। हिन्दू मानस इस अर्थ में बहुत जटिल है कि उसने दर्शन और धर्म के स्तर पर तो सहनशीलता, उदारता और मेल-मिलाप की भावना दिखाई, पर सामाजिक जीवन और व्यवहार में कठोरता और विशिष्टता को चलाता रहा। समकालीन भारत में भी धार्मिक, जातीय और जातिगत पहचानें ही हमारे सार्वजनिक जीवन में सबसे प्रभावी रही हैं। लोकतंत्र की माँग के अनुरूप सबको साथ लेनेवाली सामाजिक व्यवस्था नहीं बन पाई है, क्योंकि आज भी संसद और विधानसभाओं के लिए टिकटों का बँटवारा जाति और धर्म के हिसाब से होता है और चुनावी नतीजे पर इन चीजों का प्रभाव पड़ता है।

कुछ ऐसे विद्वान भी हैं जिनका मानना है कि धर्मनिरपेक्षता के साथ सहनशीलता को जोड़ना गलत है। भारतीय अनुभव बताता है कि जब धर्म आधारित सामाजिक व्यवस्था चल रही हो तब भी धार्मिक बहुलता फल-फूल सकती है। आशीष नंदी इस चीज को कुछ यों बताते हैं :

"यह आधुनिक भारत नहीं है, जहाँ करीब 2000 वर्षों से यहूदी धर्म चलता

आया है, जहाँ ईसाई धर्म यूरोप जाने से भी पहले पहुँचा और जहाँ जरथूस्त्रवादी लोग 1200 वर्षों से आराम से अपनी आस्था के साथ रह रहे हैं; यह सहनशीलता तो पारंपरिक भारत ने ही दिखाई है। यही कारण है कि आज जब भारत आधुनिक बनता जा रहा है तो धार्मिक हिंसा बढ़ती जा रही है–इस सबको कहने का मतलब यह है कि अब वक्त आ गया है कि रामभरोसे या थोड़े से मध्यमवर्गी, जातीयता के बोध से ऊपर उठे नेताओं, नौकरशाहों और बौद्धिकों के छोटे समूह की चेतना पर धार्मिक सहिष्णुता विकसित करने का प्रयास करने की जगह हम अपने दर्शन, प्रतीकवाद और नागरिकों के धार्मिक विश्वासों में सहनशीलता के पहलुओं को पहचानें। इसके साथ ही हम उम्मीद करें कि दक्षिण एशिया की हमारी सरकारें या शासन फैशनेबुल धर्मनिरपेक्ष सिद्धांतों से सहनशीलता सीखने की जगह हिन्दू, इस्लाम, बौद्ध और सिख मत को माननेवाले सामान्य हिन्दू, मुसलमान, बौद्ध और सिख से धार्मिक सहिष्णुता सीखें।"[9]

इस संदर्भ में यह उल्लेख करना जरूरी है कि पारंपरिक भारत में सहनशीलता थी, पर यह कुछ सामाजिक वर्गीकरण के हिसाब से चलती थी, जो वैदिक व्यवस्था के अनुरूप था और आज जैसी धर्मनिरपेक्ष संवैधानिक व्यवस्था के अधीन लोकतांत्रिक ढंग से नहीं चलती थी।

धर्म, अंतर्राष्ट्रीय संबंध और विश्व-शांति

धर्म और अंतर्राष्ट्रीय संबंधों का तालमेल आज विश्लेषण और अटकलबाजी का महत्वपूर्ण विषय बन गया है। टकराव बढ़ाने की धर्म की 'ताकत' इतिहास से जुड़ी है। हाल के वर्षों में संयुक्त राष्ट्र और प्रमुख देशों ने दुनिया के विभिन्न हिस्सों में धर्म आधारित सामाजिक और राजनैतिक लड़ाइयों को सँभालने पर काफी मेहनत की है। ऐसी लड़ाइयाँ हाल के वर्षों में कम्बोडिया से लेकर दक्षिण अफ्रीका और खास तौर से रवांडा उत्तरी आयरलैंड, मोजांबिक और बोस्निया में चली हैं। और इस मारधाड़ और हंगामे के बीच इस बात को भुला दिया गया कि धर्म टकराव को खत्म करने का माध्यम भी बन सकता है। क्योंकि और चाहे जो हो, धर्म अपन बुनियादी रूप में शांति की बात करता है और अपने अनुयायियों से शांति बनाए रखने को कहता है।

आतंकवाद के खिलाफ जारी लड़ाई ने इस बात को स्पष्ट रूप से स्थापित किया है कि इस्लामी दुनिया के लोगों का अब पश्चिम पर भरोसा नहीं रह गया है। अमेरिका और यूरोप में हुए आतंकवादी हमले और संवाद का सिलसिला, खासतौर से इस्लामी और पश्चिमी देशों के बीच, इस नई स्थिति की गवाही देते हैं।

हर आदमी मानता है कि धर्म और राजनैतिक नाराजगी के नाम पर आतंकी

हमलों ने पश्चिमी देशों और अरब जगत के बीच ही नहीं, पश्चिमी देशों में रहनेवाले मुसलमानों और वहाँ की शेष आबादी के बीच तनाव को काफी बढ़ा दिया है। अनेक विद्वानों का मानना है कि हाल के वर्षों में धर्म ने जो राजनैतिक भूमिका अपना ली है, उसका राजकीय व्यवस्था की विचारधारा पर असर पड़ा है। कट्टरपंथी इस्लामी जमातों के लोग मानते हैं कि कुरान के हिसाब से अच्छा शासन चलाने के लिए जरूरी है कि सत्ता के साथ नैतिक उद्देश्य भी जुड़े हों। जब इस्लाम का नाम लेकर हिंसक तरीके अपनानेवाले लोग फिलीस्तीन, चेचन्या, बोस्निया, कश्मीर, और फिलीपीन्स में अलग राष्ट्र बनाने की मुहिम का समर्थन करते हैं, तो राष्ट्रवाद की अब तक मान्य परिभाषा भी नया रूप ले लेती है।

इस्लामी और पश्चिमी विश्व-दृष्टियों के बीच बढ़ते टकराव और विश्व-शांति पर इसके प्रभावों के मद्देनजर अरब जगत, अमेरिका और यूरोपीय देशों के घटनाक्रमों, कट्टरता और कठमुल्लेपने की प्रवृत्ति और आशय तथा धर्मनिरपेक्षता के भविष्य की कई तरह की व्याख्याएँ सामने आ रही हैं। सद्भाव और शांति बनाए रखने के लिए क्या कुछ किया जाना चाहिए, इस बारे में भी सवाल उठाए जा रहे हैं।

इस्लाम का जन्म अरब में हुआ और फिर यह एशिया, अफ्रीका, यूरोप और अमेरिका में फैला। और इसके चलते इस्लाम का रूप भी बहुरंगी हुआ है। अरब जगत और शेष दुनिया के इस्लाम में फर्क है। अनेक विद्वान मुसलमानों को दो श्रेणियों में बाँटकर देखना चाहते हैं—पहली, अरब के मुसलमान जिन्हें स्वाभाविक या मौलिक मुसलमान कहा जाना चाहिए। दूसरी श्रेणी अन्य धर्मों से धर्मांतरित होकर आनेवालों की है। अपनी किताब 'बियांड विलीफ' की भूमिका में वी. एस. नायपाल इस चीज को करीब-करीब सीधे ही कह डालते हैं :

> *"इस्लाम मूलतः अरब धर्म है। हर गैर-अरब मुसलमान धर्मांतरित ही है। इस्लाम सिर्फ मन की या निजी आस्था की चीज नहीं है। इसके साथ साम्राज्यवादी चाह भी जुड़ी है। धर्मांतरित व्यक्ति की विश्व-दृष्टि एकदम बदल जाती है। उसके लिए सारे पवित्र स्थल अरब में हैं, पवित्र भाषा अरबी है। इतिहास के बारे में उसके विचार बदल जाते हैं। उसे पसंद हो या नहीं, वह अपनी विश्व-दृष्टि, अपने इतिहास को ठुकराकर अरब कहानी का पात्र बन जाता है। धर्मांतरित व्यक्ति को अपनी हर चीज से अलग होना पड़ता है।"* [10]

विभिन्न धर्म एक-दूसरे से दो तरह से रिश्ता बना सकते हैं—सहमतिवाले मुद्दों पर जोर देकर या फिर सिर्फ मतभेदों को उजागर करके। इस्लाम के संदर्भ में मुस्लिम समाज के राजनैतिक, धार्मिक और राजनैतिक मनोविज्ञान जैसे पहलुओं को समझने की जरूरत है। ग्राहम ई. कूलर लिखते हैं :

> *"निश्चित रूप से मुसलमान जगत की राजनीति को समझने के लिए राजनैतिक इस्लाम को समझना ही सबसे अच्छा उपकरण है। समाजवादी,*

राष्ट्रवादी या लोकतांत्रिक राजनीति से उस समाज को इतनी अच्छी तरह नहीं समझा जा सकता। इसका कारण बहुत साफ है; इस्लामी समाज के दैनंदिन जीवन और राजनैतिक संस्कृति पर किसी भी एक अन्य वैचारिक या आम धारणात्मक बल की तुलना में इस्लाम का सबसे ज्यादा असर हुआ करता है।"[11]

दिलचस्प तथ्य यह है कि 'फंडामेंटलिस्ट' अर्थात धार्मिक मूलवादी या कट्टरपंथियों का (अमेरिका में 1910 से 1915 के बीच प्रकाशित 12 परचों की श्रृंखला में वर्णित) 'द फंडामेंट्ल्स' में विश्वास था, जिसमें बाइबिल के नैतिक कोड का जिक्र है।

पर इस्लामी कट्टरपंथियों का मामला एकदम अलग किस्म का है। 1978-79 में ईरान में हुई इस्लामी क्रांति के नायक अयातुल्लाह खुमैनी ने दमदार ढंग से इस्लाम और इस्लामी मूलवाद की वकालत की थी। उनका मानना था कि मुसलमान वह है, जो अल्लाह के निर्देशों का पालन करता है। अल्लाह ने उन्हें विशाल साम्राज्य और सभ्यताएँ बनाने के लायक बनाया है। और जब मुसलमानों ने अल्लाह के बनाए कायदों को नहीं माना तो वे कमजोर और अमेरिका तथा पश्चिमी देशों के गुलाम बन गए। ओसामा बिन लादेन ने इस दर्शन को आगे बढ़ाया और इस्लामी जगत पर पश्चिमी प्रभुत्व और आधुनिक धर्मनिरपेक्ष शासन का विरोध किया। ईसाई, यहूदी और इस्लाम के मूलवादी आंदोलनों या हिन्दू और बौद्ध अतिवादी आंदोलनों के बीच स्पष्ट रूप से चाहे जितने अंतर हों, धार्मिक मूलवादी आमतौर पर धर्मनिरपेक्ष शासन-व्यवस्था के खिलाफ हैं और उनकी चले तो वे अपने धर्म के अनुयायियों, धर्मग्रंथों या उनके द्वारा बनाए कायदे-कानूनों पर अमल कराएँ।[12]

1979 में हुई ईरानी क्रांति के बाद से इस्लामी जमात में धार्मिक विचारों, मुद्दों और चिंताओं पर नए सिरे से जोर दिया जाना शुरू हुआ है। इसके बाद सूडान और अफगानिस्तान में शासन पर कट्टरपंथियों का कब्जा और प्रभाव बढ़ा। अपने पुराने उपकरण जेहाद[13] के साथ राजनैतिक इस्लाम ने राजनैतिक प्रभुत्व बढ़ाने के लिए आतंकवाद का सहारा लेकर अतिवादी इस्लामी जमातों की ताकत बढ़ाई। आतंक का ताकतवर और प्रभावी उपयोग सिर्फ अमेरिका और यूरोप के देशों के खिलाफ ही नहीं, अल्जीरिया, मिस्र, फिलीस्तीन, लेबनान, पाकिस्तान, ईरान, सऊदी अरब, सोमालिया, यमन, चेचन्या और उजबेकिस्तान जैसे मुल्कों के विरुद्ध हुआ।

यूरोप में मुसलमानों की काफी बड़ी संख्या में उपस्थिति और उनकी बढ़ती संख्या को लेकर विश्लेषकों और प्रशासकों की परेशानियाँ बढ़ती जा रही हैं। यहाँ यह उल्लेख करना प्रासंगिक है कि 1945 के बाद युद्ध से बर्बाद हुए यूरोप के पुनर्निमाण के लिए बाहर से काफी संख्या में मजदूर बुलाए गए थे। इनमें ऐसे मुसलमानों की संख्या अच्छी-खासी थी जो यूरोप में ही बस गए। पर दुर्भाग्यवश यूरोपीय समाज और राजनीति में वे पूरी तरह घुल-मिल नहीं पाए। परिणाम यह हुआ

कि नए मुसलमान बच्चे-बच्चियों को यूरोप बेगाना ही लगता रहा और अपनी दोयम दर्जे की स्थिति को लेकर अनपेक्षितता का भाव उनमें बना रहा। अमेरिका, मैड्रिड और लंदन के साथ एशिया के कुछ हिस्सों में हुए हाल के आतंकवादी हमलों में यह बात सामने आई है कि पश्चिमी शिक्षा प्राप्त मुसलमान नौजवान आतंकवादी गतिविधियों की तरफ आकर्षित हुए है।[14]

पश्चिमी जगत में 9/11 के बाद ईसाई धर्म के प्रति भी नए सिरे से आकर्षण बढ़ा है और एक नैतिक मोड़ और विशिष्ट धार्मिक पहचान के प्रति चेतना बढ़ी है। अंतर्राष्ट्रीय स्तर पर चर्चित 'द क्लैश ऑफ सिविलाइजेशन्स' के लेखक सैमुअल हंटिंगटन अपनी नई किताब ' हू आर वी?' में अमेरिकी धार्मिक पहचान को बचाने की वकालत करते हैं। वे लिखते हैं :

> *"11 सितंबर की घटना 20 वीं सदी की विचारधारा और विचारधारा के टकरावों के अंत का नाटकीय प्रतीक है। इसके साथ ही यह एक नए युग की शुरुआत का प्रतीक भी है, जब लोग अपनी पहचान को मुख्यतः संस्कृति और धर्म के माध्यम से परिभाषित करेंगे। अब अमेरिका के वास्तविक और संभावित दुश्मन हैं धार्मिक भावना से प्रेरित उग्रवादी मुसलमान और विचारधारा से एकदम रिश्ता न रखनेवाला चीनी राष्ट्रवाद। अमेरिका के लिए इस माहौल में उसकी पहचान कायम रखने के लिए धार्मिक हिस्से ने नई प्रमुखता हासिल कर ली है।"*[16]

इससे पहले 1985 में अमेरिका के मुख्य न्यायधीश विलियम रेनक्विस्ट ने सार्वजनिक जीवन में धर्म की महत्वपूर्ण भूमिका के बारे में कुछ इस तरह कहा है :

> *"शासन और चर्च के बीच विभाजन वाली बात एक खराब इतिहास के उदाहरण पर आधारित है। यह संघ के कर्मचारियों की वैयक्तिक अभिव्यक्ति है। ईसाई अपनी मेज पर बाइबिल रख सकेंगे। मुसलमान औरतें हिजाब पहन सकती हैं। अपने त्यौहार की छुट्टियाँ मनाना चाहनेवाले यहूदी मजदूरों की बातों को भी ज्यादा से ज्यादा तरजीह मिलनी चाहिए। चाय के अवकाश और भोजन के अवकाश के समय संघीय कर्मचारियों को धर्म के बारे में बातचीत करने से कोई नहीं रोक सकता।"*[16]

यह सही है कि धार्मिक टकराव बढ़ते जा रहे हैं। यह भी सही है कि सिर्फ ईसाइयों और मुसलमानों के बीच ही टकराव नहीं हो रहा है। हिन्दुओं और मुसलमानों, यहूदियों और मुसलमानों तथा हान चीनियों और मुसलमानों के बीच भी टकराव हुए हैं। बोस्निया, कोसोवो, कश्मीर, चेचन्या, जियाजियांग और फिलीपीन्स में इस्लाम के अनुयायी गैर-मुसलमानों के शासन से आजादी और स्वायत्तता के लिए लड़ रहे हैं। मुसलमान आतंकवादी अमेरिका, इजरायल, ब्रिटेन और पश्चिम के अन्य भागों में सक्रिय हैं। वर्षों से पाकिस्तान से प्रशिक्षित जेहादी आतंकियों की घुसपैठ और हमलों से भारत भी परेशान रहा है। पर यह बात खासतौर से महत्वपूर्ण है कि 9/11 के

बाद अमेरिका ने 'आतंकवाद पर हमला' नाम से जो अभियान शुरू किया है, इस्लामी कट्टरपंथी उसे आतंकवादियों की जगह इस्लाम के खिलाफ मुहिम के रूप में देखते हैं।

औद्योगिक दुनिया के देशों में अमेरिका सबसे ज्यादा धार्मिक है, पर यह शासन और धर्म को अलग-अलग रखने की नीति पर भी सख्ती से अमल करता है। अमेरिकी समाज और राजनीति के बुनियादी मूल्य धार्मिक कर्मकांड और कठमुल्लापन से ग्रस्त न होकर लोकतंत्र, नागरिक अधिकार, कानून की समझ, समानता और कानून के शासन से जुड़े हुए हैं। वहाँ लोगों को उनके चरित्र की ताकत के आधार पर आँका जाता है न कि उनके जन्म और नस्ल के आधार पर। इसी नजरिए ने अमेरिका को विश्व का सबसे विकसित राष्ट्र और एक महाशक्ति बनाया है। अब यह अंदेशा जरूर जताया जा रहा है कि अमेरिकी समाज और राजनीति की ये विशेषताएँ अमेरिकी पहचान के महत्वपूर्ण कारकों के रूप में धर्म और जातीयता के उभरने से प्रभावित हो सकती हैं, बदल सकती हैं।

धर्मनिरपेक्षता की प्रासंगिकता

19वीं और 20वीं सदी के दौरान समाजविज्ञान के साहित्य में आधुनिकता और बदलाव के लिए एक समग्र सार्वजनिक नीति के तौर पर धर्मनिरपेक्षता का विकास हुआ। इसे विज्ञान, शिक्षा और तकनीक के विकास की स्वाभाविक परिणति के रूप में देखा गया जो तर्क, विवेक और तार्किकता के युग के साथ आए थे। पूरी दुनिया में धर्मनिरपेक्षता में विश्वास रखने वालों में आश्चर्यजनक रूप से वृद्धि हुई।[18]

धर्मनिरपेक्षता का विकास आधुनिकता के साथ जुड़ा है। ये चीजें राजनीति, समाज और अर्थव्यवस्था से जुड़ी हैं। यह जीवन के व्यावहारिक पक्ष के आधुनिकीकरण का काम करता रहा, जबकि दिल वाला पहलू अछूता रहा।

धर्मनिरपेक्षता का अर्थ हरदम धर्म से टकराव और लड़ाई नहीं है। भारत में 15 करोड़ मुसलमान अपनी धार्मिक मान्यताओं पर पूरी आजादी से अमल करते हैं, जबकि वे धर्मनिरपेक्ष लोकतांत्रिक शासन व्यवस्था में आराम से भागीदारी करते हैं। उनको मालूम है कि उनकी, उनके धर्म और उनकी जीवन-शैली की रक्षा धर्मनिरपेक्षता से ही हो रही है।[18]

अनेक धर्मनिरपेक्ष नेता धर्म की जो व्याख्या करते हैं, उसमें एक बड़ी कमी यह है कि वे धर्म को सिर्फ निजी आस्था-भर की चीज मानते हैं। वे इस तथ्य की अनदेखी कर देते हैं कि हर बड़ा धर्म निजी आस्था के साथ-साथ एक सामाजिक घटना भी है। वे लोग धर्म के आचरणवाले पक्ष को भुला देते हैं, जबकि यह चीज धर्मग्रंथों और उनकी टीकाओं के आधार पर एक लंबी अवधि में विकसित हुई है। इस बात से कौन इंकार करेगा कि धर्म मुख्यत: पवित्र उद्देश्यों की चाह से जुड़ा

है...उसको भुलाने की भावना से नहीं। कर्मकांड, पंथ और बलि-चढ़ावा वगैरह धर्म की मूल चीज नहीं है, भले ही उनका जितना भी महत्व दिखाई देता हो।

पुराने समय में जब धर्म और शासन के बीच गहरा रिश्ता था, धर्मनिरपेक्ष और आधुनिक लोगों का मानना था कि जब शासन पर से धर्म की पकड़ कमजोर होगी और समाज धर्मनिरपेक्ष शासन-व्यवस्था की तरफ बढ़ेगा, तभी प्रमुख सामाजिक समस्याओं का निराकरण हो सकेगा। आज धर्मनिरपेक्ष देशों में, और खासकर 9/11 के बाद लोग धर्म के लिए अधिक राजनैतिक सत्ता की माँग करने लगे हैं। आज यह कहा जाने लगा है कि राष्ट्रवाद, समाजवाद या फिर मुक्त बाजार व्यवस्था, इनमें से कोई भी सामाजिक समस्याओं का समाधान तब तक नहीं कर सकते, जब तक नीति-निर्माण में धर्म और जातीयता की भावनाओं को पर्याप्त महत्व नहीं दिया जाता। हैरानी नहीं कि लोकतांत्रिक शासनवाले देशों समेत अनेक मुल्कों में धर्म, जाति और लिंग आज उसी तरह राजनैतिक मुहिम का हिस्सा बन गए हैं, जैसा कभी समाजवाद, राष्ट्रवाद और उदारवाद की विचारधारा किया करती थीं।

इस परिप्रेक्ष्य में चीजों को रखकर देखें तो लगेगा कि धार्मिक मूलवाद धर्मग्रंथों की शाब्दिक व्याख्या के साथ-साथ राजनैतिक मुहिम, दोनों ही रूपों में अभिव्यक्त हो रहा है। धार्मिक कट्टरपंथी धर्मनिरपेक्षता को अपनी धार्मिक पहचान के लिए खतरा मानते हैं। वे धर्म और जाति को शासन और राजनीति के लिए पुरातनपंथी खयाल नहीं मानते हैं।

हम भले ही उस दौर में हों जब धर्म नए सिरे से मजबूत हुआ है-पर धर्मनिरपेक्षता इतिहास के दौर में पीछे जा रही हो, ऐसा भी नहीं लगता। व्यक्ति, संस्कृति, राष्ट्र और समाज धार्मिक के साथ-साथ धर्मनिरपेक्ष दृष्टिकोण को बनाए रखेंगे। आधुनिक समाज का न तो धार्मिक पहलू खत्म होने वाला है, न धर्मनिरपेक्ष पहलू।

आज इस बात को ज्यादा से ज्यादा लोग स्वीकार करने लगे हैं कि यूरोपीय देशों ने अपने यहाँ रहनेवाले मुसलमानों को पूरी तरह न तो अपनाया है, न उन्हें सुख-चैन और अपनापन दिया है। ब्रिटेन में या फ्रांस में उनकी भारतीय-अमेरिकी या चीनी-अमेरिकी जैसी पहचान नहीं है। अमेरिका और कनाडा में इस तरह की परेशानी कम है। अगर भविष्य में कभी मुसलमान अंगरेज, हिन्दू फ्रांसीसी या बौद्ध जर्मन जैसी पहचानों का जन्म हुआ, तो गड़बड़ी की आशंका बढ़ सकती है। हम तो आशा करते हैं कि भविष्य में ट्यूनिशियाई फ्रांसीसी, हिन्दुस्तानी अंगरेज वगैरह-वगैरह जैसी पहचानें धीरे-धीरे उभरती जाएँगी। पर एक बार जब दूसरी या तीसरी पीढ़ी के प्रवासी धर्मनिरपेक्ष पहचान विकसित कर लेंगे और बाजार के साथ-साथ राजनैतिक क्षेत्र में रचनात्मक भागीदारी बन जाएगी, तब धार्मिक विभाजन के आधार पर यूरोप में बना अविश्वास का वातावरण बदलकर भाईचारा और मेलजोल का माहौल बन जाएगा।

7 जुलाई 2005 को लंदन की मेट्रो और बस परिवहन व्यवस्था को बमों का निशाना बनाए जाने के बाद से मुसलमानों और पश्चिमी यूरोप के लोगों के बीच सभ्यतावाले हिसाब का टकराव तेज हुआ है। पश्चिमी समाज और वहाँ की शासन-व्यवस्थाएँ एक बार फिर प्रत्येक मुसलमान को संदेह की नजर से देखेंगी और उनकी आजादी तथा रोजगार के अवसरों में कटौती करेंगी। आज पश्चिमी देशों के लिए कोई वैसा एक निशाना नहीं है, जैसा कि 9/11 के बाद अफगानिस्तान बन गया था; क्योंकि आज जेहादी किसी एक ठिकाने से अपना काम नहीं कर रहे हैं, वे इंटरनेट, मोबाइल फोन और छोटे-छोटे ठिकानों से काम कर रहे हैं। थामस एल. फ्रिडमैन के अनुसार आज के काफी सारे सवालों का जवाब मुस्लिम जगत के पास ही है। वे लिखते हैं :

> *"यह जरूरी है कि इस्लामी जगत इस तथ्य के प्रति सचेत हो जाय कि उसके बीच ही जेहादी फिदायीन जमात पनप रही है। अगर वह मौत की इस संस्कृति से, अपने अंदर पल रही इस धारा से नहीं लड़ता तो आने वाले दिनों में हर कहीं और हर कदम पर मुस्लिम जगत और पश्चिमी जगत के रिश्ते प्रभावित होंगे। इस जेहादी फिदायीन प्रवृत्ति और चलन को सिर्फ इस्लामी जगत ही जड़ से समाप्त कर सकता है।"* [19]

फ्रिडमैन इस बात पर अफसोस जाहिर करते हैं कि इस्लामी जगत ने जेहादी हमलों के इस पागलपन की निंदा करने में रुचि नहीं दिखाई है। जब सलमान रुश्दी ने पैगंबर मोहम्मद के जीवन को शामिल करनेवाला विवादास्पद उपन्यास लिख था, तो ईरान के नेता ने उनके खिलाफ मौत का फतवा जारी किया था। आज की तारीख तक किसी भी प्रमुख मुसलमान धर्मगुरु या धार्मिक संस्था ने ओसामा बिन लादेन की निंदा करते हुए फतवा जारी नहीं किया है।"[20]

सभी समकालीन युद्धों के जनक, आर्थिक पिछड़ेपन के प्रतीक और लोकतंत्र के बैरी के रूप में इस्लाम को चित्रित करना आसान है। लेकिन सच्चाई कुछ अलग है। जब मुसलमान देशों में मतदान होता है तो अधिकांश मतदाता धार्मिक कट्टरपंथियों के प्रति सहानुभूति रखनेवाले दलों को ठुकराते हैं—पाकिस्तान में तो हर बार ऐसा होता आया है। जिन देशों में कट्टरपंथी इस्लामी जमात ही सत्ता में आती है-जैसे मिस्र, अल्जीरिया, सऊदी अरब और जार्डन-वे भी खुले चुनाववाली व्यवस्था से आ रहे बदलाव की अनदेखी कर देते हैं। प्रत्येक चुनाव मध्यमार्गी और उदारवादी जमातों को बल दे रहे हैं और कट्टरपंथी जमातों को भी अपने पैंतरे नरम करने पर मजबूर कर रहे हैं।

मुसलमानों की सबसे बड़ी आबादीवाले देशों—जिनमें इंडोनेशिया, भारत, बांग्लादेश और तुर्की शामिल हैं—में लोकतंत्र है और धार्मिक मामलों में उनका नजरिया उदारवादी है। इन सबमें रहनेवाले लोग जेहादियों के तौर-तरीकों को गलत मानते हैं। उनके यहाँ स्त्रियों को अनिवार्यतः बुर्के और हिजाब में रहने का प्रावधान

नहीं है, न इस बात पर जोर दिया जाता है। ये सभी मानते हैं कि मध्य-पूर्व के कुछ देशों का इस्लाम के बारे में तंग नजरिया गलत है और यह कुरान-हदीस की सही व्याख्या पर आधारित नहीं है। उनके लिए बुलेट की तुलना में 'बैलेट' (वोट) ज्यादा कारगर हथियार है। इस्लामी और ईसाई विश्वदृष्टियों के बीच मौजूदा तनातनी और संभावित टकराव को टालने के लिए जरूरी ढाँचा उपलब्ध कराने के संदर्भ में 'बहुधा' दृष्टिकोण आज ज्यादा महत्वपूर्ण हो गया है। आतंकवाद से मुक्त दुनिया तभी संभव होगी, जब सभी युयुत्सु भाव छोड़ेंगे। इस्लामी समाज को आधुनिकता के रास्ते पर लाने और कट्टरपंथियों तथा आतंकवादियों द्वारा इस्लाम को अपने मतलब के लिए इस्तेमाल करने से रोकने में उदार मुसलमानों की एक बड़ी भूमिका है। करेन आर्मस्ट्रांग उचित ही कहती हैं :

> *"इस्लाम के अनुयायियों और उनके नेताओं के बीच शांति, सामाजिक बराबरी और दूसरों के प्रति आदर-भाव रखने की लंबी परंपरा है। इस्लामी परंपरा में दूसरों को अपनी बात का कायल बनाने का चलन रहा है—धार्मिक और राजनैतिक; सभी मामलों में और इस बात में पश्चिम भी उससे सबक ले सकता है। आज तर्क के युग में रहनेवाले नागरिक के रूप में हम सभी पर अंतर्रात्मा की आजादी, अलग राय रखनेवालों के प्रति भी आदर-भाव रखने तथा लोकतांत्रिक मूल्यों का सम्मान करने की जिम्मेवारी है। अच्छा पड़ोसी बनने का धार्मिक कर्तव्य, लोगों की नेकनीयती में बुनियादी भरोसा और अल्लाह को प्रेम का असली स्रोत मानने की इस्लामी दृष्टि इस काम में बहुत सहायक हो सकती है। सामाजिक व्यवस्था और धार्मिक भाव में अंतर न किए जा सकने का विश्वास शांति और सद्भाववाली ताकतों को मजबूत कर सकता है।"*[21]

पर इन चीजों तक बात लाने के पहले हमें पश्चिमी दुनिया में किताबों, लेखों, टीवी कार्यक्रमों के माध्यम से चल रहे 'संदेश' को रोकना होगा। 'डेज ऑफ इस्लाम', 'सोर्ड ऑफ इस्लाम' या 'टेरर ऑफ इस्लाम' जैसे शीर्षकों का प्रयोग अक्सर इस्लाम का विवरण देने के लिए किया जाता है। इस्लाम को ऐसे धर्म के रूप में चित्रित किया जा रहा है, जिसमें लोकतंत्र के लिए जगह नहीं है और जो हिंसा और आतंकवाद का समर्थक है। यह एकदम झूठी बातें हैं। राष्ट्रपति बुश की शुरुआती घोषणाओं में भी आतंक के खिलाफ युद्ध के संदर्भ में धार्मिक पदावली का इस्तेमाल किया गया था।[22] हमें भी यह स्वीकार करना होगा कि जब कोई लड़ाई धार्मिक नजरिए से देखी जाएगी तो फिर उससे धार्मिक लड़ाई को ही समर्थन मिलेगा और धार्मिक कट्टरपंथी तथा अतिवादी इसकी मनमानी व्याख्या करेंगे ही।

शासन धर्मनिरपेक्ष हो, इस बात पर निरंतर जोर दिए जाने की जरूरत है। इसके साथ ही यह भी मानना होगा कि हर धर्म में सहनशीलता, नेक पड़ोसी बनने की सीख, प्रेम और शांति की बातें भरी पड़ी हैं, और इन चीजों पर पर्याप्त जोर देने

की जरूरत है। इससे धर्म और धर्मनिरपेक्षता का संतुलन बदलेगा ही और इस बीच धार्मिक और सांस्कृतिक शक्तियों को लोकतंत्र, पर्यावरण और शांति की जरूरतों में लगाया जा सकता है। अब हर धर्म के सामने यह मान लेने की चुनौती भी है कि ईश्वर के पास जाने के रास्ते अनेक हैं और कोई एक रास्ता दूसरों से श्रेष्ठ नहीं है तथा दूसरे के धर्म को नीचा दिखाने की कोई जरूरत नहीं है।

धर्म और 'बहुधा' नजरिया

धर्म के इतिहास का हर विद्यार्थी इस बात को अच्छी तरह जानता है कि अनेक परंपराएँ मौजूद हैं और हर परंपरा के अंदर भी बहुलतावादी नजरिया मौजूद है। हर धर्म हमें परम सत्य की सीख देता है और मुक्ति का रास्ता बताता है। पर जब हर धर्म का पक्का अनुयायी यह कहने लगता है कि उसी का मार्ग सर्वश्रेष्ठ है, तब गड़बड़ शुरू होती है। ज्ञान की बोधकथा में जीसस कहते हैं, "ईश्वर तक कोई नहीं आ सकता, सिर्फ मैं आ सकता हूँ।" (14.6)। तीसरी सदी में ईसाइयों ने कहना शुरू किया-"चर्च आए बिना मुक्ति नहीं है।" हर धर्म में ऐसा संकीर्ण नजरिया दिखाई देता है।

अलग-अलग धर्मों के ऐसे विशिष्टतावादी दावों के बीच भी हर धर्म में 'बहुधा' दर्शन या बहुलतावादी नजरिए ने भी काफी महत्व पाया है। नया नियम में जीसस क्राइस्ट हर आदमी के जीवन में रोशनी लानेवाले के महत्व को बताते हैं (1.9)। इस्लामी आस्था का गान करते हुए प्रसिद्ध सूफी शायर मौलाना जलालुद्दीन रूमी कहते हैं, "चिराग अलग-अलग हों, मगर रौशनी एक है: यह तो उसी से आती है।"[23]

बौद्ध धर्म में भी इसी तरह की अभिव्यक्ति है और हिन्दू धर्म में भी-बहुधा तो उसी का दर्शन है। इन सभी ने इस तर्क को मजबूत किया है कि गिरजाघर या यहूदी मंदिर, मंदिर-मस्जिद या फिर संघ में आए बिना भी मुक्ति संभव है। एक ही धर्मग्रंथ को मानने के बावजूद विभिन्न समुदायों ने प्रार्थना और ईश्वर से संवाद का एकदम अलग-अलग तरीका विकसित कर लिया है। इसी से पूजा-पद्धतियों और धार्मिक संवाद के विविध रूप दिखाई देते हैं।[24] 'बहुधा' इसी का दर्शन है।

सिख धर्म हो या सभी धर्मों में सबसे नया बहाई धर्म, जो 19वीं सदी में पैदा हुआ है, दोनों ही सभी धर्मों और ईश्वर के एक होने की बात करते हैं। बहाई धर्म की एक विशेषता यह भी है कि यह विज्ञान और धर्म के बीच पूरा मेल मानता है।

बहाई धर्म का कहना है कि धर्म अपने आप में कोई स्वतंत्र चीज नहीं है, बल्कि यह मानवता को सदा आध्यात्मिकता का प्रशिक्षण देने और दिशा-निर्देश देनेवाली चीज है। बहाई धार्मिक ग्रंथ के अनुसार, "वास्तविक धर्म से अलग होते ही नैतिकता अपना प्रभाव खो देती है और व्यक्ति के निजी तथा सामाजिक जीवन को

दिशा-निर्देश देना और नियंत्रित करना छोड़ देती है।" बहाई धर्म के संस्थापक बहाउल्लाह (1817-1892) के अनुसार, "विश्व की व्यवस्था बनाने तथा शांतिपूर्ण संतोष विकसित करने में धर्म ने सब से बड़ी भूमिका निभाई है और तभी हम सभी चैन से रहते हैं"[25]

दुर्भाग्यवश सभी धर्मों में एकता कायम करने की सिख और बहाई धर्म की अब तक की कोशिशें सफल नहीं हो पाई हैं। पर ऐसे दार्शनिक और संत हैं, जिनका मानना है कि दुनिया एक न एक दिन एक नए धर्म को जन्म देगी, जो पूरी मानवजाति को एक कर देगा। पर मुझे विभिन्न धर्मों की वर्त्तमान अभिव्यक्तियों के ऊपर उठकर कोई नया धर्म आता दिखाई नहीं देता। सभी प्रमुख धर्म अपनी-अपनी जगह मजबूती से रहेंगे और धर्मांतरण का काम अब उन थोड़े-से लोगों के लिए ही बच जाएगा, जो अभी तक किसी बड़े धर्म से नहीं जुड़े हैं या जो बौद्धिक होने के चलते धर्म को न मानने की बात करते हैं। मध्यकाल या 19वीं और 20वीं सदी में भी जिस स्तर पर धर्मांतरण हुए हैं, वैसा अब नहीं होनेवाला और उनकी गिनती बहुत ही कम रह जाएगी।

अंतर्राष्ट्रीय संबंधों में धर्म की प्रधानता का एक लाभ आज यह हुआ है कि पढ़े-लिखे लोगों की अब अपने धर्म के अलावा दूसरे धर्मों के बारे में जानने की दिलचस्पी बढ़ी है। सूचना और संचार तकनीक और आधुनिक विद्वता के स्तर ने विभिन्न धर्मों की परंपराओं के बारे में अलग-अलग भाषाओं में काफी सामग्री उपलब्ध करा दी है। इनसे भी बढ़कर आज एक वैश्विक जीवन शैली और लंबी-लंबी यात्राओं ने यह संभव कर दिया है कि लोगों को दूसरे धर्म के लोगों से संवाद करने, उनके आचार-विचार को देखने-समझने का अवसर मिले। कुछ नेता और पार्टियाँ धार्मिक मतभेदों का लाभ उठाकर अपनी राजनैतिक गोटियाँ सेंकते हैं, यह बात भी दिन-ब-दिन ज्यादा स्पष्ट होती गई है। ऐतिहासिक घटनाक्रम की व्याख्या आज आधुनिक जरूरत के हिसाब से की जा रही है। जैसे आज लोग धर्मयुद्धों को यूरोप के इतिहास पर धब्बा मानते हैं। धर्म के नाम पर हाल में दुनिया के विभिन्न हिस्सों में हुई हत्याओं के बाद लोग यह मानने लगे हैं कि सभी धर्मों के लोग शांतिपूर्वक साथ जीना सीख लें, इसी से शांति और सद्भाव कायम किया जा सकता है। तुलनात्मक धार्मिक अध्ययन का जोर बढ़ा है और इसके पीछे यही मंशा है कि एक धर्म के लोग दूसरे धर्मों में भी कुछ समानता देख लें तो यह बात लाभकर होगी।

राम, कृष्ण, बुद्ध, मोजेज, जरथूस्ट, ईसा मसीह, मोहम्मद और नानक जैसे महापुरुषों द्वारा दी गई आध्यात्मिक और दैवी शिक्षा के आधार पर ही महान सभ्यताएँ विकसित हुईं और सुसंस्कृत समाज अस्तित्व में आए। इन सभी महापुरुषों ने अपने अनुयायियों को क्षमा, उदारता और शांति का पाठ पढ़ाया। इन सबने बताया कि धर्म का उद्देश्य लोगों को निकट लाना, उनके आध्यात्मिक विकास का रास्ता बताना और न्याय को बढ़ाना है। दुर्भाग्यवश बहुत ही संकीर्ण व्याख्याओं और कर्मकांडों पर जोर

दिए जाने के चलते मतभेद और टकराव की स्थितियाँ भी बनती रहीं।

यह चीज भी ध्यान में रखने की है कि सिर्फ हिन्दू-मुसलमान एकता या ईसाई-मुसलमान मेल का राग अलापने से कोई एकता या सद्‌भाव नहीं बनने वाला है। सभी धर्मों में समानता के बिन्दुओं की पहचान के साथ-साथ अंतर के बिन्दुओं को भी रेखांकित किया जाना चाहिए। एकता और मेल-मिलाप का काम सार्वजनिक विमर्श के साथ-साथ धार्मिक नेताओं के बीच संवाद से बनेगा और उन बिन्दुओं की भी पहचान हो सकेगी जो मतभेद और नाराजगी पैदा करते हैं। श्रेष्ठ और घटिया वाले पैमाने को अपनाने से मौजूदा संकट बढ़ेगा ही।

भावनाओं का सहअस्तित्व : धर्म, सहकारार्थ

धर्म का उद्देश्य मनुष्यजाति में प्रेम और करुणा का संचार करना और उसमें सहनशीलता, मानवता और क्षमा के गुण विकसित करना है। अगर हम अपने धर्म के पक्के अनुयायी हैं, पर इन बुनियादी गुणों को अपने रोजाना के जीवन में न लाएँ तो कोई फायदा नहीं है। फिर धार्मिक नेता ही अगर करुणामय और अनुशासित नहीं है; तो वे दूसरों से ऐसे आचरण की उम्मीद कैसे कर सकते हैं। विभिन्न धर्मों के बीच तर्क पर आधारित संवाद और परस्पर आदर-भाव से ही 'बहुधा' नजरिया मजबूत होगा।

धर्म के फिर से ताकतवर होने के दौर में भी, जिसमें हम अभी जी रहे हैं, धर्मग्रंथों की शाब्दिक व्याख्या की, उसके कुछ अनुयायी और दूसरे लोग, सभी आलोचना कर रहे हैं। आखिर भाषा तो मनुष्य की बनाई हुई है, और इसे स्वीकार करते हुए यह माना जा रहा है कि नए वैज्ञानिक आविष्कारों और बदलते सामाजिक-आर्थिक मूल्यों की रोशनी में धार्मिक पुस्तकों की व्याख्या ही सही काम है।

मुझे साफ दिख रहा है कि विज्ञान के नए उपकरणों के बीच नई सभ्यता के उभारवाला नया दौर आने को है। विज्ञान के ये उपकरण हैं : (i) सूचना तकनीक-कंप्यूटर, इंटरनेट और ईमेल (ii) मास मिडिया–टेलीविजन, रेडियो और वीडियो; (iii) प्रिंट मीडिया–अखबार और पत्रिकाएँ और (iv) जैव तकनीक तथा चिकित्सा विज्ञान के क्षेत्र में नए आविष्कार। इन सबके तथा (v)धर्म, (vi)लोकतंत्र और (vii) शांति के कारकों के बीच नया 'टकराव' होने वाला है। अनेक विद्वान वर्तमान दौर में प्रस्तर युग जैसी संभावनाएँ देखते हैं।[26]

इहलौकिक और व्यावहारिक स्तर पर सभी धर्म साथ-साथ चल सकते हैं, समान रूप से प्रासंगिक हैं और एक-दूसरे से हिंसक ढंग से सदा टकराते ही नहीं रहते हैं। असल में यह हो रहा है कि अलग-अलग धर्मों को मानने वाले लोग साथ-साथ रह रहे हैं, काम कर रहे हैं और इस प्रक्रिया में एक-दूसरे को प्रभावित कर रहे

हैं, एक-दूसरे के धर्म की सर्वोत्तम बातों को अपना रहे हैं और अपनी विश्वदृष्टि को और साफ कर रहे हैं।

निजी आस्था की चीज के तौर पर धर्म का महत्व बना रहेगा; वे अपनी पवित्रता बनाए रखेंगे और पहचान के प्रतीक बने रहेंगे। कला और वास्तु में, दर्शन और साहित्य में, संगीत और नृत्य में धार्मिक कहानियाँ और प्रतीक रचनात्मक भूमिका निभाते रहेंगे, जैसा कि वे इतिहास के हर दौर में करते रहे हैं। पर सबसे महत्वपूर्ण चीज हो सकती है अलग-अलग धर्मों को माननेवालों के बीच बेहतर समझ का विकास। विचारों के आदान-प्रदान से सूचना और संचार तकनीक दिल और दिमाग का मेल कराने में मदद करेंगे। अब हम उस दिशा में बढ़ रहे हैं, जहाँ शासन और धर्म के प्रभाव क्षेत्र अलग-अलग होंगे। अनेक पश्चिमी देश और भारत तथा जापान जैसे राष्ट्र-राज्य धर्मनिरपेक्षता के रास्ते पर काफी दूर तक निकल आए हैं। राधाकृष्णन ने इसी दृष्टि की चर्चा कुछ इस प्रकार से की है :

> *"हर धर्म में ऐसे लोग हैं जो क्षेत्रवाद में भरोसा नहीं करते, जो मानते हैं कि अपने ऊपर जीत हासिल करने, अपने आपको बदलने का अनुभव ही धर्म है, अन्य आस्थाओं का आदर करना और विश्व-समुदाय के प्रति सच्ची निष्ठा रखना ही धर्म है। अगर कोई व्यक्ति अपने और पूरी दुनिया के लिए पूर्णता चाहता है तो उसे सद्भावपूर्ण जीवन की बात सबसे पहले लानी होगी और जो अन्य धर्मों को जाने बिना संभव नहीं है। इतिहास और भूगोल द्वारा बनाए गए अंतरों को उसे समाप्त करना होगा और एक साझा विरासत द्वारा हम तक पहुँचाए गए सर्वमान्य विचारों को स्वीकार करना होगा। एक अमेरिकी या यूरोपीय विद्यार्थी के लिए पूरब की, चीन की, जापान की और भारत की सभ्यता को जानना उसी तरह सामान्य होना चाहिए, जैसा कि वह यूनानी, रोमन और यहूदी संस्कृतियों के बारे में जानता है। विभिन्न धर्मों को सभी लोगों के शांतिपूर्ण सहअस्तित्व, अंतर्राष्ट्रीय कल्याण और न्याय, नस्लों की समानता और लोगों की राजनैतिक आजादी जैसी साझा चुनौतियों के लिए संयुक्त उद्यम के रूप में देखा जाना चाहिए।"* [27]

व्यक्तियों और समुदायों के बीच संवाद की प्रक्रिया और 'बहुधा' की भावना जगाकर ही हम जान सकेंगे कि दुनिया के सभी प्रमुख धर्मों की मुख्य चिंता व्यक्ति को अच्छा आदमी बनाने में मदद करने की है। एक अच्छा व्यक्ति अनिवार्यत: एक अच्छा नागरिक भी होगा, क्योंकि वह प्रेम और करुणा, सहनशीलता और क्षमा, मानवता और धैर्य पर जोर देनेवाले सभी धर्मों के उपदेशों को समझेगा और उनके प्रति आकर्षित होगा।

सभी धर्मों के संस्थापकों ने दुनिया की चिंता में ही काफी कष्ट उठाए हैं, एकदम सरल और सादगी का जीवन जिया है, दूसरों की सेवा में लगे रहे हैं। हर ऐसा महापुरुष लोभ से ऊपर और धन-संपति से दूर रहा है। सभी धर्म एक ही हैं,

यह स्थापित करने की कोई जरूरत नहीं है, पर विभिन्न धर्मों और उनके आचरणों को समझने से हमें अलग-अलग पूजा-पद्धतियों और आध्यात्मिक अनुभवों का आदर करना आएगा। अभी जरूरत इस बात की है कि हम धार्मिक बहुलता के प्रति सच्चा आदर-भाव विकसित करें और यह मान लें कि हर धर्म में सच्चाई का अनुभव करने के तरीके अलग-अलग हैं।

संदर्भ और टिप्पणियाँ

1. सूरा काफिरान, आयत 109
2. लॉयड रिजियन (संपा.) मेजर रिलीजंस, रूटलेज, लंदन और न्यूयार्क, 2003, पृ-299
3. सर्वपल्ली राधाकृष्णन, फेलोशिप ऑफ स्पिरिट, हार्वर्ड यूनि. प्रेस, कैंब्रिज, मैसाच्यूसेट्स, अमेरिका, 1961, पृ-5
4. वी. एस. नायपाल. वियांड विलीफ, इस्लामिक एक्सकर्मन्स एमंग द कन्वर्टेड पीपुल्स, वाइकिंग, नई दिल्ली, 1998, पृ. 24
5. यरुशलम के पतन के कुछ समय बाद ही यहूदी भारत आ गए। उनका आना बाद तक जारी रहा और पाँचवीं और छठी शताब्दी में वे दक्षिण अरब और फारस से आते रहे। बगदादी यहूदियों का आखिरी जत्था इराक और सीरिया में अठारहवीं और उन्नीसवीं सदी में आया, जो मुख्यतः मुंबई और कलकत्ता में रहते हैं। ईसाई भी बहुत पहले भारत आए थे। चौथी सदी में ही केरल के इलाकों में उनकी काफी आबादी थी। जरथुस्त्रवाद की शुरुआत के साथ सातवीं सदी से ही पारसी लोग फारस से भारत आने लगे थे। भारत में सबसे बाद में आनेवाले समूहों में बहाई हैं और ये पिछली सदी में आए। लंबे दौर में अन्य लोग भी आए, जिनमें अरब मुसलमान सौदागर भी थे। वे आठवीं सदी से पश्चिमी तट पर बसने लगे थे, मुस्लिम हमलावर इसके काफी बाद आए और उत्तर-पश्चिम के रास्ते से यहाँ पहुँचे।
6. ए. सी. बुके, कंपरेटिव रिलीजन, पेंग्विन, पाँचवाँ संस्करण, 1950, पृ. 112
7. इस बारे में अनेक अच्छी पुस्तकें हैं। कुछ पुस्तकें ये हैं : पीटर गोटशाल्क, बियांड हिन्दूज एंड मुस्लिम : मल्टीपल आइडेंटिरी इन नैरेटिव ऑफ विलेज इंडिया, ऑक्सफोर्ड, 2001; जैकी ऐसायाग, हिन्दूज एंड मुस्लिम ऑफ साउथ इंडिया, मनोहर 2004; लिंक इस्लाम इन साउथ एशिया, (संपा.) इक्तियाज अहमद और हेल्मूट रीफिल्ड, सोशल साइंस प्रेस, 2004; जमाल मलिक और हेल्मुट रीफिल्ड (संपा.) रिलीजस प्लूरलिज्म इन साउथ एशिया एंड यूरोप, ऑक्सफोर्ड, 2005।
8. टी. एन. मदान (संपा.) रिलीजन्स ऑफ इंडिया, ऑक्सफोर्ड यूनि. प्रेस, नई दिल्ली, 2004, पृ. 31-32
9. आशीष नंदी, द पोलिटिक्स ऑफ सेक्यूलरिज्म एंड रिकवरी ऑफ रिलीजस टालरेंस अल्टरनेटिव्स (1988), पृ-174-194
10. पूर्वोक्त, पृ. 1
11. ग्राहम ई. फुलर, फ्यूचर ऑफ पोलिलि इस्लाम, पालग्राम मैकमिलन, 2003, पृ. XIV
12. अमेरिका में 1920 के दशक में प्रोटेस्टेंट मत प्रभावी हुआ। तभी मिस्र में इस्लामी बंधुत्व भी प्रभावी हुआ। भारत में राष्ट्रीय स्वयंसेवक संघ की स्थापना 1925 में हुई।
13. 'जिहाद' काफी विस्तार से चर्चा की माँग करता है और इसके व्यापक अर्थ हैं—यह अनिवार्यतः

दूसरे धर्म के लोगों के खिलाफ हिंसक लड़ाई नहीं है।

14. सैमुअल हंटिंगटन, 'हू आर वी?', सिमोन एंड रूस्टर, पूर्व लिमि, 2004, पृ. 304
15. राबर्ट एस. लिकेन, 'यूरोप्स एंग्री मुस्लिम,' फारेन अफेयर्स, जुलाई/अगस्त, 2005, पृ. 120-23

    द्वितीय विश्वयुद्ध के बाद 'गेस्ट वर्कर' कार्यक्रम के तहत काफी बड़ी संख्या में मुसलमान कामगार यूरोप आए थे और वहीं बस गए। बेल्जियम, फ्रांस, जर्मनी और हालैंड जैसे अधिकांश पश्चिम यूरोपीय देशों के प्रवासी लोगों में वे बहुमत में हैं और इंगलैंड के प्रवासियों में वे अकेला सबसे बड़ा समूह है। माना जाता है कि यूरोप की 5 फीसदी आबादी मुसलमानों की है, जिनकी संख्या 1.5 से 2 करोड़ के बीच है। और यह अनुमान लगाया जाता है कि 2025 तक उनकी आबादी दो गुनी हो जाएगी।
16. सैमुअल हंटिंगटन, 'हू आर वी?' पूर्वोक्त, पृ. 349-50
17. सेक्यूलरिज्म शब्द फ्रांसीसी 'सेक्यूलर' से बना है जो लैटिन के 'सैक्यूलदीस' से निकला है। पर 19वीं सदी में यह लोकप्रिय हुआ। इंगलैंड में पहले इस शब्द का चलन नास्तिकतामुक्त चिंतनवाले व्यक्ति या विद्यार्थियों के लिए होता था।
18. सलमान रुश्दी का इंटरव्यू, फाइनेंशियल टाइम्स, 27 सितंबर 2005, पृ. 10
19. थॉमस एल. फ्रिडमैन, मुस्लिम इन डेंजर, इंटरनेशनल हेराल्ड ट्रिब्यून, 9 जुलाई 2005
20. पूर्वोक्त।
21. करेन आर्मस्ट्रांग, ए वेस्टर्न एटेम्पट टू अंडरस्टैंड इस्लाम, विक्टर गोलांज लि., लंदन, पृ. 265
22. जोनाथन राइन, द न्यूयार्क रिव्यू,...सितंबर 205
23. आर. ए. निकोल्सन, रूमी : पोएट एंड मिस्टीज, लंदन, 1978
24. इंसाइक्लोपीडिया आफ रिलीजन, खंड12, 1987, पृ. 331-33
25. 'द प्रोमिस ऑफ वर्ल्ड पीस', बहाई पब्लिशिंग ट्रस्ट, नई दिल्ली, 1985, पृ. 7
26. अपनी किताब 'बैटल फॉर गॉड' में करेन आर्मस्ट्रांग आधुनिक समय की आध्यात्मिक जरूरतों को बहुत दिलचस्प ढंग से पेश करती हैं।
27. सर्वपल्ली राधाकृष्णन, फेलोशिप ऑफ द स्पिरिट, पूर्वोक्त, पृ. 39

अध्याय-10

शिक्षा से सद्भाव

"अगर मैं आपसे यह कहूँ कि मानवजाति की सबसे ज्यादा भलाई इसमें है कि मैं जिस समझ और अन्य चीजों की चर्चा करता हूँ उसके बारे में निरंतर तर्क करें, मेरी और दूसरों की परीक्षा लेते रहें या मैं यह कहूँ कि बिना शंका या जांचवाला जीवन मनुष्यजाति के लिए बेकार है, तो आपको शायद मेरी बात पर यकीन नहीं होगा। पर महानुभाव तरीका यही है, भले ही इस बात पर आपको आश्वस्त करना आसान न हो।"[1]

—सुकरात

व्यक्तिगत विकास और समाज के समग्र विकास के लिए शिक्षा केंद्रीय चीज है। प्राचीन भारतीय गुरुकुलों और मिस्र की निर्देश पुस्तिकाओं से लेकर तकनीक, आयुर्विज्ञान और प्रबंधन के आधुनिक संस्थानों तक सभ्यताएँ अपने किशोरों और युवाओं को शिक्षित करके समृद्धि और सामाजिक सद्भाव उपलब्ध कराती रही हैं। जब बच्चा स्कूल जाता है, तब वह सिर्फ लिखना, पढ़ना, सोचना-समझना ही नहीं सीखता, उसे यह भी समझ में आने लगता है कि दूसरों के प्रति कैसा व्यवहार करे। उसे यह भी समझ में आने लगता है कि दूसरे उसके बारे में क्या सोचते हैं। खास तरह के तथ्यों और पाठों को याद करने के अलावा वे सामाजिक चेतना भी विकसित करते हैं। छात्रों को सिर्फ 'बुनियादी कौशल' ही नहीं सिखाया जाता, उन्हें 'आलोचनात्मक दृष्टि' से चीजों को परखना और 'समस्या सुलझाना' भी सिखाया जाता है।

शिक्षा व्यक्ति को अपनी क्षमताएँ विकसित करने में सक्षम बनाती है, जिससे वह संतोषपूर्ण और सम्मानजनक जीवन जीता है। समाजशास्त्रीय दृष्टिकोण से देखें तो स्कूल बच्चों के बीच समुदाय-भाव भी विकसित करते हैं। विभिन्न धर्मों और संस्कृतियों, जातियों और समुदायों के लड़के-लड़कियाँ साथ-साथ पढ़ते हुए एक-दूसरे से घुलते-मिलते हैं, मित्रता करते हैं, और एक-दूसरे के बारे में जानते हैं। अच्छी शिक्षा से व्यक्ति अपने जीवन की जिम्मेवदारियाँ तो भली भाँति उठाता

ही है, वह अपने आसपास के लोगों का जीवन सुधारने में भी सहायक होता है। आधुनिक तकनीक और भूमंडलीकरण की ताकतों ने दूरियाँ घटा दी हैं और जुड़ाव बढ़ा दिया है। विश्वशांति और स्थायित्व में महत्वपूर्ण योगदान की क्षमता शिक्षा में है और इसकी क्वालिटी और विषयों का चुनाव अच्छा हो तो यह काम ज्यादा अच्छी तरह से हो सकता है।

अपनी किताब 'एजुकेशन फॉर ऑल : ऐन रिवोल्यूशन' में डेविड ई. ब्लूम और जोएल ई. कोहेन ने अन्य बातों के अलावा दो बुनियादी लक्ष्यों पर जोर दिया है :

> *"पहला, जिन कौशलों को विकसित करने पर ध्यान दिया जाना चाहिए, उनमें समझते हुए पढ़ना, स्पष्टता से लिखना और आत्मविश्वास से सत्य बोलना शामिल होना चाहिए। अन्य उल्लेखनीय कौशलों में चीजों को सँभालने और सुलझाने का शांतिपूर्ण तरीका भी है–खासकर विभिन्न सांस्कृतिक इकाइयों के बीच के अंतर और टकरावों को सँभालने का। ये टकराव और उन्हें सुलझाने का तरीका सांस्कृतिक रूप से समझौता बनाम बातचीत से सर्वानुमति बनाना बनाम बहुमत से फैसला या परंपरा के अनुसार निर्णय करना अलग-अलग हो सकता है, पर टकरावों से निपटने का तरीका शांतिपूर्ण रहे, यह हर मामले में जरूरी ही नहीं, सबसे महत्वपूर्ण चीज है। दूसरा, बाहर से जो ज्ञान लिया जाए, उसे अपने और दूसरों का ध्यान रखकर चुना जाना चाहिए। मानवीय दृष्टि से कहें तो 'दूसरों' में परिवार, स्थानीय समुदाय और नगर, राष्ट्र-राज्य अगर प्रासंगिक हो तब, अन्य देश और संस्कृतियाँ तथा मानवजाति शामिल हैं। अगर मनुष्येतर दृष्टि से बात करें तो 'दूसरों' में सभी जीव-जंतु और पृथ्वी की महत्वपूर्ण मनुष्येतर चीजें आ जाएँगी।"*[2]

हम उस युग में जी रहे हैं, जिसमें खूब पढ़े-लिखे युवा भी आत्मघाती हमलों और अबूझ हिंसक वारदातों में शामिल हो रहे हैं। सो असली सवाल यह है कि क्या शिक्षा-व्यवस्था को इस चुनौती के प्रति संवेदनशील बनाया जा सकता है? विडंबना यह है कि आज हम उस सभ्यता के लिए ही खतरा देख रहे हैं, जिसका संबंध विज्ञान, इंटरनेट और ज्ञान के अन्य स्रोतों से है। और यह खतरा धार्मिक मूलवाद/कट्टरपंथ से आ रहा है, जो स्वयं काफी हद तक अज्ञान पर आधारित है। इसने हताशा, निराशा और धार्मिक विश्वास की मनमानी व्याख्या को बढ़ावा दिया है। अनेक लोगों का मानना है कि हमें विज्ञान और तकनीक से अलग चीजों पर भी नजर डालनी चाहिए और धर्म, इतिहास, साहित्य और कलाओं की शिक्षा भी देनी चाहिए।

लोकतंत्र का स्थायित्व विभिन्न टकरावों को रचनात्मक ढंग से सँभालने पर निर्भर करता है। सभ्य ढंग से टकरावों से कैसे निपटें, यह एक बहुत बड़ा सबक है और स्कूलों में यह चीज जरूर पढ़ाई जानी चाहिए। स्कूली और विश्वविद्यालयी

शिक्षा की लगभग दो दशकों की अवधि में जो बच्चे विवादों को सभ्य ढंग से निपटाने के तौर-तरीकों को देख-समझ लेते हैं, वही आगे चलकर बेहतर ढंग से नेतृत्व कर सकते हैं।

कई क्षेत्रों में काम करने की जरूरत है। सबसे पहले तो ऐसी पाठ्यचर्या विकसित करनी होगी, जिसमें बहुलता और बहुसंस्कृतिवाद के प्रति आदर-भाव रखना सिखाया जाता हो। फिर अच्छे शिक्षकों का अभाव दूर करने का प्रयास करना होगा। तीसरा काम स्कूलों की संरचनात्मक जरूरतों को पूरा करना होगा। फिर जीवन-भर शिक्षा के अवसर भी विकसित करने होंगे। सांस्कृतिक और धार्मिक बहुलता को समस्या नहीं, एक बड़ी और मूल्यवान चीज मानना होगा। सहनशीलता और परस्पर आदर-भाव विकसित करने के मामले में हमारी शिक्षा-व्यवस्था अत्यंत महत्वपूर्ण योगदान कर सकती है और इसमें मौजूद विविधता एक समस्या की बजाय सद्भावपूर्ण जीवन की एक मूल्यवान संपदा बन जाएगी।

सबके लिए शिक्षा

संयुक्त राष्ट्र की शुरुआती उपलब्धियों में 1948 में ही मानवाधिकार घोषणापत्र को मंजूर करना था जिसमें अन्य बातों के अलावा मुफ्त और अनिवार्य शिक्षा को एक बुनियादी मानवाधिकार माना गया है। इसलिए यह देखकर किसी को भी हैरानी नहीं हुई कि न्यूयार्क में जब शासनाध्यक्ष सहस्राब्दी लक्ष्यों को तय करने के लिए जमा हुए तो उन लक्ष्यों में 2015 तक सबके लिए शिक्षा का लक्ष्य रखने पर सहमति बनाने में कोई परेशानी नहीं हुई। इस मामले में तेजी से प्रगति हुई भी है। विकासशील देशों में एक सदी पहले जहाँ 75 फीसदी लोग निरक्षर थे, वहीं आज ऐसे लोगों की संख्या 25 फीसदी से भी कम रह गई है। इस मामले में एक और उल्लेखनीय बात यह हुई कि लड़कियों के बीच साक्षरता का प्रचार-प्रसार ज्यादा तेजी से हुआ है।

पर सबके लिए शिक्षा का लक्ष्य अभी दूर है और समान शिक्षा देने के मामले में गंभीर परेशानियाँ हैं। अनेक विकासशील देशों में आज भी रट्टा लगानेवाली पढ़ाई जारी है। अच्छे शिक्षकों की कमी है तथा स्कूलों में बुनियादी सुविधाओं का भयावह अभाव है। इन सबके चलते बीच में पढ़ाई छोड़ने का क्रम और बढ़ जाता है। विकासशील देशों में करीब 25 फीसदी लड़के-लड़कियाँ पाँचवीं की पढ़ाई पूरी करने से पहले ही स्कूल छोड़ देते हैं।

हर शैक्षिक व्यवस्था कुछ बुनियादी मान्यताओं पर आधारित होती है। ऐसी ही एक मान्यता है कि बच्चे को पाँच या छह वर्ष और कई बार सात वर्ष की उम्र तक जरूर स्कूल जाना चाहिए, और उसे सबसे पहले-पढ़ना, लिखना और अंकगणित आना चाहिए।[3] इस प्रक्रिया में कई बार बच्चे के मस्तिष्क में एक बहुत ही मूल्यवान चीज विकसित होती है और वह है व्यापक दुनिया के लोगों के नजरिए और आदतों

के बारे में समझ, जो बच्चों के व्यक्तित्व और चरित्र-निर्माण में महत्वपूर्ण भूमिका निभाती है।

अपने छात्र के चरित्र-निर्माण में शिक्षक की गुरु-स्वरूप भूमिका बहुत महत्वपूर्ण होती है। वह बच्चे के लिए प्रेरणा का स्रोत ही नहीं, पाठ्य-पुस्तक और उसके बाहर से उठनेवाले सवालों के संदर्भ में एक आदर्श और मार्गदर्शक भी बन जाते हैं। जैसा कि एक फारसी कहावत है, "अगर शिक्षक भ्रष्ट हुए तो दुनिया भ्रष्ट हो जाएगी।" इसी के चलते शिक्षक या गुरु को गहरी निष्ठावाला व्यक्ति होने के साथ-साथ निरंतर जिज्ञासु भी बने रहना होता है। टैगोर ने उचित ही कहा है, "एक चिराग दूसरे को तभी रोशन कर सकता है, जब वह खुद जल रहा हो।"[4]

विकास और शांति को बढ़ावा देने में कक्षाओं की महत्वपूर्ण भूमिका है। समृद्धि, कल्याण और सुरक्षा के लिए लोक ज्ञान, विज्ञान और तकनीक में कुशलता, कला और मानविकी पर निर्भर है। और इसी के चलते शैक्षिक संस्थाओं से निकलनेवाले लोगों के ज्ञान का स्तर सिर्फ वैयक्तिक समृद्धि को ही तय नहीं करता, देश और दुनिया की आर्थिक समृद्धि को भी प्रभावित करता है।

'बहुधा' का नजरिया और शिक्षा

जो लोग 'बहुधा' का मोल जानते हैं और जिनकी आस्था पड़ोसी और अन्य देशों से सौहार्दपूर्ण संबंध बनाने में है, उन्हें इस बात के लिए सावधान होना जरूरी है कि पाठ्यपुस्तकों में क्या सम्मिलित किया जा रहा है? दूसरे देशों के प्रति घृणा पैदा करनेवाली कोई भी चीज या टिप्पणी पाठ्यपुस्तक में नहीं जानी चाहिए। इसी प्रकार बहुजातीय और बहुधार्मिक समूहों की उपलब्धियों का जिक्र जरूर होना चाहिए। मानविकी और समाजविज्ञान की किताबों में विश्व के अलग-अलग धर्मों के बुनियादी गुणों की चर्चा से छात्रों को अच्छे और सक्रिय नागरिक बनने की प्रेरणा मिलेगी। इससे बाल मन में दूसरों के प्रति सहनशीलता विकसित होगी तथा किसी चीज को देखने के अलग अलग नजरिए का महत्व समझने में मदद मिलेगी। और फिर जब यही बच्चा बड़ा होगा तो उसमें टकरावों को टालने और सँभालने का सार्थक नजरिया भी विकसित हो जाएगा।

घर के अलावा कक्षा ही वह जगह है, जिसमें बच्चे के अंदर अपने आसपास की घटनाओं और मास मीडिया में आनेवाली चीजों में क्या अच्छा है, क्या बुरा है तथा क्या सच है, और क्या झूठ—इसका बोध विकसित होता है। ज्ञान और कौशल विकसित करने के साथ-साथ बच्चे में जब नैतिक और आध्यात्मिक मूल्यों का बोध होगा, तभी वह बड़ा होने पर एक नागरिक और अपने समुदाय के सदस्य के रूप में अपनी जिम्मेवारियों का बेहतर निर्वाह कर सकेगा।

9/11 के बाद अनेक देशों के उदारवादी विद्वान स्कूली पाठ्यपुस्तकों की

जाँच-परख में लगे हैं, और यह माँग भी उठ रही है कि जिन पाठ्यपुस्तकों में दूसरे देशों और सभ्यताओं के बारे में खराब टिप्पणियाँ हैं, उन्हें हटा दिया जाना चाहिए। सऊदी अरब के अंग्रेजी अखबार 'अरब न्यूज' में यह रिपोर्ट थी :

> *"हमारी शिक्षा-व्यवस्था में अन्य धर्मों के प्रति सहनशीलता पर तो जोर नहीं ही है, इस्लाम के अन्य पंथों के प्रति सहनशीलता की बात भी नहीं बताई जाती...और यह ऐसी चीज है, जिस पर ऊपर से नीचे तक विचार किया जाना चाहिए। हम सऊदी संस्कृति पर तो जोर देते ही हैं, हममें से अधिकांश लोग किसी दूसरी जीवन-शैली को मानते ही नहीं और दूसरों पर अपनी ही संस्कृति लादना चाहते हैं। यह तथ्य है कि हम चौथी से लेकर बारहवीं कक्षा तक बच्चों को यह नहीं बताते कि दुनिया में अन्य सभ्यताएँ भी हैं और हम भी विश्व-समुदाय का हिस्सा हैं। हम सिर्फ इस्लामी संस्कृति पर जरूरत से ज्यादा जोर देते हैं, और इस चीज पर पुनर्विचार किए जाने की जरूरत है। यह इसलिए भी महत्वपूर्ण है, ताकि मुल्क का धार्मिक माहौल भी बदले।"*[5]

पश्चिमी देशों में भी विभिन्न धर्मों के बारे में बच्चों को शिक्षा देने की बात पर गंभीरता से चर्चा हो रही है। अनेक विद्वानों और पत्रकारों ने इस विषय पर बच्चों की अज्ञानता की ओर ध्यान दिया है। लोगों ने पाया कि जर्मनी में मुसलमान बच्चों को पढ़ाया जाता है : "मुसलमानों के वजूद को धर्मयुद्धों वाले दौर के बाद से ही यहूदियों और ईसाइयों से खतरा है और यह हर मुसलमान का कर्तव्य है कि वह इन दुश्मनों से लड़ने की तैयारी करे।"[6]

इसी मामले का एक और पहलू भी है। आतंकवादी उन स्कूलों पर हमला कर रहे हैं, जिनकी प्रतिष्ठा धर्मनिरपेक्ष शिक्षा को लेकर रही है। जम्मू-कश्मीर में 1891में ब्रिटिश मिशनरी द्वारा स्थापित एक स्कूल को 5 जुलाई 2004 को आतंकवादियों ने जला डाला; और यह सिर्फ इस दुष्प्रचार के चलते किया गया कि यह स्कूल मुसलमानों को विधर्मी बना रहा है। इस इस्लामी स्कूल ने कश्मीर में मुसलमानों की कई पीढ़ियों को नई शिक्षा-पद्धति और धर्मनिरपेक्ष मूल्यों का पाठ पढ़ाया था। सौभाग्य से इस स्कूल को फिर से बना लिया गया है और अब यह अपने काम में लग गया है।[7]

सामाजिक मेलजोल और साथ ही सभ्यता के विकास, दोनों ही दृष्टियों से प्रभावी और निरंतर नई बातें समाहित करनेवाली शिक्षा-व्यवस्था बहुत जरूरी है। शिक्षा का उद्देश्य 'सत्यम और सुंदरम' दोनों होना चाहिए। विश्वबंधुत्व का मूल्य शामिल करके ही शिक्षा मनुष्य की प्रतिष्ठा को बढ़ाने का काम करेगी। विज्ञान और कलाओं की शिक्षा जरूरी है, पर स्कूल बच्चों के मन में क्षुद्रता, दकियानूसी, नफरत, शत्रुता और भेदभाववाले मूल्यों को न आने दें, यह भी उतना ही जरूरी है।

'बहुधा' के नजरिए से मेल खानेवाली बात 1999 के नोबल पुरस्कार विजेताओं

द्वारा सुझाए गए छह सूत्रों में भी है। उन्होंने नई सहस्त्राब्दी के लिए अपना छह सूत्री घोषणापत्र जारी किया, जिसमें अभिव्यक्ति की आजादी और सांस्कृतिक विविधिता, सदा संवाद को महत्व देने और भेदभाव को बढ़ावा दिए बगैर दूसरों की बात सुनने, दूसरों को बदनाम करने और उनको खारिज करने की भावना से दूर रहने को शामिल किया।[8]

स्कूलों में दूसरों के प्रति आदर और सहनशीलता की संस्कृति को स्थापित किया जाना जरूरी है। इसके लिए प्रचार जिसमें वीडियो, प्रकाशनों और व्याख्यानों की मदद लेना शामिल है, से लेकर शिक्षा प्रणाली को पुनर्गठित करने जैसे अनेक स्तरों पर काम करना होगा। स्त्रोत सामग्री पर भी ध्यान केंद्रित करने की जरूरत है। शिक्षा आज स्थानीय या राष्ट्रीय वास्तविकताओं तक ही सीमित नहीं है। यह निरंतर ज्यादा से ज्यादा मानवीय चिंता का विषय बन रही है और इसमें वैश्विक समस्याओं की चेतना शामिल रहती है।

अनेक विचारकों ने एक वैश्विक संस्कृति के उभरने की बातें की हैं। पर मुझे ऐसा होता नहीं दिख रहा, बल्कि वैश्विक स्तर पर संस्कृतियों की विविधता का जोर बढ़ता ही दिखता है। दूर रहकर भी अपने सांस्कृतिक जीवन में भागीदारी कर पाना आज निरंतर बढ़ रहा है। मेरा मानना है कि विभिन्न समूहों और राष्ट्रों की पहचान अब ज्यादा से ज्यादा उनके सांस्कृतिक जीवन से अभिव्यक्त होगी और साथ ही वैश्विक लक्ष्यों और संगठनों का काम भी ज्यादा बेहतर ढंग से आगे बढ़ेगा:

औद्योगिक क्रांति ने भौतिक सफलता और मौद्रिक लाभ पैदा किया और फिर इससे ही बहुराष्ट्रीय निगमों का प्रादुर्भाव हुआ। इन सब चीजों ने नौजवानों के दिमाग में नई ऊर्जा जगाई है। शिक्षा प्रणाली भी उसी के अनुरूप विकसित हुई है।

> *"शिक्षा का मुख्य उद्देश्य ऐसे आदमी का निर्माण करना है जो पुरानी पीढ़ियों द्वारा किए गए कामों को दोहराते जाने की जगह ऐसे काम करने में सक्षम हो जो रचनात्मक हों, और वह नई चीजों का आविष्कार करने में सक्षम हो। शिक्षा छात्रों में आलेचनात्मक दृष्टि विकसित करती है, जिससे वे चीजों को जस का तस स्वीकार करने की जगह उन्हें जाँचने-परखने के बाद ही स्वीकार करें। आज असली खतरा नारेबाजी से, सामुहिक विचारधाराओं से और विचारों के बने-बनाए चौखटों से है। हम अभी तक किसी व्यक्ति की हर बात मानने की जगह उसकी जाँच करते हैं, उनकी आलोचना करते हैं, तथा सही और गलत का भेद करते हैं।"*[9]

इस पृष्ठभूमि में शिक्षा का उद्देश्य लोकतंत्र को बढ़ावा देना, मानवाधिकारों को परिभाषित करना और शांति तथा स्वतंत्रता में योगदान करना होना चाहिए। शांति के लिए प्रतिरक्षा असल में मनुष्य के दिमाग में ही तैयार होती है। इसलिए दुनिया के सामने मुख्य समस्या शिक्षा के प्रति एक नजरिया अपनाने की है। अगर सिर्फ भौतिक दुनिया के बारे में ज्ञान देने का मौजूदा रवैया जारी रहा तो फिर पहले नतीजों से

अलग नतीजों की उम्मीद करना बेमानी है।

शिक्षा पुरानी पीढ़ी द्वारा दिए प्रभावों को भी समाहित करती है और बच्चों में अपने वातावरण और संस्कृति के प्रति कुछ उत्सुकता पैदा करती है। पुरानी वयस्क पीढ़ी नए लोगों में उत्सुकता पैदा करती है।

शिक्षा के कार्यक्रमों में पूर्वाग्रह और दुश्मनी के भाव को कम करना निश्चित रूप से शामिल होना चाहिए, क्योंकि यही चीजें विभिन्न सामाजिक समूहों के खिलाफ नफरत के चलते हिंसा और अपराधों को उकसाती हैं। मास मीडिया की क्षमता को भी हिंसा के समाधान की दिशा में मोड़ना चाहिए न कि खास तरह की सूचनाएँ देकर हिंसा को और भड़काने की दिशा में। स्कूल दिन-ब-दिन टकरावों को सँभालने-निपटाने के शांतिपूर्ण तरीकों का प्रशिक्षण बच्चों को देने की अपनी भूमिका के बारे में ज्यादा सचेत होते जा रहे हैं। इस उद्देश्य के लिए सभी स्कूलों में इन पक्षों पर और ध्यान दिया जाना चाहिए : स्कूलों की अपनी निष्ठा; कक्षा का वातावरण; संचार; पाठ्यचर्या; निर्देश; अभिभावकों और स्कूली परिवार समुदाय की परस्पर भागीदारी। यह भी महसूस किया जाता है कि अगर पढ़ाई पूरी करने के बाद बच्चों को दुनिया में शांति बनाए रखनेवालों की भूमिका निभानी है तो शिक्षा-संस्थाओं को उन्हें इस भूमिका के लिए जरूर तैयार करना चाहिए।

प्रसिद्ध अमेरिकी शिक्षाशास्त्री मारिया मौंटेसरी ने 1930 के दशक के अपने एक चर्चित भाषण में कहा था, "जिन्हें युद्ध चाहिए, वे अपने बच्चों को युद्ध के लिए तैयार करते हैं; पर जिन्हें शांति चाहिए, उन्होंने युवाओं और किशोरों पर ध्यान ही नहीं दिया और इसीलिए वे शांति के लिए उन्हें संगठित करने में अक्षम है।"[10]

दुनिया में आज इस बात का अहसास बढ़ता जा रहा है कि बच्चों को शांतिपूर्ण जीवन जीने की कला भी सिखाई जानी चाहिए। इस उद्देश्य के लिए अनेक विकसित और विकासशील देशों ने शिक्षण के कई तरीके विकसित किए हैं और ऐसी पाठ्यपुस्तकें भी तैयार की हैं जो मूल्यों और नैतिक शिक्षा पर जोर देती हैं। समाज में हिंसा है और यह बच्चों के मानस को प्रभावित न करे, इसके लिए मूल्योंवाली शिक्षा कारगर उपाय है। बच्चों के मन में शांति की इच्छा जगाने की जरूरत को अब ज्यादा तीव्रता से महसूस किया जा रहा है। अहिंसा और शांति के फायदों के बारे में जानने—जिन्हें यूनेस्को 'शांति शिक्षा' कहता है—से ही आज के बच्चे कल के अच्छे नागरिक बनेंगे।

जीवन कैसे जिएँ, इस सवाल का जवाब साथ जीने की कला में निहित है। 'लर्निंग द वे ऑफ पीस: टीचर्स गाइड टू पीस एजुकेशन' के लेखकों की प्रबल मान्यता है कि शिक्षकों को अपने सामने निम्नलिखित विचार रखने चाहिए :

> *"निश्चित रूप से तकनीकी विकास के चलते दुनिया सिकुड़कर वैश्विक गाँव के रूप में आ रही है और आवागमन, संचार तथा लेन-देने बढ़ गया है। लेकिन हमारी मौजूदा दिमागी बनावट में मनुष्यजाति की वैश्विक एकता*

की बातें समा ही नहीं पातीं। जब दुनिया छोटी होती जा रही है तो हमें अपने दिमाग को बड़ा बनाने की जरूरत है। अगर हम बँटवारेवाली कबीलाई मानसिकता से ऊपर नहीं उठेंगे तो हमारा नाश तय है और हमीं एक-दूसरे को समाप्त कर देंगे। साथ-साथ जीना सीखकर हम अपने नजरिए को व्यापक करते हैं, आत्मकेंद्रित व्यक्ति की जगह समाज, राष्ट्र और वैश्विक परिवार की तरफ बढ़ते हैं। इसका मतलब एक-दूसरे से चीजों का साझा करना और परस्पर सहयोग करने के साथ-साथ विविधता को स्वीकार करना और मेलजोल से रहना भी है।" [11]

सामाजिक और राजनैतिक स्तर पर उन मुद्दों को सँभालने के लिए निष्पक्ष ढाँचों और कार्यप्रणाली को विकसित करना जरूरी है, जिन्होंने पहले हमारे समाज को बाँटा है। यह भी जरूरी है कि सभी संबद्ध पक्षों के बीच प्रभावी कार्यकारी संबंध हों। अगर समाज का ढाँचा उचित नहीं है तो विभिन्न समुदायों के बीच प्रभावी कार्यकारी संबंध विकसित ही नहीं हो सकते। इसी प्रकार कोई भी व्यवस्था कितनी भी आदर्श क्यों न हो, अगर नागरिकों में सहयोग न हो तो वह स्वयं प्रभावी नहीं हो सकती। विभिन्न समूहों में, जो पहले से बँटे हुए हैं, मेल-मिलाप कराने के लिए 'बहुधा' का नजरिया बहुत जरूरी है। पुराने मतभेदों को मिटाकर ही समाज अपने विभाजित इतिहास को पीछे छोड़ते हुए सर्व समाहित भविष्य की तरफ बढ़ सकता है। यह देखना सुखद और उत्साहवर्द्धक है कि हिंसा को दूर करने के लिए संवाद और बातचीत के लिए समर्थन बढ़ता जा रहा है। स्कूलों में नागरिकता-शिक्षा को शामिल करने के लिए भी समर्थन बढ़ता जा रहा है। अनेक राष्ट्रीय सरकारें अपने यहाँ की पाठ्यपुस्तकों से काफी उम्मीदें लगाए हुए हैं कि उनके जरिए शिक्षक बच्चों में समाज की घटनाओं का ज्ञान देने के साथ-साथ टिकाऊ शांति के लिए जरूरी कर्त्तव्यों की शिक्षा भी देंगे।

विज्ञान और मूल्य-शिक्षा

15 अक्टूबर 1930 को अलबानी, न्यूयार्क के अपने भाषण में अल्बर्ट आइन्स्टीन ने कहा था :

"स्कूल सदा से परंपरा की पूँजी को एक पीढ़ी से दूसरी पीढ़ी के हवाले करने का माध्यम रहे हैं। यह बात आज पहले की तुलना में ज्यादा सही है। आर्थिक जीवन के आधुनिक विकास ने परंपरा और शिक्षा देने की पारिवारिक भूमिका को कमजोर किया है, इसलिए मानव-समाज की निरंतरता और स्वास्थ्य आज पहले के किसी भी दौर की तुलना में स्कूलों पर ज्यादा निर्भर है।" [12]

हर सभ्यता ने सदियों की अवधि में कुछ खास मूल्य विकसित किए हैं। ये

मूल्य धर्म के साथ-साथ सामाजिक, आर्थिक और वैज्ञानिक अनुभवों, जैसे धर्मनिरपेक्ष क्षेत्र में भी होते हैं। शिक्षक और पूरी शिक्षा-व्यवस्था की यह पवित्र जिम्मेदारी है कि स्कूल सिर्फ अपनी सभ्यता की बातें न बताकर अन्य संस्कृतियों और मुल्कों की सभ्यताओं की अच्छी चीजें भी बच्चों को सिखाएँ।

आधुनिक परिप्रेक्ष्य में शिक्षा के उद्देश्यों पर गौर करना बेहद जरूरी है। वह जरूरत स्कूलों में सही मूल्यधर्मी नजरिया अपनाने की दृष्टि से भी है। आज शिक्षा का उद्देश्य साक्षर बनाना, सूचनाएँ पाना और विशेष कार्यों के कौशल को सीखना-भर ही नहीं होना चाहिए। शिक्षा का आदर्शवादी नजरिया या मापदंड यह है कि स्कूल और कालेज बच्चों को अच्छा नागरिक और अच्छा व्यक्ति, दोनों ही बनाएँ।

धर्म और शिक्षा

धर्म व्यक्ति की अंतरात्मा और अच्छे नागरिक की राजनैतिक आकांक्षा के प्रश्न को अलग-अलग नजरिए से देखता है। ईसाई धर्म में सांसारिक और आध्यात्मिक सत्ता के बीच स्पष्ट भेद किया गया है। दूसरी तरफ इस्लाम में सांसारिक और आध्यात्मिक, दोनों तरह की सत्ताएँ खलीफा के हाथ में सौंपी गई हैं। इसी के अनुरूप ईसाई दुनिया में पोप और प्रधानमंत्री अलग-अलग व्यक्ति होते हैं और उनकी सत्ता का स्रोत भी अलग-अलग होता है। हिन्दू धर्म में धार्मिक निर्देशों का उद्देश्य व्यक्ति और ईश्वर के बीच संबंध बनाने में मदद करना है। दूसरी ओर कन्फ्यूशियसवाद एक राजनैतिक धर्म है। अपने निजी जीवन में कन्फ्यूशियस इस दरबार से उस दरबार जाते रहे और शासन की समस्याओं को लेकर चिंतन करते रहे। उन्होंने लोगों के साथ-साथ अधिकारियों में ऐसी समझ बनाने की कोशिश की जिससे सुशासन दे पाना संभव हो। इसके विपरीत बौद्ध मत एकदम अराजनैतिक है। लेकिन यह अलग मसला है कि तिब्बत में दलाईलामा ही धार्मिक और प्रशासनिक प्रमुख होते रहे हैं। मौजूदा दलाईलामा ने, जो अभी भारत में निर्वासित जीवन बिता रहे हैं, हाल में जरूर धार्मिक सत्ता और सांसारिक सत्ता को अलग-अलग करने का प्रयास किया है।

सारी दुनिया में समय बीतने के साथ ही शिक्षा का उद्देश्य भी बदला है और यह अब आत्मा को जागृत करने की जगह अच्छे नागरिक बनाने के उद्देश्य से काम करती है। यह महसूस किया गया है कि अगर नौजवानों को अच्छे शासन और अच्छे लोकतंत्र के लिए सक्षम नागरिकों में बदलना है तो शिक्षा ही उन्हें इस काम के लिए तैयार करेगी।

पर ऐसे विद्वान भी हैं जो मानते हैं कि सिर्फ धर्म के माध्यम से ही प्रेम, करुणा और बंधुत्व जैसे उच्चतर मूल्यों को सिखाया जा सकता है। नौजवानों में प्रेम और करुणा जैसे बुनियादी मूल्यों की स्थापना के लिए सिर्फ धर्म ही किसी समुदाय को एक अच्छा नजरिया उपलब्ध करा सकता है। और यह काम स्कूलों में ही न होकर

बच्चों के घरों और समाज के अंदर भी हो सकता है।

पारंपरिक धार्मिक नजरिए से शिक्षा देने में सबसे बड़ा खतरा अंधविश्वास पर जोर देने का है। अपनी किताब 'एजुकेशन एंड सोशल आर्डर' में बर्ट्रेंड रसेल लिखते हैं :

> *"नैतिकता पर धार्मिक शिक्षा का प्रभाव कई तरह से खराब होता है। इससे आत्मविश्वास समाप्त होने का खतरा होता है, खासतौर से पश्चाताप के क्रम में; नौजवानों में सत्ता-संचालन का कौशल सिखाने की जगह यह उनमें आत्महीनता भरता है, वे अपने लिए दिशा-निर्देश के लिए दूसरों का मुँह जोहते रहते हैं...धार्मिक शिक्षा का एक और अनैतिक प्रभाव यह है कि यह बौद्धिक समझ को कमतर आँकती है। यहाँ बौद्धिक निष्पक्षता, जो सबसे बड़ा गुण मानी जाती है, को अनिवार्यतः बुरा ही माना जाता है; यह मुश्किल मामलों में स्पष्ट फैसले की जगह टाल-मटोल या सहनशीलता को आगे करने की बात करती है। आज की तारीख में जिन लोगों को यह बड़े प्रशंसा-भाव से सामने रखती है, उनमें कोई शासक ही पहले दर्जे पर होता है; अगर ऐसा कभी नहीं होता, तो इस व्यवस्था की भूल-चूक के चलते ही। धर्म का समझदारी के साथ जुड़ाव और इस चीज को देखते हुए कि अधिकांश धार्मिक लोग सबसे ज्यादा बुद्धिमान नहीं होते, धार्मिक शिक्षा असल में बेवकूफों को यह ताकत ही देती है कि वे पढ़े-लिखे लोगों की बातों को ठुकराएँ। जैसे मानव विकास के सिद्धांत को पढ़ाने को ही धर्म गुरुओं ने गैर-कानूनी घोषित कर दिया था। जहाँ तक मुझे याद है, सारे गास्पेलों में बुद्धिमानी के पक्ष में एक भी शब्द नहीं कहा गया है; और इस मामले में धार्मिक मामलों के अनुभवी लोग गास्पेलों की सत्ता को दूसरों की तुलना में ज्यादा दमदार ढंग से आगे बढ़ा रहे हैं।"*[13]

कुछ अन्य विद्वानों की राय है कि धार्मिक भावना मानवीय जीवन के लिए एक मजबूत और निरंतर प्रभावी चीज है और इसकी उपेक्षा नहीं करनी चाहिए। अंतरात्मा की शिक्षा एक बुनियादी जरूरत है। इससे छात्र को अच्छे-बुरे का फर्क करना आता है और किशोर वय में ही यह विवेक विकसित होना चाहिए, जिससे कि बड़ा होने पर वह अपनी जिम्मेदारियों के निर्वाह में इस विवेक का उपयोग कर सके। यह भी माना जाता है कि धार्मिक नजरिए में बदलाव भी संभव है। जुलियन हक्सले का कहना है कि धर्म गुरुओं को "नई तरह के समाज की जरूरतों के अनुरूप अपनी सामाजिक और नैतिक नीतियों को नए सिरे से समायोजित करना चाहिए। अगर वे यह काम लगन और निष्ठा से करते हैं तो समाज भी आगे बढ़कर उनको अपनाने को तत्पर रहता है। अगर ऐसा हुआ तो संगठित धर्म एक सामाजिक गतिशीलता के साथ नए रूप में आगे आएँगे और अभी का अबूझ-सा ढंग-ढर्रा छोड़ेंगे। और तब वे शिक्षा ही की तरह सामाजिक काम का उचित दायित्व निभा सकेंगे।"[14]

विश्वकवि और शांतिनिकेतन तथा विश्वभारती के संस्थापक रवीन्द्रनाथ टैगोर का मत था कि हमें उन सभी संसाधनों का उपयोग करना चाहिए, जिससे बच्चे के मन में जानने की प्रबल उत्सुकता पैदा हो। उद्देश्य, ज्ञान और भावना का मेल कराना होना चाहिए। काम करके सीखने की बात पर भी जोर दिया गया, जिससे विचार कर्म का रूप ले सकें। इसी के अनुरूप रवीन्द्रनाथ टैगोर ने अपने शिक्षा केंद्रों के छात्रों को प्रार्थना के साथ-साथ बुद्ध, ईसा, मोहम्मद, चैतन्य और अन्य महापुरुषों के कथनों और कामों से परिचित कराने का प्रावधान भी रखा।

मूल्य-शिक्षा से धर्म को पूरी तरह बाहर नहीं किया जा सकता। हाँ, यह बात जरूर महत्वपूर्ण है कि हम आज स्कूलों की पढ़ाई में तर्क की जगह आस्था को प्रमुखता नहीं दे सकते। हम जिस युग में जी रहे हैं, उसमें निराशा और हताशा के दौर में धार्मिक अतिवादी और जुनूनी लोग युवकों के मस्तिष्क में नफरत और हिंसा की भावना भर सकते हैं। और यह हो भी रहा है। पर हिंसा और नफरत के पीछे कोई न्यायोचित तर्क नहीं है। सैकड़ों साल की हिंसक वारदातों के बावजूद अगर मानवता है और फूल-फल रही है तो इसका आधार प्रेम, करुणा और एक-दूसरे की जरूरतों में काम आने की भावना ही है। पाठ्यचर्या में इसी चीज को शामिल करके हम नौजवानों को अच्छा व्यक्ति और अच्छा नागरिक बना सकते हैं।

रट्टेवाली पढ़ाई की परंपरा, तर्कों के बदले उद्धरण रखना और धार्मिक प्रशिक्षण के मामले में धर्मग्रंथों को उद्धृत करने को अब छोड़ देना चाहिए और उसकी जगह तर्क और वैज्ञानिक जाँच-परख वाले नजरिए पर जोर देना चाहिए। तर्कपूर्ण छानबीन से ही हम सदियों से लगे पूर्ण विरामों को प्रश्नचिह्नों में बदल सकेंगे। शिक्षा और छात्र दोनों ही तर्क-वितर्क और तरह-तरह की चीजें आजमाने का काम करते रहे थे। पर साथ ही हमारे शैक्षिक चिंतन में आध्यात्मिकतावाले पक्ष पर भी जोर देना होगा।

'धर्म के बारे में शिक्षा' और 'धार्मिक शिक्षा' के बीच स्पष्ट भेद है। धर्मनिरपेक्ष शासन अपने शैक्षिक संस्थानों में धर्मों और धार्मिक विचारों की शिक्षा देने पर जोर दे सकता है, क्योंकि ये मानव-समाज के विकास से जुड़े हैं,–और अब तक मनुष्यजाति के मन में उठे सवालों के जवाब तलाशने की कोशिशें हैं। पर यह उस धार्मिक शिक्षा से दूर होगा जिसमें मुख्यत: धर्मग्रंथों की पढ़ाई और किसी खास धर्म के कर्मकांडों का प्रशिक्षण ही प्रमुख होता है।

यों धार्मिक शिक्षा देने के बारे में भी बहुत सावधानी की जरूरत है। इस बात पर पहले ही ध्यान देना होगा कि इस मामले में कोई वैयक्तिक पूर्वाग्रह या संकीर्ण नजरिया न आ जाए, क्योंकि ऐसा होने पर उस शिक्षा का उद्देश्य ही खत्म हो जाएगा और लाभ की जगह हानि ही हागी। शिक्षा के नाम पर किसी तरह का पूजा-पाठ, कर्मकांड, भ्रांतियाँ और मताग्रह नहीं चलाना चाहिए। इस मामले में सभी धर्मों को समान आदर-भाव मिलना चाहिए। सर्वधर्म समभाव और किसी धर्म के साथ कोई

भेदभाव नहीं होना चाहिए।

यह जरूरी है कि धर्मों की शिक्षा इस प्रकार दी जाए कि छात्रों को प्रमुख धर्मों की बुनियादी विशेषताएँ समझ में आ जाएँ। जब हमें ईश्वर या सत्य तक पहुँचने के अनेक रास्तों का पता होगा, तभी 'एक सत्य, अनेक व्याख्याएँ' वाले 'बहुधा' नजरिए को समझने में मदद मिलेगी। दूसरे धर्मों के बारे में व्यवस्थित अध्ययन और समझ के बाद ही अन्य परंपराओं द्वारा फैलाई गई भ्रांतियों का निराकरण किया जा सकता है; और कई बार पाठ्यपुस्तकों तक में ऐसी भ्रांतियाँ मौजूद होती है जिनसे बचना जरूरी है।

आधुनिक शिक्षा संपत्ति कमाने और बड़े पद पाने जैसे अनेक बाहरी लक्ष्यों पर काफी जोर देती है। इस नजरिए में मनुष्य के अंतर्जगत की जरूरतों को पूरा करने पर ध्यान नहीं दिया जाता। आंतरिक जाँच-परख और अपने आप से संतुष्ट होना और शांति महसूस करनेवाले पहलुओं को नजरंदाज कर दिया जाता है। हम अपने जीवन को समझकर, अपनी जीवन-प्रक्रिया और समाज से उसके संबंधों को समझकर ही अच्छे नागरिक बनते हैं और अपने अंदर ही नहीं, बाहरी दुनिया की शांति और सद्भाव में योगदान करते हैं। यह सही है कि किसी को भी स्वार्थी, लोभी, घमंडी, ईर्ष्यालु, धौंसवाला बनने जैसी चीजें नहीं सिखाई जातीं, लेकिन कुल मिलाकर ऐसा ही लगता है जिसके चलते ये मूल्य नौजवानों में आ जाते हैं और आदर, सहनशीलता, सच्चाई और मदद जैसे मूल्य पीछे छूट जाते हैं।

लोग समाज में शांति, मेल-मिलाप, परस्पर आदर-भाव और समझदारी चाहते हैं और ये चीजें छात्रों में मानवीय मूल्य प्रतिरोपित करनेवाली शिक्षा-व्यवस्था से ही आ सकती हैं। हर आदमी के मन में जब शांति होगी, तभी सामाजिक स्तर पर शांति कायम हो सकती है। और यह चीज तभी संभव होगी, जब हम अपने अंदर शांति पाने के गुर जानें। शैक्षिक व्यवस्था में इस चीज का ख्याल रखा जाना चाहिए।

इस मामले में पारंपरिक बौद्ध नजरिए का जिक्र किया जा सकता है। उसके अनुसार प्राथमिक शिक्षा से बच्चों में सदाचार, बुद्धिमानी और ध्यान केंद्रित करने का गुण जरूर आना चाहिए। इसी राह पर आगे चलकर व्यक्तित्व का पूर्ण बदलाव शिक्षा व्यवस्था का उद्देश्य होना चाहिए। बौद्ध मत के अनुसार प्रेम और परोपकार को असीमित स्तर तक बढ़ाना चाहिए और बढ़ाया जा सकता है; और यही चीजें अज्ञानता, लोभ और नफरत जैसे नकारात्मक बलों को अप्रभावी करते हुए व्यक्ति और समाज को आगे ले जाती हैं।

स्कूलों में अपने धर्म के बारे में स्पष्ट नजरिया जरूर विकसित कराया जाना चाहिए। शाब्दिक रूप में धर्म का मतलब है बदलावों के बीच समाज और मूल्यों को धारण करनेवाली शक्ति। धर्म व्यक्ति को चीजों की केंद्रीय व्यवस्था तक ले जाता है। हर सभ्यता ने धर्म की अपनी बुनियादी विशेषताएँ विकसित की हैं और उन्हें अलग-अलग नामों से जाना जाता है। पूरे समाज को एकजुट रखने के लिए धर्म

जरूरी है। हर आदमी को चाहिए कि वह अपनी अवधारणावाले धर्म का स्वरूप तय करना सीखें। और उस पर अमल करे। उसे अपने अंतर्मन और बाह्य जगत के प्रति भी निष्ठावान होना चाहिए। धर्म एक व्यापक सिद्धांत है जिसमें नैतिक, सामाजिक, राजनैतिक और आर्थिक जीवन के सारे सिद्धांत समाहित होते हैं। हाँ, गुरु या शिक्षक पर भी काफी कुछ निर्भर करता है कि वह अपने छात्रों को धर्म की शिक्षा किस तरह देता है और ज्ञान तथा विवेक के आधार पर उनको अपने मूल्य और धर्म को तय करने में कितनी मदद करता है।

इंटरनेट और इलेक्ट्रानिक मीडिया जैसी सूचना और संचार तकनीक की क्रांतियों ने सूचनाओं का प्रस्फोट किया है और इन्होंने विभिन्न पद्धतियों और जीवन शैलियों के बीच सभ्यता के स्तर पर नया टकराव शुरू किया है। पश्चिमी देशों और खासतौर से अमेरिका ने विज्ञान और तकनीक के मामले में बहुत आगे तक की प्रगति की है। सूचना तकनीक की प्रगति के चलते ही आज विकासशील देशों के छात्रों को विज्ञान और तकनीक के विकास के बारे में जानने का मौका मिल रहा है; और बौद्धिक संपदा अधिकारों की नई व्यवस्था के बावजूद यह काम बड़े पैमाने पर हो रहा है। किसी भी समाज का भौतिक विकास विज्ञान और तकनीक तथा इनसे जुड़े पक्षों पर उसकी पकड़ और विशेषज्ञता के आधार पर होनेवाला है। विज्ञान और तकनीक के सहारे हम गरीबी, बेरोजगारी और बीमारियों की चुनौती से भी लड़ सकते हैं।

इस बात का उल्लेख भी जरूरी है कि ज्ञान-आधारित विश्व एक खुली दुनिया भी है। जब हम विज्ञान और आध्यात्मिकता के बीच मेल की बात करते हैं तो हम विज्ञान या आध्यात्मिक प्रयासों की स्वायत्तता को खत्म करने की बात नहीं कर रहे होते। विज्ञान की वस्तुपरकता और स्वायत्तता पर किसी तरह की सीमा तथा आध्यात्मिकता के किसी एक ही मार्ग की बात करना प्रगति और शांति के मार्ग में बाधक बनेगा और यह चीज मेल-मिलापवाली दुनिया के विकास के लिए लाभकर नहीं होगी। इसलिए एक अधिक व्यापक और सर्व समन्वयकारी ऐसी विश्वदृष्टि अपनाने की जरूरत है, जिसमें विज्ञान और आध्यात्मिकता एक-दूसरे की मदद करें, एक दूसरे को बल प्रदान करें।

ऐसे लोग भी हैं जिनका मानना है कि शिक्षा में मूल्यों पर जोर देने से हम पुराने युग की ओर लौटने लगेंगे। यह सही नहीं है। सच्चाई यह है कि धर्मों का विकास हमारे पूर्वजों ने विज्ञान से भी ज्यादा लगन और ज्यादा जोर-शोर से किया है। सिर्फ गत दो-तीन सदियों में ही विज्ञान ने ज्यादा तीव्र और प्रभावी प्रगति की है। मूल्यों और आध्यात्मिकता को आज के विज्ञान और तकनीक से जोड़ने का काम शांतिपूर्ण विश्व व्यवस्था बनाने के लिए जरूरी है। आध्यात्मिकता की शक्ति से ही लोभ, नफरत और धौंस जैसी ऋणात्मक प्रवृत्तियों पर जीत हासिल की जा सकती है।

उत्कृष्टता को बढ़ावा देने पर शिक्षा का ध्यान निरंतर बना रहना चाहिए, पर

अंतिम विश्लेषण में हमें लगेगा कि शिक्षा को आत्म-अनुशासन और आत्म-नियंत्रण को जरूर बढ़ावा देना चाहिए। ऐसे दृष्टिकोण से ही कर्म, सोच और शब्दों, हर तरह की हिंसा रुक सकेगी। यह शिक्षकों की जिम्मेवारी है कि शैक्षिक संस्थान विज्ञान और कला की शिक्षा का केंद्र तो बनें ही, आत्म-अनुशासन विकसित करने तथा सामाजिक और नैतिक मूल्यों की सीख का केंद्र भी बनें।

समाज तभी चल सकता है जब इसके सदस्यों में पर्याप्त मेल मिलाप और एकता हो। शैक्षिक व्यवस्था बचपन से ही विद्यार्थियों के मन में यह बात बैठाती है। दूसरी ओर, शिक्षा एकरसता नहीं चाहती। यह बहुलता को पसंद करती है, क्योंकि विकास और प्रगति के लिए यह जरूरी है। जैसा कि विलियम ब्वॉयड और वाट राबसन कहते हैं :

> *"स्थिर धर्म पहले से ही यह मान लेता है कि सत्य की खोज पूरी हो चुकी है और इसे एक पवित्र ग्रंथ में बता भी दिया गया है-जैसे बाइबल, कुरान या धम्मपद में। प्राचीन कायदे-कानूनों को यह अंतिम मान लेता है और उम्मीद करता है कि हर अनुयायी उन पर आँख मूँदकर अमल करेगा और इससे ही 'मुक्ति' पा लेगा। यह मनुष्य की रचनात्मक शक्ति की अनदेखी करता है। इन रचनात्मक शक्तियों में प्रेम प्रमुख है और यह अज्ञात आदमी से लेकर कायदे-कानून बनानेवाले तक, सभी की मदद करने के तरीके ढूँढ लेता है। इससे भी बढ़कर मनुष्य में कुछ शाश्वत ऊर्जाएँ हैं, जो इस दुनिया में बाहर आने का रास्ता खोजती हैं इस ऊर्जा को रचनात्मक और परमार्थवाले उद्देश्यों की तरफ मोड़ना चाहिए, वरना यह व्यक्ति और समाज सभी को नुकसान पहुँचाने वाली प्रवृत्तियों की तरफ ले जाती हैं। लेकिन गतिशील बल के रूप में धर्म एक अलग ही चीज है, जैसा कि हमारे आध्यात्मिक नेताओं ने सदा से बताया भी है। उनकी बोधकथाओं का उद्देश्य मनुष्य की शक्ति को दबाना न होकर उभारना था और उनका संदेश प्रेम, समझदारी और बीच-बचाववाले भाव का था। वे स्वयं को परम सत्य का ज्ञाता और ऐसे एकदम सही कायदे-कानून बनानेवाला होने का दावा नहीं करते थे, जिनके अनुकूल आचरण न करना अनैतिक मान लिया जाए। इसीलिए उनकी बातें हर नस्ल और हर पृष्ठभूमि के लोगों को समझ आईं और उनका संदेश वैश्विक था।"*[15]

आज दुनिया में अपने धर्म, भाषा, परंपराओं और संस्कृति के साथ दूसरों की भाषा, धर्म, संस्कृति और परंपराओं के प्रति आदर-भाव विकसित कराना बहुत बड़ी चुनौती है और इसने यूनेस्को जैसी अंतर्राष्ट्रीय संस्थाओं के साथ राष्ट्र-राज्यों पर इसके लिए नया रास्ता निकालने की भारी चुनौती पेश की है। इन संस्थाओं को विद्वानों, दार्शनिकों और चिंतकों के ज्ञान और समझ से मदद लेते हुए इस काम को आगे बढ़ाना चाहिए। पुराने समय की अपनी समझ और वर्तमान के ज्ञान से ये लोग

हिंसा, बेचैनी और बँटवारेवाली शक्तियों द्वारा पेश चुनौतियों को अवसर में बदलने का रास्ता बताएँगे, जिससे समाज एकजुट होगा और वह स्कूल के साथ ही उससे बाहर भी मिलजुल कर रहना सीख लेंगे। सर्वसमन्वयकारी और पक्षपातरहित नजरिया 'बहुधा' के दर्शन से ही आएगा।

मदरसा में शिक्षा

11सितंबर 2001 की भयावह घटना के बाद से अनेक विद्वान, राजनेता, प्रोफेसर और छात्र इसे अंजाम देनेवालों के साथ-साथ बाद की आतंकवादी वारदातें करनेवालों की सोच और दिमागी बनावट को जानने का प्रयास कर रहे हैं। नफरत की ऐसी प्रबल भावना कहाँ से आई, मनुष्य इस दिशा में यहां तक आगे कैसे बढ़ गया, और आगे कहाँ तक जाएगा, यही आज उनके चिंतन का विषय है। फिर मुसलमान देशों और पश्चिमी देशों में रहनेवाले मुसलमानों की शैक्षिक व्यवस्था की तरफ नजर गई है। यह सही है कि अधिकांश आतंकवादियों को धार्मिक स्कूलों में ही शिक्षा मिली थी, पर अनेक प्रमुख आतंकवादियों ने पश्चिम के स्कूल और कॉलेजों में भी शिक्षा पाई थी। यह भी सही है कि इनमें से अनेक को धार्मिक कामकाज की औपचारिक शिक्षा नहीं मिली और न ही वे किसी दमनकारी माहौल में रह रहे थे। फिर भी मुसलमान देशों में चलनेवाले मदरसों पर खास ध्यान दिया जा रहा है। अनेक सवाल उठाए जा रहे हैं। ये स्कूल क्या हैं? वे क्या पढ़ाते हैं? उनका खर्च कहाँ से आता है? उनके शिक्षकों का स्तर क्या है? वे कौन-कौन-सी पाठ्य पुस्तकें पढ़ाते हैं? सरकारें इन पर किस तरह नजर रखती हैं?

इस्लामी परंपरा में ज्ञान का उत्स है कुरान। कुरान पैगंबर मोहम्मद को हुआ इल्हाम है। बाद में इन संदेशों को संकलित किया गया। मस्जिदें इस्लामी शिक्षा का पहला केंद्र बनीं। प्रत्येक पारंपरिक मुस्लिम समाज के लोग मस्जिद में जमा होते हैं, कुरान की शिक्षा पर चर्चा करते हैं और अपना ज्ञान बढ़ाते हैं। मूलतः ऐसी ही व्यवस्था हिन्दू, बौद्ध और ईसाई परंपराओं में भी है, जहाँ लोग प्रार्थना-स्थलों पर जमा होते हैं और यही स्थान धार्मिक शिक्षा का प्रमुख और पहला स्थान होते हैं। वर्षों से मुस्लिम देशों में मकतब और मदरसा स्थापित होते रहे हैं। गैर-इस्लामी देशों के मुस्लिमबहुल इलाकों में भी ऐसा होता रहा है।

मकतब और मदरसे के अंतर को जानना जरूरी है। मकतब में बच्चे सिर्फ कुरान पढ़ते और इसका पाठ करते हैं। यह आमतौर पर मस्जिद में होता है या कुरान पढ़ानेवाले शिक्षक के घर पर होता है। लेकिन मदरसे तो व्यवस्थित स्कूल हैं, जिनमें कक्षाएँ होती हैं, अध्यापक होते हैं। अनेक मदरसों में बच्चों के रहने और खाने का मुफ्त बंदोबस्त भी होता है और उनमें से अधिकांश इस्लाम की धार्मिक शिक्षा के साथ-साथ अनेक विषयों की पढ़ाई कराते हैं।

सबसे पहले दो मदरसे 11वीं सदी में मिस्र और फारस (इराक) में बने थे।[16] शुरू में मदरसों में स्वतंत्र तर्क और चिंतन पर काफी जोर दिया जाता था और इस्लामी देशों में विज्ञान, तकनीक और दर्शन के क्षेत्र में हुई भारी प्रगति में इनका काफी बड़ा योगदान है। बल्कि उस दौर को स्वर्ण युग ही कहा जाता है। स्पेन में मुसलमानों का राज लगभग आठ सौ वर्षों तक चला और वहाँ भी यह प्रगति बहुत महत्वपूर्ण ढंग से हुई। यूरोप के उपनिवेशवादी शासन द्वारा मुसलमानों के शासन को अपने अधीन करने के बाद मदरसों में पढ़ाई और विद्वता के स्तर में काफी गिरावट आ गई। शिक्षा के माध्यम के रूप में अंग्रेजी और अन्य यूरोपीय भाषाओं के चलन ने भी मदरसा-शिक्षा को कमजोर किया। अपने लम्बे शैक्षिक इतिहास में मदरसों में कभी धर्मनिरपेक्ष और तर्कपूर्ण शिक्षा पर जोर रहा है, तो कभी धार्मिक शिक्षा पर।[17]

1970 के दशक के बाद मदरसों की संख्या में भारी वृद्धि हुई है। इसी दशक में ईरान में अयातुल्लाह खुमैनी और एक दशक बाद पाकिस्तान में जनरल जिया उल हक के उभार से धर्म आधारित राजनीति का जोर बढ़ा और इन दो मुल्कों में मदरसों की संख्या तेजी से बढ़ी। 1980 के दशक में अफगानिस्तान और पाकिस्तान के मदरसों को बाहर से भी काफी धन और राजनैतिक प्रोत्साहन मिला, क्योंकि ये सोवियत विरोधी मुजाहिदीनों को तैयार करने का केंद्र बन गए थे। इसी कारण अमेरिका, सऊदी अरब और अनेक यूरोपीय देशों ने काफी पैसा मदरसों को दिया। इतना ज्यादा धन आने से मदरसों के रंग-ढंग बदल गए, उनकी इमारतें और सुविधाओं में वृद्धि हुई और मौलवियों का जीवन-स्तर सुधर गया। पर यह धन बच्चों को विज्ञान और कंप्यूटर की शिक्षा देने या शिक्षकों को प्रशिक्षित करने जैसे कामों पर खर्च नहीं हुआ। इसकी जगह ज्ञान के इन केंद्रों का उपयोग बच्चों के मन में नफरत की भावना भरने, जेहाद की मानसिकता बनाने के लिए हुआ। बदलते हुए मदरसे जल्दी ही राजनीति के केंद्र बन गए। सो अचरज नहीं कि 1990 के दशक में अफगानिस्तान पर राज करनेवाले तालिबान पाकिस्तान के मदरसों से ही तैयार हुए थे।

विभिन्न देशों का परिदृश्य

कम से कम 50 देशों में मुसलमानों की आबादी वहाँ की आबादी की 10 फीसदी या अधिक है। विकासशील देशों में बने मदरसे बच्चों को मुफ्त शिक्षा देते हैं, पर हर देश की स्थिति अलग-अलग है।

भारत : अपनी संवैधानिक और सांस्कृतिक स्थिति के चलते भारत स्थित मदरसों ने मुसलमान बच्चों की शिक्षा में महत्वपूर्ण भूमिका निभाई है। 1857 के बाद से भारत के मुसलमान नेताओं ने आधुनिकता और पारंपरिक इस्लामी संस्कृति के बारे में दो तरह का नजरिया अपनाया है। पहले समूह का नेतृत्व सर सैयद अहमद

खाँ ने किया था, जिन्होंने मुसलमानों को पश्चिमी वैज्ञानिक शिक्षा देने और अंग्रेजी भाषा सीखने की वकालत की। इसी उद्देश्य से सर सैयद ने अलीगढ़ मुस्लिम विश्वविद्यालय की स्थापना की थी। पर पारंपरिक मुल्ला-मौलवियों को यह चीज पसंद न थी और उन्होंने परम्परागत मदरसों की स्थापना जारी रखी। मदरसा-शिक्षा के मामले में दो सबसे प्रसिद्ध मदरसे हैं (1)दारुल उलूम, देवबंद (1866) और (2) नदवात-अल-उलेमा, लखनऊ (1893), जिसे संक्षेप में नदवा भी कहा जाता है।

भारत में मदरसा शिक्षा सुधार की माँगों में इनकी पाठ्यचर्या में कंप्यूटर और विज्ञान की शिक्षा को शामिल करना और ऐसे विषयों और पुस्तकों को हटाना शामिल है, जिनकी आज उपयोगिता नहीं रह गई है। भारतीय मदरसों के बारे में यह चीज विशेष उल्लेखनीय है कि इन्होंने कभी भी हिंसा और आतंकवाद को जायज नहीं ठहराया। भाजपा जब केंद्रीय सत्ता में आई और हिन्दू-मुसलमान संबंधों में भारी तनाव का दौर दिखा, तब भी मुसलमान नेतृत्व ने देवबंदी परंपरा को ही माना, जो धार्मिक मेलजोल के पक्ष में है और विचारों की बहुलता का आदर करती है। यह हैरानी की बात नहीं है कि कोई भी हिन्दुस्तानी मुसलमान अलकायदा के आतंकवादी गिरोह का सदस्य नहीं पाया गया है।

जो हो, मुसलमान लड़के-लड़कियों को आधुनिक वैज्ञानिक शिक्षा उपलब्ध कराने की चिंता वास्तविक है, क्योंकि अन्य धार्मिक समुदायों की तुलना में वे शिक्षा के मामले में पिछड़े हुए हैं। साक्षरता के प्रतिशत का मामला हो या अच्छे स्कूल-कालेजों में उनकी भागीदारी का अनुमान, दोनों में ही मुसलमान लड़के-लड़कियाँ पीछे हैं। भारत सरकार के नीति-निर्माताओं को मेरा बार-बार यही सुझाव रहा है कि मुसलमान बहुल इलाकों में केंद्रीय विद्यालय/नवोदय विद्यालय जैसे स्कूल खोले जाएँ। इस सुझाव पर अमल न होने का एक कारण यह भी है कि ऐसे इलाकों में काफी सारे मदरसे चल रहे हैं और नीति-निर्माता ऐसा कोई फैसला नहीं करना चाहते, जिससे उनके वोटबैंक की राजनीति गड़बड़ा जाए।

पाकिस्तान : पाकिस्तान के अधिकांश मदरसे बच्चों को धार्मिक तौर-तरीके सिखाने के उद्देश्य से चलते हैं। 1980 के दशक में जिया उल हक शासन में मदरसों की संख्या तेजी से बढ़ी। इस अवधि में मुख्य धारा के स्कूलों की किताबों में भी धर्म की अतिवादी व्याख्याओं को शामिल किया गया। मौजूदा राष्ट्रीय पाठ्यक्रम में भी पहली से चौथी तक के बच्चों को 'जीवन के हर क्षेत्र में जिहाद के महत्व को बताने' और 'जिहाद पर भाषण देने लायक बनाने' का उद्देश्य निहित है, पर कट्टरपंथियों और धार्मिक मूलवादियों के अभियान का हिस्सा बनकर जिहाद अपना असली अर्थ खो चुका है। आज यह अपनी आंतरिक बुराइयों पर जीत हासिल करनेवाले अर्थ को तो गँवा ही चुका है।

मातृभाषा के अलावा पाकिस्तानी मदरसों में अरबी और फारसी की शिक्षा पर

काफी जोर दिया जाता है। मदरसों में बच्चों को सिर्फ रट्टा लगाना सिखाया जाता है, स्वयं कुछ सोचने, सवाल उठाने की बात इस शिक्षा में होती ही नहीं। जरा-सी गलती पर मौलवी बच्चों को पीट-पीटकर बेहाल कर देते हैं। पढ़ाई बीच में छोड़नेवालों की संख्या काफी है और उसका मुख्य कारण यही है।

पाकिस्तान में मदरसों का उपयोग राजनैतिक तत्वों ने अपने हितों को बढ़ाने और विरोधियों पर हमले करने के लिए किया है। मदरसों से निकलनेवाले काफी सारे युवकों ने अफगानिस्तान में सोवियत फौज से लड़नेवाले मुजाहिदीनों की मुख्य भूमिका निभाई।

इस पढ़ाई का सबसे चिंताजनक पहलू यह है कि उलेमा लोग बच्चों को अपनी व्याख्यावाला इस्लाम ही पढ़ाना चाहते हैं और उसमें नफरत और हिंसा को खास स्थान दिया जाता है। आस्थाओं और विचारों की विविधता को स्वीकार करने तथा मानवाधिकार और महिलाओं की चिंता जैसे लोकतांत्रिक मूल्यों का प्रतिरोध करने से दुनिया-भर में मदरसों की नकारात्मक छवि ही बनी है।

पाकिस्तानी मदरसों में पढ़नेवाले बच्चों की संख्या का अनुमान पाँच लाख से लेकर 20 लाख तक का है। अगस्त 2005 में एक टेलिविजन प्रसारण में राष्ट्रपति मुशर्रफ ने माना था कि पाकिस्तानी मदरसों में 10 लाख से ज्यादा गरीब बच्चे पढ़ते हैं। मुल्क के विभिन्न हिस्सों में करीब 14000 मदरसे चल रहे हैं। पाकिस्तान सरकार ने सभी मदरसों के अनिवार्य पंजीकरण की प्रक्रिया शुरू की है। साथ ही पाठ्यचर्या में बदलाव, प्रबंधन में सुधार और चंदे में पारदर्शिता लाने का काम भी शुरू किया गया है। बच्चों को वैज्ञानिक शिक्षा देने और अपने धर्म के साथ-साथ दूसरे धर्मों और समाजों के बारे में जानने, उनकी अच्छी बातों को सीखने के मामले में ये सुधार काफी लाभकर हो सकते हैं। पर अभी सुधार की रफ्तार काफी धीमी है और अनिश्चितताएँ इससे जुड़ी ही हुई हैं।

पाकिस्तान के सभी मदरसों का पंजीकरण हो जाने के बाद ही वहाँ की स्पष्ट तस्वीर उभरेगी। यह सभी जानते हैं कि जमाते-इस्लामी और जमीयते-उलेमा-ए-इस्लामी द्वारा चलाए जानेवाले मदरसों में पिछले तीन दशकों में काफी बड़ी संख्या में जेहादी तैयार हुए हैं, जिन्होंने हिज्बुल मुजाहिदीन जैसे आतंकवादी संगठन खड़े किए हैं। अलकायदा और जमाते-इस्लामी के बीच सीधा संबंध जग-जाहिर है। जमाते-इस्लामी द्वारा चलाए जानेवाले मदरसों में ही तालिबान के अधिकांश नेता तैयार हुए थे। अफगानिस्तान पर राज करनेवाले तालिबान के प्रमुख नेता मुल्ला उमर ने भी पाकिस्तान के ऐसे ही एक मदरसे से पढ़ाई की थी। दरअसल पाकिस्तान में धार्मिक उग्रवाद और सांप्रदायिक मूल्यों को बढ़ाने का प्रमुख स्रोत बन गए इन मदरसों को सुधारने का काम इनकी पाठ्यचर्या में बदलाव और इनके कामकाज में शासन के ज्यादा दखल से ही हो पाएगा।

बांग्लादेश : बांग्लादेश ने पिछले दो दशकों में शिक्षा के मामले में काफी प्रगति

की है, खासकर स्कूलों में बच्चों के दाखिले और लड़कियों की पढ़ाई के मामले में। पर इन उपलब्धियों के बावजूद कई गंभीर समस्याएँ बनी हुई हैं। सबको शिक्षा देने के उद्देश्य में गरीबी एक बड़ी बाधा बनी हुई है। अभी 6 से 10 वर्ष उम्र के 25 फीसदी बच्चे स्कूलों से बाहर हैं और इनमें गरीब बच्चों का अनुपात 79 फीसदी है। सबसे गरीब परिवारों, आदिवासी समूहों, बाढ़-सूखे की मार झेलनेवाले इलाकों, तटीय इलाकों के बच्चों तथा विकलांग बच्चों में शिक्षा का स्तर काफी कम है।[18]

आँकड़े बताते हैं कि 1998 में बांग्लादेश में करीब 6900 मदरसे थे। बाद में मदरसों की यह संख्या 9000 से ऊपर पहुँच गई थी।[19]

बांग्लादेश में दो तरह के मदरसे हैं (1) कौमी ; और (2) आलिया। आलिया मदरसे सरकारी देखरेख में चलते हैं और वहाँ धार्मिक विषयों के साथ आधुनिक धर्मनिरपेक्ष विषयों की पढ़ाई भी होती है। कौमी मदरसों में सिर्फ इस्लामी शिक्षा दी जाती है। मदरसा शिक्षा संबंधी 1997 की एक रिपोर्ट में कौमी मदरसों के माहौल को कुछ इस तरह का बताया गया है :

> *"शिक्षा और वातावरण के मामले में कौमी मदरसों का माहौल एकदम परंपरावादी और दकियानूसी का है जो किसी भी तरह की आधुनिक सोच के खिलाफ है। इन मदरसों में बांग्ला की जगह उर्दू और फारसी को महत्व दिया जाता है। पर इन्हें अच्छी तरह जानने वाले शिक्षकों की कमी है, सो बच्चे इन्हें भी ठीक से नहीं सीख पाते। उन्हें न अपनी मातृभाषा अच्छी तरह आती है न ये भाषाएँ।"*[20]

9/11 के बाद से बांग्लादेश में आतंकवादी गतिविधियों में तेजी आई है। अगर बांग्लादेश में मदरसे आतंकवादी पैदा करने का केंद्र बन जाएँगे, तो इस मुल्क के लिए गरीबी के दुष्चक्र को तोड़ना असंभव हो जाएगा। सौभाग्य से मुल्क में ऐसे समझदार लोगों की संख्या काफी है जो वैज्ञानिक शिक्षा, उत्पादकता में सुधार, आर्थिक विकास और जीवन-स्तर में सुधार की जरूरत को महसूस करते हैं।

मिस्र : मिस्र के मदरसे अपने बच्चों को धार्मिक और धर्मनिरपेक्ष, दोनों तरह की शिक्षा देते हैं। इसमें लड़के और लड़कियों की शिक्षा की अलग-अलग व्यवस्था है। इस्लामी मूल्यों के साथ-साथ बच्चों को धर्मनिरपेक्ष शिक्षा देने के महत्व को स्वीकार करते हुए इसने वैसी ही पाठ्यचर्या बनाई है।[21]

मिस्र में मदरसा शिक्षा की एक बड़ी विशेषता यह है कि यहाँ से चार साल की माध्यमिक धार्मिक शिक्षा पाकर निकले बच्चों को अल-अजहर विश्वविद्यालय में दाखिला मिल जाता है। साथ ही शिक्षा विभाग के अधिकारी भी स्कूलों को जिहादी मानसिकतावाले नौजवान तैयार करनेवाला केंद्र न बनने देने के बारे में सचेत हैं।

इंडोनेशिया : दुनिया में सबसे ज्यादा मुसलमान आबादी वाले देश इंडोनेशिया में दो तरह के इस्लामी स्कूल हैं-मदरसा और 'पंडोक' या 'पंजांत्रन'। 'पंडोक' या

'पंजांत्रन' का मतलब होता है बाँस की झोंपड़ी। मदरसों में सिर्फ दिन में पढ़ाई करके बच्चे घर लौट जाते हैं, जबकि पंजांत्रन में वे रहकर पढ़ाई करते हैं।

इंडोनेशियाई मदरसे तीन स्तर की पढ़ाई कराते हैं : प्राथमिक, निम्न-माध्यमिक और उच्चतर-माध्यमिक। इनमें राष्ट्रीय शैक्षिक पाठ्यचर्या के अनुसार ही पढ़ाई होती है और उसके ऊपर इस्लामी शिक्षा और सिद्धांतों को पढ़ाया जाता है। जैसा कि मिस्र में है, इंडोनेशिया के मान्यताप्राप्त मदरसों से पास होकर निकलनेवाले बच्चों को विश्वविद्यालयों में दाखिला मिल जाता है।

हाल के वर्षों में इंडोनेशिया में भी मदरसों की संख्या तेजी से बढ़ी है। यह भी सही है कि सीधे केंद्र से स्कूलों के प्रबंधन और सुधार कार्यों का संचालन आसान नहीं है। फिर हर जगह की स्थानीय जरूरतें भी होती हैं। सौभाग्य से इंडोनेशिया में स्थानीय सरकारों को इस काम से जोड़ा गया है। विश्व बैंक, एशियाई विकास बैंक और अन्य सहायता एजेंसियों ने इंडोनेशिया के स्थानीय शैक्षिक क्षमता विकास कार्यक्रम को समर्थन देना शुरू किया है।

तुर्की: तुर्की धर्मनिरपेक्ष शैक्षिक प्रणाली के लिए विख्यात है। 1997 में तुर्की ने एक बुनियादी शिक्षा कानून अपनाया, जिसमें अनिवार्य शिक्षा की अवधि को पाँच वर्ष से बढ़ाकर आठ साल किया गया और शिक्षा के स्तर में सुधार पर भी जोर दिया गया। इसमें सरकार के साथ-साथ निजी संस्थाओं की भूमिका पर जोर दिया गया है। पर तुर्की के ग्रामीण इलाकों में अब भी स्कूल जाने की उम्र के करीब 5 लाख ऐसे बच्चे हैं, जो स्कूल नहीं जाते।

बुनियादी शिक्षा-कार्यक्रम ने नया वातावरण बनाया है और यह बच्चों के लिए कंप्यूटर में प्रवीणता हासिल अपनी कुल शैक्षिक क्वालिटी में सुधार करने का अवसर बन गया है। इस योजना में कम्प्यूटर के साथ विदेशी भाषा के ज्ञान पर जोर है, जिससे बच्चे वैश्विक बाजार में बेहतर प्रदर्शन करके तुर्की के सामाजिक और आर्थिक विकास में योगदान कर सकते हैं।

मदरसों का हाल : प्रमुख देशों में मदरसों की स्थिति पर गौर करने से यह स्पष्ट हो जाता है कि इनकी पहुँच और असर बहुत व्यापक है। पर उनको लेकर दो तरह की राय है। एक पक्ष मानता है कि मदरसे आतंकवाद की पाठशाला हैं, जबकि दूसरे पक्ष का मानना है कि आतंकवाद बुनियादी रूप से एक राजनैतिक समस्या है।

मैड्रिड, वाशिंगटन, न्यूयार्क और लंदन में हुए आतंकवादी हमलों ने यह स्पष्ट कर दिया है कि पश्चिमी देशों में पढ़े और वहाँ के उदारवादी समाजों में रहनेवाले नौजवान भी बड़ी संख्या में आतंकवादी जत्थों में शामिल हो रहे हैं। पर कुछ विद्वानों की राय में आतंकवादी समस्या का समाधान मदरसों में ढूँढना उचित नहीं है। असल में आतंकवादी राजनैतिक मुद्दों को लेकर वारदातें करते हैं और उनकी स्पष्ट राजनैतिक महत्वाकांक्षाएँ हैं।

राजनैतिक रूप से विवाद की शुरुआत का बिन्दु आटोमन साम्राज्य का टूटना और खिलाफत का समाप्त होना है। इसरायल के खिलाफ 1948, 1967 और 1973 में अरब देशों की पराजय और फिलीस्तीन का अनसुलझा मुद्दा इन आतंकवादियों के दिमाग पर असर डालता है। हर क्रांतिकारी आंदोलन की तरह ओसामा बिन लादेन और उसके सहयोगियों द्वारा प्रचारित इस्लामवाद उनके अनुयायियों के लिए एक उद्देश्य तय कर देता है और उनके मन में श्रेष्ठता का बोध भी जगाता है। अब मुसलमानों के सामने यह बुनियादी सवाल है कि यह विचारधारा दुनिया के तमाम मुसलमानों का प्रतिनिधित्व करती हैं या नहीं यह स्पष्ट करें। उन्हें यह भी स्पष्ट करना है कि इस जमात द्वारा की जा रही इस्लाम की व्याख्या सही है या उन्होंने अपने उद्देश्य के लिए इस्लाम का इस्तेमाल करना शुरू कर दिया है।

मुसलमानों पर टेलीविजन, तकनीक और संचारक्रांति तथा भूमंडलीकरण की पूरी प्रक्रिया के प्रभाव को लेकर भी सवाल उठाए जा रहे हैं और माना जा रहा है कि मुसलमान स्वयं को इससे बाहर कर दिया गया मानते हैं। उन्हें लगता है कि इसमें जाने का मतलब अमेरिका और दूसरे पश्चिमी देशों की अधीनता स्वीकार करना होगा। यह राय बार-बार व्यक्त की जा रही है कि सत्ता के असमान वितरण और दुनिया के संसाधनों तक पहुँच की असमान व्यवस्था की भारी गड़बड़ी ने ही इस्लामी मूलवाद/कट्टरपंथ को जन्म दिया है। वह इसी की प्रतिक्रियास्वरूप उभरा है। इस सिद्धांत के पक्ष में अनेक किताबें और बड़े-बड़े लेख लिखे गए हैं कि पश्चिमी विश्व-दृष्टि को जो चुनौती पहले साम्यवाद से मिलती थी, उसी की जगह अब इस्लामी कट्टरपंथ आ गया है। पर यह बात सच्चाई से परे लगती है :

> *"साम्यवाद और इस्लाम से खतरे में समानता बताने के चलते अमेरिकी रणनीतिकारों को यह भ्रम हो गया कि एक खतरे से वे जिन उपकरणों से लड़ते थे, उनसे ही दूसरी और एकदम अलग वास्तविकता से भी मुकाबला कर सकते हैं। जो चीज एक सरकार या शासक की भूमिका से परे की है, उसे ढंग से समझ पाने के लिए ये लोग सांस्कृतिक रूप से तैयार भी नहीं थे। पहले अफगानिस्तान के ठिकानों पर हमला और फिर 'परेशान करनेवाले मुल्क' के सिद्धांत के अनुरूप ही सद्दाम हुसैन को समाप्त करने के क्रम में अमेरिकी रक्षा विभाग को अपने भारी-भरकम हथियारों का प्रयोग करना तो सुविधाजनक लगा, पर यह असल लक्ष्य से अलग का निशाना था। अल कायदा का नेटवर्क जिस किस्म का है, वह पारंपरिक सैनिक लड़ाई और जीत की सोच से नहीं तोड़ा जा सकता।"*[23]

4जुलाई 2005 को जार्डन में 40 देशों के 170 मुसलमान विद्वान 'इस्लाम की वास्तविकता और समकालीन दुनिया में इसकी भूमिका' विषय पर संवाद करने के लिए जुटे थे। आतंकवाद के बारे में जार्डन के शाह अब्दुल्ला द्वितीय ने कहा, "कुछ आतंकवादी जमातों द्वारा इस्लाम का नाम लेकर हिंसा और आतंकी कार्रवाई करना

इस्लाम के सिद्धांतों और दर्शन के खिलाफ है।"[24] उन्होंने जोर देकर कहा कि यह मुसलमानों की जिम्मेवारी है कि वे इस्लाम की इस बिगड़ी छवि को दुरुस्त करें। सम्मेलन के सामने ओसामा बिन लादेन के खिलाफ फतवा जारी करने का सुझाव भी आया और उसे विधर्मी घोषित करने की बात कही गई। पर सम्मेलन के बाद 6 जुलाई को जो घोषणापत्र जारी किया गया, उसमें एक अलग ही बात कही गई :

> *"अल्लाह में विश्वास रखने और पैगंबर के कहे अनुसार आचरण करने तथा इस्लाम के बुनियादी सिद्धांतों पर अमल करनेवाले और इस्लाम के किसी अनिवार्य नियम का उल्लंघन न करनेवाले किसी मुसलमान समूह को विधर्मी घोषित करना संभव नहीं है।"*[25]

मुसलमान छात्रों की विशाल संख्या को देखते हुए मदरसों के महत्व को कम करके आँकना भी गलत होगा। अनुमानतः 60 लाख मुसलमान बच्चे मदरसों में पढ़ते हैं और उनसे दो गुना बच्चे मकतब में जाते हैं। सारे मदरसे और मकतब उग्रवादी संगठन नहीं हैं, न वहाँ उग्रवाद की शिक्षा मिलती है। पर मदरसा शिक्षा-प्रणाली में तत्काल कुछ बड़े सुधारों की जरूरत है।

पहला, सभी मदरसों में वैज्ञानिक और कंप्यूटर शिक्षा दी जानी चाहिए। इससे छात्रों और अध्यापकों को दुनिया का नवीनतम ज्ञान हासिल हो सकेगा। दूसरा, बच्चों के मानसिक रुझान को ठीक करने के लिए कल्पनापूर्ण नजरिया अपनाने की जरूरत है। मदरसे के बच्चों को पढ़ाया जाता है कि इस्लाम अन्य सभी धर्मों से श्रेष्ठ है। और पाठ्य पुस्तकों में भी ऐसी ही कई चीजें लिखी होती हैं, जो मानवाधिकारों के हिसाब से गलत हैं। जैसे, यहाँ पढ़ाया जाता है कि औरतों पर यकीन नहीं किया जा सकता और बिना दाढ़ीवाले मर्द दोजख में जाएँगे। इस संदर्भ में मदरसों पाठ्य पुस्तकों और पाठ्यचर्या पर नए सिरे से विचार करना जरूरी है। तीसरा, लोकतंत्र के माध्यम से सत्ता के स्वरूप में बदलाव जरूरी है। इससे आगे चलकर मदरसों की ताकत कम होगी। मदरसों में गरीब बच्चों को पढ़ाई के साथ खाने-पीने और रहने की सुविधा मुफ्त मिलती है। गरीब बच्चों की पढ़ाई की वैकल्पिक व्यवस्था भी होनी चाहिए और सरकारें इस खर्च को उठा सकती हैं। चौथा, अनेक मुसलमान देशों में औरतों की निरक्षरता का अनुपात 90 फीसदी तक है। इसलिए यह जरूरी है कि लड़कियों की मुफ्त और अनिवार्य शिक्षा का इंतजाम करने के लिए विशेष कदम उठाए जाएँ। हाल के वर्षों में इस मामले में तुर्की और बांग्लादेश ने जो प्रयास किए हैं, उन्हें दूसरे मुल्कों में भी आजमाने की जरूरत है। और पाँचवाँ, इस बात से कोई इंकार नहीं कर सकता कि कुरान मुसलमानों को जीवन की प्रेरणा देता है और देता रहेगा। पर मदरसों की शिक्षा में नई वास्तविकताओं और राजनैतिक स्थितियों का भी अहसास होना चाहिए, जिसमें औरतों की स्थिति में सुधार और मानवाधिकारों का ख्याल रखना शमिल है।

पाठ्यचर्या

हाल के वर्षों में राजनेताओं, दार्शनिकों, अध्यापकों तथा उद्योग-कृषि और मजदूर वर्ग के नेताओं ने बार-बार यह कहा है कि प्राथमिक स्तर की शिक्षा की पाठ्यचर्या ऐसी होनी चाहिए कि बच्चा चाहे जिस तरह के पविार में जन्मा हो, उसे इसके माध्यम से आत्मविकास का सर्वश्रेष्ठ अवसर मिले।

शैक्षिक सुधार को लेकर एक व्यापक आम सहमति है। लोग मानते हैं कि हर धर्म, नस्ल, जातीयता और सामाजिक वर्ग से ऐसे स्त्री-पुरुषों की जरूरत है, जिनके बीच संवाद कायम होने से ही एक साझा उद्देश्य की दिशा में प्रगति की जा सकती है। जैसा कि डिएन रैविच कहते हैं :

> *"हम जब एक राष्ट्र के तौर पर सबको शिक्षा देने के उद्देश्य से काम करने निकलते हैं, तब हमारी उम्मीद इस बात पर टिकी होती है कि एक न एक दिन बुद्धिमत्ता और तर्क की बात चलेगी ही और इसके आधार पर जब सोच-समझ कर चीजों को सुलझा लिया जाएगा, तब दुनिया बेहतर होगी। पर बुद्धिमत्ता और तर्क को सिर्फ कौशल के विकास और नई तकनीकों के सहारे हासिल नहीं किया जा सकता। अपने देश को ही नहीं, दूसरे देशों के इतिहास, साहित्य और संस्कृति तथा सभ्यताओं के बारे में अध्ययन-चिंतन और सही-गलत का विवेक विकसित करके ही इन चीजों को हासिल किया जा सकता है। हमने ऐसी पढ़ाई से मुँह फेर लिया है, उन्हें उच्चतर कक्षाओं के लिए छोड़ दिया है या फिर कुछ खास पसंद के आधार पर ही उन्हें पढ़ाने का इंतजाम है, पर इन चीजों से काम चलनेवाला नहीं है। जब हमारी साझा संस्कृति उभर रही है, तब इस बात की संभावनाएँ भी बढ़ती जा रही हैं कि जानकार नागरिक अपने साझा भविष्य की रूप-रेखा तय करने में ज्यादा बड़ी भूमिका निभाएँगे। ऐसे में हम अगर वास्तविक लोकतांत्रिक समाज के गठन के लिए साझा ज्ञान के भंडार पर ध्यान नहीं देंगे तो असल में हम अपने भविष्य को जोखिम में डाल रहे हैं। अध्येता, अध्यापक, अभिभावक और नागरिक के तौर पर हमें अपनी साझा संस्कृति को बचाने की जरूरत है, वरना इसके गायब होने का खतरा भी है।"*[26]

प्राथमिक स्कूलों की पाठ्यचर्या में उन समस्याओं का विश्लेषण जरूर शामिल होना चाहिए जो हमारे समाज के सामने हैं। इनमें हमारे समाज के गतिशील चरित्र की, हमारे समाज की परस्पर निर्भरता, घरों की बदली स्थिति की, उपभोक्ताओं की समस्याओं की और प्राकृतिक संसाधनों के संरक्षण की बातें जरूर आनी चाहिए।

स्कूल बच्चों में पढ़ने की आदत डाल सकते हैं। पर बच्चों को क्या पढ़ना चाहिए और क्या नहीं पढ़ना चाहिए, यह जानना भी जरूरी है। शिक्षा का मतलब

विकास करने के बारे में जानना, लक्ष्य के बारे में जानना, अच्छे-बुरे के बारे में जानना, वांछित-अवांछित के बारे में जानना, किसे चुनें किसे छोड़ें, यह जानना होता है।

ऐतिहासिक रूप से देखें तो पाएँगे कि जब समाज खेती की जगह उद्योगों पर आधारित हो गया तो सारी पाठ्यचर्या ही बदल गई। पहले स्कूलों का कार्यक्रम खेती के मौसम के हिसाब से निर्धारित था, जिससे बच्चे खेती के काम में अपने माँ-बाप की मदद कर पाते थे। पर आज यह मौसम और धार्मिक त्यौहारों को ध्यान में रखकर तय होने लगा है। हाँ, शिक्षक बोलेगा और छात्र सुनेगा, यह बुनियादी तरीका चलता ही आ रहा है। सुकरात ने एथेंस में और कौटिल्य ने पाटलिपुत्र में सवाल पूछकर अपने विद्यार्थियों की प्रतिभा और ज्ञान को परखने का जो तरीका अपनाया था, वह आज भी जारी है। पर इंटरनेट के आविष्कार और दूरस्थ शिक्षावाली तकनीकों ने पाठ्यचर्या को क्रांतिकारी रूप से बदलने की शुरुआत कर दी है। किंतु ये तकनीकें बच्चों और समाज में मेलजोल पैदा करने के अनुकूल नहीं हैं। अगर बच्चे स्कूल गए बगैर शिक्षा पाएँगे तो वे सामाजिक मेलजोल कैसे सीखेंगे, यह आज एक बड़ा सवाल बन गया है। बच्चों में सामजिकता की सोच विकसित करने की जो महत्वपूर्ण भूमिका स्कूल निभाते हैं, उसे किसी भी तरह बचाना होगा।

विभिन्न धार्मिक, जातीय और भाषायी समूहों की उपलब्धियों को एक ही जगह समेटनेवाली किताबों का चलन ज्यादा नहीं होना चाहिए। इन बातों का जिक्र इतिहास, अर्थशास्त्र, समाजशास्त्र, मनोविज्ञान, गणित, विज्ञान, साहित्य, कला, राजनीति, संगीत, स्वास्थ्य और कृषि संबंधी सभी विषयों में अपने स्तर से होना चाहिए। पाठ्यचर्या में समस्याओं और वास्तविकताओं को नजरंदाज नहीं करना चाहिए, वरना जातीय और भाषायी पहचान को लेकर भ्रांतियाँ बनी ही रहेंगी। स्कूलों की पाठ्यचर्या में बहुसांस्कृतिक शिक्षा का उद्देश्य रखना बहुत महत्वपूर्ण है।

जटिलताएँ और चुनौतियाँ

दुनिया-भर के स्कूल और कालेजों से आज इतनी तरह की माँगें की जा रही हैं कि छात्रों को अकादमिक कौशल के लिए तैयार करने की उनकी बुनियादी जिम्मेवारी का दायरा ही पीछे छूटने लगा है। हर किसी को लगता है कि शिक्षा ही हमारी समस्याओं को सुलझाने में कुछ न कुछ मदद करेगी। राजनेता, धर्मगुरु, अभिनेता, बेरोजगार या कामकाजी लोग, उद्योग और व्यापार जगत के प्रमुख लोग, कानून और व्यवस्था के जिम्मेवार लोग अपने-अपने काम में शिक्षा संस्थाओं से काफी मदद की आस लगाए हुए हैं। जाहिरा तौर पर शिक्षा हर मर्ज की दवा नहीं हो सकती। पर इसके बावजूद यह कहना होगा कि नौजवानों को कल की चुनौतियों के लिए तैयार करना शिक्षा की ही जिम्मेवारी है।

शिक्षा-व्यवस्था के लिए सबसे बड़ी चुनौती बच्चों के रोजगार की है। यह सही है कि बाजार की माँग और आपूर्ति में तालमेल न होने का सबसे ज्यादा दोष शिक्षा-व्यवस्था को ही दिया जाता है, पर बाजार की जरूरतों के अनुरूप पाठ्यचर्या विकसित करने और उसके लायक अच्छी शिक्षा देने की जिम्मेवारी नीति-निर्माताओं और योजनाकारों की है। उस काम में सरकार की जवाबदेही पर्याप्त कोष जुटाने के साथ-साथ मुल्क में शिक्षा के प्रति जागरूकता पैदा करने की भी है। आतंकवाद और बेरोजगारी से पैदा समस्याओं के मद्देनजर राजनैतिक दलों, धार्मिक समूहों, व्यापार और उद्योग जगत के बीच संवाद की शुरुआत करना जरूरी है। शिक्षा और शांति तथा शिक्षा और समाज की जरूरतों के बीच जितना सफल संबंध विकसित होगा, समस्याओं के समाधान में एक उपयोगी उपकरण के रूप में शिक्षा की भूमिका उतनी ही प्रभावी होगी। आज कंप्यूटर और इंटरनेट, रेडियो और टेलीविजन, केबल और उपग्रह, आडियो और वीडियो रिकार्ड आदि संसाधन शिक्षा के तरीके और विषयवस्तु, दोनों को प्रभावित कर रहे हैं। ऐसे में उपयुक्त शैक्षिक साफ्टवेयर विकसित हो, इस पर नागरिक समाज और शासन दोनों को तत्काल ध्यान देना होगा।

पिछली सदी में तानाशाहीवाली व्यवस्थाओं का जोर खत्म हुआ है और लोकतांत्रिक सिद्धांतों का दुनिया-भर में जोर बढ़ा है। यह भी स्पष्ट रूप से स्थापित हुआ है कि सर्व समन्वयकारी समाज ही बेहतर शिक्षा और रोजगार का इंतजाम कर सकता है। सभी समाजों के अल्पसंख्यकों को शिक्षा और सामाजिक बदलाव की प्रक्रिया में भागीदार बनाए जाने की जरूरत है। यूनेस्को भी मानता है कि इसी व्यापक नजरिए के साथ इतिहास की शिक्षा देने की जरूरत है :

> *"शिक्षा को युवा मन में सहनशीलता और संवाद की भावना विकसित करनी चाहिए, जिससे कि परंपराओं को बचाने और साझा पहचान को बनाए रखने की वैध आकांक्षाएँ मेल-मिलाप और एकता की भावना के खिलाफ न मान ली जाएँ और सामाजिक एकता को दकियानूसी, अंतर्मुखी नजरिया या धार्मिक मूलवाद न मान लिया जाए। बहिष्करण की दुखदायी सच्चाई से* लड़ने का सबसे अच्छा तरीका तो जीवन-भर शिक्षा जारी रखना है, क्योंकि अज्ञानता ही ऐसे बहिष्कार का कारण है।" [27]

शिक्षा व्यवस्था को बहुलतावाद के गुणों और विविधता का आदर करना सिखाना चाहिए। इससे न सिर्फ अल्पसंख्यकों में उम्मीदें जगेंगी, बल्कि समाजों से सांस्कृतिक और नागरिक जीवन को समृद्ध करने का सक्रिय सिद्धांत भी निकलेगा। इससे ही विविधता को विभिन्न व्यक्तियों और समूहों के बीच साझा समझ विकसित करने के एक सहायक कारक के रूप में विकसित किया जा सकता है, और बदला भी जा सकता है। सहनशीलता और दूसरों की आस्था का आदर करना सिखानेवाली शिक्षा ही सामाजिक सद्भाव के लिए अच्छी है और यही चीज लोकतंत्र की पूर्व शर्त भी है।

हमें यह भी देखना होगा कि व्यक्ति भी अपने सामाजिक वातावरण से पूरी जिंदगी कुछ न कुछ सीखता रहता है। शिक्षा तो सामाजिक वातावरण बनाने में योगदान ही कर सकती है, पर यह समझदार नागरिकों की जिम्मेवारी है कि सामाजिक व्यवस्था की मुश्किल वास्तविकताएँ शिक्षा-व्यवस्था से मिले फायदों को समाप्त न कर दें। अधिक करुणामय और सचेत सामाजिक व्यवस्था के मूल्यों को संचार तकनीकें तमाम लोगों तक पहुँचाएँ तो मूलवादियों और कट्टरपंथियों की योजना पर पानी फेरने का काम ज्यादा आसानी से किया जा सकता है।

निष्कर्ष रूप में कहें तो दुनिया में आज जितनी हिंसा और नफरत है, उसे समाप्त करने वाली जादू की छड़ी का नाम शिक्षा नहीं है, पर निश्चित रूप से यह उनसे मुकाबला करने के साथ-साथ गरीबी कम करने, अज्ञानता और बीमारियों को दूर करने, लोकतांत्रिक और सर्व समन्वयकारी समाज के निर्माण के लिए एक बहुत ही उपयोगी उपकरण जरूर है।

यह बात आज अच्छी तरह महसूस की जा रही है कि भले ही द्वितीय विश्वयुद्ध में पाँच करोड़ लोग मारे गए हैं, पर 1945 के बाद से होनेवाली जातीय हिंसा और युद्धों ने भी दो करोड़ से ज्यादा लोगों की जानें ली हैं। इसलिए शांति और मेलजोल से जीवन जीने की बात न सिर्फ वैश्विक स्तर पर, बल्कि गाँव और मुहल्ला स्तर पर बताई और सिखाई जानी चाहिए। शिक्षा के सांस्कृतिक पहलू से ही व्यक्ति दूसरे की निजता, मानवीय विकास के अलग-अलग तरीकों के बारे में जान सकता है।

आज ज्ञान आधारित जो समाज विकसित हो रहा है, वह सिर्फ समाज पर ही नहीं, बच्चों को दी जाने वाली शिक्षा और प्रशिक्षण पर भी काफी प्रभाव डालनेवाला है। पर एक बात साफ है कि ज्ञान आधारित समाज सिर्फ उसी 'सीखने' वाले समाज में फल-फूल सकता है, जहाँ शिक्षा स्कूल-कॉलेजों के अलावा जीवन-भर दी और ली जाती है।

सूचना और तकनीकी क्रांति का एक प्रमुख परिणाम यह है कि आज तकनीक का उपयोग छात्रों के साथ-साथ वयस्क लोगों को ढेर सारी सूचनाएँ उपलब्ध कराने के लिए हो रहा है। इससे हमारे बीच सूचनाओं का प्रस्फोट हुआ है। ऐसे में यह जरूरी हो गया है कि शिक्षा-प्रणाली बच्चों के दिमाग में एक आलोचनात्मक दृष्टि विकसित करे, जिससे वह अपने काम लायक उपयोगी सूचनाएँ छाँट ले और बाकी सब को छोड़ दें।

हर व्यक्ति और समूह की विविधता और कई स्तर की निष्ठाओं को जानना-सीखना भी काफी महत्वपूर्ण है। यह विविधता और निष्ठा धर्म से लेकर जातीयता, भाषा से लेकर बोलियों, लोक साहित्य से लेकर साहित्य तक की हो सकती है। व्यक्ति को अपनी स्मृतियों और सामुहिक अनुभवों से जोड़नेवाली सभी चीजें उसके गाँव या शहर के नागरिक और सांस्कृतिक जीवन को समृद्ध करती हैं। हमारे सामाजिक अनुभव के इस पहलू के प्रति शिक्षा व्यवस्था को संवेदनशील होना चाहिए

और अल्पसंख्यकों को सामूहिक जीवन में उचित स्थान देने के तरीके विकसित करने चाहिए, जिससे वे खुद को अलग-थलग और उपेक्षित महसूस न करें। शिक्षा में इस नजरिए से काम करने से ही सहनशीलता और सामाजिक मेलजोल विकसित हो पाएगा। शिक्षा और सहनशीलता तथा विविधता का आदर करने की भावना को साथ-साथ चलना होगा।

'बहुधा' का नजरिया यह माँग करता है कि हम सिर्फ दूसरों के साथ होने जैसी न्यूनतम सहनशीलता तक ही नहीं रुकें, क्योंकि इतने से ही काम चलनेवाला नहीं है; इसलिए हर स्तर पर संवाद करते हुए 'एक सत्य, अनेक व्याख्याएँ' के मूल दर्शन पर विश्वास से ही हम दूसरों को ठीक से समझ सकते हैं और उनके साथ सद्‍भाव कायम कर सकते हैं। शिक्षा में इस दृष्टिकोण का मतलब बच्चों को खास स्तर के ज्ञान के साथ-साथ दूसरी भाषाओं, आस्थाओं और जीवन-पद्धतियों के प्रति जानकार और संवेदनशील बनाना भी है। और इसी शिक्षा के बाद जब बच्चा बड़ा होता है तो वह जीवन में सही फैसले लेने के साथ-साथ सामाजिक, आर्थिक और धार्मिक मामलों में उठनेवाली समस्याओं के बारे में भी सही फैसला करता है। इतिहास, समाजशास्त्र, कला और दर्शन की शिक्षा देकर ही हम विचारों और मानवीय रचनात्मकता की विविधता का सम्मान करना सीख सकते हैं, क्योंकि इनसे ही सभी समाजों और लोगों की विविधतापूर्ण और समृद्ध विरासत का पता चलता है।

शिक्षा के माध्यम से हम बच्चों के विकास को दिशा-निर्देशित करने का प्रयास करते हैं। असल में बच्चों को अपनी तरह से विकसित होने की पूरी आजादी देने जैसी कोई चीज नहीं होती। बच्चों की अपनी आजादी और कई विकल्पों में से चुनाव की उसकी ताकत को हम नजरंदाज नहीं कर रहे हैं। पर यह बात तो स्वीकार करनी ही होगी कि बच्चे पर समाज में मौजूद संस्कृति का प्रभाव होगा, उसकी पाठ्यपुस्तकों और उसके आसपास के वातावरण का प्रभाव होगा और यही चीजें 'परम' आजादीवाली बात को काफी सीमित कर देती हैं। इसलिए यह जरूरी है कि हम बच्चों को ढंग से विकसित करें, उन्हें आजादी, लोकतंत्र और शांति के लाभ बताएँ।

सामाजिक सद्‍भाव के लिए शिक्षा को उपकरण बनाना आसान काम नहीं है। अनेक देशों में स्कूलों की पाठ्यचर्या सचमुच में ही युद्ध का मैदान जैसी बन गई है। ऐतिहासिक घटनाओं की व्याख्या से कई बार धार्मिक और जातीय समूहों को ठेस पहुँचती है या वे उत्तेजित होते हैं, और फिर अक्सर उनकी प्रतिक्रिया तर्कपूर्ण नहीं होती। पर शिक्षा ही नौजवानों को संवाद के लिए तैयार करने का सबसे भरोसेमंद साधन है। यह भी सही है कि जब समाज में अनुदारवादी मूल्य ही ताकतवर हो रहे हों और जातीय या धार्मिक समूह आँख मूँदकर दकियानूसी ढंग से सोचने-समझने का काम करें, तब शिक्षा की भूमिका भी काफी सीमित हो जाती है। दुनिया में शांति और सद्‍भाव बनाने की दिशा में शिक्षा कोई सार्थक भूमिका निभाए, इसके लिए

धैर्य और समय की जरूरत है। इस मामले में तमाम मुश्किलों के बावजूद सबसे ज्यादा सकारात्मक बात यही है कि दुनिया-भर के नौजवानों में जबरदस्त उम्मीदें बची हुई हैं।

जब हम विभिन्न संस्कृतियों के बारे में जानेंगे, उनके बारे में सवाल उठाएँगे तो हमें यह बात मालूम होगी कि हमारा अधिकांश व्यवहार किसी तर्क की जगह एक परंपरा या बँधे-बँधाए ढर्रे के अनुसार ही चलता है। मुसलमान और ईसाई अपने मृतकों को दफनाना चाहते हैं, जबकि हिन्दुओं का शव को जलाए जाने पर जोर है। पारसी चाहते हैं कि उनके मृतकों को सुनसान जगह पर रख दिया जाए, जिससे मृत शरीर को पक्षी खा जाएँ। इनमें से सभी में अच्छाई या बुराइयाँ हो सकती हैं, पर इस आधार पर इनको कोई नहीं अपनाता। इसी प्रकार अन्य मामलों में भी हर धर्म के लोगों की आस्थाएँ और व्यवहार अलग-अलग हैं। इस बारे में एक उदार नजरिए से चीजों पर गौर करके ही हम सामाजिक सद्‌भाव बना सकते हैं।

ऐसी स्थिति में हमारा प्राथमिक उद्देश्य ऐसे छात्र तैयार करना होना चाहिए जो अपनी संस्कृति के साथ-साथ दूसरी संस्कृतियों के बारे में अपने ज्ञान की सीमाओं को समझें। इसलिए जरूरत इस बात की है कि हम अपने छात्रों को विभिन्न संस्कृतियों और सांस्कृतिक व्यवहारों के बारे में बताएँ। शैक्षिक व्यवस्था सोच की आजादी, उसकी विविधता और जीवन का आदर करे, यह जरूरी है। मार्था सी. नुसवॉम ठीक ही कहती हैं :

> *"हम अपने साथी नागरिकों की मानवता का उचित आदर नहीं करते, न ही हम अपनी मानवता को पूर्णतः विकसित करते हैं। अगर हम उनके बारे में जानते नहीं हैं, उनके इतिहास को समझते नहीं हैं, उनके और अपने जीवन के अंतर को स्वीकारते नहीं हैं तो यह इसी बात का प्रमाण है। इसलिए हमें ऐसी शिक्षा देनी चाहिए जो सुकरात की शिक्षा-जैसी उदार होने के साथ-साथ आलोचनात्मक विचारों और तर्कों पर भी जोर दे, जिसमें इतिहास और विभिन्न समुदायों के योगदान को बतानेवाला बहुलतावादी नजरिया हो-कम से कम उन समूहों के इतिहास और योगदान को बतानेवाला तो होना ही चाहिए, जिनसे हम व्यापार और राजनीति के नाते अंतर्राष्ट्रीय संपर्क में आते हैं। अगर हम अपने छात्रों को अच्छा नागरिक बनने के लिए जरूरी सभी बातों की शिक्षा नहीं दे सकते, तो कम से कम इतना तो बता ही दें कि वे क्या नहीं जानते और अगर उसे जानना चाहें तो कहाँ से जान सकते हैं। हमें उन्हें कुछ प्रमुख गैर-पश्चिमी संस्कृतियों और अपने संग-साथ रहते अल्पसंख्यक समूहों के बारे में जरूर जानकारी देनी चाहिए। इतिहास को कैसे पढ़ें, लैंगिक और यौनिकता के सवालों को कैसे देखें, यह सब उन्हें बताना चाहिए। साथ ही बताएँ कि विभिन्न मुद्दों पर किस प्रकार तर्क और बहस करें, जिससे उनके दिमागी जाले साफ*

होकर अपनी सोच विकसित हो।"[28]

हमें 9/11 के बाद भी उन घटनाओं से आगे देखना होगा, जिन्होंने वैश्विक परिदृश्य को बदला है। पर शिक्षा के दो पहलू महत्त्वपूर्ण होंगे ही। पहला तो यह कि युवा मानस को इस बात के लिए तैयार करना होगा कि वह नजरिए के फर्क को स्वीकार करे और दूसरे के विचारों को भी समझे। दूसरा यह बताए कि विज्ञान और तकनीक के क्षेत्र में हुए भारी विकास ने बौद्धिकता पर तो जोर दिया है, पर नैतिक और आध्यात्मिक मूल्यों की उपेक्षा की है। हमें बौद्धिकता के साथ इनको भी जोड़ने की जरूरत है और हमारा उद्देश्य समग्र दृष्टिवाला मनुष्य तैयार करना होना चाहिए। ऐसा व्यक्ति बहिर्मुखी होने के साथ-साथ अंतर्मुखी भी होगा और अपनी आंतरिक दुनिया की भी जाँच-परख करता रहेगा।

संदर्भ और टिप्पणियाँ

1. सुकरात, एपालॉजी, पृ. 38 ए.
2. डेविड ई. ब्लूम और जोएल ई. कोहेन, एजुकेशन फॉर ऑल : ऐन अनफिनिश्ड रिवोल्यूशन, डीडेलस, ग्रीक 2002, पृ. 84-95
3. अमरीक सिंह, द चैलेंज ऑफ एजुकेशन, द आईसीएफएआई यूनि. प्रेस, हैदराबाद, 2004 पृ-39.
4. मुरिएल वामी द्वारा उद्धृत, द नैरो कोरिडोर, मोमेन्ट्स इन ऐ वूमेन्स लाइफ, प्रोमिला ऐंड कंपनी, नई दिल्ली, 2005, पृ. 68
5. थामस एल. फ्रिएडमैन, सऊदी स्कूल्स फोस्टर ए कल्चर ऑफ डेथ, इंटरनेशनल हेराल्ड ट्रिब्यून, 4 जून 2004 (इससे पहले 'अरब न्यूज' नामक अखबार में उदारवादी सऊदी लेखक राइ. कुस्टी ने सऊदी शिक्षा के पुनर्मूल्यांकन को लेकर एक लेखमाला लिखी थी।)
6. रिचर्ड बर्नस्टीन, 'ए थार्न फॉर जर्मन स्कूल्स : इस्लाम' इंटरनेशनल हेराल्ड ट्रिब्यून, 30 जून 2004
7. बशारत पीर, द रेडियो स्पेशल, 26 जुलाई 2004
8. अंतर्राष्ट्रीय वर्ष की तैयारी के सिलसिले में 1999 में नोबल पुरस्कार विजेताओं ने एक छह सूत्री घोषणापत्र तैयार किया था जिसकी मुख्य बातें थीं-(i) सभी मनुष्यों का आदर हो; (ii) हिंसा को नकारे; (iii) दूसरों से साझा करें; (iv)समझने के लिए सुनें; (v)पृथ्वी की रक्षा करें; और (vi) एकता को फिर से कायम करें।
9. प्रेम कृपाल, टूवर्ड्स एजुकेशन फार द 21 सेंचुरी, एनसीईआरटी, नई दिल्ली 1986, पृ. 293
10. लर्निंग द वे ऑफ पीस, ए टीचर्स गाइड टू पीस एजुकेशन, यूनेस्को, नई दिल्ली, 2001, पृ. 34
11. पूर्वोक्त, पृ. 120
12. जे. एस. राजपूत, ट्रेडिशन लीव्स थ्रू एजुकेशन, पायनियर, 22 जुलाई 2005
13. बर्ट्रेंड रसेल, एजुकेशन एंड सोशल आर्डर, लंदन, पृ. 72-3
14. कंटेंट ऑफ एजुकेशन, पूर्वोक्त, पृ. 99
15. विलियम ब्वॉयड और व्याट राब्सन, द स्टोरी ऑफ न्यू एजुकेशन, होनमैन, लंदन, 1965, पृ-193
16. कहा जाता है कि पहला ज्ञात मदरसा सन 1005 में मिस्र में फातिमिदी खलीफाओं ने स्थापित

किया था। उसमें शिया मत की शिक्षा दी जाती थी। वहाँ विभिन्न विषयों के अध्यापन के लिए एक विशाल पुस्तकालय था, जिसमें खगोलशास्त्र, वास्तुशास्त्र और दर्शन समेत अनेक विषयों की करीब 6500 किताबें थीं। जब मिस्र पर सुन्नियों का कब्जा हुआ, तब उन्होंने मदरसे की पाठ्यचर्या बदलकर उसे अनुरूप कर लिया। काफी किताबें हटा दी गईं और बाद में 1067 में बगदाद में निजामुल मुल्क हसन नामक वजीर ने नई तरह से मदरसों की स्थापना की।

17. उज्मा अंजर, इस्लामिक एजुकेशन : ए ब्रीफ हिस्ट्री ऑफ मदरसा, मार्च 2003, पृ. 6 (अप्रकाशित)
18. वर्ल्ड बैंक, प्रोजेक्ट एप्रेजल डाक्यूमेंट फार प्राइमरी एजुकेशन डेवलपमेंट प्रोजेक्ट ऑफ बांग्लादेश, 16 जनवरी 2004, पृ. 5-5
19. 1996-2000 के दौरान सामान्य शैक्षिक संस्थाओं के छात्रों की संख्या में 19,54,316 वृद्धि हुई, जबकि इस दौरान मदरसे के छात्रों की संख्या में 10,24,950 की वृद्धि हुई।
20. अबुल मेमन, मदरसा एजुकेशन इन बांग्लादेश, बांग्लादेश नाइर प्रगति संघ, 1997, पृ. 26
21. वर्ल्ड बैंक, स्टाफ एप्रेजल रिपोर्ट ऑफ एजुकेशनल इन्हेंसमेंट प्रोग्राम ऑफ इजिप्ट, काहिरा, अक्टूबर 1996, पृ. 1-2
22. वर्ल्ड बैंक, प्रोजेक्ट एप्रेजल डाक्यूमेंट ऑफ सेकेंड बेसिकल एजुकेशन रिपोर्ट, तुर्की, अंकारा, 12 जून 2002, पृ. 3-6 और 36-94
23. मैक्स रोडेन बेक, द टुथ एबाउट जेहाद, 11 अगस्त 2005, द न्यूयार्क रिव्यू ऑफ बुक्स, पृ. 52
24. जुडिया पर्ल, इस्लाम स्ट्रगल्स टू स्टेस आउट इट्स पोजीशन, इंटरनेशनल हेराल्ड ट्रिब्यून, 20 जुलाई 2005
25. पूर्वोक्त।
26. डिइन रैविच, 'एजुकेशन ऑफ्टर कल्चर वार', डीडेलस, ग्रीष्म 2002, पृ. 5-21
27. जैकस डेलोर, लर्निंग : इ ट्रेजर विदीने यूनेस्को, 1996, पृ. 212
28. सार्था सी. नुसबाम, कल्टिवेटिंग ह्यूमिनिटी, ए क्लासिकल डिफेन्स ऑफ रिफार्म इन लिबरल एजुकेशन, हार्वर्डयूनि. प्रेस, कैंब्रिज, मैसाच्यूसेट्स, लंदन, 1997, पृ. 295

अध्याय-11

अंतर्राष्ट्रीय राजनैतिक पहल : संयुक्त राष्ट्र

"और वह निश्चित रूप से राष्ट्रों को न्याय देगा और लोगों का आदर करते हुए मसलों को सुलझा देगा। और उन्हें अपनी तलवारों को हल का फाल और भालों को खुरपी का रूप देना होगा। राष्ट्र दूसरे राष्ट्र के खिलाफ तलवार नहीं उठाएँगे और अब वे जंग करना भी नहीं सीखेंगे।"[1]

–पुराना नियम, बाइबिल

मनुष्य की सारी रचनाएँ नश्वर होती हैं, पतन और विघटन का शिकार होती हैं। यह बात अंतर्राष्ट्रीय संगठनों पर भी लागू होती है। अंतर्राष्ट्रीय संगठन बनाने की मानवीय कोशिशों का इतिहास बहुत छोटा है। ब्रिटिश इतिहासकार जान कीगन बताते हैं, "सिर्फ चार बार ही आधुनिक युग में लोग दुनिया को पुनर्गठित करने के उद्देश्य से साथ बैठे हैं-तीस वर्ष के युद्ध के बाद 1815 में वियना कांग्रेस में, प्रथम विश्वयुद्ध के बाद 1919 में पेरिस में; और द्वितीय विश्वयुद्ध के बाद 1945 में सैन फ्रांसिस्को में।"[2] सैन फ्रांसिस्को में हुई बैठक से संयुक्त राष्ट्र का गठन हुआ, जिसका मुख्यालय न्यूयार्क में है। पहले तीनों प्रयास अब इतिहास की चीज बन कर रह गए।[3]

संयुक्त राष्ट्र

संयुक्त राष्ट्र का गठन 24 अक्टूबर 1945 को हुआ। इससे पहले के छह वर्षों में दुनिया ने भारी मारकाट और बर्बादी देखी और राष्ट्र-राज्यों द्वारा अपना प्रभाव और भौगोलिक क्षेत्र बढ़ाने के जुनून ने इन्हीं छह वर्षों में करोड़ों लोगों की जानें ले लीं। इसी पृष्ठभूमि में युद्ध जीतनेवाले गठबंधन को एक ऐसा संगठन बनाने की जरूरत महसूस हुई, जो न सिर्फ सभी देशों को साथ लाए बल्कि वैश्विक राजनैतिक व्यवस्था में महत्वाकांक्षी नेताओं द्वारा की जाने सकनेवाली किसी भी गड़बड़ी की गुंजाइश न रहने दे और सेनाएँ सीमा पार करके जंग न छेड़ें। सैन फ्रांसिस्को में जुटे नेताओं में से अमेरिकी राष्ट्रपति फ्रैंकलिन डेलानो रूजवेल्ट, उनके उत्तराधिकारी हैरी ट्रूमैन,

ब्रिटिश प्रधानमंत्री विंस्टन चर्चिल, सोवियत संघ के जोसेफ स्टालिन तथा अन्य नेताओं को यह पक्का भरोसा था कि युद्ध के बाद ऐसे ही एक बड़े और व्यापक संगठन से शांति रह पाएगी। यही संगठन वैश्विक समृद्धि लाने, गरीबी और बेरोजगारी दूर करने तथा दुनिया-भर में मानवाधिकारों को बढ़ावा देने की बात जोर-शोर से उठा सकता है। इन नेताओं ने 1930 के दशक की आर्थिक मंदी की मार, जर्मनी, इटली और जापान की नाजी और फासीवादी सरकारों की करतूतों तथा द्वितीय विश्वयुद्ध की विभीषिका को देखा-समझा था। उन्होंने राष्ट्रसंघ का पतन भी देखा था।[4] इन महापुरुषों को यह भी लगता था कि अपने बेटे-पोतों और आनेवाली पीढ़ियों के लिए एक ऐसा अंतर्राष्ट्रीय संगठन और ढाँचा बनाने की जिम्मेवारी उनके ऊपर है, जो हर किसी के कल्याण के लिए काम करे, शांति बनाए रखने की व्यवस्था और कानून का राज सुनिश्चित करे।

संयुक्त राष्ट्र संविधान की प्रस्तावना भी इसी भावना के अनुसार 'हम संयुक्त राष्ट्र के लोग' की तरफ से 'आने वाली पीढ़ियों को युद्ध से बचाने' का संकल्प करती है। आगे इसमें जो कुछ कहा गया है, वह लगभग पूरी तरह 'बहुधा' के दर्शन की प्रतिध्वनि लगता है : "हम एक-दूसरे के साथ अच्छे पड़ोसी की तरह शांति से रहना चाहते हैं" और "बृहत्तर आजादी में सामाजिक प्रगति और बेहतर जीवन-स्तर को बढ़ावा देना चाहते हैं।"[5]

संयुक्त राष्ट्र का प्रपत्र तैयार करनेवालों ने राष्ट्रों की सार्वभौमिकता और संयुक्त राष्ट्र की हस्तक्षेपकारी शक्ति के बीच संतुलन बनाए रखा है। यह नाजुक संतुलन संयुक्त राष्ट्र प्रपत्र की धारा 2(4) और धारा 2(7) में है। धारा 2(4) इस प्रकार है:

> *"सभी सदस्य देश अपने अंतर्राष्ट्रीय संबंधों में किसी अन्य देश की क्षेत्रीय अखंडता और राजनैतिक स्वतंत्रता के खिलाफ बल प्रयोग या धमकी देने से बचेंगे। संयुक्त राष्ट्र के उद्देश्यों के अनुरूप वे किसी अन्य रूप में भी इस तरह की धमकी नहीं देंगे।"* [6]

यह चीज संयुक्त राष्ट्र के सभी सदस्य देशों की सार्वभौमिकता से मेल खाती है। धारा 2(7) संयुक्त राष्ट्र द्वारा दखल देने की क्षमता की सीमा-रेखा तय करती है। उसे सिर्फ शांति भंग होने और हमले की कार्रवाई जैसी उन स्थितियो, जिनका जिक्र अध्याय सात में है, में ही दखल का अधिकार दिया गया है। धारा 2(7) कुछ इस प्रकार है :

> *"मौजूदा प्रपत्र में ऐसा कुछ भी नहीं है जो संयुक्त राष्ट्र को सदस्य देशों के आंतरिक मामलों में दखल देने का अधिकार देता है या सदस्य देशों को ऐसे मामले उसके सामने लाने की बाध्यता पैदा करता है। पर अध्याय 7 वाले मामलों में कदम उठाने में ये सिद्धांत आड़े नहीं आएँगे।"*[7]

यह बात स्पष्ट रूप से समझ ली गई थी कि विश्व-राजनीति में सबसे प्रमुख

भूमिका राष्ट्र-राज्यों की ही होगी। इसी को ध्यान में रखकर यह प्रावधान किया गया कि बहुत ही खास स्थितियों में, और शांति बनाए रखने के उद्देश्य से ही किसी सार्वभौम देश के खिलाफ सुरक्षा परिषद ही सैनिक बल का प्रयोग कर सकती है। यह भी महसूस किया गया कि अंतर्राष्ट्रीय राजनीति में बहुलतावादी नजरिए का उपयोग मानव-विकास में किसी भी एकात्मवादी स्वरूप से ज्यादा लाभकर है। संयुक्त राष्ट्र इसी विश्वास का प्रतीक है। यह भाषा, धर्म, नस्ल और जीवन शैली की विविधता के बावजूद एकजुट होकर काम करने की मनुष्य की क्षमता और योग्यता में भरोसा रखने का प्रमाण भी है। बहुलतावाद में इसी तरह के भरोसे के चलते लगभग सारे देश संयुक्त राष्ट्र के सदस्य बने और आज इसके सदस्यों की संख्या 191 है, जबकि 1945 में इसकी शुरुआत 51 देशों से हुई थी। जिस बहुलतावाद और बहुपक्षीयता के आधार पर संयुक्त राष्ट्र खड़ा है, वह टकराव को टालने और निपटाने के 'बहुधा' दर्शनवाला ही है।

अपने शुरुआती वर्षों में संयुक्त राष्ट्र ने औपनिवेशिक व्यवस्था समाप्त करने और नव स्वतंत्र राष्ट्रों को अंतर्राष्ट्रीय व्यवस्था में दाखिल करने में मददगार की भूमिका निभाई। पर बाद में उभरी दो ध्रुवीय विश्व-व्यवस्था और अमेरिका तथा सोवियत संघ की खेमेबंदी से भी संयुक्त राष्ट्र का कामकाज प्रभावित हुए बिना नहीं रहा। सुरक्षा परिषद के पाँच स्थायी सदस्यों के वीटो अधिकार ही उसकी निर्णय-प्रक्रिया पर हावी रहे। फिर भी विश्व-राजनीति में एक संतुलनकारी शक्ति और अंतर्राष्ट्रीय स्तर पर विकासशील देशों की आवाज उठानेवाले मंच के रूप में संयुक्त राष्ट्र ने बहुत बड़ी भूमिका निभाई है।

संयुक्त राष्ट्र प्रपत्र में अंतर्राष्ट्रीय स्तर पर सामाजिक और आर्थिक सहयोग बढ़ाने के प्रावधान जोड़े गए और आम सभा द्वारा निर्वाचित 54 सदस्योंवाली आर्थिक एवं सामाजिक परिषद की स्थापना की गई। इस परिषद को विभिन्न तरह के अध्ययन कराने और अध्याय 10 में वर्णित विषयों में सुझाव देने के व्यापक अधिकार दिए गए हैं। एक दूरदर्शी प्रावधान के तहत गैर-सरकारी संस्थाओं के साथ व्यापक विचार-विमर्श करने की व्यवस्था भी रखी गई है। विकास, वित्तीय स्थायित्व और व्यापार के लिए ब्रेटनवुड्डस[8] सम्मेलन में जुटे नेताओं ने कई और अलग संगठन बनाने की परिकल्पना भी की थी।

ब्रेटनवुड्डस संस्थाएँ

द्वितीय विश्वयुद्ध के बाद अमेरिका और अन्य पश्चिमी देश मुक्त बाजार अर्थव्यवस्था को बढ़ावा देनेवाली वैश्विक आर्थिक संस्थाएँ भी खड़ी करना चाहते थे। इसी के अनुसार ब्रेटनवुड्डस बैठक में विकसित और विकासशील देशों अंतर्राष्ट्रीय आर्थिक प्रणाली के तहत तीन अलग-अलग संस्थाओं का गठन हुआ : अंतर्राष्ट्रीय मुद्राकोष,

विश्वबैंक, और अंतर्राष्ट्रीय व्यापार संधि संगठन (गैट)। अंतर्राष्ट्रीय मुद्राकोष की स्थापना, मुद्रा विनिमय और भुगतान-संतुलन की समस्या के समाधान के उद्देश्य से की गई। विश्वबैंक की स्थापना सदस्य देशों की विकास-प्रक्रिया में मदद देने और संरचनात्मक ढाँचा खड़ा करने के लिए ऋण उपलब्ध कराने के लिए की गई। गैट के जरिए अंतर्राष्ट्रीय व्यापार से संबंधित विवादों का निपटारा और व्यापार की मात्रा बढ़ाने का उद्देश्य पूरा किया जाना था। इसके माध्यम से सार्वभौम देशों द्वारा तय कर और सीमा-शुल्क बढ़ाकर या मात्रा संबंधी सीमा बाँधकर व्यापार को सीमित करनेवाले चलन को कम कराने का उद्देश्य भी रखा गया था। 'गैट' की इसी उद्देश्य के लिए कई दौर की बातचीत चली और हाल में इसने ही अपना अस्तित्व समाप्त करके विश्व व्यापार संगठन बनाने का रास्ता बनाया है।

आज विश्व अर्थव्यवस्था में अंतर्राष्ट्रीय मुद्राकोष, विश्वबैंक और विश्व व्यापार संगठन सबसे प्रमुख संगठन हैं। द्वितीय विश्वयुद्ध के बाद के दौर में इन संस्थाओं की भूमिका को लेकर अर्थशास्त्रियों, गैर-सरकारी संस्थाओं और राजनैतिक नेताओं के बीच खासी बहस होती रही है-खासकर विकासशील देशों पर उनके दबदबे को लेकर। दरअसल हाल के वर्षों में आलोचना का स्वर तेज हुआ है और अब सीधे-सीधे यह कहा जा रहा है कि यही संस्थाएँ वैश्विक अर्थव्यवस्था पर पश्चिमी देशों और बहुराष्ट्रीय कंपनियों का आधिपत्य बनवाने में सहायता कर रही हैं। दुनिया के अनेक गरीब देशों से दरिद्रता, अशिक्षा और बीमारियों को मिटाने के लिए अब इन संस्थाओं में भी सुधार की जरूरत है।

वैश्विक अर्थव्यवस्था की एक अन्य नई प्रवृत्ति यूरोप, उत्तर अमेरिका, एशिया प्रशांत, दक्षिण-पूर्व एशिया और अन्य क्षेत्र की बहुपक्षीय बैंकिंग व्यवस्था का विकास है। परिणाम यह है कि बहुराष्ट्रीय व्यापार रणनीति के तहत अनेक क्षेत्रीय व्यापार संगठनों का उदय हुआ है।

ये सारे राजनैतिक और आर्थिक संगठन अपने-अपने कार्यक्षेत्र में टकरावों को टालने और सँभालने के संस्थागत उपकरण उपलब्ध करा रहे हैं : इन संस्थाओं ने युद्ध से बर्बाद हो गए यूरोप के लिए फिर से उठ खड़े होने में बहुत बड़ी भूमिका निभाई है। हाल के वर्षों में इन्होंने यह चेतना भी पैदा की है कि स्थानीय, राष्ट्रीय और वैश्विक स्तर में किसी भी उपयुक्त स्तर पर सामूहिक प्रयासों की जरूरत हो सकती है और उस स्तर पर काम करना लाभप्रद होगा। जैसे नई दिल्ली में प्रदूषण के स्तर का मसला स्थानीय स्तर पर फैसला लेने का विषय है तो इजरायल और फिलीस्तीन विवाद को सुलझाने के लिए क्षेत्रीय और वैश्विक स्तर पर प्रयास करना जरूरी होगा। वैश्विक संगठनों के जिम्मे खेती के विकास से लेकर अंतर्राष्ट्रीय शांति और सुरक्षा जैसे काम हैं और वे अपने-अपने स्तर से ये काम कर भी रहे हैं।

राजनैतिक और आर्थिक मामलों में वैश्विक संस्थाओं की भूमिका को लेकर भूमंडलीकरण और सूचना तकनीक की क्रांति के बाद के दौर में काफी आलोचनाएँ

हुई हैं। जैसा कि जोजेफ ई. स्टिग्लिट्ज कहते हैं : "दुनिया के लोगों में परस्पर निर्भरता बढ़ने के चलते भूमंडलीकरण ने वैश्विक साझा प्रयासों की जरूरतें बढ़ा दी हैं और वैश्विक सार्वजनिक हितों का दायरा भी बढ़ा है। इनके लिए बने वैश्विक संस्थानों ने आदर्श काम नहीं किया है। यह बहुत अनपेक्षित नहीं है; समस्याएँ जटिल हैं और किसी भी स्तर पर साझा कार्रवाई करना मुश्किल है।"[9]

संयुक्त राष्ट्र की कार्यप्रणाली और इसकी कमियाँ

संयुक्त राष्ट्र के गठन से थोड़े दिनों तक तो भारी उत्साह का माहौल रहा। सोवियत संघ समेत इसके संस्थापक सदस्यों को लगता था कि उन्होंने धुरी राष्ट्रों के हमलावर रुख से दुनिया को बचाने का काम किया है। उन शुरुआती दिनों की बड़ी उपलब्धियों में वैश्विक मानवाधिकारों के घोषणापत्र को स्वीकार करना भी है, जो आमसभा में 48-0 मतों से पास हुआ था।[10] पर बहुत कम समय में ही सोवियत संघ का रुख बदलने लगा और वह विश्वयुद्ध के साझीदार की जगह शीतयुद्ध के एक नए ध्रुव के रूप में काम करने लगा। परिणामस्वरूप सुरक्षा परिषद का कामकाज काफी हद तक सुस्त हो गया। दोनों ध्रुव दुनिया-भर में अपना प्रभाव बढ़ाने के चक्कर में सुरक्षा परिषद में भी टकराते रहे और कई बार वीटो का प्रयोग करने की धमकी देते रहे। कई बार वीटो करके सैनिक कार्रवाई रोकी भी गई।

शीतयुद्ध की समाप्ति के बाद खुद-ब-खुद यह जरुरत बन गई कि सुरक्षा परिषद के पाँचों सदस्य सहयोग का नया तरीका ढूँढें और उन्होंने ऐसा किया भी। 1990 में दशक की शुरूआत में इसमें काफी संभावनाएँ भी दिखाई दीं। सुरक्षा परिषद ने सहयोग के इसी दौर में इराक और ईरान के लंबे युद्ध को समाप्त कराने की पहल की और सफलता भी हासिल की । इसी दौर में कुवैत पर हुए इराकी हमले को वापस लेने के लिए ठोस कदम उठाए गए। कंबोडिया और मध्य अमेरिका के झगड़ों को भी सुलझाया गया और नामीबिया की आजादी का रास्ता खुला।

दुर्भाग्यवश शीतयुद्ध की समाप्ति के साथ राष्ट्रवाद, जातीय टकराव, गृहयुद्धों और असफल देशोंवाली नई परिघटना का दौर भी शुरू हुआ। अब संयुक्त राष्ट्र से शांति और एकता पर खतरों के संदर्भ में मदद माँगने का क्रम तो बढ़ा ही, पर्यावरण और बीमारियों की रोकथाम में भी उसकी सहायता की माँग बढ़ी। संयुक्त राष्ट्र की शांति सेना की माँग, कंबोडिया, निकारागुआ और नामीबिया से हुई, जबकि मानवीय मदद की माँग, उगांडा, बोस्निया, कोसोवो, कांगो, पूर्वी तिमोर और अफगानिस्तान से हुई। युगोस्लाविया में मानवाधिकारों के उल्लंघनों को रोकने के साथ दुनिया-भर में मानवता के आधार पर संयुक्त राष्ट्र से मदद की गुहार लगाई गई। इराकी कब्जे से मुक्त हुए कुवैत के पुनर्निर्माण का काम भी संयुक्त राष्ट्र की अगुवाई में हुआ। इनमें से अधिकांश समस्याएँ आंतरिक किस्म की थीं और इनको लेकर राष्ट्रीय प्रभुत्व

की सीमाओं संबंधी विवाद भी उठे।

बहुत जल्दी ही यह स्पष्ट हो गया कि संयुक्त राष्ट्र के शांति सैनिक बहुत प्रभावी ढंग से काम नहीं कर सकते। 1990 के दशक की शुरुआत में बोत्सनिया-हर्जेगोविना, सोमालिया, रवांडा और कोसोवो में संयुक्त राष्ट्र के शांति संबंधी दखल का नतीजा अच्छा नहीं निकला।

संयुक्त राष्ट्र द्वारा इतने महत्वपूर्ण मामलों में सुस्ती बरतने से काफी सारे लोग महसूस करने लगे हैं कि विभिन्न देशों के विवादों और उनके अंदरूनी झगड़ों की चुनौतियों को प्रभावी ढंग से निपटाने के लिए संयुक्त राष्ट्र को न सिर्फ अपने नजरिए में बदलाव करना होगा, बल्कि उसके निर्णय लेने वाली संस्थाओं, खासकर सुरक्षा परिषद में बदलाव किए जाने की जरूरत है। 'शांति के लिए एजेंडा' में बुतरस घाली ने यह सुझाव दिया था कि शांति बनाए रखने के अभियान के लिए उस देश की स्वीकृति को अनिवार्य न माना जाय। और एक तरह से वे संयुक्त राष्ट्र प्रपत्र की धारा 2(7) को चुनौती दे रहे थे, जिसने किसी देश के अंदरूनी मामले में संयुक्त राष्ट्र के दखल को काफी सीमित कर दिया है।[11]

यह भी महसूस किया गया है कि संयुक्त राष्ट्र मूलतः एक राजनैतिक संस्था है और इसकी मुख्य चिंता दो या अधिक सदस्य देशों के बीच सशस्त्र टकराव को लेकर है। किसी मुल्क की भीतरी हिंसा को रोकना उसके मुख्य कामों में नहीं है, जबकि आतंकवाद और जातीय नरसंहारों के उभरने के मौजूदा दौर में यह काम भी बहुत महत्वपूर्ण हो चुका है।

9/11की घटनाओं ने संयुक्त राष्ट्र को भी झकझोर दिया, क्योंकि इसके मुख्यालय के पास ही के ठिकानों पर हमला हुआ था और हमलेवाले दिन के कुछ समय बाद ही इसकी आमसभा की वार्षिक बैठक होनेवाली थी। हमले के बाद हर किसी को यह स्पष्ट हो गया कि अब आतंकवादी हमलों के संदर्भ में सभी को नए सिरे से भारी प्रयास करना होगा और इस मामले में संयुक्त राष्ट्र को भी प्रभावी भूमिका निभानी होगी।

धारा 51 में किसी सदस्य देश को सशस्त्र हमला रोकने के लिए आत्मरक्षा में सैनिक कार्रवाई करने की इजाजत है। पर असल सवाल यह है कि क्या संभावित सशस्त्र हमले या सामूहिक विनाश के हथियारों की मौजूदगी के चलते इस प्रावधान के अनुसार किसी दूसरे सदस्य देश के खिलाफ आत्मरक्षार्थ कार्रवाई की जा सकती है? अगर किसी सदस्य देश की जमीन से आतंकवादी वारदातें चलने का अंदेशा हो तो क्या उसके खिलाफ ऐसी कार्रवाई की जा सकती है? संयुक्त राष्ट्र के प्रपत्र में स्पष्ट कहा गया है कि काल्पनिक खतरे के खिलाफ कार्रवाई नहीं की जा सकती। धारा 51 में सामूहिक कार्रवाई का जिक्र है, पर साझा आत्मरक्षा के नाम पर कार्रवाई नहीं की जा सकती। इस प्रकार यह प्रपत्र किसी सदस्य देश द्वारा मनमाने और एकतरफा बल-प्रयोग की मनाही करता है। विश्व-शांति और सुरक्षा की देखरेख की

बुनियादी जिम्मेवारी किसी सदस्य देश पर न होकर सुरक्षा परिषद के ऊपर ही है। सुरक्षा परिषद को संयुक्त राष्ट्र की सर्वोच्च संस्था बनाने की मंशा थी, जहाँ पाँच बड़े देश दस अस्थायी सदस्यों की सहायता से सभी प्रमुख फैसले करते हैं। इस व्यवस्था के बाहर काम करने का मतलब संयुक्त राष्ट्र की वैधता को नकारना है।

पर संयुक्त राष्ट्र की मुख्य कमजोरियाँ दो कारणों से हैं। पहली, संयुक्त राष्ट्र के पास सुरक्षा परिषद के सर्वसम्मत फैसले के बिना सैनिक दखल की शक्ति नहीं है। सुरक्षा परिषद का बहुमत या एक स्थायी सदस्य को छोड़कर बाकी सभी किसी फैसले के पक्ष में हों; तो भी एक स्थायी सदस्य उसे रोक सकता है। चूँकि हर देश घटनाक्रम को अपने-अपने नजरिए से देखता है और अपने हितों को आगे बढ़ाने के लिए ही काम की योजना बनाता है, इसलिए सुरक्षा परिषद के लिए हर मसले पर स्पष्ट प्रस्ताव पास कर पाना संभव नहीं हो पाता। दूसरे, हम आज जिस दुनिया में रहते हैं, उसमें कई सदस्य देशों की सरकारें जान-बूझकर अपने नागरिकों के अधिकारों का उल्लंघन करती हैं। सुरक्षा परिषद के अप्रभावी होने का सबसे बड़ा कारण है ऐसी हिंसा को रोकने के खिलाफ एकमत न हो पाना और मजबूत कार्रवाई न कर पाना। संयुक्त राष्ट्र के पास अपनी सेना और सशस्त्र पुलिस का न होना एक गंभीर खामी है।

यह सही है कि आतंकवादियों द्वारा संचालित हिंसा का स्वरूप रोज बदलते जाने से बहुत पक्के कायदे-कानून बनाकर उससे निपटने का तरीका निर्दोष लोगों की जान-माल की रक्षा करने में बहुत कारगर नहीं हो सकता। इसलिए जरूरी है कि सुरक्षा परिषद के पास अपने नियंत्रण में, जैसाकि विंस्टन चर्चिल ने कहा भी था, "इतनी सैनिक शक्ति होनी चाहिए कि सभी विघटनकारी और आतंकी सहम जायँ।"[12] इसके लिए संयुक्त राष्ट्र को अपनी फौज रखने की अनुमति सदस्य देशों को देनी चाहिए या फिर सदस्य देश अपनी फौजों का एक पर्याप्त हिस्सा तत्काल सुरक्षा परिषद के निर्देश पर भेजने को तत्पर रहें। यह काम संयुक्त राष्ट्र चार्टर द्वारा तय "आनेवाली पीढ़ियों को युद्ध की विभीषिका से बचाने"[13] के महान उद्देश्य को पूरा करने के लिए जरूरी है।

यह याद करने लायक बात है कि अंतर्राष्ट्रीय मुद्रा कोष और विश्व बैंक तथा बाद में अस्तित्व में आए विश्व व्यापार संगठन जैसी ब्रेटनवुड संस्थाएँ संयुक्त राष्ट्र से स्वतंत्र होकर काम करती रही हैं, परिणामस्वरूप संयुक्त राष्ट्र अपने सदस्य देशों के भुगतान-असंतुलन की समस्या या विकास कार्यक्रमों में किसी भी किस्म की भूमिका नहीं निभाता। पर संयुक्त राष्ट्र ने सितंबर 2000 में 'सहस्राब्दी सभा' जरूर आयोजित की, जिसमें 147 देशों के शासन प्रमुखों ने हिस्सा लिया। इतिहास में कभी भी इतने देशों के शासन प्रमुख एक साथ जमा नहीं हुए थे। सहस्राब्दी घोषणा में उन्होंने विश्व की सबसे चुनौतीपूर्ण समस्याओं पर सर्वानुमति बनाई। इसके बाद सहस्राब्दी विकास-लक्ष्य घोषित किए गए। इनमें 2015 तक एक डॉलर प्रतिदिन से

कम पर जीवन बसर करनेवालों की संख्या आधी करने, एड्स का प्रसार रोकने, मलेरिया और अन्य बीमारियों पर रोकथाम और प्राथमिक शिक्षा के द्रुत प्रसार का लक्ष्य प्रमुख है।

लोगों के बीच ही नहीं, मुल्कों के बीच भी भारी विषमता मौजूद है। सूचना तकनीक द्वारा संचालित वैश्विक अर्थव्यवस्था में विभिन्न मुल्कों के बीच मौजूद असमान संबंधों पर तुरंत ध्यान दिए जाने की जरूरत है। जैसे आज दुनिया के सबसे अमीर 20 फीसदी लोग ही इंटरनेट का इस्तेमाल करनेवाले 90 फीसदी लोगों में हैं; जबकि सबसे गरीब 20 फीसदी लोगों का हिस्सा मात्र 0.2 फीसदी है। इससे न सिर्फ मौजूदा संसाधनों और संपत्ति के पश्चिमी देशों के हाथ में सिमट जाने का पता चलता है, बल्कि यह भी मालूम होता है कि दिन-ब-दिन उनकी समृद्धि और तेजी से बढ़ रही है तथा अमीर-गरीब का फासला और बढ़ता जा रहा है। इस असमान विकास का एक पहलू अफ्रीका के अपेक्षाकृत समृद्ध देशों में दिखाई देता है, जहाँ इंटरनेट की पहुँच काफी कम है।[14] संयुक्त राष्ट्र के फैसला लेने की प्रक्रिया में 191 सदस्य देशों की समुचित भागीदारी सूचना तकनीक के विस्तार की जरूरत की माँग भी करती है।

संयुक्त राष्ट्र के अधिकारों की स्पष्ट सीमाएँ हैं। अपने बजट और कामों के लिए यह पूरी तरह अपने सदस्यों पर निर्भर है। अगर संयुक्त राष्ट्र को किसी देश में शांति बनाए रखने के लिए सैन्य बल भेजना है तो वह भी उसे अपने सदस्य देशों से लेना होता है। संयुक्त राष्ट्र की अपनी कोई स्वतंत्र सत्ता नहीं है और वह कोई विश्व-सरकार भी नहीं है। फिर भी राष्ट्रपति ड्विट आइजेनहावर ने ठीक कहा था, "अपनी सारी कमियों, सारी असफलताओं के बावजूद संयुक्त राष्ट्र युद्ध के बजाय सम्मेलन कक्ष में फैसले कराने की सबसे संगठित मानवीय इच्छा का प्रतिनिधित्व करता है।"[15]

इराक पर हमला

इराक पर अमेरिकी हमला करानेवाली घटनाएँ बहुत तेजी से घटीं। 9/11 की घटना के एक वर्ष एक दिन बाद, 12 सितंबर 2002 से राष्ट्रपति बुश ने संयुक्त राष्ट्र आमसभा को संबोधित किया और घोषणा की, "आज हमारे सिद्धांतों और सुरक्षा को गैर-कानूनी जमातों और शासनों से चुनौती मिली है, जिनका न तो नैतिकता के नियमों पर विश्वास है, न उनके हिंसक इरादों की कोई सीमा है।" बुश ने घोषणा की, "जिस एक जगह, एक शासन में हमें ये सारी बुराइयाँ मिलती हैं, वह है इराक।"[16] 5 फरवरी 2003 को विदेश मंत्री कोलिन पावेल ने इराक द्वारा जनसंहार के अस्त्रों को छुपाने के बारे में अमेरिकी गुप्तचर सूचनाओं के आधार पर बनी धारणा को सुरक्षा परिषद में विस्तार से स्पष्ट किया। पर 14 फरवरी 2003 को संयुक्त राष्ट्र के

निरीक्षकों ने जो रिपोर्ट सौंपी, उसमें इसकी पुष्टि नहीं हुई। फिर उन्होंने कहा कि अभी जाँच के लिए और वक्त चाहिए। इसके बाद इराक पर हुए हमले से पहले की घटनाओं के बारे में न्यूटन आर. बोल्स लिखते हैं :

"अब सीमाएँ स्पष्ट खिंच गई थीं। अमेरिका, ब्रिटेन, स्पेन और कुछ अन्य देश तत्काल कार्रवाई के पक्ष में थे। फ्रांस, जर्मनी, चीन, रूस और अनेक दूसरे देश जाँच के लिए और वक्त देने के पक्ष में थे। फिर भी टकराव टालने के लिए गंभीर कोशिशें जारी रहीं। फ्रांस और जर्मनी ने संयुक्त राष्ट्र की जाँच टोली को और मजबूत करने का प्रस्ताव रखा। कनाडा ने जाँच के लिए ठोस कदमों का प्रस्ताव रखा, जिससे जाँच की प्रगति का पता भी चलता रहे। पर इन सबका कोई लाभ नहीं हुआ। कोलिन पावेल ने सुरक्षा परिषद की तरफ से एक प्रस्ताव रखा, जिसमें तत्काल हमले का अधिकार देने की बात थी। सुरक्षा परिषद के स्थायी सदस्यों में इस पर एकमत नहीं बना। अमेरिका और ब्रिटेन प्रस्ताव के पक्ष में थे, जबकि फ्रांस, चीन और रूस ने इसका विरोध किया। मामला सचमुच तारीख और वक्त पर ही अटका था। राष्ट्रपति बुश ने कहा—अभी। प्रस्ताव का विरोध करनेवालों की तरफ से राष्ट्रपति शिराक ने कहा कि फ्रांस इस पर वीटो करेगा। कोलिन पावेल ने प्रस्ताव वापस ले लिया। अब जब यहाँ का वह तमाशा खत्म हुआ तो अमेरिकी और ब्रिटिश फौजों ने इराक में प्रवेश किया।" [17]

इस बीच सितंबर 2002 में ही अमेरिका ने राष्ट्रीय सुरक्षा दस्तावेज जारी किया, जिसमें आतंकवाद से अकेले निपटने के नजरिए पर रोशनी डाली गई थी। इसका एक महत्वपूर्ण अनुच्छेद यह है :

"अमेरिका आतंकवाद के खिलाफ अंतर्राष्ट्रीय समुदाय का समर्थन पाने की कोशिश लगातार करता रहेगा, लेकिन जरूरी हुआ तो वह आत्मरक्षा में ऐसे आतंकवादियों पर अपनी ओर से हमला करने से भी नहीं हिचकेगा, ताकि वे हमारे लोगों और हमारे मुल्क का कोई नुकसान न कर सकें।" [18]

संयुक्त राष्ट्र के अनेक सदस्य देशों और दुनिया-भर के विचारवान नागरिकों ने इराक पर अमेरिकी हमले का विरोध किया। यह बात जोर-शोर से कही गई कि किसी अन्य देश के आंतरिक मामलों में दखल देना संयुक्त राष्ट्र प्रपत्र के खिलाफ है। यह सही है कि जन-संहारक हथियारों को सजाकर मंच पर नहीं रखा जाता, जिससे उनको ढूँढना आसान हो। पर जाँच करनेवाली टोली कुछ और समय माँग रही थी। गुप्तचर सूचनाएँ भी बहुत ठोस और स्पष्ट नहीं थीं। ऐसी स्थिति में यही जरूरी था कि चंद महाशक्तियों के फैसला लेने की जगह सुरक्षा परिषद फैसला लेती।

संयुक्त राष्ट्र प्रपत्र स्पष्ट करता है कि सदस्य देशों को चाहिए कि वह विवादों को शांतिपूर्ण ढंग से निपटाने का प्रयास करें और उसमें सफल न होने पर उपयुक्त कदम उठाने के लिए मामले को सुरक्षा परिषद को सौंप दें। सुरक्षा परिषद ने इराक

के खिलाफ एकतरफा अमेरिकी कार्रवाई को मंजूर नहीं किया था। पर इसकी परवाह न करके अमेरिका ने कार्रवाई की। धारा 51 के अनुसार अमेरिका और ब्रिटेन की कार्रवाई को जो लोग उचित बनाने का प्रयास करते हैं, वे एकदम गलत हैं। धारा 51 इस प्रकार है :

> *"मौजूदा प्रपत्र में किसी सदस्य देश के खिलाफ सशस्त्र हमला, यदि वह सुरक्षा परिषद द्वारा अंतर्राष्ट्रीय शांति और सुरक्षा के लिए जरूरी जानकर उठाया गया कदम न हो तो, होने की स्थिति में अपनी या सामूहिक रक्षा व्यवस्था से रोकने का कोई प्रावधान नहीं है। आत्मरक्षा में यदि कोई देश कोई कदम उठाता है तो उसे तत्काल इसकी सूचना सुरक्षा परिषद को देनी चाहिए और उसे किसी भी तरह से सुरक्षा परिषद का अनादर या उसकी अनदेखी नहीं करनी चाहिए। परिषद अंतर्राष्ट्रीय शांति और सुरक्षा को बनाए[19] रखने या पूर्व स्थिति बहाल करने के लिए कोई कदम उठा सकता है।*

धारा 51 बहुत स्पष्ट रूप से कहती है कि जब तक सशस्त्र हमला न हो, सदस्य देश को सैनिक बल का इस्तेमाल करने से बचना चाहिए। पर इस प्रावधान का आज बार-बार उल्लंघन होने लगा है। अमेरिका की राष्ट्रीय सुरक्षा रणनीति 2002 ने आतंकवादियों के खिलाफ पहले हमला करने और उनको पहले वार न करने देने को उचित बताया है। यह इस मामले को पूरी तरह नया मोड़ देना है :

> *"बीमार और असफल राष्ट्रों तथा आतंकवादियों के लक्ष्यों को जानने के बाद अमेरिका अब प्रतिक्रियावाली पुरानी और अकेली रणनीति पर निर्भर नहीं रह सकता। संभावित हमलावर को रोकने की स्थिति में न होने तथा आज के खतरों की गंभीरता और भारी विनाश के अंदेशों के चलते आज हमारे पास वह विकल्प नहीं बचा है। हम अपने दुश्मन को पहला हमला करने नहीं दे सकते।"*[20]

हमला रोकने के लिए हमला करने के सिद्धांत की सबसे बड़ी कमजोरी है संभावित घटना को देख/जान लेने का दावा। वह मान लेता है कि कोई भी सदस्य देश दूसरे राष्ट्र के बारे में सही गुप्तचर सूचनाएँ जुटा लेगा। पर वास्तविकता यही है कि हम दुश्मन के इरादों और हथियारों के बारे में सिर्फ समझदारी भरा अनुमान लगा सकते हैं। 'युद्ध रोकने के लिए युद्ध' तो 'बहुधा' के दर्शन के ठीक उल्टा आचरण हुआ। इस स्थिति में संवाद, बीच-बचाव और पंचायत के फैसले की सारी संभावना ही खत्म कर दी जाती है। आज की स्थिति में अगर किसी देश को दूसरे देश में रखे गए जन-संहारक हथियारों का खतरा सताता है तो उसे सबसे पहले संयुक्त राष्ट्र और सुरक्षा परिषद के पास जाना चाहिए। कानून के शासन का कायदा यही कहता है कि संयुक्त राष्ट्र को जैव, रासायनिक और परमाणु हथियारों पर वैश्विक समझौतों के तहत रोक लगाने का प्रयास करना चाहिए। अगर कोई देश इस

तरीके को नहीं मानता तो उसके खिलाफ प्रतिबंध लगाया जा सकता है, और बिलकुल अन्त में सुरक्षा परिषद की मंजूरी से सैनिक कार्रवाई की जा सकती है।

हमें यह भी अहसास करना होगा कि अब राष्ट्रों की सीमा लाँघकर काम करनेवाली आतंकवादी जमात धर्म का उपयोग करने के साथ-साथ नशीले पदार्थों का कारोबार भी चला रही है, जिससे उन्हें अपने उद्देश्य के कार्यान्वयन लायक धन मिले और उनके विरोधी परेशान हों। बड़े-बड़े गिरोहों का उभरना, उनका ताकतवर होना, उनके सदस्यों की संख्या बढ़ना और उनके लिए अलग-अलग काम करने लायक भाड़े के लोगों की फौजें उनकी ताकत को बढ़ा रही हैं और उनकी लड़ाई में नए-नए आयाम जोड़ रही हैं। यह राष्ट्रों से ऊपर-ऊपर की लड़ाई है। नया आतंकवाद उन मुल्कों में अपने अड्डे बना रहा है, जहाँ कानून-व्यवस्था पहले से ही चौपट है। अफगानिस्तान, सूडान और सोमालिया जैसे मुल्क इसके उदाहरण हैं। वे उन देशों को भी अड्डा बना रहे हैं, जहाँ धार्मिक कट्टरता की घुट्टी स्कूलों के माध्यम से पिलाई जा रही है और जहाँ कठमुल्ला जमातों की शासन पर अच्छी पकड़ है।

यह सही है कि संयुक्त राष्ट्र का संविधान बनाने वालों ने मौजूदा किस्म के आतंकवाद और उसकी जटिलताओं का जिक्र नहीं किया है। पर जब आतंकवाद तेजी से उभरा तो 1997 में संयुक्त राष्ट्र ने आतंकवादी बमबारी विरोधी सम्मेलन के जरिए उसके खिलाफ प्रस्ताव पास किया और दो साल बाद आतंकवाद को धन उपलब्ध कराने के खिलाफ भी प्रस्ताव पास किया। सुरक्षा परिषद ने भी आतंकवाद विरोधी कमेटी बनाई है। 9/11 के हमले के बाद सुरक्षा परिषद ने पूरे संयुक्त राष्ट्र को आतंकवाद के खिलाफ जंग में लगने के लिए राजी करा लिया।

अब इस बात की जरूरत है कि इराक युद्ध को एक नई शुरुआत मानने की जगह अपवाद ही माना जाए। संकट को टालने और शांति के काम में सक्रिय भूमिका निभाने की संयुक्त राष्ट्र की शक्ति में वृद्धि से ही शांतिपूर्ण विश्व की दिशा में प्रगति हो सकती है, जैसा कि तोबियास डेबियल कहते हैं :

> *"9/11 के बाद संयुक्त राष्ट्र अपने को दोराहे पर पाता है। इसकी कार्यकुशलता में सुधार लाने वाले मसलों को एक ऐसा दौर चुनौती दे रहा है जो भौगोलिक-राजनैतिक स्थितियों के नए पुनर्जागरण का है। इसका एक अवांछित परिणाम निकल सकता है—कमजोर और अप्रभावी बहुपक्षीयता के चलते एक अधिक कार्य-कुशल विश्व-संगठन का उभार पर इसे रबर की मोहर बना देने की मौजूदा प्रवृत्ति इसकी सत्ता को एक वैश्विक विधायी शक्ति और सक्रिय संस्था के रूप में कमजोर करती जा रही है। सरकारी सुरक्षा की व्यवस्था के रूप में संयुक्त राष्ट्र को और ताकतवार बनाने की जरूरत है।"* [27]

अंतर्राष्ट्रीय राजनीति की मुख्य प्रवृत्तियों और वैश्विक आर्थिक तथा राजनैतिक

वास्तविकताओं से यह स्पष्ट संकेत मिलता है कि अमेरिका के समर्थन के बिना संयुक्त राष्ट्र मजबूती से केंद्रीय भूमिका नहीं निभा सकता। संयुक्त राष्ट्र में सुधारों पर नई वैश्विक राजनैतिक व्यवस्था का असर रहेगा और अमेरिका और उसके संगी-साथी इसमें ज्यादा महत्व पाएँगे, पर इसे दुनिया के अन्य देशों के प्रति भी संवेदनशील होना होगा, क्योंकि उनके समर्थन के बिना वैश्विक मामलों को प्रभावी ढंग से नहीं निपटाया जा सकता और नई विश्व-व्यवस्था के लिए टिकाऊ शांति हासिल करना असंभव हो जाएगा।

आज दुनिया एक अपूर्व स्थिति से रू-ब-रू है, जिसमें आतंकवादी गिरोहों के पास संहारक हथियार आ गए हैं और वे बड़ी आसानी से अपना निशाना चुनकर लोकतंत्र तथा सभ्य व्यवहार की जड़ों पर प्रहार करते हैं। दुनिया के कई स्थानों पर आतंकवादी हमलों और इराक पर अमेरिकी हमले ने इस बात को केंद्र में ला दिया है कि अब संयुक्त राष्ट्र हाथ पर हाथ धरे बैठे रहकर यह नहीं सोच सकता कि वक्त अपने आप समस्या का समाधान कर देगा। निश्चित रूप से घटनाक्रमों की बाढ़ आ गई है, पर इसी हिसाब से जोरदार और प्रभावी कार्रवाई करने की जरूरत भी बढ़ गई है। अगर संयुक्त राष्ट्र को घटनाओं के केंद्र में नहीं रखा गया या उसको दरकिनार किया गया तो यह न सिर्फ राष्ट्र-संघ वाली राह पर चला जाएगा, बल्कि दुनिया में और अफरा-तफरी छा जाएगी। इस दुनिया में कानून का राज बनाए रखने के उपकरण के रूप में संयुक्त राष्ट्र को प्रभावी उपकरण बनाने की जरूरत है।

अमेरिका, जो कि दुनिया में सशस्त्र दखल देने या उसे रोकने की क्षमता के चलते एक विशेष स्थिति में है, उसके लिए जरूरी है कि वह संयुक्त राष्ट्र के कायदों पर अमल करने की जवाबदेही सबसे ज्यादा समझे। अमेरिका अभी तक संयम और बहुपक्षीयता के सिद्धांत पर ही अमल करता आया था। सैनफ्रांसिस्को में 1945 में संयुक्त राष्ट्र सम्मेलन के समापन सत्र में राष्ट्रपति हैरी ट्रूमैन इस बात को बहुत अच्छी तरह व्यक्त करते हुए अमेरिकी लोगों से कुछ इस तरह की अपील की थी :

'हमें यह बात माननी होगी—भले ही हमारी ताकत कितनी भी ज्यादा क्यों न हो—कि हमें अपनी मनमर्जी चलाने की इच्छा पर रोक लगानी होगी। किसी अन्य देश को नुकसान पहुँचानेवाला विशेषाधिकार कोई एक देश या एक समूह न रखे और न उसे रखना चाहिए...विश्व-शांति के लिए हर देश को यह कीमत चुकानी होगी। जब तक हम यह कीमत चुकाने की इच्छा नहीं दिखाएँगे, विश्व-शांति का काम कोई भी संगठन पूरा नहीं कर सकता और इतनी बड़ी चीज की यह बहुत ही छोटी और उचित कीमत है।[22]

संयुक्त राष्ट्र में सुधार

हर आदमी यह स्वीकार करता है कि संयुक्त राष्ट्र को नई राजनैतिक, सामाजिक

और आर्थिक वास्तविकताओं को प्रतिबिंबित करने वाले सुधारों की जरूरत है। 1945 के बाद दुनिया में काफी बड़े बदलाव हो चुके हैं और अपनी संरचना और कार्य-पद्धति में बड़े बदलाव करके ही संयुक्त राष्ट्र शांतिपूर्ण विश्व की अपनी जिम्मेवारी को ठीक से निभा सकता है। पर बदलाव को लेकर अलग-अलग राय है। विकसित देश संयुक्त राष्ट्र की व्यवस्थाओं में ज्यादा कार्यकुशलता और परिणाम चाहते हैं। इसके साथ ही वे इस पर अपना नियंत्रण भी बनाए रखना चाहते हैं। विकासशील देश आर्थिक और राजनैतिक मामलों में बृहत्तर समता चाहते हैं और यह काम संसाधनों पर पुनर्विचार और फैसला लेने की प्रक्रिया में ज्यादा प्रभावी स्थान पाकर ही होगा। गैर-सरकारी संगठन चाहते हैं कि संयुक्त राष्ट्र का कामकाज ज्यादा पारदर्शी और खुला हो, वह नागरिक समाज के प्रति जिम्मेवार हो और उनकी भी निर्णय प्रक्रिया में भागीदारी हो।

उच्चस्तरीय पैनल

यह व्यापक तौर पर माना जाता है कि अगर संयुक्त राष्ट्र को ऐसा उपकरण बनना है, जिससे वैश्विक शांति और समृद्धि की आज की ही नहीं, कल की चुनौतियों से भी निपटा जा सके तो इसकी प्रासंगिकता, प्रभाविता और जवाबदेही को बढ़ाने के लिए बड़े सुधार करने की जरूरत है।

संयुक्त राष्ट्र के सुधार एजेंडा को व्यवस्थित करने के लिए इसके महासचित कोफी अन्नान ने अक्टूबर 2002 में थाइलैंड के पूर्व प्रधानमंत्री आनंद पेनीयारचुन की अध्यक्षता में 'खतरे, चुनौतियाँ और बदलाव' विषय पर एक उच्चस्तरीय पैनल गठित किया। दुनिया-भर के 15 प्रमुख लोगोंवाली इस कमेटी का मुख्य काम संयुक्त राष्ट्र की कार्यपद्धति की कमियों को रेखांकित करना था और यह करते हुए उन्हें अपने अनुभव और विशेषज्ञता के आधार पर 21वीं सदी की चुनौतियों से निपटने के लिए संयुक्त राष्ट्र में सुधार के कदम सुझाने थे।

इस कमेटी ने ' ए मोर सिक्योर वर्ल्ड : ऑवर शेयर्ड रेस्पांसिबिलिटी' नामक रिपोर्ट दिसंबर 2004 में महासचिव अन्नान को सौंपी। इसके लेखकों के अनुसार आज दुनिया के सामने छह प्रकार के खतरे हैं, जिनके प्रति दुनिया को सावधान हो जाना चाहिए। रिपोर्ट में कहा गया है कि ये छह खतरे हैं : (1) विभिन्न देशों के बीच युद्ध; (2) गृहयुद्ध, मानवाधिकारों का उल्लंघन और नर-संहार जैसी आंतरिक हिंसा; (3) गरीबी, पर्यावरण का नाश और महामारियाँ; (4) परमाणु, रासायनिक, जैविक और विकिरण फैलानेवाले हथियार; (5) आतंकवाद; तथा (6) परा राष्ट्रीय संगठित अपराध।

गैर-सरकारी गिरोहों और अपराधियों द्वारा आतंकवादी हमले करना और रासायनिक तथा जैव हथियारों के साथ-साथ परमाणु हथियारों तक उनकी पहुँच

होने के अंदेशे ने समस्या में नए पहलू जोड़े हैं। प्रपत्र की धारा 51 की भाषा एकदम सख्त है। जिस देश को खतरा हो, वह हमला तभी कर सकता है जब उस पर हमला हो चुका हो या तुरंत हमला होने वाला हो। किसी राष्ट्र के पास रासायनिक, जैव और परमाणु हथियार हैं या वह ऐसी क्षमता हासिल करने वाला है, तो उस पर हमला नहीं किया जा सकता। सैनिक खतरा या हमले की स्थिति में संयुक्त राष्ट्र के पास जाने की व्यवस्था है और वहीं से कोई सैनिक कार्रवाई हो सकती है। ऐसा करने का अधिकार सिर्फ उसे ही है। इसलिए संयुक्त राष्ट्र के सदस्यों में यह साफ समझ होनी चाहिए कि हमले के अंदेशे से ही सैनिक कार्रवाई करने का रास्ता बंद है।

संयुक्त राष्ट्र के कामकाज और कुछ आंतरिक अव्यवस्थाओं के अध्ययन से यह स्पष्ट हो जाता है कि आंतरिक स्तर पर भी अनेक तरह के हिंसक टकराव होते हैं और सबको गृहयुद्ध वाले एक पैमाने और नजरिए से ही नहीं देखा जा सकता। संयुक्त राष्ट्र के अधिकार क्षेत्र में किसी समस्या पर चिंता जाहिर करना भी शामिल है, पर कोई समस्या सिर्फ इसलिए नहीं टल सकती कि संयुक्त राष्ट्र का रिकार्ड अच्छा रहे। दरअसल प्रयास यह होना चाहिए कि क्षेत्रीय परिप्रेक्ष्य या दोतरफा प्रक्रिया से सभी पक्षों को बातचीत के लिए प्रोत्साहित किया जाए, भले ही उनकी वैधानिक स्थिति जो भी हो। अंतर्राष्ट्रीय समाज और स्थायी शांति के बृहत्तर उद्देश्यों को बढ़ाने का काम सिर्फ इसी तरीके से हो सकता है।

इस उच्च स्तरीय रिपोर्ट में एक बहुत ही अच्छा और व्यावहारिक प्रस्ताव है कि इक्कीसवीं सदी की दुनिया में अंतर्राष्ट्रीय समुदाय को आतंकवादियों, जनसंहारक हथियारों और गैर-जिम्मेवार शासनों जैसी कई बड़ी गड़बड़ियों के मिले-जुले रूप से लड़ना जरूरी होगा। ऐसी स्थिति बल-प्रयोग को उचित बनाती है–सिर्फ घटना के बाद प्रतिक्रिया में ही नहीं, बल्कि आत्मरक्षा के लिए पहले हमला करने के मामले में भी। फिर यह सवाल नहीं रह जाता कि ऐसी कार्रवाई की जाए या नहीं; फिर तो ऐसा किया ही जा सकता है, पर इसे अंतर्राष्ट्रीय समुदाय की साझा आवाज सुरक्षा परिषद के माध्यम से करना होगा। उसे जब लगे कि अंतर्राष्ट्रीय शांति और सुरक्षा को खतरा है तो परिषद सैनिक कार्रवाई कर सकती है। पर इसके लिए परिषद को भी आज की अपेक्षा में ज्यादा चौकस रहना होगा, और पहले की तुलना में ज्यादा जल्दी निर्णायक कार्रवाई करनी होगी।[23] इस उच्चस्तरीय पैनल की रिपोर्ट पर काफी बहस हुई है और इसकी आलोचना भी हुई है।

टकरावों को खत्म करने और कानून के राज की प्राथमिकता कायम करने में संयुक्त राष्ट्र सुधारों के दो पहलू महत्वपूर्ण हैं। पहला, संयुक्त राष्ट्र प्रपत्र बनानेवालों द्वारा बताई गई सामुहिक सुरक्षा व्यवस्था के बारे में सदस्य देशों के नजरिए में समानता, और दूसरा, अंतर्राष्ट्रीय शांति और सुरक्षा बनाए रखनेवाली प्रमुख संस्था के तौर पर सुरक्षा परिषद को और मजबूत करना।

सामुहिक सुरक्षा

सामुहिक सुरक्षा का सिद्धांत इस बात की माँग करेगा कि अंतर्राष्ट्रीय समुदाय की शांति साझा कार्रवाई पर पहले से तय सहमति के आधार पर हो। संयुक्त राष्ट्र की सुरक्षा व्यवस्थाओं में सामुहिक सुरक्षा की ऐसी साझा और संपूर्ण व्यवस्था नहीं है। पर इसमें इस बात पर जोर दिया गया है कि अंतर्राष्ट्रीय समुदाय के किसी सार्वभौम सदस्य द्वारा किसी दूसरे सार्वभौम सदस्य के खिलाफ धमकी देने या बल प्रयोग करने की स्थिति में सुरक्षा परिषद ध्यान देगी और वह उचित कार्रवाई करेगी और अगर बहुत ही खराब स्थिति है तो वह सैनिक स्तर पर भी दखल देगी। माना गया था कि सुरक्षा परिषद के पास ऐसे अधिकार होने से कोई उग्र सदस्य देश हमला करने जैसी गलती करने से बचेगा।

बल-प्रयोग करने के मामले में सुरक्षा परिषद का एकाधिकार रखने की भी बात थी। संयुक्त राष्ट्र संविधान के अनुसार जिस किसी देश पर हमला होगा, वह सुरक्षा परिषद को उसकी खबर देगा और परिषद सदस्य देशों की सलाह और अपनी सैनिक स्टाफ समिति से परामर्श करने के बाद शांति भंग होनेवाली कार्रवाई पर अपनी जवाबी कार्रवाई करेगी। माना गया था कि हमले का शिकार हुआ देश सुरक्षा परिषद को खबर देने और उसका फैसला आने के बीच की अवधि में अपनी सुरक्षा सेना का इस्तेमाल करेगा। पर इस व्यवस्था को संविधान बनानेवालों की भावना के अनुरूप लागू नहीं किया जा सका। जैसा कि उच्चस्तरीय रिपोर्ट के लेखकों ने बताया है, सदस्य देशों ने अक्सर स्वयं ही कानूनों का उल्लंघन किया है, और "शब्दशः सैकड़ों बार सैनिक बल का प्रयोग किया है। ऐसी स्थिति में सुरक्षा परिषद के लिए अध्याय-7 के प्रस्ताव और धारा-51 का उपयोग अपनी इज्जत बचाने के काम आते हैं।"[24]

व्यवहार में देखा जाए तो पूरी 20 वीं सदी में साझा सुरक्षा का काम ढीले-ढाले ढंग से ही चला है और इराक पर अमेरिकी हमले ने तो संयुक्त राष्ट्र को पंगु बनाकर ही रख दिया। इस सबसे यही बात स्थापित हुई है कि साझा सुरक्षा के प्रभावी उपकरण के रूप में संयुक्त राष्ट्र को अभी स्वयं को स्थापित करना है। इसके बगैर एक सदस्य द्वारा दूसरे सदस्य पर सैनिक हमला करने का क्रम यह नहीं रोक पाएगा।

ये पूर्व शर्तें संयुक्त राष्ट्र को ज्यादा प्रभावी बनाने की पहल करवा सकती थीं, लेकिन राजनैतिक वास्तविकताएँ ऐसा होने नहीं देतीं। साझा सुरक्षा के लिए वैधानिक उपाय जरूरी है, पर ऐसा फैसला राजनैतिक स्तर पर ही हो सकता है; और यह काम संयुक्त राष्ट्र महासचिव जैसे अंतर्राष्ट्रीय सार्वजनिक सेवक से नहीं हो सकता। इसे सुरक्षा परिषद के सदस्य देश ही कर सकते हैं, और दुखद सच्चाई यही है कि सदस्य देश शायद ही कभी निष्पक्ष पंच बन पाते हों। शीतयुद्ध की समाप्ति के बाद भी परिषद के सदस्यों के हित अक्सर विवाद से फँसे दोनों पक्षों की तरफ बँटे होते हैं। आदर्श स्थिति तो यही है कि सुरक्षा परिषद के सदस्य, खासकर पाँचों स्थायी

सदस्य अपने राजनैतिक स्वार्थों से ऊपर उठकर कायदे तय करें और बाद में सुरक्षा परिषद को सक्रिय और प्रभावी बनाने के लिए जरूरी संसाधन उपलब्ध कराएँ।

फैसलों को लागू करने के स्तर पर एक और दुविधा है। सुरक्षा बलों के जवान एक से ज्यादा सदस्य देशों की फौज से आए होते हैं। उनसे उम्मीद की जाती है कि वे एकजुट होकर सीधे संयुक्त राष्ट्र की कमांड में काम करेंगे। इस बात में शक नहीं है कि बीते छह दशकों में संयुक्त राष्ट्र के शांति बलों ने काफी अच्छा काम किया है और अधिकांश अवसरों पर अपने मुल्क की राजनैतिक पसंद-नापसंद को भुलाकर पेशेवर ढंग से अपनी जिम्मेदारी निभाई है। पर उनका काम हर बार अपेक्षाओं पर पूरी तरह खरा नहीं उतरा। इसी प्रकार, आर्थिक प्रतिबंधों के मामले में सदस्य देशों और बहुराष्ट्रीय निगमों की तरफ से आपस में बहुत गहरा सहयोग होना चाहिए। पर अनुभव यही बताता है कि सैनिक अभियानों में ही नहीं, आर्थिक प्रतिबंधों के मामले में भी काफी कुछ व्यवस्थित नहीं हो पाया। लोकतांत्रिक देशों के गठबंधनों या आर्थिक संगठनों जैसे क्षेत्रीय संगठनों को मजबूत करने से सुरक्षा परिषद द्वारा शांति और सुरक्षा बनाए रखने का काम ज्यादा प्रभावी ढंग से हो सकता है।

सुरक्षा परिषद

इस बात से इंकार नहीं किया जा सकता कि शीतयुद्ध की समाप्ति के बाद सुरक्षा परिषद के कामकाज ने नई उम्मीदें जगाई थीं। पर यह उम्मीद जल्दी ही गायब हो गई और संयुक्त राष्ट्र की एक कमजोर संगठनवाली छवि ही मजबूत होती गई। उच्च स्तरीय कमेटी ने सुरक्षा परिषद की सदस्य संख्या बढ़ाकर इसे लोकतांत्रिक और जवाबदेह बनाने का सुझाव दिया है। इसने दो स्पष्ट परिभाषित मॉडल भी बताए हैं। पहले मॉडल के अनुसार सुरक्षा परिषद में छह नए स्थायी सदस्य आएँगे, पर उन्हें वीटो का अधिकार नहीं होगा, और तीन नए अस्थायी सदस्य भी होंगे, जिनका कार्यकाल दो साल का होगा। सदस्यों का चुनाव अफ्रीका, एशिया, और प्रशांत, यूरोप और दोनों अमेरिकी महाद्वीप से एक-एक सदस्य के रूप में होगा। दूसरे मॉडल में नया स्थायी सदस्य लाने की बात नहीं है, लेकिन चार वर्षीय आठ सीटों और दो एक वर्षीय सीट बढ़ाने का प्रस्ताव है। चार वर्षीय सदस्यों का कार्यकाल दोबारा बढ़ाया जा सकता है, पर दो वर्षीय वाले सदस्य का कार्यकाल नहीं बढ़ेगा और सदस्यों का चुनाव दुनिया के सभी प्रमुख इलाकों के आधार पर होगा।

विश्व के नेताओं ने 14-16 सितंबर 2005 में संयुक्त राष्ट्र के न्यूयार्क स्थित मुख्यालय में उच्चस्तरीय बैठक की।[25] पर इसमें सुरक्षा परिषद को मजबूत करनेवाला कोई फैसला नहीं लिया जा सका। यह जरूर है कि इसमें सभी देशों ने सहस्राब्दी विकास लक्ष्यों को 2015 तक लागू करने पर मजबूती से सहमति दी।[26] इसमें एक शांति आयोग बनाने पर भी सहमति हुई, जो युद्ध में फँसे मुल्कों को शांति पाने में

मदद करेगा। यह शांति आयोग अंतर-सरकारी परामर्श परिषद होगी। इसका मुख्य उद्देश्य सभी प्रमुख लोगों को संसाधन जुटाने के लिए एकत्र करना और युद्ध के बाद शांति कायम करने और सामान्य स्थिति लाने संबंधी परामर्श देना है।

अलग-अलग सामाजिक व्यवहार और धार्मिक आस्थाओंवाले समाजों के बीच शांतिपूर्ण सह-अस्तित्व का 'बहुधा' दर्शन इस रिपोर्ट से झलकता है, और यह काम तभी संभव है जब हम सभ्यताओं और संस्कृतियों के साझेपन पर ध्यान केंद्रित करें और भिन्नताओं का आदर करें। मानव समाज पर बहुलतावादी जीवन-दृष्टि अपनाने की जिम्मेवारी है। इस कमेटी में शामिल लोगों के लिए शांति और सुरक्षा के नए और पुराने खतरों को ठीक से सँभालने की संयुक्त राष्ट्र की शैली को सुधारने का सुझाव देने से पहले फिलीस्तीन, कश्मीर और कोरियाई प्रायद्वीप जैसे पुराने विवादों को सुलझाना महत्वपूर्ण है। साझेपन के कायदों पर यह रिपोर्ट मोहर लगाती है। यह भी बहुधा के दर्शन के अनुरूप है। आज मानवजाति पर जो खतरे हैं, उन्हें हम राष्ट्रों की सीमाओं में बाँधकर ही नहीं देख सकते और इनसे निपटने के लिए बहुलतावाला दृष्टिकोण ही कारगर है। आज दरिद्रता, महामारियाँ, पर्यावरण विनाश, हिंसा और युद्ध, आतंकवाद, अंतर्राष्ट्रीय स्तर के संगठित अपराधों से मानव समाज की शांति और सुरक्षा को खतरा है। इनके पीछे सरकारें भी हो सकती हैं, पर अक्सर ये उसके दायरे से बाहर की जमात हैं और इनसे राष्ट्रों की सुरक्षा के साथ-साथ पूरी मानवजाति की सुरक्षा को खतरा है।

एक बात और बहुत स्पष्ट ढंग से उभरती है कि आज विभिन्न संस्थाओं के लोगों को साथ लेने और प्रभावी, कार्यकुशल और सबको समान लाभ देनेवाली साझा सुरक्षा-व्यवस्था बनाने की जरूरत है।[27] सभी चीजों में मेल बैठाने, परस्पर भिन्न नजरिए में मध्य मार्ग ढूँढने और सामान्य बुद्धि को प्रमुखता देना 'बहुधा' दर्शन का केंद्रीय मूल्य है। इससे भी महत्वपूर्ण बात यह है कि मध्य मार्ग परस्पर टकरानेवाली व्याख्याओं के बीच मेल-मिलापवाली एक दृष्टि बनाने पर जोर देता है। कहने का मतलब है कि वास्तविक जीवन में अतिवादी नजरिया ठीक से काम नहीं करता। चीजों को समग्रता में देखकर एक संतुलित नजरिया ही दुनिया में शांतिपूर्ण परिवेश बना सकता है।

हाल के वर्षों में दुनिया में लोकतंत्र के प्रसार ने इस बात की संभावना बढ़ाई है कि लोकतांत्रिक देशों का समाज अपने यहाँ ऐसे नेताओं के हाथ में सत्ता सौंपेगा जो युद्ध का रास्ता छोड़कर करुणा और लोक-कल्याण को अपनी प्राथमिकता बनाएँगे।

बहुधा का दर्शन और संयुक्त राष्ट्र

संयुक्त राष्ट्र विश्वमंच पर बहुपक्षीयता की सर्वोच्च संस्थागत अभिव्यक्ति है। इसकी

आम सभा और सुरक्षा परिषद में दुनिया-भर के मुल्क बैठते हैं और दुनिया-भर में होनेवाली घटनाओं पर अपना-अपना नजरिया रखते हैं। विचारों, प्रक्रियाओं और धारणाओं के टकराव भरे संवाद के बाद उसी में से साझा नतीजे निकालने का प्रयास किया जाता है। विश्व ने संयुक्त राष्ट्र में अपना भरोसा व्यक्त किया है और उम्मीद की है कि सभी मुल्कों के नेता यहाँ ठोस और तर्कपूर्ण नीतिगत विकल्प लेकर आएँगे। उनका उद्देश्य किसी को खुश करना या टकरानेवाले हितों की पुष्टि करना न होकर कानून और नैतिकता पर आधारित निश्चित कार्य-योजना बनाना होगा। संयुक्त राष्ट्र का बुनियादी दर्शन दुनिया के बारे में एक बहुलतावादी नजरिए पर आधारित है, जहाँ छोटे-बड़े हर मुल्क की आकांक्षाओं को समाहित किया जा सकता है। यह बात बहुधा दर्शन से एकदम मेल खाती है, जहाँ सभी लोगों, सभी सामानों और सभी प्राकृतिक चीजों को समाहित करने पर जोर है।

संयुक्त राष्ट्र प्रपत्र का प्राक्क्थन ही इस बात से शुरू होता है, "हम संयुक्त राष्ट्र के लोग"। संयुक्त राष्ट्र का मतलब ही है विविधता को स्वीकार करते हुए भी एकता मानकर काम करना। यह विविधता को स्वीकार करते हुए विश्वशांति के मामले में एकजुटता को मंजूर करता है। इस भावना और बहुधा दर्शन में पूर्ण मेल है, जिसमें समुदायों और धर्मों में साहचर्य, प्रकृति और मनुष्य के बीच मेल-जोल पर जोर दिया गया है। इसी नजरिए से कोई व्यक्ति दूसरे के विचारों को गहराई से समझते हुए मतभेदों और अंतरों को स्वीकार करने तथा सहने का नजरिया विकसित करता है। संयुक्त राष्ट्र के सदस्य देश जब परस्पर विरोधी विचारों को समाहित करने और साझा नजरिया बनाने की पहल करने में सफल होंगे, तभी हमारे बीच जो असुरक्षा का भाव है, उसे भी समाप्त या कम करने में सफलता मिलेगी।

आज के संदर्भ में यह समझना भी महत्वपूर्ण है कि क्यों कुछ देश परमाणु हथियार और जन-संहारक अस्त्रों को हासिल करना चाहते हैं। इसके पीछे सिर्फ अपनी सुरक्षा की चिंता नहीं होती। ऐसा कदम अपने मुल्क को गौरवान्वित करने या घरेलू राजनैतिक दबावों के चलते भी होता है। यह बात आज ज्यादा महसूस की जा रही है कि किसी देश के पास परमाणु हथियार होने का मतलब विश्व-राजनीति में उसकी हैसियत का बढ़ना है और हथियार होने से उसकी सुरक्षा भी बढ़ जाती है। इस धारणा को खत्म करने के लिए कल्पनापूर्ण ढंग से काम करना होगा। यह समझना जरूरी है कि परमाणु हथियारविहीन देश वालों को लाभ देने और उसकी सुरक्षा की गारंटी देनेवाली व्यवस्था होने पर ही उन देशों के महत्वाकांक्षी राजनेता और सैनिक शासक परमाणु हथियारों की होड़ के जुनून से मुक्त होंगे।

संयुक्त राष्ट्र जैसे वैश्विक मंचों की कार्यकुशलता इस बुनियादी बात पर भी टिकी है कि दुनिया के देश अपने नजरिए को संकीर्णता और कठोरता से मुक्त रखते हैं या नहीं, क्योंकि संकीर्णता-भरा नजरिया टकराव कराएगा या कमजोर देशों को डरा-धमका देगा। 'बहुधा' का मध्य मार्ग इसी संदर्भ में महत्वपूर्ण है, क्योंकि वह

तरह-तरह के नजरियों को साथ लेकर एक साझा दृष्टि बनाने की क्षमता देता है।[28] संयुक्त राष्ट्र के सदस्य देशों के लिए यह वक्त का तकाजा है कि वे इस माहौल में सर्वश्रेष्ठ मार्ग का चुनाव करें और पूरी निष्ठा से उसका अनुसरण करें, क्योंकि आतंकवाद बहुत जल्दी खत्म होनेवाला नहीं है।

दरअसल 'अनेक दृष्टिकोण, अनेक मार्ग' वाला बहुधा दर्शन आज संयुक्त राष्ट्र में सुधार और नए संविधान के लिए भी सर्वश्रेष्ठ नजरिया बन सकता है, क्योंकि इसमें बहुलतावाद को फलने-फूलने का उचित दार्शनिक दृष्टिकोण मौजूद है। इस बात से इन्कार नहीं किया जा सकता कि अपने गठन के समय से ही संयुक्त राष्ट्र ने अनेक विवादों को निपटाने में अग्रणी भूमिका निभाई है और एशिया हो या अफ्रीका, लातिन अमेरिका हो या यूरोप, यह हर स्थिति में पूरे मानव समाज को सबसे ज्यादा राहत देनेवाली संस्था रही है। मानव इतिहास में किसी अंतर्राष्ट्रीय संस्था ने ऐसी भूमिका नहीं निभाई। संयुक्त राष्ट्र ने खाद्य असुरक्षा, पर्यावरण विनाश और मनुष्य निर्मित खतरों के बारे में सारी दुनिया को सचेत करने का महत्वपूर्ण काम भी किया है। इससे संकट के समय दुनिया-भर के लोग एक-दूसरे की मदद करने में सक्षम हुए हैं और असंख्य कीमती जानों और संपत्ति के नुकसान को बचाया जा सका है। संयुक्त राष्ट्र ने एक ऐसा मंच उपलब्ध कराया है, जिससे दुनिया-भर के देश सुख-दुख के अवसर पर एक-दूसरे के काम आते हैं।

आतंकवाद के खिलाफ लड़ाई लंबी खिंचेगी और अमेरिका को यह जरूर अहसास होना चाहिए कि सिर्फ संयुक्त राष्ट्र ही ऐसा बहुपक्षीय मंच है जो न सिर्फ आतंकवाद से लड़ने में मददगार होगा, बल्कि इस जैसी आधुनिक बीमारी की जड़ों को, चाहे वे आर्थिक हों, सामाजिक हों, धार्मिक या वैचारिक हों, समाप्त करने में मदद कर सकता है। 'सभ्यताओं के संघर्ष' और 'हम बनाम वो' जैसी बहसों के जरिए इस्लामी दुनिया और पश्चिम की लड़ाई तथा इस्लामी समाज के खराब चित्रण का जो खेल चल रहा है, उसका मुकाबला सहनशीलता और समझदारी दिखाने के साथ हर धर्म में सत्य का अंश होने, अनेक महत्वपूर्ण सीख होने की बात स्वीकार करनेवाले बहुधा दर्शन से ही हो सकता है। दुनिया को सभ्यताओं और संस्कृतियों के अंतर का आदर करना सीखना होगा। उसे यह भी मानना होगा कि हर धर्म, हर जीवन-पद्धति में विश्व शांति को बनाए रखने वाली बातें हैं। यह कहना गलत होगा कि इस्लाम सदा से प्रतिक्रियावादी रहा है। उसका यह रूप और व्याख्या तो अलकायदा जैसे संगठनों के कारण है, जो इस्लाम का उपयोग अपने लिए करना चाहते हैं। अधिकांश मुसलमान दुनिया के ईसाइयों और हिन्दुओं की तरह ही प्रेम और करुणा में भरोसा रखते हैं। उन्हें भी सार्थक और उद्देश्यपूर्ण जीवन जीना अच्छा लगता है और वह शांति और मेल-मिलाप से ही संभव है।

संयुक्त राष्ट्र एक वैश्विक संस्था है जिसके पास सभी धर्मों, सभ्यताओं और राष्ट्र-राज्यों की बातों को समाहित करने लायक ढाँचा उपलब्ध है और जिसे

दुनिया-भर के लोगों ने ऐसे ही कामों के लिए खड़ा किया है। इसके प्रपत्र में किसी मुल्क या समाज के उनके पहले के कामों, उसकी सैनिक या आर्थिक ताकत की कमी के आधार पर भेदभाव की बात कहीं भी नहीं है। सभी मुल्कों की सार्वभौमिकता का पूरा सम्मान करना संयुक्त राष्ट्र का बुनियादी संकल्प है और यह सुरक्षा परिषद की स्थायी और अस्थायी सदस्यता में सबको इसका अवसर भी देता है। सुरक्षा परिषद को गड़बड़ करनेवाले किसी मुल्क के खिलाफ कार्रवाई करने का अधिकार देना भी असल में विश्व शांति और सुरक्षा के उद्देश्य को ही आगे बढ़ाने वाला प्रावधान है। पर लोकतंत्र और अहिंसा ही दो ऐसे सिद्धांत हैं, जिससे वैश्विक आतंकवाद और उससे जुड़ी गड़बड़ियों से लड़ा जा सकता है।

'एक सत्य, अनेक व्याख्याएँ' का बहुधा दर्शन लोगों के बीच अहिंसा के आधार पर मेल-जोल की ही बात नहीं करता, यह करुणा और समझदारी बढ़ाने का रास्ता भी खोलता है। इसका व्यावहारिक अर्थ यह है कि संयुक्त राष्ट्र के लिए हर देश का, चाहे उसका आकार और उसकी शक्ति जितनी हो, अपना स्वतंत्र अर्थ है। बहुधा बहुलतावाद और लोकतंत्र की अवधारणा का आधार बनाता है और सिर्फ विचारों के लोकतांत्रिक प्रवाह से हम विश्व राजनीति में शांति को स्थायी रूप दे सकते हैं। इससे भी ज्यादा महत्वपूर्ण बात है कि सुरक्षा परिषद की स्थायी सदस्यता पाने की आकांक्षा रखनेवाले देशों का, चाहे वे बड़े हों या छोटे, संयुक्त राष्ट्र संविधान के सिद्धांतों और उद्देश्यों में पूर्ण विश्वास होना चाहिए तथा अपनी विदेश नीति और अतंर्राष्ट्रीय संबंधों में उन्हें इस पर आचरण भी करके दिखाना चाहिए। उधर संयुक्त राष्ट्र को भी आज की वास्तविकताओं को ध्यान में रखते हुए अपने अंदर सुधार करना चाहिए, क्योंकि आज की दुनिया 1945 से काफी आगे निकल चुकी है। आतंकवाद जैसे गैर-सरकारी या किन्हीं एक-दो मुल्कों से उभरनेवाले खतरे जब बहुत बड़ी चुनौती बन गए लगते हैं, तो कोफी अन्नान की ये बातें सही लगती हैं :

> *"आतंकवाद एक वैश्विक खतरा बन गया है। इसके लिए वैश्विक स्तर पर एकजुट कार्रवाई जरूरी हो गई है। इसे पराजित करने के लिए सभी राष्ट्रों को एकमत होना होगा और एकजुट कार्रवाई करनी होगी। इन्हीं उद्देश्यों के लिए संयुक्त राष्ट्र की स्थापना हुई है।"* [29]

निष्कर्ष वाली टिप्पणी

संयुक्त राष्ट्र के निर्माताओं में से एक विंस्टन चर्चिल भी थे। 1946 में उन्होंने जो कहा था, उसे यहाँ निष्कर्षतः भी रखा जा सकता है :

> *"हम सबको यह सुनिश्चित करना होगा कि [संयुक्त राष्ट्र का] काम फलदायी होगा, वास्तविक होगा और यह सिर्फ शब्दाडंबर की जगह काम करनेवाली शक्ति के रूप में उभरेगा, शांति के ऐसे वास्तविक विशाल मंदिर*

के रूप में उभरेगा जो सभी के लिए सुलभ हो। यह शीशमहल की तरह नहीं होना चाहिए, जहाँ किसी के लिए जगह ही न हो।"[30]

राजनेता और राजनैतिक पंडित, राजनयिक और टिप्पणीकार, सचेत नागरिक और गैर-सरकारी संगठन, सभी इराक पर अमेरिकी हमले के बाद संयुक्त राष्ट्र के भविष्य को लेकर चिंतित हैं और इस पर बहस करते रहे हैं। आतंकवाद के विरुद्ध यह प्रभावी हो पाएगा या नहीं, यह भी बहस और चिंता का विषय रहा है। इन लोगों ने संयुक्त राष्ट्र की असफलताओं को गिनाने के साथ ही आतंकवाद से लड़ने और शांति की रक्षा के लिए वैकल्पिक संस्थागत व्यवस्था बनाने की जरूरतों पर भी चर्चा की है। ऐसी काफी सारी आवाजें तीसरी दुनिया के देशों से भी आई हैं। इसमें अमेरिका की आलोचना के संग-संग संयुक्त राष्ट्र द्वारा दिखाई गई दुविधा और अनिश्चय की भी आलोचना की गई है और इसे संयुक्त राष्ट्र के संस्थापकों द्वारा सोचे गए आदर्शों के अनुकूल नहीं माना गया है। इसके संस्थापक चाहते थे कि यह संस्था स्पष्ट रूप से गड़बड़ करनेवालों और नरसंहार को प्रोत्साहन देनेवाले शासकों के खिलाफ न्याय और शांति के मूल्यों के लिए संघर्ष करनेवाले संगठनों के पक्ष में खड़ी हो। कठिन स्थितियों में जैसे हम हाथ पर हाथ धरे नहीं बैठे रह सकते, वैसे ही इस संस्था के लिए वांछित है।

ऐसी धारणावाले लोगों का एक समूह है, जिनका मानना है कि संयुक्त राष्ट्र असफल हो चुका है। वे इसे गंभीर गड़बड़ी का शिकार हो चुकी संस्था मानते हैं। उनका यह भी कहना है कि दुनिया में जो अस्त-व्यस्तता आई है, उसे लाने तथा तेजी से फैलाने में पश्चिमी ताकतों के विरोधियों, आतंकवाद को मदद देनेवाली सरकारों और अमेरिका के घोर विरोधियों का संयुक्त राष्ट्र आमसभा में प्रभाव कायम हो चुका है। जिस संयुक्त राष्ट्र को कभी नौकरशाही की जकड़नवाला, अप्रभावी और अलोकतांत्रिक कहा जाता था, आज उसे 'बकवास' , 'दंतहीन' और 'किसी काम का नहीं' जैसे विशेषणों से नवाजा जाता है। अपनी किताब 'टॉवर ऑफ बेबल, हाऊ यूनाइटेड नेशन्स हैज फ्यूएल ग्लोबल केऑस' में डोरे गोल्ड कहते हैं :

> *"दुनिया की सुरक्षा के लिए बढ़ती चुनौतियों से निपटने के लिए संयुक्त राष्ट्र को पुनर्जीवित करने की जगह पश्चिमी गठन को फिर से खड़ा करने की जरूरत है।"*[31]

वे आगे कहते हैं कि इसके लिए लोकतांत्रिक शासनवाले ऐसे मुल्कों का एक संगठन बनाने की जरूरत है, जो कुछ साझा मूल्यों और उद्देश्यों से सहमति रखते हों। और फिर संयुक्त राष्ट्र के जिम्मे राहत वगैरह जैसे मानवीय आधारवाले काम सौंपे जा सकते हैं। उनके अनुसार :

> *"वैश्विक सुरक्षा को संयुक्त राष्ट्र के फैसलों पर निर्भर करना एक बड़ी गलती होगी। संयुक्त राष्ट्र मुल्कों की राष्ट्रीय सुरक्षा के हितों की रखवाली करने में अग्रणी भूमिका नहीं निभा सकता। संयुक्त राष्ट्र की कई एजेंसियाँ*

मानवीय सहायतावाले कामों में विशेषज्ञता हासिल कर चुकी हैं। जैसे, विश्व खाद्य कार्यक्रम ने 2000 में दुनिया के करीब 9 करोड़ लोगों के भोजन का इंतजाम किया। अगर उसकी मदद नहीं होती तो निश्चित रूप से इनमें से काफी लोग भुखमरी का शिकार हो जाते। फिर विश्व स्वास्थ्य संगठन ने सुदूर पूर्व और उत्तर अमेरिका में सार्स फैलने के दौरान उल्लेखनीय काम करके लाखों लोगों का जीवन बचाया। इसलिए आपदा की स्थिति में संयुक्त राष्ट्र को कंबल और टैंट बाँटने का काम करते रहने दीजिए; यह युद्ध रोकने और आक्रामकता को दबाने का कठिन काम नहीं कर सकता।"[32]

कई विद्वानों का मानना है कि सार्वभौम राष्ट्र-राज्यों और संयुक्त राष्ट्र जैसे अंतर्राष्ट्रीय राजनैतिक ढाँचे की समांतर उपस्थिति निरंतर उनके बीच राजनैतिक द्वंद्व जारी रखेगी। यह सही है कि वैश्विक व्यापार के आगे सरकारों की पुरानी हैसियत काफी बदल गई है और घट भी गई है। इस प्रवृत्ति में बढ़ते अंतर्राष्ट्रीय कानूनों और अंतर्राष्ट्रीय संस्थाओं की सक्रियता ने भी भूमिका निभाई है। फिर भी सरकार और मुल्कों की शासन व्यवस्था टिकाऊ है और यह बेमानी नहीं होने जा रही। इसलिए निकट भविष्य में सदस्य देश और संयुक्त राष्ट्र की सत्ता के बीच कानूनन संतुलन बन जाए, यह उम्मीद करना उचित ही है। सुरक्षा परिषद जैसी संस्थाओं के पुनर्गठन और कामकाज की शैली में बदलाव से ही नहीं, बदली हुई राजनैतिक, आर्थिक और सामाजिक वास्तविकताओं के अनुरूप संयुक्त राष्ट्र और अन्य एजेंसियों के नजरिए में परिवर्तन से ही यह संबंध बेहतर होगा।

वैश्विक मामलों में व्यावहारिकता लाने से ही टिकाऊ शांति प्राप्त करने का लक्ष्य पाया जा सकता है। इराक की स्थिति और आतंकवादी हमलों पर विश्व-जनमत द्वारा व्यक्त विचारों, सिद्धांतों और चिंताओं से शुभ संकेत ही निकलते हैं। किसी एक देश या देशों के समूह के हित और संयुक्त राष्ट्र के हित टकराएँ या एक हो जाएँ, यह प्रयास नहीं करना चाहिए। ऐसा होने से संयुक्त राष्ट्र के प्रति काफी सारे मुल्कों की आस्था घटेगी। संयुक्त राष्ट्र को सभी सदस्य देशों के साझा हितों को आगे बढ़ाने का मुख्य उपकरण बनना ही होगा। इसी से संयुक्त राष्ट्र का प्रपत्र एक जीवंत दस्तावेज और स्वयं संयुक्त राष्ट्र एक जीवंत संस्था बन सकती है।

एक समूह ऐसे लोगों का भी है, जो मानते हैं कि संयुक्त राष्ट्र में बदलाव होना चाहिए। ऐसा इसके संस्थागत स्वरूप में बदलाव करने से लेकर मानवाधिकार, गरीबी उन्मूलन, शांति और सुरक्षा जैसे क्षेत्रों में नई पहल करके किया जा सकता है। वैश्विक बाजार, वैश्विक मीडिया और वैश्विक आतंकी खतरों के दौर में व्यक्तियों और राष्ट्रों, दोनों की सुरक्षा और समृद्धि प्रभावी बहुपक्षीय व्यववस्था से ही संभव है।[33]

यह व्यापक तौर पर माना जाता है कि संयुक्त राष्ट्र के संस्थापकों के दिमाग में आतंकवादी हमलों और आज दुनिया के सामने आई नई समस्याओं की कल्पना नहीं हो सकती थी, ये बहुत बड़े आकार की और काफी जटिल समस्याएँ हैं। इसलिए

साझा कार्रवाई में नए नजरिए से काम करने से ही ये खतरे समाप्त होंगे–खासकर गैर-सरकारी स्तर पर होने वाली गतिविधियाँ। अपनी किताब 'द डिप्लोमेसी ऑफ होप' में न्यूटन आर. बावेल्स लिखते हैं कि असफलताओं की जाँच-पड़ताल करनी चाहिए न कि सफलताओं की। उनका निष्कर्ष है :

> *"अभी हम हिंसा, संदेह और निराश की धुंध से घिरे हैं। हमें पुराने समय वाले स्वप्नलोक [यूटोपिया] की जरूरत है, जिसके आधार पर हम आगे बढ़ सकें। काफी सारे निराशावादी लोग मौत का ही सपना देखते रहते हैं। तो हमारे लिए उम्मीद के आधार क्या हैं? निश्चित रूप से यह नव-उदारवाद बेरोक-टोक लोभ की भावना पर आधारित नहीं है। तो फिर संयुक्त राष्ट्र प्रपत्र से बढ़िया क्या कोई प्रस्थान बिन्दु हो सकता है? यहाँ तक पहुँचने के लिए 5 करोड़ लोगों के खून की जरूरत हुई। क्या अब हमें दूसरी शुरुआत के लिए ऐसा ही आधार तैयार करना जरूरी है? भविष्य तो उसी आधार पर बनेगा।"*[34]

आत्मरक्षा के लिए पहले हमला करने की अमेरिकी नीति संयुक्त राष्ट्र प्रपत्र की धारा-51 के अनुकूल नहीं है। न्यायविदों और राजनैतिक विद्वानों ने यह उचित ही कहा है कि ऐसे हमलों में भी हमला रोकने और आत्मरक्षा में हमला करने के बीच अंतर करना होगा। जब राष्ट्रपति जार्ज बुश ने सितंबर 2002 में राष्ट्रीय सुरक्षा संबंधी नई अवधारणा की घोषणा की तो उन्होंने स्पष्ट कहा कि "अमेरिका किसी खतरे को पूरी तरह तैयार होने के पूर्व ही समाप्त करने की कार्रवाई"[35] करेगा। युद्ध रोकने का यह सिद्धांत तो अमेरिका से जरा भी असहमति रखनेवाले किसी भी मुल्क पर बिना सुरक्षा परिषद की मंजूरी के हमला करने की बात करता है, पर यह संयुक्त राष्ट्र के सिद्धांतों के पूरी तरह खिलाफ है।

1990 में कुवैत पर इराकी हमले के बाद सुरक्षा परिषद ने पाँचों स्थायी सदस्यों और खासकर अमेरिका को पूरा समर्थन दिया और यह भी दिखा दिया कि वह बड़े से बड़ा फैसला करने में सक्षम है। पूर्ण प्रतिबंध लगाने और उस पर अमल कराने की उसकी क्षमता भी स्पष्ट रूप से दिखी और साझा सैनिक कार्रवाई करने की क्षमता भी।

शांति बनाए रखने के मामले में अंतिम निर्णायक केंद्र के रूप में सुरक्षा परिषद को ही काम करना चाहिए। पर इसके साथ यह भी समझा जाना चाहिए कि एक न्यायवादी संस्था सशस्त्र टकरावों को सँभालने और शांति बनाए रखने का काम अकेले पूरा नहीं कर सकती। सौभाग्य से दुनिया में बढ़ती आर्थिक एकता, संवेदनशील और प्रभावशाली गैर-सरकारी संगठनों का उभार, अंतर्राष्ट्रीय स्तर पर पर्यावरण की समस्याओं, मास मीडिया का विस्तार और सचेत नागरिकों तथा नेताओं की सक्रियता भी दुनिया में शांति बनाए रखने की मुहिम में महत्वपूर्ण योगदान करने लगी है। संयुक्त राष्ट्र को इन सबकी शक्ति और समर्थन का भी पूरा उपयोग करना चाहिए।

संयुक्त राष्ट्र या किसी भी अंतर्राष्ट्रीय संस्था की कुशलता और सक्षमता के लिए पिभिन्न सदस्य देशों के राष्ट्रीय नेतृत्व की अच्छाई, बुराई और उनकी विश्वदृष्टियों का भी बहुत महत्व है। इनिस एल. क्लाउड जूनियर ने सही कहा है :

> *"अंतर्राष्ट्रीय संगठन दुनिया को उसके राजनेताओं की विशेषता पर निर्भरता से मुक्ति नहीं दिला सकता। कोई ढाँचा कितना भी अच्छा हो, वह राजनैतिक सोच, आचरण, समझदारी और कामकाज की शैली नहीं बता सकता। अंतिम विश्लेषण में अंतर्राष्ट्रीय संगठन की संभावनाएँ और सीमाएँ सदस्य देशों के राजनैतिक बलों की गुणवत्ता के आधार पर ही तय होती हैं। संयुक्त राष्ट्र में अगर कमियाँ दिखती हैं तो इसका मतलब इसके संविधान पर ध्यान देने के साथ साथ राष्ट्रीय नीतियों और नेतृत्व के आधार पर भी विचार और समीक्षा की जरूरत है।"*[36]

आज के परस्पर संबद्ध जगत में असफल मुल्क वैश्विक सुरक्षा के लिए सबसे बड़ा खतरा बन गए हैं। ऐसे मुल्कों के किसी बड़े टकराव के ठीक पहले, उसके दौरान या उसके ठीक बाद भरभराकर गिर जाने का खतरा होता है। जब केंद्र कमजोर पड़ जाता है, तब अव्यवस्था फैल जाती है और आतंकवादी, नशे के व्यापारी, अवैध हथियारों के सौदागर और अन्य किस्म के अपराधी कामों में लिप्त गिरोह वहाँ अड्डा जमा लेते हैं। इन्हें बड़े अपराधियों, गिरोहबाजों के साथ-साथ धार्मिक कठमुल्लावादी ताकतों से भी संरक्षण मिलने लगता है। समकालीन इतिहास में इस चीज का सबसे अच्छा उदाहरण अफगानिस्तान है।

अंतर्राष्ट्रीय कानून इस आधार पर बने हैं कि युद्ध में सार्वभौम देश भिड़ेंगे। ऐसी स्थिति में संयुक्त राष्ट्र जैसी संस्था के लिए युद्ध रोकने में सुविधा होती है। पर लोगों और तानाशाहों के बीच की लड़ाई में स्थिति एकदम अलग हो जाती है। यहाँ दखलंदाजी, सहायता और डाँट-फटकार के बीच का फर्क एकदम गड़बड़ा जाता है और संयुक्त राष्ट्र जो कुछ भी करे, उसे उसके प्रपत्र से अलग करके बताया जा सकता है।

मजबूत मुल्कों के बीच शक्ति-संतुलन पर भी शांति काफी हद तक निर्भर होती है-बल्कि कई लोग मानते हैं कि बीच-बचाव या रखवाली से शांति हासिल करने की जगह ऐसी स्थिति ज्यादा लाभदायक होती है। इसके लिए जरूरी है कि सभी राष्ट्र-राज्यों की सार्वभौमिकता बनी रहे और वैश्वीकरण के इस दौर में सिर्फ शासक जमात को ही आर्थिक लाभ न मिले, बल्कि लोकतांत्रिक व्यवस्थाओं के जरिए आम लोगों को भी लाभ दिलाने का इंतजाम होना चाहिए। पहला काम तो टकरावों को उभरने से रोकने का ही होना चाहिए और अगर ऐसा न हो पाए तो टकराव के उभरते ही सार्थक शांति-समझौते का प्रयास करना चाहिए। यही बात सबके हक में है।

संयुक्त राष्ट्र की भूमिका को एक उभरती विश्व सरकार के हिसाब से देखने की जगह विवादों को सुलझाने के केंद्र और प्राधिकार के रूप में देखना होगा। इसकी

पूर्व शर्त है–कानून का राज और संयुक्त राष्ट्र प्रपत्र के प्रति सदस्य देशों की निष्ठा और सहयोग। इराक पर अमेरिकी हमले के जरिए सैनिक दखल देने का संयुक्त राष्ट्र का एकाधिकार टूटने की घटना को एक अपवाद मानना बेहतर है और इसे दोहराने की जरूरत नहीं है।

आतंकवाद के खिलाफ जंग को दो परस्पर जुड़े परिप्रेक्ष्यों में देखने की जरूरत है। पहला, आतंक के खिलाफ युद्ध आतंकवाद को बढ़ावा देनेवाले और इसे खत्म करनेवाले मुल्कों के बीच की लड़ाई है। इस नजरिए से काम करते हुए उन देशों की सरकारों पर दबाव बढ़ाने की जरूरत है, जिनकी जमीन से आतंकवादी गिरोह और संगठन काम करते हैं और जिनसे स्थानीय सरकार का प्रत्यक्ष-अप्रत्यक्ष एका है। इन सरकारों पर दबाव डाला जाए कि वे इन जमातों को नियंत्रित करें। दूसरे, जब गैर-सरकारी स्तर पर काम करनेवाली जमातों या कई देशों से ऊपर ही ऊपर मेल रखकर काम करनेवाले गिरोहों का मामला हो तो सैनिक समाधान की जगह कानून को सख्ती से लागू कराने पर जोर दिया जाना चाहिए और अवैध हथियारों, नशीले पदार्थों, काले धन और अपराधियों से निपटने के मामले में अंतर्राष्ट्रीय सहयोग को बढ़ाना चाहिए।

किसी भी टकराव के शांतिपूर्ण समाधान के लिए ऐसे वातावरण की जरूरत होगी, जिसमें विवादग्रस्त सभी पक्ष मिल सकें, संवाद कर सकें और एक-दूसरे की बातों को ज्यादा से ज्यादा समझकर अपने रुख में बदलाव कर सकें। अंतर्राष्ट्रीय स्तर पर ऐसे स्पष्ट प्रपत्र को बनाने और स्वीकार करने से-जो संयुक्त राष्ट्र करता भी है-इस मामले में काफी सुविधा होती है। जैसा कि संयुक्त राष्ट्र के पूर्व महासचिव डैग हैमारस्क्जनोल्ड ने 1961 में कहा था :

> *"संयुक्त राष्ट्र अभी युवा है और बढ़ रहा है, इसका गठन ही दुनिया के लोगों की इस इच्छा का प्रमाण है कि वे युद्ध का रास्ता छोड़कर कानून के राजवाली व्यवस्था चाहते हैं। इससे संविधान द्वारा तय उद्देश्य और सिद्धांतों को पूरी तरह मानने और समस्याओं को सुलझाने में उन पर अमल करने का काम अभी पूरी तरह नहीं हुआ है, लेकिन यह भविष्य के लिए एकमात्र विश्वस्त रास्ता पेश करता है, जिससे शांति और न्याय को हासिल किया जा सके।"* [37]

ये बातें आज भी सही हैं। यह सही है कि दुनिया में महाशक्तियाँ हैं, लेकिन संयुक्त राष्ट्र की स्थापना महाशक्तियों के क्लब के रूप में नहीं की गई थी। इसकी जगह सभी मुल्कों को बराबर मानकर उनका समुदाय बनाने का फैसला किया गया था। इस बात को समझना होगा कि संयुक्त राष्ट्र को कमजोर, अप्रासांगिक और उसके विघटन का जो भी कोई काम हमारी तरफ से होगा, उसका हमें विरोध करना होगा। भले ही हमारा उद्देश्य बदलाव हो, पर ऐसे नुकसानदेह कामों का मतलब प्रगति नहीं हो सकता। जैसा कि आर. जी. कोलिंगवुड हमें बताते हैं कि हमें "अब यह बात

समझ ही लेनी चाहिए कि प्रकृति का कोई उबार कानून हमें हमारी अज्ञानता के फन्दों से नहीं बचा सकता।"[38]

राष्ट्रों की आशाओं और आकांक्षाओं को पूरा करने की क्षमता रखनेवाले एकमात्र विश्व संगठन संयुक्त राष्ट्र के सामने आज काफी बड़ा काम लंबित है। इससे निपटने के प्रयास में 'बहुधा' दर्शन उसके लिए निम्नलिखित तरीके से उपयोगी मार्गदर्शक बन सकता है :

(1) तरह-तरह के विचारों और संस्कृतियों के बीच साझेपन की पहचान करने में;

(2) सांस्कृतिक विविधता, जातीय, धार्मिक और भाषायी अंतरों को समझने के लिए बहुलतावाद एक विचार है और इससे संस्कृति संबंधी दूसरों के नजरिए को समझा जा सकता है; और

(3) राष्ट्रों के बीच मेलजोल विकसित करने में बहुधा केंद्रीय विचार बन सकता है। यह एक मुल्क द्वारा दूसरे के जीवन, धर्म, विज्ञान और आध्यात्मिकता संबंधी नजरिए को समझने की क्षमता भी बढ़ाता है।

ऐसी समझ विकसित करने के मंच के तौर पर संयुक्त राष्ट्र काम कर सकता है। आज जिस तरह की सूचना-क्रांति हुई है और जिस तरह से पलक झपकते करोड़ों लोगों तक सूचनाओं का पहुँचना संभव हो गया है, उसमें यह जरूरी है कि भूमंडलीकरण के उपकरणों, उसमें भी खास तौर से इंटरनेट और मास मीडिया का रचनात्मक और ज्यादा उपयोग शांति के लिए हो।

संदर्भ और टिप्पणियाँ

1. इसाह, अध्याय 2, पद 4, न्यूयार्क स्थित संयुक्त राष्ट्र मुख्यालय के बाहर शिलापट्ट पर उत्कीर्ण।
2. वाशिंगटन पोस्ट, नेशनल वीकली, 15-21 दिसंबर 2002
3. 1944 के डंबर्टन ओक प्रस्तावों के आधार पर ही संयुक्त राष्ट्र प्रपत्र तैयार हुआ। इस सम्मेलन में अमेरिका, ब्रिटेन, सोवियत संघ और चीन जैसी बड़ी शक्तियों ने यह संगठन बनाने की कुछ बुनियादी शर्त्तों पर सहमति दी थी।
4. राष्ट्रसंघ की स्थापना 1919 में प्रथम विश्वयुद्ध के बाद वार्सा संधि के अनुरूप 1920 में हुई थी, पर इसके प्रावधानों को वैधानिक मान्यता न होने से यह किसी भी मामले में ज्यादा प्रभावी न हो पाने के चलते असफल हो गया। पर शायद सबसे बड़ी वजह थी अमेरिका का इसमें शामिल न होना। विडंबना है कि राष्ट्रसंघ की अवधारणा अमेरिकी राष्ट्रपति वूड्रो विल्सन ने ही पेश की थी।
5. राष्ट्रसंघ प्रपत्र का प्राक्कथन, पूरे पाठ के लिए देखें; स्टीफन पी, श्लेसिंगर, ऐक्ट ऑफ क्रिएशन, संयुक्त राष्ट्र, न्यूयार्क, 2003, पृ. 295-321
6. पूर्वोक्त, पृ. 296
7. पूर्वोक्त, पृ. 296
8. ब्रेडनवुड अमेरिका के न्यू हैम्पशायर के एक रिजार्ट होटल का नाम है, जहाँ हुई बैठक के बाद

ये संस्थाएँ बनीं।
9. जोजेफ स्टिग्लिट्ज, ग्लोबलाइजेशन एंड इट्स डिस्मेंटेंट्स, डब्लू. डब्लू. नार्टन एंड कंपनी, न्यूयार्क, पृ. 233-234
10. सोवियत संघ और पश्चिमी देशों ने इस आशय के प्रस्ताव के पक्ष में वोट नहीं दिया। वोट के समय वे अनुपस्थित रहे।
11. बुतरस घाली, एजेंडा फार पीस, संयुक्त राष्ट्र, न्यूयार्क 1992
12. माइकल जे. ग्लेनन, आइडियालिज्म एंड यूनाइटेड नेशन्स, पालिसी रिव्यू, फरवरी-मार्च 2005, पृ. 3-14
13. संयुक्त राष्ट्र प्रपत्र का प्राक्कथन।
14. दूसरी मानव विकास रिपोर्ट, 2003, यूएनडीसी।
15. फरीद जकारिया, टाइम, 27 जून 1995
16. न्यूटन आर. बोवेल्स, द डिप्लोमेसी ऑफ होम, यूनाइटेड नेशन्स सिंस मोल्ड वार, आईबी शमरिस, लंदन, 2004, पृ. 161-62
17. पूर्वोक्त, पृ. 166-167
18. नेशनल सिक्यूरिटी स्ट्रेटजी ऑफ द यूनाइटेड स्टेट्स, ह्वाइट हाउस, वाशिंगटन, डीसी, 2002, पृ. 6
19. संयुक्त राष्ट्र प्रपत्र, पृ. 307
20. नेशनल सिक्यूरिटी स्ट्रेटजी, पूर्वोक्त पृ. 18
21. तोबियास डेबियल, स्ट्रेंग्थनिंग द यूएन द फ्यूराइल अफेक्ट और फिजीकल अल्टरनेटिव। यह आलेख भी उदय भास्कर द्वारा संपादित पुस्तक 'यूनाइटेड नेशन्स : मल्टीलैटरलिज्म एंड इंटरनेशनल सिक्यूरिटी' में संकलित है। आईडीएसए, नई दिल्ली, 2005, पृष्ठ-574-591
22. स्टीफन श्लेसिंगर, रिटर्न ऑफ मल्टीलैटरलिज्म : यूनाइटेड स्टेट्स एंड द वर्ल्ड। पूर्वोक्त, पृष्ठ-73-87
23. महासचिव की उच्चस्तरीय कमेटी की रिपोर्ट, संयुक्त राष्ट्र, न्यूयार्क, 2004, अनुच्छेद 194, पृ. 55
24. उच्चस्तरीय कमेटी रिपोर्ट, अनुच्छेद 186, पृ. 54
25. 2005 वर्ल्ड समिट हाई लेवल प्लेनरी मीटिंग, 14-16 सितंबर 2005 (यूएन डिपार्टमेंट ऑफ पब्लिक इन्फार्मेशन द्वारा सितंबर 2005 को जारी।
26. संयुक्त राष्ट्र आम सभा के 59 वें सत्र में पारित प्रस्ताव।
27. उच्चस्तरीय कमेटी रिपोर्ट, अनुच्छेद 251-253। पृ. 67-68
28. जैसे, इराक युद्ध के पहलेवाले समय में सुरक्षा परिषद की बैठकों का नजारा बहुत गड़बड़ था। स्थायी सदस्यों में फ्रांस और जर्मनी एक ओर थे और अमेरिका और ब्रिटेन दूसरी ओर। अन्य देशों ने इतना सख्त रुख नहीं अपनाया था।
29. देखें संयुक्त राष्ट्र प्रेस विज्ञप्ति, एस जी/एस एस / 1962, 18 सितंबर 2001
30. डोरे गोल्ड, टॉवर ऑफ बेबल, हाउ द यूनाइटेड नेशन्स हैज फ्यूएल्ड ग्लोबल कंपास, क्राउन फोरस, न्यूयार्क,
31. पूर्वोक्त, पृ. 233
32. पूर्वोक्त, पृ. 238
33. जेम्स पी. मुल्हुन जू., द आर्किटेक्चर ऑफ ग्लोबल गवर्नेंस : ऐन इंट्रोडक्शन टू द स्टडी ऑफ इंटरनेशनल आर्गेनाइजेशन्स, वेस्टर्न प्रेस, वाउल्डर, 2004, पृ. 267-8

34. न्यूटन आर ब्रोतेल्स, पूर्वोक्त, पृ. 168-69

35. बुशेस न्यू सिक्यूरिटी प्लान-स्ट्राइक फर्स्ट काल्स फार शिफ्ट फार रिएक्टिव टू प्रोएक्टिव डिफेंस अगेंस्टटेरोरिज्म।

36. इनिस एल. क्लाउड, सोर्ड्स इनटू प्लाऊ शेयर्स, प्रोब्लेम्स एंड प्रोग्रेस ऑफ इंटरनेशनल आर्गेनाइजेशन, डिजाइन्ड बाई जे. एस. वाल, पहला संस्करण, 1956, चौथा संस्करण 1988, पृ. 446

37. डेग हैम्मर्सगोल्ड, पैकेज फार यूथ, यूनाइटेड नेशन डे-1967

38. आर. जी कोलिंगवुड, द आइडिया ऑफ हिस्ट्री, रेंडन प्रेस, ऑक्सफोर्ड, 1993, पृ. 334

V

बहुधा का भविष्य

अध्याय-12

निष्कर्ष

"जिन बच्चों को मिलना होता है, वे खुशी-खुशी आधे रास्ते तक बढ़ जाते हैं। प्रेम की शक्ति पहाड़ को भी हिला देती है।"[1]

—नादिन गोर्डियर

वैश्वीकरण, लोकतंत्र और शांति के जिन मुद्दों ने, खास तौर से 1989 के बाद के, हमारे जीवन पर गहर असर डाला है, वही 21वीं सदी के सर्वाधिक महत्वपूर्ण वैश्विक रुझान बने रहेंगे।

9 दिसंबर 1989 को बर्लिन की दीवार का टूटना कई बातों का प्रतीक था; मसलन शीत युद्ध की समाप्ति, सोवियत संघ का विघटन, भूमंडलीकरण का प्रसार, लोकतंत्र और शांति की ताकतों का सुदृढ़ीकरण। इसने संयुक्त राष्ट्र, यूरोप में और दुनिया के अन्य अनेक हिस्सों में वैश्विक, क्षेत्रीय और स्थानीय मुद्दों को सँभालने की नई मानसिकता पैदा की। यही नहीं, इस घटना ने दुनिया का शक्ति-संतुलन लोकतंत्र, सर्वसम्मति, मुक्त बाजारोन्मुख शासन के पक्षधरों की ओर झुका दिया और केंद्रीय स्तर पर योजनाबद्ध अर्थ-व्यवस्था चलाने की वकालत करने वाली तानाशाही व्यवस्थाएँ पिछड़ गईं। शीतयुद्ध दो तरह की आर्थिक व्यवस्थाओं-पूँजीवाद और साम्यवाद के बीच संघर्ष की परिणति था, पर बर्लिन की दीवार गिरने के बाद सिर्फ एक ही व्यवस्था रह गई। इस नए युग में अर्थव्यवस्थाओं का संचालन लोगों की माँगों, आकांक्षाओं और हितों के आधार पर होगा, भले ही सरकार और बाजार भी वहाँ प्रभावी रहेंगे। लगता है कि जनता के धन का जो दुरुपयोग कल तक होता था, भविष्य में नहीं होगा। साथ ही इसका संचालन मुट्ठी-भर शासक गिरोह के हितों के लिए नहीं होता रहेगा।

30 जुलाई 1997 को जब हांगकांग चीन के हवाले हुआ तो यह उपनिवेशवाद के अंत का भी प्रतीक था। इतिहास के परिप्रेक्ष्य में यह घटना इस बात की भी पुष्टि करती थी कि अब हम लोकतांत्रिक युग में जी रहे हैं। अपने अद्‌भुत विश्लेषण में फरीद जकारिया लिखते हैं :

"1900 में किसी एक देश में भी वह शासन-व्यवस्था न थी, जिसे हम लोकतंत्र कहते हैं : वयस्क नागरिकों के वोट से चुनी गई सरकार। आज 119 देशों मे ऐसी सरकारें हैं और यह पूरी दुनिया के देशों का 62 फीसदी हिस्सा है। जो चीज कभी उत्तरी अटलांटिक के आसपास के कुछेक देशों में ही थी और अजीब-सी मानी जाती थी, वही आज मानवजाति के लिए मानक मानी जाने लगी है। राजशाही अब इतिहास की किताबों की चीज बन गई है और फासीवाद तथा साम्यवाद बुरी तरह बदनाम हो चुके हैं। इस्लामी धर्म-दर्शन भी थोड़े से कट्टरपंथियों की ही पसंद है। दुनिया के अपार बहुमत के लिए आज राजनैतिक वैधता का एकमात्र स्रोत लोकतंत्र ही है। मिस्र के होस्नी मुबारक और जिम्बावे के राबर्ट मुगाबे जैसे तानाशाह भी राष्ट्रीय चुनाव कराने के लिए काफी प्रयास करते हैं-भले ये दिखावे के तौर पर हो और उनकी ही जीत तय हो। जब लोकतंत्र के दुश्मन उसकी पदावली बोलने लगें और उसके कार्य-व्यवहार की नकल करने लगें, तब आप जान जाते हैं कि प्रजातंत्र के लिए जंग जीती जा चुकी है।[3]

11 सितंबर 2001 को न्यूयार्क स्थित वर्ल्ड ट्रेड सेंटर की बर्बादी ने अंतर्राष्ट्रीय संबंधों में सबके मन में नई दीवारें खड़ी कर दीं। उसने नफरत की ऊर्जा को प्रदर्शित किया था, उसने आतंकवाद और आतंकवादियों की नुकसान करने की क्षमता को प्रदर्शित किया था। उसने संकेत दिया था कि आतंकवादी लक्ष्यों के लिए धर्म का उपयोग किया जा सकता है और किया जाएगा। उसने सभ्य, लोकतांत्रिक समाजों के मन में आतंक पैदा किया। उसने दुनिया के लिए नए और परेशानी भरे दौर की शुरुआत का संकेत भी दिया। दरिद्रता, अज्ञान और एड्स जैसी बीमारियों ने वैश्विक चिंता के विषयों की सूची में न सिर्फ अपना नाम लिखवाया बल्कि पहला स्थान भी पा लिया। अनेक लोगों का मानना है कि आतंकवाद सिर्फ शांति के लिए ही नहीं, स्वतंत्रता, धर्मनिरपेक्षता, भूमंडलीकरण और इनके साथ जुड़ी सारी अच्छी बातों के लिए खतरा है।

इन तीन प्रमुख घटनाओं ने अनेक आशंकाओं को जन्म दिया है और इन सबका हमारे समाज और राजनीति के लिए काफी महत्व है। इन चीजों का उन पर गहरा प्रभाव भी पड़ता है। आज अनेक सवाल पूछे जा रहे हैं : क्या हम युद्धविहीन और टकरावमुक्त युग में प्रवेश कर रहे हैं? क्या हम निश्चित तौर पर कह सकते हैं कि आनेवाले दिनों में मजहब आत्मघाती दस्तों को नहीं उकसाएगा या आतंकवादी दस्ते धर्म के नाम पर निर्दोष लोगों की हत्या और संपत्ति को बर्बाद करने का काम नहीं करेंगे? क्या आतंकवाद खुद ही वैश्विक राजनीति से विदा हो जाएगा? क्या जातीय और धार्मिक समूहों में मेल-मिलाप न होने और परस्पर अविश्वास बने रहने से सामाजिक सद्भाव में गिरावट के नए दौर की शुरुआत हो रही है? और क्या हम कानून का शासन और समानता पर आधारित वैश्विक राजनैतिक व्यवस्था पा सकते हैं?

शांति से खतरे

प्रसिद्ध पत्रकार रार्बट डी. केप्लान ने अपने चर्चित लेख 'द डेंजर्स ऑफ पीस' में अमेरिकी संदर्भ में विश्वशांति की नाजुकता/ क्षणभंगुरता के बारे में लिखा है :

> *"निश्चित रूप से सामान्य ढंग से तो युद्ध और हिंसक मौत से खराब कुछ भी नहीं होता। पर यह सच्चाई बार-बार सामने आ रही है कि शांति प्राथमिक लक्ष्य के रूप में खतरनाक है, क्योंकि आप इसके लिए बाकी सभी चीजों को कुरबान कर देते हैं : हमारे जैसे तकनीकी रूप से विकसित समाज में शांति का लंबा दौर अनेक बड़ी बुराइयों को जन्म दे सकता है, और मुख्यतः शांत और विश्व संगठन द्वारा अच्छे ढंग से शासित दुनिया की कल्पना कोई आशावादी दृष्टिकोण नहीं है, यह एक नुकसानदेह सोच है।"* [4]

केप्लान यह सोचनेवाले अकेले बौद्धिक नहीं हैं कि स्थायी और पूर्ण शांति वाली दुनिया में बहादुरी की, कुछ नया कर दिखाने की प्रेरणा खत्म हो जाएगी। सैनिक ताकत की तरफ से मुँह फेरने से सिर्फ एक देश का ही नहीं, एक परिवार का भी निश्चित नुकसान होगा, वे कमजोर होंगे। लेकिन सभ्यता का रास्ता शांति, विनम्रता, धैर्य, आत्मसंयम, संवाद और न्याय से होकर ही जाता है। विनम्र, शांत, दयालु और बुद्धिमान लोग उत्पाती और हड़बड़िया लोगों की तुलना में सभ्य होते हैं।

शिक्षा और अहिंसा

इतिहास के किसी दौर में मनुष्य के जीवित रहने के लिए हिंसा जरूरी रही होगी। किंतु आज परमाणु हथियारों तक पहुँच हो जाने के बाद यह आत्मघाती स्तर तक जा पहुँची है। इसलिए अहिंसा, करुणा, विनम्रता, बुद्धिमानी और संवाद ही वे गुण हैं, जिन्हें बढ़ावा दिया जाना चाहिए। जैसा कि राबर्ट थूरमन कहते हैं :

> *"हमें आत्मसंयम और विनम्रता सिखाने के लिए स्कूलों की और अपने को जीतने के लिए सामाजिक शिविरों की जरूरत है। हमें लोगों के बीच जाने, धर्मनिरपेक्ष पाठ्यचर्या बनाकर, व्यवहार मानस को अनुशासित करके उनकी मदद करने के लिए खुद को तैयार करने के लिए मठवाद और उसके अनुशासन की जरूरत है।"* [5]

शिक्षा-व्यवस्था ही विभिन्न धार्मिक समूहों के बीच की दूरी मिटाती है, लोगों को साझा सामाजिक दायरे में मेल-जोल करने में सक्षम बनाती है। हमारी कोशिश मौजूदा संस्थाओं को मजबूत करने के साथ ऐसी नई संस्थाएँ खड़ी करने की होनी चाहिए, जिसमें यह साझापन विकसित हो तथा नौजवानों में मेल-मिलाप और करुणा की भावना विकसित हो।

बहु-जातीय, बहु-धार्मिक समाजों के स्कूलों में अलग-अलग आस्थाओं

धार्मिक आर्थिक पृष्ठभूमियों के बच्चे साथ-साथ आते हैं। फिर उनका आपस में बातचीत करने, दोस्ती करने और फिर अपनी सोच और दृष्टियों को साझा करने का काम शुरू होता है। इस क्रम में आदर और सहनशीलता, करुणा और प्रेम जैसे बुनियादी मानवीय मूल्य जाति, धर्म, कबीले, आर्थिक असमानता और राजनैतिक मतभेद जैसे बँटवारों को लाँघ जाते हैं।

आतंकवाद और असफल राष्ट्र

आतंकवाद आज वास्तविक अर्थों में एक वैश्विक परिघटना बन चुका है और उतना ही बहुराष्ट्रीय है, जितना माइक्रोसाफ्ट। यह बहुत ही मारक और सस्ता है। आतंकवादी अनिवार्यतः चोरी-छुपे हमला करते हैं, किसी कंप्यूटर इंजीनियर की योजना के अनुसार काम करते हैं और विज्ञान तथा तकनीक के नए से नए तरीके का इस्तेमाल करते हैं। इस मैदान के अनेक खिलाड़ी हैं : धार्मिक उग्रवादी, अपराधी, नशीले पदार्थों के कारोबारी, माफिया और अवैध हथियारों के सौदागर। यह एकदम गैर-परंपरागत युद्ध है, जिसे परंपरागत तरीकों या हथियारों से नहीं लड़ा जाता। मुल्कों को उनसे लड़ने में पूरी चौकसी तो बरतनी ही होगी, लचीलापन भी अपनाना होगा। इसके लिए वैश्विक स्तर पर समर्थन की भी जरूरत है और उसकी गुंजाइश भी है। आतंकवाद से प्रभावशाली ढंग से न निपटने पर 'असफल' या 'असफल होते' मुल्कों में अपराधी तत्व, नशीले पदार्थों और हथियारों के सौदागर तथा धार्मिक मूलवादी-अतिवादी गठजोड़ करके अपना अड्डा जमा लेते हैं। अफ्रीका, एशिया, पूर्वी यूरोप, लातिन अमेरिका और मध्य-पूर्व के अनेक ऐसे मुल्क हैं, जहाँ लंबे गृहयद्धों और अव्यवस्था से ऐसी स्थिति बन गई है कि शासन नाम की कोई चीज ही नहीं रह गई है।

क्या मानवता के विकास में आतंकवाद भी एक गुजर जानेवाला दौर है? क्या कभी ऐसा वक्त भी आएगा, जब हमारे धर्म अतिवादियों और आतंकियों को उनके उद्देश्यों के लिए प्रेरित करना बंद कर देंगे? जब मैं इन सवालों पर विचार कर रहा था, तभी मैंने संयोग से ब्रिटिश मनोचिकित्सक डॉ. थियोडोर डेलरिंपल तथा महाकवि और दार्शनिक रवीन्द्रनाथ टैगोर की रचनाएँ एक साथ पढ़ीं।

शहरी नीति संबंधी पत्रिका 'सिटी जर्नल' (वसंत 2004) में लिखे अपने एक लेख में डेलरिंपल ने ब्रिटिश जेल में बंद मुसलमान कैदियों से अपने संपर्क और बातचीत का बहुत विस्तार से वर्णन किया है। डेलरिंपल ने पाया कि इस्लाम की शिक्षा देनेवाले अधिकांश स्कूल कुरान को ऐसी दैवी रचना मानते हैं, जिसकी पुनर्व्याख्या या साहित्यिक आलोचना संभव नहीं है। यह एक पवित्र किताब है, जिसे याद कर लेना चाहिए, जिसमें आधुनिक जीवन की जरूरतों और अवसरों के अनुरूप कोई हेरफेर संभव नहीं है। ब्रिटिश जेलों में पड़े इन मुसलमान नौजवानों के मन में

यह दुविधा थी कि या तो वे अपने प्रिय धर्म को छोड़ दें या फिर मानव समाज द्वारा किए गए तकनीकी विकास से सदा के लिए दूर रहें। इनमें से कोई भी विकल्प उन्हें रुच नहीं रहा था। फलस्वरूप शक्तिशाली होने तथा आधुनिक दुनिया में सफ़लता पाने की इच्छा और अपना धर्म न छोड़ने की चाहत के द्वंद्व को वे सुलझा नहीं पाते थे। उनमें से कुछ के लिए इसका समाधान था अपने शरीर से बम बाँधकर किसी 'दुश्मन' को उड़ा देने के साथ खुद भी उड़ जाना। लोगों के सामने जब इतने भारी द्वंद्व हों तो उनका क्रोध भी असीम हो उठता है और वे खुद को रोक नहीं पाते हैं।

रवीन्द्रनाथ टैगोर ने भी मानव चिंतन में हो रहे द्वंद्व की बात स्वीकारी है। 'द रिलीजन ऑफ मैन' नामक अपनी किताब में टैगोर कहते हैं, "उसका अस्तित्व तो स्पष्ट दिखनेवाले तथ्यों के बीच होता है और वह इससे ऊपर उठकर गहरे अर्थों की तलाश करता है।" वे आगे लिखते हैं :

> *"सच्चाई की उसकी उपलब्धियाँ उसकी अपनी जरूरत से काफी अधिक होती हैं और उसकी आत्मानुभूति उसे स्वार्थ के दायरे से ऊपर ले जाती है। यह उसके लिए एक अनंत का अनुभव करने जैसा होता है तथा इससे उसका धर्म उसके लिए वास्तविक बन जाता है और वह सच्चाई और अच्छाई का व्यवहार करने लगता है। सिर्फ मनुष्य के लिए ही धर्म है, क्योंकि प्राकृतिक अवस्था से उसका विकास आत्मा की परिपूर्णता की ओर हो रहा है।"*[6]

ऐसे में हम निश्चित रूप से कह सकते हैं कि ब्रिटिश जेल में बंद मुसलमान नौजवानों को भी एक न एक दिन अपने धर्म की वास्तविक अनुभूति होगी और उसकी अभिव्यक्ति अच्छाई और सच्चाई के रूप में ही सामने आएगी; क्योंकि हर धर्म प्रेम और घृणा के बीच इस किस्म की दुविधा का जबाव देता है और आखिरकार सारी शंकाएँ मिटकर सत्य और शांति का रूप लेती हैं।

उत्तर-गाँधीवादी युग

गाँधी के बादवाले दौर में मेल-मिलाप और शांतिपूर्ण ढंग से समस्या को निपटाने के दो महत्वपूर्ण प्रयासों का उदाहरण दिया जाना चाहिए। ये उदाहरण हैं तिब्बत के दलाईलामा और दक्षिण अफ्रीका के नेल्सन मंडेला। इन दोनों के प्रयासों से हमें यह विश्वास होता है कि विश्व के महत्वपूर्ण नेता इतिहास द्वारा दिए गए जख्मों पर मरहम लगाने के काम में प्रमुख भूमिका निभा सकते हैं।

तिब्बत की स्वायत्तता और आत्मसम्मान की माँग करते हुए भी दलाई लामा जोर देकर कहते हैं कि चीनी लोग हमारे 381भाई-बहन हैं और वे उनसे संवाद करना चाहते हैं। उन्होंने पाँच दशकों से चल रही अपनी लड़ाई को पूरी तरह अहिंसक रखा

है। दलाई लामा और उनके तिब्बती अनुयायियों को अभी तक अपना राजनैतिक लक्ष्य नहीं मिला है, लेकिन दुनिया-भर में उनके अहिंसक संघर्ष और निश्चय की प्रशंसा हो रही है।

दक्षिण अफ्रीका का पहला लोकतांत्रिक राष्ट्रपति बनने के बाद नेल्सन मंडेला ने अपनी सरकार के काम-काज का उद्घाटन उस गोरे जेलर से कराया, जिसने उन्हें सबसे लंबे समय तक कैद में रखा था। उन्होंने रंगभेदी शासन के प्रमुख डी. क्लार्क के साथ मिलकर ही वह सामाजिक और राजनैतिक व्यवस्था बनाई, जो नस्ल और रंगभेद पर आधारित नहीं है। यह चीज तभी संभव हुई, जब नेल्सन मंडेला और अफ्रीकी नेशनल कांग्रेस के उनके साथियों ने लोकतंत्र, संवाद, सच्चाई की ताकत और लोगों को बदल सकने की शक्ति में पूरा विश्वास बनाए रखा।

दिमागी अड़चनें

बर्लिन की दीवार का गिरना सिर्फ शीतयुद्ध की समाप्ति का ही प्रतीक नहीं था, बल्कि लोकतंत्र और खुलेपन के विस्तार का प्रेरक भी था। उससे व्यक्तिगत आजादी और मानवाधिकारों की प्रेरणा भी विकसित हुई। दुनिया को यह नया अहसास हुआ कि युद्ध, पूर्वाग्रह और संकीर्ण विचारधाराएँ दुनिया-भर के स्त्री-पुरुषों को आपस में बाँट देती हैं। दीवारें वैसे तो बाहर ही खड़ी होती हैं, पर कई बार वे हमारे मने में भी उठ खड़ी होती हैं। ऐसी दीवारें मन-मस्तिष्क के तहत ही बनती हैं और वही उन्हें गिरा सकती हैं। 9/11 के हादसे के बाद भारतीय संसद पर और मैड्रिड, लंदन, चेचेन्या, जम्मू-कश्मीर और बाली में हुए आतंकवादी हमलों ने ऐसी नई आंतरिक दीवारें ही खड़ी की हैं; जिन्हें गिराया जाना जरूरी था।

भावी इतिहासकार 11 सितंबर 2001 के बाद को आतंकवाद का युग कहने के लोभ में पड़ सकते हैं। यह सवाल पूछा जाने लगा है कि क्या कुछ सौ आतंकवादी ही आनेवाले दशकों में विश्व-राजनीति के केंद्र में रहेंगे। यह भी धीरे-धीरे स्वीकार किया जाने लगा है कि लोग आतंकवादी के रूप में पैदा नहीं होते, बल्कि वे पाकिस्तानी, भारतीय, चीनी या अमेरिकी के तौर पर ही पैदा होते हैं। वे खास राजनैतिक और व्यक्तिगत स्थितियों में आतंकवादी बन सकते हैं और अगर स्थितियाँ बदल जाएँ तो वे भी बदल सकते हैं। हमने दुनिया के विभिन्न देशों में देखा है कि अगर स्थितियाँ न बदलें तो दस आतंकवादियों को मार डालने से भी कोई फर्क नहीं पड़ता, क्योंकि उनकी जगह सौ आतंकवादी पैदा हो जाते हैं। कुछ बंद दिमाग लोगों को छोड़कर कोई भी आदमी आतंक को किसी भी बात का समाधान नहीं मान सकता। टिमोथी गार्टन ऐश कहती हैं :

> *"आज की दुनिया में बँटवारे वाली कई दीवारें हैं। एक दीवार इजरायल और फिलीस्तीन के बीच उठाई जा रही है, जो जगह-जगह बर्लिन की दीवार*

जैसी दिखती है। यूरोप और अमेरिका ने अपने इर्द-गिर्द व्यापार और संरक्षणवाद की दीवारें उठा ली हैं। पर इन सबके ऊपर हैं मन की दीवारें। अगर हम अपनी आवाज ऊँची करेंगे, तभी ये दीवारें नीचे आएँगी। हमारी संख्या बहुत बड़ी है और हमने अभी जुबान नहीं खोली है। अब बात हमारे ही ऊपर है।"[7]

हमें यह महसूस करना होगा कि बिना न्याय के वास्तविक शांति नहीं हो सकती और जब तक दुनिया में अन्याय और शोषण है, लोग विद्रोह के लिए आगे आते ही रहेंगे।

मुल्क की सरकारें और संयुक्त राष्ट्र

आज मुल्कों को अमीर बनने के लिए सैनिक जीत का रास्ता अपनाने की जरूरत नहीं है, क्योंकि व्यापार, तकनीक और बाजार ही समृद्धि का टिकाऊ और बेहतर माध्यम है। द्वितीय विश्वयुद्ध के बाद जापान और जर्मनी ने शांति का रास्ता और उदार अर्थनीति को अपनाकर बहुत तेजी से समृद्धि हासिल की थी।

व्यक्ति अपनी इच्छा के अनुसार अलग-अलग इलाकों–रोजगार से लेकर धर्म और पढ़ाई से लेकर संगठन बनाने तक में काम करने की आजादी रखे, इसकी व्यवस्था देखना शासन का काम है। लेकिन धार्मिक और आध्यात्मिक आजादी के साथ-साथ वैज्ञानिक या दार्शनिक शोध का काम सिर्फ शासन की मदद या सहयोग से ही नहीं हो सकता। उलटे कला और साहित्य, दर्शन और विज्ञान, धर्म और आध्यात्मिकता के क्षेत्र की रचानात्मकता सरकारी दखल से प्रभावित होती है। ऐसे में शासन को सिर्फ शांति और रचानात्मकता का माहौल-भर बनाने का काम करना चाहिए और किसी व्यक्ति या समूह को प्रोत्साहित, पुरस्कृत या दंडित करने के काम से बचना चाहिए। सच्ची आध्यात्मिक आजादी तभी हासिल हो सकती है, जब हर व्यक्ति अपने 'धर्म' का पालन करे और स्वेच्छा से पड़ोसी और दूसरों की आस्थाओं और आचरण को सहन करे, उसको समझे, उसका आदर करे।

निश्चित रूप में विश्व-शांति को सिर्फ आतंकवादी गतिविधियों से ही खतरा नहीं है। 'असफल' और 'बीमार' मुल्कों के पास जन-संहारक हथियारों और तकनीक के पहुँचने से भी उसे भारी खतरा है। संयुक्त राष्ट्र के प्रपत्र में किसी देश को सैनिक हमला करने से रोकने के लिए बल प्रयोग की बात तो है, पर उसके पास परमाणु हथियार और तकनीक आ जाने पर ऐसा करने का प्रावधान नहीं है। यह एक भारी चिंता का विषय है, और इसी मामले में संयुक्त राष्ट्र के ऐसे आलोचकों की कमी नहीं है जो मानते हैं कि संयुक्त राष्ट्र किसी देश को परमाणु तकनीक हासिल करने और परमाणु हथियार पाने से रोकने का फैसला कर पाने में सक्षम नहीं है। केप्लान कहते हैं :

"शांतिपूर्ण विश्व बनाना चाह रहे संयुक्त राष्ट्र के नौकरशाह सर्वानुमति के भक्त हैं। पर अंतर्राष्ट्रीय संगठन में ऐसी सर्वानुमति बना पाना मुश्किल है और यही चीज दुष्ट राष्ट्र-प्रमुख के लिए सहायक हो जाती है, क्योंकि वह तो ऐसी चर्चा पर सर्वानुमति बनाने की बात सोचे बगैर अपने ही स्तर से कठोर फैसले करता जाता है।"

केप्लान आगे लिखते हैं, "अधिक शक्तिशाली राष्ट्रसंघ मानवीय आधार पर सहायता के मामले में सबका मतलब साधेगा, पर राजनैतिक मामलों में ऐसे अंतर्राष्ट्रीय संगठन से काम नहीं चलनेवाला।"[8]

यह सही है कि संयुक्त राष्ट्र को अमेरिकी शक्ति के विकल्प के तौर पर नहीं देखा जा सकता। पर इसके साथ यह भी मानना होगा कि संयुक्त राष्ट्र एक ऐसा अंतर्राष्ट्रीय संगठन है, जिसकी स्थापना विश्व-शांति और व्यवस्था के उद्देश्य से हुई है। भूमंडलीकरण के इस युग में, जिसमें ज्यादा घनिष्ठ सहयोग, जुड़ाव और सामूहिक कार्रवाई की जरूरतें बढ़ गई हैं, संयुक्त राष्ट्र के प्रति अमेरिका के नजरिए में बदलाव जरूरी है। यह असंभव नहीं है, क्योंकि संयुक्त राष्ट्र और अमेरिका, दोनों ही विश्व-शांति और लोकतंत्र को अपना आदर्श मानते हैं। उन्हें साथ काम करना चाहिए और वे साथ काम कर भी सकते हैं।

सितंबर 2005 में हुए संयुक्त राष्ट्र के 60 वें वार्षिक अधिवेशन ने इसकी अनेक कमजोरियों और शक्तियों को प्रदर्शित किया। अगर अंतर्राष्ट्रीय समुदाय को साझा काम करने हैं तो इनको ध्यान में रखना होगा। सफलता के लिए धैर्य और कूटनीति जरूरी होगी और संयुक्त राष्ट्र का नवीनतम शिखर सम्मेलन सबके भले के लिए बने राष्ट्र समुदाय की यात्रा को आगे बढ़ा रहा है।

संयुक्त राष्ट्र को कई तरह से मजबूत किए जाने की जरूरत है : आज की मौजूदा राजनैतिक और आर्थिक वास्तविकताओं को बेहतर ढंग से दर्शाते हुए सुरक्षा परिषद का विस्तार; और स्थायी शांति सेना बनाने जैसे काम इनमें प्रमुख हैं। सुरक्षा परिषद को मजबूत करने से ही संयुक्त राष्ट्र उस वैश्विक आर्थिक और वित्तीय व्यवस्था को ज्यादा प्रभावित करने की स्थिति में होगा, जिसे अंतर्राष्ट्रीय मुद्राकोष और विश्वबैंक तथा विश्व-व्यापार संगठन ने बनाया है। तभी वह विकसित देशों समेत सभी देशों को सहस्राब्दी विकास के लक्ष्य पूरे करने के लिए जबावदेही सौंप सकेगा।

धर्म

क्या धर्म को लोगों के लिए अफीम बतानेवाले कार्ल मार्क्स सही थे? अगर मार्क्स धर्म के कुछेक बँधे-बँधाए कामों या अपने समय के किसी खास समुदाय में धर्म-भर के लिए यह बात कह रहे होते तो शायद उनकी बात को माना जा सकता था। पर यह बात न तो सभी धर्मों के लिए सही है और न ही ईसाई धर्म के तमाम दौरों

के लिए। जाहिर तौर पर उन्होंने जब धर्म के बारे में बयान दिया तो उनके दिमाग में ईसाई धर्म ही रहा होगा। चार हजार वर्षों से लोग ईश्वर के बारे में आस्था के विभिन्न स्वरूप लेकर चल रहे हैं और इसकी उपलब्धियाँ काफी महत्वपूर्ण हैं।

हालाँकि यह बात भी सही है कि नास्तिकों के एक छोटे-से समूह ने विभिन्न समाजों में धर्मनिरपेक्षीकरण और आधुनिकीकरण की प्रक्रिया चलाकर दुनिया की काफी बड़ी सेवा की है। धर्मनिरपेक्ष लोगों को ही इस बात का श्रेय दिया जाता है कि आज आस्तिक भी यह मानते हैं कि धर्म और सत्ता की भूमिकाएँ अलग-अलग हों। रहस्यवादियों और सूफी संतों जैसी आस्थावाले लोगों की भी एक जमात रही है, जो मानते हैं कि भगवान कहीं और नहीं, हमारे दिलों में रहता है। पर विभिन्न धर्मों के मूलवादी मनुष्यों में देवत्व की बात को लेकर उलझन रही है और वे आँख मूँदकर धर्मग्रंथों में लिखी बातों को शब्दशः सही मानते हैं तथा उन्हीं पुराने नैतिक मानदंडों को लागू कराना चाहते हैं, जो वर्त्तमान युग की माँगों के अनुरूप नहीं हैं।

इसमें संदेह नहीं कि हाल के वर्षों में धार्मिक और जातीय पहचान पर आधारित राष्ट्र की जगह धर्मनिरपेक्षता पर आधारित राष्ट्रों के गठन की अवधारणावाली धर्मनिरपेक्षता पर संकट के बादल मँडरा रहे हैं। दुनिया के कई हिस्सों में धर्मनिरपेक्षता को पश्चिम की सांस्कृतिक विनिर्मिति माना जाता है। धार्मिक कट्टरपंथी/मूलवादी खुद को धर्मनिरपेक्षता से एकदम नहीं जोड़ते, बल्कि इसका विरोध करते हैं। उनका मानना है कि आधुनिकीकरण की प्रक्रिया धार्मिक आस्था और आचरण को समाप्त कर देगी। इसी प्रकार, आतंकवादी और अतिवादी बहुलतावाद में या मनुष्यजाति को एक मानने वाले आध्यात्मिक और रहस्यवादी अनुभवों में भी विश्वास नहीं करते।

इस बात का अंदेशा भी जताया जा रहा है कि धार्मिक, जातीय और सांस्कृतिक पहचान वगैरह का नया उभार अलग-अलग या एकजुट होकर लोकतांत्रिक व्यवस्था को पटरी से उतार देगा। आतंकवाद व्यक्तिगत आजादी को नहीं चलने देगा और धार्मिक, जातीय और सांस्कृतिक आंदोलन राष्ट्रवाद और वैश्विक शांति को नुकसान पहुँचाएँगे। अनेक देशों ने अपने यहाँ के बहुसंख्यक लोगों के धर्म के आधार पर अपनी धार्मिक पहचानें घोषित की हैं। धार्मिक रूढ़िवाद और पुरातन कर्मकांडों में विश्वास करनेवाला कोई भी धर्म सबसे सीधा प्रहार धर्मनिरपेक्ष पहचान पर ही करता है, क्योंकि इसी में तरह-तरह के लोगों के बीच मौजूद साझेपन को स्वीकार किया जाता है। कोई भी व्यक्ति परिवार, जाति, गाँव, धर्म वगैरह से जुड़ी कई तरह की निष्ठाएँ और रिश्ते रख सकता है और साथ ही किसी देश का नागरिक भी हो सकता है। यह बात बहुलतावादी धर्मनिरपेक्ष व्यवस्था का बहुत बड़ा गुण है।

धर्म का भविष्य

इस बात पर शक जाहिर किया जाता है कि क्या धर्मनिरपेक्ष शासन और धर्मनिरपेक्ष

समाज कभी धर्म को अलविदा कह सकेगा। जब तक धर्म नैतिकता और आध्यात्मिकता से जुड़े सवालों का जबाव देगा तथा स्वयं को कर्मकांडों और दकियानूसी तक ही सीमित नहीं कर लेगा, तब तक यह सवाल नहीं उठता। बृहत्तर परिप्रेक्ष्य में भी धर्म जीवन को सार्थकता और ऐसे मूल्य देता रहेगा जो समाज को साथ रख सकेंगे। धर्मों की बहुलता और युगों के संचित ज्ञान को देखते हुए यह कहा जा सकता है कि भविष्य की गतिविधियों पर धर्म की मोहर रहेगी और उसे पर्याप्त आदर भी मिलता रहेगा।

कई देशों में धर्म और धर्मनिरपेक्षता, दोनों को नागरिकों के जीवन में सार्थक भूमिका निभाने की पूरी आजादी है और इससे दोनों के बीच नया संतुलन उभरने की उम्मीद है। शासन की भूमिका ऐसा वातावरण उपलब्ध कराने की है, जिसमें रचनात्मक विरोध के स्वर भी उभर सकें और आस्थाओं तथा आचरणों की बहुलता तो फले-फूले ही, तर्क और वैज्ञानिकता के तमाम रूपों को भी आगे बढ़ने का अवसर मिले।

बहु-धार्मिक और बहु-सांस्कृतिक समाजों में धर्म दिन-ब-दिन कानून के शासन से घिरता-बँधता जाएगा। एक राष्ट्र-राज्य में कई धर्मों और संस्कृतियों के लोग साथ रह सकते हैं, लेकिन वहाँ का कानून सबके लिए एक ही होगा। और जब धार्मिक आस्थाओं और व्यवहार तथा कानून में टकराव होगा तो कानून को ही ऊपर स्थान मिलेगा।

भूमंडलीकरण, पर्यावरण और शांतिवादी ताकतों ने हममें से प्रत्येक को वास्तविक अर्थ में एक किया है, 'हमारी साझा मानवता' का हिस्सा बना दिया है। आस्था के निजी दायरे और कानून के समक्ष समानता के सार्वजनिक दायरे को अलग-अलग करना आधुनिक जीवन की बुनियाद है; और यह धर्म और आध्यात्मिक अनुभवों के महत्व को कम करना नहीं है।

मानव एकता

हम आज एक ऐसी दुनिया में रह रहे हैं, जहाँ विभिन्न परंपराओं के बीच आदान-प्रदान तथा बौद्धिक, नैतिक और आध्यात्मिक अनुभवों को साझा करने का काम चल रहा है। दुनिया के विभिन्न हिस्सों में बहु-धार्मिक, बहु-जातीय और बहु-नस्लीय समाजों के जीवन पर नजर डालने पर बहुलतावाद का सम्मान करने की बात तुरंत समझ में आ जाती है।

सामाजिक एकता, यहाँ तक कि राष्ट्रीय और वैश्विक एकता का स्वरूप सदा से बहुलतावादी ही रहा है। स्वतंत्रता, अनुशासन, परस्पर सहायता और परस्पर निर्भरता एक-दूसरे से जुड़े हुए गुण हैं। कोई भी जागरूक नागरिक किसी किस्म का भेदभाव न करनेवाली शासन-व्यवस्था और आध्यात्मिक तथा धार्मिक विकास को सुनिश्चित

करने के लिए पूर्ण सामाजिक एकता के साथ काम कर सकता है। ऐसी एकता कायम करने के लिए संवाद और सहनशीलता के 'बहुधा' वाले नजरिए को विकसित करने की जरूरत होगी। स्वेच्छा से विभिन्न विचारों और मान्यताओं को सहन करने का सूत्र इसमें सबसे ज्यादा सहायक होगा। आर्नाल्ड टायनबी ने ठीक ही कहा है :

> *"सहनशीलता का बुनियादी धनात्मक नजरिया इस तथ्य को स्वीकार करना है कि धार्मिक टकराव सिर्फ बकवास ही नहीं, एक तरह का पाप है। यह पापपूर्ण है, क्योंकि इस स्थिति में मनुष्य के अंदर का जंगली जानवर ही जागता है। धर्म के आधार पर किसी को मारना, सताना भी पापपूर्ण है, क्योंकि किसी को भी यह अधिकार नहीं है कि वह किसी अन्य मानव-आत्मा और ईश्वर के बीच में आए। हर आत्मा को ईश्वर से उसकी अपनी इच्छा और तरीके से संवाद करने का हक है।"*[9]

सामाजिक सद्भाव बढ़ाने में सहायक विभिन्न विचार दुनिया की विभिन्न सभ्यताओं में फलते-फूलते रहे हैं। दुनिया में बढ़ते ज्ञान ने यह स्थापित किया है कि मानवाधिकार और पारिस्थितिकी से जुड़ी अवधारणाएँ और सिद्धांत विशेष संस्कृतियों से उतने नहीं जुड़े हैं, जितने का दावा किया जाता था। हमारे संवाद में तार्किकता और आदर दोनों रहें, इसके लिए एक नई नैतिक और नई राजनैतिक कल्पना को साथ-साथ काम करना होगा।

अभिव्यक्ति की आजादी और आतंकवाद

यूनानी विचारक दियोजेनस (404 से 323 ई. पू.) ने ही यह घोषणा की थी कि अभिव्यक्ति की आजादी मनुष्य के जीवन की सर्वश्रेष्ठ चीज है। उन्होंने बहुत सरल जीवन बिताया था। कहा जाता है कि प्लेटो ने एक बार उनको लेट्यूस (सलाद) धोते हुए देखा और कहा, "अगर तुम दियोनाइसियस के दरबार में चले गए होते तो लेट्यूस नहीं धोना पड़ता।" दियोजेनस ने जवाब दिया, "अगर तुम लेटयूस धो लेते तो तुम्हें दियोनाइसियस के दरबार में नहीं जाना पड़ता।" दियोजेनस ने ही 'दुनिया के नागरिक' पद दिया था और यह एक प्राचीन वैदिक अभिव्यक्ति को राजनैतिक रूप देना था कि "पृथ्वी मेरी माँ है और मैं इस जगत का पुत्र हूँ।"

आनेवाली दुनिया उपनिवेशों और उपनिवेशवादियों के बीच नहीं बँटनेवाली। यह श्रेष्ठतर और निम्नतरवाले बँटवारे को भी नहीं मानेगी। पर यह आधुनिकता और विकास में प्रगति और पिछड़ेपन के आधार पर बँटेगी। असमानताएँ बनी रहेंगी और सैनिक तथा व्यावसायिक प्रतिष्ठान ने विश्व राजनीति के वर्षों में युद्धों और आतंकवाद का जो डरावना रूप देखा है, उसमें निश्चित रूप से कमी आएगी और कुछ दशकों में ही आतंकवाद इतिहास की चीज बन जाएगा।

लोकतंत्र

लोकतंत्र सत्ता को मानने-समझने का वह तरीका है जो इस मान्यता पर टिका है कि मानव समाज अपने कामकाज चला सकता है और उन्हें अपने सार्वजनिक मामलों को सँभालने के लिए ईश्वर या राजा की जरूरत नहीं है। लोकतंत्र, भूमंडलीकरण और धर्मनिरपेक्षता के अनेक रास्ते हैं, जिन पर अमेरिकी या पश्चिमी एकाधिकार नहीं है। यह कहने के बाद भी इस चीज को स्वीकार करना होगा कि सभी दर्शनों और मेल-मिलापवाला जीवन जीने की दृष्टियों में एकता होनी चाहिए और एक ही तरह के मानवाधिकार होने चाहिए। ये मानवाधिकार और उनको संचालित करने वाली संस्थाओं का काम-काज मानव-सम्मान और क्षमता को समृद्ध करने और संरक्षित करने के सिद्धांत पर चले, यह जरूरी है। इसी दर्शन के आधार पर बहुजातीय और बहु-सांस्कृतिक समुदाय और उनकी शासनवाली संस्थाएँ मानव-क्षमता का फलना-फूलना सुनिश्चित कर सकेंगी और आधुनिकीकरण की रफ्तार को तेज कर सकेंगी। भूमंडलीकरण ने जिस अभियान की शुरुआत की है, वह कुछ उन पुरातन भ्रांतियों को तोड़ेगा जो विशिष्टता और श्रेष्ठता का गुमान सिखाती थीं और यह अभियान मिश्रित और मेल-जोल वाले समुदायों को बनाने में सहायक होगा।

लोकतंत्र और अरब जगत

अरब जगत में भी लोकतंत्र की बयार बह रही है। फिलीस्तीन में चुनाव, इराक में चुनाव, कतर में चुनाव, सऊदी अरब में नगरपालिका चुनाव, मिस्त्र में बहुदलीय चुनाव, लेबनान में लोकतंत्र के पक्ष में प्रदर्शन जैसी चीजें बहुत महत्वपूर्ण हैं। ओमान, बहरीन, कुवैत और यमन में अब चुनी हुई संसदें हैं। स्त्रियाँ अब दिन-ब-दिन ज्यादा सक्रिय भूमिका निभा रही हैं। संयुक्त अरब अमीरात, ओमान, कतर और यमन में महिला मंत्री भी हैं। कुवैत भी महिलाओं को मताधिकार देने की दिशा में बढ़ रहा है। इन सभी चीजों को लोकतंत्र के प्रति बढ़ती इच्छा और समर्थन के रूप में देखना चाहिए, और यह 1980 के बाद पूरी दूनिया में दिखाई दे रहा है। इसी दौर में दक्षिण कोरिया, ताइवान, फिलीपीन्स, इंडोनेशिया, मध्य और पूर्वी यूरोप, लातिन अमेरिका और पूर्व सोवियत संघ से निकले अनेक मुल्कों में लोकतांत्रिक व्यवस्थाएँ स्थापित हो चुकी हैं।

इस बात में संदेह नहीं कि अगर लोकतांत्रिक आंदोलन स्थानीय परंपराओं से खुद को जोड़ेगा, कुरान से जुड़ेगा और स्वतंत्रता को बढ़ावा देने के लिए इस्लामी परंपराओं की पहल करेगा तो वह तेजी से ज्यादा मजबूत होगा। अभी जो कुछ हो रहा है, वह सिर्फ इस पूर्वाग्रह को तोड़ता है कि इस्लाम और लोकतंत्र के बीच कोई मेल नहीं है। अभी तक जिस किसी को बदलाव की इच्छा थी, उसके सामने किसी

इस्लामवादी संगठन में जाने के अलावा और कोई विकल्प न था। आज तानाशाही व्यवस्था और अतिवादी इस्लामवाद के अलावा भी लोकतंत्र का विकल्प उपलब्ध है। यह अभी नाजुक या नवजात अवस्था में है, लेकिन इसका प्रभाव हर कहीं दिखने लगा है।

सहनशीलता

सहनशीलता का सिद्धांत लोकतंत्र की कार्यप्रणाली के दिल में बसता है। किसी व्यक्ति या राजनैतिक दल की तरह से जाति और धर्म का उपयोग करना धर्म और सामाजिक व्यवस्था का सबसे बड़ा दुरुपयोग और अपमान है। इस दुरुपयोग से सचेत ढंग से दूर जाने की जरूरत है। अपेक्षाकृत निष्पक्ष चुनाववाली राजनैतिक व्यवस्था हो सकती है, पर निष्पक्ष न्यायपालिका और दूसरों के दृष्टिकोण का आदर करने का माहौल अगर न हो तो लोकतंत्र के विस्तार का मतलब 'जीवन, स्वतंत्रता और आनंद की खोज' के अर्थ में ज्यादा कुछ नहीं होगा।

जातीय और धार्मिक टकरावों के नेताओं ने जड़ता का नजरिया पैदा किया है। जब भी थोड़ी आत्मीय बातचीत का माहौल बनता है तो उनके मुँह से यही निकलता है, "कुछ भी नहीं किया जा सकता"; "उन्हें आपस में ही कटने-मरने दीजिए"; "दोनों ही पक्ष जवाबदेह हैं और गलती पर हैं" वगैरह। प्राकृतिक संसाधनों का अंधाधुंध दोहन, बाजार में रोजगार के अवसर, खास इल्म के मामले में कुशल श्रम-शक्ति की उपलब्धता और खराब प्रशासन के संदर्भ में भी टकराव समाप्त करने के मसले को उठाया नहीं जाता।

टकराव कम करने में सहनशीलता के नजरिए की केंद्रीय भूमिका है, पर इसका यह मतलब नहीं कि विकास की रणनीति में काम आनेवाली चीजों–महिलाओं समेत गरीबों का सशक्तिकरण, धन की उपलब्धता, नीतिगत सुधार और अच्छे प्रशासन के मुद्दे का कोई महत्व नहीं है। सुरक्षित विश्व को पाने के लिए किसी एक काम से बात नहीं बनेगी।

लोकतांत्रिक मूल्य, वैचारिक खुलापन, अंतरात्मा की आजादी, अलग विचार रखनेवालों के प्रति आदर-भाव और असहनशीलता दिखानेवालों के प्रति भी सहनशीलता जैसे गुण हर समाज को अपनाने ही होंगे, साथ ही शासन और सामाजिक सद्भाववाली उसकी संस्थाओं को भी अपनाने होंगे।

बहुधा और सार्वजनिक नीति

ऐसे में असली सवाल है : क्या हम 'बहुधा' के दर्शन को वैश्विक रचनात्मक पहल के तौर पर आगे बढ़ा सकते हैं? क्या यह नजरिया दुनिया के रचनात्मक और

बुद्धिजीवी लोगों के बीच संवाद की प्रक्रिया और संयुक्त राष्ट्र के पुनर्गठन में उपयोगी होगा? इन सभी सवालों का जबाव है 'हाँ'। 'एक सत्य, अनेक व्याख्याएँ' का दर्शन लोगों को विकास और सामाजिक सद्‌भाव के लिए रचनात्मक संवाद करने में निश्चय ही मदद करेगा।

'एक सत्य, अनेक व्याख्याएँ' वाले दर्शन में हम सभी के लिए जीवन 'सत्य के साथ प्रयोग' बन जाता है और अगर गाँधी अपनी आत्मकथा का यह नाम देते हैं तो यह सर्वथा उचित लगता है। हम सभी अपूर्ण हैं। हमारे सभी धर्म हमें सही मार्ग बताने का प्रयास करते हैं और उस पर चलने के लिए हमें प्रकाश देते हैं। लेकिन एक धर्म दूसरे से श्रेष्ठ या कम नहीं है। इस नजरिए से ही हम सभी धर्मों का समान आदर कर पाएँगे—सर्व धर्म सद्‌भाव, और आस्था तथा विचारों के बीच एक ऐसा रचनात्मक रिश्ता बना सकेंगे, जो आनंद की तलाश का जरूरी तत्व है।

'बहुधा' संस्कृति ऐसा वातावरण उपलब्ध कराती है, जिसमें लोग और राष्ट्र दूसरे के दृष्टिकोण का आदर करना तथा उससे डर या नफरत न करना सीखते हैं। यह संवाद की प्रक्रिया शुरू करा सकता है और साथ ही उससे होनेवाली सहमतियों को समेट सकता है। 'बहुधा' सिर्फ नैतिकता के दायरे तक सीमित रहनेवाली चीज नहीं है, यह व्यावहारिक स्तर पर भी बहुलतावादी समाज और उदार लोकतंत्र का आधार स्तंभ है।

सभ्यताओं के बीच रचनात्मकता संवाद का माहौल बनाने में फौज की भूमिका के बारे में अक्सर सवाल पूछा जाता है। 9/11 के बाद की दुनिया में आतंकवाद ने सख्त सैनिक उपस्थिति को पूरी तरह उचित बना दिया है। पर इसका यह मतलब नहीं है कि सैनिक दखल मनमाने ढंग से हो सकता है। ऐसी किसी भी स्थिति में हमें अंतर्राष्ट्रीय मानकों का ध्यान रखना आवश्यक है और संयुक्त राष्ट्र की स्वीकृति के बाद ही सेना को दूसरे राष्ट्र में भेजा जा सकता है।

समसामयिक इतिहास के नजरिए से देखें तो लगता है कि आतंकवाद से निपटने के लिए राजनैतिक नीतियों को बनाने की अधिक जरूरत है, क्योंकि अफगानिस्तान के बाद सैनिक कार्रवाई अटपटी-सी लगती है। इराक पर अमेरिकी हमले के बाद तो यह और स्पष्ट हो गया है कि वहाँ किया गया तख्तापलट तानाशाही शासन व्यवस्था का खात्मा तो कर सकता है, लेकिन एक शान्तिपूर्ण समाज तथा जिम्मेदार और शक्तिशाली प्रजातांत्रिक सरकार नहीं दे सकता। इसके लिए संवाद, सद्‌भाव और जनता की भागीदारी आवश्यक है; और 'बहुधा' का मार्ग इसके लिए समुचित और सर्वोत्तम होगा। स्मरणीय है कि आतंकवाद एक राजनैतिक संघर्ष ज्यादा है, सैनिक संघर्ष कम।

लोकतंत्र, धार्मिक सद्‌भाव और अच्छी शिक्षा की मुहिम को अलग-अलग आदर्श या लक्ष्य मानने की जरूरत नहीं है; ये सभी आपस में जुड़े हुए हैं। रचनात्मक लोगों, सामाजिक संस्थाओं और वैश्विक राजनैतिक व्यवस्थाओं को समान उद्देश्य से

काम करना चाहिए। मेल-मिलाप भरे जीवन की माँग है कि विभिन्न दृष्टियों के बीच साझा होना चाहिए, अपने से भिन्न राय को भी समाहित करने की उदारता होनी चाहिए और 'बहुधा' के आदर्शों का सम्मान होना चाहिए।

अर्थ-व्यवस्थाओं के जुड़ाव और दुनिया के विभिन्न हिस्सों में सूचना एवं संचार तकनीक के तेज विस्तार ने वैश्विक बाजार का विकास किया है। पर क्या हम वैश्विक समुदाय बन पाए हैं? 9/11 की वहशीयाना वारदात ने जोरदार ढंग से इस बात को स्थापित किया है कि हम सभी एक ही ग्रह पृथ्वी के निवासी हैं और काफी चीजों का साझा करते हैं।

इस बात में शक नहीं कि बाजार को कुछ नियमों का पालन करना चाहिए और विश्वबैंक, अंतराष्ट्रीय मुद्राकोष तथा विश्व-व्यापार संगठन जैसी अंतर्राष्ट्रीय संस्थाओं को इस बारे में जरूरी दिशा-निर्देश देने चाहिए। ये नियम उचित और न्यायपूर्ण होने चाहिए। पर बाजार के लिए चाहे जितने उचित और न्यायपूर्ण कायदे-कानून बनें, मुनाफा कमाना, शोषण-व्यवस्था जारी रखना ही उसका काम है और मजबूत तथा शक्तिशाली लोग हरदम गरीब और कमजोर लोगों की तुलना में ज्यादा लाभ उठाएँगे ही। समता और न्याय के लिए हमारी दुनिया को एक वैश्विक परिवार और उससे जुड़े मूल्यों की जरूरत होगी।

हमें सचेत ढंग से एक परिवार के मूल्यों को आगे बढ़ाने का काम करना चाहिए, जो शोषण और मुनाफे से चलने वाले बाजार के सिद्धांत के खिलाफ सहयोग और समर्थन को बढ़ानेवाली अच्छाई और स्तरीयता के बुनियादी सरोकारवाले हों। अंतर्राष्ट्रीय मुद्राकोष, विश्वबैंक और विश्व-व्यापार संगठन को यही नजरिया और संवेदनशीलता विकसित करनी होगी। संक्षेप में कहें तो हमें 'सार्वजनिक कार्रवाई के बाह्य जगत में धर्मनिरपेक्ष यात्रा, जो बाजार की माँग है और 'हमारे आंतरिक जगत में आध्यात्मिक तीर्थयात्रा' की बुनियादी अच्छाइयों को एकमेक करना होगा।

हमारे समाज, धर्म और राजनीति में 'बहुधा' नजरिया प्रभावी बने, इसके लिए हमें मिल-जुलकर काम करना होगा। संवाद के माध्यम से और अपनी परंपरा की उचित चीजों को गँवाए बगैर मिल-जुलकर काम करने से ही सद्भावनापूर्ण समाज बनाया जा सकता है। ऋग्वेद का अंतिम श्लोक[10] इसी चीज को खूबसूरती से व्यक्त करता है, जिसका अर्थ इस प्रकार है :

"साथ चलो, समवेत स्वर में बोलो, मस्तिष्क को एक तरह से सोचने दो, प्रयासों को एकजुट होने दो; हृदयों को मिलने दो, मस्तिष्क को मिलने दो; तभी हम सब प्रसन्न होंगे।"

संदर्भ और टिप्पणियाँ

1. नोबल पुरस्कार भाषण का अंश 18 जुलाई 2005।
2. थामस फ्रिएडमैन, ए ब्रीफ हिस्ट्री आफ द ग्लोबलाइज्ड वल्ड इन टवैन्टीफर्स्ट सेंचुरी, पेंग्विन बुक्स, लंदन, 2005, पृ. 49
3. फरीद जकारिया, द फ्यूचर आफ फ्रीडम, पेंग्विन बुक्स, नई दिल्ली, 2003, पृ. 13
4. राबर्ट केप्लान, कमिंग एनार्की: शैटरिंग द ड्रीम्स ऑफ पोस्ट कोल्ड वार, विंटीज बुक, न्यूयार्क, 2000, पृ. 169
5. 24-29 जुलाई 2002, मेनला सेंटर, न्यूयार्क में हुए सम्मेलन के उद्घाटन-भाषण में उद्धृत।
6. रवीन्द्रनाथ टैगोर, द रिलीजन ऑफ मैन, उनविन बुक्स, लंदन, 1961, पृ. 399
7. टिमोथी गार्टन ऐश, फ्री वर्ल्ड, अमेरिका, यूरोप एंड द सरप्राइजिंग फ्यूचर ऑफ दे वेस्ट, रैंडम हाउस, न्यूयार्क 2005, पृ. 232
8. राबर्ट केप्लान, पूर्वोक्त।
9. आर्नाल्ड टायनबी, ऐन हिस्टोरियन्स एप्रोच टू रिलीजन, आक्सफोर्ड यूनि. प्रेस, न्यूयार्क, 1956, पृ. 250
10. ऋग्वेद, सूत्र-IV,IX, X

कुछ उपयोगी प्रकाशन

इम्तियाज अहमद और हेल्मुट रेफेल्ड (संपा.) लीब्द इस्लाम इन साउथ एशिया, एडाप्टेशन, एकोमोडेशन एंड कंफ्लिक्ट, सोशल साइंस प्रेस, नई दिल्ली.2004

मणिशंकर अययर, कंफेशन्स आफ ए सेक्यूलर फंडामेंटलिस्ट, पेंग्विन, नई दिल्ली, 2004

एम. जे. अकबर, नेहरू: द मेकिंग आफ इंडिया, वाइकिंग, लंदन, 1988

उज्मा अंजार, इस्लामिक एजुकेशन5 ए ब्रीफ हिस्ट्री ऑफ मदरसा, मार्च 2003 (अप्रकाशित)

करेन आर्मस्ट्रांग, इस्लाम: ए शार्ट हिस्ट्री, माडर्न लाइब्रेरी, न्यूयार्क, 2002

बुद्धा, वाइकिंग पेंग्विन, न्यूयार्क 2001

मुहम्मद-ए वेस्टर्न अटेम्प्ट टू अंडरस्टैंड इस्लाम, विक्टर गोलांज, लंदन, 1991

टिमोथी गार्टन ऐश, फ्री वर्ल्ड, अमेरिका, यूरोप ऐंड सर्पराजिंग फीचर आफ द वेस्ट, रैंडम हाउस, न्यू यार्वु 2005

जैकी आसायाग, ऐट द कंफ्लूएंश आफ टी रीवर्स :मुस्लिम एंड हिन्दूज इन साउथ इंडिया, मनोहर, नई दिल्ली

श्री अरविन्दो, द सीक्रेट आफ वेदाज, अरविन्दो आश्रम प्रकाशन, पांडिचेरी, 1948

माइकेल बैरेट-्ब्राउन, आफ्टर इंपेरीयलिज्म (संसो, संस्क ह्यूमनिटीज, न्यू यार्क, 1970

ए. एल. बाशम, द वंडर दैट वाज इंडिया, ग्रोव प्रेस, न्यूयार्क, 1954

जगदीश भगवती, इन डिफेंस आफ ग्लोबलाइजेशन, आक्सफोर्ड यूनि. प्रेस, नई दिल्ली, 2004

सी. उदय भास्कर और अन्य, यूनाइटेड नेशन्स, मल्टी लैटरिज्म एंड इंटरनेशनल सिक्योरिटी

इंस्टी. आफ डिफेंस स्टडीज, नई दिल्ली 2..5

सिडनी ब्लूमेंथल, द क्लिंटन वार्स, वाइकिंग, न्यू यार्क, 2003

ए.सी. बुके, कंपेरेटिव रिलीजन, पेंग्विन, हामोन्डसबर्थ, पांचवां संस्करण, 1956

विलियम ब्रायड और ब्याट रावसन, द डिप्लोमेसी आफ होप, आईबी टारिस, लंदन, 2005

माइकेल ब्रांड और ग्लेन लारी, अकबर्स इंडिया:आर्ट फ्राम मुगल सिटी आफ विक्टरी, द एशिया सोसाइटी गैलरी, न्यू मार्क, 1985
ब्रिगेट और रेमंड आलचिन, द राइज आफ सिविलाइजेशन इन इंडिया एंड पाकिस्तान, सेलेक्ट बुक सर्विस सिंडिकेट, नई दिल्ली, 1983
एम. गुडिथ ब्राउन, नेहरू : ए पालिटिकल लाइफ, आक्सफोर्ड यूनि. प्रेस, नई दिल्ली, 2003
माइकेल एस. ब्राउन और अन्य, डिबेटिंग डेमोक्रेटिक पीस एमआईटी प्रेस, कैंब्रिज, 1990
एस.एस.बर्के, अकबर: द ग्रेटेस्ट मुगल, मुंशीराम मनोहरलाल, नई दिल्ली, 1989
बुतरस बुतरस घाली :ऐन एजेंडा फार पीस, यूएस, न्यूयार्क, 1992
जैकलीन सेजारी : ह्वेन इस्लाम एंड डेमोक्रेसी मीट : मुस्लिम इन यूरोप ऐंड द यूनाइटेड स्टेटस, पालग्रेव मैकमिलन, न्यूयार्क, 2004
इनिस क्लाड, स्वोर्डस इनटू प्लाउटोयर्स, प्रोबलेम एंड प्रोगेस आफ इंटरनेशनल आर्ग्रेनाइजेशन, रैंडम हाउस, न्यू यार्क, 1998
आर. जी. कोलिनवुड, द आइडिया ऑफ हिस्ट्री, क्लेरेंडन प्रेस, आक्सफोर्ड, 1993
आर्थर कोटरेल (संपा.) पेंग्विन इंसाइक्लेपिडिया आफ क्लासिकल सिविलाइजेशन्स, पेंग्विन बुक्स, मिडलसेक्स, इंगलैंड 1995
उमा दासगुप्ता, रवीन्द्रनाथ टैगोर: ए बायोग्राफी, आक्सफोर्ड यूनि. प्रेस, नई दिल्ली, 2004
वीणा दास (संपा.) द आक्सफोर्ड इंडिया कंपोनियन टू सोशियालाजइी एंड सोशल ऐंथ्रापालाजी खंड-1, आक्सफोर्ड यूनि. प्रेस, नई दिल्ली, 2003
कृषणादत्त और एड्यू राबिन्सन (संपा.) सेलेक्टेड लेटर्स आफ रवीन्द्रनाथ टैगोर, कैंब्रिज यूनि. प्रेस कैंब्रिज, 1997
(संपा) रवीन्द्रनाथ टैगोर : ऐन एंथलाजी पिकाडोर, लंदन, 19947
एंसली टी. एंब्री(संपा), सोर्सेज आफ इंडियन ट्रेडिशन, खंड-1, पेंग्विन बुक्स, नई दिल्ली, 1991
थामस जे. फ्रीएडमैन, द लेक्सस एंड ओलिव ब्रांच : अंडर स्टैंडिंग ग्लोबलाइजेशन, फेटर स्ट्राम, गिराकस, न्यू यार्क, 1999
कारगिल कमेटी रिपोर्ट, भारत सरकार प्रकाशन, नई दिल्ली,1999
फ्रांसिस फुकुयामा, स्टेट बिल्डिंग : गवर्नेंस एंड वर्ल्ड आर्डर इन ट्वेंटी फर्स्ट सेंचुरी, प्रोफाइल बुक्स, लंदन, 2004
द एंड आफ हिस्ट्री एंड द लास्ट मैन, फ्री प्रेस, न्यू यार्क, 1993
ग्राहम ई, पुलर, द फ्यूचर आफ पोलिटिकल इस्लाम पालग्रेव मैकमिलन, न्यूयार्क, 1995
राजमोहन गांधी, रिवेन्ज एंड रिकांसिलिएशन' अंडरस्टैंडिंग साउथ एशियन हिस्ट्रही,

पेंग्विन बुक्स, नई दिल्ली,
जे एल. गारफील्ड, द फंडामेंटल विस्डम आफ द मिडल वे: नागार्जुन्स मूलमध्यक क्रिका, आक्सफोर्ड यूनि. प्रेस, न्यू यार्क, 1955
विलियम गर्बर (संपा.), द मैन आफ इंडिया, सदर्न इमिनायज यूनि. प्रेस, कार्बोन्डेल, 1967
डोर गोल्ड, टावर आफ बेवल, हाऊ द यूनाइटेड नेशन्स हैज फ्यूएल्ड ग्लोबल केआस, क्राउन फोरम, न्यू यार्क, 2004
सर्वपल्ली गोपाल, जवाहरलाल नेहरू : ए बायोग्राफी आक्सफोर्ड यूनि. प्रेस, दिल्ली, 1984
पीटर गोट्सचाक, वियांड हिन्दुज एंड मुस्लिम : मल्टीपल नैरेटिव्स फ्राम विलेज इंडिया, आक्सफोर्ड यूनि. प्रेस, आक्सफोर्ड, 2001
डेविड हार्डीमैन, गांधी इन हिज टाइम एंड आवर्स : द ग्लोबल लिगेसी आफ हिज आइडियाज, कोलंबिया यूनि. प्रेस, न्यू यार्क 2003
जेम्स हेस्टिंगस(संपा.) द इंसाइक्लोपीडिया आफ रिलीजन एंड एशिया, टी एंड टी, एडिनबर्ग
फिलिप हित्ती, हिस्ट्री आफ अरब्स, 1957, संशोधित संस्करण, सेंट मार्टिन्स प्रेस, न्यू यार्क, 1970
एटिक हाव्सबाम, आफ हिस्ट्री, एबेक्स, लंदन 1997
सैमुअल पी. हंटिंगटन, हु आर वी सिमोन एंड थूस्टर न्यूयार्क, 2004
द क्लैश आफ सिविलाइजेशन एंड रिमेकिंग आफ वर्ल्ड आर्डर, सिमोन एंड शुस्टर, न्यू यार्क 1996
जे. एच. हटन, सेंसेस आफ इंडिया, भारत सरकार का प्रकाशन, नई दिल्ली, 1931
राघवन अययर और अन्य, गांधी एंड ग्लोबल नान-वायलेंट ट्रांसफार्मेशन, गांधी स्मृति एवं दर्शन समिति, नई दिल्ली, 1994
जवाहरलाल नेहरू सेंटेनरी वाल्यूम, आक्सफोर्ड यूनि. प्रेस, नई दिल्ली, 1939
जवाहरलाल नेहरू : ऐन आटोबायोग्राफी आक्सफोर्ड यूनि. प्रेस, नई दिल्ली, 1988
राबर्ट डी कंप्लान, द कमिंग एनार्की शैटरिंग द ड्रीम्स आफ द पोस्ट कोल्ड वार, विंटेज बुक्स, न्यू यार्क, 2000
द कमिंग एनार्की, फर्स्ट विंटेज बुक्स, न्यूयार्क, 2001
आर. के. करेजिमा, द माइंड आफ मिस्टर नेहरू, लंदन, 1960
जान के, इंडिया: ए हिस्ट्री, ग्रोव प्रेस, न्यू यार्क 2000
सतीश कुमार, द बहुधा एंड द टेरटिस्ट : द स्टोरी आफ अंगुलिमाल, विवेका फाउंडेशन, नई दिल्ली, 2004
स्वामी लोकेश्वारानंद (संपा.), द पेरिनियाल विवेकानंद : ए सेलेक्शन, साहित्य अकादमी, कलकत्ता, 1992

टी. एन. मदन (संपा.) रिलीजन्स आफ इंडिया, प्लूरलिटी एंड प्लूरिज्म', आक्सफोर्ड यूनि. प्रेस, नई दिल्ली, 2004
जमाल मलिक और हेल्मुट रेफील्ड (संपा), रिलीजस प्लूरलिज्म इन साउथ एशिया एंड यूरोप आक्सफोर्ड यूनि. प्रेस, आक्सफोर्ड, 2005
जी.बी. मालेसन, रूलर्स आफ इंडियाः अकबर क्लेरेंडन प्रेस, आक्सफोर्ड, 2005
के. पी. एस. मेनन, मेनी वर्ल्डसः ऐन आटोबायोग्राफी आक्सफोर्ड यूनि. प्रेस, लंदन, 1965
नलिन मेनन (संपा.) इ इंडियन एक्सपेरिएंस मीडिया ट्रांसएशिया लि., बैंकाक,1997
जेनिन मिलर, द विजन आफ कास्मिक आर्डर इन वेदाज, रूटलेज एंड केगन, लंदन, 1985
राधाकुमुद मुखर्जी, अशोक, मोतीलाल बनारसीदास, नई दिल्ली, भाग 2
बी. आर. नंदा, महात्मा गांधी, आक्सफोर्ड यूनि. प्रेस, नई दिल्ली, 1989
आशीष नंदी, द पोलिटिक्स आफ सेक्यूलरिज्म एंड रिकवरी आफ रिलीजस टालरेंस अल्टरनेटिव्स, 1988
जवाहरलाल नेहरू, डिस्कवरी आफ इंडिया, आक्सफोर्ड यूनि. प्रेस, नई दिल्ली, 1988
सिस्टर निवेदिता, द मास्टर ऐज आई का हिल उदबोधन आफिस, कलकत्ता, 1972
वाई. जे. पद्यराजैया, ए कंपरेटिव स्टडी आफ द जैन थ्योरीज आफ रियलिटी एंड नालेज, मोतीलाल बनारसीदास, दिल्ली, 1963
आक्टोवियो पाज, इन लाइट आफ इंडिया हाईकोर्ट ब्रेन एंड कं, न्यू यार्क, 1995
आर. के प्रभु और यू. आर. राव(संपा.) द माइंड आफ महात्मा गांधी, आक्सफोर्ड यूनि. प्रेस, लंदन, 1945
रवीन्द्रनाथ टैगोरः ए सेंटेनरी वाल्यूम, साहित्य अकादमी, नई दिल्ली 1961
एस. राधाकृषणन, द ईस्टर्न रिलीजन्स एंड वेस्टर्न थाट्स, आक्सफोर्ड यूनि. प्रेस, लंदन, 1985
गौतमः द बुद्धा, हिन्द किताब्स, बंबई, 1945
ओकेजनल स्पीचेज एंड राइटिंगस, प्रकाशन विभाग, भारत सरकार, 1956
फेलोशिप आफ द स्पिरिट, हार्वर्ड यूनि. प्रेस, कैंब्रिज, मैसाच्युट्स, 1961
सी. राज गोपालाचारी, रामायण, भारतीय विद्या भवन, बंबई, 1989
महाभारत, भारतीय विद्याभवन, बंबई, 1968
जान. एम्स. रिचर्ड्स, द न्यू कैंब्रिज हिस्ट्री आफ इंउियाः द मुगल इंपायर, कैंब्रिज यूनि. प्रेस, कैब्रिज यूनि, प्रेस, कैब्रिज, 1993
लायड रिजान(संपा.), मेजर वर्ल्ड रिलीजन्स फ्राम देअर ओरिजिन्स टू द प्रेजेन्ट, रूटलेज कर्जन, लंछन, 2003
बट्रेंड रसेल, एजुकेशन एंड सोशल आर्डर, लंदन,1932
एडवर्ड सईद, कल्चर एंड इंपेरिययलिज्म, चैटो एंड विंडस, लंटन, 1993

एनीमेरी शिमेल, द एंपायर आफ द ग्रेट मुगल, आक्सफोर्ड यूनि. प्रेस, नई दिल्ली, 2004
आर्थर श्लेसिंगर, वार ऐंड अमेरिकन प्रेसिडेंसी नार्टन एंड कं., न्यू यार्क, 2004
के. एस. सेन, हिन्दुइज्म, पेंग्विन बुक्स, लंदन,
वामदेव शास्त्री, एशियाटिक सोसाइटीज, दो खंड, वास्मोपब्लि, नई दिल्ली, 1976
बाल्मीकि प्रसाद सिंह, इंडियाज कल्चर : द स्टेट आर्टस ऐंस बियांड, आक्सफोर्ड यूनि. प्रेस, नई दिल्ली, 1998
कुमार सुरेश सिंह, पीपुल आफ इंडिया, ऐन इंट्रोडक्शन, एंथ्रोपालाजिकल सर्वे आफ इंडिया, कलकत्ता, 1998
हर्नाडो डी सोतो, द मिस्ट्री आफ कैपिटल बेसिक बुक्स, न्यू यार्क, 2000
जोजेफ ई. स्टिग्लिटूज, ग्लोब्लाइजेशन एंड इट्स डिस्कंटेंटस, नार्टन एंड कंपनी, न्यू यार्क, 200
रवीन्द्रनाथ टैगोर, द रिलीजन आफ मैन, उनविन बुक्स, लंदन,1961
रोमिला थापरः ए हिस्ट्र आफ इंडिया, पेंग्विन बुक्स, मिउलसेक्स, 1926
अशोका ऐंउ डिक्लाइन आफ द मौर्याज आक्सफोर्ड यूनि. प्रेस, नई दिल्ली, 1985
द 9/11 कमीशन रिपोर्ट, नार्टन एंड कंपनी, न्यू यार्क, 2004
दलाई लामा, अवेकनिंग आफ माइंड, लाइटनिंग आफ हर्ट, हार्पर कोलिन्स, लंदन, 1997
काइंडनेस, क्लेरिटी एंड इन साइट (अनु और संपा. जेफ्रे होमकिन्स), मोतीलाल बनारसीदास, नई दिल्ली, 1997
ए पालिसी आफ काइंडनेस, रूनो लायन पब्लिकेशन, न्यू यार्क
द वे आफ बुद्धा, प्रकाशन विभाग, भारत सरकार, नई दिल्ली, 1995
आर्नाल्ड टायनबी, ए स्टडी आफ हिस्ट्री, पहला संक्षिप्त संस्करण, स्ट्रैंड बुक स्टाल, बंबई, 1995
ऐन हिस्टोरियन्स एप्रोच टू रिलीजन, आक्सफोर्ड यूनि. प्रेस, न्यू यार्क, 1956
स्वामी विवेकानंद, माई इंडियाःद इंडिया इटरनेशनल रामकृशन मिशन, कलकत्ता, 1993
स्पेंसर वियर्ट, नंबर एंट वाद, येल यूनि. प्रेस न्यू हेवन, 1998
वर्ल्ड बैंक, वर्ल्ड डेवलपमेंट रिर्पोट, 1998/99 आक्सफोर्ड यूनि. प्रेस, वाशिंगटन, 1999
फरीद जकारिया, द फ्यूचर आफ फ्रीडम लिबरल डेमोक्रेसी एंड होम एंड एब्राड पेंग्विन बुक्स, इंडिया, नई दिल्ली, 2003

नामानुक्रमणिका

आ

उ

ऋ

ए

झ

ट

ठ

ड

त

थ

द

ध

न

प

फ

ब

भ

म

य

र

ल

श

स

●●●

"इस किताब की सबसे बड़ी विशेषता इसमें समाहित अपार सामग्री है। सभ्यता, संस्कृति, धर्म, इतिहास–अर्थात् शायद ही कोई विषय ऐसा हो जो अछूता रह गया है। लेखक ने दुनिया के हर विचारक को उद्धृत करते हुए इसी धारणा को बता देने की कोशिश की है कि आस्था एक व्यक्तिगत क्षेत्र है, इसमें किसी संगठित धार्मिक हस्तक्षेप की कोई गुंजाइश नहीं होनी चाहिए। यही बी.पी. सिंह की पुस्तक का मूल स्वर है।"

–दैनिक भास्कर

22 मार्च, 2008

"बी.पी. सिंह का परिश्रम व्यर्थ इसलिए नहीं गया है कि उन्होंने वैश्विक आयामों को पुनर्व्यवस्थित करने की जरूरत बताई है। बल्कि उन्होंने यह बताया है कि यह कोई काल्पनिक दुनिया की चीज नहीं है बल्कि सदियों से महान व्यक्तियों ने अपनी जनता को सौहार्द के वातावरण में रहना सिखाया है। वस्तुत: किसी एक व्यक्ति की किसी धर्म विशेष में आस्था तथा उसको अनन्य एवं सर्वोच्च मानना दूसरे व्यक्ति के मन में असन्तोष और अन्तत: वैश्विक अशान्ति ही लाएगा।"

–एस. निहाल सिंह

"वर्तमान विश्व बिना सन्देह के इस मूल प्रश्न को देख रहा है–'कैसे जिया जाए?' या इससे ज्यादा कि–'हम सब कैसे जी सकते हैं?' इस यक्ष प्रश्न का जवाब इस पुस्तक में है। यह उस प्रकाशपूर्ण अध्ययन को रेखांकित करता है जिसकी सहायता से हम विश्व को अपने में समाहित कर सकते हैं।"

–द ट्रिब्यून

नई दिल्ली, 10 अगस्त, 2008

"यह पुस्तक हमारे समय की है। सामान्यत: धर्म के विषय में या किसी धर्म-विशेष के सम्बन्ध में एकतरफा दृष्टि समाज में असन्तोष को जन्म देती है वहीं समाज में सौहार्द का माहौल बनाने में कठिनाई पैदा करती है।"

–जुलाई, 2008

(पॉवर पॉलिटिक्स)